華東政法大學

建校六十周年 《法学》创刊五十六周年文丛

总主编／何勤华 杜志淳

法学的历史

第11卷

刑法·上卷

1981年-2002年

主 编／孙万怀 应培礼
副主编／王恩海 王玉珏

法律出版社
LAW PRESS·CHINA

主 编 简 介

孙万怀

法学博士，华东政法大学教授，《法学》月刊社副总编辑。中国刑法学研究会理事、国际刑法学协会中国分会理事。曾为牛津大学访问学者、韩国安山1大学教授。

从事刑法学、刑事政策学研究。在《中国社会科学》（英文版）、《中国法学》、《中外法学》、《政法论坛》、《法学》、《现代法学》、《法律科学》、《法学评论》、《法商研究》、《政治与法律》等期刊发表论文100余篇，出版《刑事法治的人道主义路径》、《论国家刑权力》等专著5部。主持国家社科基金项目、司法部“国家法治与法学理论研究”项目、上海市重点学科项目等多个课题。

曾获得最高人民检察院“金鼎奖”著作类一等奖、中国法学会“马克昌杯”优秀论文一等奖、上海市法学会著作类一等奖。

应培礼

华东政法大学副教授。主要承担《犯罪学》、《犯罪社会学》、《经济犯罪对策学》等课程的教学。参与编写《犯罪学》、《金融犯罪与法律控制》、《网络犯罪研究》、《打击拐卖人口犯罪研究》等著作，承担并参与省部级科研项目多项。

获宝钢教育基金优秀教师奖、校“我心目中的最佳教师奖”、校“优秀青年教师奖”、校“优秀教学成果奖”、校“虹法奖教金奖”、“上海市大学生暑期社会实践优秀带队教师奖”等奖项。

副 主 编 简 介

王恩海

1976年4月生，法学博士。2001年于华东政法学院硕士毕业后留校任教至今，现为华东政法大学法律学院副教授、硕士研究生导师。2009～2010年挂职任黄浦区人民检察院副检察长。

长期从事中国刑法学研究，已发表论文30余篇，出版专著两部，参编《中国刑法理论前沿问题研究》等著作多部。

华东政法大学“优秀主讲教师”，获“申银万国”、“国浩”、“虹法”等多项奖教金。

王玉珏

法学博士，华东政法大学法律学院讲师、硕士研究生导师，英国利兹大学访问学者。

研究方向为经济刑法。在《法学》、《法学杂志》、《检察日报》等报刊发表论文30余篇，著有《刑法中的财产性质及财产控制关系研究》（法律出版社2009年版），参编著作、教材多部。主持、参与国家社科、上海市重点学科课题多项。

解放思想是法学进步的原动力
（代总序）

1981年11月，由华东政法大学主办的《法学》复刊了。它的复刊，源自1978年年底的那场解放思想运动。

回顾新中国60多年的历史，我们可以清楚地看到，我们国家的发展，大体可以30年为时段分为前后两个阶段。前30年，我们党在治理国家的指导思想方面，出现了"左"的倾向。从"批武训传"、批俞平伯的红楼梦研究、批胡风"反革命集团"到1957年"反右"运动扩大化、1962年提出"以阶级斗争为纲"，直至1966年爆发"文化大革命"，"左"的思想不断升级，最终导致国民经济濒于崩溃、各项建设事业停滞、学术（包括法学）陷入一片沙漠状态。

1978年年底，中国共产党召开了十一届三中全会，实行改革开放之国策，社会各界解放思想，因而改变了整个中国的面貌，也迎来了法学研究的春天，导致了《法学》的复刊。自那时以来，我们也已经走过了整整30年。在这30年中，《法学》在上级部门的领导下，通过全体办刊人的持续努力，紧贴时代发展的脉搏，跟踪社会发展的前沿，及时回应法律界所遇到的热点和难点问题，发表了一大批高水平的作品，对我国的立法、执法和司法实践形成了重要的理论支持，在学术界乃至全社会产生了巨大影响力，推动了改革开放以后中国法律和法学的进步与繁荣。

在回顾总结《法学》30年历程，探索法学理论与法律实践互动之规律时，我们感受最深的一点就是，解放思想是法学进步、繁荣的原动力，没有中国的改革开放和解放思想，就没有中国法律和法学的今天，更没有《法学》的今天。

一

关于解放思想，邓小平同志有一个定义，就是"解放思想是指在马克思主义指导下打破习惯势力和主观偏见的束缚，研究新情况，解决新问题"。[①] 这个定义，包含了三个要素：(1)马克思主义的指导，讲的是政治立场和认识论、方法

① 《邓小平文选》(第2卷)，人民出版社1994年第2版，第279页。

论;(2)打破习惯势力和主观偏见的束缚,这既包括政治体制上的,也涉及其他各个领域里的;(3)研究新情况、解决新问题,就是要跟上社会发展的步伐,与时俱进。因此,在某种意义上可以说,解放思想的精神实质就在于:一是说真话;二是实事求是;三是不唯书、不唯上;四是打破不合理的偏见和传统;五是在理念、观点和制度上创新。

30 年来,《法学》就是贯彻了这一精神,解放思想,不断进步。其中,冲破政治上习惯势力和主观偏见的束缚,提高法学研究在我国政治体制改革中的贡献度,是《法学》首先关注的重点。众所周知,法律与政治紧密相关,法学研究也与社会的政治决策息息相关。要使法学研究对同时代的乃至以后的政治决策有所贡献,必须解放思想。换言之,法学研究在推动社会政治体制改革、回应社会重大政治问题时,如能解放思想、提出有真知灼见的建言建策,就会大大彰显法学研究的贡献。1982 年春天,当我国立法机关将宪法草案提交全国人民讨论时,《法学》月刊社就召集各方面专家,就其内容进行广泛讨论,参与者有徐盼秋、潘念之、肖蔚云、高恭佑、浦增元、孔令望、陈云生、胡土贵、周天平等众多法学界知名人士。各位专家学者解放思想,破除禁忌,充分讨论,各抒己见。《法学》在第 6 期、第 7 期连续刊登了他们的建言建策,对我国宪法内容的确定产生了很大的影响。

1982 年 9 月 1 ~ 11 日,中国共产党第十二次全国代表大会召开,大会通过的新党章明确规定:“党必须在宪法和法律的范围内活动。”但是,如何理解和执行党章的这一规定,许多党员甚至党的领导干部对此还存在许多疑问。当时,许多领导都曾提出了“到底是法大,还是党委大”的疑问;也有领导认为,规定党必须在宪法和法律范围内活动,就会束缚自己的手脚,妨碍开创新局面。针对党的十二大召开后社会上和党内存在的这些想法,《法学》1982 年第 11 期刊登了楚云飞的文章《在宪法和法律范围内活动是党的一项重要原则》,系统阐述了党章这一规定的法理基础,强调我们必须解放思想,充分认识这一规定对推进我们执政党的建设和推动我国社会主义法制发展,全面开创社会主义现代化建设新局面的极其重要意义。

随着 1992 年 10 月 12 ~ 18 日党的十四大提出建设社会主义市场经济的改革目标后,我国市场经济发展迅速,宪法的许多规定就显得落后于客观形势的发展了,但是,真的要提出修宪的主张,在当时还是存在一定风险的。《法学》就在这一点上,以极大的理论勇气,于 1992 年第 12 期,以纪念宪法诞生 10 周年为契机,发表了评论员文章《修宪:市场经济发展的必然要求》。该文指出,修宪问题,无论从宪法学抑或法理学角度来看,应属技术性问题。然而,由于特定的历史条件，重提修宪问题，就不能不在某种程度上引起人们的高度警觉和重视。但是，社会主义市场经济的发展，出现了众多宪法上没有规定的事项。例如，“随着改革开放的不断发展，出现了多种经济形式并存的局面，特别是许多合营、合资、私营企业的出现，能否对这些经济形式进行保护，关系到改革开放能否向纵深发展的问题，而宪法对此并未规定”。同时，改革开放需要合法地出租、转让土地，而这一点也是宪法禁止的。因此，在适应社会主义经济发展和改革开放的历史要求下，1988 年，我们就对宪法进行了修改，允许私营经济形态的存在，以及取消了对土地出租和转让的禁令。现在，改革开放的进程和社会的发展，又一次需要我们对宪法做更大范围的、更大规模的修改，我们应当与时俱进，完成这一历史使命。在发表评论员文章的同时，这一期还刊登了孙潮、戚渊的《论确立市场经济的宪法地位》、李伟的《宪法权威论》、李步云的《不断完善中国人权的保障体系》等文章，对修宪涉及的各个领域的一些重要问题作了阐述。《法学》的这些文章，虽然发表在邓小平同志 1992 年南方讲话之后，但此时在我国，修宪问题还是一个禁区，因此，发表上述言论还是冒了一定政治风险的。

在法理学领域，关于法的定义这一核心问题，在新中国成立的前 30 年，基本上是“阶级斗争论”、“阶级意志论”一统天下。要冲破这一禁区，必须鼓足勇气，在法学理论上来一个大胆的突破。而在这方面，《法学》也走在了全国研究的前列。1986 年，《法学》在第 1 期《新年寄语慰读者》中，率先提出：“科学是没有禁区的，有禁区就不会有发展和深入。法学研究也是如此。”“近年来，我国法制建设和法学研究的现状表明，法学理论的研究正面临着改革和挑战，无论在内容和方法上都亟须有新的突破。”“我们认为，无论是基础法学还是应用法学的研究，都应该把焦点对准现实中涌现出来的或者是历史上没有解决的问题，应该重视和倡导‘问题法学’的研究。”

同期刊登的《中国法制报》政治评论部主任张宗厚的《对法的三个基本概念的质疑》一文，对现行的法的定义中三个核心命题——“法律是阶级社会特有的现象”、“统治阶级意志论”和“阶级性是法的唯一属性”进行了质疑，提出了不同观点，并予以系统阐述。同期还刊登了陈浩然的《对“质疑”的质疑》一文，与张宗厚文中的观点进行了讨论和争辩。《法学》1986 年的《新年寄语慰读者》和张宗厚、陈浩然文章的发表，在我国法学界激起了巨大的冲击波，给我们的思想以极大的震撼。因为直到 20 世纪 80 年代中期，上述从苏联引进的关于法的定义的三个核心命题，是我们熟悉并认为是天经地义的，几乎从未有人提出质疑。而张宗厚的文章则颠覆了我们的传统法学观，其震动不能说不大。而陈浩然的文章，虽然是对张宗厚观点的反质疑，阐述的力度相对小一些，但陈文给学术界带来的推进学术研究“百花齐放、百家争鸣”的贡献,则有目共睹。

在法学研究发展中,一直让我们法律人纠结的就是政治与法律的关系问题。而在阐述法律与政治之关系时,思想最为解放的文章,就是陈鹏生在《法学》1987年第1期发表的《没有法律的政治是危险的政治——法学研究的反思》一文。文中指出:“本来,政治和法律都是上层建筑的组成部分,相互作用,共同为自己的基础服务,是马克思主义的常理。但是,由于高度集权思想的影响,政治被强调到可以冲击,甚至代替一切的荒谬地步。政治与法律相互作用的关系,变成政治决定法律的关系。而按照‘左’的一套理论的逻辑推导,政治就是阶级斗争,阶级斗争就是敌我矛盾。于是服务于并决定于政治的法律,就只能是以阶级性作为自己的唯一的质的规定性,以‘阶级斗争的工具’作为自己的唯一职能了。以法作为自己研究对象的法学,当然也只能是‘阶级斗争’的[学问了]。”

作者认为,这种理论的后果,一方面,使法律失去了自己的独立性,唯政治需要决定自己的兴废存亡:政治安定时,法律成为民主的点缀;政治严峻时,一言可以废法,实际上是以“人治”代替了“法治”。另一方面,也把法律与阶级斗争捆在了一起,使法律与政治一起成为学术讨论和争鸣的禁区,“一旦涉及,就‘以言治罪’,出现‘文笔贾祸’,法学研究也就不复存在”。作者进一步指出:“我们的民主,首先是制度,然后才是干部的思想作风。否则民主就会随领导的喜怒哀乐而变样。因此,要政治民主化,就应该依靠法律制度,保障民主不会因领导人的改变而改变,也不能因领导注意力的转移而改变。我们的法学家,应该通过对法制建设深刻的历史反思,从理论上令人信服地告诉人们千万不要忘记一条历史教训:政治离不开法律,没有法律的政治,是危险的政治、灾难的政治。”因此,为了防止这一点,我们必须研究如何通过法律来保障公民权利义务一致性原则的确立和实施,以及这种意识的形成。

应该说,作者关于“没有法律的政治就是危险的政治、灾难的政治”的观点,不仅是对中国“重政治,轻法律”,崇尚“人治”,轻视“法治”之传统的深刻揭示和批判,而且也阐明了理顺法律与政治的关系,对防止历史悲剧的再次发生、建设社会主义法治的重要意义。应该说,在当时的环境下,没有思想的解放,是不可能有如此大的理论勇气提出这么尖锐和鲜明观点的。①

① 就在此文发表两年前,谢次昌在“论政治与法律的关系”一文中,还强调“政治与法律相比,政治总是处于主导地位,法律的制定和实施必须服从政治的需要”,载《法学》1985年第5期。

二

解放思想也促进了法学研究在我国经济体制改革中推动作用的发挥。1982年中期，随着我国改革开放的深入，社会主义经济体制转型，经济领域犯罪日益增多且形态各异，尤其是许多正常的经济活动和犯罪行为容易混淆，这对我国的法学理论研究和定罪量刑等都提出了严峻挑战。《法学》解放思想，敢于打破常规，使法学研究及其对司法实践的指导走在了全国的研究前沿。《法学》1982年第7期刊登的一组关于“职工受外单位聘用接受高额报酬是否构成犯罪”的讨论文章，就是突出的一例。

当时，随着打击经济领域犯罪的深入展开，不少单位和群众对一些在职的或退休的职工受外单位聘请、接受高额报酬的行为，向有关机关举发。当时政法机关内部对这类行为到底是否属于犯罪产生了很大分歧。而这种分歧，在1982年春上海某区人民法院受理检察机关诉上海某国营工厂的技术人员王某受贿①一案中获得了集中体现。从1980年起，王某私下接受外单位（自己的家乡奉贤县钱桥公社橡胶塑料厂）的委托，在业余时间，利用本单位的设备，从事产品试制并获成功。由此给钱桥公社橡胶塑料厂带来了巨大利润，王某也从该厂获取报酬3800余元。检察机关认为王某的行为已构成受贿罪，依照《刑法》第185条规定，予以公诉，要求惩处。在审判机关内部，有认为该定受贿罪的，有认为该定贪污罪的，有认为该定投机倒把罪的，有认为该定破坏经济秩序罪的，也有认为不该定罪的，等等，不一而足。《法学》抓住这一典型案例，组织专家进行深入讨论，最后一致认为，王某的行为虽有瑕疵，犯有错误，但还未构成犯罪，不该定刑。特别是，在改革开放的大背景下，为加快社会主义现代化建设事业，法律必须引导广大技术人员发挥自己的专长，多为国家做出贡献。而在此过程中，他们的劳动必须得到尊重，必须获得报酬，这不仅不是犯罪，而且是法律应该鼓励的行为。《法学》所发表的专家意见受到了司法机关的重视，不仅王某最终没有被定罪，而且对以后一些在职的或退休的职工受外单位聘请、接受高额报酬行为的评价也发生了良性变化。②

---

① 根据《法学》1983年第3期发表的龚介民的“重视韩琨案件中的法律与政策问题”和张传桢、铁犁的“韩琨案功与罪之争”，载郭道晖、李步云、郝铁川主编：《中国当代法学争鸣实录》，湖南人民出版社1998年版，第285页。王某的真名是韩琨，上海橡胶制品研究所助理工程师。

② 之后，《法学》还接连讨论了刘亨年、戴振祥等有罪还是无罪的案件。参见《法学》1987年第7～11期、1988年第10～12期。

当然,《法学》在经济领域发表学术观点,并有力地冲击了传统法律观点、推动了我国社会主义市场经济体制确立的最有影响力的文章是曹建明、钱富兴、顾长浩、李朝兴所写的《外商租用土地与经营房产业的理论与实践》。① 该文指出:“土地是一种重要资源,也是利用外资、引进技术、进行生产和经营活动的基本条件。”“因此,发挥土地经济杠杆在对外开放中的积极作用,实行出租土地给外商从事综合性经济活动,并允许外商在我国购买和经营房产的政策,将涉及我国对外开放中土地和房产两个方面的法律问题,而其中地产业的问题又是最为关键的。”“外商租用土地和经营房产业,可在相当的程度上解决开放城市建设资金不足、外汇不平衡的困难。”

文章接着阐述:实行出租土地给外商以及允许外商在我国购买和经营房产的政策,在目前还是一个非常复杂和严重的问题,比如,允许外商租用开放城市的土地,“是否会重演帝国主义在半殖民地旧中国建立租界的悲剧”? 作者认为,不会。因为“在对外开放中出租土地给外国投资者,与帝国主义在旧中国的租界是有本质区别的”:不仅性质不同,前者是经济活动范围的概念,后者是政治主权的概念,而且产生的原因和条件也不同。作者接着进一步就外商租用我国土地问题的理论依据和法律依据进行分析。比如,出租土地的法律行为并不违背马克思主义的基本理论,也不违反我国的宪法和法律;各国关于外国人租用本国土地的法律制度及其在我国的实践;外商租用土地、经营房产与开放城市经济发展战略的协调;外商租用土地和经营房产业的法规及其协调;等等。

文章刊登后,在全国引起了很大反响。虽然也有一些不同的观点,认为文章提出的主张违反了我国 1982 年《宪法》第 10 条关于“任何组织或者个人不得侵占、买卖、出租或者以其他形式非法转让土地”的规定(因为此时宪法尚未修改),因而是违宪的。② 但大多数学者对文章的观点表示理解、支持和赞赏,认为文章回应了我国改革开放带来的引进外资、迅速发展我国市场经济的实践所提出的实际法律问题,具有重大理论指导意义。1988 年宪法修改,吸收了文章提出的观点,取消了出租和转让土地的禁止条款。文章发表以来,我国经济发展的实践证明了该文的正确以及它的强大生命力,也证明了《法学》思想的解放以及非常的理论勇气和远见卓识。

---

① 参见《法学》1986 年第 7 期。

② 实际上,文章本身已经回答了出租土地给外商是否违宪的问题,文章认为,《宪法》第 10 条并没有禁止“国家”出租土地的行为,只禁止了组织和个人;当时已颁布实施的《中外合资经营企业法》中已经规定了允许出租土地给外商。

三

解放思想也促进了法学学术的进步与繁荣。学术的进步与繁荣,最为重要的就是营造一个有利于学术讨论与学术争鸣的环境和氛围。而这种环境和氛围的形成,必须是在解放思想的前提下,能够说真话,实事求是,不唯书、不唯上,打破不合理的偏见和传统,在理念、观点和制度上创新。在这方面,复刊后的《法学》做得非常好。

比如,在1981年的复刊号上,就发表了华东政法学院院长徐盼秋的《关于社会主义法律与客观规律》一文。在文中,作者解放思想、实事求是,一层一层地分析批判了以往片面夸大意志的作用,要人治,不要法治,权大于法,以言代法等不顾社会发展客观规律的错误观点,明确指出,"利用客观规律来造福于国家和人民是社会主义法律的光荣任务",但我们"要利用客观规律,必须首先掌握客观规律"。作者认为:"社会主义法律必须反映客观规律,但是它并不等于客观规律。""客观世界是不可穷尽的,人们对于客观世界的认识也永远没有完结。所以,人们只能随着对客观规律认识的发展来不断完善社会主义法制。"作者最后指出,社会主义法律,作为社会主义社会上层建筑的一部分,它对客观规律的反映,与上层建筑的其他部分相比,具有自己的突出特点:社会主义法律对客观规律的反映不是以原理、定律等科学理论的形式,而是以法律条文的形式使其规范化;被社会主义法律所反映的客观规律,有国家强制力的保障,这使它本来就具有的客观必然性更加强化,能够加速这种客观必然性的实现;法律对客观规律的反映具有稳定性和严肃性,如果能够坚持以法治国,国家就会以更加符合客观规律的方式获得迅速发展。

与徐盼秋的文章相呼应,《法学》1982年第5期发表了余先予的《论法律自身发展的客观规律》一文,该文将社会主义法律与客观规律的学术探讨进一步引向深入。余文指出:"法律自身发展规律的问题,与法律表现客观规律的问题,是两个不同范畴的问题。前者是指法律这种客观的社会现象的自身发展受哪些客观规律的支配;后者是指法律这种客观事物与其他客观事物之间的关系。为了更好地完善我们的社会主义法制,我们不仅要研究法律与其表现的客观规律之间的关系,而且也要研究法律自身发展的客观规律,使我们的法律既符合客观形势所提出的要求,紧密地为解决党和国家所面临的各项任务服务,又符合法律自身发展的要求,建立完备的社会主义法律体系,真正担当起社会主义时代的历史所赋予法律的任务。"

那么,纵观数千年法律发展的历史,它有哪些规律呢?余先予教授认为,法律自身发展的规律,主要有五个方面:第一,法律制度本身是一种社会的客观存在,它源于物质生活关系,受社会经济条件制约,不是什么人想要就要、想不要就可以不要的东西,也不是可以随心所欲地“创造”的东西。第二,法律都具有鲜明的阶级性,它是取得胜利、掌握政权的阶级意志的体现,是建立和维护有利于统治阶级的社会制度和社会秩序强而有力的杠杆。第三,法律由国家机关制定或认可,以国家强制力为后盾,对全社会具有普遍约束力。第四,法律以肯定的明确的行为规范的形式,给予法律关系的当事人以权利和义务,规定他们可以做什么,不可以做什么。第五,法律制定出来就必须执行,在现实生活中兑现,务求做到有法必依,执法必严,违法必究。

又如,比较法研究,包括法系理论,在新中国成立的前30年,是一个遭受批判的领域,也几乎是一个被人们所遗忘的领域。直至改革开放之后的20世纪80年代初,比较法研究和法系理论依旧被认为是资产阶级的学术观点,是西方资本主义的研究领域。在此时,《法学》解放思想,冲破上述认识的樊笼,在全国率先提出比较法和法系的问题,在王召棠、陈鹏生的《社会主义中国法系初探》①和王召棠、张传桢、陈鹏生的《对中国式社会主义法律体系的探讨》②等文章中,作者旗帜鲜明地提出:“法系不应是资产阶级法学的专用语,而应是整个法学领域中应该着重研究的一个课题。”建立中国社会主义法系,必须肃清重刑轻民的历史影响,必须正确地处理好政治与法律的关系,肃清以政治代替法律、冲击法律的思想影响。应该说,这些观点不仅在当时,即使在目前,也是一种解放思想的观点。

再如,虽然我国于1982年12月通过了新中国的第四部宪法,但宪法理论的研究并没有很好地展开,这当中,除了人们还没有从1966~1976年10年“文化大革命”的噩梦中清醒过来,我国在言论自由方面还没有确立很明确的法治原则(对此,骆伟雄的《言论自由的若干法律问题》一文③有很好的分析)之外,宪法学研究者不能解放思想、缺乏理论勇气也是一个重要原因。对此,我国著名的比较宪法学家龚祥瑞的《中国需要什么样的宪法理论》④一文,勇开先河。龚文认为,宪法意识是从“权力必须受到限制”这个思想出发的。各国宪法规定的限制权力的表现形式可能有所不同,但立宪政府的一个共同信念,就是政府权力不

① 载《法学》1982年第2期。
② 载《法学》1983年第5期。
③ 载《法学》1989年第2期。
④ 载《法学》1989年第4期。

能无限。而宪法就是授予和限制权力的根本法，它规定了立法、行政和司法机关的职责以及彼此的监督和制约，规定了对公民权利的保障，这就是现代宪法的由来。因此，“宪法是治国之法，治官之法，是从崇尚个性解放，保护私有财产，保护人身、言论出版等自由，遏制暴政、苛政，保障公民利益出发的”。“针对权力的先定性和腐化性、侵略性，人们就要用宪法与行政法来约束它、管制它，使之分别由不同主体行使，并置于人民监督之下，这才是我们重新开始要做的。”作者最后指出：“宪法是保护人民利益的根本大法。我们要研究人性中残酷的一面、人间的疾苦的一面，忠诚地以人类追求正义的精神而不懈地积累、更新如何预防权力被人类弱点所滥用的根源、技术和方法，重新开始宪法理论问题的研究。”

重读20多年前文章中这些即使在现在看来思想也是非常解放的观点，我们不得不佩服作者的理论勇气，也不得不佩服《法学》思想的解放。我们认为，龚文的上述观点，对新中国宪法学的研究一定具有长时间的理论指导力和学术影响力。

又如，就我国改革开放之后几次大的法学学术理论探讨，关于开展法学基本理论研究、关于开展社会主义法律体系的讨论、关于社会主义法的本质、法哲学的内涵和价值、①法的阶级性与社会性、宪法司法化、复员军人进法院、“坦白从宽，抗拒从严”的质疑、“婚内强奸”的讨论、法制建设协调发展、②罪刑法定与罪刑相适应的原则、③关于“廉政建设的法律思考”、法学的现状与发展、著名学者论依法治国、“克隆人”与法律、社会主义法的精神、④创新和繁荣法学理论笔谈、⑤《物权法》草案是否“违宪”、检察监督权之探讨、“双规”的合宪性等，《法学》的研讨也都是走在全国前列的。如关于中国社会主义法的体系的讨论，曾

① 如傅季重：“法律哲学研究的对象及其任务”，载《法学》1982年第3期；公丕祥：“也谈重视法哲学的研究”，载《法学》1983年第4期。

② 详细参见《法学》1984年第5～10期、第12期所发文章。

③ 罗平：“同名数罪，毋须并罚”，载《法学》1982年第10期；邹涛：“关于同种数罪及并罚问题”，载《法学》1983年第4期；魏皓奔：“也谈‘罪刑适应’”，载《法学》1983年第7期。

④ 郭道晖在《法学》1994年第10期发表了“社会主义自由——当代社会主义法的精神”，从孟德斯鸠的著作《论法的精神》一书中的思想，谈了“法的精神”的科学含义以及社会主义法的精神的问题。张光博在《法学》1995年第5期上发表了“法的精神与法律精神论略——与郭道晖同志商榷”。郭道晖在《法学》1995年第6期上再发“再论社会主义法的时代精神——答张光博教授”一文，展开了激烈的思想交锋，引起了法学界的关注。

⑤ 参见《法学》1987年第1期至1988年第8期。其中，有些文章探讨的问题在当时都是非常前沿和大胆的，如夏之的“对‘马克思主义法学’提法的商榷”，魏皓奔的“社会主义社会同样产生犯罪”（当时许多人都认为只有资本主义才是产生犯罪的“温床”），崔敏的“客观性也是法的本质属性”，周叶中的“宪法实施：宪法学研究的一个重要课题”，舒国滢的“对法概念之争的思考”，吴家如的“法学研究应从适应型向创造型转变”，杨海坤的“对建立我国行政诉讼制度的思考”，等等。

经是改革开放初期我国法学界热议的课题,《法学》于1983年4月21~29日联合中国社科院法学所,在上海率先举办了关于法律体系和法学体系的专题研讨会。当时的一些法理学大家,如吴大英、沈宗灵、刘瀚、齐乃宽、王传生、陈汉章、余先予积极参加,撰文发言,有力地推动了中国社会主义法律体系和法学体系的形成。

尤其是从1997年起,《法学》在当时的主编郝铁川教授的主持下,连续刊登了一组"建国以来法学界重大事件研究"的文章,其中有《对新中国摧毁旧法制的历史反思》、《"刀把子"风波记》、《无罪推定在新中国的命运》、《1957年错批杨兆龙的"法律继承论"纪实》、《关于80年代"法的社会性和阶级性问题"大论战》、《关于前苏联法对中国法制建设的影响》、《人权禁区是怎样突破的》、《人权研究中的一场风波》、《一场有缺陷的司法改革》、①《"再为司法独立鼓与呼"一文的风波》、《"法权"还是"权利"之争》、《从"法制"到"法治"二十年改一字》、《新中国第一次法理讨论会的回忆与思考》、《五十年代〈法学〉是为何被迫停刊的》、《1996年"晓南"风波纪实》、《1957年的王造时》、《关于更改反革命罪名的风波》、《死刑的限制与扩张之争》、《正当防卫立法的进展与缺憾》、《我们是怎样逐步实现"罪刑法定"的》等。这些文章,后来结集为《当代中国法学争鸣实录》一书,②在湖南人民出版社出版,在法学界引起了很大的反响。

最后,《法学》还非常重视对实务法律问题以及重大疑难案件展开学术研讨,直面社会现实对法学研究提出的要求,并给予法律实践以指导。这方面的例子非常多,如1997年对"碧纯"水侵权案件的研讨,1999年对"枫叶"诉"鳄鱼"不正当竞争案件的研讨,2000年对全国首例老虎袭人致死案件的研讨,对2001年綦江彩虹桥垮塌案件的讨论,2001年深圳中级法院审理之中国首例贞操损害赔偿案件的研讨,对2002年"陆来富案件"的研讨,2003年对"孙志刚案件"的研讨,对2005年"圆明园环评事件"的研讨,2008年年初关于"许霆案"、"孕妇死亡案"、"彭宇案"的讨论,2009年对"杨佳袭警案"、"齐玉苓案"的热议,等等。与此同时,《法学》也积极参与我国的立法活动,组织专家学者就各项法律草案进行学术研讨,对立法活动建言建策。其中最主要的有《立法法》、《行政处罚法》、

---

① 主要指1952年的司法改革运动。这场运动的结果:一是将6000多名旧法人员从我们的审判队伍中全部剔除了出去;二是将"法律面前人人平等"、"司法独立"、"法不溯及既往"、"尊重诉讼程序"等观点全部认定为"旧法观点"而予以彻底批判;三是用马克思主义和毛泽东思想的国家观和法学观武装我们的司法干部。详细参见何勤华:"论新中国法和法学的起步——以'废除国民党六法全书'与'司法改革运动'为线索",载《中国法学》2009年第4期。

② 郭道晖、李步云、郝铁川主编:《当代中国法学争鸣实录》,湖南人民出版社1998年版。

《行政复议法》、《行政许可法》、《公务员法》、《公司法》、《物权法》、《劳动合同法》、《刑法(修正案)》、《刑事诉讼法》、《国家反腐败法》、《能源法》、《水污染防治法》、《反垄断法》、《政府采购法》、《监督法》、《罢工法》等。从而为我国新时期的立法、加快形成社会主义法律体系做出了贡献。

四

《法学》复刊30年的历史证明,一本杂志的进步需要解放思想,一门学术的进步也需要思想解放。这一点不仅仅是《法学》复刊30年的经验和教训,也是它之前的历史透视出来的经验和教训。

《法学》创刊于1956年6月15日。当时,正是中华人民共和国第一部宪法1954年宪法颁布实施、全国法制建设形势一片大好之时,《法学》(1956年创刊号及后面两期刊名为《华东政法学报》)应运而生。从其诞生的第一天开始,它就宣称要解放思想,鼓励学术创新,展开"百家争鸣"。其发刊词称:"'百家争鸣'是推进学术思想的重要精神。不奖励自由思想,不展开自由讨论,没有批评和自我批评,学术上就不会有进步,不会有新生力量。《华东政法学报》将充分体现'百家争鸣'的精神,重视有独立劳动和首创精神的作品,重视'问难析疑、求同存异'的学术争论。"①

正是在上述解放思想的指导方针下,《法学》在其创刊至1958年9月16日被迫停刊,这不到3年的时间内,发表了一批解放思想、极富学术创造力的好文章,如梅泽濬的《哲学上的因果关系及其在刑法中的运用》、②李良的《"百家争鸣"和法律科学》、③刘焕文的《在"百家争鸣"中谈旧法思想》、④杨兆龙的《法律的阶级性和继承性》、⑤孙晓楼的《关于中国法学遗产问题的看法》、⑥黄道的《略论刑事诉讼中的无罪推定原则》、⑦张光博的《关于"公民在法律上一律平等"的

① 载《华东政法学报》1956年第1期。
② 同上。
③ 载《华东政法学报》1956年第2期。
④ 同上。
⑤ 载《华东政法学报》1956年第3期。
⑥ 同上。
⑦ 载《法学》1957年第2期。

意义》、[1]李光灿的《论共犯》、[2]丘日庆的《现阶段国际法的体系》、[3]刘家骧的《谈谈双重国籍问题》、[4]叔思的《对建立我国刑法分则体系的一些意见》、[5]董敬之等的《谈重婚与通奸》[6]等。但到1957年夏天"反右"运动开始、法学界的思想受到禁锢以后,《法学》上也就再没有刊登什么好文章了,甚至登出了黄道被迫写的批判自己无罪推定观点的检讨文章,而中国此时的法制建设和法学研究也基本上处于停顿状态。

法学的历史是这样,其他学科的历史也一样,甚至世界上所有国家的情况都一样。在古代罗马,随着公元426年《学说引证法》(Lex Citationum)的出台,盖尤斯(Gaius,约130~180年)、乌尔比安(D. Ulpianus,约170~228年)、帕比尼安(A. Papinianus,约140~212年)等五大法学家被授予法律解答权(jus responddendi),他们五人的学说观点被认可具有法律效力,而其他法学家则不具有这种权力。百家争鸣的学术环境不再存在时,罗马法学也就失去了学术创造力,日益走向衰弱。中世纪意大利的注释法学派、法国的人文主义法学派、近代欧洲的私法注释学派、第二次世界大战之前的日本民主主义宪法学说等,其走向衰落的重要原因之一,也都是促成这些学派和学说兴盛的解放思想运动日渐衰微。

因此,解放思想是法学进步的原动力:解放思想营造了法学研究领域讲事实、摆道理、说真话这么一种"百花齐放"、"百家争鸣"的环境和氛围,激发了法学研究创造力的勃发,带动了法学方法论的创新,也改变了法学研究的整个面貌。更进一步说,解放思想是法学进步和繁荣的灵魂。应该认识到,在现代社会,包括法学研究在内的科学研究,与现代化生产劳动有着巨大的差异。

一方面,现代化生产劳动(不管是工业生产还是农业劳动)具有重复性,尤其是商业化生产、流水线作业,重复(复制)是其基本特征;而科学研究就不同,它不具有上述特性,它需要每一个项目、每一个专题、每一个观点的创新。如果科学研究不能摆脱重复性,那就是复制,就是模仿,甚至是抄袭,这样的科学研究就没有了原创价值。

---

① 载《法学》1957年第2期。

② 载《法学》1957年第2~3期。

③ 载《法学》1957年第3期。

④ 同上。

⑤ 同上。

⑥ 载《法学》1957年第4期。

另一方面，现代化生产劳动，一般具有集团性、流水作业的性质，这样，才能节约成本，最大限度地利用有限的资源，才具有商业竞争力；而科学研究（尤其是文科研究）不具有这一属性，每一个人大脑里的构思、想法，其他人是无法精确揣摩，也是无法取代的，它完全是个人思考的产物，具有个性化（包括由此带来的多元化）的特征。有没有个性化，是检验学术和科技有没有生命力的首要指标。

因此，科学研究需要解放思想（这么说，并不是否定生产劳动也需要解放思想，而是强调科学研究对解放思想更加具有依赖性，美国苹果公司创始人乔布斯是一个最好的例子），解放思想是科学研究的灵魂，科学研究与解放思想之间的紧密关联，是科学研究发展的规律之一。作为科学研究之重要组成部分的法学研究，当然也无法摆脱，而只能遵循这一规律，《法学》创刊55年、复刊30年的历程已清楚地表明了这一规律。其结论很清楚：遵守这一规律，法学就进步，就繁荣；违背这一规律，法学就退步，就衰微。

《法学》复刊的历史还证明，一个国家、一个民族的进步，也需要解放思想。改革开放30多年我国社会主义各项建设事业的艰难而辉煌的历程表明，什么时候我们的思想解放了，实事求是了，注重理念、观点和制度上的创新了，敢于打破不合理的偏见和传统了，我们的事业就进步；反之，我们的事业就受挫。《法学》复刊30年的历史，只是我们国家改革开放30多年历史发展的一个缩影而已。

本文刊登于2011年第11期《法学》，当时是为纪念《法学》复刊30周年而撰写。此次作为“法学的历史”丛书的代总序，除个别字词之外，没有做大的修改补充。编辑本丛书，基本目的在于纪念华东政法大学成立60周年，以及《法学》创刊56周年，希望通过本丛书，将《法学》（1956年出版的3期称《华东政法学报》）刊登的有影响的文章保存下来，以真实地记录《法学》，更广范围地说也包括了中国法学所走过的曲折道路，了解新中国50多年法学发展的真实面貌，以为中国法学今天的发展繁荣提供历史借鉴。正是基于这一目的，我们在编辑时，对1981年复刊以来的各期，主要是选出比较重要的文章，而对1956～1958年所出的18期（1956年《华东政法学报》共3期，1957年《法学》全年共6期，1958年《法学》1～9月共9期）文章，全文收入，未作删节和修改，以尊重历史真实。

本丛书的出版，得到了法律出版社社长黄闽、财税出版分社社长沈小英以及各位责任编辑的全力支持和帮助。在此，谨表示我们诚挚的谢意。本丛书规模宏大，参与编辑勘校人员众多，错误和疏漏在所难免，对此我们将承担全部责任，也希望广大读者能予以谅解。

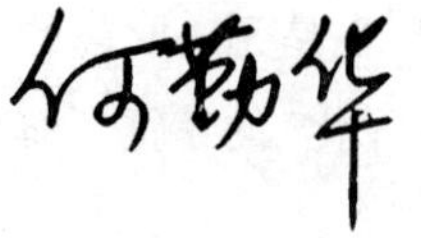
*

于华东政法大学

2012年8月1日

---

* 华东政法大学校长，教授、博士生导师，法学博士。

目 录

1982 年

1983 年

1984 年

1985年

1987 年

1988 年

1989 年

1990 年

1991 年

1992 年

1993 年

1999 年

2000 年

2001 年

2002 年

1982年

论刑法中的类推

朱华荣*

刑法中的类推,就是对刑法上没有明文规定的犯罪,比照最相类似的条文予以定罪判刑的一种制度。这是我国刑法同犯罪作斗争的重要手段之一,但也是刑法中颇有争议的一个原则性问题。有人认为类推曾经是封建制国家和法西斯国家采用的旨在镇压人民的一种刑法制度,而中华人民共和国的刑法是建立在社会主义民主和法制的原则上的,为什么也要采用类推,对此很不理解。即使某些对我国刑法采用类推有所了解的人,对我国刑法中类推的适用是否能起到巩固法制的作用,也抱有怀疑。因此,论证我国刑法中采用类推的必要性,阐述它和封建、法西斯的类推制度之间的根本区别,说明它在实际运用中的法则,及其如何保证巩固法制和维护人民利益,这无论是在理论上或实践中都具有重要的意义。

一

“类推”(Analogia)在我国古代法律中称为“比附援引”或“比附断案”等,从我国历史上考察,可谓源远流长,早在《吕刑》中就有“上下比罪”的记载。吕祖谦在注“上下比罪”时写道:“三千已定之法,载之刑书者也;天下之情无穷,刑书所载有限,不可以有限之法,而穷无尽之情;又在用法者,斟酌损益之。”这相当精辟地说明了统治阶级适用类推的道理。据汉书《刑法志》记载,秦汉之际,也有“比附断案”的先例。到隋朝定为定例。唐、宋、元、明、清各封建朝代,都相沿订为法律。例如唐律规定:“诸断罪无正条,其应出罪者,则举重以明轻,其应入罪者,则举轻以明重。”说明了当时类推的法则。明律规定的“凡律令该载不尽整理,若断罪无正条者,援引它律比附,就加应减,定拟罪名,议定奏闻……”反映了类推的程序。清律规定:“律无正条,则比引科断,今略举数条,余可例推。”类推到了清朝,可算达到登峰造极的地步。清朝继承了历代“引律比附”的传统,还创造了一系列比附成例,以供审判时遵循。如遗失京城门钥匙比照遗失印

* 作者单位:华东政法学院(现华东政法大学)。

信;弃毁父母神主牌位比照弄毁父母尸体。清朝的比附断案不仅表现在犯罪的惩罚上,还表现在罪状的类推上,如已订婚男女发生关系比照子孙违反教令罪;捕役教令盗窃犯捏造情节或行贿主官比照受财故纵罪。由于比附断案的广泛使用,使条例本身也不断增加。到了同治年间,条例增至1892条之多。比附断案的制度化和经常化,反映了封建司法的日益专横和对人民更加严厉的镇压。正如清朝湖广道御史李云芳所称:“则例纷云,胥吏欲轻有轻条,欲重有重款,事同法异,总缘立名色,便于高下其手。”封建王朝为了对农民实行超经济剥削,在政治上加强镇压,因而在司法上采取擅断主义,这就决定了封建刑法必然广泛地适用类推。

但鸦片战争爆发后,清朝政府一方面屈从于帝国主义势力,另一方面企图缓和国内矛盾和欺骗人民。于是仿效日本的“维新变法”,修订法律。于1904年正式成立了修订法律馆,聘请了日本资产阶级法学家岗田太郎起草大清新刑律。其编制体例,完全抄袭日本旧刑法。而日本的旧刑法则是“明治维新”后,于1875年日本政府聘请了法国巴黎大学副教授Boissonde到日本拟定的,是以法国资产阶级的刑法典为蓝本,贯穿着资本主义国家所推行的罪刑法定主义。因此,大清新刑律实质上就是法国刑法在中国的再翻版和变种,是在中国的封建主义躯体上披上一件资本主义的外衣,反映了当时中国已沦为半封建半殖民地的实质。由于大清新刑律采用了罪刑法定主义规定,“行为时之法律无明文科以刑罚者,其行为不为罪”,从而否定了类推制度,废除了比附断案。该刑律于1910年(宣统二年)公布,还来不及实施,辛亥革命爆发了,清朝政府随之倒台。这部刑律后来却被北洋军阀政府和国民党政府所承继,虽有修订,但本质未变。故国民党六法全书中的刑法第1条,仍然打着罪刑法定主义的旗号,规定:“行为之处罚,以行为时之法律有明文规定者为限。”这也是国民党刑法半封建、半殖民地的本质反映。实际上这完全是形式主义规定,和其他资本主义国家一样,从未认真实行过,只不过是一块掩盖其刑法反动本质的遮羞布。

应该指出,资产阶级革命时期提出的罪刑法定主义,旨在反对封建司法的专横和擅断,在历史上起过进步的作用。早在17世纪英国资产阶级思想家洛克的政治观点中就有了反映。到了18世纪,法国和意大利等国家的封建制度日趋崩溃,为了进一步反对封建司法的擅断主义,包括其广泛的类推制度。如法国的孟德斯鸠、伏尔泰,特别是意大利的贝卡利亚,更系统地提出了罪刑法定主义。法国资产阶级革命胜利后,在1789年著名的《人权宣言》第8条就规定了:“法律只能规定确实需要和显然不可少的刑罚,而且除非根据在犯罪前已经制定和公布的且系依法实施的法律以外,不得处罚任何人。”从此,罪刑法定主义被提升为资产阶级的法律而高奏凯歌，类推制度成为封建制度的殉葬品而被埋葬。1808年法国的刑法典首先将罪刑法定主义作为刑法的最高原则规定在第4条上，各资本主义国家纷纷仿效，刑法典中均庄严地写上法无明文规定不为罪，律无正条不罚的规定，明确地禁止类推。

但是，到了19世纪末，世界资本主义进入了帝国主义阶段，在政治上日趋反动的垄断资产阶级，感到原有的具有民主主义色彩的一些法律制度，已经起不到镇压日益反抗的人民的作用，反而碍手碍脚。于是，他们就公然抛弃了罪刑法定主义这面旗帜。如在德国，当希特勒上台以后，为了便于实行垄断资产阶级法西斯独裁统治，在1935年修改德国的刑法时，就废除了原有的罪刑法定主义的规定，采用了类推制度。其类推适用的条件非常不明确，可以任意解释，主张无限类推，任意出入人罪。所以，法西斯的类推是明目张胆地对民主主义的罪刑法定原则的践踏。所谓依"人民的健全正义感"来适用类推和定罪判刑，实际上反映了反动垄断资产阶级在司法上的专横和对人民的刻骨仇恨。法西斯类推制度给人民带来的深重灾难，在人类历史上留下了可怕的恐怖的记载。国际刑法学会于1937年在巴黎举行的第四次大会上，大部分参加者反对类推的意见，就是对法西斯在刑法中滥用类推的反应。因此，德国法西斯在第二次世界大战中被打倒后，1945年联合国管理委员会法令第1条废止了法西斯的类推制度，得到了全世界人民的赞赏。

二

对《中华人民共和国刑法》（以下简称《刑法》）中类推制度的了解，应追溯到20世纪30年代，从在井冈山建立了自己最初的革命政权之日起，在革命根据地——苏区即废除了一切反动派的法律。革命的司法机关在同犯罪作斗争时，完全根据党和革命政权的政策和革命的法律意识。在这种情况下，当然不发生采用类推的问题。为了保证准确地打击反革命的犯罪活动，苏区革命政权已注意到运用法律这个专政的武器，并首先在刑事立法上制定出《中华苏维埃共和国惩治反革命条例》（以下简称《惩治反革命条例》），于1934年4月8日公布实施，并在此条例中第一次采用了类推。该条例第38条规定："凡本条例所未包括的反革命犯罪行为，得按照本条例相类似的条文处罚之。"否定了在当时只能起到束缚革命人民手足的罪刑法定主义，表现了人民法制的首创精神和原则性与灵活性相结合的思想。

当革命在全国取得了胜利，在1949年成立中华人民共和国的前后时期，根据无产阶级革命的规律和原则,在粉碎了旧国家机器的同时,也彻底地废除了旧法统。在人民的法律不完备的情况下,司法机关的办事原则是:有纲领、法律、命令、条例、决议规定者,从纲领、法律、命令、条例、决议;无纲领、法律、命令、条例、决议者,从新民主主义政策。这是符合我国革命法制发展规律的,反映了新中国成立初期法制的特点,当时司法工作在法律不完备的情况下,多按政策办事,因而也用不着类推制度。但是,为了保卫和巩固新生的人民民主专政政权和建立人民革命的法制,在大张旗鼓镇压反革命的运动中,为了保证镇反工作的顺利进行,我国立法机关,及时总结了群众同反革命罪行作斗争的经验,于1951年颁布了《中华人民共和国惩治反革命条例》,该条例坚定地采用了类推制度,第16条规定:“以反革命为目的之其他犯罪未经本条例规定者,得比照本条例类似之罪处刑。”《惩治反革命条例》的实施和类推制度的采用,一方面保证了在同反革命犯罪作斗争中有法可依和依法办事,一方面又保证了在复杂的阶级斗争中和不断变化的形势下,尽量做到不冤枉一个好人,也不放纵一个反革命分子,证明了类推制度的积极作用。

在林彪、“四人帮”横行时期,他们却利用了类推作为他们封建法西斯司法专横的补充。正如广大司法干部愤恨地指出,他们把类推变成了“乱推”,社会主义民主与法制遭受到严重的破坏。

《刑法》的制定,正是吸取了无产阶级专政正反两方面的经验。故对类推制度的采用,曾经进行过认真的讨论。在这一问题上我们的立法是倾向于罪刑法定主义的。因为“四人帮”被打倒后,需要彻底拨乱反正,肃清流毒,强调一下罪刑法定是很有必要的。但立法者认为,由于我国地广人多,情况在不断变化,考虑到我国制定的第一部刑法不可能十分完备,因此,刑法采用了严格控制的“类推”原则。体现了我国刑法的严肃性和灵活性相结合的精神。

我国刑法中的类推与封建刑法或法西斯刑法的类推在本质上和作用上是完全不同的。封建刑法的类推,实质上是封建地主阶级罪刑擅断的工具。法西斯刑法中的类推,实质上是反动的垄断资产阶级用来破坏资产阶级革命时期建立起来的刑法上的民主主义原则——罪刑法定,以便扩大镇压人民,建立法西斯专政的一种手段。而我国刑法中的类推,则是作为罪刑法定原则的补充,是为了及时地与法无明文规定的犯罪作斗争,更好地保护人民。

我国刑法中倾向于罪刑法定主义的,严格控制的类推制度。在《刑法》第79条中作如下表述:“本法分则没有明文规定的犯罪,可以比照本法分则最相类似的条文定罪判刑,但是应当报请最高人民法院核准。”根据该条文的内容,结合整个刑法的体系和我国的法制原则来看,严格控制的类推原则,除了表现在适用的程序上，即应报请最高人民法院核准，以防偏差，以求法制的统一外，还表现在实体法上的类推适用的法则上：

1. 依类推定罪判刑的行为必须是犯罪行为。是否是犯罪行为，并不是根据司法工作人员主观任意认定的，这必须根据《刑法》总则第10条的规定来认定。该条科学地规定了我国的犯罪行为的实质概念，明确指出犯罪行为必须是具有社会危害性的行为，并达到了应依法受到刑罚惩处的程度。根据犯罪行为的这些特征，不仅从原则上划分了罪与非罪的界限，也划分了类推适用的界限。因此，不具有社会危害性的行为，或情节显著轻微危害不大的行为，就不能认为是犯罪，也就不应该依类推去定罪判刑。故第10条的规定，从原则上保证了类推的正确适用，也是适用类推的实体法的根据。

2. 依照类推定罪判刑的行为，必须是刑法分则中没有明文规定的犯罪。如果分则条文中已有直接规定，就应该有法必依。这是我国社会主义法制的严格要求，绝不容许为了企图加重或减轻被告的刑罚而用类推的办法比照其他条文定罪判刑。否则，就是破坏我国的法制。

3. 应比照刑法分则最相类似的条文。所谓"最相类似"就是该犯罪行为的诸特征和类推比照条文中规定的犯罪构成的诸特征基本上相符合。

(1)该犯罪行为侵犯的客体同比照条文中规定的犯罪客体应相同。犯罪客体是决定犯罪性质和危害程度的因素。如果犯罪客体互不相同，即表明犯罪性质不同，危害程度悬殊，就不能适用类推。

(2)该犯罪行为的主观方面同比照条文中规定的犯罪主观方面应相同。犯罪的主观方面首先是罪过形式，即故意或过失。因此，罪过形式不同不能适用类推，即不能将过失犯罪比照故意罪来定罪判刑；反之相同。其次，犯罪构成中规定有一定犯罪目的时，如犯罪目的与比照条文中规定的犯罪目的不同，就不能适用类推。例如，反革命罪的犯罪构成在主观方面必须具有反革命的目的，如果不具有反革命目的的犯罪，绝不能比照反革命罪的条文定罪判刑。

(3)该犯罪行为的主体和比照条文中所规定的犯罪主体应相同。如适用于国家工作人员的条文，就不能类推适用于非国家工作人员。

(4)因此，类推多适用于犯罪的客观方面，但只有该行为的客观方面与比照条文中规定的犯罪客观方面最相类似时，才容许适用类推。这是类推必须遵守的法则。

我国《刑法》对犯罪构成的科学的和尽量详尽的规定，不仅帮助司法实践正确地定罪，也帮助类推的正确适用。

三

《刑法》实施以来，最高人民法院为了帮助各级人民法院正确而统一地适用类推，于1980年1月14日发出《关于适用法律类推案件报送核准问题的通知》，依法强调："人民法院在审理刑事案件中，应当严格限制类推的适用，只是对于刑法分则确无明文规定而又必须给予刑罚处罚的犯罪，才可以比照刑法分则最相类似的条文定罪判刑。"并规定人民法院适用法律类推的案件必须逐级上报，认真审查，一律由高级人民法院报请最高人民法院审核。这不仅在程序上将严格控制类推的适用予以制度化，而且对《刑法》第79条的规定进行了权威性的司法解释，充分地阐明了我国刑法中类推的立法精神。

在司法实践中，我国各地人民法院提出了一些要求适用类推定罪判刑的具体案件。例如，通奸案件、奸污少女案件、猥亵案件、鸡奸案件、抢婚案件、破坏计划生育的案件、盗墓案件、非法行医致人死亡案件等，特别是通奸和奸污少女的案件。对于这些案件如果法院不当做犯罪判处，当事人和群众意见很大，还可能引起进一步纠纷，甚至发生伤害、杀人或自杀的严重后果。因此，对于这些案件的处理，应根据这些案件的个别特点，一方面要配合有关方面，注意做好当事人的思想工作，防止意外事故的发生；另一方面也必须坚持法制原则，以事实为根据，以法律为准绳，严格按照我国刑法中类推的原则予以处理。这里可能存在以下三种偏向，影响类推的正确适用，必须引起重视。

第一，对于属于道德或政纪的行为，不是犯罪的行为，却认为是《刑法》分则上未明文规定的犯罪行为，而主张适用类推去定罪判刑。例如，通奸，与少女发生性行为，妇女卖淫等。这些行为在《刑法》上未规定为犯罪。这并不是立法时的疏忽，也不是《刑法》颁布后新出现的犯罪形式。《刑法》上之所以未规定这些行为是犯罪，乃是根据我国当前的形势和刑法的任务，认为这些行为还未达到一定的社会危害程度，不宜把这些行为当做犯罪来处理，而应该采用道德制裁或行政处分。

第二，对《刑法》分则上已有规定的犯罪，则应该有法必依，不应该适用类推。但在司法实践中，由于未能深入理解分则条文，对分则规定的各种犯罪构成缺乏研究，容易被案件中与犯罪构成要件无关的复杂现象所迷惑，不能将条文适用于具体的案件，以致案件与条文对不上号，有法难依，只好求助于类推。例如，奸淫精神病患者或痴呆妇女，以及抢婚案件中强奸妇女的行为，实际上就是违背妇女意志的一种强奸罪行，完全符合强奸罪的构成，自应按照《刑法》第139条定罪判刑，不应发生类推问题。又如盗墓案件，应根据案件具体情况，如果盗窃了数额较大的财物，符合盗窃罪的构成，自应按照第151条定罪判刑；如果是盗窃古墓，则应按照第173条以破坏文物古迹罪定罪判刑，否则就不是犯罪行为。因为我国社会主义刑法，绝不能像旧法那样，把单纯的盗墓行为看成亵渎祖宗、破坏风水的严重犯罪，而判处刑罚。但对这种妨害治安的行为，可视其情节，予以行政处分。又如非法行医致人伤、亡，或非法代人取节育环致人伤亡者，应根据案情和罪过形式，确定故意（间接故意）或过失的杀人或伤害罪。这些案件都可以直接根据分则上的有关规定予以定罪判刑，不应提出类推。

第三，在适用类推时，不能正确地比照最相类似的条文，违背了类推的法则。特别突出的是类推时滥用第160条（流氓罪）。因此，不论通奸、鸡奸、奸尸、卖淫、盗墓……都争相引用第160条，类推为流氓罪。理由是这些犯罪者都是流氓分子。显然，单纯根据主体特征的类推法则，并不是我国刑法的类推法则。实际上这些犯罪与流氓罪的构成要件，并没有什么类似之处。至于不属于犯罪的行为，更谈不上类推为流氓罪了。为了纠正这种偏向，必须强调适用类推时，应该以犯罪构成理论为基础，严格按照类推的法则比照条文，才能避免张冠李戴，适用条文不当的错误。

关于鸡奸幼童的行为，我们认为这是具有社会危害性的应受刑罚惩罚的犯罪行为。分则上没有明文规定，应该类推定罪判刑。但我们认为比照第160条按流氓罪论处是不适当的。因为鸡奸幼童的行为，不是属于破坏社会管理秩序的犯罪，而是属于侵犯人身权利中性方面的犯罪，应比照第139条第2款奸淫幼女罪定罪量刑。因为鸡奸幼童所侵犯的直接客体与奸淫幼女罪的直接客体是基本相同的，都是破坏了我国刑法对儿童身心健康的保护；主观方面都是直接故意；客观方面是最相类似的犯罪的性行为，其犯罪的危害程度也相当。

综上所述，我国刑法中的类推制度，无论从理论到实践，从立法到司法，都可以看出是十分必要的，有利于同犯罪进行斗争和保护人民的权利。我们完全有信心指出，我国刑法倾向于罪刑法定主义的体系中所采用的严格控制的类推制度，对巩固我国社会主义法制，必将发挥有效的作用。除了补充立法之不足外，还可从中积累同法无明文规定的犯罪作斗争的经验，为立法的发展和进一步健全法制作出有益的贡献。党的正确的领导和法制观念的提高，更是类推的正确适用和能发挥其历史积极作用的根本保证。

（1982年复刊号）

抢劫中故意杀人是一罪还是二罪

谢友学[*]　叶松亭[**]

关于在抢劫过程中故意杀人的定罪问题,在当前法学界抑或在司法实践中,都存在两种截然不同的观点:一种主张定一罪;另一种则认为应定二罪。这种争论直接影响到是否正确地定罪量刑。因此,解决好这一问题,对于贯彻"依法从重从快"的方针,加强同严重破坏社会治安的重大刑事犯罪作斗争,具有十分重要的现实意义。

在社会生活实践中,犯罪现象是复杂多变的,这一点在抢劫等犯罪中尤为突出。诸如既抢劫又故意杀人,在定罪时,由于大家对刑法理论与刑法有关条文的理解不同,往往就会出现不同意见的争论。有争论才有发展,这是正常的现象。在一个法律刊物上发表了高铭暄同志写的《略论抢劫罪》一文(以下简称"高文"),对抢劫罪作了较全面的论述,读后深受教益。但文中有一个引人注目的观点,是将抢劫作案中故意杀人包括在抢劫"致人死亡"之内,主张定为一罪。其主要理由可概括为三点:一是"杀人常常是抢劫财物的手段";二是"杀人抢劫是牵连犯罪,依照牵连犯罪的处理原则,应当是按重的罪处断";三是如果把"故意杀人罪定为主罪,抢劫罪降为次要,与犯罪分子的根本目的在于抢劫财产这一实际情况不符"。以上观点,值得商榷,其实这是把"故意杀人"与抢劫"致人死亡"这两个具有完全不同性质的法律概念混为一谈。对此,我们提出以下意见,并希望得到指正。

一、"杀人"能否成为抢劫犯罪的手段

把杀人看成抢劫犯罪的一种手段,是"高文"把抢劫作案中故意杀人认定为一罪的理由之一。杀人能否成为抢劫犯罪的手段呢?回答应该是否定的,因为我国《刑法》第150条明确规定:"以暴力、胁迫或者其他方法抢劫公私财物的"行为才构成抢劫罪。《刑法》的规定清楚地告诉我们,实施抢劫的手段只能是

---

* 作者单位:华东政法学院(现华东政法大学)。

** 作者单位:华东政法学院(现华东政法大学)。

"暴力、胁迫或者其他方法",不仅《刑法》第150条没有把杀人作为构成抢劫犯罪的一种手段,而且《刑法》分则所有条文都没有把杀人作为构成任何犯罪的一种手段。立法者未作这样的规定诚非偶然,因为杀人作为一个独立的犯罪构成,在《刑法》分则中占有十分重要的地位。特别是故意杀人罪,它不但在严重破坏社会秩序的一般刑事犯罪中列首位,而且还规定最严厉的刑罚。以抢劫公私财物为目的的抢劫罪,在实施抢劫过程中,为了迫使被害人交出财物,或是为了排除抢劫的障碍,或是对付被害人的反抗,或是为了灭口等原因,往往有可能把被害人故意杀死。这里,抢劫犯罪在实施犯罪过程中,由于情况的变化又产生了杀害被害人的故意,实际上又构成了另一个更为严重的独立犯罪——故意杀人罪。可见,把"杀人"当做抢劫犯罪的手段,不仅与立法的规定相违背,而且与刑法理论也是不相符的。

值得一提的是,"高文"虽错误地提出"杀人常常是抢劫财物的手段",但在好几处却又正确地指出:"施用暴力、胁迫或者其他方法劫取财物,是构成抢劫罪的主要条件",并明确解释"这里所说的暴力,是指对被害人实施殴打、捆绑、伤害等强暴行为",而没有包括故意杀人。显然,同篇文章前后所作的不同解释,在逻辑上未免使人有矛盾之感。

二、抢劫中故意杀人是否属于牵连犯罪

把故意杀人与抢劫看做牵连犯罪,是"高文"把抢劫作案中故意杀人认作一罪的理由之二,无疑是不能成立的。我们知道,所谓牵连犯罪,就是犯罪分子出于直接追求一个犯罪目的,而犯罪的方法(手段)或结果又触犯其他罪名的犯罪。对于牵连犯不作数罪并罚而应按重罪吸收轻罪的原则处理,这是理所当然的。但问题的分歧焦点在于我们前面已经讲过,作为具有独立犯罪构成的故意杀人,既然不能作为抢劫犯罪中的手段,自然也就不存在杀人与抢劫当做牵连犯的问题。如果按照"高文"的意见,杀人是抢劫的手段,属于牵连犯,按重罪吸收轻罪的原则处理的话,请问:故意杀人与抢劫孰重孰轻?谁吸收谁?若以抢劫罪吸收故意杀人罪,那么,抢劫势必成为重罪,故意杀人则成为轻罪,这岂不变成轻罪吸收重罪了吗?应当指出,故意杀人罪重于抢劫罪,不仅在我国《刑法》有关条文中得到明确的肯定,而且亦被司法实践和刑法理论所确认。由此可见,以抢劫罪吸收故意杀人罪的观点,不仅违背了重罪吸收轻罪的原则,颠倒了重、轻罪的位置,同时也会给人以见物不见人或重物不重人的错觉。

三、犯罪分子抢劫财物的犯罪目的是否一成不变

把抢劫犯罪的目的看成固定不变，将故意杀人罪附属于抢劫罪，是“高文”把抢劫作案中故意杀人作一罪的理由之三。应当承认，在抢劫作案中故意杀人，从表面现象来看，杀人似乎是抢劫财物的手段，抢劫财物才是犯罪的目的。这实际上是对抢劫犯罪复杂多变的特点认识不足所致。必须指出，抢劫犯故意犯罪的目的并不是一成不变的，犯罪发展过程中出现的某些情况，会改变犯罪分子的犯罪意向，产生杀人的目的，两种罪交织在一起是屡见不鲜的。抢劫作案中故意杀人的特点，经常是以抢劫财物开始，而以故意杀人告终。这种突发产生的杀人目的，尽管是在短暂时间内形成的，但它已单独形成了故意剥夺他人生命的目的。在这里很明显地存在两个故意犯罪，两个犯罪目的，构成了两个独立犯罪。客观事实明明是这样，而硬要以“犯罪分子根本目的在于抢劫财产”为由，将抢劫作案中实施的故意杀人罪一笔勾销，从而将两个独立故意犯罪简单地以一罪论处，那是很令人费解的。

总之，抢劫作案中故意杀人，是一罪还是二罪的争论，集中到一点就是对我国《刑法》第 150 条第 2 款所规定的抢劫罪中“致人死亡”的理解不同，得出的结论也就不同。“高文”认为抢劫作案中故意杀人是包括在“致人死亡”之内，并且列举了三点理由作论证。与此相反，我们认为抢劫罪中“致人死亡”与抢劫罪中的“故意杀人”是两个具有不同法律性质和含义的概念，两者绝不能混同。

我国《刑法》第 150 条第 2 款明确规定抢劫“致人死亡”的刑事责任。也就是说，立法者已经把实际生活中经常发生的抢劫行为与“致人死亡”行为结合规定在一个刑法条款中。因此，这就不必分别以二罪论处。抢劫中故意杀人在我国《刑法》中虽无专条规定，但由于它存在两个故意犯罪，故必须依据我国《刑法》第 132 条和第 150 条规定，以二罪并合论处。再从犯罪主观方面的罪过形式上看，也是完全不同的。抢劫中杀人的罪过形式当然是以故意为前提，而抢劫“致人死亡”的罪过形式就较为复杂。在这里，抢劫犯实施暴力抢劫的行为是故意的，对“致人死亡”的结果则是过失的。所以，罪过形式的不同，也是区别故意杀人与致人死亡之间的重要标志。

（1982 年复刊号）

犯罪构成的概念和意义

高铭暄*

犯罪构成的理论在社会主义刑法理论中占有突出的地位,几乎刑法中所有的问题都与犯罪构成问题有着紧密的联系。犯罪构成是犯罪概念的具体化。犯罪概念回答的问题是:什么是犯罪?犯罪有哪些基本的属性(特征)?而犯罪构成则是在犯罪概念的基础上进一步回答:犯罪是怎样成立的?它的成立需要具备哪些法定的要件?所以,犯罪构成与犯罪概念是两个既有密切联系又有所区别的概念。研究刑法,不能不研究犯罪概念;同样,也不能不研究犯罪构成。

一

犯罪构成的概念早在中世纪的欧洲就已产生,但当时只有诉讼上的意义。确定犯罪构成乃是司法机关——宗教裁判所的任务。封建国家把犯罪构成看做那些能够证明犯罪事件发生的证据的总和,以证明犯罪事件的发生,同时作为提起刑事追诉的充分理由。这样的犯罪构成概念,是完全符合封建特权阶级对劳动人民镇压的任务的。因为当时在诉讼上采取"形式证据"的标准,认为证人的身份及社会地位不同,证言的价值也就不同。另外,当时的犯罪构成不是由法律明文加以规定,而是由法官来确定,这就大大便利了封建法院的专横。

资产阶级在与封建法院的专横作斗争时,曾提出了"法无明文规定者不为罪"的原则,在刑事立法中详细地规定了每一犯罪构成。例如1810年《法国刑法典》以及初期的其他资产阶级国家刑法典,都是如此。由于刑法典规定了犯罪构成,那么犯罪构成就不再是诉讼上的概念,而是移植到实体刑法中来了。

在资本主义胜利与确立时期,首先对犯罪构成学说加以研究的是刑事古典学派。德国刑法学家A. 费尔巴哈在1813年所制定的《巴伐利亚法典》第27条专门作了以下规定:"当违法行为包含依法属于某罪概念的全部要件时,就认为它是犯罪。"但是,刑事古典学派者对犯罪构成要件的认识并不是完全一致的。有些刑法学家只把那些说明犯罪行为本身的客观要件列入犯罪构成之内,而把

* 作者单位:中国人民大学。

罪过(即故意、过失的总称)等主观要件排除在犯罪构成之外。例如A. 费尔巴哈就是这样。他给犯罪构成下了如下定义:“犯罪构成乃是违法的(从法律上看来)行为中所包含的各个行为的或事实的诸要件的总和。”虽然他并不忽视罪过在追究刑事责任中的意义,但他把犯罪构成看成负刑事责任的客观基础,把罪过看成负刑事责任的主观基础,这样就把作为主观、客观要件总和的犯罪构成的统一概念人为地割裂开来了。也有一些刑法学家把犯罪构成理解为犯罪的一切主观、客观要件的总和。例如德国的贝尔聂尔就是这样。这种表现资产阶级法治的观点,比起封建擅断主义来是有相对进步意义的。

资本主义发展到了帝国主义阶段,资产阶级时而继续利用,时而又不断破坏从前建立起来的形式民主原则和法制原则。与此相适应,资产阶级刑法学中除了古典学派(旧派)外,也出现了新的流派——刑事人类学派和刑事社会学派。他们重视的不是犯罪行为,而是所谓“犯罪人”。

刑事人类学派超时间超空间地提出了“犯罪人”的问题,把他看成在任何时间内任何条件下都必然实施犯罪的某种生物学上的东西。容许对没有实施具体犯罪的人适用刑罚,也就是把刑事责任基础的犯罪构成问题抛弃在视线之外。

刑事社会学派把所谓人对社会的“危险状态”提到首位,他们认为主体比犯罪行为本身要危险得多,行为仅仅是表现人的“危险状态”的一种征兆。德国刑事社会学派学者李斯特在1882年宣布一个口号:“应受惩罚的不是行为,而是行为人。”因此,在他们看来,人的“危险状态”、“固有特性”就代替了犯罪行为,成为刑事责任的基础。

总之,刑事人类学派是以“天生的犯罪人”来代替犯罪行为,刑事社会学派则是以人的“危险状态”来代替犯罪行为。他们就是这样把犯罪构成的学说变成了“犯罪人”的学说。

英美的刑法理论,比较注意分析刑法分则的规范,而很少研究犯罪构成的一般学说。例如,肯尼的巨著《刑法纲要》,用了很大篇幅来论述“犯罪本质”,但对犯罪构成的概念却只字未提。当然,对于犯罪意图、犯罪行为这些犯罪的主客观方面,英美的刑法理论也是注意研究、有所分析的,但是没有综合成系统的犯罪构成学说,则不能不认为是理论上的匮乏。现代美国的某些法学家,坚持和发挥了刑事人类学派、刑事社会学派的“犯罪倾向”论、“潜在犯罪”论、“个人危险状态”论,说什么人们的行为究竟是否成立犯罪,不应当依照法律来决定,而应当由“违法者的社会地位”来决定。还提出刑罚应当以确定罪犯的危险性和他的倾向性为基础,而不应当以犯罪被审判的个别犯罪行为的严重性为基础。所有这些理论,都是赤裸裸地否定犯罪构成,而为资产阶级破坏法制、加强司法镇压和法外制裁服务的。

苏联十月社会主义革命以后，在列宁、斯大林领导的时期里，有一些刑法学者如 A. H. 特拉依宁等，对犯罪构成的基本理论进行了比较系统深入的研究，提出了一些有价值的见解。例如，明确指出犯罪构成是主客观要件的有机统一，犯罪构成不能脱离犯罪的实质概念，犯罪构成是负刑事责任的唯一基础；确定犯罪的因果关系和罪过必须以辩证唯物主义的哲学为指导，等等。这些见解对于我们进一步深入探讨犯罪构成的学说、解决刑事立法和司法工作中的实际问题，有一定的借鉴意义。

中国封建时代的刑法理论，局限于对律条进行注疏，对具体罪作一些说明，而没有提出犯罪构成的概念问题。近代以后，接受欧洲大陆法系的刑法观点，开始在刑法著作中对犯罪构成的各个要件有所阐述，但是没有制定出关于犯罪构成的一般概念。中华人民共和国成立以后，在马克思列宁主义、毛泽东思想的指引下，我们的刑法学界在20世纪50年代曾致力于对犯罪构成的理论进行研究和探讨。司法机关也努力运用犯罪构成的理论来分析确定各类犯罪案件。后来，由于法律虚无主义和“左”倾思潮的干扰，使工作受到很大挫折。正确的理论遭到错误的批判，犯罪构成问题竟成了法学中的一个“禁区”。理论上的混乱必然导致实践中的错误。十年内乱期间之所以发生那么多的冤假错案，除了出于林彪、江青反革命集团及其帮派体系有意诬陷这个主要原因外，也同长时期否定犯罪构成理论这个不正常的状况分不开的。在党的十一届三中全会以后，党和国家大力加强社会主义民主和社会主义法制。刑法、刑事诉讼法等重要法律陆续公布施行。法学界在党的正确路线指引下，打破一个又一个的“禁区”，犯罪构成的理论于是获得了新生命，又开始活跃在刑法科学的舞台上。

以上我们简要地回顾了一下关于犯罪构成理论产生和发展的历史概况。从这里我们可以得到深刻的启示：无论是中国还是外国，犯罪构成问题总是与法治问题紧密联系在一起的。凡是强调法治的时候，犯罪构成的理论就受到重视、获得发展；反之，就遭到批判和反对。因此，我们在总结历史经验，维护和加强社会主义法制的同时，一定要注意犯罪构成理论的研究，要使这个理论在贯彻执行我国刑法、依法从重从快惩处重大现行刑事犯罪以及提高司法机关的办案质量方面发挥其应有的作用。

二

我国刑法中的犯罪构成，就是我国《刑法》所规定的，决定某一具体行为的社会危害性及其程度而为该行为成立犯罪所必要的一切客观和主观要件的总和。这里我们可以看到以下几点：

第一，犯罪构成乃是一系列要件的总和。例如，《刑法》第120条规定伪造、倒卖计划供应票证罪时，明文指出了构成这种罪的要件：(1)伪造倒卖行为；(2)伪造、倒卖的是计划供应票证；(3)主观上有营利目的；(4)情节严重。将这些要件以及总则规定的普遍适用的一些要件（如达到法定年龄、具有责任能力）结合在一起，就形成伪造、倒卖计划供应票证罪的犯罪构成。又如《刑法》第148条规定的伪证罪，其构成要件是：(1)对与案件有重要关系的情节作虚假证明、鉴定、记录或翻译；(2)犯罪行为发生在侦查、审判期间；(3)犯罪人是证人、鉴定人、记录人或翻译人；(4)主观上出于故意，并有陷害他人或者隐匿罪证的动机。将这些要件结合总则规定的要件，就形成伪证罪的犯罪构成。

第二，任何一个犯罪，都可以用很多事实特征来表明，但并非每一个事实特征都是犯罪构成的要件，而只有对行为的社会危害性及其程度具有决定意义而且是成立犯罪所必需的那些事实特征，才是犯罪构成的要件。举例说，许某是一个矮胖男青年，21岁，在国庆节晚上，隐藏在小桥附近，当他发现一个中年妇女，肩挎黑色皮包，从桥那边过来，他突然窜出，一拳将那妇女击倒，抢得皮包后撒腿就跑。在这样一个案例中，表明犯罪的事实特征是很多的。例如，犯罪人是男青年，身体矮胖，犯罪发生在国庆节的晚上，在小桥旁，被害人是中年妇女，被抢去的是一个皮包，皮包的颜色是黑的，等等。但是对于行为成立犯罪（抢劫罪）来说，不是一切事实的特征而只有以下几个才有决定意义：(1)使用暴力；(2)夺取；(3)他人的财物；(4)行为人到达法定年龄；(5)行为人有认识和支配自己行为的能力；(6)故意。因为这几个事实特征结合起来，就使得行为具有成立犯罪（抢劫罪）所必要的社会危害性程度。因此，只有这几个事实特征才是犯罪（抢劫罪）构成的要件。至于其他一些事实特征，如在国庆节晚上或侵犯的对象是妇女等，在人民法院对犯罪分子量刑时，可适当加以考虑，犯罪分子的身材，皮包的颜色等，则只能证明许某实行犯罪的证据。但是它们对于确定人的行为具有犯罪（抢劫罪）构成来说，不是犯罪构成的要件。由此可见，事实特征能否成为犯罪构成的要件，有一项客观的标准，这就是看这些特征对于决定行为的社会危害性有无意义，以及这些特征结合在一起能否使行为的社会危害性达到成立犯罪所必要的程度。如果不能体现出已达到成立犯罪所必要的程度，那么就不能形成任何犯罪构成，而该行为也就不是犯罪行为。由此可见，行为的社会危害性达到成立犯罪所必要的程度，乃是犯罪构成的基本属性。没有必要程度的社会危害性，也就没有犯罪构成。

第三,行为成立犯罪所必须具备的诸要件,是由我国刑法加以规定的。这是罪刑法定原则的直接体现。任何犯罪都是违反刑法规范的行为,也就是指行为具备了刑法所规定的犯罪构成的诸要件。因此,行为是否具备犯罪构成与行为是否违反刑法是完全一致的。行为的刑事违法性也是犯罪构成的基本属性。没有刑事违法性也就没有犯罪构成。《刑法》分则在规定各种具体犯罪时,通常都指出犯罪成立所必需的要件,例如《刑法》第125条的破坏集体生产罪,第185条的受贿罪,第120条的伪造、倒卖计划供应票证罪,第148条的伪证罪,等等。但是,分则条文并不把具体犯罪构成的所有要件都列举出来,尤其是简单的罪状,只是写罪名,而不写构成的要件。这时,从刑法总则有关犯罪的规定出发,以犯罪构成的一般理论为指导,按照犯罪客体、犯罪客观方面、犯罪主体、犯罪主观方面的要求,将该具体犯罪构成的诸要件一一加以阐明,就成为刑法学者和司法工作者的任务。

三

研究犯罪构成的基本理论,有着重大的意义。这首先是因为犯罪构成是使行为人负刑事责任的基础。犯罪构成通俗地讲,也就是构成犯罪的规格和标准。毛泽东同志在讲到镇反工作时曾指出:“要注意讲规格,没有规格那是很危险的,要合乎标准才叫反革命。”①反革命罪有反革命罪的规格和标准。其他刑事犯罪也都有各自的规格和标准。追究任何一个人的刑事责任,都必须根据这个规格和标准,查明在该人的行为中具有法律所规定的某种犯罪构成,这也就是“事实是根据,法律是准绳”这个司法工作基本原则在定罪问题上的具体贯彻。没有犯罪构成,就意味着该人不犯罪,不是有罪的人,从而也就不负刑事责任,不受刑罚处罚。反过来说,不根据犯罪构成来追究公民的刑事责任,那就是对宪法和法律所保障的公民基本权利的严重侵犯,那就是违法,就是破坏社会主义法制。所以正确地查明人的行为中有没有犯罪构成,是同准确、合法、及时地与犯罪作斗争密切相关的,是同切实保障公民的人身权利和民主权利密切相关的,是同提高司法机关的工作质量,正确行使侦查权、检察权和审判权密切相关的。

其次,犯罪构成的基本理论就像解剖刀一样,可以帮助我们剖析刑法上规定的每一个具体犯罪构成的要件,把罪与非罪,以及罪与罪之间的界限明确划分开

① 《毛泽东选集》(第5卷),人民出版社1977年版,第200页。

来。因此，掌握犯罪构成的理论乃是正确认定犯罪的重要保证。只有定罪正确，才能量刑适当，才能做到不枉不纵、不错不漏。这对于加强社会主义法制，保障四化建设，保护公民的合法权利和利益，无疑是十分必要的。

最后，研究犯罪构成的基本理论对于推进刑法科学本身的建设也非常必要。犯罪构成理论是马克思主义刑法学的极其重要的组成部分。刑法科学中的许多重要问题如共同犯罪、犯罪的阶段、刑法分则的体系、类推、数罪并罚等，都是与犯罪构成的基本理论息息相关的。如果没有很好地研究犯罪构成的基本理论，对上述这些问题也就不能作出深刻的分析和正确的论断。

（1982年第1期）

上海三十年来刑事犯罪动态的剖析

邢 真*

前一时期,上海社会治安问题较突出,刑事犯罪活动猖獗,群众议论纷纷,反应较大。有的人说,粉碎“四人帮”5年多了,为什么刑事犯罪案件不见减少,反而比前几年多了?有的人甚至认为,现在的刑事犯罪案件,比解放以前还要严重。究竟怎样正确看待上海的治安情况,怎样同历史上各个时期进行分析对比?当前的刑事犯罪活动同过去有什么变化?出现了哪些新情况、新问题和新的特点?本文试图对以上问题作一初步探讨。

一、解放十七年的巨大变化

解放以前,旧上海经过帝国主义、国民党的长期反动统治,有“冒险家的乐园”之称。当时,反动军政警宪、特务间谍密如蛛网,惯盗惯匪、流氓小偷、烟毒娼妓、游民乞丐多如牛毛,刑事犯罪在世界各大都市中首屈一指。据伪警局显然缩小了的统计:1947~1948年期间,每年平均发生抢劫、掳人勒赎案1500余起,制贩毒品案2000余起,诈骗案3000余起,盗窃案30000余起。这一情况,直到解放初期仍未削减。旧社会遗留下来的残渣余孽仍在危害社会,治安秩序仍很混乱。

在党中央和上海市委领导下,依靠发动广大群众,开展了各项群众运动,比较彻底地肃清了反革命残余势力,沉重打击了惯盗惯匪、封建霸头和流氓恶棍,涤荡了旧社会的污泥浊水,整顿了治安秩序。刑事犯罪案件逐年显著减少,治安情况和社会道德风气一年比一年好。如以1950年刑案发案数作为100,则1965年的发案数仅为1950年的8.3%。抢劫案件,最少的一年只发生过3起。社会治安秩序出现我国历史上从未有过的安定局面。群众回忆当时情景说:“真有点儿像路不拾遗、夜不闭户的样子”。到上海来观光的外国朋友,也称赞说:“你们创造了人间奇迹,把举世闻名的冒险家的乐园,改造成了劳动人民的乐园。”这一巨大、深刻的变化,得来绝非偶然。这是由于我们有党的英明领导,有正确

* 作者单位不详。

的路线、方针和政策,有强大的无产阶级专政,有优越的社会主义制度,有广大人民群众的积极拥护和支持,才能在短短十几年的时间里,取得如此巨大的成就,发生如此深刻的变化。这样的成就和变化,世界上任何一个国家都是办不到的。

二、“十年动乱”带来大的反复

由于林彪、“四人帮”的破坏,在1966~1976年这10年中,社会治安出现了大的反复,刑事犯罪案件逐年递增。1976年,全市发生各类刑案比1965年发案数上升近6倍。其中流氓持刀行凶案件上升17倍,持械结伙抢劫案件上升16倍。所以出现这样大的反复,这是由于:

1. 林彪、“四人帮”倡导“捅刀子勇敢”,“打、砸、抢、抄、抓”盛行一时。在他们的影响下,一些青少年也起而效法,结拜“肝胆兄弟”,讲求“江湖义气”,为朋友可以“两肋插刀”,臭味相投地结成了犯罪团伙,只要小兄弟一声呼唤,不问情由,一拥而上,白刃相见。打群架案件从此大幅度上升。甚至还搞什么“踏平”、“横扫”,见物就抢,见人就打。

2. 林彪、“四人帮”叫嚣“读书无用”,宣扬“知识越多越反动”,树立“交白卷英雄”,批判“五分加绵羊”,使部分青少年不愿学习,无知、愚昧、野蛮、粗暴,成为一批“文盲加流氓”式的人物。他们连自己的姓名也写不来,连做人的最起码道理都不懂,成天游荡,以犯罪作为乐事。有的进出公安机关数十次,不以为耻,反以为荣。

3. 林彪、“四人帮”声称“宁要社会主义的草,不要资本主义的苗”,一提发展生产就作为“唯生产力论”来批,使工农业生产遭到严重破坏,造成人民生活不能改善,大批青年长期不能就业,城市交通设施、居民住房等得不到解决,因而为住房、交通、水电等纠纷引起互殴、伤害甚至行凶杀人的案件不断发生。

4. 林彪、“四人帮”把党的优良传统和社会主义道德风尚破坏殆尽,用庸俗的“关系学”取代党的组织原则和生活准则。为谋私利,开后门、拉关系成风,损公肥私、损人利己的歪风滋长,贪污、盗窃、投机诈骗活动泛滥。这种不正之风,既侵犯社会主义财富,又腐蚀人民革命意志。与此俱来的违法犯罪活动,迅速地得到蔓延和传播。

“十年动乱”从反面证明,社会治安问题是社会、政治、经济、意识形态集中的综合性的反映,林彪、“四人帮”从经济基础到上层建筑的破坏都是严重的,尤其是党风和社会风气也遭到严重破坏,反映在治安上出现了犯罪现象的大反复。

三、新情况下的新特点

“十年动乱”带来了大反复，犯罪案件急剧回升。在当前新的形势和情况下，刑事犯罪的规律、特点，与解放初期相比，发生了很大的变化。主要有以下几个方面：

1. 案件性质起了变化。解放初期，杀人、抢劫、强奸、投机倒把、扰乱金融等重大、恶性案件占了很大比重。在1950年发生的刑事案件中，杀人、抢劫、强奸、伤害等案件占20%，伪造货币、投机倒把等案件占7%，流氓犯罪案件占11%，盗窃案件占60%。与解放初期相比，近年来重大、恶性案件比重显著减少，一般盗窃案件占了绝大多数。以1980年为例，在全年发生的刑案中，重大、特大案件占5.2%，盗窃案件占86%。重大、恶性案件相对减少，这是刑事犯罪内容起了深刻变化的标志之一。

2. 犯罪成员起了变化。解放初期，敌伪军政警宪、惯盗惯匪、流氓恶霸、逃亡地主等成年惯犯在刑事犯罪成员中占了很大比重。以抢劫犯为例，在1950年捕获的抢劫犯中，敌伪军政警宪、惯盗惯匪、流氓恶霸、逃亡地主等占40%。其中年龄在25岁以下的占26%，缴获犯罪凶器长短枪315支。1980年捕获的抢劫犯中，职工、在校学生、下乡知青、农民，占76.9%。其中年龄在25岁以下的占80%。缴获的犯罪凶器都是匕首、刮刀和土枪。从成年惯犯作案多到青少年作案多，是刑事犯罪的又一深刻变化。

3. 作案动因起了变化。由于解放前帝国主义、封建主义和官僚资本主义的压迫，无业失业人员众多，解放初期的犯罪分子，不少是为生计所迫，铤而走险。在1950年查获的盗窃犯中，无业、失业、游民乞丐、难民，合计占67%。1980年查获的盗窃犯，在职职工、在校学生、农村社员，三项合计占78.7%。其中绝大部分生活均有保障，他们犯罪并非由于缺吃少穿。据对1000名扒窃犯的家庭调查，真正每人每月平均生活费用在10元以下的只有3名，占3‰。从无业失业为生活所迫走上犯罪，到主要受资产阶级思想侵蚀，追求腐化享乐生活而堕落犯罪，这是产生刑事犯罪的动机、原因方面的深刻变化。

四、新形势下的新问题

解放30多年来，剥削阶级已经消灭了，来自敌对阶级的捣乱和破坏在数量上不多了。工农业生产比解放前大大发展了,群众生活有了明显提高。这些都是减少犯罪的因素。特别是粉碎“四人帮”以来,经过几年来的拨乱反正,各条战线的工作都走上正轨,学生的犯罪率从1977年占整个刑事犯罪成员的40%下降到20%。1980年安排外地回沪的知青四十余万人走上了工作岗位。这些都是减少犯罪的有利条件。但是,近两年来刑事犯罪活动仍很猖獗。从根本上说,这是由于林彪、“四人帮”破坏的流毒影响还没有消除,还在继续危害社会治安。从我们工作上看,前一时期对刑事犯罪的严重性、危害性和出现的一些新情况、新问题认识不足,缺乏相应的对策,因而打击不力。出现的一些新情况、新问题是:

第一,人民内部矛盾越来越突出,由于没有及时、正确处理,因而矛盾激化,甚至酿成杀人报复、纵火破坏等惨剧,有的连续杀害多人,有的制造爆炸事故,对社会危害极大。绝大多数凶杀大案的起因,是由家庭琐事,住房、公用设施纠纷,恋爱、婚姻问题发生波折,邻居、同事之间争吵、斗殴等引起的。1980年发生的故意杀人案件,发生在家庭成员之间的由恋爱、婚姻、不正当男女关系引起的,邻居、同事之间私仇报复的,素不相识、因琐事争执行凶的,占整个凶杀案的87%。1981年发生3起爆炸、劫夺枪支行凶杀人案,都是由恋爱、婚姻问题引起,造成死伤多人。

第二,走私、投机倒把泛滥,对其他刑事犯罪是很大的刺激和诱惑,由此而引起的盗窃、抢劫、谋财杀人案件随之增加。1980年查获走私、投机倒把案件要比1979年上升17倍。案情也越来越大,不少都是城乡勾结、内外勾结,有的由个别单位领导支持或直接参加,危害性和腐蚀性更大。在走私、投机倒把活动的刺激下,社会上的一些犯罪分子也趋之若鹜,有的盗窃黄金、白银等贵重金属和古玩、珍宝,准备走私出境卖大价钱,有的以黄铜冒充黄金,用废马克冒充百万英镑,进行诈骗。如有一个诈骗犯用一斤黄铜,冒充金砖在非法市场兜售,以9000余元成交,打开钱包一看,原来是一叠废纸。那个买进假金砖的人发觉是黄铜后,仍冒充金砖,以八千多元卖给另一个投机贩子。这种尔虞我诈的盗窃诈骗活动还在发展。已经绝迹多年的伪造人民币和假银元案、信用诈骗案等旧社会的罪恶勾当也在死灰复燃,车站、码头、旅馆、公共场所、非法市场周围,流氓、盗窃活跃。这是当前刑事犯罪增多的主要原因。

第三,西方资本主义世界意识形态的渗透,正在对部分青少年起着潜移默化、腐蚀侵袭的作用。有的看了西方影片,一味追求西方资产阶级的生活方式和影片中不健康的情调。少数青少年盲目模仿影片中的犯罪情节,成帮结伙,盗窃抢劫的已不下数十起。有的一心追求西方的物质生活,不择手段地搞电气生活设备,结婚要有“全鸡全鸭汽车拉”。由于大肆挥霍,以致债台高筑,发展为盗窃抢劫。有的女青年不惜出卖色相,丧失人格国格。在意识形态领域里,西方资产阶级思想和生活方式的侵蚀,是当前少数青少年堕落犯罪的又一重要原因。

第四,我们国家还有暂时困难,在经济调整过程中,还会出现一些新的矛盾,带来一些新的社会治安问题。如升学、就业问题,虽然近年来党和国家作了很大努力,但还没有完全解决。由于前几年国民经济比例关系失调,物资供应不足,城乡之间差价大,也给投机倒把活动以可乘之机。

五、新时期的新任务

经过新中国成立以来的斗争实践,刑事犯罪成员和活动情况发生了根本性的变化,出现了三少三多:旧社会遗留下来的地富反坏等老惯犯少了,出身于劳动人民家庭的青少年多了;无正当职业和生活来源、为生计所迫而走上犯罪道路的少了,受封建残余意识和资产阶级思想腐蚀侵袭而堕落犯罪的多了;敌我矛盾性质的少了,人民内部违法犯罪的多了。正如党的十一届三中全会和六中全会决议指出的:在新的历史时期,在我国,剥削阶级作为阶级确实已经消灭,来自敌对阶级分子的破坏活动已经大大减少,阶级斗争已经不是社会的主要矛盾。但是由于国内的因素和国际的影响,阶级斗争还将在一定范围内长期存在,在某种条件下还有可能激化。极少数敌视社会主义的反革命分子和刑事犯罪分子,还必然会进行各种捣乱和破坏。对此,我们必须保持高度的革命警惕性,同各种现行犯罪活动进行有效的斗争。

针对当前治安情况和存在的问题,去年5月,中央政法委员会召开了五大城市治安座谈会,制定了整顿治安的一系列正确的路线、方针、政策和措施。对于极少数杀人、放火、抢劫、强奸、爆炸犯以及其他严重危害社会的现行犯罪分子,坚持依法从重从快处理,绝不心慈手软,宽容姑息。对于大量有轻微违法犯罪行为的青少年,要看到他们既是犯罪者,又是林彪、“四人帮”10年破坏的受害者。对待他们,要像家长对待子女、医生对待病人、老师对待学生那样,坚持治病救人的方针,耐心细致地进行教育、挽救和感化。可捕可不捕的就不要逮捕,可送可不送的就不要送劳动教养。依靠单位、学校、里弄和家庭配合进行教育,并把劳教场所、工读学校等办成特殊的学校,改进改造工作,取得出色成就,真正成为改造人、教育人的一个重要阵地。

要争取社会治安的根本好转,单靠公安司法部门,单靠法制,是不能从根本上解决问题的。治安问题不是孤立的,它同党风、社会风气有密切的关系,与政治、经济、教育、文化、社会道德风尚相互联系着。因此,必须在各级党委领导下,党政军民学全体动员,工厂企业、机关学校、街道里弄大家动手,搞好综合治理,教育干部、职工,抵制资产阶级和封建残余思想的侵蚀,在“一教”(指五讲四美)、三整顿(整顿党风、整顿社会风气、整顿治安)的指引下,从政治、经济、教育、文化和社会舆论、道德风尚等各方面加强工作,建立和健全各项安全防范制度,堵塞各种可资犯罪分子利用进行犯罪活动的漏洞空隙,才能煞住歪风,树立正气,减少犯罪现象。我们应当同心同德、协同动作地维护好治安秩序,为四化建设创造更加良好的社会环境而努力奋斗。

(1982年第1期)

【栏目】 同种数罪是否适用数罪并罚

同种数罪不应数罪并罚

宋荣平* 罗书平**

《刑法》第 64 条第 1 款规定:“判决宣告以前一人犯数罪的,除判处死刑和无期徒刑的以外,应当在总和刑期以下、数刑中最高刑期以上,酌情决定执行的刑期……”我们认为,本规定中所指的“数罪”,应当理解为指不同种的数罪。在判决宣告以前,连续或多次的行为触犯了同一罪名的犯罪,即同种的罪,不应当按数罪并罚原则量刑处理。对于这种犯罪,如果具备法律规定的从重处罚情节或属于情节严重的,应当在法定刑的幅度内从重处罚。

我们知道,犯罪是对于社会有危害性,依法应当受到刑罚处罚的行为。行为对于社会的危害性乃是犯罪的最本质的特征。而社会危害性的大小,大都是从其对被侵害对象所实际造成的损害即危害结果来确定的。但确定被告人的行为对社会的危害大小不能孤立地以某次的行为对社会所造成的危害为标准,而是从其整个行为对社会的危害程度来分析的。黑龙江大贪污犯王守信被判处死刑,是以她为首的贪污集团贪污国家现金五十多万元,浙江的熊紫平、熊北平被分别判处死刑和死缓,是以“二熊”为首的犯罪团伙强奸、轮奸妇女一百余人,均属于“情节特别严重”的犯罪。当然,王守信等人贪污巨款并非一两次所能完成,“二熊”等人强奸、轮奸妇女一百余人也不可能一两次所为。如果对他们每一次所实施的贪污、强奸行为都机械、孤立地判处几年徒刑,然后再按数罪并罚原则确定执行的刑罚的话,是永远也不可能判处死刑的。因为尽管数罪的总和刑期可能超过 20 年,但根据《刑法》第 64 条关于“有期徒刑最高不能超过二十年”的规定,至多也只能判处 20 年徒刑。而对王守信、熊紫平、熊北平这些罪大恶极的罪犯仅仅判处有期徒刑,国法能容,民愤能平吗?!

有同志认为,对于“数罪”的概念,我国刑法并无明确的阐述,怎能断定“数

* 作者单位不详。

** 作者单位:四川省高级人民法院。

罪”只是指不同种的犯罪，而不包括同种的犯罪（如几个强奸妇女罪）。我们认为，刑法对于“数罪”的概念未作明确的阐述，这正是我国第一部《刑法》尚待逐步完善的地方。其实，早在1951年2月20日和1952年4月21日中央人民政府先后颁布的《惩治反革命条例》和《惩治贪污条例》中对“数罪”及数罪并罚问题已有明文规定。《惩治反革命条例》第15条规定：“凡犯多种罪者，除判处死刑和无期徒刑者外，应在总和刑以下，多种刑中的最高刑以上酌情定刑。”《惩治贪污条例》第4条第2款规定：“因贪污而兼犯其他种罪者，合并处刑。”毫无疑问，上面指的“多种罪”、“他种罪”是相对于“同种罪”而言的，说明只有犯了不同种的数罪的时候，才能并罚。

长期的司法实践证明，对同种的数罪适用数罪并罚原则，势必出现该判不判或轻罪重判的情况。以盗窃罪为例，如某人连续多次进行盗窃活动，每次盗窃数额都比较小，都不能构成独立的盗窃罪，只有总和数额较大，才构成盗窃罪。假设我们以其每次盗窃数额不大，尚不构成盗窃罪而不予定罪科刑的话，岂不放纵了罪犯？另外，对同种的数罪适用数罪并罚原则，又可能失之过重。以放火罪为例，《刑法》第105条规定：“放火……尚未造成严重后果的，处三年以上十年以下有期徒刑”。如某人先后两次犯有放火罪，后果不很严重，每个罪判刑7年，在7年以上14年以下的幅度内决定执行的刑期就有可能超过10年。但根据《刑法》第106条规定，只有对放火“致人重伤、死亡或者使公私财产遭受重大损失的”，才能判处有期徒刑10年以上的刑罚，这样，对前者的判刑，超过了《刑法》第105条规定的最高刑（10年），这是违背我国的刑事立法精神的。

目前，我国《刑法》规定的刑罚有5种主刑、3种附加刑，并按照各种犯罪的危害大小，犯罪人思想改造的难易程度，规定的刑罚幅度就有轻重之分。这体现了刑事立法精神中的“罪刑相当”原则。以法定最高刑为例：故意杀人罪，可判处死刑，故意伤害致人死亡罪，可判处无期徒刑；故意伤害致人重伤罪，可判处7年有期徒刑，而一般伤害罪，则只能判处不超过3年有期徒刑的刑罚。因此，对同种的数罪适用数罪并罚原则势必会超过这种犯罪的法定最高刑，这是不能允许的。

（1982年第1期）

同种数罪应该数罪并罚

郑培兵*

同种的数罪即数个相同罪名的犯罪,从理论上分析,就是指犯罪分子以多个故意,实施多次行为,触犯同一罪名的犯罪。同种的数罪应不应适用数罪并罚的原则,是目前有争议的一个问题。我认为同种的数罪应适用数罪并罚的原则,主要理由如下:

1. 从我国刑法理论上看,犯罪构成是追究刑事责任的唯一基础,任何行为只要符合犯罪构成诸要件,就构成犯罪,符合了一个犯罪构成,就构成了一个犯罪,符合了数个犯罪构成,就构成了数个犯罪。在这里,数次的犯罪行为既可以构成数个不同种的犯罪,也可以构成数个同种的犯罪。当罪犯数次实施同种犯罪行为,在主观上出自数个犯罪故意,符合数个犯罪构成时,就是犯了同种数罪。因此,同种数罪和不同种数罪一样,是我国刑法所规定的"数罪"的一种形式。

2. 从司法实践来看,同种数罪适用数罪并罚也是客观存在的。根据我国《刑法》第64~66条的规定,数罪并罚就是由人民法院对判决宣告以前一人犯数罪和在服刑期间又发现或又犯新罪的犯罪分子所犯的数罪,按照一定的原则,进行合并处罚。例如,某甲伤害了某乙,被判处有期徒刑,在服刑中又伤害了某丙,这时某甲就犯了两个伤害罪,即同种数罪,应按《刑法》第66条的规定适用数罪并罚。又如某人先后犯有两个放火罪,并产生了严重后果。如法院在判决时已发现了这两个犯罪事实,不按同种数罪适用数罪并罚,而按一罪处罚,只能在3年以上10年以下这个幅度内决定刑期,最多只能判10年。但是,如果法院在判决时,只发现了一个放火罪,而在该犯服刑期间又发现了另一个放火罪,这样,就要按《刑法》第65条的数罪并罚规定,在两罪所判刑中最高刑期以上、20年以下幅度内决定刑期,即最高刑可达20年。由此看出,同一个罪犯,犯相同的两个罪行,但在处罚上却出现了两个相差悬殊的刑期,这显然是不合理的。如果都适用数罪并罚,就不会出现这种现象。

3. 应该全面地理解数罪并罚的原则。有人认为,多次犯同种罪,属情节特别严重的,如按一罪处罚可判死刑或无期徒刑,而按数罪并罚最多只能判20年,

---

* 作者单位:华东政法学院(现华东政法大学)。

岂不轻纵了犯罪分子吗？这种认识，实际上是没有全面理解数罪并罚的原则而产生的一种错觉。他们只强调“有期徒刑最高不能超过二十年”，而忽视了数罪并罚仍然包括死刑和无期徒刑。按照他们的逻辑，岂不是犯了数罪就不能判处死刑和无期徒刑了吗？这是对数罪并罚原则的一种误解。数罪并罚绝不排斥死刑或无期徒刑。按它的规定，执行死刑或无期徒刑有两种情况：一是当数罪中有一罪被判处死刑或无期徒刑，只执行一个死刑或无期徒刑，对其余罪就不必并罚了，但并不能因此而否认数罪的存在；二是当所犯的罪，数量特别多，从具体的每一罪上看，不能判死刑或无期徒刑，但从数罪的角度上来看，社会危害性极大，属情节特别严重，如依法应判死刑或无期徒刑的，就应判处死刑或无期徒刑。这个判处就是对数罪的合并处理，怎能说数罪并罚不能判处死刑或无期徒刑呢？不仅不同种数罪如此，同种数罪也是如此。由此可见，数罪并罚制度包括刑法所规定的5种主刑和3种附加刑，只是由于死刑或无期徒刑在客观上无法合并执行，才作了特别的说明，但绝不能因此而将死刑和无期徒刑排除出数罪并罚的处罚范围之外。

4. 必须划清罪与非罪、此罪与彼罪、一罪与数罪的界限。有人提出，如某人连续多次进行盗窃活动，每次盗窃数额都比较小，如果按同种数罪来处理，则都不能定罪科刑，岂不放纵了罪犯吗？我认为在这种情况下，要做具体的分析。首先，划清罪与非罪的界限，如属小偷小摸行为，社会危害性不大，可进行教育或按《治安管理处罚条例》有关规定处理。其次，要划清一罪与数罪的界限，如是惯犯、常业犯、连续犯等，就不应按数罪并罚处理，而应认定一罪从重处罚，最后，因为盗窃数额不是绝对的东西，不能机械地去掌握，还要考虑其他因素，如果每次盗窃活动，都造成了较大的社会危害性，符合数个犯罪构成时，就应分别定罪量刑，然后适用数罪并罚来处理。还有人列举黑龙江王守信贪污集团案和浙江“两熊”强奸、轮奸集团案来说明同种数罪能否适用数罪并罚的问题，这显然是将一罪与数罪、此罪与彼罪的界限混淆了。众所周知，上述两例是犯罪集团案，属于共犯，尽管他们的犯罪形式是多种多样的，犯罪行为是反复多次的，但都是基于一个共同的概括的犯罪故意，根本不存在数罪问题。

5. 从社会危害性上来看，同种数罪与不同种数罪很难区分出谁大谁小，有时不同种数罪的社会危害性比同种数罪大，有时同种数罪的社会危害性大于不同种数罪，这些都要根据具体情况做具体分析，不能一概而论。社会危害性的有无和大小是我们认定犯罪、惩罚犯罪的重要依据之一。既然同种数罪与不同种数罪，在社会危害程度上很难区分，那么为什么不同种数罪能适用数罪并罚，而同种数罪不能适用数罪并罚呢？

综上所述，我认为同种数罪是我国《刑法》所规定的“数罪”的一种形式，它应该适用数罪并罚的原则，这在理论上是正确的。从实际来看，同种数罪也只有适用数罪并罚才能做到定罪准确、量刑得当，更加有利于打击罪犯和改造罪犯。

（1982年第1期）

【栏目】 对抢劫罪既遂与未遂的讨论

【编者按】 本刊复刊号发表朱晓斌同志写的《抢劫罪中既遂与未遂的探讨》一文后,引起司法界和法学理论工作者的兴趣,他们纷纷来信来稿发表意见,我们欢迎这种争鸣的态度。本期特发表有代表性的两篇文章。抢劫罪是刑法中的一个重要的罪名,对抢劫罪如何认定,既遂未遂如何划分,致人重伤、死亡与故意伤害、杀人如何区别等,都是需要探讨的问题,希望读者结合实际案例发表意见。

也谈抢劫罪的既遂与未遂问题
——兼与朱晓斌同志商榷

胡显璧* 江礼华**

一、财产所有关系是抢劫罪侵害的次要客体吗?

《抢劫罪中既遂与未遂的探讨》(以下简称"探讨")一文中说:"抢劫罪的构成中,作为财产关系的客体,虽然是必要的,但却是次要的,是否构成抢劫罪,主要决定于另一犯罪客体上,即公民的人身权利。"我们认为这一观点是欠妥的,也是不符合刑事立法对抢劫罪规定之精神的。

根据《刑法》第150条的规定,抢劫罪是以暴力、胁迫或其他方法公然夺取公私财物的行为。

从上述概念中可以看出,抢劫罪是以非法占有公私财物为目的的犯罪,因此它所侵害的直接客体,毫无疑问必然是财产的所有关系。但由于这种犯罪乃是采用暴力、胁迫或其他方法进行的,因而在实施时,必然会侵犯公民的人身权利。所以,我们说抢劫罪侵犯的直接客体是双重客体,既侵犯了财产的所有关系,又

---

* 作者单位:公安部办公厅。

** 作者单位:中央政法干校(现中国人民公安大学)。

侵犯了公民的人身权利,这正是抢劫罪区别于其他以“非法占有”为目的的侵犯财产罪的不同之处。但是,应当看到抢劫罪毕竟是以“非法占有”为目的的犯罪,行为人以暴力、胁迫或其他方法,侵犯他人人身权利的目的,乃是为了夺取财物。因此,应该说在抢劫罪的构成中,作为财产关系的客体,是最根本的,是决定抢劫罪属于侵犯财产罪的决定性因素。无外乎在刑事立法时,将其归入侵犯财产罪中。我国刑法分则体系,是按各种刑事犯罪所侵害的共同客体来进行科学的分类的。如果按“探讨”的观点,那么抢劫罪理应放入侵犯人身权利一类的犯罪中,但为什么却归到侵犯财产罪中呢?难道是立法时的疏忽?显然不是!“探讨”中说,有的国家,如捷克斯洛伐克,在其刑法典中将抢劫罪列入侵犯人身权利这类犯罪中去。以此来反证公民的人身权利是抢劫罪侵害的主要客体。我们不否认有些国家的刑法典中,把抢劫罪放入侵犯人身权利一类的犯罪中,甚至归到危害公共安全一类的犯罪中,但也应当看到这些国家的刑法典中对抢劫罪(有的又叫强盗罪)的描述,同我国刑法中对抢劫罪的描述是不尽相同的。有的对抢劫罪的规定,只限于使用暴力或者使用暴力、胁迫的方法抢劫他人财物,而不包括使用“其他方法”。这就涉及一个人身危险性和社会危害性大小的问题了。

“探讨”之所以认为公民的人身权利是抢劫罪侵犯的主要客体,其原因是认为:“不言而喻,对公民人身权利的侵犯,其社会危害性大于对财产所有关系的侵犯。”因此得出“理应强调它对人身权利的侵犯这一面”。这是忽视了我国刑法中对抢劫罪的具体规定。我国《刑法》明文规定抢劫罪是以暴力、胁迫或者其他方法抢劫公私财物的行为。所谓其他方法,是指除暴力、胁迫之外的一切方法,如使用麻醉、中毒等。那么,如果犯罪分子将受害人麻醉,趁其昏睡,将其财物洗劫一空,在这样的情况下,难道能说对人身权利的侵犯,其社会危害性也一定大于对财产所有关系的侵犯吗?我们认为,抢劫罪中,在一般情况下,使用“其他方法”抢劫公私财物,就其人身危险性和社会危害性来说,比使用暴力、胁迫的方法要小一些(当然不是绝对的)。就是以暴力、胁迫的方法而言,其人身危险性和社会危害性确实是严重的,但如果以此断言抢劫罪对人身权利的侵犯,其社会危害性一定大于对财产所有关系的侵犯,也是片面的、不正确的。例如,一犯罪分子躲在道旁,见一行人走过时,猛地窜出用力将其按倒在地,强行夺走受害人所带的现金数千元。在这种情况下,究竟侵害的哪个客体的社会危害性大一些呢?恐怕对财产关系的侵犯,其社会危害性要比对人身权利的侵犯大一些吧!所以,应具体案件具体分析,不能一概而论。

由于抢劫罪具有严重的人身危险性和社会危害性,所以,在刑事立法中将其列为侵犯财产罪的首位。但这绝不等于说,所有的抢劫行为,对公民人身权利的侵犯,其社会危害性都大于对财产所有关系的侵犯,更不能因此得出结论说“抢劫罪的构成中,作为财产关系的客体,虽然是必要的,但却是次要的”。

二、关于抢劫罪的既遂和未遂问题

抢劫罪有无既遂和未遂之分,以及如何划分,历来在认识上不大一致。有的认为,由于抢劫犯罪行为性质严重,没有什么未遂问题,只要实施了抢劫行为,就构成既遂罪。而多数同志认为,抢劫罪也是有既遂和未遂之分的,但在如何划分的问题上,却存在分歧:有的主张应以犯罪人是否取得财物为标志,有的则主张应以公民的人身权利是否受到侵害来划分,如“探讨”就属于后一种观点。

我们认为抢劫罪是有未遂的。但由于这种犯罪不同于其他侵犯财产罪,它具有独自的特征,既侵犯了财物所有关系,又侵犯了公民的人身权利,是一种性质严重、社会危害极大的犯罪,因而其既遂和未遂的划分,也必然具有它的独特性。具他侵犯财产罪,如盗窃、抢夺、诈骗罪等,一般都是以“是否取得财物”来划分既遂和未遂,而抢劫罪,则不能完全以此为标志。例如,某甲手持刀斧拦路抢劫,将一过路行人砍成重伤,由于被害人竭力反抗,某甲没能抢到财物而逃走。对这样的案件,如果强调财物没抢到手,而按抢劫未遂罪论处,势必会轻纵犯罪分子。那种“以财物是否被抢到手”来划分抢劫既遂与未遂的观点,显然是片面的。这种观点忽视了抢劫罪的性质及特征,而把它同其他侵犯财产罪等同起来了。另外,我们也应看到,抢劫罪毕竟是侵犯财产罪,因而划分既遂和未遂时,如果完全不考虑“财物”问题,也是不妥的。比如,某甲在行抢时,使用暴力将受害人按倒在地,欲抢其财物,但由于被害人竭力反抗和第三者赶来救护,某甲见状慌忙逃窜。像这样的案件,既没有抢到财物,也没有造成人身伤害后果,如果按抢劫既遂论处,也是不妥的。

那么,如何划分抢劫罪的既遂和未遂呢?我们知道,所谓犯罪既遂,是指犯罪人实施的行为,已经具备了某一犯罪的一切要件而言。因此,我们在研究某一犯罪行为的既遂问题时,应当根据《刑法》分则条文对某一具体犯罪的规定精神去考虑。抢劫罪不仅侵犯了财产所有关系,而且同时还侵害了公民的人身权利,从某种意义上讲,乃是一种结合犯罪,为此刑事立法时在一个条文中作了两款规定,这两款规定就是我们研究抢劫既遂与未遂的法律依据。

《刑法》第150条第1款规定:“以暴力、胁迫或者其他方法抢劫公私财物的,处三年以上十年以下有期徒刑。”根据这一条款的规定精神,我们认为一般抢劫犯罪,是有未遂罪的。而既遂和未遂的划分,应以行为人是否取得财物为标志。也就是说,凡是将财物抢到手的就应视为既遂行为;反之,则应以未遂论。

《刑法》第150条第2款规定:"犯前款罪,情节严重的或者致人重伤、死亡的,处十年以上有期徒刑、无期徒刑或者死刑,可以并处没收财产。"根据这一款的规定精神,我们认为凡属于情节严重的或致人重伤、死亡的抢劫行为,是没有未遂问题的。因为这些抢劫行为性质严重,对社会的危害性极大,条文的本身已表明,只要实施了这类抢劫行为,就构成既遂。

(1982年第2期)

抢劫罪的既遂与未遂应以是否取得财物为主要标志

张淑文*

一、两类客体的危害程度不能一概而论

"探讨"一文的论据之一是:抢劫罪"对公民人身权利的侵犯,其社会危害性大于对财产所有关系的侵犯"。抢劫罪所侵犯的两种客体,很难笼统地比较危害程度的大小,只能作具体的分析。抢劫罪的具体罪行和危害后果是千差万别的。例如,一起结伙持械抢劫信用社案,罪犯用枪威逼值班员,抢走现金×万元,值班员受到胁迫恐吓,但人身未受到伤害。在这起抢劫案中,受到侵犯的两种客体,就不能说:对人身权利的侵犯的危害程度大于对财产关系的危害程度。

二、抢劫未遂也可以构成抢劫罪

"探讨"一文中有两个概念含混不清,影响其正确认识抢劫罪的既遂与未遂。

* 作者单位:马鞍山市法律顾问处。

其一，把抢劫罪的构成与抢劫罪的既遂混为同一概念；

其二，把未遂的抢劫罪与刑罚的关系绝对化。

"探讨"一文说："在认定抢劫罪是否构成时，即使抢劫的公私财物数额很少，只要实行了暴力、胁迫或者其他方法，侵犯了公民的人身权利，就构成抢劫罪。"可是，我国《刑法》第150条的规定是"以暴力、胁迫或者其他方法抢劫公私财物的"，即构成抢劫罪。两者的区别在于：前者提到"数额很少"，后者对于是否抢劫到财物和数额大小都没有规定。对《刑法》第150条的规定可理解为：只要以暴力、胁迫或者其他方法抢劫公私财物，造成了法定的危害后果，不管抢劫的目的是否达到，即使没有抢到任何财物，也可构成抢劫罪。抢劫未遂也可以定为抢劫罪。例如，马鞍山市××区法院审理的周××、黄××抢劫案，周黄共谋由黄准备木棒，于晚11点多钟拦劫女工李×，周上前一手卡住李的脖子，一手捂李嘴，黄上去当头一棒，接着摸李的手腕（企图抢手表），由于李挣扎呼救，罪犯逃走，没抢到任何财物。虽然抢劫未遂，仍然构成抢劫罪，以《刑法》第150条第1款对两犯分别论罪科刑。

三、抢劫未遂与刑罚的辩证关系

"探讨"一文举例说：××地区有一个抢劫犯，在实施抢劫中致人死之，但未抢得财物。罪犯被定为抢劫未遂罪而判处死刑。罪犯'提出抗议'，说他抢劫未遂，刑法哪条规定抢劫未遂要判处死刑的？

我国《刑法》分则中，只有抢劫罪的法定罪名和法定刑，并无"抢劫未遂罪"的罪名。未遂是作为一个从轻或减轻的情节，在《刑法》总则中有明文规定。未遂只能作为从轻或减轻的情节之一，而不是影响量刑的唯一情节。在审理一起抢劫案时，必须全面审查案情，既要考虑到从轻、减轻的情节，也要考虑到从重、加重情节，只有全面衡量，才能准确量刑。例如，××中级人民法院审理张××抢劫案，张是屡教不改的惯犯，最后一次因盗窃被判处徒刑8年，劳改期间越狱逃跑。于深夜上房揭瓦，潜入供销社店堂，将两名女值班员捆绑在床上，用锉刀伤害，并企图抢劫供销社财物，由于值班员的反抗才未能得逞。该案的法定刑应该适用《刑法》第150条第2款，从该案的具体情节全面考虑，从轻的情节是未遂；从重和加重的情节：(1)惯犯；(2)越狱脱逃；(3)重犯新罪。由于有三个从重和加重的情节，虽然抢劫未遂，仍应依法处以重刑。就"探讨"所举上例而言，抢劫中致人死亡，判处死刑是符合《刑法》第150条第2款的规定的。

四、结　　论

综上所述,抢劫罪中的既遂和未遂应以犯罪人是否取得财物为主要标志,不应以“侵犯人身权利为主要标志”。若以“侵犯人身权利为主要标志”来划分抢劫罪的既遂和未遂,在司法实践中就不可能有“抢劫未遂”的案件了。

抢劫罪或者与抢劫罪相关联的侵犯人身权利和财产关系两种客体的情况,概括起来大体分为四种:

1. 侵犯了人身权利,又夺得了财物(属抢劫罪既遂,没有分歧)。

2. 侵犯了人身权利,企图抢劫财物而未得逞(未遂,但“探讨”的观点则认为是既遂)。

3. 没有侵犯人身权利,而抢得了财物。

例如,某出纳员骑车到银行去存款,在银行门口锁自行车时,装钱的皮包被罪犯抢走。该案中,罪犯抢到了财物,但对人身没有施行暴力等手段。若以“探讨”的论点,就会认定为抢劫未遂。但是,这种情况不是抢劫罪(它不符合抢劫罪的构成要件),而是抢夺罪。

4. 既没侵犯人身权利(或有情节显著轻微的侵犯),也没抢到财物。

就以“探讨”所举之例来分析:抢劫犯在黑暗中对事主一棒打下去,没有打中,事主携物逃走了。“探讨”认为“在这种情况下,方可认定为抢劫未遂”。上述事实情节显著轻微,其社会危害性尚未达到用刑罚处罚的程度,因此,尚未构成犯罪,也就谈不上抢劫罪的未遂。

若按“探讨”的观点,就会把第三种情况(抢夺罪)和第四种情况(未构成犯罪)都认定为抢劫未遂。事实上,这种想象中的不侵犯人身权利而夺得财产(或未夺得财产)的“抢劫罪未遂”是不可能存在的。因此,抢劫罪的既遂与未遂以“侵犯人身权利与否为主要标志”的论点,在法学理论上,违背犯罪构成的理论;从我国立法角度看,不符合我国刑法关于犯罪的分类原则,在司法实践中,这种理论脱离实际,在实践中会造成混乱。

(1982年第2期)

同经济犯罪作斗争和建设精神文明

赵炳霖*

党的十一届六中全会通过的《关于建国以来党的若干历史问题的决议》，在科学地总结了新中国成立以来重大历史事件的基础上，正确地规定了党在新的历史时期的奋斗目标："逐步建设具有现代化农业、现代化工业、现代化国防和现代化科学技术的，具有高度民主和高度文明的社会主义国家。"建设社会主义物质文明和精神文明，是我们全党和全国人民在新时期的根本任务。

人类自从进入阶级社会以来的发展史，就是物质文明和精神文明的发展史。剥削制度的文明是建筑在一个阶级对另一个阶级剥削的基础上，因而不可能把全社会的成员从物质生活和精神面貌两方面都不断提高。在剥削制度的文明时代中，当然不排斥科学技术的发展和某些繁荣时期的出现，但不过是一部分人为了更多地积累财富而已。当今资本主义制度，科学技术的进步，生产的发展，是不可否认的。但在精神文明方面，许多人感到空虚、苦闷，社会不安定，精神方面腐朽和堕落。建筑在生产资料公有制基础上的社会主义物质文明和精神文明，把人类文明推向更高的阶段。它摆脱了人剥削人，一部分人快乐和大部分人痛苦的那种剥削制度所固有的弊端。即使是在比较落后的社会的基础上来建设社会主义，只要我们党的路线、方针和政策正确，依靠广大人民群众的努力，我们是可以较快地把高度的物质文明和高度的精神文明建设起来，使全社会的成员的物质生活和精神面貌都大大提高。

赵紫阳总理在政府工作报告中，提出了建设高度的社会主义精神文明，包括两个方面的主要内容：一是教育、科学、文化、艺术、卫生、体育事业的发展规模和发展水平；二是社会政治思想和伦理的发展方向和发展水平。社会主义精神文明，特别是社会政治思想和伦理方面，与法制建设密不可分，要建设社会主义精神文明，就必须大力发展社会主义的法制建设。当前，破坏法制，破坏社会主义物质文明和精神文明，最严重的是经济领域的犯罪活动。十月革命胜利后不久，列宁在1921年10月全俄政治教育局第二次代表大会的报告中，就十分强调大

* 作者单位：上海社会科学院法学研究所。

多数共产党员"不会利用苏维埃法律去同拖拉作风和官僚主义作斗争,去同贪污受贿这种道地的俄国现象作斗争"。列宁号召共产党员要学会用法律武器去同贪污受贿等现象进行斗争,并向妨碍这些斗争的共产党员开刀。重温这段60年前的历史,对我们当前的现实斗争,不是没有意义的。

新中国成立才两年多就开展了伟大的"三反"、"五反"运动,对经济领域的犯罪行为进行过严肃的斗争,接着颁布了《惩治贪污条例》。1979年颁布的刑法专章列出破坏社会主义经济秩序罪共15条,还在侵犯财产罪和渎职罪中,对贪污罪和行贿罪列有专条。这种犯罪的社会危害性是显而易见的。它们将大量的国家和集体的财产非法占有,直接破坏了社会主义建设。它不但损害我国物质文明的建设,而且在思想上、道德上、社会风气上,大大地损害了社会主义精神文明的建设。它们败坏党风、民风,使我党的光荣传统和中华民族勤劳艰苦的良风美俗受到污染和腐蚀。它们使各种社会的恶习沉渣泛起,传播剥削阶级不劳而获的贪婪思想。把打击经济领域的犯罪活动作为今年抓紧解决的重要问题之一,是党中央集中研究整个国家各方面的情况所作出的重大的、英明的决策。

当前经济上犯罪的一个显著特点是,内外勾结、行贿腐蚀、利用关系、套购转手、居间牵线、从中获利。我们的国家机关、国营和集体企业单位的干部和管理人员,接受国家和集体的委托,掌管大量的金钱财物。许多同志勤勤恳恳、廉洁奉公、夜以继日地工作,不愧为人民的"好管家"。但是也确有一部分人受着腐朽思想的侵蚀,走上违法犯罪的道路。这一部分人犯罪,社会危害性极大,应当从重处罚。我国刑法对国家工作人员利用职务上的便利犯走私罪、投机倒把罪的,规定要从重处罚。我们应当据此严格执行。

但是,正当我们对这些犯罪行为严肃认真查处的时候,传来了种种掩盖错误、推脱罪责的议论。例如,有的人说:"我不知道这样做是犯罪的呀!""我不知道有这方面的法律呀!"这种说法甚至出自工作多年的同志的口里。他们受过党多年的教育,身历"三反"、"五反"运动和其他政治运动。我国刑法已在1980年1月1日起施行,对于经济领域方面的犯罪已作了明确的规定。《国务院关于国家行政机关工作人员的奖惩暂行办法》亦于1980年2月由全国人大常委会重新公布,对国家工作人员的违法失职行为的处理作了明确的规定。应当说,我国在与经济上违法犯罪作斗争的法律手段,基本上是完备的。国家颁布的上述法律法令和条例,是和我党的一贯谆谆教导和社会主义道德原则是完全一致的。就算这种人是"法盲",可是作为一个共产党员、国家干部,特别是负责干部,对于怎样做才符合党的原则,怎样做才有利于社会主义经济建设,怎样做才不损害党在群众中的威信，特别是像什么是不义之财的社会主义道德观念，这些起码的是非标准、政策界限，难道能说也不知道吗？因此，那种以“不知道有这方面的法律”为借口的人，说到底，其中有的人是因为他们自己屁股上不那么干净，或者是为了包庇某些违法犯罪的人。

当然，由于经济上的犯罪活动形形色色，犯罪分子诡计多端，犯罪手段花样百出，犯罪集团内部各个成员的罪责不一，要具体地对每个案件，每个行为人确定性质是要作大量的调查，收集确凿的证据和作深入的研究分析的，要分清罪与非罪的界限，有的确属刑事犯罪，有的是违反了财政纪律，有的是违法失职行为，有的是沾染了不正之风，不能一概而论。要分别不同情况，按照法律、党纪、政纪作不同的处理。但是是非必须分清，社会主义的原则必须坚持。在我们社会里，提倡什么，反对什么，必须旗帜鲜明，否则我们所要建设的社会主义精神文明，就会遭到破坏，甚至变质。

有人说，“请客送礼，拉拉关系，收点手续费是发展经济的需要”。有的人振振有词地把侵吞国家财产的行为说成是“手段是恶劣的，效果是良好的，来路是不明的，用途是正当的，明知是不对的，不搞是不行的”。这种把社会主义道德的善恶、荣辱的观念弄颠倒的说法，令人吃惊。明明知道手段是恶劣的，为什么还要不择手段去做呢？说穿了就是为了要非法侵占，化大公为小公，为了本单位、本地区的暂时利益，不惜损害国家的整体利益、长远利益，破坏有计划按比例发展国民经济的计划。要知道这样做的结果，到头来还是损害了本单位、本地区的利益和千百万劳动人民的利益。这种饮鸩止渴的办法，绝非发展经济之道。近年来，社会上兴起一股请客送礼、讲“关系学”的不正之风，是一种资产阶级的腐蚀剂，各级政府和纪委早已三令五申予以制止。但是有些人至今置若罔闻，这是需要切实加以整顿的。对于图谋私利、身染不正之风而习以为常的人来说，应该给予批评教育、经济制裁和纪律处分，使其懂得这些都是旧社会遗留下来的恶习，与社会主义精神文明格格不入，党和政府是绝不会听任其挥霍浪费公有财产，污染社会风气的。然而，对于那些以请客送礼、拉关系为手段，肆无忌惮地大量侵吞国家和集体财产而大发横财的少数人则必须依法惩处。

能不能把这场与经济领域的犯罪斗争进行到底，是关系到国家和民族生死存亡命运的大事。如果我们心慈手软，半途而废，那就对不起无数为了人民革命事业抛头颅洒热血的革命先烈，和成千上万在革命战争中为了胜利不惜牺牲生命的战士，也对不起我们的子孙后代。要有效地与经济犯罪作斗争，关键在于对干部经济犯罪的案件从速从严地进行处理。处理干部的经济犯罪是一个十分严肃的问题，既是直接关系到保卫社会主义制度和社会主义经济的大事，又是关系到严格党纪国法，转变党风和社会风气、建设社会主义精神文明的大事。只有把这一场斗争进行到底，才能使千百万劳动人民迸发出建设社会主义的革命热情和冲天干劲，把社会主义精神文明的建设大大地向前推进一步。

（1982 年第 3 期）

刑事案件中法人的责任问题

朱华荣*

目前在一些经济上犯罪的案件中,有一个突出的现象,就是不少犯罪分子是以企业、机关的代表人的名义在进行犯罪活动,或者其犯罪活动与企业、机关存在密切的关系。在这些案件中,有一部分是由该代表人自身进行的犯罪活动,如贪污、盗窃等,与机关、企业的活动无关,该代表人应该负罪责,自无疑义,但也有一部分案件,该代表人系根据企业机关的领导人或领导集体所作的指示而进行的犯罪活动,如行贿、走私、投机倒把等。因此,在司法实践中和在报纸杂志上,都迫切地提出了"应当重视法人违法犯罪活动的处理"问题。但是,法人能否成为犯罪的主体?是否应该负刑事责任?在刑事案件中法人的地位如何?应该负什么责任?对这些问题还存在不同看法,必须加以探讨和阐明。

根据我国《刑法》第 121 条的规定:违反税收法规,偷税、抗税,情节严重的,除按照税收法规补税并且可以罚款外,对直接负责人员,处 3 年以下有期徒刑或者拘役;第 127 条规定:违反商标管理法规,工商企业假冒其他企业已经注册的商标的,对直接责任人员,处 3 年以下有期徒刑、拘役或者罚金;第 131 条规定:保护公民的人身权利、民主权利和其他权利,不受任何人、任何机关非法侵犯。违法侵犯情节严重的,对直接责任人员予以刑事处分。这三个条文,乍看起来,似乎也规定了"工商企业"和"机关"的违法犯罪问题,似乎这些"法人"也可成为犯罪的主体。其实不然。根据我国《刑法》关于犯罪与刑事责任的规定,纵观以上各条文的全文,这 3 条的规定,只能是意味着行为人在工商企业或机关的活动中发生了犯罪,或是行为人以企业或机关的名义实施了犯罪,而并不是指"企业"或"机关"本身在实施犯罪。因此,条文明确规定,应负刑事责任的不是"企业"或"机关",而是"企业"或"机关"中实施犯罪的直接责任人员。

法人是工商企业、机关等社会组织在法律上的人格化,这是我国民法中的一项重要制度。法人是民事关系的主体,在民法上具有行为能力,参与民事活动,享有民事权利和负担民事义务。法人在民事上的违法行为,如违反《经济合同法》等,应由法人承担法律上的责任。但是,根据我国刑法的基本原则,法人不

---

* 作者单位:华东政法学院(现华东政法大学)。

能成为犯罪的主体,不能构成犯罪,不能负担刑事责任。这两者之间是有原则区别的。

首先,在我国刑法中,犯罪构成是刑事责任的唯一基础。犯罪构成诸要件只有自然人才可能具有,法人是不可能具有的。罪过是犯罪构成的主观基础,一个人的行为没有罪过,就不可能构成犯罪,因而也不会负刑事责任的。而民法上无罪过的行为也可能要负担民事上的责任,如无过失赔偿责任等。

其次,我国刑法的刑事责任是建立在罪责自负(罪及个人)的原则上的,坚决反对"株连责任"、"集体责任",只有实施了犯罪的本人才应对其犯罪行为负刑事责任。如果把法人当成犯罪的主体,实质上就是主张集体刑事责任,势必使法人组织中某些与犯罪活动无关的人员也受到牵连。这是直接违反了罪责自负原则的。而民法则不同,民法是可以负担连带责任的。

再次,根据建立在犯罪构成理论上的共同犯罪的刑事责任原则来分析,即使是犯罪组织中的成员,也只能对他参与的该犯罪组织的预谋的犯罪计划负责,超出了这犯罪计划的,属于其他成员所实行的犯罪,就不应负刑事责任。法人的活动都是通过自己的代表人来进行的,但其代表人只能在国家所认可的法人的章程、条例范围内活动,如果超出章程、条例的范围而实行了犯罪行为,就不能认为是代表法人的活动,也与法人组织中的其他并未参与犯罪的人员无关。在这种情况下,只能由犯罪行为的直接责任人员(实施者、指使者、帮助者)个人负责,根据不同情节,分别追究刑事责任。所以,如果把法人当做犯罪主体,牵连其他无辜成员,这也是违背我国刑法中共同犯罪的刑事责任原则的。

最后,从我国刑法中刑罚的目的来看,对法人适用刑罚,根本达不到刑罚的目的,还可能使实行犯罪的直接责任人员逃避了罪责,株连法人组织中无辜的成员。这只能是违背了我国刑罚的目的。

因此,根据我国《刑法》,没有任何理由可以把法人当做犯罪的主体。犯罪主体只能是达到法定年龄的、具有刑事责任能力的自然人。应该指出,把法人当做犯罪的主体并适用刑罚,这在剥削阶级的国家里是屡见不鲜的。例如,法国在1670年就规定了社会团体犯罪的审判程序和刑罚;沙俄1885年规定了犹太人协会对隐匿犹太人的军事逃犯的刑事责任;英国规定对违反某些法律义务的法人应判处罚金;美国《1950年国内安全法》(即麦卡伦法案),竟把共产党和共产党的外围组织规定为判处徒刑和罚款的对象;美国《塔虎特·哈特莱法》(《劳资关系法》)规定,对罢工的工会要处以巨额罚金。剥削阶级国家的刑法,利用法人负刑事责任,一方面可以设法为实行了犯罪的剥削阶级分子开脱罪责;另一方面又可以作为迫害进步组织的手段。由此可见,剥削阶级国家中把法人当做犯罪主体,是和我国社会主义刑法原则完全对立的。

但是,必须着重指出,在某些与企业、机关等法人组织有关的刑事案件中,如工矿企业的重大责任事故刑事案件中,交通肇事的刑事案件中,偷税、抗税的刑事案件中,或者法人中工作人员在执行职务上犯罪的刑事案件中,除了与犯罪有关的直接责任人员应负担刑事责任外,如果发生民事责任或其他责任问题,如民事赔偿或行政罚款等,根据司法实践的经验及有关法律规定,则由犯罪分子所在单位(法人)承担全部或部分责任。这样处理对国家和人民都是有利的,也充分体现了社会主义国家机关、企业对受损害的人民的关怀和负责精神,应该予以肯定。因此,法人中的工作人员,如在执行职务中发生过错,或者实施了犯罪行为,法人应承担民事责任。法人在承担民事责任后,还可以根据具体情况,向有过错或者实施犯罪的工作人员进行追赔。这些处理原则,不仅目前在司法实践中行之有效,也应当在民事立法上关于民事责任的规定中得到肯定。

(1982 年第 3 期)

一项适时有力的法律措施

苏惠渔[*] 张国全[**] 陆世友[***]

第五届全国人大常委会通过的《关于严惩严重破坏经济的罪犯的决定》(以下简称《决定》)是加强同经济犯罪作斗争的重要的法律武器,对加强社会主义法制,从政治上经济上开展反对资本主义腐蚀的斗争,保卫社会主义制度有十分重要和非常深远的意义。

一、保卫社会主义公有制,是社会主义法制的基本任务之一

在无产阶级专政的历史上,经济领域中反对资本主义的斗争,历来是十分激烈的,至关国家的命运前途。这是因为,无产阶级在建立了自己的政治统治之后,在对付武装侵略的同时,还必须高度警惕"和平演变"的危险,而经济领域内的腐蚀和反腐蚀的斗争,无产阶级在这场斗争中能否彻底战胜资本主义,是保卫社会主义制度的根本大事。列宁认为,为了彻底战胜资本主义,无产阶级"建立新的经济关系"是无产阶级专政的主要职能的一个方面。列宁痛斥那些盗窃公共财物、破坏社会秩序的骗子、懒汉、流氓是"社会主义的敌人"、"劳动者的敌人"。对这些敌人"不能有任何宽恕",要对之进行"决战","只要他们稍一违背社会主义社会的规则和法律,就要无情地加以镇压。这个方面任何软弱、动摇和怜悯的表现,都是对社会主义的极大罪过"。在苏联实行新经济政策时期,列宁又指出:"必须立即神速地提出一项关于惩治贿赂行为(受贿、行贿、串通贿赂,以及诸如此类的行为)的法案,贪污者起码要判十年徒刑,并强迫劳动十年。"这是无产阶级运用法律手段,惩治经济领域内的犯罪活动的伟大实践,对指导我们正在开展的打击经济犯罪的斗争,有重大的现实意义。

对于无产阶级专政的这个重要经验,我们党历来是十分重视的。1952年,党中央和毛泽东同志就及时开展了"三反"、"五反"运动,立法机关制定并颁布了《惩治贪污条例》以及有关惩治经济犯罪的各项政策,运用革命法制和广泛发

* 作者单位:华东政法学院(现华东政法大学)。
** 作者单位:华东政法学院(现华东政法大学)。
*** 作者单位:华东政法学院(现华东政法大学)。

动群众，打退了资产阶级的猖狂进攻，有效地制止并大大地减少了经济领域内的犯罪活动。但是，由于十年内乱造成的祸害和流毒，并在我们对外实行开放政策和对内实行搞活经济政策的历史条件下，我们队伍内的不坚定分子和社会上的败类相互勾结，致使近两三年内的经济犯罪情况非常严重，比“三反”、“五反”时严重得多，并且同思想文化领域和整个社会风气方面存在的问题互相渗透，具有更大的危害性和腐蚀性，是新中国成立以来少有的，成为当前危害社会主义制度的极大祸害。因此，人大常委会通过《决定》，以法律为武器，从重惩处经济犯罪，特别是严惩重大的经济犯罪，使社会主义法制在这场斗争中更好地发挥保卫社会主义制度的作用，有十分重要的意义。

二、对《刑法》的补充和修改，是同经济犯罪作斗争的有力措施

人大常委会在总结了我们近几年来与经济犯罪作斗争的经验的基础上，根据当前的实际情况，从保卫社会主义制度的高度出发，对《刑法》的一些有关条款作了相应的补充和修改。《决定》规定，对《刑法》第 118 条走私、套汇、投机倒把牟取暴利罪，第 152 条盗窃罪，第 171 条贩毒罪，第 173 条盗窃珍贵文物出口罪，其处刑分别补充或者修改为：情节特别严重的，处 10 年以上有期徒刑、无期徒刑或者死刑，可以并处没收财产。国家工作人员利用职务犯前款所列罪行，情节特别严重的，按前款规定从重处罚。对《刑法》第 185 条第 1 款和第 2 款受贿罪修改规定为：国家工作人员索取、收受贿赂的，比照《刑法》第 155 条贪污罪论处，情节特别严重的，处无期徒刑或者死刑，等等。《决定》对提高惩罚经济犯罪法定刑的这些规定具有重大的意义，体现了刑法理论中罪刑相一致的社会主义法制原则。

大家知道，在我国《刑法》分则的体系中，把破坏社会主义经济秩序的犯罪列在很重要的地位。因为这类犯罪，特别是重大犯罪案件，对国家的社会主义建设危害极大，《决定》对这类犯罪中情节特别严重的案件提高法定刑，从而改变了过去量刑偏轻的情况，使刑法在同经济犯罪作斗争中更好地发挥法律的威力。如果对刑法有关条款不作这样的修改，除情节特别严重的贪污罪和抢劫公私财物致人重伤、死亡罪，其最高法定刑规定为死刑之外，破坏社会主义经济秩序罪的全部条款的最高法定刑都没有死刑，而且多数的刑期都在 7 年以下。这就会使一些情节特别恶劣、后果特别严重、危害特别重大的犯罪分子，得不到应有的制裁。因此，提高经济犯罪的法定刑是完全必要的、正确的。

提高经济犯罪的法定刑是贯彻了区别对待的政策。《决定》坚持惩办与宽

大相结合,实行坦白从宽、抗拒从严。对各类经济犯罪包括情节特别严重的经济犯罪的惩罚,也都规定了一定的量刑幅度,实行相对确定的法定刑。特别是《决定》中还规定了"凡在本决定施行之日以前犯罪,而在1982年5月1日以前投案自首,或者已被逮捕而如实地坦白承认全部罪行,并如实地检举其他犯罪人员的犯罪事实的,一律按本决定施行以前的有关法律规定处理。凡在1982年5月1日以前对所犯的罪行继续隐瞒拒不投案自首,或者拒不坦白承认本人的全部罪行,亦不检举其他犯罪人员的犯罪事实的,作为继续犯罪,一律按本决定处理"。这些规定体现了打击少数,争取、分化、改造多数的一贯方针,做到该严则严、该宽则宽、严中有宽、宽严结合。这些规定还说明了,《决定》从保护国家和人民的根本利益出发,为坚决打击和严惩经济犯罪活动,在适用法律的问题上作了特殊的规定,采用了有区别地实行有溯及力的原则。关于法律有溯及力的规定,在1952年的《惩治贪污条例》中也采用过。当时,彭真同志作这个条例草案的说明时说:"这个条例,对于过去犯本条例之罪的,是要加以追究的。"这样的规定对当时的"三反"、"五反"起了重要的作用和取得了很好的效果。现在,《决定》根据我国刑法的指导思想和基本精神以及司法实践的经验,对溯及力作出的特殊规定,对于从速从严打击经济犯罪,保卫社会主义制度是十分必要的和正确的。

三、违法必究,一抓到底,对国家工作人员从严惩处

李先念同志在最近的一次讲话中,为当前正在开展的打击经济犯罪活动的斗争指明了方向。他指出:"要严肃处理经济上的和其他方面的重大犯罪案件,首先要认真查处那些与负责干部有牵连的现行的经济上的重大犯罪案件。证据确凿,情节严重的,一定要从严从速依法处理。这是关系到我们党和国家前途命运的重大问题,要雷厉风行,一抓到底。"近两三年来经济领域内的犯罪活动为什么如此猖獗,对这类案件为什么处理不下去,值得注意的一个问题是,一些党员、干部,甚至是负相当责任的干部,也参与了这些犯罪活动。特别是一些重大案件,那些党员、干部中的极少数败类,同社会上的犯罪分子相互勾结、利用、包庇,某些负相当责任的干部又同他们串通在一起,这就具有更大的破坏性。如果任其发展下去,那就会毁坏我们的社会主义事业,毁坏党和人民几十年艰苦奋斗取得的革命成果。这说明中央强调在打击经济领域中的犯罪活动,对违法犯罪的党员和干部,特别对其中的负责干部要严加惩处,是何等的重要!

《决定》根据这个精神,对《刑法》中规定的国家工作人员利用职务进行经济犯罪的有关条款作了必要的补充和修改。把参与犯罪活动的国家工作人员同非

国家工作人员区别开来，并规定对前者从重处罚。对国家工作人员包庇、窝藏犯罪分子的，打击报复执法人员和揭发检举作证人员的，有追究责任而不依法处理，或因受阻挠而不履行法律所规定的追究职责的，知情不依法报案和不如实作证的，都规定分别按徇私舞弊罪、妨害社会管理秩序罪或报复陷害罪、渎职罪处罚。凡是触犯刑律的，不论什么人，都应受到法律的惩罚。《决定》的各项规定，体现了社会主义法制的权威，对任何人绝不姑息，广得人心。

我们坚信，在党中央领导下，以法律为武器，全党动员，群众动员，打击经济犯罪的斗争一定会取得彻底胜利，我们的社会主义法制一定会得到加强，党风、政风、军风、民风，一定会有个显著的好转，社会主义制度一定会更加巩固。

（1982 年第 4 期）

谈“依法从重从快”与“左”倾错误的界限

刘天兴*

当前,依法从重从快惩处极少数杀人犯、放火犯、抢劫犯、强奸犯、爆炸犯以及其他严重危害社会的现行犯罪分子,是我们党指导刑法、刑事诉讼法实施的正确政策。正确理解、坚决执行这一政策,对于我们政法部门有效地运用法律武器同犯罪作斗争,搞好社会治安,保障四化建设顺利进行具有重要意义。

一

马克思主义的一个基本原则,就是实事求是,一切从实际出发。党的方针政策就是从实际情况出发,通过总结实践经验而制定出来的。毛泽东同志说:“我们是马克思主义者,马克思主义叫我们看问题不要从抽象的定义出发,而要从客观存在的事实出发,从分析这些事实中找出方针、政策、办法来。”形势是我们制定任务、方针、政策的基础。从实际情况出发,提出任务、方针、政策,是我们党一贯遵循的马克思主义思想原则,也是成功的经验。

近年来,社会治安经过整顿,有了明显好转,但还没有根本好转,某些地方,某些时候,情况还相当严重。特别是杀人、强奸、抢劫等重大刑事案件屡有发生,严重危害社会治安,危害人民群众的生命安全。广大群众迫切要求政府严惩这些严重危害社会的现行犯罪分子。政法部门是为人民服务的,当群众被少数坏人搅得惶恐不安的时候,我们有责任替群众撑腰;当极少数犯罪分子在群众面前为非作歹的时候,我们有责任替群众除害;当四化建设受到坏人破坏的时候,我们有责任运用法律武器保卫四化。不这样,就会影响党的威信,影响四化建设,动摇人民群众对社会主义的信念。在这样的形势下,党中央重申了社会治安的一系列方针、政策。比如全党动手,实行“综合治理”,依法从重从快惩处杀人犯、强奸犯、抢劫犯、放火犯、爆炸犯以及其他严重危害社会的现行犯罪分子等。实践已经证明,这些方针政策是完全正确的,行之有效的。对于指导政法部门正确执行法律,办好案件,整顿社会治安起了良好作用。

* 作者单位:江苏省高级人民法院。

我们应该认识到，依法“从重从快”打击严重危害社会治安的重大刑事犯罪，与“十年动乱”中在“左”的思想影响下大搞“宁左勿右”有着根本的区别：第一，当时的指导思想是“左”的。在“阶级斗争为纲”的口号下，人为地制造阶级斗争，搞阶级斗争扩大化；现在的情况是，党的三中全会以来，党的思想路线、政治路线已经回到马克思主义轨道上来，党对一切工作的指导思想，已经拨乱反正。第二，当时也强调紧跟形势，但那种“形势”在客观上是并不存在的或者基本上不存在的，是人们片面的估计甚至是主观的虚构，而现在讲办案要服从形势，是从实际情况出发，从重从快打击严重破坏社会秩序的现行犯罪分子，以保障国民经济的调整和四化建设的顺利进行。第三，过去是有法不依，“以言代法”，任意定罪量刑；现在强调从重从快，要求严格按照刑法、刑事诉讼法办事。第四，过去办案，不注重调查，大搞逼供信；现在办案要求“以事实为根据，以法律为准绳”。可见，现在要求办案服从形势，依法从重从快，与过去在“左”的错误影响下有法不依，任意出入人罪，有着根本的区别。

二

我国的法律是在党的领导下通过国家权力机关制定的。政策和法律的基本精神是一致的。政策是法律的灵魂，法律是党的政策的定型化、条文化。党领导制定法律的过程，实际上是总结经验进一步完善党的政策的过程，执行法律，就是通过法律的实施保证党的政策贯彻落实的过程。既然法律是根据党的政策制定的，那么，也只有在党的领导下，法律才能实施得好。过去是这样，现在是这样，将来也会是这样。

我国《刑法》、《刑事诉讼法》是30年来刑事工作的经验总结，是党的刑事政策的具体化、条文化、法律化。过去，只重视政策，不重视法律，甚至认为政策可以代替法律，法律可有可无，是错误的，是法律虚无主义思想的表现。现在有了“两法”，也不能忽视政策，执行法律仍然要接受党的方针政策的指导。前一个时期，有些地方执法脱离形势，脱离群众，孤立办案，出现了重罪轻判、该判的没有判等打击不力的现象，这是应该引以为戒的。

刑法本身就有从重处罚的规定。执行“从重”的原则，与刑法并不相违背。我们在办案中，对有刑法规定的从重处罚情节的，当然要依法从重处罚。但还应看到，我国《刑法》分别对每种犯罪都规定了相当大的量刑幅度。如第132条对犯故意杀人罪的，可以判处3年以上有期徒刑，也可以判处无期徒刑或者死刑。刑法为什么对每种犯罪都规定了相当大的量刑幅度？一是犯罪情况千差万别，法律不能搞得太烦琐,有适当的幅度便于根据犯罪的事实、犯罪的性质、情节和对社会危害程度,实事求是地依罪量刑,以求罪、刑相当。二是考虑到各个时期形势的不同。根据我国《刑法》的规定,犯罪是危害社会并应受刑罚处罚的行为。犯罪行为对社会的危害程度,除了由行为的性质决定外,也往往由于在不同的场合,不同的政治经济形势和社会治安情况而引起不同的危害结果而有所区别。因此,对犯罪的处罚,也就不能不因为社会的政治经济和社会治安情况的变化,在宽严方面有所侧重。一般地说,治安形势好时就从轻处罚,坏时就从重处罚。新中国成立初期,为了巩固新生的人民政权,动员、支持人民群众为保卫人民政权而斗争,针对反革命猖獗破坏采取严厉的镇压措施,对那些血债累累、恶贯满盈的反革命分子坚决杀掉。后来,阶级斗争趋向缓和之后,提出可捕可不捕的不捕,可杀可不杀的不杀,对反革命分子和其他刑事犯罪分子实行宽大政策,就是很好的证明。

三

"以事实为根据,以法律为准绳",是人民法院在审判工作中必须坚持的重要原则。当前,强调"依法从重从快",更应当遵循这个原则。

审判刑事案件,认定一个人究竟是有罪还是无罪,是罪重还是罪轻,根据是什么? 根据就是案件的有关事实。只有事实清楚,证据确凿,才能正确地适用法律。如果案件的有关事实不是清清楚楚,证据不是搞得扎扎实实,就不能判决。对案件全部事实和证据的认定,绝不许草率从事或主观臆断,更不许弄虚作假。事实查清后,如何定罪量刑,则要严格按照刑法的规定,一是要做到依法定罪,即依照刑法规定区分罪与非罪的界限,正确认定犯罪的性质;二是做到依法量刑,即正确运用刑法所规定的刑罚惩罚犯罪。该从重的从重,不该从重的不能从重。有法定从轻情节的应当从轻,不能为了从重改变案件的性质,任意确定罪名。

"依法从重从快",与依法办事,严格执行《刑法》、《刑事诉讼法》是一致的。从重,是在法律规定的量刑幅度之内从重。从快,是在法律规定的各种诉讼时限之内从快。一句话,一切都在法律规定之内,不是法外有法。就法院审理案件的程序来说,从快,不能违反两审终审制,不能违反案件的管辖,从送达起诉书副本到开庭审判不能少于7天,不服一审判决的上诉期、抗诉期不能少于10天,不服一审裁定的上诉期、抗诉期不能少于5天。如果违反了,就是违法。有少数地方在个别案件上,为了从快,起诉书副本送达被告人不满7天就开庭审判,上诉期内就作出驳回上诉的裁定,这些都是不合法的,应当注意纠正。

我省各级人民法院通过半年来的审判实践,依法从重从快惩办严重破坏社会秩序的现行犯罪分子,积累了一些较好的经验。例如,在分析认定犯罪情节、依法量刑时,坚持了五个区别:一是把首犯与从犯相区别。二是把成年人犯罪与未成年人犯罪相区别。三是把累犯与偶犯相区别。四是把既遂犯与预备犯、未遂犯、中止犯相区别。五是把抗拒逮捕、拒不认罪与投案自首、主动坦白相区别。从而提高了办案质量。

实践证明,中央五大城市治安座谈会提出的方针政策是完全正确的。各级人民法院由于依法从重从快惩治了一批重大刑事犯罪分子,从而有力地打击了邪气,发扬了正气,鼓舞了群众斗志,对维护社会治安,推动综合治理,保障经济调整的顺利进行,起了积极作用。

当前,社会治安虽已有明显好转,但还没有根本好转,我们人民法院一定要坚决贯彻中央五大城市治安座谈会精神,积极参加综合治理,为争取社会治安的根本好转作出应有的贡献。

(1982 年第 4 期)

谈知情不举的刑事责任问题

郑大群*

所谓"知情不举",就是对于明知的犯罪人员和犯罪事实有意隐瞒,不向主管单位或司法机关检举报告的意思,又称知情不报。

对于知情不报的行为是否构成犯罪的问题,法学界意见不一,各国刑法典的规定也不一致,有的作为犯罪,明文规定应追究刑事责任,有的不作为犯罪,不追究刑事责任。

我国西汉时代,除有"首匿群盗"、"坐匿罪人"等构成犯罪的规定外,也有知情不举受到处罚的记载。《汉书·王子侯表》即载有:"陆嗣侯延寿坐知女妹夫亡命,笞二百,首匿罪免"的史实。可以看到,当时对知情不举和"首匿"罪还是有所区别的。唐律、宋律和清律对某些特定的罪都有关于知情不告应受处罚的规定。腐败的国民党政府为了掩人耳目,不得不按犯罪主体的不同,把知情不举分别作为行政法和刑法的内容。认为:"有监督权之长官对所部内之不正行为,明知而不加检举者"属于行政法的内容。刑法则有当"犯罪可以预防之际",知情不报者,构成"不举发犯罪"罪的规定。

我国《刑法》对知情不举的行为无明文规定。这种行为一般作为违法犯纪行为予以行政处分或批评教育,而不追究刑事责任。司法实践中,我们严格区分包庇、窝藏罪和知情不举的界限。只对具有包庇和窝藏情节构成犯罪的才追究刑事责任。

全国五届人大常委会第二十二次会议通过的《关于严惩严重破坏经济的罪犯的决定》(以下简称《决定》)规定,对于严重破坏经济的犯罪人员和犯罪事实知情的主管人员或者仅有的知情的工作人员不依法报案和不如实作证的,分别比照刑法有关渎职罪的规定处罚。

对《决定》的这一补充规定,有的同志认为已经把知情不报的行为作为犯罪规定下来,扩大了包庇罪的范围,认为以后对所有的犯罪人员和犯罪事实凡有知情不报的,都应按包庇罪进行处罚。只要我们把刑法规定的包庇罪和《决定》的规定对照一下,即可发现事实并非如此。我国《刑法》规定的包庇罪,属于《刑

* 作者单位:上海社会科学院法学研究所。

法》分则第六章的妨害社会管理秩序罪，其犯罪主体不限于国家工作人员。而《决定》规定的知情不举罪，其犯罪主体不仅应该是国家工作人员，而且限制在国家工作人员当中的直接主管人员或者仅有的知情的工作人员，并且比照《刑法》分则第八章渎职罪的有关规定处罚。可见，《决定》的这一规定，并非包庇罪的扩大，在犯罪主体和犯罪性质上都不应混为一谈。

1952年4月，我国颁布施行的《惩治贪污条例》第13条规定："一切国家机关、企业、学校及其附属机构的领导人员，凡发觉其所属工作人员贪污而故意包庇或不予举发者，应依其情节轻重，予以刑事处分或行政处分。"

由此看来，《决定》关于知情不举罪的规定，可以说是《惩治贪污条例》的引申和发展。它比《惩治贪污条例》的规定更为明确具体。《决定》的这些规定，有利于在司法实践中严格区分包庇、窝藏罪和一般知情不举行为的界限，不随意扩大打击面。同时，体现了对国家工作人员从严要求的精神，有利于加强各级领导干部和国家工作人员的执法观念和政治责任心，维护国家机关的纯洁性。

所以，我们不能因为《决定》规定了知情不举罪，就把所有的知情不举行为都认为是犯罪。从《决定》规定的具体内容分析，知情不举罪的构成，必须具备以下四个条件：

第一，犯罪主体是国家工作人员中对犯罪人员和犯罪事实有主管权的人员或者是仅有的知情的工作人员。如果不是主管人员，或者虽然知情，但不是唯一的知情的工作人员则不能成为这种犯罪的主体。

第二，必须是明知犯罪人员和犯罪事实情况的。虽是主管人员或者有关的工作人员，如果不知道犯罪情况，则不应论罪。

第三，对明知的犯罪人员和犯罪事实，没有如实报案和不如实作证的。如果知情后已经如实报案并如实作证的，就不构成犯罪。

第四，限于《决定》中所列的走私、套汇、投机倒把、盗窃、贩毒、盗运珍贵文物出口、索贿受贿、包庇、窝藏、伪证和报复陷害等罪。刑法规定的其他罪不包括在内。

这四点是知情不举罪必须具备的条件，缺一不可。只有符合上述四个条件的行为才构成犯罪，不符合或者不完全符合以上条件的行为就不作为犯罪，我们不应随意扩大它的范围。

但是，这不等于说，其他知情不举的行为，譬如说非主管人员、非仅有的知情的工作人员，或者对《决定》规定以外的其他犯罪的知情不举的行为就是合法的，可以容许的。在我们社会主义国家，人民是国家的主人，与犯罪作斗争，维护社会治安秩序，人人有责。我国《宪法》规定："公民必须爱护和保卫公共财产。"

《刑事诉讼法》规定:“凡是知道案件情况的人都有作证的义务。”因此,对于任何犯罪人员和犯罪事实知情的公民,不论这种犯罪行为是处于预谋、实施或是完成阶段,一经发现,就应该主动及时地向主管单位或司法机关报告检举,并如实作证,以制止或减少犯罪可能造成的危害后果。反之,如果知情不举,或者不如实作证,即使依法尚不能构成犯罪,也应该受到社会舆论的谴责和组织领导的批评教育,情节严重的,还应受到党纪、政纪的处分。而且,由知情不举到包庇窝藏,虽然有罪与非罪的界限,但是从一个人的客观行为上分析,并没有不可逾越的鸿沟。这是值得人们深思并引以为戒的。

(1982 年第 5 期)

对“坦白从宽　抗拒从严”政策的再认识

丛文辉*

犯罪分子实施犯罪之后，在司法机关面前交代罪行的态度，坦白或者抗拒，是否影响处刑的轻重？我认为，回答应该是肯定的。我国刑法是根据惩办与宽大相结合的政策制定的。“坦白从宽，抗拒从严”是这个政策的重要原则之一，依据认罪态度来区别从宽从严也是惩办与宽大相结合政策的一个重要方面。因此，“坦白从宽，抗拒从严”也是我国刑事立法的政策根据，在司法实践中应当予以体现。当前法学界对这个问题的认识还有分歧。有的同志认为，刑法有体现“坦白从宽”的条文（如自首条），而无体现“抗拒从严”的条文。某些报刊的法制宣传也只提“坦白从宽”或“戴罪立功”，不提“抗拒从严”。把一个完整的政策原则加以割裂，取此舍彼，是不正确的。因此，有必要进一步讨论这个问题。

宽与严是相对而言，没有从严就无所谓从宽；反之亦然。刑法有些条文正是针对犯罪分子的抗拒表现作出的从严处理的规定。如刑法规定：“犯盗窃、诈骗、抢夺罪，为窝藏赃物、抗拒逮捕或者毁灭罪证而当场使用暴力或者以暴力相威胁的”依照抢劫罪处罚。怎么能说刑法没有体现“抗拒从严”的条文呢？还有的同志把坦白仅仅理解为自首，认为只有自首才算坦白，才能依法从宽处理，而对于其他情况下交代罪行的不视为坦白。这样，“坦白从宽”实际变成了“自首从宽”。在刑事侦查阶段，公安工作人员经常对犯罪分子进行法律和政策宣传，以启发、教育犯罪分子如实交代罪行。“坦白从宽，抗拒从严”也是经常宣讲的一个内容。然而，坦白能否从宽，抗拒能否从严，实际审判往往是另外一回事。侦查阶段对人犯的政策宣传岂不成了诱使坦白的圈套？现在，相信“坦白从宽，抗拒从严”政策的人不太多，“坦白吃亏论”在犯罪分子当中还相当流行。这种情况不利于分化瓦解打击犯罪，不利于促进犯罪分子的改造。刑事审判应体现“坦白从宽，抗拒从严”，这是当前司法工作中亟待解决的问题之一。

一、“坦白从宽，抗拒从严”是政策，不是圈套

“坦白从宽，抗拒从严”是我们党和国家一贯坚持的基本刑事政策的一个重

* 作者单位：沈阳市劳改分局。

要组成部分。在同反革命和其他刑事犯罪的斗争中,它经常被单独提出来,作为分化瓦解打击犯罪,争取改造大多数罪犯和迅速侦破案件的一项行之有效的政策。这个政策依据犯罪分子的认罪态度(坦白或者抗拒)实行区别对待,体现了分化瓦解敌人的策略思想,同时具备新型的社会主义法制的特点。改造教育罪犯是我国适用刑罚的目的之一,是我国社会主义刑法区别于一切坚持"惩办主义"、"报复主义"的剥削阶级刑法的重要标志之一。犯罪分子实施犯罪之后,在司法机关面前的态度,表明其人身危险性的大小,接受改造的难易程度,在量刑时把它考虑进去,鼓励坦白交代认罪悔改,打击负隅顽抗怙恶不悛,争取更多的犯罪分子改恶从善弃旧图新,有利于实现社会主义刑罚的目的。新中国成立以来,在"镇反"、"肃反"、"三反"、"五反"斗争中,党和国家提出的一系列政策都包括"坦白从宽,抗拒从严"的内容。由于在斗争中切实贯彻了这个政策,使之发挥了巨大的威力,其效果早已被历史所证实。它是实实在在的政策,根本不是圈套。然而,后来为什么人们有了圈套之感呢?这是由于后来"左"的思想在司法界发生了影响,政策逐渐变成不予兑现的空洞的口号。到了"十年浩劫"时期,林彪、"四人帮"为了打击、迫害广大干部和群众,肆意践踏和歪曲党的政策,在"坦白从宽,抗拒从严"的口号下,实施诱供、指供、刑讯逼供,制造冤假错案,使这个经过实践检验的正确政策完全变成了整人害人的骗术。粉碎"四人帮"以后,尤其"两法"全面实施以后,这种局面开始扭转。但是由于"左"的思想尚未彻底肃清,以及某些司法人员对法律与政策之间的关系还存在不正确的理解,在执法过程中是否或怎样体现"坦白从宽,抗拒从严",认识上颇不一致。个别司法人员还仍然把这个政策当做诱取供认的圈套,继续制造不良影响。例如,某办案人对案犯宣讲"政策":"坦白出来,就从宽处理,就放你回家!"案犯坦白后,要求兑现诺言,放了他。办案人翻了脸:"放你?放你的屁。"遂使案犯叫苦不迭,认为上了"政策"的当。"坦白从宽"不等于放人,该办案人宣讲的根本不是政策。

"坦白从宽,抗拒从严"政策应当恢复它本来的面目,使之取信于天下,继续发挥巨大威力,关键在于司法实践予以切实的体现。

二、坦白和抗拒的概念

什么叫坦白?我认为,犯罪分子实施犯罪之后,在司法机关以及其他有关机关面前能如实交代罪行的就叫做坦白。犯罪分子的交代符合客观事实是坦白的标准,在什么情况下作的交代则是坦白程度的差异。根据坦白的不同程度大体可分为三种情况:(1)犯罪分子在自己的罪行未被发觉以前,自动地向有关机关交代罪行的。(2)被逮捕后,在司法机关未出示证据之前主动交代罪行的。(3)抓获后,在确凿的犯罪事实面前不得不交代罪行的。

什么叫抗拒?在确凿的犯罪事实面前拒不认罪或者利用各种手段进行反抗的,就叫做抗拒。

这里,必须严格划清抗拒和辩护两者的界限。抗拒和辩护是两个不同的概念。抗拒是在确凿的犯罪事实面前拒不认罪或者有具体的反抗表现,如行凶拒捕、伪造证据、捕后脱逃等。辩护则是法律赋予被告人的诉讼权利,法庭不能限制,不能剥夺,更不能因被告行使辩护权而加重处罚。如果把正当的辩护与抗拒混为一谈,势必使被告人在"抗拒从严"的压力下,不敢说明情况或提供有利于自己的证据,从而影响法庭客观、全面地查明案情和作出正确的判决。是辩护还是抗拒(拒不认罪),标准只能是客观事实,不能把坚持实事求是敢于申辩的人当做抗拒。

三、刑事审判怎样体现"坦白从宽,抗拒从严"

"坦白从宽,抗拒从严"政策是针对犯罪分子的认罪态度在量刑上区别宽严。认罪态度只能调整刑罚(从宽从严),而不能决定刑罚。决定刑罚的是犯罪的事实、性质、情节和对社会的危害程度。对于无罪的人,无所谓认罪态度,也不适用"坦白从宽,抗拒从严"的政策。一个人没有犯罪,当然没有什么罪行可坦白,就不能认为他在抗拒,更不能从严惩处。对于有罪的人,认罪态度也不能单独适用刑罚,只能作为量刑时从宽从严的一个因素。这种调整不能像橡皮筋那样随意伸长或缩短,而要受犯罪的具体情况和应该处罚的具体刑罚的制约。林彪、"四人帮"为害时期,几乎把认罪态度作为量刑的标准,所谓"问题不在大小,关键在于态度",枉屈了许多无辜者,也放纵了一些确有罪行的不法之徒。实践证明,扩大认罪态度在量刑中的作用,势必造成枉法、乱法、无法的局面。只有在犯罪事实确凿的前提下,以刑法规定的量刑幅度为基础,认罪态度才可以调整刑罚的宽严。没有这个前提和基础,"从宽""从严"漫无边际,那就要导致刑罚擅断主义,形成"以人代法"、"以言代法",冤假错案必不可免。

有了上述前提和基础,从宽和从严的幅度还要与坦白和抗拒的实际表现程度相适应。根据坦白程度的三种情况,从宽幅度也有三种情况:(1)罪行未被发觉以前,自动地向有关机关交代罪行的,这种情况是自首。自首说明犯罪分子已经认识到所犯罪行,有悔改表现,愿意认罪服法。因此,刑法对自首犯规定了最大的从宽幅度:"可以从轻处罚。其中,犯罪较轻的,可以减轻或者免除处罚;犯罪较重的,如果有立功表现,也可以减轻或者免除处罚。"立功表现是指犯罪分子除真诚坦白自己的罪行以外,还检举其他犯罪人,或提供侦查线索,协助司法机关破案,或有其他对国家有重大贡献的表现。(2)比自首和立功表现差的,是被逮捕后,在司法机关未出示证据之前主动交代罪行的。其中除交代已被发觉的罪行以外,还能主动交代未被发觉的罪行的,从宽的幅度也较大。(3)抓获后,在确凿的犯罪事实面前不得不交代的,从宽的幅度比较小。一般对量刑不作调整,或作较小幅度的从轻处罚。认定坦白的态度是一项复杂细致的工作,要注意不要把犯罪分子的表面形态,如痛哭流涕等视为坦白态度。

根据抗拒的实际表现程度不同,从严的幅度也不同。所谓从严处理一般指从重处罚。对于抗拒行为尚未达到构成新的犯罪的程度,只能在法定量刑尺度以内判处较重的刑罚。其中,有具体的反抗表现的要比在确凿的犯罪事实面前拒不认罪的,从严幅度要大。对于抗拒行为已构成新的犯罪的,就应按数罪并罚的原则处理。捕后脱逃是一种严重的抗拒表现,是新的犯罪行为,从严处理就不是从重处罚,而是加处刑罚。

综上所述,"坦白从宽,抗拒从严"政策完全可以在刑法规定的范围之内予以体现。它以犯罪事实确凿为前提,以刑法规定的量刑幅度为基础,根据认罪态度的不同程度的实际表现,一般在法定刑之内调整量刑。可见,刑事审判体现"坦白从宽,抗拒从严"是有严格的尺度和具体的法律规定的,必须遵循"以事实为根据,以法律为准绳"的原则,一切没有法律根据的从宽从严都是违法的。

四、几个有争议的问题

1. 有的同志认为:"把自动坦白同在人证、物证面前被迫供认相区别,后者不应作坦白从宽处理。"我的意见是"在确凿的犯罪事实面前不得不交代的",也视为坦白,应予从宽处理。当然,对这种情况的从宽,如前所述,幅度较小。一般对量刑不作调整,或作较小幅度的从轻处罚。有的同志问:"对量刑不作调整也是从宽处理吗?"我们认为,宽与严总是相对而言,与抗拒的从严处理相对比,这里的对量刑不作调整就是从宽处理。在司法实践中经常碰到的是:在确凿的犯罪事实面前,有的案犯能低头认罪,有的则拒不认罪,对二者不予区别是不妥的。

2. 有的同志指出,《刑事诉讼法》有"上诉不加刑"的原则,如果被告人是在犯罪事实确凿的情况下提出上诉,显然是拒不认罪,是抗拒,这种情况怎么去体现"抗拒从严"?我认为,被告人对一审判决不服提出上诉,是法律赋予他的诉讼权利。“上诉不加刑”原则是为了使被告人充分行使这一诉讼权利，从法律上保证被告人的申辩权不受任何限制和损害，它和“抗拒从严”是两回事。被告人不服一审判决提出上诉，可能针对犯罪事实的认定，也可能针对适用法律。如果对认定犯罪事实不服提出上诉，而犯罪事实又是确凿无疑的话，那么确实是拒不认罪的抗拒表现，然而却不能给予从严处理。“上诉不加刑”原则在这里对“抗拒从严”给予限制，这种限制体现法制原则。“坦白从宽，抗拒从严”政策正是在法律规定范围之内才能得到正确实施。

3. 有的同志认为刑法对“坦白从宽，抗拒从严”应予明文规定，为司法实践体现这个政策提供法律根据。我认为，现行《刑法》在第一章刑法的指导思想、任务和适用范围中已经讲到，我国《刑法》是依照惩办与宽大相结合的政策制定的。惩办与宽大相结合政策包括“坦白从宽，抗拒从严”的内容，这就是法律根据。最近，人大常委会《关于严惩严重破坏经济的罪犯的决定》对严重破坏经济的罪犯提高了最高刑，并指出，凡在 5 月 1 日以前投案自首，或者已经逮捕而如实地坦白承认全部罪行，并如实地检举其他犯罪人员的犯罪事实的，一律按以前的法律处理，在 5 月 1 日以前拒不自首，或者拒不坦白全部罪行，亦不检举他人犯罪事实，作为继续犯罪，一律按新的规定处理。这一规定具体体现了“坦白从宽，抗拒从严”的精神，因而震慑了犯罪分子，使他们纷纷投案自首，坦白交代，起到了分化瓦解犯罪集团的作用，充分发挥了人民民主专政的威力。这是我们必须认真学习和贯彻执行的。

（1982 年第 5 期）

一个 19 岁的死刑犯人的自白

【编者按】 这里我们发表一篇一个被判处死刑的罪犯的自白。很值得大家认真一读。

罪犯陈余宝,男,19 岁,公社社员。1981 年春,生产队在调整责任田时,将陈家多余的三畦包产田改划给了受害人陈良顺家。4 月 23 日上午,陈良顺母、妹在这块地里套种棉花,碰断了陈犯家的少许麦苗。为此陈犯的母亲与其发生争吵扭打。当时陈犯 10 岁的妹妹在场,说肚子被踩了一脚。事后经大队治保主任调处,纠纷已平息。当日下午 7 时,陈犯的父亲怂恿陈犯背上妹妹去受害人家寻衅,陈犯父母也跟随前去,再次挑起事端。在互相争吵厮打中,陈犯拔出尖刀,先伤陈良顺姐姐,又向陈良顺连刺八刀,致其当场死亡。结果陈犯被依法判处死刑。判决后,陈犯给他的亲属写了下面这封信。

爸爸、妈妈、弟弟、妹妹:

您们好。今告你们一件事,我想你们大概已经知道了吧?但我还是告诉你们,我已被判处死刑!

爸爸、妈妈:一接到通知,我很难过。我深知我现在活在世上的时间不是以年来计算,而是以每日、每时来计算的。我今年才 19 岁,年纪还很轻,我犯的是杀人罪,我是为家里的事把良顺戳死的!我这样做,使他家遭到飞来横祸,使良顺家遭到了不可挽回的损失。良顺他比我还年轻 2 年!良顺是死在我的手下,我怎能对得起他的一家呢?!杀人偿命,天经地义。

爸爸、妈妈、弟弟、妹妹:事出我并不后悔,但我后悔的是你们在我出生的一天起,对我太宽容,使我养成了无法无天的性格,以致有今天的恶果,使你们吞下一颗无法吞没的苦果!他家失去了良顺,我家失去了余宝,两家都遭到了重大损失。我死是法律的惩罚。

爸爸、妈妈、弟弟、妹妹:现在我犯了杀人罪,我对不起你们,对不起活着的人,你们养了我 19 年,你们在我的身上花费了多少心血啊!而今使我很难忘怀。再者,你们在我小时,对我的要求是尽量满足,也过分地迁就我,让我尽量过着比较优裕的生活,使我养成了在家的优尊的地位,也使我养成了目无一切的缺点。从我懂事的一天起,我就跟社会上的一些不三不四的人交往。沾染了一些不良习气,而且我还玩起了凶器。如那天没有凶器的话,也不至于酿成今天的大祸。

我死，怨什么呢？我什么也不怨。我此时只怨父母对我小时候太宽容，对我的要求太迁就。此时，我只怨这点。但是，世上哪有不爱子女的父母呢？都怪我平时太任性，所以说，我死后，望父母对弟妹的要求一定要严格，望爸妈在我身上吸取教训，使我的悲剧再不能在他们的身上重演！这也是我最大的忠言。望爸妈大人能冷静地思考，慎重考虑吧！

爸爸、妈妈、弟弟、妹妹：我活着不能报答父母的养育之恩，有在天之灵的话，我也报答你们，来赎我的罪孽，我是罪有应得。我死后，望你们保重自己的身体。不要因为我死而悲痛，但我深深地知道，你们不悲痛是不可能的，悲痛不能挽回，也不能救我的命。更不能代替法律。因良心不能代替法律。家里还有弟妹，他们要长大成人，但是，要对他们严格要求，我再重复一遍，我的悲剧，再也不能重演啊！再也不能重演啊！

爸爸、妈妈：你们保重自己，不要过分地想念我，你们最好把我忘记掉，因我对不起你们，在你们的脸上抹了灰，使你们在身心上和名誉上都受到不可挽回的损失，这些都是我这个不孝的儿子给你们带来的恶果，你们忘记我吧，把我忘了吧！！！

弟弟、妹妹：我去后，你们千万不要学哥哥，因哥哥犯了滔天之罪。我无言忠告，但我希望你们要好好学习，要学些真本事，不要跟社会上一些不正派的人交往，跟好学好，跟坏学坏，更不能学你哥哥。家中的事你们要多做些，因爸妈的年纪不小了，再说，因我去后爸妈肯定很悲痛，你们要多多地劝劝父母，要孝敬二老，叫父母不要过分地想我，现在哥哥对不起你们，并没有给你们留下什么，留给你们的是一个不争气的哥哥，哥哥是个杀人犯，被政府依法判刑的一个杀人犯。我留下忠告，千万不能学你哥，千万要记住！！！

弟弟、妹妹：我无物赠给你们，现我留下几句遗言给你们，望你们切记！

(1)父母年纪不小了，再加上失去了我，肯定要想念我，望你们多多劝劝父母。家中的事，你们要多做些，要主动地去做，尤其是现在土地分到户，搞责任田，事情很多，父母想我，有些事也不会有什么心思去做，你们要承担起重任。

(2)你们要记住我的话，要学正派，要学好，学些真本事，不要浮，不要跟社会上一些不正派的人来往，沾染上不良习气，你们一定要记住我的话。

(3)你们要跟亲戚家搞好团结，不要有些事斤斤计较，要宽宏大量。

(4)你们要爱惜自己，保护好身体，就是以后长大成人更要保护自己。妹妹以后到人家去，要学贤惠，不要任性，要尊老爱幼。这是哥哥的愿望，望你们深思。

最后望父母保重，不要思念我。

弟妹保重，望全家团结！

祝你们幸福吧！

余宝儿

于11月11日

（1982年第5期）

教训在哪里

本刊评论员

一个年仅19岁的青年陈余宝，为了家庭和邻居发生争吵，竟然蛮横地把邻居家的一个男孩子连捅8刀致死，并刺伤了一个女孩。因而，被依法判处死刑。他在临刑前写了一封悔恨交加的长信，给其爸妈弟妹，读后令人难以平静，发人深省。一则是对他目无法纪，心狠手辣，残杀人命，激起无比愤慨，理应受到国法的严厉制裁；二则像这样的年轻人为什么会变成杀人犯，酿成这样大的悲剧，我们应从中吸取什么教训？他讲的话值得普天下做父母的一读。同样，也值得青少年一读。

高尔基说过一句精辟的话，把子女带大，是连老母鸡也会做的事，而把子女教育好才是做父母的责任。陈余宝在信中对他父母亲说："你们在我小时候，对我的要求尽量满足，也过分地迁就我……使我养成了在家优尊的地位，也使我养成了目无一切的缺点。"他是多么的怨恨呀！"只怨父母对我小时候太宽容，对我的要求太迁就"，"使我养成了无法无天的性格"。因此，他希望爸妈吸取教训，再不要使他的悲剧在弟妹身上重演。陈余宝这些话当然是对他的爸爸妈妈说的，可也是对千千万万做爸妈的人说的。是的，类似的悲剧再也不要重演了。喜爱自己的子女是无可非议的，但如果过于溺爱，放纵骄横，就会使孩子养成无法无天的性格，从而爱之至极反成恨，走向喜爱的反面，带来不堪设想的后果。

首先，当孩子懂事的时候，做父母的都会懂得要抓紧教育，告诉他们什么事情该做，什么不该做，要"择友而交"，使其懂得"近朱者赤，近墨者黑"。只有这样，才算尽到对子女教育的责任。可是陈余宝的父母没有这样做。当陈余宝跟社会上不三不四的人交往，沾染了不良习气，甚至玩起凶器时，其父母也不予制止。孩子在自己的眼皮底下玩凶器，不加告诫，不予收缴。爸妈这样纵容孩子真是到了不可宽恕的地步。

宋代有一个芒山强盗临刑咬断母亲奶头的故事，至今读来仍不失有现实的意义。故事说，宋代宣和年间，有一个年轻人被判处死刑，将要处死的时候，法官问他有什么话说。他说："我是吃妈妈的奶长大的，临死前只要求再吮一下妈妈的奶子。"正在刑场上的妈妈就解开了衣襟让他吮一口。不料他狠命一口，把妈妈的奶头咬了下来,顿时鲜血淋漓。他怨恨地说:“小时候妈妈宠我惯我,长大了包庇我纵容我,我犯了小罪,妈妈给我掩盖隐瞒过去。现在我犯了大罪,快要斩首了,我恨呀!我恨我的妈妈。所以临死要咬她一口。”这个故事真实与否,姑且不论,但寓意深刻,概括了前人的生活教训。俗语说:养不教,父之过。父母能否担负起教育好子女的责任,既是关系到子女一生前途命运的大事情,同时也是关系到社会安定发展的大问题,岂可等闲视之?!现在,不是有这样一些家长,明知孩子在犯罪,但却熟视无睹,等到政法机关依法处理时,还要曲予辩解,找人说情,这岂不是错上加错,读一读陈余宝临刑时的长信,该是那些纵容子女的父母们,接受教训,翻然悔悟的时候了!

其次,酿成陈余宝悲剧,与社会风气有很大的关系。出事当天,陈余宝家庭和邻居因细故引起争吵,经大队治保主任调处,本已平息。但他的爹娘不肯罢休,陈犯的父亲怂恿他背上妹妹到对方家去挑衅,陈犯父母也跟着前去助威造势,结果发展到行凶杀人,这又岂是始料所及的呢?类似事件在十年内乱前是很少发生的,当时即使邻居间偶尔发生争吵,也总是比较能够节制,动刀动枪的事是罕见的。而且有打架的,必有拉架的,家庭里的人也会出来阻拦。那时候人们讲道理得多,都知道邻居间低头不见抬头见,争吵打架是不好的,人们以礼让为文明,视打骂为野蛮。可现在,有些人事无大小,逞强争胜,甚至像陈余宝的家长那样,举家出动,大打出手的事,也不是绝无仅有的。睚眦之仇,非报不可,不占便宜,誓不罢休,这种恶习毒化了社会风气,破坏了我们礼仪之邦睦邻友好的传统。这是林彪、“四人帮”破坏了人与人之间的正常关系留下的恶果。因此,我们必须从这一反面的教材中,吸取教训,大力提倡讲礼貌、讲文明、讲谦让,恢复和发扬优良的道德风尚,抓好综合治理,以改善整个社会风气。社会风气好了,这类案件是完全可以避免的。

最后,陈余宝的信中还说:“我死是法律的惩罚”,悲痛“不能代替法律”。的确,对于犯罪者来说,法律是无情的,是铁面无私的,而对于广大人民来说,法律是有情的,它保障国家的利益和人们的生命财产的安全。因此,任何人都要受到法律的约束。我们大多数的人由于认识到法律的严肃性,因而能自觉地服从法律,遵守法律,并勇敢地捍卫法律。但是,社会上确有那么些人,目无法纪,恣意妄为,认为不要受什么约束,只有当他放肆地违反了法律,受到法律无情的惩罚时,才认识到法律的存在,陈余宝就是一个例子。在他被判处死刑后,才醒悟到法律是无情的,但为时晚矣。再说,陈余宝的爹娘,如果脑子里有一点法制观念,能够用法律约束自己的行为的话,也不至于酿成这场悲剧,到后来不会去吞那颗“无法吞没的苦果”了。

这还从一个侧面告诉我们,法制宣传教育必须加强,法律知识必须普及,这是我们社会进行精神文明建设的一个重要课题。特别是对于那些习惯于忘乎所以、无法无天的“法盲”青少年和一些缺乏法制观念的父母,更要注意加强法制教育,使他们懂得什么是违法,什么是犯罪,从而引以警策,自加约束。在这里,我们要严肃告诫那些恣意妄为、动辄行凶的人,切切不可自恃力气大、拳头硬而无视法律的威严,执迷不悟地在危险道路上滑下去,陈余宝的悲剧应该成为他们的一面镜子。

(1982年第5期)

【栏目】　关于贿赂罪的探讨

【编者按】　全国人大常委会《关于严惩严重破坏经济的罪犯的决定》对贿赂罪的定罪量刑作了新的规定和重要补充。贿赂罪在各类破坏经济的犯罪中具有突出的地位，它不仅破坏国家经济建设，而且破坏党风、政风和国家机关的正常活动，为广大群众所痛恨。最近，政法机关在处理此类案件中，对构成贿赂罪的要件、特征，以及如何区分罪与非罪的界限等方面的问题，希望本刊给予解答。为此，我们从来稿中摘选一部分文章，在理论和实践上对贿赂罪的认定和处罚进行了分析，以供大家研究和参考。

贿赂罪的犯罪构成

刘龙培*

贿赂罪，根据我国《刑法》第185条的规定，包括收受贿赂罪、行贿罪、介绍贿赂罪3种。人大常委会对该条补充、修改后，从受贿罪中分出索取贿赂罪，成为4种罪。

受贿罪：国家工作人员利用职权，为使行贿人得到某种利益，非法收受贿赂的行为。行贿的方式既可以事先给予，也可以事后给予。贿赂内容包括现金、有价值的物品和其他利益。它与亲友之间礼尚往来的本质区别如下：(1)性质不同。礼尚往来是一种亲友间的传统习惯，行贿受贿是一种非法的物质利益的肮脏交易。(2)方式不同。礼尚往来是亲友间逢年过节、探亲访友、婚丧喜庆中无条件赠与物品的习俗。行贿则是有条件、有要求的、见不得人的非法交易。(3)数量不同。礼尚往来数量有限，且属于个人合法收入中所支出的财物。行贿则有相当数量，一般并非出于个人合法收入之中的支出。

至于受贿人是否实现了行贿人的要求，对成立受贿罪并无影响。

在这类案件中，有的采购、供销、计划人员，利用职务之便，擅自易地进销、给予加工任务，以“奖金”、“交际费”、“工资”等名义向社队企业索取大笔贿赂；有

---

* 作者单位不详。

的利用劳动调配权，在安排工作、户口等问题上，强索他人财物；有的在与外商交往中有损国格人格，在贸易中造成以次充好、以劣代优、降价抬价等，使国家利益遭受重大损失；有的利用手中掌管部分国家统配物资的权力，非法私调物资，从中收取贿赂，等等。例如，原轻工业部华东物资管理处制单员刘德馨，与上海轧辊厂职工潘祖友（已判处）以及外地社队企业供销人员，内外勾结，先后为外地四个社队企业，非法调拨国家统配的ABS树脂40吨，致使有关社队企业进行非法倒卖，获取暴利82000余元。被告刘德馨在上述犯罪活动中，以“工资”等名目，受贿1900多元，构成受贿罪，依法提起公诉后，法院判处被告刘德馨有期徒刑3年。

行贿罪，是指行为人为了使国家工作人员利用其职务之便，为行为人谋取某种利益，而以财物进行收买的行为。行贿罪和受贿罪一般是双方互相勾结共同进行的，在查明事实后，分别论处。例如，原本市郊县某社队企业采购员吴××，为谋取150万元的加工合同后可以从中牟利，就以请客、送礼等手法，腐蚀收买某电子计算机厂的国家工作人员。吴××在这笔交易中，个人非法获利1万余元，以其中2000多元行贿收买有关干部。提起公诉后，法院以行贿罪对被告依法作了惩处。也有的是单方面行贿，而被行贿一方严词拒绝并加以揭发的，则以行贿论处。如某医院退休职工张××，为要求解决不合理的问题，行贿经办干部，遭到当面严词拒绝，张某事后又趁经办人不在之机，偷偷把1000元人民币用纸包好后塞在经办人办公桌里，并留下纸条。此外，张某还向另一干部家属行贿500元。事后经办人及另一干部向组织上揭发，检察院查明事实后，根据犯罪情节与被告人的认罪态度，依法作出了构成行贿罪，免予起诉的决定，并没收其行贿的1500元。

介绍贿赂罪，是指以贪利为目的，在行贿、受贿之间推荐、组织，促使双方非法交易而从中获利的行为。例如，上面讲到的本市郊县某社队企业吴××的行贿行为，是通过另一国家工作人员吴某的介绍之后，才促使双方达成肮脏交易，吴某从中获利400元。与上述同案犯一起提起公诉后，法院以介绍贿赂罪，依法作了惩处。在查处这类案件中，重要的是查明是否以贪利为目的，如仅出于对行贿一方的关心而推荐介绍，而对行贿、受贿双方的非法交易并不知情，本人亦无贪利之目的，则不能以介绍贿赂罪论处。

索取贿赂罪，是指国家工作人员向他人索要财物或其他利益的行为。例如，人事干部趁他人要求调动工作，房管干部趁他人要求调配房屋，户籍民警趁他人要求迁移户口，而向他人索取财物或其他利益。索取贿赂时，往往使他人在心理上感到强制，认为不行使贿赂就不能办成事情，并以此为手段，达到取得财物的目的。这种罪是一种利用国家工作人员的职权，带有敲诈勒索性质的行为，但不能按敲诈勒索罪处理，因敲诈勒索只是侵犯财产上的犯罪，而索取贿赂罪，乃属于国家工作人员的渎职罪,其犯罪的社会危害性不仅在经济上,而且还妨害了国家机关的正常活动和威信。故处罚应比敲诈勒索罪重。

至于在索取贿赂的情况下所实施的行贿行为,是否构成犯罪,应根据情况区别对待。如行贿人因受到国家工作人员的恐吓而行贿,实质上缺乏行贿的故意,自不能以行贿罪论。

以上贿赂罪中的四种罪,除收受贿赂罪和索取贿赂罪一方必须是国家人员外,其他两种罪中可能是国家工作人员,也可能是普通公民,在法律上没有特定身份的要求。

在司法实践中,往往还会遇到一些政策界限上的问题,罪与非罪的问题,比如在职的科技人员背着组织领导,擅自接受外单位聘用,以多种形式非法牟取数额较大的钱财,如何定性的问题;有的国家工作人员以退休的家属或亲友名义,向有关企事业单位"挂名支薪",如何划定罪与非罪的界限问题,等等。对待这类问题,不能一概而论,应实事求是,查明事实真相后,根据现行有关法规,认真研究,作出结论。比如1981年4月中共中央办公厅、国务院办公厅批转的关于《科学技术干部管理工作试行条例》的通知;1978年12月国务院发布修订关于《发明奖励条例》的通知;1981年8月上海市人民政府批转市劳动局《关于聘用退休人员担任技术指导的若干规定》的通知等,并按照《刑法》第2条、第10条、第185条等有关规定,对照研究、定论。

总之,这类问题情况相当复杂,应该通过详细的调查研究,掌握充分材料,对照有关政策、法律、法令,实事求是地进行探讨,在罪与非罪的界限上掌握尤须慎重。对若干一时无把握的问题,不要急于作出结论。

(1982年第6期)

析贿赂罪的表现种种

李林森*

人大常委会通过的《关于严惩严重破坏经济的罪犯的决定》(以下简称《决

* 作者单位不详。

定》)第1条第2款受贿罪,对《刑法》有关条款作了补充和修改:"国家工作人员索取、收受贿赂的,比照《刑法》第155条贪污罪论处,情节特别严重的,处无期徒刑或死刑。"这反映了四个特点:一是索贿受贿罪没有"利用职务上的便利"的限制,改变了犯罪特征的范围;二是增加了索取贿赂的罪名;三是加重了索贿、受贿罪的刑罚,情节特别严重的可处无期徒刑或者死刑;四是对《刑法》第185条第3款行贿或者介绍贿赂罪保持原来的条文,没有修改。

《决定》的这一修改,它的意义和作用,我理解有两点:第一,适应客观情况变化的需要。近两年来,经济领域中的违法犯罪活动大量增加,其中贿赂罪十分严重,它本身既是一种经济犯罪,又是各种经济犯罪的重要手段,而且出现了一些新的情况,就是受贿罪已经发展到不受职务的限制,一个驳船驾驶员、普通的工人,都可以收受贿赂而为行贿人谋取某种利益。辽宁铁法矿务局马喜光行贿的130多人中,工人就占47名。同时,某些职能管理部门的工作人员、某些企事业单位的采购、供销等人员以致领导干部,乘人之急,索取贿赂,或者在受贿后,为犯罪分子大开方便之门,有的案件受贿一两千元,而使国家在经济上损失几十万元,政治上蒙受的损失更无法估计。针对犯罪活动的特点,《决定》适应形势变化的需要,大大加强了刑罚的威力,对情节特别严重的索贿、受贿犯,可以处无期徒刑或者死刑。这就足以震慑犯罪分子,有利于保卫社会主义建设。第二,考虑到行贿行为的广泛性和复杂性。《决定》对《刑法》第185条第3款行贿罪没有补充修改,我理解它的原因有二:一是行贿涉及面广量大。1981年7月15日国务院关于制止商品流通中不正之风的通知中指出:"行贿受贿、损公肥私的行为,相当普遍地存在着。"也就是说,行贿不仅存在于集体所有制的社队小企业中,而且存在于全民所有制的大企业中,不仅存在于一些自销活动中,而且存在于一些计划购销活动中;不仅存在于一些社会闲散人员中,而且存在于某些国家工作人员中,甚至存在于一些领导人员中。二是行贿的情况错综复杂。从目前情况看,大体有以下六种:(1)为进行投机倒把、诈骗等违法犯罪活动而用财物(包括支付挂名工资、各种费用),安排亲友工作,提供住房等贿赂国家工作人员。(2)少数外商在同我洽谈业务或者其他交往中,为了得到优惠,获取非法利润而对我有关人员"馈赠"财物。(3)一些社队企业为推销产品,或购买原料、承包业务,以重金"酬劳"采购、供销、计划人员,从中牟取非法暴利。这种行贿行为,有的甚至是经基层党政组织集体讨论决定的。(4)社队企业为保住正常的业务加工,把对方的有关人员当做"财神爷",给予贿赂。社队企业并没有从中获取非法收入。有的退休工人、技术人员为某些社队企业解决技术、设备,社队企业给予数额较大的酬劳。(5)为子女或亲朋要求解决并不符合政策规定的房屋、工作、户口等问题,给经管人员送财物的。(6)为要求解决确实存在的按政策应予解决的住房、工作等实际困难,用钱物求助于经办人员。从上面的情况可以看出,行贿的情况很复杂。他们的目的、动机、情节、手段、危害后果,各不相同。鉴于这种复杂状况,《决定》对行贿这一款没有作立法加重和司法加重的修改。

《刑法》第185条第3款规定:“向国家工作人员行贿或者介绍贿赂的,处3年以下有期徒刑或者拘役。”在以往实施过程中,比较着重于追究受贿人的刑事责任,而对犯有行贿罪的人科以刑罚的则很少。有的行贿人还被当做证人,在法庭上“慷慨陈词”,这种现象需要纠正和防止。随着经济领域中犯罪活动的大量增加,贿赂犯罪占有相当比重,有的同志提出行贿也是一种严重犯罪,要从重打击。有的还主张在惩罚受贿人的同时,必须惩办行贿人。我认为对于行贿问题要具体分析,严格区别罪与非罪的界限,以准确地打击少数确已构成犯罪的人,教育挽救多数犯有一般行贿行为的人。鉴于贿赂犯罪的情况有了发展,原来确定的行贿罪的概念,即行贿人为自己或第三人的利益,以国家工作人员利用职务上的便利为一定行为作条件而提供报酬的行为,已经不完全符合当前形势,需要作一些新的探讨和认识。

在划分行贿的罪与非罪的界限时,应当对行为人的目的、手段、后果进行全面分析,综合判断。首先,要考虑行为人实施行贿的目的、动机。行贿人通过行贿希望达到的结果,是认定行贿罪的重要条件。因此,对行贿罪似应缩小范围,指以财物贿赂国家工作人员而进行违法犯罪活动的行为,即行贿人为从事其他违法犯罪活动,从受贿人那里取得某种方便或条件。其次,要考虑行为的社会危害性。行为对于社会的危害性是犯罪的最本质特征。行贿对国家机关的正常活动、国家机关的威望都会产生损害的后果。但要考察行贿的情节的轻重,危害的大小。考察的内容包括:(1)行贿数量的多少;(2)行贿人实施行贿的手段、情节;(3)社会危害的结果(包括政治的、经济的、思想的)。例如,河南的陈希南、曹振山用价值22万元的财物行贿15个省市的97人,然后套购、倒卖汽车牟取巨额暴利。这种行贿同投机倒把、诈骗交织在一起,理应严惩不贷。有些社队借发展企业为幌子,通过行贿,转手倒卖原材料,居间牟利,这是以行贿为投机倒把的手段,违反工商管理法规,情节严重的应予惩处。假使这种行贿是基层党政组织集体决定的,应追究主要领导人的刑事责任。而有的社队企业为维护合法利益,用少量财物和利益行贿国家工作人员,他们的目的是要保持正常的合法的业务加工、原料调拨或设备供应,没有从中进行其他非法活动,获取非法收入,对国家、集体危害不大的,我认为以不定行贿罪为宜。但要严格教育,保证今后不犯。

而对受贿人应予查处。与此相类似的是有些社队企业为报答退休工人、技术人员为他们解决技术、设备而给酬劳的行为,只要没有造成社会危害,或者危害不大,一般也不定行贿罪为妥。目前,有一种行贿行为要慎重对待,就是为要求解决各种问题而实施行贿的。这种情况的复杂在于它往往同不正之风结合在一起。行贿的目的,是想为自己、为子女或亲戚朋友解决某些问题,而且实施行贿还有主动被动之分,要求解决的问题有合理不合理之别,应该看到他们中的多数人还没有构成犯罪。因此,不能笼统地提出惩办受贿人的同时,必须惩办行贿人。有的职能部门的经管人员,一人同时收受多人甚至几十人的贿赂。假使在惩办这个受贿人的同时,也要惩办多于受贿人几倍甚至几十倍的行贿人,就会混淆罪与非罪的界限,扩大打击面。但这样说并不是对行贿行为可以不加过问。这种行为无论何时都要受到谴责和教育,情况严重的还要给予纪律处分,以防止减少行贿行为的蔓延和发展。

最近,中共中央、国务院《关于打击经济领域中严重犯罪活动的决定》中指出,"打击经济领域中严重犯罪活动一定要正确掌握政策","要根据确凿的事实,区别不同的情况,按照党纪、政纪、军纪和国法,慎重处理每一个案件"。我们应当根据中共中央、国务院和人大常委会的两个《决定》精神,对行贿问题,坚持具体问题具体分析,不同情况区别对待,打击少数行贿罪犯,教育多数有行贿行为的人,以团结更多的人为建设社会主义而努力奋斗。

(1982 年第 6 期)

我对索贿罪的浅见

柯葛壮*

《刑法》第 185 条第 1 款规定:"国家工作人员利用职务上的便利,收受贿赂的,处五年以下有期徒刑或者拘役……"但对国家工作人员索取贿赂的如何处理,没有作出明确规定。因此,过去对处理这类索贿案件,缺乏法律根据。

比如,某单位负责干部在与港商洽谈业务时,向港商索取彩色电视机、高级

* 作者单位:上海社会科学院法学研究所。

录音机等物品，遭港商拒绝，并向有关部门告发。在这种情况下，那个干部虽然只是开口要东西而没有要到东西，但已严重侵害国家机关的正常活动，损害了国家机关的威信。对于这种严重渎职行为，能不能追究刑事责任呢？现在，人大常委会《关于严惩严重破坏经济的罪犯的决定》（以下简称《决定》）对《刑法》第185条作了重要的修改和补充，明确规定："国家工作人员索取、收受贿赂的，比照刑法第155条贪污罪论处。"这就为我们惩处索贿罪提供了有力的法律武器。

对《决定》的这条新规定，在理解上还不是完全一致的，如有的人提出索贿和收受贿赂是一个罪名，还是两个罪名？索贿罪是不是必须收受贿赂才能成立？索贿而未收到贿赂，是不是属于未遂？这些问题不论从法理上，还是司法实践中，抑或在广大群众的认识上都是需要解决的。笔者特提出初步看法，以就正于读者。

首先，索贿罪和受贿罪同属于贿赂罪。两者既相联系，又相区别，各自独立，都可单独构成犯罪。有的同志把《决定》的补充理解为：索贿后收到贿赂的，才可以比照贪污罪论处；单有索贿行为而无受贿行为的，就不能比照贪污罪论处。这是不对的。因为如果这样理解，仅有索贿而对方不予行贿就无法处理了。这就是说，索贿罪的成立不是决定于索贿者，而是决定于对方是不是行贿，决定权在他人而不在自己。这样理解索贿罪，显然于理不合。因此，我们应该把索贿罪和受贿罪根据其各自的特征，既相联系，又区别开来，研究其自身的犯罪构成和刑事责任。

其次，索贿罪的既遂不以收受贿赂为必要条件。国家工作人员索贿行为的完成，就是犯罪既遂。比如上述那个干部向港商作出索取财物的意思表示，即告索贿既遂。有的同志认为："收到了东西才算既遂，没有收到东西只能作为未遂。"这是一种误解。索贿罪是比照贪污罪论处，它本身是一种渎职罪，并不因比照贪污罪（《刑法》规定属于侵犯财产罪），而改变其渎职罪的性质。因为索贿罪侵犯的客体是国家机关的正常活动。它和诈骗罪、敲诈勒索罪之类的侵犯财产罪不同。后者所侵犯的客体是财产所有权，故须财物到手，才算犯罪既遂。而国家工作人员只要实施了索贿行为，不管对方是否允诺或交付贿赂，均已产生危害国家机关正常活动，败坏国家机关和国家工作人员的名誉的结果（如果是高级干部索贿，尤其是向外商索贿，在国内或国外造成恶劣影响的，虽然贿未到手，也可作为犯罪后果严重来考虑）。至于是否收到财物，则是是否又构成受贿罪的问题。如上所述，这不仅决定于索贿者的索取，而且决定于行贿人的是否愿意行贿，这是在索贿完成后的一系列活动——行贿、受贿，而不能把后来的行贿、受贿作为索贿的构成要件。

以上是我对索贿罪的认识,至于在具体处理中要分析情节轻重,影响大小,分清索贿罪和索贿行为的界限,既不要把一般索贿行为拔高为索贿罪,也不要把已对党和国家的声誉造成恶劣影响的索贿罪,视为索贿行为,轻易放过,使其逃脱法网。对尚未达到犯罪程度的索贿行为,也应给予党纪、政纪处理。只有这样,才能改善社会风气,消除不正之风。

(1982 年第 6 期)

贿赂罪的特点与处理

李 郊*

从目前初步揭发与暴露的贿赂罪案件看,主要的是侵犯了社会主义经济,同时破坏了国家政治生活,在人民群众中造成的恶劣影响,确已达到了十分严重的程度。贿赂罪的破坏性与危害性与过去相比已有很大的发展。我们把出现的新情况概括为"四多",即集体参与的多;比较公开的多;标的巨额的多;侵犯经济的多。

一是公私交叉,集体参与的多。在 20 世纪 50 年代,行贿的是不法资本家,受贿的是国家工作人员。而现在,行贿的是公家——机关、工厂、企业等单位,受贿对象仍是国家工作人员,并且有明显的扩展,几乎行行都有、层层都有。有些打着发展生产、为集体事业、为群众谋福利的招牌,行侵吞社会主义经济之实,拿着国家的和集体的钱财物去搞行贿勾当。出现这种反常做法,固然与党风不正有关,可是它已经大大超出了不正之风的范围,已从不正之风发展到犯罪。如有一个社办工厂为了买到汽车,经公社党委集体研究,并由一名书记亲自出头去行贿,行贿款项多达 5000 元。案情暴露后,仅处理了受贿者,行贿者因为是集体又是领导,所以处理不下去,那位行贿的书记照常是书记。理由无非是"行贿为集体,有罪不关己",以此作为遁词,开脱罪责。事实是不是确实如此,经手成千上万元的钱,去进行违法犯罪的勾当,就一点没有纳入私人腰包吗?这是要认真追查的。

二是若明若暗,比较公开的多。正是由于集体参与贿赂的缘故,"公"对

* 作者单位不详。

"公",或"公"对私,与不正之风搅在一起,就表现为明目张胆地进行贿赂活动,拉上上下下、高高低低各种人物的关系,"有钱能使鬼推磨",长时期地互相勾结,抱成一团,进行各种见不得人的活动。他们以公家人的姿态出现,出没在高级宾馆,车接车送,设宴请客,挥霍重金,俨然经济显要,其实完全是一套旧社会投机奸商的手法,丧失了国家工作人员的品格,把自己的职务行为当做了交易对象,被金钱拜物教所支配。

再就是参与贿赂行为的人多面广。过去这种案件的参与人是极为有限的,行贿人、受贿人,最多再增加上介绍贿赂人,个别情形下有少许的知情人,力图掩人耳目,而现在的贿赂案件大半是公家带头干的,并有精神支柱和后台,干起来是肆无忌惮,不计后果,常常牵动一伙人,形成了一个比较公开的犯罪面,知情的群众也比较多。这是当前贿赂罪的第二个新情况。

三是手段卑鄙,标的巨额的多。贿赂数额不断上升,少了达不到"糖弹"的杀伤力。高档新货、大量钞票、新式家具、珠宝古玩等,谓之上位贿赂品级;土特产品、农副产品、优质烟酒、茗茶点果、少量钞票等,谓之下位贿赂品级。也就是说,大则办大事,小则办小事,无大无小不办事(不含正当办事)。新的赃官见到钱财是狼吞虎咽,胃口很大,物欲很高。看不上眼的、打不动心的区区小礼是根本不理睬的,反倒装成一副清白正派的架势拒受之,给不了解其品格的人造成一种假象。

行贿的手法多种多样,曲线式与间接式、酬谢性与分赃性的手法交替使用。例如,乘受贿者婚丧嫁娶、兴修土木、子女升学或疗养治病之机,行贿者大献殷勤,钱财物一齐送到门上,还有的迎合受贿人的心意,抓住受贿者的难处,代受贿者办一件较大代价的事,以达到受贿者的心满意足,还有通过介绍贿赂者间接地转送给受贿者等,这是当前贿赂罪的第三个新情况。

四是罪罪相连,侵犯经济的多。在20世纪50年代贿赂罪是不法资本家对付共产党的一种猖狂进攻的行为,危害的主要目标是社会主义经济;而现在的贿赂罪是某些人披着公家人的外衣,以资产阶级的腐朽思想,腐蚀国家工作人员和共产党员,其活动比当年的不法资本家还嚣张。他们乘国家经济困难之机大发横财,大挖社会主义墙脚。有些掌握实权的人,雁过拔毛,索贿受贿,甚至坐地分赃,还利用大额赃款进行其他犯罪活动。如某些林区倒卖木材,发案频繁,大都是木材管理人员索贿受贿造成的。因此,经济领域里的其他犯罪活动与贿赂罪密切相关,紧密相连,这是贿赂罪的第四个新情况。

综上所述,贿赂罪具有两重分类属性,既可划为渎职罪,又可划为侵犯财产罪,这两类都有法律依据和事实根据。划为渎职罪,在《刑法》第185条贿赂罪有明确规定，划为侵犯财产罪更加符合经济犯罪活动的特征。早在1952年，《惩治贪污条例》第6条即把贿赂罪作为贪污罪论处。最近全国人民代表大会常务委员会第二十二次会议通过的《关于严惩严重破坏经济的罪犯的决定》对受贿罪修改规定为：比照《刑法》第155条贪污罪论处；情节特别严重的，处无期徒刑或者死刑。这一补充与修改是非常适时和正确的，是打击经济领域犯罪的尖锐武器。罪名是犯罪性质与特点的一种标志。比照侵犯财产罪的贪污罪论处，是根据犯罪的根本属性和犯罪的客体与犯罪的目的等主要特征来确定的。因此，应该对贿赂罪从法理上有一个新的认识，应当看到它对侵犯社会主义财产的严重危害性。诚然，在目前也确有一部分贿赂罪的犯罪客体不是经济，而属于其他方面，如通过贿赂行为，以达到子女上大学、转干、提拔、招工与落户等，划为渎职罪是可以的。怎样划得更准确一些，要具体案件具体分析。

在打击贿赂罪时，我们必须坚决贯彻执行全国人大常委会《决定》，充分地、完整地体现对严重破坏经济的罪犯量刑从重、对国家工作人员中严重破坏经济的犯罪分子在处理上从严的精神，以及比照贪污罪论处的原则，对那些索贿受贿数额大、次数多、危害大，怙恶不悛，情节严重的犯罪分子必须坚决打击，绝不能心慈手软。在此前提下，必须注意分清罪与非罪的界限，注意区别罪重与罪轻的程度，注意掌握此罪与彼罪的联系，真正做到不枉不纵、不疏不漏，稳准狠地打击贿赂犯罪活动。

注意分清罪与非罪的界限，就是要抓住犯罪本质，在"准"上狠下工夫。贿赂罪与贿赂行为不一样，贿赂行为与"走后门"也不完全一样，它们之间在形式上可能有某些相似之处，实际上是有质的差别。是不是构成贿赂罪，要看数量、手段、目的、后果，要综合加以分析研究。贿赂行为包括贿赂罪，但是贿赂行为不是都构成犯罪，有些则属于违法行为，应予党纪、政纪处理。

要注意区别罪重与罪轻，做到宽严相济，打击少数教育多数。在司法实践中，要具体分析和掌握犯罪主体每个参与人在形成犯罪过程中所处的位置、所起的作用并结合认罪态度的好坏来确定处以重刑还是轻刑，不宜一概从严。并应注意，在处理贿赂罪时，要对行贿、介绍贿赂一并查处。对于犯有贿赂罪的国家工作人员、特别是领导干部从严，一般群众从宽；一贯进行犯罪活动的、累犯从严，偶尔犯罪的从宽；拒不认罪甚至进行报复的从严，主动坦白认罪的从宽；不认真退还赃款赃物的从严，积极退赃的从宽；包庇犯罪同伙的从严，有检举他人犯罪的从宽。对于窝赃者、毁灭罪证者，也要酌情处理。

注意掌握此罪与彼罪的联系，不能孤立办案，就案办案，要通过处理贿赂罪挖尽所有的罪。贿赂罪不是孤立存在的，而是一种犯罪的特殊手段，实施贿赂行为是为达到其他经济的或政治的犯罪。在当前,主要侵犯的是社会主义经济。没有贿赂行为的犯罪手段,许多其他经济犯罪就不可能发生。因此,打击贿赂罪,与打击其他严重破坏经济的犯罪有关,而打击其他经济犯罪必然在较大的范围联系着贿赂罪。也就是说,通过贿赂把各种罪行交织在一起,只有把围绕着贿赂罪的各种犯罪活动彻底查明,才能正本清源,水落石出,打击犯罪,消除犯罪。

(1982 年第 6 期)

【栏目】 职工受外单位聘用接受高额报酬是否构成犯罪

【编者按】 随着打击经济领域里犯罪的斗争的深入展开,不少单位和群众对一些在职的或退休的职工受外单位聘请,收受高额报酬的行为,向有关机关举发。对这类行为如何认识,这类人员是否属于打击对象,应不应该追究刑事责任,人们议论纷纷。政法机关内部也有不同看法,感到不好处理。为此,本刊编辑部邀请法学界有关同志就上述问题进行座谈,与会同志展开了热烈的讨论,一致认为,这是我国新时期出现的新情况新问题,是当前社会和政法机关普遍关注和亟待解决的问题。到会的同志从实际情况出发,从不同的角度,对上述情况应如何认识和处理,是否构成犯罪,如何划清罪与非罪的界限等方面,作了政策和法理的分析。现将到会同志向本刊写的文章摘要发表如下,供大家研究探讨。

对技术人员王某一案的剖析

徐 方* 曾 敏**

某市一区人民法院曾受理××国营工厂技术人员王某擅自接受外单位委托,从事产品试制,牟取高额报酬一案。公诉机关原指控王某非法牟取3800余元的高额报酬,构成受贿罪,应按《刑法》第185条的规定,依法惩处。区法院经审理,不认为是犯罪。由于这类案件是打击经济罪犯中出现的新情况,政策性很强,我们认为有必要依照法学理论进行深入的讨论和研究。

一、案　　情

1979年8月,某市郊县中兴公社社办工厂(以下简称中兴厂)因亏损拟转

---

* 作者单位不详。

** 作者单位不详。

产，该厂负责人周××等经人介绍到王处请予技术帮助。王某应邀前往参观时，适遇该市某国营机械厂（以下简称机械厂）人员来中兴厂要求加工其出口机械上的一种附件。机械如能加上附件，不仅可扩大出口销路，还可提价15%，多创外汇。王某说明自己身份和研究专业，表示可以帮助。9月底，机械厂和中兴厂签订试制协议书。

自同年10月起，王某利用业余时间计划工艺流程，节假日起早贪黑到中兴厂筹建设备。这机械附件看似简单，但在工艺上有一定难度。自1980年5月到11月，王某未征得领导同意，在他工作的工厂试制室内，动用原料、设备，进行3次试验，在关键的质量要求上作出了改进。终于在1980年11月试制成功，正式投产，使该项机械在国际市场上提价15%，仅一张合同就为国家多创外汇6万多美元，机械厂也增收8万元。同时，中兴厂也扭亏为盈，在1981年盈利20多万元。

1979年年底，王某联络市区10多名有技术的退休工人，由中兴厂聘用前往筹建，工资补贴每人每月约六七十元。王某的儿子王真在别处当临时工，中兴厂领导提出可进厂工作。但王某担心试制不成，而原有工作又失去，未去工作。中兴厂乃以派他长驻在外跑外勤为名，每月发工资补贴108元，到1981年8月底。王某以儿子名义在中兴厂领取挂名工资21个月，计2268元。

1980年12月，该机械附件试制成功，机械厂检验合格，付给中兴厂试制费15000元。1981年2月1日，经中兴公社工业公司、公社党委同意，发给支援的师傅3300元，作为科技成果奖。王某分得1200元。因此，王某连同儿子的挂名工资及报销，领取现金370元，共得3800余元。

本案经群众举发，检察机关立案后，王某退出3360元，尚余450元，亦表示愿意退出。

二、对王某一案的性质的几种不同看法

在审理王某案的前前后后，该市司法界内外反应较为强烈。对被告王某的行为是否构成犯罪，犯了什么罪，要不要追究刑事责任，看法不一。归纳起来，主要有以下几种：有的认为王某利用职务之便，获取非法所得3800余元，已构成贪污罪；有的认为王某以儿子的名义挂名支薪2200余元，已构成投机倒把罪；有的认为如果技术人员都像王某那样背着组织搞“私活”，试制室的正常工作岂非乱了套，王某的行为已构成危害科研秩序罪；有的认为王某为牟取私利，借用工作单位名义，擅自动用单位设备和原材料，向社队企业索取贿赂3800余元，已构成

受贿罪;也有人认为,王某主要是靠自己的技术知识,花了大量的业余时间和劳动,为一社队企业试制成功了机械附件,为该机械产品在国际市场上扩大了销路,为国家增收了外汇,为发展社队企业作出了贡献,其行为对社会未造成危害,不构成犯罪,不应追究刑事责任。

三、王某的行为不构成犯罪

1. 王某的行为客观上对社会不具有危害性。行为对于社会有无危害性和危害性的大小是犯罪的最本质的特征。从机械附件试制成功的客观效果来看,过去该机械由于缺少一项附件,国际市场上销路有限,价格较低。机械厂为了改进质量,曾在该市和几个省联系承制附件,但都因有一定难度,利润小,未予接受。之后转辗找到中兴厂,中兴厂也正要转产,但由于缺乏必要的设备和技术力量,无法承制。后由于王某的帮助,试制成功,正式投产,增加了产值和创汇额,并使中兴厂也扭亏为盈。由此可见,王某的行为不仅没有给国家、人民、社会造成危害,相反,促进了生产力的发展,有利于对外开放、对内搞活经济的政策的贯彻落实。行为人的行为后果没有造成社会危害(包括情节显著轻微、危害不大的),就不能认为犯罪。

2. 王某的行为在主观上不具有犯罪故意。从王某试制附件的动机目的来看,1979 年 8 月,中兴厂负责人周 × × 由王的亲戚陪同前往王家,要求技术帮助时,王未同意。后周转告了当地县委关于中兴厂转产可请原籍的各处科技人员为故乡出谋划策,振兴社办工业的意见,才接受下来。王某到中兴厂去时,又适遇机械厂人员,听取了该厂在出口产品中缺少一只附件,影响产值和创汇,以及找不到承制单位的困难,乃想到自己是搞该类产品的专业技术人员,有试制的责任,所以接受了该项任务。

四、王某的行为依法不该受到刑罚处罚

从《刑法》分则的有关条款来看,王某的行为并未触犯《刑法》分则中的任何条款,不应认定为犯罪。

1. 是否犯贪污罪。贪污罪的特征是国家工作人员利用职务上的便利,以侵吞、盗窃、骗取或者其他方法非法占有公共财物的行为。它所侵害的对象,一般都是行为人暂时合法管理的公共财物。王某虽然获得 3800 余元,但并非其本人

暂时合法管理的公共财物,不具备贪污罪的特征。

2. 是否犯投机倒把罪。投机倒把罪的特征是违反国家金融、外汇、工商管理法规,非法从事工商业活动,严重扰乱市场,破坏社会主义经济秩序的行为。而中兴厂的经营范围和方向是合法的、正当的,王某为该厂试制附件的行为并未侵害国家金融、工商管理法规。王某背着组织,领取挂名工资是错误的,领取较多的奖金是不妥的,但鉴于他在生产领域中付出了劳动,创造了价值,这与在商品、资金流通过程中,以替企事业办理业务为名进行投机倒把,领取挂名工资、奖金,显然在性质上是不同的。

3. 是否构成危害科研秩序罪。《刑法》第158条规定的扰乱社会秩序罪,必须具备“情节严重”和“致使工作、生产、营业和教学、科研无法进行,国家和社会遭受严重损失的”这两个要件。王某的行为是不具备上述要件的。据该工厂估计,王某私自动用原料、设备进行试验,经济损失300余元,不属“情节严重”,对正常的科研工作也无多大影响。

4. 是否构成受贿罪。受贿罪是国家工作人员利用职务上的便利,为行贿人谋取某种利益,而非法接受其财物的行为。而王某参与试制附件,与其在工厂担任技术人员的职务无关。中兴厂给王某奖金系套用发明奖励条例和技术改进条例,经过公社工业组、财经组联合审核,报公社党委批准,这不属于行贿性质。王某并未为中兴厂牟取非法利益,因而与贿赂罪性质不同。

五、我们对王某行为的认识

上述只是说明王某行为的罪与非罪的问题。应该指出,王某确实犯有错误。

王某是一个在职的技术人员,应该在本职岗位上兢兢业业,集中精力,发明创造。他接受外单位聘请,解决技术关键问题,应该事先请示本单位领导,得到同意后方能应聘。他还利用少量工作时间,未经单位同意,擅自动用本单位的原料、设备进行试验,这也是不对的。他所取得的额外收入,不能认为是正当的,领取挂名工资是不对的,应当给予批评教育。

王某的错误与中兴厂这样的社队企业规章制度不健全,存在一些不正之风是分不开的。企业不得擅自聘用外单位职工,因生产、工作需要必须聘用外单位职工时,应先征得职工所在单位同意,由双方单位签订合同。劳动报酬应付给职工所在单位,按规定发给职工本人。对于社队企业存在的问题应该进行整顿,健全规章制度,使其真正纳入社会主义经济建设的轨道。

最后,我们认为还必须提出应该如何正确对待像王某这样一个长期从事科技工作,并作出过一定贡献,而又犯有错误的人。对于他们应该热情帮助,鼓励进步,对其错误应该耐心教育。只有这样,才能充分调动知识分子的积极性、创造性,促进四化建设的发展。

(1982年第7期)

受聘职工接受高额报酬的若干类型

李济铃*

近几年来,上海市有些在职、退休职工,被外单位聘用为技术顾问、业务人员,或者从事某一项目的产品设计、加工,外单位以"工资"、"奖金"、"补助费"等名义按月或者一次支付高额报酬。也有人利用其手中掌握的权力或者外单位对他在业务上有某种依附关系,而挂名支薪。这种现象,主要是在搞活经济这样一个历史条件下出现的。对它应如何认识,如何妥善处理,是一个亟须解决的问题。我认为对这个问题必须从有利于经济建设的发展来考虑。

上述获取高额报酬的情况,就我所知约有3类:

1. 利用自己的技艺,在业余时间(有的占用少许工作时间)担任外单位的技术顾问,或为外单位对某一任务进行设计、改革等,从而获取高额报酬。比如,有个化工厂的工程师,为一个塑料厂提出了适合市场需要转产纺锭的好主意,并帮助该厂改造设备。他的妻子是其他单位的退休技术人员,也承担了描图和技术指导。从1980年11月至1981年8月,其妻在该厂领取工资、差旅费等1500余元。该厂转产后,经营情况发生了很大变化,纺锭生产供不应求,还为不少棉纺厂承接修复报废纺锭的业务,节省了国家的原材料。原来该塑料厂年产值仅20余万元,转产当年产值骤增,第二年达到102万元,利润38万元,职工从49人增加到200人。这种获取高额报酬的情况,其主要特征是:所担负的技术工作确有成效,对生产发展有利,委托单位感到满意,愿付高酬。然而,由于他们获取的是工资(或退休工资)以外的额外高收入,比具有相同能力在本岗位上从事劳动的在职人员高得多,而且是背着组织收受的,因而不能认为是正当的。

---

* 作者单位:上海市高级人民法院。

2. 有的退休人员,受聘于外单位,从事采购、供销等业务,按月领取工资或"补助费"等,同时继续领取退休金,两者相加超过在职时的收入,甚至高达一两倍。如有个营业员,1979年2月退休,每月退休工资52元。后担任家乡社办厂采购员,每月支取工资80元,补助费36元,共116元,等于其每月退休工资的2倍多。1980年3月~1981年6月,共领取1856元。他在担任采购员期间为该社办厂采购各种原材料和设备共三四十种,多次出差联系业务。社办工厂反映此人确是做实际工作的。外地单位所以愿付高额报酬,主要是为了便于开展业务,需要在沪找到适当的常驻人员。

3. 有的利用外单位在业务上对他有某种依附关系,让自己的亲属在这些企业挂名支薪。这一般是发生在经济部门握有一定实权的干部和业务人员中。他们利用职务之便,向一些"找米下锅"的社队企业供应原材料,满足加工任务,或代为套购设备,那些企业为了保持和发展业务,让"出力者"用化名或由他们的亲属,在企业里挂空名支高薪。这与前两类的性质是不相同的,其特点是:(1)领薪者无须为支薪单位劳动,坐收渔利;(2)领薪者依靠其握有的实权,搞"开后门"和弄虚作假,破坏国家经济秩序,从而使支薪者和受薪者两皆得益,而使国家遭受损害;(3)此类挂名支薪实质上是一种贿赂活动,它往往是一些贪污、投机倒把等经济犯罪案件中一种并发的犯罪活动。比如,有个毛纺厂的计划科长,利用职权,把紧俏的零杂毛纺2吨多供应给邻省一个社办针织厂,从而让其已退休的妻子在该厂挂名支取月薪150元,用此种方式还在另两家工厂支薪,自1980年至1981年挂名支薪4100余元。显然,这是一种利用职权受贿的犯罪行为。又如有个工厂工人,在1978年至1979年长期请病假,为外地一家五金塑料厂套购国家计划调拨的大批化工原料。塑料厂转手倒卖获利25000余元,此人则从该厂获利3000余元,同时又让妻子在该厂挂名支薪近2000元。套购倒卖情节严重的行为属于投机倒把犯罪活动,其妻挂名支薪是附属于他为该厂套购原料的关系上,这种挂名支薪是投机倒把犯罪活动派生出来的,本身也是一种经济犯罪。

区分和研究了上述3类挂名支薪的情况,可见,后一类所举的案例在性质和情节上都已构成犯罪。为了防止在搞活经济过程中一些越轨事情的蔓延,有力制止这种对人的思想有腐蚀作用的挂名支薪问题,应当按党的政策和有关法律分别处理。对上述第一二类挂名支薪,一般可酌情追回部分高额收入,进行批评教育,对其中个别以技艺、劳力为幌子,向企业骗取钱财,触犯刑律者,应依法追究刑事责任。第三类挂名支薪,有些是受贿或投机倒把行为,应当根据其数额大小,情节轻重,危害大小,考虑是否已构成犯罪,是不是要依法追究刑事责任。对不追究刑事责任的,也应追回其非法所得,给予党政纪律处分。在处理时,应该考虑到这种挂名支薪问题的出现和未被及时制止,同我们的管理工作上的缺点有关。笔者认为,应根据实际情况决定是否构成犯罪和区别宽严,即对利用自己的技艺、劳力的要宽,对利用职权和工作依附关系的要严;对退休的宽,在职的严;对在一个单位挂名支薪的宽,在多个单位支薪的严。

(1982 年第 7 期)

怎样认定这类案件的性质

韩大南* 李林森**

党的十一届三中全会以来,农村社队企业发展很快,对促进国民经济的发展,满足人民需要和提供出口商品起了积极的作用。据统计,1980 年社队企业产值占全国工业总产值的 10%,占农村人民公社三级总收入的 34%。特别是在地少人多的上海郊区,社队企业在农村集体经济中处于举足轻重的地位,直接关系着集体和个人的切身利益。大量涌现的社队企业,其发展带有很大的自发性和一定的盲目性,供产销渠道一般没有也不可能完全纳入国家计划。它们为了发展生产,寻求致富之道,不但通过各种私人关系向城市工商业挖设备,找原料,也不惜重金向城市招聘熟练工人和科技人员。这就在无形之中出现了一个摆脱人事劳动部门管理的浮动的“劳动力市场”。这是一个带有普遍性的社会现象。当前我国还存在商品经济,货币、商品、利润对社队企业的发展是一种刺激,对一部分贪图额外报酬的城市职工是一种诱惑。因此,对于职工受聘于社队企业的问题必须历史地、科学地分析它产生的原因和发展过程。首先,必须肯定,社队企业不通过人事劳动部门用重金从城市聘请职工,而职工不经领导批准,擅自应聘,牟取额外收入,是一种不正当的经济活动,是不能允许,更不应提倡的。其次,要从有利于搞活经济出发,具体情况具体分析,不同对象区别对待,采取慎重、周全的办法分别加以处理。我们认为,处理这类问题,在指导思想上应注意以下几点:

---

* 作者单位不详。

** 作者单位不详。

第一,正确掌握政策,严格区分罪与非罪的界限。中共中央、国务院《关于打击经济领域中严重犯罪活动的决定》(以下简称《决定》)中指出:"要划清工作失误同违法犯罪的界限,划清经济上的不正之风同经济犯罪的界限,划清走私贩私、贪污受贿、投机诈骗同实行对外开放、对内搞活经济政策中由于某些制度、办法不完善而发生的问题的界限。"划清这三个界限是正确处理职工从事不正当经济活动时必须遵循的原则。一般地讲,职工从事这种不正当经济活动,绝大多数尚未构成犯罪。这是因为他们主观上不具备以侵犯国家、集体、群众利益为目的的犯罪故意,客观上他们的行为对社会没有造成危害或危害不大,有的还对社队企业生产的发展、农民收入的增加起了一定的积极作用。当然,不构成犯罪并不等于合理合法,更不能放任不管,不作任何处理。职工从事不正当经济活动,有本人的问题,也有聘用单位的问题。受聘后有贡献大小之别,从事活动的时间有长短之分,所得报酬也有是否合理的区别。正当的聘用关系,经过职工所在单位同意,可以继续保持,对社队企业发展有贡献者,应当肯定和鼓励。不正当的经济活动,除了加强教育外,应该按照现有的规定,分别给予经济的和行政的处理。个别职工确已构成犯罪,则依法处理。

第二,深刻认识反腐蚀斗争的重要性。中共中央、国务院的《决定》指出:"带有一定群众性的轻微违法案件,也应适当处理,不能听其泛滥和升级。"我们的领会是,职工从事不正当经济活动,事实上破坏劳动纪律,影响工作秩序,腐蚀人们的思想。在坚决打击经济犯罪活动的同时,绝不能听任这类问题由小到大,由少到多,绝不能听任从事不正当经济活动的职工逐步发展堕落成为犯罪分子。高薪受聘,牟取额外收入,特别是那些一人受聘于几家企业的职工,其不正当收入远远超过本人工资,使他们"有了千钱想万钱,当了皇帝想成仙",必将严重腐蚀思想。而且,这种情况违反了社会主义按劳分配的原则,必将在职工队伍中造成思想混乱。许多触目惊心的案例,从反面告诉我们,"一切向钱看"的错误思想是某些人堕落成为犯罪分子的主要原因。在打击严重经济犯罪的同时,加强对广大职工的遵纪守法教育和共产主义道德教育,反对资本主义思想的腐蚀,坚决制止职工从事不正当的经济活动,不使问题"泛滥和升级",是至关重要的。

第三,要保护社队企业的正当经营和正常业务活动。近几年社队企业成绩很大,但是,也有不少社队企业存在不正之风,不按规定聘用退休职工和擅自使用外单位职工,弄虚作假、巧立名目,给应聘职工以各种高额报酬,造成不良影响。某些不正之风同社队企业本身存在的实际困难和管理制度不严有关。所以,要划清经济犯罪和不正之风的界限,妥善处理职工从事不正当经济活动,不要一旦发生了问题,就把板子打在社队企业身上,致使从事正当经营的社队企业濒于停产、关闭。正确的态度是，既要纠正不正之风，又要尽可能帮助解决一些迫切需要解决的实际问题，以保护社队企业的正当经营和合法利益。

（1982年第7期）

处理这类案件不能“一刀切”

卢剑青*

随着对外开放、对内搞活经济方针的贯彻，近几年来，农村社队企业发展很快。为了加快经济发展，有的外地单位以组织名义来上海聘请退休科技人员（或技工），有的则通过私人关系邀请为外地企业服务。市郊有些社队企业也有聘请在职人员利用业余时间，为他们解决迫切的技术问题。上述聘用单位以“业务费”、“奖金”、“挂名工资”等名义给他们高额报酬，一两年来有的累计达好几千元。受聘者少数是经过组织同意的，多数则是背着组织擅自干的。

这类问题，经人告发，政法机关要不要追究刑事责任。从接触到的大量案例来看，这类情况比较复杂，在处理时不能“一刀切”，要对具体情况作具体分析。构成不构成犯罪，主要看这些人的行为对社会是否有危害结果，也就是对发展国民经济，对四化建设有没有危害及其危害程度。

有的人利用自己的科技知识或技能为外单位设计、安装、试制产品，有的解决了一些生产关键问题，在国内外市场上打开了销路，使有关企业发展了生产，即使行为人获取了比较高的报酬，我认为这类问题不能作为犯罪看待。因为，我国现在科技人员、技工还比较少，充分利用这批科技力量，调剂各地的余缺，特别是聘用退休人员，把一部分闲置技术力量调动起来，有利于弥补内地工业、社队企业技术力量的不足，有利于促进生产的发展和质量的提高，对四化建设是有利的。

有的受聘者利用自己的职务之便，或熟悉业务，或利用其在科技界的人事关系，用介绍业务、帮助签订合同、提供银行账号等办法，转手倒卖，牟取暴利，其本人则从中收取“佣金”、“业务费”、“奖金”等大笔收入，应该视为犯罪行为。如

---

* 作者单位：上海市高级人民法院。

有一名技术员，以帮助外省一家社队工业进行技术指导为幌子，用这个企业的合同、介绍信、银行账户，先后三次为这个厂倒卖纺织机械设备，牟取暴利15.08万多元，他本人从中获取"奖金"3600多元，法院就依法追究了他的刑事责任。

处理这类问题，一定要持慎重态度。首先要搞清事实，其次要看他的行为对国家的经济发展有利还是有害，对社会是否具有危害性以及危害性的大小，是否符合犯罪构成要件。其次要看聘用单位招聘人员是否经过一定组织的批准，被聘请的人员是否经过本单位批准，等等。

应该注意的是，这类问题大量发生在1979年下半年到1981年上半年，是在实施对内搞活经济政策初期的特定历史条件下产生的。因此，处理这类问题，要按照过去从宽、今后从严的原则，即在1981年7月15日国务院《关于制止商品流通中不正之风的通知》的文件公布之前的要从宽，文件贯彻之后的从严，有的要"冷处理"。对于多数人来说，还是教育问题，有的可以责令退出全部或部分非法所得，有的可以给予适当的纪律处分，只是对于极少数直接参与投机倒把活动，手段恶劣，情节严重，数额较大的，才给予应得的刑事处分。

（1982年第7期）

试述经济领域内罪与非罪的若干界限

宗允留*

当前，打击经济领域中的犯罪活动的斗争正在不断深入，而经济犯罪案件情况相当复杂，政策性很强。在审判实践中，如何划清罪与非罪的界限，划清经济上的不正之风同经济犯罪的界限，是一个关系到准确地惩罚犯罪，保护人民，维护社会主义经济秩序，正确贯彻对外开放、对内搞活经济方针的大问题。

那么，如何掌握划清这类案件的罪与非罪的界限呢？

第一，确定某种行为是否构成经济犯罪，要根据有关经济法规办事。

我国实行对外开放、对内搞活经济的政策已经有3年多时间了。在取得显著成效的同时，也发生了一些新情况、新问题。党和政府针对暴露出来的问题作

* 作者单位：上海市高级人民法院。

出了具有法律效力的各种规定。我国刑法关于破坏社会主义经济秩序罪有许多条款是根据有关经济法规(如工商管理法规)办事的。因此,在打击经济犯罪中也一定要根据有关经济法规办事。

国务院在1981年7月15日公布的《关于制止商品流通中不正之风的通知》(以下简称《通知》)是区别罪与非罪的一个重要依据。《通知》明确指出:"当前,在商品流通领域中,存在一种不正之风。一些企业为了推销产品或购买原料,或承包业务,乱拉关系,牵线搭钩,给以大量现金或实物,作为'酬劳',使所谓中间人,以及业务人员、采购人员、推销人员,从中获得高达数百元、数千元,甚至上万元的利益。企业的这部分开支,名目繁多,有的叫'交际费'、'活动费'、'邀请费'、'困难补助费'、'奖励费',有的叫'条件款',有的叫'佣金',或把'回扣'据为私人所有,等等。这实际上是一种行贿受贿、损公肥私的行为。这种行为相当普遍地存在,不仅存在于集体所有制的社队小企业中,而且存在于全民所有制的大企业中,不仅存在于一些自产自销活动中,而且存在于一些计划购销活动中,不仅存在于一些社会闲散人员中,而且存在于一些企业购销人员中,以致存在于一些领导人员中。""这种不正之风极为有害,严重地腐蚀一批人的思想,败坏社会风气,使贿赂公行;破坏社会主义经济肌体,干扰经济调整和体制改革的正常进行,破坏社会主义竞争,使之走上邪路。"因此,"绝不能放任自流,听其发展,必须采取措施,坚决制止"。

国务院《通知》明确规定:"禁止事业单位、经济单位发给购销人员进行请客送礼、拉关系的费用。""本通知下达后,如再有违犯者,首先要追查领导的责任。凡违反国家政策规定而刁难用户,索取和接受此种费用者,以行贿、受贿、贪污论处;造成经济损失的要赔偿,严重的要依法制裁。"由此可见,在1981年7月15日国务院《通知》下达之前发生的与下达以后继续发生的上述情况,在政策界限上是不一样的,当然在具体处理上也应有严格区别。国务院《通知》下达以后,即1981年7月15日以后再发生上述行为就应视情节轻重,分别论处。

第二,确定行为人的某种行为是否构成经济犯罪,要看其收入是否付出劳动和是否创造出价值。挂名领高薪,是一种不劳而获的剥削行为;它与真正付出劳动,获取报酬的情况是不同性质的两回事,在处理上应该严格加以区别。当前,处理经济犯罪案件中发现挂名领工资、拿高薪的情况相当严重。一般累计金额在千元以上,有的高达数千元。挂名领高薪,实际上是经济犯罪分子的一种巧取豪夺,他们一不付出劳动,二不创造任何价值,纯粹是利用某种关系不劳而获的剥削行为。有的挂几个名,领取几份高薪,甚至还有挂死人名的。显然,对于这种巧立名目,领取巨额工资的行为,是一种经济犯罪行为,不仅要追回其全部非法所得，而且还应绳之以法。对于有的在职人员利用节假日，放弃休息，确实为外单位付出了劳动和发挥了技术专长，创造了财富，虽然由此获取了较大数额的报酬，但是，不能说他的这种行为构成犯罪，因而不能追究其刑事责任。

第三，确定行为人的某种行为是否构成经济犯罪，要看行为人的行为是否事先得到所在单位的同意。如果行为人事先经过所在单位同意，并符合当时的政策规定，尽管行为人获取的报酬较高，也不能视为犯罪；反之，如果是行为人擅自决定，在外捞取高额报酬，那就应该严肃处理。下面举两例说明：(1)本市郊县某大队综合厂为了发展队办工业，增加收入，于1978年7月公开宣布并贴出“招贤榜”：“不管谁能为大队综合厂接到业务，就可得百分之一的奖金。”社员吴××向综合厂提出：“如同意我当采购员，就可以帮助联系加工业务。”大队同意后，吴××与一正在找寻外加工单位的国营工厂取得联系，通过正当手段，与大队综合厂签订了两份加工合同，加工费150万元。吴××按规定从中净得奖金15000元。吴××所获取高额报酬虽属不正当收入，但是否构成犯罪，从法律观点看，我认为是很难定罪的。(2)本市某设计院一名工程技术人员，见社队企业图利方便，便以“心情不舒畅”为由，向本单位正式提出退职。遭到拒绝后，即长期不上班，不领薪。在两年不到的时间内，他先后在本市郊县及外地多家社队工厂充当“顾问”，共领取多种报酬10160余元。显然，他的行为是非法的，应予严肃处理。

第四，确定行为人的某种行为是否构成经济犯罪，要看其行为是否对国家、对社会、对人民造成严重危害，这是衡量罪与非罪的一个重要标志。有的行为人的行为对局部、对小集体是有利的，而对国家、对全局却造成了严重危害，是否构成犯罪？凡是行为人的行为对国家造成了严重危害，不管其对局部、小集体有多大利益，应视为犯罪。以闻名全国的徐士奎倒卖玻璃一案为例，行为人从国家市场上套购计划、民用玻璃1300余大箱，转交外省两个队办厂加工成镜子，然后高价出售，使这两个队办厂获利20多万元，行为人从中非法获利共达43000余元。这两个队办厂获利后，在大队造起了水泥桥5座，盖起了不少新厂房，还使全大队社员比原年收入猛增近200元。为此，当地干部、社员都把行为人看做“财神菩萨”，是他们发财致富的“大恩人”。但是，行为人套购倒卖玻璃的行为，破坏了国家计划，扰乱了市场供应，侵害了广大人民的利益。对于这种行为，毋庸置疑，应认为犯罪。

第五，确定行为人的某种行为是否构成经济犯罪，非法所得的金额大小也是一个重要标志。从审判实践来看，各地都有一个确定违法还是犯罪的控制数字。但是情节严重、恶劣的，非法所得虽不满这个数字，也可视为犯罪。

综上所述,在确定行为人的某种行为是否已经构成经济犯罪时,一定要严格按照《刑法》和全国人大常委会《关于严惩严重破坏经济的罪犯的决定》办事。如果具备了犯罪的客体、犯罪的客观方面,犯罪的主体、犯罪的主观方面等必要条件,那么就符合规格,就应作为货真价实的经济犯罪。

(1982 年第 7 期)

治本比治标更重要

刘龙培*

目前有些单位,特别是一些集体企业,在聘用退休职工中,违背政府有关规定,出现了某种混乱状态,主要是:(1)尽管聘用确属实际需要,但不严格履行手续,任意给予受聘人以“高工资”、“高奖金”等,以致出现一人受聘于多个单位,多方拿取高额“报酬”的现象。(2)有些集体企业在从事不正当经济活动中,需要物色一些所谓有“门路”的人员,违章聘用,牟取非法利益。有的受聘人员因此发展到走上犯罪道路。(3)有的聘用后,是专门从事买空卖空、抬价倒卖等投机倒把活动的。以上第一、二种情况是违反了政府有关规定的行为,应根据有关文件规定处理。一般以教育为主,辅以必要的纪律,给予行政的、经济的处理。对第二种情况中,个别违法犯罪人员,应依法查处。第三种情况,明显违反工商管理法规,属于投机倒把行为,对其中情节严重,触犯我国《刑法》第 117 ~ 119 条规定的行为人,应依法追究其刑事责任。

目前还发现一些在职职工在集体企业“挂名支薪”的问题。当然,支薪单位不是“白送”,而是有所谋的。所谓“谋”者,内中因素甚为复杂,但不外乎两种:其一,谋取之物,用于正当经济活动,并见之成效的;其二,谋取之物,用于不正当经济活动,甚至是搞违法犯罪活动,就支薪单位来说,是获得经济利益的。上述两种情况,都以违反政府有关规定为前提。因此,不能单从个别单位的经济利益上着眼。个别单位的经济利益是不能作为划分罪与非罪的界限的。如某社办企业的主管人员招聘一个“能人”挂名支薪,通过他牵线搭桥,超越企业业务范围,

* 作者单位不详。

从四个国营企业套购更新下来的大量旧化纤设备,转手抬价倒卖给需要该种设备的15个集体企业,用于生产。在一年多时间内,某社办企业非法获得暴利达15万元。这个主管人员的行为违反了工商管理法规,情节严重,因此,被人民法院依法判处了徒刑。本案如果离开了法律的前提,单从小单位的经济利益上看,完全可以得出相反的结论:被变卖的是原拟作废品处理的旧设备,卖方与买方都是自愿,经济上均有收益,而行为人为他的小单位牟取了利益,为社员分配创造了有利条件,社会危害性又在哪里?因此,有人主张可以作出无罪的结论。如果这样,我国刑法所要保护的社会主义经济秩序,不就成了一句空话?我们司法人员的职责是依法办事,执法必严,违法必究。既然行为人违反工商管理法规,而且情节严重,已构成投机倒把罪,就应予处罚。因为我国刑法所保护的是整个国家、人民的利益,体现全国人民的意志,而不是根据个别单位的暂时的经济利益确定罪与非罪的。当然,在处理这类问题中,要持慎重态度,要实事求是,防止"一刀切"的倾向。

近年来,上述这种"挂名支薪"的现象屡有发生,一般是集体企业单位为了打开供产销渠道,采取不正当的手段,直接或间接地物色全民企业中有实权的产供销人员,或科技人员,以"请客送礼"、"挂名支薪"、"奖金"、"酬劳费"、"补贴费"、"提成"等名目繁多的手法,拉拢腐蚀国家工作人员,以达到其牟取非法利益之目的。有的国家工作人员被"糖衣炮弹"击中后,就不顾党纪国法,以牟取私利的多少确立外协加工关系,在发料中以好代次,以多结少,半送半卖,甚至对明文规定不准计划外调拨的紧缺物资也开了绿灯。在回收产品中以次充好,以劣代优,以少结多等手法,进行违法犯罪活动。

上述作为,都是违法行为,主管领导部门应根据现行法规,依法处理。对其中情节严重,构成犯罪的,应向司法机关举发。目前,检察、审判机关依法查处的行贿受贿案件中,绝大多数行为人是利用供产销或计划、技术的权力,与对方达成肮脏交易后,进行犯罪活动的。只有严肃依法处理,才能保护社会主义财产不受侵犯,维护社会主义经济秩序,使四化建设得以健康地顺利地发展。

对这些问题的处理,治本比治标更重要,现提出建议如下:

1. 建议立法机构加快立法步伐。

当前,经济领域里出现的一些问题,有关领导部门作了很大努力,针对新情况、新问题,及时制定了若干行政法规,这对制止违法犯罪活动、教育挽救干部起了积极作用。但是,立法进度还适应不了司法实践的需要,有些已公布的法规,当时只作为"试行草案"或"试行条例",经过几年实践,已出现了许多新情况、新问题。如一些社队企业在经济活动中暴露了不少违法犯罪行为,甚至个别社队企业竟然集体决定，用行贿手段获取暴利。有的违背财政制度、税收法规，为违法犯罪分子提供银行账户，非法获取“管理费用”。有的可以随身携带现金数千元，进行非法活动，然后又可凭白条报销。1980年上海市郊县社队企业支付的“其他费用”高达6600余万元，其中相当一部分是所谓的“交际费”。这是一个很大的漏洞。为此，建议对1979年7月3日国务院颁发的《关于发展社队企业若干问题的规定》（试行草案），适当修订后，作正式法定文件下达执行。同时，希望立法机构对“中华人民共和国民法”以及有关的经济法规早日讨论通过、颁布。这样，就有利于执法部门严格履行职责。

2. 建议在企业、经济单位设立法律顾问或法律咨询之类的机构。

随着社会主义建设事业的深入发展，经济立法与司法的逐步完善，经济单位的活动如何纳入法律规范之内使之合法化，势必提到议事日程上来。因此，迫切需要具有法律专业知识的顾问参与企业活动，以确保经济活动的合法性和合法经济利益的不受侵犯。这一设施，从长远来看，无论政治上还是经济上都是必要的。

3. 建议各经济单位的主管领导，加强对企业职工的政治思想工作，加强法制教育，增强法制观念。在经济活动中要坚持四项基本原则，要学习与熟悉现行的经济法规，在产供销活动中，既要考虑经济利益，又要严格地遵守现行法律、法规。定期督促检查在供产销环节上、财政税收上、利润分配上、奖金福利上，是否合法，有否漏洞与问题，针对检查中发现的情况，好的加以鼓励，不好的加以批评，违法的及时纠正，犯罪的依法查处。

（1982年第7期）

【栏目】 对抢劫罪既遂、未遂的讨论

【编者按】 自本刊复刊号和今年第二期发表关于抢劫罪的既遂、未遂的讨论后，在司法界引起大家的重视，本刊陆续收到不少来稿。现将来稿的不同论点摘要如下，以供大家研究。

从抢劫罪的犯罪形态看既遂、未遂

龚 岩*

一、抢劫罪的犯罪形态

许多人都认为抢劫罪是结合犯。有的说抢劫罪是把侵犯财产罪与侵犯人身权利罪结合在一起了，有的说《刑法》第150条第2款是把抢夺罪与故意伤害罪、故意杀人罪等结合在一起了。

认为抢劫罪是结合犯，是值得研究的。

结合犯，通常是指《刑法》分则把容易同时发生的两种独立的犯罪行为结合在一起，规定在一个条文里，构成一种新的独立的犯罪。结合犯的特点：一是由《刑法》分则规定的两种独立的犯罪行为结合在一起；二是《刑法》分则条文明文规定的独立的犯罪形态。典型的结合犯，在我国《刑法》分则中没有相应的条文，但却存在具有结合犯因素的一些条文。例如，《刑法》第153条把犯盗窃、诈骗、抢夺罪与窝藏赃物、抗拒逮捕或者毁灭罪证而当场使用暴力或者以暴力相威胁的结合在一起，规定为抢劫罪，实际上是把盗窃、诈骗、抢夺罪与窝赃、妨碍公务（拒捕）、伤害等罪结合一起，成为另一独立的同第150条构成要件不同的抢劫罪，第191条第2款把妨碍邮电通讯罪与盗窃罪结合一起，构成从重处罚的贪污罪，等等。

结合犯与“结果加重”不同。所谓结果加重，是指行为人因犯某种故意罪而又直接或间接引起某种严重危害后果，按照《刑法》分则有关条文的规定加重其

---

* 作者单位不详。

刑罚。这种情况在我国《刑法》分则中是很多的。例如,第 134 条第 2 款(故意伤害致人重伤或者死亡)、第 139 条第 3 款(强奸致人重伤、死亡)、第 143 条第 2 款(非法拘禁他人致人重伤或者死亡)、第 179 条第 2 款(暴力干涉他人婚姻自由,引起被害人死亡),等等。结果加重不是把两种独立的犯罪结合在一起,而是一种犯罪由于引起某种严重后果,刑法规定要加重处罚。因此,结果加重并不是一种独立的犯罪形式。比如故意伤害而致他人死亡的,罪名仍是故意伤害罪,但法定刑比一般故意伤害罪加重了。可见,结果加重与《刑法》分则把两种独立的犯罪结合一起,又构成一种新的独立犯罪的结合犯,是不一样的,不能把二者混为一谈。

我们认为《刑法》第 150 条关于抢劫罪的规定不是结合犯。同样道理,本条第 2 款的规定也不是结合犯,而是结果加重。

抢劫罪的特点在于行为人为劫取财物而当场使用暴力、胁迫或其他方法。这是抢劫罪与抢夺罪、敲诈勒索罪的根本区别之所在。那种认为《刑法》第 150 条第 2 款规定的致人重伤、死亡,是把抢夺罪与伤害罪或杀人罪结合一起了,是欠妥的。

首先,第 150 条第 2 款明文规定:"犯前款罪,情节严重的或者致人重伤、死亡的……"所谓犯前款罪,当然是指犯抢劫罪。抢劫与抢夺有根本的区别,一个是对被害人当场使用暴力、胁迫或其他方法,强行劫走财物;另一个是乘被害人不备而夺走财物。因此,不能说在第 150 条第 2 款中包括抢夺罪。

其次,第 150 条第 2 款规定的致人重伤、死亡,无论在文字表述还是内容上,几乎与第 139 条第 3 款规定的致人重伤、死亡一样。但是,认为抢劫致人重伤、死亡是结合犯的同志,对这两条的解释却不一样,即把第 139 条第 3 款解释为结果加重,把第 150 条第 2 款解释为结合犯,甚至有的把在抢劫过程中故意杀人都结合进去了。实际上,无论第 139 条第 3 款还是第 150 条第 2 款,都属于结果加重,而不是结合犯。

二、抢劫罪的既遂与未遂如何认定

这个问题在刑法理论中争论已久,各家意见纷纭。归纳起来,主要有两种不同的看法:一种意见认为抢劫罪的既遂应当以行为人是否劫取到财物为标准;另一种意见认为当应以行为人是否侵犯他人的人身权利为标准。

这两种意见虽然各有一定的道理,但都未免偏于一端。

我们知道,抢劫罪同其他侵犯财产罪相比有其特殊性。抢劫罪侵犯的客体,既包括公私财物的所有权,也包括公民的人身权利;抢劫行为,既包括劫取财物的行为,也包括当场使用暴力、胁迫或其他危害他人人身的行为;抢劫罪的结果,既包括取得公私财物,也包括可能实际侵害他人人身,等等。从犯罪构成上看,抢劫罪侵害的客体是一种复杂的客体。因此,在认定此罪的既遂与未遂时,就要充分考虑到它的特殊性,既不能像其他侵犯财产罪一样,以是否取得财物为唯一标准,也不能像侵犯人身权利罪一样,以是否侵害他人人身为唯一标准,而应当根据抢劫罪的特点,根据我国《刑法》对抢劫罪的规定,具体分析认定。

我国《刑法》第150条对抢劫罪作了两款规定。我们认为,根据第1款规定的精神,抢劫罪的既遂与未遂应以行为人是否取得财物为主,结合对他人人身侵犯的程度来认定。我国《刑法》把抢劫罪规定在侵犯财产罪一章中,这就意味着,在认定抢劫罪的既遂、未遂时,行为人是否劫取到财物是不能忽视的。比如说,行为人对他人当场以暴力相威胁,但未伤害人身,由于行为人意志以外的原因,又未抢到财物,这种情况就应以抢劫未遂论处。但如果行为人对他人使用暴力,已经造成他人伤害,虽然未抢到财物,一般也应视为抢劫既遂。只有这样,才符合抢劫罪的特征。还应指出,承认抢劫罪有未遂,也并非在量刑时一定要对犯罪分子从轻或减轻处罚。根据《刑法》第20条的规定,对于未遂犯可以比照既遂犯从轻或者减轻处罚,并不是应当或必须从轻或减轻处罚。

《刑法》第150条第2款规定的情况,是属于结果加重。我们认为,在这种情况下抢劫罪不存在未遂问题。因为在犯罪分子已经造成他人重伤或者死亡的严重后果的情况下,还以是否取得财物为标准去划分既遂与未遂是没有意义的。所以,只要行为人目的在于抢劫公私财物而造成被害人重伤、死亡的,无论其犯罪的目的是否达到,即使一分钱的财物也没抢到,也属于抢劫既遂。

(1982年第8期)

构成抢劫罪是以侵犯人身权利为前提

刘林巨*

读《法学》复刊号"抢劫罪中既遂与未遂的探讨"和第二期的讨论文章后,觉

* 作者单位不详。

得"探讨"认为抢劫罪侵犯双重客体,而应以侵犯人身权利为主的观点,是不能一笔抹杀的。

抢劫罪所侵犯的双重客体的主次关系,是不能以概念和定义固定化的,否则在具体案件中是解释不通的。从抢劫罪的犯罪过程来看,首先被侵犯的客体是被害人的人身权利。抢劫犯必须首先强制或排除被害人的障碍,然后才会出现劫得财物的结果。因此,抢劫犯罪一着手,就是以侵犯人身权利为前提的。

抢劫罪和其他侵犯财产罪相比,有其独自的特征,即犯罪主体的残忍性、野蛮性。特别是目前青少年犯罪较多的情况下,其作案方法和20世纪50年代相比已有很大的不同。过去的抢劫犯大都对犯罪对象、作案现场、犯罪方法要经过一番考虑和仔细的准备,然后进行抢劫,也尽可能不采取极端手段,而现在有相当一部分抢劫案,罪犯的盲目性很大,手段残酷,甚至不惜杀害人命,而所得财物有的寥寥无几,甚至并无所得。根据新的犯罪特点,"探讨"提出抢劫罪应以侵犯人身权利为主的观点,在办案实践中不是找不出根据的。

(1982年第8期)

侵犯人身权利是抢劫罪的首要构成要件

苏　文*

1981年秋,湖北省××县何××在回家的路上遇到朱××等两人向他扑来,实施抢劫,由于何的抵抗和群众闻讯赶来,使朱等未能得逞,何遭轻伤。何告诉司法机关,司法机关查实后以"抢劫未遂"为由,不予追究。因而何自负伤假和医疗费损失。可能有人会说"岂有此理",然而这却是千真万确的事。这告诉我们,抢劫罪中既遂与未遂的划分,必须有个明确的概念。

我认为"抢劫罪对人身权利的侵犯,其社会危害性大于对财产所有关系的侵犯"的观点,要比相反的观点接近事实得多。因为一般刑事案件中的抢劫罪,只要被害人多少拥有一些钱财即可诱发,而又以暴力、胁迫等致人不能抗拒为构

---

* 作者单位不详。

成要件,所以抢劫罪犯犹如隐藏在社会背后的暗箭,对人身权利威胁的社会范围,远远超过其他犯罪。即使像张淑文同志所举的例子:结伙持械抢劫信用社,值班员只受到罪犯枪口的威胁,但抢走的现金却达×万元的特殊案例,其侵犯人身权利的社会影响仍不下于×万元的经济价值,因为这种案件的发生,立即会使所在地区的人们感到恐怖不安,它对人身安全的心理威胁是无可估量的。且巨额财产的被劫还有找回的可能,如果为保护财物而致丧身则无法挽回了。在财产与生命之间,人们常以后者为贵。所以在分析抢劫罪时,不能只讲被害人的人身权利被侵犯,还应当着重看到由此而造成的社会影响。

从立法精神来看,抢劫罪所以属于侵犯财产罪,因为我国刑法是以犯罪目的分类的。但刑法对抢劫罪状的描述,首先强调的是"以暴力、胁迫或者其他方法",而且所抢劫的财物不论多少都构成本罪。由此可见,它是以侵犯人身权利作为首要的构成要件的。

(1982年第8期)

要从社会后果来看抢劫罪的既遂、未遂

肖　竹*

看了《法学》讨论抢劫罪的既遂、未遂,我作为一个普通工人也想说几句,虽然我对法学是门外汉。

抢劫罪侵犯的客体有二:(1)人身权利;(2)财产权利。两者究竟何者重要,我们工人有工人的看法。我们上夜班通常身上不带几个钱,却也害怕遇到强盗,担心单身走夜路,突然跳出几个强盗来,不要说被他们刺伤、刺死,就是受到的惊吓也不小。我们工厂就有一个女工被吓得几天卧床不起,全厂议论纷纷,引起普遍惊恐。所惊恐的,不是钱财的丧失,如果被扒窃偷去整月工资,顶多生几天气,组织上、同志们也好帮助解决,而是对人身安全的危害。那个女工没有被劫去财物,那几个歹徒见到后面有人来了,仓皇逃逸,他们的犯罪目的究竟是拦路抢劫,还是拦路强奸也搞不清楚,但是对人身安全的危害是显而易见的。因此,我们要

* 作者单位不详。

从侵害人身安全而引起的严重社会后果来看抢劫的既遂与未遂，而不要仅着眼于钱财是否被劫去。

（1982年第8期）

既遂、未遂的分界线在于是否得逞

田　幸*

什么叫犯罪未遂？《刑法》第20条第1款规定："已经着手实行犯罪，由于犯罪分子意志以外的原因而未得逞的，是犯罪未遂。"由此可见，犯罪既遂、未遂的界限就在于是否"得逞"，即是否出现与犯罪者的主观心理状态相一致的危害后果。

根据犯罪构成的理论，犯罪必须具备主观和客观两个要件。主观要件是指犯罪的主体和犯罪分子的心理状态，在直接故意犯罪中，这种心理状态表现为犯罪目的，而客观要件则包括侵害的客体、犯罪行为、危害后果及其因果关系。认定一个故意犯罪行为的既遂必须具备主、客观要件的一致，不仅有目的、行为、后果，而且三者之间必须具备一定的因果关系。如果出现的危害后果不是犯罪分子所追求的目的，就谈不上"得逞"，在抢劫罪中，抢劫公私财物是目的，而暴力、胁迫等方法则是手段。手段的实施不等于目的"得逞"。如果认为作为抢劫手段的暴力或胁迫一开始，人身权利立即受到侵害，抢劫罪也就既遂，这是不可思议的。

抢劫罪是一种结合犯罪，它侵害的是复杂客体。在确定结合犯罪的既遂标志时，要根据不同客体的主次关系。我认为，所谓主要客体是决定犯罪性质的客体，应根据犯罪分子故意的内容，即犯意的指向来确定。在抢劫罪中，罪犯的目的是获取财物，而被害人的人身受侵害到什么程度，并非其考虑的重点，抢劫罪中的致人重伤、死亡是罪犯在实施暴力手段过程中，出于间接故意或过失的心理状态造成的，不同于直接故意伤害、杀人。因此，在抢劫罪的构成中，应以侵犯财产权利为主要客体，并以其是否遭受侵害来区分既遂和未遂。

（1982年第8期）

---

* 作者单位：江苏省高级人民法院。

情节严重的抢劫犯罪同样存在未遂

严为众* 刘 秦**

《法学》上发表的好几篇文章都认为：犯抢劫罪情节严重的或者致人重伤、死亡的，没有未遂。理由是：这些抢劫行为性质严重，对社会危害极大。因此，只要实施这类抢劫行为，就构成既遂。

我们认为，抢劫罪的既遂、未遂的主要区别就是行为人是否得到财物。根据刑法，犯罪未遂必须同时具备三个条件：(1)已经着手实行犯罪；(2)犯罪分子未能达到犯罪目的是由于犯罪分子意志以外的原因；(3)犯罪的目的未能得逞。抢劫行为的最终目的是抢得财物。所以，行为人实施了抢劫行为而由于意志以外的原因未抢得财物，就应当认定为抢劫未遂。无论在一般抢劫罪，还是情节严重或致人重伤、死亡的抢劫罪中，都可能有未遂情节。

犯罪的未遂和情节严重，致人重伤、死亡等情节，都是客观存在的事实，行为在客观上具备未遂情节的，就不能任意否定，更不能借口行为具有情节严重，或有致人重伤、死亡等情节，将未遂说成是既遂。

犯罪未遂并不一定都要比照既遂从轻或减轻处罚，有人担心致人死亡的抢劫未遂犯，会受到轻纵。这是不必要的顾虑。《刑法》第20条第2款规定："对于未遂犯，可以比照既遂犯从轻或者减轻处罚。""可以"并不含"应当"之意，刑法这一原则在理论上称为"得减主义"。这就是说，即使行为人具有未遂情节，也可以不"比照既遂犯从轻或者减轻处罚"。

(1982年第8期)

* 作者单位不详。
** 作者单位不详。

对我国死缓制度立法意义的认识

余淦财[*] 齐楚珩[**]

一

死刑缓期执行是我国刑法中关于死刑的重要规定,也是我国刑罚方法的独创。贯彻执行这一规定,在国内外享有很多的赞誉。早在1951年毛泽东同志在第三次全国公安会议决议中写道:"对于有血债或其他最严重的罪行,非杀不足以平民愤者和最严重损害国家利益者,必须坚决地判处死刑,并依法迅即执行。对于没有血债、民愤不大和虽然严重地损害国家利益,但尚未达到最严重的程度,而又罪该处死者,应当采取判处死刑,缓期二年执行,强迫劳动,以观后效的政策。"这是针对解放初期反革命活动猖獗和当时的镇反运动而说的。在开展镇压反革命运动中由于采取了这一正确的政策,保存了一批罪该处死的人,经过若干年的改造,其中不少人被改造成为新人,有的还对国家作出了重要贡献。30年的实践经验证明,死刑缓期执行是惩罚罪该处死而又不是非杀不可的人的一种行之有效的办法。我国《刑法》、《刑事诉讼法》是司法实践经验的总结,在《刑法》中涉及死缓的条款有4条,在《刑事诉讼法》中有3条,可见这一制度在我国刑事法典中的重要性。30多年来,我国社会已基本上完成了社会主义改造的任务,国内阶级结构已起了显著的变化,国家的主要任务已转到社会主义四化建设上来,犯罪形态、犯罪成员与新中国成立初期相比,已有了明显的不同,现在来研究死刑缓期执行,更加具有重要的、现实的意义。

二

死刑缓期执行与死刑立即执行,在刑种上同属死刑,即剥夺生命刑,但实际的法律后果有明显的不同。司法实践证明,被判处死缓的罪犯,除极少数死不悔改、抗拒改造、继续作恶的分子被执行了死刑外,绝大多数都得到了减刑。因此,

* 作者单位不详。

** 作者单位不详。

死缓在某种意义上说,又是一种特殊形态的剥夺自由刑,或者说是介于生与死之间的一种刑罚。它的作用,突出地表现在以下几个方面:

(一)有利于"少杀政策"的贯彻落实

在死刑问题上,各国法学家有两种截然不同的主张。一种是主张废除死刑。提出的理由很多,如人权论,认为人人都有固定的生命权,不能任意剥夺;人道论,认为执行死刑太残酷,违背人道原则;刑效论,认为死刑不是预防犯罪的有效手段,预防犯罪不在于刑罚的严酷性,而在于刑罚的不可避免性;改造论,认为人应该都有改造好的可能性,死刑无异排除了这种可能性;生产论,认为死刑是对社会有用生产力的破坏,等等。另一种主张保留死刑,而且要严刑峻法。其理由是:威吓论,认为死刑是对犯罪最有效的威吓手段;隔离论,认为死刑是对犯罪所实施的最彻底的社会隔离;报应论,认为死刑是对犯有严重罪行的人应有的报应,等等。这两种主张所持的理由截然相反,各趋极端,不能作为我们人民民主专政国家的刑罚制度的理论。

我国是以工人阶级为领导的、以工农联盟为基础的人民民主专政国家,一切从人民的利益出发,刑罚是阶级统治的工具。死刑作为镇压国内外阶级敌人,惩罚少数罪大恶极的犯罪分子的有力武器,在我国目前是不可缺少的。无论是一般预防还是特殊预防,都有其独特的作用。因此,我国是主张在严格的程序限制下适用死刑的。但是,我们反对乱杀、滥杀。在长期与犯罪分子作斗争中,一贯实行"保留死刑,坚持少杀"的政策。杀人不在多,重在政治效果。毛泽东同志在《一九五七年夏季的形势》一文中明确指出"杀人要少,但是决不废除死刑",因而实行"判处死刑,缓期二年执行,强迫劳动,以观后效"的政策,可以说是坚持少杀的具体措施。这种措施,既合法又合情。首先,它坚持罪刑相应的原则,做到罚必当罪,即罪该处死的还是要处死,但对不是非杀不可的,通过缓期二年执行,给予悔改的机会,使其中的多数人不致剥夺生命,也就是给生命刑以一定的伸缩余地。其次,判决与执行是互相紧密衔接的法律程序,死缓则巧妙地把两者分别处理,使判处死刑不等于实际上失去了生命。最后,这不仅解决了少判死刑问题,而且把判决死刑后如何实现少杀的问题也解决了。

(二)有利于促使犯罪分子改造成为新人

工人阶级的使命是改造自然,改造人类,进而实现共产主义社会。我们对罪犯实施惩罚,其目的是改造罪犯成为社会主义的守法公民。我们反对"惩罚至上",也反对"改造万能",而是把惩罚和改造有机地结合起来。这样做的结果,充分证明我们不仅有能力把各种非死刑犯改造成为新人,而且同样有能力把罪恶重大、判处死刑的人改造成为脱胎换骨的人。采取判处死刑，缓期二年执行，劳动改造，以观后效的措施，就是我们改造死刑罪犯的具体途径。通过审查缓期执行期间的表现，来确定是否减刑还是执行死刑，这就是明显地告诉判处死刑的人，给他最后一个重新做人的悔改机会，那就是只有老老实实，认罪服法，接受改造，争取立功，才是唯一的生路。如果执迷不悟，顽抗到底，只有死路一条。事实证明，绝大多数人都选择了光明之路，得到减刑，并继续努力改造，成为新人。

（三）有利于更好地体现惩办与宽大相结合的政策

对犯罪分子实行惩办与宽大相结合的政策，是我国刑法的指导思想。死刑是刑罚中最严厉的刑种。一切剥削阶级国家一直把死刑作为残酷镇压人民的重要手段，特别是到了其反动统治岌岌可危、走投无路的时候，总是乞灵于滥施死刑。我们人民民主专政是最广大人民群众的政权，除对罪大恶极的犯罪分子处以死刑外，而对那些罪该处死，还不是必须立即执行的，实行死刑缓期执行的政策，充分体现了惩办与宽大相结合的精神。判处死刑是惩办，缓期二年执行则是宽大。实行这种政策，既打击了犯罪，又分化、挽救了罪犯，教育了人民，赢得了社会的同情，获得了群众的拥护，而且还为建设事业保存了一批劳动力，同时对有些案件，还可以留有余地，防止不可挽回的错误发生。我国已经进入大规模经济建设的历史新时期，剥削阶级作为阶级已经消灭，阶级斗争已经不是社会的主要矛盾，反革命分子不多了，但阶级斗争还确实存在，在某种条件下还可能激化，各类刑事犯罪案件还严重地存在，杀人、放火、抢劫、强奸、爆炸以及其他严重危害社会的犯罪案件还时有发生。对这些恶性案件的犯罪分子必须依法从重从快处理，绝不能宽容姑息。经济领域中犯罪情节特别严重的从重处刑，可以判处无期徒刑和死刑。因此，我们绝不能废除死刑。但是，从犯罪成员的变化来看，绝大多数刑事罪犯是青少年，他们犯罪的原因绝大部分是“十年动乱”中受到林、江反革命集团的毒害，因此更要着重于执行教育、挽救、改造的政策。对恶性案件的罪犯的犯罪动机、原因、一贯表现、有无自首情节等要作具体分析，如对犯故意杀人罪的人，我国刑法的法定刑是死刑、无期徒刑或者 10 年以上有期徒刑；情节较轻的，处 3 年以上 10 年以下有期徒刑。而不是像有些人认为的“一命抵一命”，一律都要处死刑。

我国《刑法》对适用死刑缓期执行的规定有两条。第 43 条规定的是，对于罪大恶极、应当判处死刑的犯罪分子，如果不是必须立即执行的，可以判处死刑缓期执行。这是由执行司法权的审判机关予以判处的。第 44 条规定的是罪行特别严重，已满 16 岁、不满 18 岁的，可以判处死刑缓期执行。这是由立法规定的。根据以上立法精神，我们认为，有些已满18岁的人一贯表现不错，由于偶然的原因，犯了极其严重的、应予判处死刑的罪行，如果不是必须立即执行的，应该尽可能地保全其生命，判处死刑缓期执行，使他们通过劳动改造成为新人，这对社会是有利的。

（1982年第8期）

坚决打击“地下外贸”犯罪活动

林德明*

开展打击经济领域中严重犯罪活动的斗争以来，上海市经调查发现有一批专门勾搭外商、港商，非法从事“地下外贸”活动的犯罪分子。这些人有的非法接受外商、港商的委托，担任国内的代理人，设立地下办事处，到处接洽外贸业务，按月领取工资、奖金；有的通过各种不正当的渠道，与某些国家工作人员、干部家属、子女，拉关系，开后门，取得货源，提供外商、港商，从中索取“活动费”、“差旅费”、“卖单费”和佣金；有的纯属伪装假冒，买空卖空，敲诈勒索，诈骗钱财。“地下外贸”活动，是当前经济领域中严重犯罪的一种新的形态和阶级斗争的重要表现。

“地下外贸”活动对我国经济、政治和社会风尚带来极大的危害性和危险性。第一，他们大量侵占、骗取国家财富，破坏正常的对外贸易，破坏社会主义计划经济，挖社会主义墙脚。例如，珍珠、兔毛等紧俏商品，国家列为统配物资，需要经过外贸部门制订计划，申请批准，凭许可证才能出口。但有些“地下外贸”人员通过各种不正当关系，行贿拉拢，抢购套购，偷运出境，使外商、港商大发其财，国家遭受严重损失。第二，他们用行贿拉拢和色情勾引等手段，拖国家工作人员下水，严重腐蚀我们的干部队伍和党的肌体。如公安部门查获“地下外贸”人员陈××一案，其中涉及经理、处长、科长20多人，工程师、谈判人员11人，一般干部、职工24人，行贿财物总值3.5余元，港商因此获利港币88万元。有的外商、港商反映：“过去共产党员不要钱，现在有的党员也要钱了。”有的说：“现在某些人索贿受贿的胃口越来越大了，开始只是要彩电、录音机等洋货，后来要大量货币，以后要求承担子女出国的保证金，现在竟提出合资办企业和入股了。”这对我国家声誉和政治影响危害极大。第三，他们打着对外经济活动的幌子，夹带走私珍贵文物、书画出境，复制、扩散淫秽书刊、录像、录音，进行政治渗透、宗教渗透和思想渗透，甚至伪造人民币，贩运毒品和偷渡出境，进行情报、窃密、暗害等特务间谍活动。随着走私、投机倒把和“地下外贸”活动的猖獗，与之有联系的盗窃案相应增多，解放后已绝迹多年的贩卖毒品、暗娼卖淫等活动和旧

* 作者单位不详。

上海“冒险家的乐园”的社会阴暗面又出现死灰复燃，经济犯罪与政治破坏的“双皮老虎”也不断发现。触目惊心的事实证明，“地下外贸”活动对社会主义经济建设、无产阶级专政和对社会安定团结都带来极大的危害，它对正确贯彻执行对外开放和对内搞活经济政策也带来极大的破坏。

从事“地下外贸”活动的成员，是一群冒险家、投机商、骗子手和反革命的混合体。一是老的剥削阶级分子、黄牛掮客和解放后因走私、投机倒把等经济犯罪受到惩处的惯犯，旧病复发，故伎重施。他们在国内有一定的社会基础，与国际上的不法分子保持千丝万缕的联系，搞经济犯罪活动熟门熟路，老吃老做。二是林彪、江青反革命集团的残余势力，他们敌视党和社会主义制度，近年来以不上班、不工作，用“拿国家工资做私人生意”来对抗破坏。如“地下外贸”人员刘××，原是“工总司”××区头头，粉碎“四人帮”后，先与人结伙到淮南市以“投资”为名诈骗钱财，又参与戴××一伙筹办“华侨疗养院”的骗局，又是以顾×为首的“金融票面调研小组”诈骗集团的骨干分子之一，又以从事“地下外贸”活动与我相对抗。三是社会上一些受资产阶级思想严重侵蚀，向往西方资产阶级生活方式的人，在实行对外开放和对内搞活经济政策后，以为发财的时机到了，自动退职离职，或长期旷工、长期病假，四处从事“地下外贸”活动，追求家庭设施电气化、现代化，或把非法收入存在国外，妄图出境。四是少数经不起资产阶级诱惑、思想蜕化的国家工作人员和管钱管物掌握实权的人，利用特权，内外勾结，以合法掩盖非法，贪污受贿，徇私舞弊，用损害国家利益，破坏党的威信，来谋取一己私利，甚至丧失国格，在所不惜。五是极少数批准出境的人，到港澳或国外转了一圈，就打着某某洋行、公司的招牌，凭一纸回乡证，几张名片，到处接洽外贸业务，谈判贷款和投资，实际上多数是既无资金又不讲信用的“皮包商”和“黄牛”，靠非法倒卖合同，转手渔利。一旦无利可图，就单方面撕毁合同，使我蒙受经济损失。由此看出，“地下外贸”人员的活动，是直接破坏现代化建设事业的严重犯罪。只有坚决打击这种犯罪活动，才能保证我国对外开放政策的正确执行。

打击“地下外贸”犯罪活动，一定要正确掌握政策，严格划清违法与犯罪的界限，正确区分和处理两类不同性质的矛盾。从新中国成立时起，我国就实行统制对外贸易和保护关税的政策，这历来是明确的。实行对外开放政策以来，1980年10月20日，国务院又发布了《关于管理外国企业常驻代表机构的暂行规定》，其第2条明确规定：“外国企业确有需要在中国设立常驻代表机构的，必须提出申请，经过批准，办理登记手续。未经批准、登记的，不得开展常驻业务活动。”1982年4月13日，中共中央、国务院《关于打击经济领域中严重犯罪活动的决定》再次重申：“开展对外经济活动，必须只限于由国家批准的单位按国家规定的原则和程序进行，严禁任何单位和个人擅自以任何名义任何形式进行这一活动。”“地下贸易”活动违反了我国的基本国策，违反了有关的法令和规定，完全是一种非法活动，必须坚决取缔，绝不允许其继续存在。但是，“地下贸易”活动涉及人员众多，情况复杂，在处理上政策性强。因此，在具体工作中，必须一个案件一个案件地研究，一个问题一个问题地查证，区别不同情况，做到以事实为根据，以法律为准绳，重证据不轻信口供，稳准狠地打击其中为首的骨干分子和严重犯罪分子。

打击“地下外贸”犯罪活动，才能更好地贯彻执行党的对外开放的政策。中共中央、国务院《关于打击经济领域中严重犯罪活动的决定》指出：“对外实行开放，对内搞活经济，是我们党根据社会主义现代化建设需要所采取的从实际出发的坚定不移的政策，这一政策绝不会由于打击严重破坏经济的罪犯而发生改变和动摇。”实行对外开放的政策，已受到海外侨胞和港澳同胞的热情赞助，许多外国工商界的有识之士也积极同我们谋求经济合作和扩大贸易来往。对打击“地下外贸”等严重经济犯罪活动，正当的外商、港商表示欢迎和拥护。他们反映，经过这一时期打击严重经济罪犯的斗争，出现了三个可喜的变化：一是“勃洛克”（英文“中间商”的音译）减少了。去年秋交会“地下外贸”人员多到惊人的程度，今年春交会已明显减少。二是“皮包商”受挫。这些皮包商、黄牛商，在香港租用一个写字台，装一部电话，印一套名片，就到国内来招摇撞骗，投机钻营，现在这些人吃不开了。三是有的不法分子钻外贸部门的空子，进行违法活动，过去打击了“地下外贸”犯罪分子，外商、港商便于直接同外贸部门做生意，既省时间，又省金钱，更省精力，为开展正常外贸业务扫除了障碍。说明打击“地下外贸”犯罪活动，不仅不会影响和妨碍正常合法的对外经济贸易，而且正是为了保证继续与正当外商、港商的正常交往，保护他们免受国内外一些不法分子的欺骗和敲诈勒索。我们相信，只有在坚持实行对外开放政策的同时，坚决打击“地下外贸”犯罪活动，才能保证我国现代化建设沿着社会主义的轨道前进，才能使对外实行开放的政策得到正确执行，才能有效地发展社会主义两个文明的建设。

（1982 年第 9 期）

试论套汇罪

钱国耀*

套汇,是指用各种非法手段购得、换取、抛售外币或外汇兑换券,或可用做国际结算的外币支付凭证,或其他可在国外兑现的一切有价证券,以谋取非法利益的行为。这种行为是违反我国海关监管和金融、外汇管理等法规的。其情节严重者,是一种触犯我国刑法的犯罪活动。

利用外汇进行投机活动,牟取暴利,在资本主义国家和半殖民地半封建的旧中国是相当普遍的。新中国成立初期,在上海、天津、广州等地,黑市买卖外汇曾经猖獗一时,扰乱新中国的金融外贸市场。通过外贸管理、外汇管制、整顿金融市场、取缔投机以及"五反"、社会主义改造,外汇黑市受到了沉重的打击,逐渐趋向隐失。但近几年,当我们正在正确和顺利地实行对外开放政策之际,又重新趁机露头,在广东、福建、浙江等沿海地区,套购、套换、脱套外币或外汇券的黑市非常猖獗,由此而造成国家的外汇损失和对人民币币值的影响是相当严重的。犯罪分子用各种非法套汇手法,攫取大量外币、外汇券进行各种违法犯罪活动。据有关方面估计,有一个省非法沉淀在社会上的港币约有一亿多元,严重危害外汇统一管理和社会主义经济建设。因此,我们必须正确运用法律手段,打击和制止套汇罪行的泛滥。

套汇,在我们社会主义新中国是绝不允许的。早在新中国成立初期,《共同纲领》第39条就规定:"禁止外币在国内流通。外汇、外币和金银的买卖应由国家银行经理……凡进行金融投机,破坏国家金融事业者,应受严厉制裁。"我国对外汇一贯实行由国家集中管理、统一经营的方针,管理外汇的机关为国家外汇管理局,经营外汇业务的专业银行为中国银行。非经国家外汇管理局批准,其他任何金融机构或个人都不得经营外汇业务。1980年12月18日国务院公布的《外汇管理暂行条例》中规定:"在中华人民共和国境内,禁止外币流通、使用、质押,禁止私自买卖外汇,禁止以任何形式进行套汇、逃汇。"《刑法》第117条规定:"违反金融、外汇、金银、工商管理法规,投机倒把,情节严重的,处三年以下有期徒刑或者拘役,可以并处、单处罚金或者没收财产。"鉴于近几年来,这类案

* 作者单位:上海社会科学院法学研究所。

件屡有发生,1982 年 3 月全国人大常委会《关于严惩严重破坏经济的罪犯的决定》(以下简称《决定》),明确地把套汇作为独立的一个罪名,和走私、投机倒把牟取暴利罪并列地补充规定在《刑法》第 118 条中,这对打击严重破坏经济的套汇罪犯,是一项有力的措施。过去我们往往把套汇罪作为走私罪、投机倒把罪的一部分。这是由于制定《刑法》时,套汇问题的暴露还没有像现在这样突出。因此,在原来的《刑法》条文中,未把套汇作为单独的一个罪名列入。《决定》把它补充列入是完全必要和非常及时的。

怎样认定套汇罪的犯罪构成呢?

1. 套汇罪的犯罪客体是破坏我国外汇统一管理,侵害国家的经济权益,危害社会主义经济秩序。外汇是我国社会主义四化建设的重要资金来源和对外贸易的主要手段,套汇罪则是非法套取国家统一管理的外汇,用于牟取私利的情节严重的行为。

2. 犯罪的客观方面,主要是用非法手段购得、换取、抛售外币或外汇券,或其他一切相当于外币的支付凭证、有价证券等危害社会的行为。

从目前打击经济犯罪所查获的案件来看,套汇大致有以下几种形式:

(1)用高于国家银行牌价,黑市套购外币,用于走私活动;或套购外汇兑换券,再到特定商店套购紧俏商品,黑市高价出售,或在走私中直接攫取外汇再进行其他非法套汇活动。

(2)用金银珠宝、古董文物、珍贵药材,向境外来人暗中换取外币或外汇券。

(3)在境内用人民币支付给侨眷,在境外套换截取外汇。

(4)境内机构或个人先代来华人员支付各种费用,其后再非法套换对方外汇。

(5)境内机构或国家工作人员(如机场、旅馆、商店的营业员、招待员),非法套用、调换属于国家收益的外币、外汇券等。

(6)企事业单位、机关、团体违反外汇管理法规,在国内买卖外汇,或者在国外把出口货物和其他方式取得的外汇不按规定存入国家指定银行。

(7)境内机构或临时出国代表团人员,未经管汇机关批准,借用或调用国家驻外机构、企业、事业单位的外汇,回国后以人民币归还,或临时出国人员公毕返回,对所余应退的外汇未向管汇机关办理退汇,而以人民币抵付外汇等。

套汇罪是上述套汇中情节严重的行为。

3. 犯罪主体大都是我国公民,也有少数不法港澳商人和外商。

最近几年还发生以单位名义进行大量非法套汇活动。对于这类案件应把直接责任者作为套汇罪的犯罪主体。

4. 犯罪的主观方面无论是转手高价黑市抛售，还是套取外汇用作走私、贩私或投机倒把，或者是抽逃资金，都是为了牟取非法利益。

只有具备以上4个方面的主客观要件，才能构成套汇罪。

在处理套汇时，必须划清罪与非罪的界限。在我国，凡属套汇都是违法的，但情节显著轻微、危害不大的，如偶尔向来华探亲的海外亲属调了少量外币的套汇行为，属于一般违法行为。有的应给予批评教育，使其认识错误，及时制止，有的可强制收兑外汇，单处或并处罚款，没收财物，给予适当的行政处分。而对于以套汇为常业、数量较大，构成犯罪的严重套汇行为，则应依法处以适当的刑罚，可以并处、单处罚金或者没收财产。对个别情节特别严重的套汇罪犯，应处10年以上有期徒刑、无期徒刑或者死刑，可以并处没收财产。国家工作人员利用职务犯有套汇罪行为的，依法从重处罚。

套汇罪往往与走私、投机倒把罪纠合在一起。对于这些比较疑难复杂的案件，应如何定罪的问题，笔者认为根据不同案情有3种解决办法。

1. 如果几个不同的罪，属于牵连犯，采取从一重处断。如以套汇为手段，实施走私或投机倒把罪的，则定为走私或投机倒把罪。在处刑上，应比单纯的走私或投机倒把罪重。

2. 如果几个罪具有局部与整体关系而纠合在一起的，即甲罪成为乙罪的组成部分，则甲罪被乙罪所吸收，全局罪行吸收局部罪行。如套汇行为成为整个投机倒把罪的组成部分，套汇罪即被投机倒把罪吸收，而不再另立套汇罪。

3. 如行为人基于两个以上的故意，实施了两个以上的犯罪行为，符合两个以上的犯罪构成要件，即成为数罪。如行为人出于两个以上的故意，独立地实施了套汇罪和投机倒把罪，符合两罪各自独立的构成要件，就应按照数罪并罚处理。

单纯的套汇罪行，虽比前者为少，但也相当严重地存在。例如，贵州省红州无线电厂厂长王××、副厂长胡×伦、会计胡×宏等人，接受港商李××的贿赂，非法抬高港币对人民币的比值，以高出国家规定汇价一倍的黑市价格，进行套汇，给国家造成65万元的重大损失。以上四人都已被依法逮捕。又如中国电子技术进出口公司深圳分部负责人周××等，以该公司深圳分部名义抛售325万美元外汇，牟取暴利486万元人民币。另一方面也有人用比银行牌价高达40%的黑市价格套购外汇，用于抽逃资金、转移本应用于我国境内的多余利润或其他非法所得等。又如，广东省南电站工程指挥部供应科长李××，几年来大量盗卖水泥，从中贪污，仅被公安机关查获的赃款就有16.6万余元。李××为了非法转移赃款，还用套汇来的3.93万元港币存入香港的银行。李犯因罪行严重，已被依法逮捕。

本文仅就作者的学习体会,作一点初步试探性的简略论述,以供法学工作者进一步探讨和研究。

(1982年第9期)

受贿罪要以利用职务为构成要件

刘福海* 郑金钟**

近来,许多法学工作者对全国人大常委会《关于严惩严重破坏经济的罪犯的决定》(以下简称《决定》)作了研究和阐述,是有益的,但对有些问题的论述,我们有不同意见。现对受贿罪谈些看法。

《决定》对《刑法》第185条第1、2两款受贿罪修改为:"国家工作人员索取、收受贿赂的,比照刑法第一百五十五条贪污罪论处,情节特别严重的,处无期徒刑或者死刑。"《法学》第5期刘树栋同志在《谈谈〈决定〉与刑法的关系》一文中写道:"修改规定,……就是用新的规定,取代刑法第185条第1、2两款原来的规定。《决定》生效以后,该条原1、2两款当然不能再继续适用。"也有同志说,比照《刑法》第155条贪污罪论处,就是实际上把《刑法》第185条从原来第八章渎职罪,划归到第五章侵犯财产罪中。也有同志认为,《决定》取消了"利用职务上的便利"的限制。对这些看法可以商榷。我们认为,《决定》并没有改变或者重新解释受贿罪的犯罪构成,只是规定国家工作人员索取、收受贿赂的,比照《刑法》第155条贪污罪论处,是对受贿罪的处刑作了修改,而没有改变受贿罪的性质,更没有把受贿罪改为贪污罪。受贿罪仍旧属于《刑法》第八章渎职罪,而不是划归第五章侵犯财产罪。

受贿罪是指国家工作人员和其他依法从事公务的人员,利用职务上的便利,为行贿人谋取某种利益而非法索取、收受其财物和其他利益的行为。

受贿罪的主体必须是国家工作人员和依法从事公务的人员。在主观方面必须是直接故意,即必须具有索取、收受行贿人财物和其他利益的目的。

受贿罪侵害的客体是国家机关、企事业单位的正常管理活动和信誉。国家工作人员接受贿赂,侵害国家活动的某项工作,造成危害结果的,都是对国家机关正常活动的危害,是渎职行为。贪污罪虽然也是渎职行为,但侵害的客体是公共财物的所有权。既然客体不同,贪污罪就不能代替受贿罪。同时,受贿罪还有以行贿人为一方,受贿人为另一方的相互依附的关系。不能设想,贪污者和行贿者之间有什么依附关系。《决定》的修改,是根据当前经济犯罪的严重情况,《刑

---

* 作者单位:上海市高级人民法院。

** 作者单位:上海市高级人民法院。

法》对索贿、受贿罪的规定存在处罚失轻的缺点。为了体现罪刑相当的原则，对法定刑的刑期和刑种作相应的加重和提高。因此，对“比照”、“论处”应理解为：国家工作人员索取、收受贿赂的，处5年以下有期徒刑或者拘役；数额巨大，情节严重的，处5年以上有期徒刑；情节特别严重的，处无期徒刑或者死刑，并处没收财产，或者判令退赔。

受贿罪是渎职罪的一种。渎职罪的客观方面的要件之一，就是犯罪行为的实施与行为人所担任的职务有不可分割的联系，就是行为人利用职务上的便利，实施该职务所不能允许的、危害国家机关正常管理活动的行为。受贿罪的犯罪行为是一种交易，即行贿人要求或者希望受贿人利用职权，为自己取得某种利益，而给受贿人以财物或其他利益；受贿人则以索取、收受财物或其他利益为条件，利用职务之便为行贿人谋取这种利益。受贿人利用职务是在超越或者违背职责规定的情况下进行的，使国家、集体经济造成损失或国家的信誉受到损害。行为人的犯罪行为如果与其职务无关，则不能构成受贿罪。

从以上分析可以看出，国家工作人员利用职务上的便利是构成受贿罪的要件之一。那种认为改变了犯罪构成，取消了“利用职务上的便利”的限制的看法是片面的。必须坚持按照犯罪构成的原理来分析受贿罪，否则就会扩大受贿罪的范围，从而扩大打击面。有些司法机关将一些在职的工程技术人员不通过组织，帮助社队企业解决技术问题，取得高额报酬当做受贿；也有的把国家工作人员采取正当手段，帮助社队企业解决了一些困难，而其家属自行与该社队企业挂钩，牟取不正当的利益，也算在该国家工作人员受贿的账上。这样定罪不够妥当，应该严格按照《刑法》的有关规定，正确认定犯罪性质，确定罪名，防止扩大范围。

（1982年第9期）

谈"毁人容貌"的重伤罪如何认定

朱云洲*

毁人容貌除过失伤害外,是伤害案件中一种主观恶性严重的犯罪。这类犯罪除一部分是属于伤害他人身体间接故意毁人容貌外,有相当一部分是出于直接故意的毁人容貌。加害对象大都是妇女。分析其动机,有的是因婚姻、恋爱失败而报复破坏,有的是为嫉妒而行凶泄愤,也有的是流氓行为的恶意伤害等。现对这一类犯罪行为,试作探讨。

一、毁人容貌的概念

《刑法》第85条第1项规定"使人肢体残废或者毁人容貌的"属于重伤。按照"毁人容貌"的概念,从字义上来说,"毁"是作"破坏"解释,就是以故意的行为达到破坏他人容貌的结果。这项条文并没有和其他重伤条文那样明确地规定为使人肢体残废、丧失听觉、视觉或重大伤害等的界限,而是概括为"毁人容貌"。这种犯罪,行为人加害于他人的犯意以及侵害面部的危险性,对侵犯人身和社会都是恶性的和严重的。因此,从"毁人容貌"的概念来说,只要行为人伤害他人的结果,在面容上留有较大的明显疤痕,即达到了破坏他人容貌的后果,就应按条文规定作重伤论处。

有人把"毁人容貌"的范围局限于必须达到五官变形或缺损,否则就不能称之为"毁"。但按照字义是不能把作"破坏"解释的"毁",理解为变形、缺损的毁灭性破坏,并且,按照"容貌"的字义,"容"是作"面貌"解释,"貌"是作"形象、外观"解释,故不能把容貌只局限于五官。因此,只要伤害结果在面貌上留有明显的较大疤痕,破坏了面貌的形象和外观,就应当按"毁人容貌"的规定论处。

还有人把"毁人容貌"的结果限制在必须达到无法医治整形的程度,否则,就不能视做"毁"。这种认识是把医治整形的现代科学技术替代刑事责任的追究。而故意伤害致人重伤是应以结果论罪的,而不应以能否医治整形作为主要条件,亦不应以能否医治整形作为既遂未遂来看待。

---

* 作者单位:上海市虹口区人民法院。

二、毁人容貌的主客观条件

刑法条文的"使人肢体残废或者毁人容貌"的规定,它对毁人容貌没有以"使人肢体残废"的同类语意规定为"或者容貌被毁",而是把它规定为既可以作为行为,也可以作为结果的"毁人容貌"的表述。这是因为从毁人容貌的主观要件来分析,按行为人伤害他人身体时的心理状态有三种情况:一种是行为人有希望达到毁人容貌结果发生的直接故意。如因为失恋而直接加害于妇女的毁人容貌。另一种是行为人有明知自己的行为会造成毁人容貌的危害结果而放任了这种结果发生的间接故意。如为了泄愤而殴打,以凶器伤害他人时砍伤其面部而毁人容貌。再一种是应当预见自己的行为可能发生毁人容貌的结果,因为疏忽大意没有预见,或者已经预见但是轻信能够避免的过失。如携带强腐蚀性药品时对容器没有加以密闭,在摇晃中无意的伤及他人面部而毁人容貌。

按照犯罪构成的主观要件,行为人对以上3种情况的行为,都应当预见到危害的结果。从犯罪的目的和动机来分析,直接故意的毁人容貌比间接故意的毁人容貌具有更大的主观恶性。过失的毁人容貌,虽然没有目的和动机,但由于法律对重伤有明文规定,故也应作重伤按过失犯罪论处。

按照犯罪的客观要件来分析,以上3种情况的行为都是造成了危害社会的结果,而它们的行为与结果之间又都存在内在的必然的联系,并且其造成的直接结果都是达到了刑法"毁人容貌"的重伤规定。因此,按刑法故意伤害罪或过失伤害罪作重伤论处,是如实地符合刑法规定定罪科刑的,也是如实地符合犯罪构成中主客观条件相一致原则的。

三、毁人容貌的量刑尺度

《刑法》第134条第2款规定:"犯前款罪,致人重伤的,处三年以上七年以下有期徒刑……"因此,对达到"毁人容貌"的犯罪,应根据其犯罪事实、性质、情节和危害程度,按照伤害罪致人重伤,在法定刑3年到7年的尺度内考虑量刑。当然,根据案件的具体情况,如判处法定刑最低刑还是过重的,也可按照《刑法》第59条的规定,在法定刑以下判处刑罚,但这并不意味着不作致人重伤论处。对过失伤害致人重伤的,根据《刑法》第135条规定,处2年以下有期徒刑或者拘役,情节特别恶劣的,处2年以上7年以下有期徒刑。

在具体量刑尺度上，由于案件的性质、事实、情节和危害程度各不相同，故应该根据具体情况具体分析处理。如：

甲男与乙女原系恋爱关系，在交往中乙发现甲行为不端，即提出中断恋爱关系。甲怀恨在心，竟然用菜刀猛砍乙面部数刀，致乙伤愈后在面部左上额及右下颌留有两处长达5～6厘米的明显刀伤疤痕。其右下颌还因神经受伤，发生嘴唇闭合不紧。这个案例中，甲在主观上具有毁乙面容的直接故意，客观上已造成了危害社会的结果，使乙的容貌受到了破坏。其犯罪动机是因恋爱不成图谋报复，目的是故意破坏乙的面容。因此，甲的行为从对危害社会的主观恶性以及对乙破坏面容的客观结果来看，已构成伤害罪致人重伤，故可考虑在量刑幅度内处以较重的刑罚。

又如甲与乙系邻居关系，乙在水斗中刷牙时，甲端了一锅开水走过，不慎碰撞了乙，双方引起争吵。乙用双手抓住甲的手及锅，在拉扯中甲的手被开水烫伤，甲气愤之下就用力将锅向乙推去，致开水泼到乙的面部造成二度烫伤。伤愈后乙面部的1/3留有明显疤斑。这个案例中甲在犯罪的主观要件上，是具有明知自己的行为会造成毁人容貌的危害结果而放任了这种结果发生的间接故意，在客观要件上也已造成了危害社会的结果，使乙的容貌受到了破坏。虽然间接故意在主观恶性上比直接故意要轻些，但它同样是构成伤害罪致人重伤，故在量刑幅度内可以考虑处较轻的刑罚。

再如甲与乙因造房发生纠纷，争执中乙先动手打人，甲还击，发生互殴，乙揪住甲捏甲下身未成，甲就咬乙耳朵，乙在挣扎中致耳朵被咬掉1/3。在这个案例中，甲因间接故意而造成了危害结果。可是在情节上由于是乙先动手打人，并企图捏甲下身未成，故甲虽构成了伤害罪致人重伤，但根据情节和因果关系，考虑判处法定刑的最低刑还是过重，可以提请审判委员会讨论，考虑处以法定刑以下的刑罚。

综上所述，由于对“毁人容貌”的定罪量刑涉及严格执行法律规定和切实保障公民的人身权利不可侵犯，并且还寓教于惩罚之中，可以教育人民，预防和减少犯罪。故如处理得妥当，不仅可以正确掌握法定的轻伤和重伤的界限，不枉不纵地打击犯罪，还可以制止这类严重犯罪，因此，绝不能等闲视之。

（1982年第9期）

同名数罪　无须并罚

罗　平*

根据我国《刑法》的规定,同一犯罪人在判决宣告后刑罚还没有执行完毕以前,对新发现的罪行,无论与已判决的罪是否为同名数罪,都要依照《刑法》的规定实行并罚。在这方面是没有分歧意见的。但是,同一犯罪人在判决宣告以前犯了同名数罪的,是否也要实行并罚？这是我国刑法学界无论在理论上或实践中,都是关系到数罪并罚原则的一个争论的焦点。

对此,我愿就管窥所见,写出一点看法,参加对这个问题的讨论。

一

主张在判决宣告前,对一人犯同名数罪应当实行并罚的,大体有以下几点理由:

第一,认为行为符合犯罪构成要件乃是追究刑事责任的唯一基础。行为人既然不是一次实行同名的犯罪行为,那就不是单一的犯罪。刑法既然对多次实行同名的犯罪行为并没有明文规定不按数罪判刑,因此,对同名数罪按限制加重的原则实行并罚,是符合刑法的规定的。

第二,认为一人犯了同名数罪,有的就其社会危害性来讲,比犯了不同名数罪危害性还要大。因此,按罪刑相适应和区别对待的原则,应当对同名数罪实行并罚。否则,就会失之宽纵。

第三,认为对犯有同名数罪的人,如果不按数罪实行并罚,就会在审判实践中出现扩大连续犯、惯犯范围的倾向。这样,不但会影响认定连续犯、惯犯的准确性,而且以连续犯、惯犯代替同名数罪的并罚,也是不恰当的。因为连续犯、惯犯的量刑原则,同数罪并罚的量刑原则不同,在判处有期徒刑的情况下,按数罪并罚最高刑期可以判处20年,按连续犯、惯犯,只能在法定刑内按一罪判处,一般情况下有期徒刑最多判15年。

第四,认为在我国过去法制尚不完备的情况下,对同名数罪按一罪从重处

* 作者单位不详。

罚，一般还能做到罪与刑相适应。现在，在《刑法》已经颁布实施的情况下，《刑法》对每一犯罪都规定了具体的量刑幅度，如果对同名数罪仍沿袭过去的做法（按一罪从重处罚），必然会出现处刑不合理的情况。

根据上述理由，主张同名数罪并罚的一些同志，认为在判决宣告前，对同名数罪实行并罚，无论从犯罪构成理论、罪刑适应原则、认定犯罪的危害性或者从贯彻法制原则等方面看，都是需要的。因而认为同名数罪并罚，是比较科学、比较合理、比较有利于贯彻执行法制原则的。

二

判决宣告前，一人犯同名数罪是否必须实行并罚呢？我认为这是个值得探讨的问题。

第一，从我国和某些国家的立法例来看。

中华人民共和国成立后的有关法律、法规规定，在刑法方面有 1951 年 2 月 20 日中央人民政府公布的《中华人民共和国惩治反革命条例》、1952 年 4 月 21 日中央人民政府公布的《中华人民共和国惩治贪污条例》，以及 1956 年 4 月 25 日，以中华人民共和国主席名义公布的《中华人民共和国全国人民代表大会常务委员会关于处理日本侵略中国战争中战争犯罪分子的决定》。在这三个对不同的犯罪分子规定判处刑罚的刑事法律中，关于犯了数罪要实行并罚，都作了明文规定，而且明确规定：数罪是指犯的数种罪，不包括同种罪。《惩治反革命条例》第 15 条规定："凡犯多种罪者，除判处死刑和无期徒刑者外，应在总和刑以下，多种刑中的最高刑以上酌情定刑。"《惩治贪污条例》第 4 条第 2 款规定："因贪污而兼犯他种罪者，合并处刑。"《处理日本战犯的决定》规定："在日本投降后，又在中国领土内犯有其他罪行的日本战争犯罪分子，对于他们所犯的罪行，合并论处。"此外，还有 1957 年 10 月 22 日，在以中华人民共和国主席名义公布的《中华人民共和国治安管理处罚条例》中，一方面规定："一人有两种以上违反治安管理行为的，分别确定处罚，合并裁决。"另一方面又规定："连续实行同一种违反治安管理行为的，从严或者加重处罚。"

由此可见，在《刑法》公布前，从新中国成立以来的有关刑事法律、法规看，凡规定有数罪并罚的法律、法规，数罪都是指数种罪，即不同名犯罪的数罪，而不是指同一种罪，即同名犯罪的数罪。

其他国家的刑事立法，就从目前见到的材料看，如《苏俄刑法典》、《蒙古刑法典》、《匈牙利刑法典》等，也都规定对犯有不同种罪的才按数罪实行并罚。如有的明文规定,“遇犯罪人犯有本法典分则不同条文所规定的两个以上的罪行,而且对其中任何一个都没有处刑时”,要按数罪实行并罚。

可见在判决宣告前,同一罪行实行多次的,是可以不按数罪对待的,完全可以根据其多次所犯的同一罪行的情节、后果等,综合衡量其对社会的危害性质和程度,而通盘考虑和依法按照一罪判处相应的刑罚。

第二,从我国刑事立法和刑事审判实践方面的特点来看。

1. 我们首先从常见的、多发的侵犯财产罪和破坏社会主义经济秩序罪来看,如盗窃、诈骗、抢夺、贪污、走私、投机倒把、行贿、受贿等犯罪的构成,都是要求达到一定的数额才构成犯罪。特别是其中的盗窃、诈骗、贪污之类的犯罪,从刑事立法到审判实践,区分罪与非罪、罪重与罪轻,其着眼点往往首先是数额,而不是同一行为的次数。例如,对盗窃罪,我国《刑法》第151条规定了盗窃公私财物数额较大的量刑幅度;《刑法》第152条又规定了惯窃或者盗窃公私财物数额巨大的量刑幅度和规定了盗窃情节特别严重的量刑幅度。这就为解决一人犯数次盗窃罪的量刑问题确定了法律的根据。按照刑法规定的数额、情节和各自不同的量刑幅度,完全可以把多次犯同一盗窃罪的行为,按其非法占有公私财物的数额,结合其犯罪的手段、社会危害性的大小等,统一地作为一罪予以处刑。

我国《刑法》中,凡有数额规定的犯罪,犯罪分子对社会的危害程度,主要是通过其非法所获的数额来反映,而犯罪的次数在这种犯罪中的意义是不大的。只有对那些以犯罪为常业,已经构成了惯犯的,犯罪的次数才成为它的不可缺少的特征之一。与犯罪次数的频繁相适应,惯犯还须具有恶习深和侵占公私财物数额大的特点。刑法对惯犯的处罚,相应地规定了比一般盗窃犯加重处刑的量刑幅度。因此,对惯犯的量刑规定,同样也说明同名数罪无须采取并罚的方法量刑,可以依法采取别种方法,做到使罪与刑相均衡,即贯彻“罪刑相适应”的原则。

2. 我国《刑法》除对某些侵犯财产罪和破坏社会主义经济秩序的犯罪有数额的规定之外,还对社会危害性较大的一些犯罪,规定了加重刑罚的量刑幅度。例如对危害公共安全罪中的爆炸、放火、决水等犯罪,一方面对犯有这些罪行尚未造成严重后果的,规定了判处3年以上10年以下有期徒刑;另一方面,又对致人重伤、死亡或者公私财产遭受重大损失的,有判处10年以上有期徒刑、无期徒刑或者死刑的规定。又如对侵犯公民人身权利、民主权利罪中的杀人罪,《刑法》规定故意杀人的处死刑、无期徒刑或者10年以上有期徒刑。对这一类危害极大的犯罪,首先考虑的是处以重刑,然后再规定对于情节较轻的处3年以上10年以下有期徒刑。

这就说明，我国《刑法》对那些社会危害性大的犯罪，从其危害程度的不同，已经在量刑幅度上分别作了正确的规定。假如在这一种类犯罪中，对于同名犯罪不止进行一次，并且又都没有经过法院判决，这就完全可以根据《刑法》的有关规定，总的考察其犯罪情节和危害程度，作为统一的犯罪，依法判处相应的刑罚，而没有必要机械地按照犯罪次数实行并罚。例如，某甲在一个月内连犯3次杀人罪，第一次杀死2人，第二次杀人未遂，第三次杀伤1人。对这样的"同名数罪"，按其犯罪情节，以杀人罪判处死刑就可以了，而不必烦琐地实行数罪并罚。这是显而易见的。

3. 除以上两种情况外，我国《刑法》还对某些犯罪只规定了单一的量刑幅度。决定单一量刑幅度的条文，约占整个分则规定有量刑幅度条文的27%左右。这些单一量刑幅度大体分为两种情况：一种是对反革命罪中的如组织领导反革命集团罪，《刑法》规定处5年以上有期徒刑；另一种是对反革命以外的其他各类刑事犯罪，如破坏社会主义经济罪中的伪造有价证券罪、假冒商标罪，侵犯公民人身权利、民主权利中的强迫妇女卖淫罪、破坏选举罪、侵犯通讯自由罪、故意毁坏财物罪，妨害社会管理秩序罪中的扰乱社会秩序罪、私藏枪支弹药罪、赌博罪、窝赃罪，妨害婚姻家庭罪中的重婚、破坏军人婚姻家庭罪、遗弃罪，渎职罪中的泄露国家机密罪、玩忽职守罪，等等。对这些犯罪，绝大部分规定为判处3年以下有期徒刑、拘役，有些是判处2年以下或者1年以下有期徒刑。只有对伪造有价证券罪，破坏珍贵文物、名胜古迹罪，泄露国家重要机密罪等少数的犯罪，规定判处7年以下有期徒刑(有的判处5年以下有期徒刑或者拘役)。可见，对反革命犯罪和一般刑事犯罪，凡规定单一量刑幅度的，多是属于这两种不同性质的犯罪中比较一般或较轻的犯罪。对于这些犯罪中，即使是犯了同一罪名的数次犯罪，也应按连续犯或按一罪将其数次犯同一罪作为情节，在单一法定刑幅度内酌情判处。这样也能够做到使罪与刑相适应。因此，同样可以不按数罪实行并罚。

第三，从数次犯同一罪名犯罪的一些特点来看。

数次犯同一罪名的罪，就其犯罪构成诸要件的特点来看，都是相同的。以诈骗罪为例：从构成诈骗罪的主观方面看，是具有非法占有他人财产为目的，从构成诈骗罪的客观方面看，是具有以虚构或隐瞒真相的欺诈，作为其犯罪的方法；从诈骗罪侵犯的客体看，其犯罪行为的侵犯矛头，都是指向公私合法财产关系。

犯罪人出于同一的故意，多次实行同一的诈骗行为，这一特点，就说明一人多次犯同一罪名的罪，同一个人多次犯不同罪名的罪，显然是有区别的。一人多次犯同一罪名的罪而又均未判决的，可以统一按一个犯罪，根据其多次同一罪行的危害程度,依法判处相应刑罚。

一人多次犯不同罪名的罪,由于犯罪构成的要件不同,因而刑法规定的量刑的轻重幅度也不相同。所以,在犯数种罪(即犯了不同罪名的罪)的情况下,就必须按数罪实行并罚。一人数次犯罪,其犯罪构成的要件相同与否,应当作为是否实行数罪并罚的主要依据。这就是说,对多次犯同一罪行的,可以综合其多次同一罪行的情节和对社会的危害程度,依法从重判处刑罚,多次犯不同罪行的,因其犯罪性质的不同,必须依法实行数罪并罚。

那么,对同一罪名的数次犯罪不按数罪实行并罚,是否违背罪刑适应的原则呢?

罪刑相适应,是我国社会主义刑法的量刑原则,刑事立法和刑事审判都必须掌握这项原则。但是,罪刑相适应在人们的理解和实际掌握上,往往又是一个比较复杂的问题。我认为罪刑相适应的量刑原则同我国社会主义刑罚的目的是一致的。也就是说,除对犯罪分子中罪大恶极的极少数人必须坚决依法判处死刑外,对绝大多数的犯罪分子,是要根据其犯罪的不同情况,判处轻重不同的刑罚。所谓罪刑相适应、相均衡,也就是根据其罪行所判处的刑罚,恰好是足以把他改造过来,使之重新做人。因此,对某犯罪分子如果判处 1 年便可以把他改造教育好,就不必判处更长时间的刑罚。反之,对另一犯罪分子,如果不判处无期徒刑就不能避免其对社会的危险性,在这种情况下,如果判处有期徒刑,也是罪刑不相适应(当然,如果被判处无期徒刑的犯罪分子,在刑罚执行中确实改造较好,是可以根据实际情况减刑的)。举例来说,一个犯罪分子连续犯了 4 次强奸罪,如按数罪实行并罚,最多只能判处他 20 年有期徒刑。但是,如果将他 4 次连续犯同一罪行作为情节严重对待,便可以判处无期徒刑。这两种判刑方法比较起来,哪一种判法更能使罪与刑相适应呢?依前例看显然是后者,而不是前者。故判决宣告前,“同一罪犯了数次的,不按数罪并罚就不能使罪刑适应”的说法,是没有根据的。相反,对某些同一罪犯了多次的,如果按数罪实行并罚,实际反而轻纵了犯罪分子,按情节以一罪依法判处刑罚,才能使罪刑平衡。

根据前面所述一些理由,对同名数罪不按数罪实行并罚,一般并不影响量刑上的罪刑相适应。当然,在个别情况下,因犯罪的千差万别,不能完全否认对同名数罪不实行并罚可能会反映出罪刑不相适应的情况。但是,能否因有这种情况出现,就必须用同名数罪实行并罚的办法解决呢?不。因为,仅就单一的犯罪来看,个别情况下也同样会发生罪刑不够相均衡的问题。如伤害罪中的重伤害,有的危害很突出,判处其法定最高刑也仍然显得轻些。对这一类极其个别的情况,将来定会随着刑法的补充、修改逐步得到解决,而不需要因有个别不够合理的情况，采取一项更加不合理的办法去解决。

总之，我认为同名数罪不并罚是合理的，依据我国刑法的特点，完全有条件按统一的一个罪名通盘考虑其犯罪情节与对社会的危害程度判刑。这样做不仅不违背我国的法制原则，而且更加符合实事求是、依法办事的原则。因此，我主张对判决宣告前，凡是同一罪名犯了数次的，不必按数罪实行并罚，这无论从哪一方面说，都是合理的、妥当的。

（1982年第10期）

“致人死亡”与“引起被害人死亡”应负不同的刑事责任

周成新*

关于非杀人罪的其他犯罪行为造成的死亡结果,在我国《刑法》分则中,有些条文(第106、113、134、137、139、143、150条)使用了“致人死亡”,而有些条文(第179、182条)则使用了“引起被害人死亡”。两者有三个共同点是显而易见的:(1)都有死亡结果。(2)死亡结果都是非杀人罪的其他犯罪行为所造成。如强奸致人死亡,死亡结果是强奸行为所造成;虐待引起被害人死亡,死亡结果是虐待行为所造成。(3)都不是独立的罪名,而是某种犯罪的具体情节。如强奸致人死亡是强奸罪的加重情节,虐待引起被害人死亡是虐待罪的加重情节。

那么,两者之间究竟有无区别?目前,有的刑法讲义、文章认为无区别,是同义反复;或虽有某些差别,但可以相互包含,应负同样的刑事责任。如有的认为强奸致人死亡,应包括强奸后致使被害人自杀;暴力干涉婚姻自由引起被害人死亡,应包括因捆绑吊打等致人死亡。有的还认为虐待引起被害人死亡,包括自杀和虐待致死。在司法实践中,也有把引起被害人死亡当做致人死亡论处的情况。如把因非法拘禁而引起被害人自杀的,按第143条第2款致人死亡的规定处罚。又如,同是虐待殴打致死,有的按伤害致人死亡处罚,有的则按虐待引起被害人死亡处罚。因此,对于这个问题值得探讨。

我认为,“致人死亡”和“引起被害人死亡”,分别概括了非杀人罪的犯罪行为造成他人死亡的两种不同具体情节。从客观方面看,“致人死亡”一般指非杀人罪的犯罪行为直接造成他人死亡,即犯罪行为是死亡结果的决定因素,如一下将被害者打死。而“引起被害人死亡”,一般指非杀人罪的犯罪行为间接造成被害人死亡,即在犯罪行为和死亡结果之间有他种因素介入,如引起被害人自杀等。两者虽然都有死亡结果,但情节不同,不应负相等的刑事责任。理由如下:

第一,两者的因果关系不同。以非法拘禁罪为例。一种是在拘禁过程中殴打被害人失手击中要害致死,一种是在拘禁过程中并未殴打虐待,被害人因思想

---

* 作者单位不详。

受刺激而自杀身死。前者的殴打行为是死亡结果的直接原因，而后者的犯罪行为对于死亡结果是间接原因，因为非法拘禁并不都会引起被害人自杀。由于犯罪行为造成死亡结果的直接原因与间接原因的不同，犯罪行为所负罪责亦应随之而异，前者自应区别于后者。因此，非法拘禁引起被害人自杀按致人死亡的规定处罚是不妥的。

第二，两者侵犯的直接客体不同。犯罪的直接客体，是指犯罪行为直接侵犯的具体社会关系。致人死亡的行为是直接剥夺了他人的生命，侵犯的是公民生命权利这一直接客体。而引起被害人死亡的行为非直接剥夺他人生命，它所侵犯的应该是该原罪的直接客体。如公然侮辱引起被害人自杀死亡，侮辱行为侵犯的仍是被害人的名誉和人格这一直接客体，而引起他人死亡则是案件的严重情节。只有一种情况另当别论，即行为直接故意引起被害人死亡，如故意迫使被害人自杀等，也应视为侵犯他人生命权利。因为，行为人的犯罪同样直接指向被害人的生命权，并希望或者放任死亡结果的发生，只不过不使用直接杀人的手段罢了。

第三，由于致人死亡与引起被害人死亡所侵害的直接客体不同，两者的犯罪性质也有所不同。致人死亡的行为通常都侵犯了公民生命权利这一直接客体，因此，致人死亡通常都具有杀人罪性质，并非都按原罪处理，而是根据具体情况，分别对待：(1)以杀人罪论处，如《刑法》第 137 条明文规定，因"打砸抢"致人死亡的，以杀人罪论处。(2)按结合犯处理，即把有杀人罪性质的犯罪同原罪结合在一起，规定在一个条文里。凡明文规定有"致人死亡"的条文(《刑法》第 137 条除外)都是如此。如抢劫致人死亡，就是把过失杀人罪同抢劫罪结合在一起。而引起被害人死亡的犯罪并不具有杀人罪的性质，因此，就不能按致人死亡的规定处理。(3)按牵连犯处理，即犯罪分子追求某一犯罪(非杀人罪)的目的，而犯罪手段或结果触犯了杀人罪。对此，从一重处断。如用暴力手段侮辱他人，由于行为人的过失而一下打中他人要害致死，其犯罪结果就触犯了过失杀人罪，应以过失杀人罪处理。而引起被害人死亡的，因为犯罪行为通常没有直接侵犯他人生命权这一客体，也就不具有杀人罪的性质，都按原罪处理。如第 179 条和第 182 条明文规定"引起被害人死亡的"，仍按暴力干涉婚姻自由罪或虐待罪处理。又如，侮辱引起被害人自杀的，仍定侮辱罪。在这些犯罪中，死亡结果只是加重或从重情节。

但是，对暴力干涉婚姻自由罪和虐待罪造成致人死亡结果的，仍应按牵连犯，从一重处断。有些人不同意这种观点，认为还应按原罪处理。其主要理由：一是第 179 条和第 182 条中的"引起被害人死亡"，不仅包括引起自杀死亡，也包括直接导致死亡或重伤致死;二是这两种犯罪行为本身危害程度比侵犯公民人身权利罪轻,所以,轻罪不应重判。这种看法值得商榷。首先,它混淆了"致人死亡"与"引起被害人死亡"的界限。《刑法》分则单单在这两个条文中使用了"引起",而不使用"致人",应该说是有特定含义的。因为在实践中,这两种犯罪行为常见的是引起被害人自杀,而致人死亡的比较少。所以,条文使用"引起"二字,是有针对性的。但绝不能说它包括了致人死亡。这两条罪并没有把杀人罪性质的犯罪结合到条文里。其次,确定一种犯罪的危害程度的大小,不仅取决于该行为的性质,而且取决于该行为所造成的后果。我们知道,牵连犯可以牵连比原罪危害性要大的犯罪。如暴力干涉婚姻罪和虐待罪当然比杀人罪轻,但这两个罪的行为造成致人死亡结果时,其社会危害性就很难说比某些杀人罪轻。也就是说,这两个罪的行为致人死亡的危害性一般要比这两个罪本身(包括引起被害人死亡)的危害性要严重。所以,在这种情况下,这两个罪的结果就触犯了杀人罪(间接故意)或过失杀人罪。至于触犯的是何罪,这要依据行为人的主观心理状态来确定:如果行为人只是追求干涉婚姻自由或虐待的目的,但使用暴力手段特别恶劣且明知可能会致人死亡,却采取放任不管态度致人死亡的,就是触犯了杀人罪(间接故意),如果仅使用一般暴力手段,由于过失致人死亡的,就是触犯了过失杀人罪。对这种犯罪应按牵连犯从一重处断。需要强调的是,致人死亡不能包括直接故意杀人或故意伤害致死。因为,如果是直接故意,则行为本身已构成独立的杀人罪或伤害罪致死。如某甲长期虐待其婆母乙,后将其关在小屋里不给饭吃,故意将其饿死,就构成了故意杀人罪。可见,《刑法》有些条款虽然规定有"引起被害人死亡",但它不包括对致人死亡的处理。

另一方面,《刑法》有些条款只有"致人死亡"并无"引起被害人死亡",但由于两者性质不同,"致人死亡"也不能包括"引起被害人死亡"。以故意伤害罪为例,如某甲故意造成乙女容貌毁损的重伤,某乙经数月治疗仍不能痊愈,遂生绝望厌世之念自杀身亡,就应按《刑法》第 134 条第 2 款故意伤害致人重伤从重处理,而不应按故意伤害致人死亡处理。

最后,引起他人死亡并非都是由于犯罪行为,也有一般违法行为和合法行为所引起,而只有犯罪行为所引起的才负刑事责任,而致人死亡的行为(除正当防卫和紧急避险等合法行为以及意外事故外)都是犯罪的行为,都要负刑事责任。如邻里间的一般动武,由于失手将对方打死的,要负刑事责任;但若是由于一方自感委屈引起自杀,则对方不应负刑事责任。然而,在实际生活中则有负刑事责任的案例。其原因之一,是只看到其后果(危害性),而忽视了行为人主观上应负的责任，混淆了“致人死亡”和“引起他人死亡”的界限。如果我们把两者混为一谈，难免混淆罪与非罪的界限，把本来不是犯罪的行为也当作犯罪来处罚。以上意见是否正确，请批评指正。

（1982 年第 11 期）

盗窃罪中是否存在间接故意

宋艾森*

盗窃罪中是否存在间接故意？当前在法学界有两种意见：一种认为，盗窃罪的主观要件只能由直接故意构成；另一种则认为，此罪不但直接故意可以构成，间接故意也可以构成，而且间接故意构成的盗窃罪还占相当的数量。我认为后一种意见值得商榷。在此，就这一问题谈几点不成熟的看法，以求教于法学界的同志。

一

在我国刑法理论中，将故意犯罪分为直接故意和间接故意。二者的罪过形式虽然同属故意，即明知自己的行为会发生危害社会的结果。二者之间的主要区别就在于：一是希望危害社会这一结果的发生，二是放任危害社会这一结果的发生。也就是说，一是持追求、希望的心理状态，二是持漠不关心、听之任之的心理状态。这是区别直接故意与间接故意最本质的特征。那么盗窃罪中是否存在这两种心理状态呢？

我们知道，在犯罪主体实施盗窃行为时，总要有一个侵犯的对象。所谓犯罪主体侵犯的对象，即犯罪行为所直接作用的物或人。例如，扒手在公共汽车上窃取乘客的提包、钱包，提包、钱包便是犯罪主体侵犯的对象。而提包、钱包内的物品则是侵犯对象的组成物。确定这一问题，对研究主体在实施盗窃行为时的心理状态有着重要的意义。我认为，在主体实施盗窃行为时，只要对所侵犯的对象在主观上持追求的希望的心理状态，便是直接故意。而对侵犯对象的组成物是否预见了，是否想过了，都不影响直接故意的成立。例如，盗窃犯在火车上发现一名旅客身旁放着一个提包，便乘旅客睡觉的时候，将其窃走。但后来打开一看，提包内除几件衣服、漱口缸外，只有一块类似玻璃体（价值600元的水晶石）的物品，他看到此物明亮好看，便将它留下，而其他物品被抛掉了。从这一案例中我们可以看到，主体对自己的盗窃行为和危害后果是认识的（即明知），对实

* 作者单位不详。

施这一行为获得提包(侵犯对象)是追求的(即希望),并有将这一提包的占有权非法转移之目的。但主体对提包内有何物品,确不能预见。即使盗窃到手,亦不一定能认识其价值。我们是否因为主体对提包内装有何物不能预见,或出于他意料之外,而否定主体主观上的直接故意呢?显然不能,因为主体在这一盗窃行为中,对自己行为的社会危害性是明知的,对盗窃行为和侵犯的对象是追求的、希望的,即构成直接故意。有的同志说:如果窃得提包是空的,或没有值钱的东西又怎么说呢?我认为对其盗窃来说,不管其盗窃何物,有无价值,只要主体在主观上是追求的、希望的,便是构成直接故意。而价值的多少,是盗窃罪的客观要件和量刑所要考虑的。不能将客观要件与主观要件混为一谈,再说具备了主观要件并不等于构成盗窃罪。所以,判断盗窃罪的直接故意还是间接故意,不能以行为人对所窃得对象的组成物品是否有认识作为标准,而要全面分析主体对其盗窃行为、侵犯的对象、危害社会的结果是否持追求和希望的态度。希望的便是直接故意。

二

在盗窃罪中,是否存在非法占有之目的,是构成盗窃罪的重要条件。目的就是指主体通过实施某种行为所希望达到的结果,而不可能是放任实施某种行为所能达到的结果。非法占有的目的,在盗窃罪的主观要件中与直接故意有着密切的内在的联系。那么,盗窃罪中是否存在间接故意呢?如果存在的话,那么,犯罪主体就会出现这样一种心理状态:对所盗窃的对象,既是听之任之,漠不关心,而又存在非法占有之目的。也就是说,当犯罪主体实施盗窃行为时,其主观上对所盗窃的对象,既不希望得到它,又想占有它。由此可见在一个主体实施某一行为时,其主观上同时出现两种不同的、互相矛盾的心理状态,是违反客观规律的,显然也是不能成立的。因此,“盗窃罪中存在间接故意”,这一假设也是不能成立的。从而可以推断出:盗窃罪只能由直接故意构成,间接故意达不到将公私财物非法占为己有的结果。同时应当指出,盗窃分子是否存在非法占有的目的,不是以其对所获财物的处置方法为依据。不管其窃取后是自用、出售、转让、赠送或抛弃都不影响其有非法占有之目的的存在。自用、出售、转让、赠送或抛弃只是在实施了盗窃这一危害社会的行为后派生出的一种支配占有物的方法。

三

在我国《刑法》中,对一些特殊对象,规定了某些条款,加以特殊保护。这是由于侵犯该对象造成的特殊危害性和这些对象本身所具有的特殊属性所决定的。在盗窃罪中也存在这种情况,如《刑法》第112条盗窃枪支、弹药罪,第167条盗窃公文、证件、印章罪,这一类的盗窃罪是否存在间接故意?我认为,由于刑法对这一类犯罪所侵犯的对象作了明确的规定,因此,构成这类盗窃罪的主观要件必须是明知其行为会发生危害社会的结果。如盗窃枪支罪,主体必须明知他盗窃的是能致命的武器,并且希望这一结果的发生。这是由于这类犯罪所侵犯的对象是特定的这一特殊条件所决定的。

综上所述,盗窃罪只能由直接故意构成。而且直接故意与非法占有的目的有着内在的、必然的联系。虽然主体在实施危害社会行为时的心理状态是错综复杂的,但只要我们对案情作细致的、全面的分析是可以认识的。

(1982年第12期)

1983 年

试论对自首罪犯的从宽处理

铭　山*

我国《刑法》规定，犯罪以后自首的，可以从宽处罚。这是惩办与宽大相结合，坦白从宽、抗拒从严的刑事政策的具体体现。我国刑罚的目的是通过惩罚犯罪，以改造犯罪分子，教育群众，预防和减少犯罪。对犯罪分子，根据其犯罪事实，依照法律，恰当地处以刑罚，除极少数罪大恶极必须判处死刑立即执行的外，都是为了防止特定的犯罪分子重新犯罪，达到特殊预防的目的。所以，在对犯罪分子适用刑罚的时候，必须适当考虑其个人情况，其中主要是人身危险性的大小和改造的难易程度。犯罪以后自首的，因为有了一定程度的悔悟，主观恶性减少了，所以比较容易接受改造，依法予以从宽处罚，即可达到防止其重新犯罪的目的。从政策和策略上来讲，对自首的犯罪分子予以从轻处罚，这就给所有的犯罪分子指明了一条可供选择的有利的道路，从而产生一种强大的感召力，对犯罪分子起着有力的分化瓦解作用，有利于人民同犯罪作斗争。五届人大常委会第二十二次会议通过的《关于严惩严重破坏经济的罪犯的决定》中再次体现了对犯罪以后投案自首的可以从宽处罚的精神，促使大批犯罪分子投案自首，弃旧图新。这是自首可以从宽处理这一规定的正确性的又一个明证。

对自首的犯罪分子决定从宽处罚的时候，首先必须根据《刑法》第57条规定的量刑原则，其次要根据其自首的具体情节。

《刑法》第57条规定，对于犯罪分子决定刑罚的时候，应当根据犯罪的事实、犯罪的性质、情节和对于社会的危害程度。这一原则，也适用于自首的犯罪分子。恰当的刑罚，主要是对犯罪事实、犯罪的性质和情节以及对于社会的危害程度，进行全面地分析综合，正确地认定而产生的结果。只有这样，才能做到罪与刑相适应，重罪重罚，轻罪轻罚，无罪不罚。如果只看一点不及其余或片面地强调某一方面，都会导致量刑失当。自首是犯罪分子对自身犯罪行为的主观认识的一种表现，也就是我们通常所说的认罪悔罪态度。它不表明犯罪的社会危害性，只说明犯罪分子的人身危险性。它只是案件的情节之一，而不是全部情节。犯罪事实、性质、情节和危害程度是量刑的根据，自首则是量刑根据之一的

---

* 作者单位：最高人民法院。

犯罪情节的一个因素。我们既不能否定它的作用,也不能夸大它的作用。

《刑法》第63条规定:“犯罪以后自首的,可以从轻处罚。其中,犯罪较轻的,可以减轻或者免除处罚;犯罪较重的,如果有立功表现,也可以减轻或者免除处罚。”对自首者,是给予从轻,还是给以减轻或者是免除处罚,关键在于罪行大小。犯罪较轻的,只要自首,就可以获得从轻、减轻直至免除处罚;犯罪较重的,自首而无立功表现,只可获得从轻而不能减轻更不能免除处罚,只有自首同时有立功表现的方可获得减轻或者免除处罚。立功表现是犯罪较重的犯罪分子获得减轻或者免除处罚的法定条件;对犯罪较轻的犯罪分子则没有这个法定条件。这是因为,较重的犯罪比较轻的犯罪社会危害性大,应得的刑罚也就较重,如果没有立功表现就给予减轻或者免除处罚,势必造成失之过宽。同时还因为,犯罪较重的比犯罪较轻的主观恶性深,人身危险性大,改造也就比较困难,如果没有立功表现(比较深刻的悔罪),就轻率地予以减轻或者免除处罚,是达不到改造犯罪分子的目的的。

在对自首的犯罪分子决定刑罚时,还必须根据自首的具体情节。而自首情节是相当复杂的,应当具体分析,区别对待,做到从宽处罚的程度与自首的实际情况相适应。在犯罪事实、性质、情节和危害程度相同或相似的情况下,自首情节不同,所得到的从宽处罚也应当不同。实事求是地分析和认定自首情节,对正确量刑无疑是很重要的。自首的情节主要有以下几个方面:

1. 自首的时间。犯罪后很快自首的,悔罪较早,犯罪后很久才自首的,悔罪较迟。在犯罪事实和犯罪分子均没被发觉时自首的,悔罪较好;犯罪事实已被发觉但犯罪分子尚未查明时自首的,悔罪较差;犯罪事实和犯罪分子均已被发觉,甚至在被追捕、通缉时自首的,悔罪更差。在犯罪预备阶段和犯罪中止后自首的以及犯罪以后积极减轻危害后果而后自首的,悔罪较好,且社会危害性小;犯罪既遂,已造成危害后果才自首的,悔罪较差,且社会危害性大。

2. 自首的动机。凡是犯罪以后自首的,都有特定的内心起因,即都有一定的动机。不同动机都可以导致一定程度的悔罪,推动犯罪分子采取投案自首。有的犯罪分子由于考虑个人前途而自首,有的是顾念家中父母妻儿而自首,有的担心妻子离婚而自首,有的是认识到上当受骗而自首,等等。从犯罪分子的不同动机可以看出悔罪程度的差别。在对自首者决定刑罚时必须考察这个问题。

3. 供述犯罪事实的程度。自首以后,是如实供述全部犯罪事实,还是只如实供述主要犯罪事实?是投案时第一次供述就作了彻底交代,还是投案后几次供述才把犯罪事实交代清楚?情况不同,说明悔罪程度不一样,这对于决定给予犯罪分子什么样的从宽处罚关系甚大。

4. 是否有立功表现。有些犯罪分子投案后,不但如实供述自己的犯罪事实并愿意承担刑事责任,而且能够检举揭发其他犯罪分子,协助司法机关捕获案犯。对有此类立功表现的自首的犯罪分子,即使犯罪较重,也可以减轻或者免除处罚。一般地说,立功表现总是和自首相联系,但也有特殊情况,个别犯罪分子不供述自己的犯罪事实,但尚能检举揭发他人,甚至提供重大案件的可靠证据,有助于司法机关侦破该案件。这样的犯罪分子不具备自首的条件,不能依照自首从宽的规定处理。对他们检举揭发他人的表现,在量刑时可以适当予以考虑。至于坦白以后有立功表现的,应当按坦白从宽对待,不能适用《刑法》自首条款即第63条。

5. 自首的客观条件。外在的客观条件,对于犯罪分子的自首总是起着或大或小的作用。亲友的规劝,群众的督促,司法机关的追缉等,都可以成为促成犯罪分子自首的外因。这些客观因素通过犯罪分子的内在心理起作用。没有一定的客观条件,有些犯罪分子是不可能自首的。可以说,几乎所有自首的犯罪分子都是在多多少少的压力下向司法机关投案的。对不同的自首者,客观条件起的作用也不一样。这反映了犯罪分子自首的自觉程度、悔罪程度的差别。要做到恰当量刑,就必须恰如其分地对待这个问题。

在罪行大小基本相同的情况下,自首情节的差异,对不同的案件的量刑起重要作用。同样是犯罪较轻的,由于自首情节不同,对甲案可以从轻,对乙案可以减轻,对丙案则可以免除处罚。同样是犯罪较重的,由于自首时有无立功表现的不同,得到的从宽处罚可能相去甚远,没有立功表现的,只能获得从轻,有立功表现的则不仅可以获得减轻甚至还可以获得免除处罚。可见,自首情节对决定给予犯罪分子什么样的从宽处罚是很重要的。所以,对上述的自首的具体情节,必须认真地全面地加以认定和对待。

对确实属于自首的,原则上都应当从宽处罚。但是,从宽必须适当,不能超过法定限度。从轻、减轻和免除处罚是从宽的3个等级,彼此衔接,互相区别,都有特定的内容和限度。从轻应当在法定刑幅度内判处刑罚,不能超出法定最低刑这个限度;减轻应当在法定刑以下判处刑罚,不能超出最轻的主刑刑种管制的最低期限3个月这个限度;免除处罚必须认定已构成犯罪,在这个意义上讲,不能超出肯定有罪这个限度。超过限度的从宽,便是适用法律不当,宽大无边。滥用从轻、减轻和免除处罚,有损于国家法律的严肃性,而且往往与预期的目的相反,不利于我们同犯罪作斗争。在自首可以从宽这个原则问题上,要执法必严。

自首可以从宽,不是必须从宽、一律从宽。在自首的犯罪分子中,确有极少数是可以不予从宽的。这有两种情形:一是罪行严重,判处法定最高刑仍然为轻的。如犯罪分子为了私仇报复而把被害人的双眼挖出，造成被害人终身残废，依照《刑法》第134条第2款故意伤害罪判处其法定最高刑有期徒刑7年，显然太轻。对这样手段残忍、情节恶劣、后果严重的犯罪分子，尽管自首，也可以不从轻处罚。二是罪大恶极，非判处死刑立即执行不可的。如犯罪分子抢劫杀死5人，虽然自首，也必须判处最严厉的刑罚——死刑并立即执行。

我们要正确执行自首从宽的规定。该宽的不宽或宽得不够是不对的；不该宽而宽了或宽得过分，也是不对的。两种偏差均应极力避免和纠正。只有这样，才能充分发挥这一规定在同犯罪作斗争中的作用，收到良好的效果。

（1983年第1期）

划清投机倒把行为的犯罪与违法的界限

刘福海*

坚持对外实行开放和对内搞活经济的政策，同打击经济领域中的严重犯罪活动是并行不悖的。打击严重经济犯罪正是为了保证对外实行开放，对内搞活经济政策的顺利健康地进行。归根结底，是为了保护生产力，促进四化建设的发展。当前在进一步放宽农村政策、搞活经济的进程中，划清正当经营与投机倒把行为，投机倒把行为与投机倒把罪的界限，是极其重要的。

在我国，占主导地位的掌握国家经济命脉的是集中统一的国营经济，由于生产力发展水平较低和发展不平衡，在很长时间内需要多种经济形式同时并存。近年来，作为国营经济的必要和有益的补充，劳动人民的集体经济和劳动者个体经济都有一定发展，其中有些是运输业、商业，这些行业虽然不是生产性的，然而它们使商品从甲地转移到乙地，沟通城乡物资交流，为生产和消费服务，对社会付出必不可少的劳动。

在商品流通中，绝大部分属于正当经营，但由于某些工农业产品的发展还赶不上人民的需要，经济立法不健全，管理工作跟不上，一些单位和个人利用供求之间的矛盾，利用地区之间的差价，违反国家经济政策，大搞非法经营，有些地方投机倒把活动相当猖獗，严重破坏国家计划经济，损害国家和群众利益。因此，必须加强市场管理，打击投机倒把活动，其中一般投机倒把行为依工商行政法规处理，有些投机倒把行为情节严重，已构成犯罪，则要按律治罪。我国《刑法》第117条对投机倒把情节严重的，处3年以下有期徒刑或者拘役，可以并处、单处罚金或者没收财产，第118条对以投机倒把为常业的、数额巨大的或者投机倒把集团的首要分子，处3年以上10年以下有期徒刑，可以并处没收财产。全国人大常委会《关于严惩严重破坏经济的罪犯的决定》补充规定，情节特别严重的，处10年以上有期徒刑、无期徒刑或者死刑，可以并处没收财产。

投机倒把罪在客观方面表现为违反金融、外汇、金银、工商管理法规，非法从事工商业活动，严重扰乱市场的行为。不是任何违反经济法规的行为都构成犯罪，只有达到一定的社会危害程度的才构成犯罪。刑法要求"情节严重"的才构

---

* 作者单位：上海市高级人民法院。

成犯罪。因此,如何正确掌握"情节严重",是处理这类案件的关键,也是罪与非罪的界限。

有人认为,所谓"情节严重"就是非法所得数额较大、巨大。这可以商榷。我们认为,主要应看违反经济法规,扰乱市场的严重程度——社会危害性。当然,非法所得数额的大小是定罪的根据之一,但不是唯一的根据,甚至不是主要的根据。试举案例如下:

有甲、乙两退休工人。某甲受社队企业委托销售他们生产的商品包装用的纸盒、纸箱,而上海市的一些工厂急需这类包装用品。甲利用熟人多、有经验,从中介绍,得以成交,并从社队企业收受"业务费"。其后又有多家社队企业托他销售,经营逐渐扩大,社队从贫到富,劳动工分值增加3倍。某甲的"业务费"也越收越多,收受方法从每月定额到按利润分成,自1979年7月~1981年7月累计达1万余元。某乙于1979年4月被社队企业聘请为顾问,他提出协助办汽车厂,9月经××公社党委决定筹建,乙采取以物易物、贿赂干部等手段,从上海和外省5个单位套购汽车16辆、汽车底盘74件、钢材470余吨、生铁110吨、纯锡2400余公斤以及车床设备等大量紧缺物资,使该厂装配成汽车多辆,高价出售,获利60余万元,乙也从中以各种名目获得3万余元。

以上两个案例有某些方面是相同的,都是发生在商品流通领域中,主体都是退休职工,没有经过各该单位组织同意受聘于外单位从事介绍业务,以"奖金"、"业务费"、"利润分成"等名目获取大量收入,数额都超过万元,可算数额巨大。然而他们之间的不同点也是明显的。某甲介绍推销的商品是纸盒纸箱,是国家计划外商品,也是大企业不可缺少的包装用品,因此其行为是生产企业自销性质。在目前商品流通闭塞的情况下,需要通过推销这一中间环节加速商品流转,互通有无,活跃城乡经济,也有利于开展多种经营,改善农民生活。某甲的所得是多了一些,有不合理之处,但不能认为犯罪。而某乙的情况则相反,他套购的是国家计划中的紧缺物资,采取的手段是以物易物,行贿干部,尽管社队获得了巨额利润,然而却扰乱了市场,破坏了国家计划,损害国家利益,其社会危害性是明显的,属于投机倒把。在这个性质的前提下,再看某乙获取的非法所得是巨大的,构成了投机倒把罪、行贿罪。

除了上述在商品流通领域中外,在生产领域也出现类似新的问题。有些企业成员经领导同意,与本企业订立合同,商定由该成员负责企业生产经营,利润包干,超额部分按一定比例分成,经过他的努力,企业利润大大增加,他本人按合同提成,所得巨大,对此应如何认识?例如,某丙是大队化工厂推销员,略懂化工技术。该化工厂长期亏损,1980年3月大队将化工厂的业务包给某丙,并商定包原料、包技术、包销售和包全年利润2万元,利润超额部分提取15%给丙做奖金。这种做法,当时当地社队企业有不少采用,县有关部门也支持。某丙承包后,从一些化工大厂低价买进下脚料,加工成农药产品出售,使该厂转亏为盈,丙提成1万余元。

对于这种把集体企业包给职工经营的做法是否可取,应该限制还是提倡,有关部门需要很好研究。但是某丙把下脚废料变成有用的农药,对社会是有利的,使工厂转亏为盈是好的,并无社会危害性,因此,即使他拿了很多钱,也不能视为犯罪。

还有一种情况既涉及生产,又涉及流通领域,有的从国营商店购进商品,经过加工出售,进而转手批发,从中牟取巨额利润,应否作投机倒把罪?如某丁,社会闲散人员,1981年秋乘当时市场民用小线团紧缺之机,自购绕线机一台,从本市零售商店购得大量大线团,自己加工成缝纫机用的小线团卖给个体商贩,获利四千余元。这带有一定的投机成分,但不同于从国营商店套购商品,加价出售,而是有一定的劳动加工在内。当时市场上也确实需要这种小商品,起填补空缺、方便生活的作用,社会危害不大,不应认为犯罪,可由工商、税收部门处理。

综上所述,笔者认为要根据行为人是否违反经济法规,具有扰乱市场的社会危害性及危害性之大小来确定是否属于投机倒把行为和构成投机倒把罪,而不应仅仅根据牟取金额的大小。对于违反经济法规,严重扰乱市场,破坏社会主义经济秩序的犯罪行为必须坚决打击,而对于那些对国家、社会并无危害,或危害不大,虽然牟取金额巨大,一般不宜作为犯罪处理,而由工商、税收部门按有关经济法规处理。对在职职工、退休职工还要由工作单位按行政法规处理。对于在放宽农村经济政策过程中出现的新问题,要加强调查研究,划清罪与非罪的界限,以保证经济建设的正常进行。

(1983年第2期)

重视韩琨案件中的法律与政策问题

龚介民*

1982年第7期《法学》敏锐地抓住一个典型案例——对助理工程师韩琨受聘接受3400多元报酬是否构成犯罪,发表了一组案情剖析文章(当时没有指名韩琨,而称为技术人员王某,某些情节也有变动),犹如将一把盐撒进了社会经济生活的热油锅里,引起了政法部门、《光明日报》等舆论部门和包括农村在内社会各界的强烈反响和波及全国的连锁反应。

这场罪与非罪争论,从一开始就不是一个人一件案子那样孤单的事,而是带有普遍意义的事。争论已持续一年多了,它涉及科技人员能否和怎样利用业余时间为农业、为农村、为农民服务的重大问题,而农业现代化建设急切要求科技人员以多种途径、多种形式帮助农村进行智力和技术开发,促进农业经济的蓬勃发展。这也正是我们上海郊区广泛重视和十分关注这场争论结局的主要原因。

这里我想就韩琨事件发生的始末,结合农村经济新形势和新情况,从政策和法律的运用上谈一点粗浅的看法。

犯罪是一种社会现象,其基本特征是:行为人犯有严重社会危害性的行为。犯罪构成确定经济领域犯罪,必须具备三个重要条件:(1)犯罪客体是刑法保护的社会主义经济基础和社会经济关系;(2)犯罪的客体被危害而造成严重后果,触犯刑法;(3)犯罪的主体,即行为人有违反刑法的故意。

从犯罪的基本特征与构成经济犯罪的三个重要条件看,韩琨接受3400多元报酬没有触犯《刑法》而犯罪,韩琨行为的积极性、创造性应受到政策和法律的保护。而剖析韩琨案件的目的是在:从这个案件引申开去,深入研究法的运用与实践,以利更好地直接反映经济基础,调整经济关系,为社会主义经济建设服务。

第一,韩琨以科学技术手段,帮助国营和集体企业提高劳动生产率,获得了显著经济效益,为维护、巩固社会主义经济基础作出了应有贡献。他试制成功的微型轴承橡胶密封圈,于国于民于集体都有益。国家、集体、企业与个人经济利益处理也是妥善的:一是国营上海微型轴承厂因采用橡胶密封圈,产品价值提高15%,1981年即净增8万多元;二是集体企业钱桥橡塑厂,靠这一新产品扭亏增

* 作者单位:上海市农委。

盈,从1979年亏损2.4万多元,到1982年已盈余68万元;三是韩琨得报酬3400多元,占1981年上述国营、集体企业增收总额36.8万元的0.9%。事实说明,韩琨以科学技术的正当行为,响应党中央对内搞活经济的号召,促进了全民与集体两种公有制企业的新的经济联合,推动了社会生产力的发展,强化了社会主义经济基础,这正是我国刑法所要保护的客体。韩琨的行为没有损害而是维护、没有削弱而是巩固了社会主义经济基础这个客体。

第二,韩琨以科学技术手段的行为,促进国内产品挤进国际市场,为增强自力更生能力,维护和促进民族经济发展作出了应有的贡献。他发扬自力更生、艰苦奋斗精神,在综合利用国内外科研成果基础上,有所创新突破,使橡胶密封圈进入了国际市场,仅与美商签订的100万片合同,就为国家增收外汇6.5万多元。韩琨的行为,不仅没有危害民族经济,而是促进了民族经济,为民族争得了荣誉,长了民族的志气。上海的产品要更多更好地挤进国际市场,不仅靠市区141平方公里内的国营工厂,还要靠6100平方公里内的郊区社队集体工厂。这是一个统一的向外挤的基地,要有大批韩琨那样的科技人员把产品挤到国外去的创造精神,生产越来越多的出口产品,更好地发挥上海这个口岸基地的作用,更有把握地实现工业总产值翻两番的宏伟目标。韩琨发展民族经济的创造行为是正当的、可贵的,应该受到我国政策和法律的保护。

第三,韩琨以科研和农村社队工业生产直接结合的行为,为促进农副工全面发展的社会主义农业经济作出了应有的贡献。把农业搞上去,其他事情就好办了,这是全面开创社会主义建设的新局面的战略重点。而农业搞上去,一靠政策,二靠科学。上海郊县社队工业已在农村经济中占有举足轻重的地位,1982年上海郊区6000多个社队企业,总产值突破40亿元大关,超过新中国成立初期上海市区工业总产值,占农副工总产值的65%,成为农业现代化资金的主要来源和农村剩余劳动力"离土不离乡"的主要出路,肩负工农业总产值翻两番挑大梁的重任。依靠科技是最重要的战略措施,而目前却又是一个最为薄弱的环节。上海郊区70多万务工社员中,科技人员只有1100多名,只占0.16%,科技人才严重缺乏,怎样解决燃眉之急?除了靠自己培养外,要靠社会支持,科研人员在编制不变动、完成国家下达科研任务前提下,充分发挥潜力,以技术顾问、技术指导、技术咨询服务、技术培训、技术攻关、技术情报交流等多种途径、多种形式,面向农业生产,面向农村基层,与农业结成科技协作联合体,走主要依靠挖掘潜力的道路,大幅度提高劳动生产率,促进农副工全面发展。韩琨受聘为社队工厂的技术顾问,是科研与农业生产直接结合的一种形式的实践,而韩琨正是靠科研为农民"招财进宝",被农民视若"财神爷"而被抓住不放,农民是多么盼望更多的

“活财神”来支援农村呀！靠科技使农民富起来，靠科研振兴农业，完全符合党和10亿人民的根本利益，应该受到政策和法律的保护。

第四，党的知识分子政策调动了广大科技人员建设社会主义的积极性和创造性。他们心情舒畅，精神振奋，利用业余时间为社会主义经济服务，其指导思想是端正的，动机是正确的。韩琨正是在党的十一届三中全会以后，在党的知识分子政策感召下，砸开“臭老九”的精神枷锁，走向农村，面向实际，作出成绩，变成“最吃香”的人，这既是党的知识分子政策的威力，又是检验行为人主观动机与目的的客观社会根源。韩琨的动机、目的，无可争辩地表现在对社会主义经济建设有利的效果上。这就是说，支配他行为的动机、目的是正当的，其艰苦奋斗的科研精神和积极性应予充分肯定，高度赞扬。

基于上述分析，韩琨的行为有利于促进社会生产力，有利于发展民族经济，有利于使人民富起来，有利于维护和巩固社会主义经济基础，符合党和人民的根本利益。因此，应该依法保护，让更多的科技人员心情舒畅、全心全意地投身于建设现代化强国的生气勃勃的经济生活中去。当前，我国开创社会主义现代化建设新局面，方向已明，航道开通，万事俱备，只欠人才，要迅速改变人才本来就比较缺少而有些地方又使用不当，甚至压抑他们的积极性和创造性的局面。

就韩琨事件论罪与非罪是很有必要的，但不能光停留在这一点上，还应该透过案件，从新的经济实践中发生的新情况、新问题，深入进行科技体制改革和立法问题的探讨。应该看到，对韩琨罪与非罪的争论，除了韩琨自己有些做法欠妥，以致也有错误，给事件带来复杂性之外，因为事件属于搞活经济的新的现象，触及科研管理体制、劳动、工资、人事组织制度等一系列现行规章制度不完善和跟不上发展的新形势而需要进行改革的问题。也就是需要进行一些新的经济立法，以适应经济发展新形势，调整新的经济关系，促进社会主义现代化建设的顺利进行。正因为如此，韩琨这类事政策性强，涉及面广，应该作深入细致的调查研究，开展经济法的研究和活动，认真探索调整新的经济关系：

一是科研单位基础理论与应用理论研究，科研计划内与计划外任务的关系问题。科研单位要适应农业发展新形势的需要，主动面向农村，把农村重大科研任务纳入计划，加强对农业应用科学的研究，对计划外科研任务，要明确在完成计划内科研任务和人员编制不变动情况下，鼓励科研人员自愿到农村和边远地区服务，用多种办法打开科技人员通向农村的路子，解决农业第一线科技人才奇缺的现象。这种关系调整好了，类似韩琨未征得领导同意就私自接受科研任务的事就不会发生，至少也少发生了，是非界限也容易分清了，更不会发生罪与非罪的界限混淆了。

二是科技人员为农村、边远地区服务，要允许与经济组织签订技术承包合同。科研成果的发明奖、劳动报酬和津贴，要有一个规定，并对受聘科技人员取得的技术成果奖等专项奖金，在科研单位内的分配使用也要有一个规定，处理好科研单位内科研人员和受聘科研人员的经济关系。这种经济关系调整好了，韩琨受聘后，可以名正言顺地领取应得报酬，而不会发生收受挂名工资、未经单位领导同意动用仪器设备、原料等欠妥以致错误的做法。

三是科研人员受农村、边远地区聘请后，科研单位应把科研成果及其经济效益作为对科技人员进行技术职称考核、提升晋级的一个重要依据，以此鼓励大批科技人员到生产第一线去。这种关系明确了，就不会发生把韩琨晋升工程师的资格给予取消，以及下放车间劳动、扣发奖金等不应该发生的事了。

四是科研单位要处理好物质文明和精神文明建设的关系，科技人员要努力做到坚持四项基本原则，发扬为四化建设贡献一切的艰苦奋斗精神，讲究科研道德，加强知识分子之间的团结和合作。这种关系明确了，韩琨即使“功”大于“过”，自己对一些欠妥的做法，也会自觉地纠正；而单位领导和科研人员也会满腔热情地支持韩琨，共同发扬为四化建设的积极性和首创精神。

概言之，对类似韩琨案件涉及的经济问题，国家机关要加强法制建设和管理，制定、完备必需的经济法规，使科研与生产相结合的经济活动纳入新的法制轨道，确保和促进社会主义经济的高速度发展，加快社会主义现代化建设步伐。

（1983年第3期）

“司法类推”与“类推立法”

丁　荣*

我国《刑法》第 79 条规定：“本法分则没有明文规定的犯罪，可以比照本法分则最相类似的条文定罪判刑，但是应当报请最高人民法院核准。”这就是通常人们所谓的我国刑法中规定的类推制度。对此，法学界已经作了较为充分的阐述。但是，作为类推而言，它不仅应该包括总则中第 79 条之规定，而且还包括分则中的有关条文。本文就想从这一角度，试作一番探索。为了行文的方便，前者，即类推原则的司法适用，简称“司法类推”；后者，即类推原则的立法适用，则简称“类推立法”。

一、《刑法》第 79 条规定是司法类推

我国《刑法》总则第 79 条的规定，清楚地表明：在与刑法“分则没有明文规定的犯罪”进行斗争中，国家最高立法机关——全国人民代表大会——以法定的条件，明确地将适用法律类推的权力赋予了司法机关。

所谓“法定的条件”就是《刑法》第 79 条规定。适用类推原则必须根据以下四点：第一，必须符合《刑法》第 10 条规定确已构成犯罪，应该追究刑事责任的；第二，必须是《刑法》分则没有明文规定的；第三，必须比照《刑法》分则最相类似的条文定罪判刑；第四，必须报请最高人民法院核准。我国《刑法》第 79 条规定，适用于司法实践，属于司法类推原则。

二、我国《刑法》中类推立法的形式

我国《刑法》中，不仅以第 79 条规定了司法类推，而且立法者还以类推立法的形式，在分则中相应规定了一些条文。细加分析可以看出，这些条文是以其他法定犯罪条文为前提，经过类推而形成独立的法定条款的。在审判实践中，如果遇到这种条文规定的犯罪形态，只要按照类推立法规定的条文论处即可。

* 作者单位：内蒙古锡林郭勒盟司法处。

属于类推立法的分则条文归纳起来，大体有3种基本类型：

（一）“以……罪论处”

这种形式在分则中可见到4处，即第136条刑讯逼供罪，“以肉刑致人伤残的，以伤害罪从重论处”。第137条聚众“打砸抢”罪，“因‘打砸抢’致人伤残、死亡的，以伤害罪、杀人罪论处。毁坏或者抢走公私财物的，除判令退赔外，首要分子以抢劫罪论处”。第139条强奸罪第2款，“奸淫不满十四岁幼女的，以强奸论，从重处罚”。

（二）“依照……罪处罚”

与此类形式相关的分则条文有8处，这又可分为三种情况：

1. 因犯罪客体的变化而类推立法。《刑法》第153条，“犯盗窃、诈骗、抢夺罪，为窝藏赃物、抗拒逮捕或者毁灭罪证而当场使用暴力或者以暴力相威胁的，依照本法第一百五十条抢劫罪处罚”。第191条妨害邮电通讯罪第2款，“犯前款罪而窃取财物的，依照第一百五十五条贪污罪从重处罚”。

2. 因犯罪主体的不同而类推立法。这种情况有《刑法》第113条第2款、第155条第3款和第186条第2款。如第113条交通肇事罪，通常情况下，只有从事交通运输的人员才可能触犯此条而犯罪。但是，也有不是从事交通运输的人员因非法驾驶车辆而造成了车祸，构成了犯罪的。由于后者的犯罪与前者的交通肇事罪“最相类似”，因而立法时就顺理成章地规定了第2款：“非交通运输人员犯前款罪的，依照前款规定处罚。”也就是说，既要按交通肇事罪定罪，还要按此罪的量刑幅度去判刑。

3. 因本法另有规定而类推立法。在分则条文中，此类情况也有3处，即第133条过失杀人罪，第134条第2款故意伤害致人重伤、死亡罪和第135条过失伤害致人重伤罪。这3条中都规定了“本法另有规定的，依照规定”。所犯罪行因为与“本法另有规定的”条文“最相类似”，所以立法时将其划出，以“本法另有规定的”条文去定罪判刑。如过失杀人罪就是指过失致人死亡的情况。假如某甲在特定的条件下——或失火，或交通肇事，或责任事故，虽然也致人死亡了，由于本法就此专门规定了失火罪、交通肇事罪、责任事故罪，那就不应以过失杀人罪论处，而应按实际犯罪与本法分则“最相类似”的以“另有规定的”条文定罪判刑。

此外，与“依照……罪处罚”式大同小异，属于同一格式的，在分则中还可见“按照……罪处罚”或“按……罪处罚”。

（三）“比照……罪论处”

这种表述形式就是《刑法》第79条所规定的“比照……定罪判刑”的具体体

现。“比照……罪论处”见于五届人大常委会通过的《关于严惩严重破坏经济的罪犯的决定》(以下简称《决定》)。该《决定》第1条第2项规定:“对刑法第185条第1款和第2款受贿罪修改规定为:国家工作人员索取、收受贿赂的,比照刑法第155条贪污罪论处。”同条第4项还规定:“对于本条(一)、(二)、(三)所列的犯罪人员,有追究责任的国家工作人员不依法处理,或者因受阻挠而不履行法律所规定的追究职责的;对犯罪人员和犯罪事实知情的直接主管人员或者仅有的知情的工作人员不依法报案和不如实作证的,分别比照《刑法》第187条、第188条、第190条所规定的渎职罪处罚。”《决定》中所作的上列两处补充和修改,是与我国刑法中作为类推制度有机联系的类推立法。

从字面上说,“以……罪论处”和“依照……罪处罚”与“比照……罪论处”,是有一定的区别的。但是从立法精神上看,三者却并无特别严格的界限,在现行《刑法》中是通用的。我们把这三者放在类推立法的范畴中去作比较研究,其“相通性”就更加了然。

就此还需说及的是,《决定》在对有关《刑法》条文补充和修改时,采用了“比照……罪论处”的措辞,而不取“以……罪论处”和“依照……罪处罚”,与《刑法》第79条规定“比照……定罪判刑”相吻合。作如此措辞规定,也正在于说明,这是类推立法。

三、司法类推与类推立法

司法类推和类推立法,虽然是我国类推制度有机统一的两个方面,但又各自具有不同的特点。司法类推是根据法定条件,经过审判实践的具体适用,以解决法无明文规定的犯罪的。类推立法则是经过审判实践的经验积累,通过立法程序解决原法无明文规定的犯罪而上升为法律条文的情况。从司法类推经过类推立法而形成的独立法律条文,可能创立新的独立罪名,使新罪名能确切地反映出这种犯罪行为的特点而规范化。具体的类推定罪判刑的案例虽然可资审判工作参考,但却不能作为判例直接援引,而类推立法的条文,则可以现行法律适用的条文加以援引。

(1983年第3期)

马克思主义与刑法学(上)

李光灿*

把马克思主义法律观和刑法理论与中国法制建设的实际密切结合起来,建立具有中国特色的马克思主义的刑法学,是我国当前刑法学研究的重要任务之一。本文试图对马克思主义刑法学理论的几个重点问题,作抛砖引玉的介绍和论证。

一、犯罪本质的科学含义

在著名的《德意志意识形态》一书中,马克思和恩格斯对犯罪的本质就作了科学的阐明。他们指出:"犯罪——孤立的个人反对统治关系的斗争,和法一样,也不是随心所欲地产生的。相反地,犯罪和现行的统治都产生于相同的条件。"

对犯罪本质的含义,须作以下说明:

第一,作为阶级社会产物的犯罪,必须是反对统治关系的斗争即侵犯统治关系的行为。现以我国刑法为例,说明侵犯统治关系的犯罪行为与刑事法律的密切关系。

我国《刑法》关于反对统治关系的犯罪行为包括4个主要方面:(1)反对我国社会主义国家政权制度,即以推翻我国人民民主专政的政权、破坏社会主义制度为目的的反革命罪;(2)反对我国社会主义经济基础,即破坏社会主义经济秩序罪、侵犯财产罪等;(3)反对我国社会主义的社会秩序和法律秩序,即危害公共安全罪、妨害管理秩序罪、妨害婚姻家庭罪、渎职罪等;(4)反对我国公民的人身和权利,即侵犯公民人身权利、民主权利罪等。这四个方面,反映了我国《刑法》所保护的"统治关系"的全部内容。按照马克思主义刑法理论制定的我国《刑法》,是我国公民同一切侵犯统治关系的犯罪行为进行斗争和保障公民各项权利的有力的法律武器。因此,那种认为:马克思、恩格斯上述关于犯罪本质含义的论证,是过时了的,不适用于社会主义阶段的犯罪,并从而认为社会主义制

* 作者单位:中国社会科学院法学研究所。

度本身也产生犯罪的观点，是不正确的。

第二，马克思、恩格斯指明：犯罪，是指对孤立的个人来说的。作为孤立的个人反对统治关系的斗争的犯罪，同一个国家、一个民族、一个阶级来对抗另一个国家、另一个民族和另一个阶级的整个民族斗争、阶级斗争和战争是有区别的。这后者，不是违法和犯罪的范畴，而是一个国家打倒另一个国家、一个民族战胜另一个民族、一个阶级推翻另一个阶级的问题，只有当胜利的一方把失败的一方的战斗成员俘获以后，按照胜利的一方所规定的刑事法律来判处失败的一方中某个成员是战犯或暴动的罪犯时，被定为战犯或暴动者的个人才是犯罪的问题。犯罪——是以统治者的集中强制力量来对待被统治者的分散孤立的个人侵犯统治关系的总称。统治阶级这样规定犯罪和对待犯罪分子，是以国家对个人、以集中对分散的姿态出现，这就便于保护和巩固他们的统治利益。侵犯统治关系的犯罪行为，是以孤立的、分散的、单个人（包括共同犯罪）的身份出现，来进行犯罪和承担一定刑事责任的。因此，那种认为马克思、恩格斯关于犯罪本质含义的理论，没有概括阶级、国家、民族、政党等集团“犯罪”，只就单个人犯罪所下的定义的论断，也是不妥当的。

第三，马克思、恩格斯的这段话还指明：犯罪和现行的统治都产生于相同的条件。由统治阶级规定为侵犯统治关系的一切犯罪行为，从危害国家制度到侵犯经济基础，从破坏社会管理秩序到损害公民的人身和权利等，无一不是为一定的社会物质生活条件所决定的。如资本主义社会的犯罪和资产阶级统治，都产生于社会化生产和资本家占有生产资料这一根本矛盾基础上的社会物质生活条件。因此，资本主义社会的犯罪不单纯是对法律的破坏，而本质是反对资本主义的社会物质生活条件，反对产生于它维护它的各种社会秩序即统治关系。

综上所述，可知马克思和恩格斯关于犯罪的基本观点是：犯罪是一种阶级的、在历史上变化着的范畴，犯罪是孤立的个人反对统治关系的斗争，犯罪和现行的统治都产生于相同的一定社会物质生活条件。认真学习这样的基本理论，才能正确地理解犯罪的概念、本质和根源。

二、犯罪行为的思想动因（犯罪心理的基本特征）

关于犯罪行为的思想动因（即犯罪心理的基本特征），也就是犯罪人的主观罪过问题，恩格斯在《英国工人阶级状况》中，曾作了经典性的表述：“蔑视社会秩序的最明显最极端的表现就是犯罪。只要那些使工人道德堕落的原因起了比平常更强烈更集中的影响，工人就必然会成为罪犯。”

稍后一点,马克思、恩格斯又明确地说:“谈到犯罪,正如我们已经看到过的,它只是自我一致的利己主义者这个普遍范畴的名称,是圣物的否定,罪孽的名称。”因此,他们再一次概括说:“犯罪——仇视。罪犯——敌人或反对者。”把这两句联系起来便是:敌人或反对者极端仇视社会秩序的表现,就是犯罪。反过来说,具有极端仇视社会秩序的行为的敌人或反对者,就是罪犯。蔑视仇视社会秩序最明显最极端的表现,就会为各该社会的统治阶级以刑法的形式规定为犯罪行为。而蔑视仇视社会秩序正是犯罪的思想动因和心理特征。在当前,有两类不同的社会制度和社会秩序,一种是社会主义性质的,另一种是资本主义性质的。这就从原则上区别了两种不同的愤恨蔑视社会秩序。

19世纪上半叶英国工人阶级,由于受到资本主义的残酷剥削和压迫,使他们产生极端蔑视资本主义社会秩序的“犯罪行为”,实际上是自发革命斗争的表现。今天,我国少数人包括少数青少年,由于受到林彪、江青的反革命复辟思想的毒害,使他们道德堕落从而产生极端蔑视社会主义社会秩序的恶性犯罪,这是反抗社会主义事业的表现。由于马克思主义刑法理论的指导,使我们能够从性质上真正地区别罪与非罪的界限,区别工人阶级反抗资本主义社会秩序的革命斗争与我国今天新的犯罪分子侵犯社会主义统治关系、蔑视社会主义社会秩序的反动破坏行为之间的原则界限。

三、把刑法学中的罪犯看做物质第一性的客观对象

马克思从政治经济学的角度,即物质生产关系第一性和思想关系第二性、经济基础第一性和上层建筑第二性的根本原理作为前提,科学地论证了:应当把具有犯罪行为的人即罪犯,看做物质第一性的客观对象。这就是马克思在《资本论》中所阐发的十分精彩的科学论断。

第一,马克思指出:“哲学家生产观念,诗人生产诗,牧师生产说教,教授生产讲课提纲。等等。罪犯生产罪行……而且还生产刑法,因而还生产讲授刑法的教授,以及这个教授用来把自己的讲课作为‘商品’投到一般商品市场上去的必不可缺少的讲授提纲。”

第二,马克思指出:“罪犯生产全体警察和全部刑事司法、侦探、法官、刽子手、陪审官等等……单是刑讯一项就推动了最巧妙的机械的发明,并保证使大量从事刑具生产的可敬的手工业者有工可做。”

第三,马克思又指出:罪犯“还生产艺术、文艺——小说,甚至悲剧……罪犯打破了资产阶级生活的单调和日常的太平景况。这样,他就防止了资产阶级生

活的停滞，造成了令人不安的紧张和动荡，而没有这些东西，连竞争的刺激都会减弱。因此，他就推动了生产力。”

第四，马克思还指出：“罪犯对生产力的发展的影响，可以研究得很细致。如果没有小偷，锁是否能达到今天的完善程度？如果没有伪造钞票的人，银行券的印制是否能像现在这样完善？……犯罪使侵夺财产的手段不断翻新，从而也使保护财产的手段日益更新，这就像罢工推动机器的发明一样，促进了生产。”

马克思以历史唯物论原理分析论证罪犯的上述观点，是空前的。这一经典性论证，乃是马克思主义刑法学的思想奠基石之一。从上述论断中，我有两点体会：

1. 罪犯的确是社会上的一类生产者、特殊的生产者，即侵犯各该社会的统治关系（而不是巩固、发展这种关系）和破坏各该社会的社会秩序（而不是保护这种秩序）的“生产者”。这种特殊的生产者——罪犯，一方面，他们的共同点，都是侵犯统治关系破坏社会秩序者。另一方面，他们的区别是：在社会主义制，一切侵犯其统治关系和破坏其社会秩序的罪犯，都是反动的；而在剥削制的各社会如奴隶制、封建制和资本主义制，都有两类性质不同的罪犯，即革命的和反动的（危害人民利益阻碍社会进步的），而往往以革命的方面为主体，如奴隶暴动、农民起义、工人罢工与起义等。性质革命的“罪犯”所要侵犯的统治关系和所要破坏的社会秩序，是反动的剥削压迫的社会制度。性质反动的罪犯，是马克思认为的真正的罪犯，他们在社会主义制度下是一切故意犯罪的罪犯（过失犯除外），在其他各阶级社会内则是危害人民利益、阻碍社会进步的一切故意犯罪的罪犯。总之，罪犯的共性是他们都是侵犯统治关系破坏社会秩序者；罪犯的个性则是要分别他们所侵犯和破坏的是什么样的统治关系和社会秩序？要区分罪犯的政治思想性质是正义还是邪恶、是有利人民还是危害人民、是进步还是反动、是革命还是反革命，等等。这都是马克思主义刑法学的犯罪论所必须注意划清的原则界限。

2. 马克思第一次以历史唯物论的基本观点应用于刑法学犯罪论的研究，得出了罪犯是特殊的一种生产者的科学理论，给后世的马克思主义刑法学工作者以锐利的思想武器。我们学习掌握了研究刑法学的这把金钥匙，就能运用历史唯物论的原理，实事求是地深入研究和正确解决认识罪犯和改造罪犯的问题。马克思把罪犯这一特殊生产者看做生产刑罚、生产刑法的唯一“劳动力”，看做社会物质第一性的客观对象，看做刑法学的编剧者、导演和主演，这就是马克思所创立的犯罪论与刑法学的物质基石。

马克思主义刑法学的基本思想，就是从研究罪犯们出发、为罪犯们服务的思想。从罪犯们出发，就是要周密的系统的调查研究，真正掌握罪犯的全貌，研究全部案情，弄清犯罪的本质、罪过和危害，即以犯罪事实为根据。为罪犯们服务，即根据犯罪事实，以刑事法律为准绳，按照既定的法律和法令，以有效地预防犯罪和最大限度地改造罪犯为目的。在对罪犯的刑罚制度、刑事政策、量刑、监管各个方面，都要同时切实贯彻实行依法办事的原则和综合治理的方针。把预防犯罪和惩罚、教育改造犯罪人的工作，始终沿着马克思主义刑法学所指引的轨道，健康发展。

四、刑罚的性质和作用

马克思主义刑法学，可以把刑罚的性质和作用概括为：它是阶级专政的工具，“社会”自卫的手段，在社会发展中起重要辅助的作用。

在历代剥削阶级国家制度中，刑罚总是成为阶级专政的强制措施体系中的重要环节，替剥削阶级履行了刽子手的职务，正如列宁所说：“这种刽子手的职务，乃是一切压迫阶级所需要用以保卫自己统治的。”以封建刑罚来说，封建刑罚制度所体现的公开的阶级不平等的原则，是与其残酷的惩罚报复主义和重刑主义原则密切结合的。例如，封建时代的法国有一条刑罚原则“当法庭的判决对农民为剥夺生命或残废刑时，对贵族则只损失名誉”，恰恰暴露了正是封建主替自己阶级中与农民犯同等之罪的人蒙上一层遮羞布的阶级不平等的丑恶本质。至于历史上中国、德国、俄国等封建刑罚制度，其残酷性和公开地不平等，更是不胜枚举了。

随着资本主义的发展和资产阶级专政的出现，封建刑罚制度就转让给资产阶级刑罚制度。当资产阶级打起反对封建特权、要求自由平等的旗帜，号召工农劳动人民，追随着他一起进行资产阶级革命和在革命胜利后资产阶级掌权不久的一个时期，他的刑罚制度也同他的整个国家制度一样，比起奴隶主和封建主的刑罚制度来，前进了一步。例如，将公开的阶级不平等的刑罚制度改变成形式上人人在法律面前一律平等的刑罚制度，大量地减少了死刑的适用，以及提出“罪刑法定主义”和“罪刑相适应”的原则，等等。但为时不久，一副挂着“文明”的商标实际是镇压工人阶级和劳动大众的刑罚制度就适时出现了。资产阶级的刑罚制度是：“无论穷人与富人之间怎样不平等，也说是平等——在不平等基础上的平等——实质上，资产阶级的刑法除了把不平等叫做平等之外，什么意义都没有。”随着资本主义进到帝国主义阶段和一些国家走上法西斯道路之后，资产阶级就需要放弃形式平等的刑罚制度，实行公开的不平等政策。希特勒、默索里尼的法西斯专政，就是这种政策和刑罚制度的集中表现。

另外，从封建社会到资本主义社会，也因为工业的发展和社会生产力水平的提高，大批劳动力对资产阶级无限制地创造剩余价值已非常需要，所以，资产阶级就保存了奴隶制和封建制遗留下来的残酷惩罚报复的刑罚制度，继承了封建重刑主义传统，对广大工人实行严刑重罚了。马克思在《资本论》中揭示了资产阶级早从15世纪末以来，就制定了惩治被剥夺者的血腥立法，把封建肉刑的残酷性，封建加等刑的非法性，迅速地搬运过来，转而严惩那些现在工人阶级的祖先——当时大批的流浪者和贫民，充分反映了资产阶级血腥立法的封建性。

社会主义社会刑罚制度是另外一种崭新的刑罚制度。一切剥削阶级社会的刑罚制度贯彻了阶级不平等政策（公开的或事实上的），社会主义的刑罚制度真正贯彻了法律平等的原则；一切剥削阶级社会的刑罚制度贯彻了以威吓为目的的极端残酷的惩罚报复主义和重刑主义，而社会主义社会的刑罚制度则贯彻了以预防犯罪、改造犯罪人和消灭犯罪为目的的惩罚与教育相结合的原则，以及革命人道主义原则。

表现社会主义刑罚制度的这些原则的一个重要环节，就是对犯罪人实行劳动改造的政策。马克思指出："改过自新的唯一手段即生产劳动。"犯罪人只有在强迫社会劳动过程中才能逐步改正他们的罪过，因为一切犯罪行为的发生都同轻视劳动和劳动者、脱离劳动实践分不开的，都同不劳而食、损人利己等剥削阶级的思想分不开的。

体现在刑罚制度和对犯人监管制度上的革命人道主义，是无产阶级社会主义的人道主义。它不仅为社会主义公有制的物质基础所保证，而且有着伟大的共产主义思想渊源。马克思说："无产阶级要解放自己，必须解放全人类。"毛泽东同志也指出：马克思所说的"全人类"，不仅包括了广大劳动者，而且也包括了一切可以改造的罪犯们。我们多年来行之有效的对待犯罪人的惩罚与教育相结合的方针和政策，正是解放全人类这一伟大事业中的一部分。

通过刑罚，实行残酷重刑的血腥专政也好，实行惩罚与教育相结合的无产阶级专政也好，又都意味着刑罚的另一种性质，即对犯罪实行社会的自卫。对犯罪行为的阶级专政和对犯罪行为的社会自卫这两方面结合在一起，就是刑罚的性质。通过刑罚所实行的专政，是自卫的专政；通过刑罚所实行的自卫，又是维护专政的自卫。这个刑罚性质的矛盾统一体，为马克思在《死刑》一文中第一次揭示出来，显示了马克思主义刑罚论的灿烂光辉。

马克思说："直截了当地说：刑罚不外是社会对付违反它的生存条件（不管这是什么样的条件）的行为的一种自卫手段。"马克思同时又指出："一般说来，刑罚应该是一种感化或恫吓的手段。可是,有什么权利用惩罚一个人来感化或恫吓其他的人呢?况且历史和统计科学非常清楚地证明,从该隐以来,①利用刑罚来感化或恫吓世界就从来没有成功过。适得其反。"

马克思深刻地揭示了刑罚的这种感化或恫吓,从来也没有成功过,而是适得其反。这个实事求是的科学结论,有力地驳倒了奴隶主和封建主们的"威吓主义"(即震慑主义)和"刑罚万能论",也同时揭穿了资产阶级的"道义报应主义"、"法律报应主义"、"冷酷的感化"和"折磨性的改造"等刑罚观点的错误与虚伪性,更彻底地批判了封建暴君们的酷刑主义、重刑主义以及罪加无辜、肆意株连等刑罚扩大化的反动性和历史破产。马克思主义科学的刑罚论,正是在批判奴隶主、封建主和资产阶级各种错误刑罚观点的斗争过程中建立起来的。

1930年斯大林指出:"高压手段(笔者注:应译为惩罚手段较妥)在社会主义建设方面是进攻的必要因素,但它是辅助的,不是主要的。"斯大林这一基本论点,反映了事物的本质,表现了真理的一般性。作为刑法中的刑罚制度,从社会发展总的要求说,任何时候都不能起决定作用,而只能起重要的辅助作用。这是为人类社会历史的实践所屡屡检验和证明了的。

(1983年第4期)

① 该隐是基督教《圣经》中亚当(被称为人类的始祖)的长子,曾杀死他的弟弟亚伯。

马克思主义与刑法学(下)

李光灿*

五、罪刑相适应的量刑原则,是马克思主义刑法学的灵魂

罪刑适应的原则,是资产阶级进步法学家提出来的量刑原则,也是马克思主义的量刑原则。1842年24岁的马克思,正处在由资产阶级民主主义到无产阶级共产主义的思想过渡时期,正处在马克思主义学说创立的时期,这时他就在法学领域首先突破了资产阶级启蒙法学家的旧框框,写出了已经具有革命辩证法的光辉论文《第六届莱茵省议会的辩论(第三篇论文)关于林木盗窃法的辩论》(以下简称《辩论》),第一次确立了至今仍为我们实行的马克思主义罪刑适应的量刑原则。

罪刑相适应,原来是资产阶级刑法古典学派创始人、进步刑法学家贝卡利亚提出来的。青年时代的马克思,接受了贝卡利亚和费尔巴哈(哲学家费尔巴哈之父)等古典刑法学家的进步观点,面对当时德国资产阶级化的以封建贵族为主体的省议会,面对本质上带有浓厚封建性的资产阶级刑事法律,在刑法理论方面展开了英勇的战斗。马克思以《莱茵报》主编的身份所写的《辩论》,第一次挺身捍卫人民群众的物质利益,并且第一次推动他去研究社会经济问题即政治经济学。

在闪烁着马克思主义刑法思想光辉萌芽的《辩论》里,马克思对刑罚原则的阐发,博大精深,对莱茵省议会关于林木盗窃法的批判,剔透入微。披吟之下,体会有三:

第一,《辩论》首先抓住以盗窃林木案件做典型,第一次给当代世界刑法论坛树立了辩证分析的光辉范例。

马克思揭露了莱茵省议会的立法者。他说:“一种是捡枯枝,一种是各式各样的盗窃林木!这两种情况有一个共同的特征:占有他人的林木。因此,两者都是盗窃。”从维护林园主的林木所有权这个私有制立场出发,根本混淆了捡枯枝和盗窃林木的性质区别。这是他们立场错误的前提。

---

* 作者单位:中国社会科学院法学研究所。

马克思着重指出:“因此,我们首先要指出两种行为的差别,如果必须承认它们在本质上是不同的,那么就很难说从法律上来看它们是相同的。”马克思具体分析了两种行为的差别:

1.“要占有一棵活的树,就必须用暴力截断它的机体联系。这是一种明显地侵害树木的行为,因而也就是一种明显地侵害树木所有者的行为。”

2.“其次,如果砍倒的树木是从别人那里偷来的,那么在这种情况下,砍倒的树木就是他的所有者活动的产物。砍倒的树木已经是加过工的树木。同财产的天然联系已让位于人为的联系。因而,谁偷窃砍倒的树木,谁就是偷窃财产。”

3.“捡枯枝的情况则恰好相反,这里没有任何东西同财产脱离,脱离财产的只是实际上已经脱离了它的东西。砍伐林木的人擅自对财产做出了判决。而捡枯枝的人则只是执行财产本质所做出的判决,因为林木占有者所占有的只是树木本身,而树木已经不再占有从它身上落下的树枝了。”

因此,马克思得出结论说:“可见,捡枯枝和盗窃林木是本质上不同的两回事。对象不同,作用于这些对象的行为也就不同,因而意图也就一定有所不同,除了行为的内容和形式外,试问还有什么客观标准来衡量意图呢?而你们却不顾这种实际上的差别,竟把两种行为都称为盗窃,并且都当做盗窃来惩罚。你们对捡枯枝的惩罚甚至比对盗窃林木的惩罚还要严厉一些,因为你们把捡枯枝宣布为盗窃,这已经是惩罚,而对那些盗窃林木的人,你们却显然不给予这种惩罚。”把无罪宣布为有罪,混淆罪与非罪的界限,这已经是惩罚了!可见,地主、资产阶级的重刑主义,首先要求混淆罪与非罪的原则界限!

马克思更进一步指出:“事物的法的本质不应该去迁就法律,恰恰相反,法律倒应该去适应事物的法的本质。但是,如果法律把那种未必能叫做违反森林条例的行为称为盗窃林木,那么法律就是撒谎,而穷人就会成为法定谎言的牺牲品了。”马克思立场坚定、旗帜鲜明地公开维护穷人的利益,揭露和批判了法(违反森林条例)的偏袒性(即替林木占有者——林园主的私有财产做辩护),从而奠定了马克思主义刑法学与刑罚理论的基础。

第二,《辩论》在深刻、全面地分析关于盗窃林木的行为中,第一次提出了罪刑适应的马克思主义量刑原则。

马克思说:“如果对任何侵犯财产的行为都不加区别,不给予较具体的定义而一概当做盗窃,那么,任何私有财产不都是赃物吗?我占有了自己的私有财产,那不就是排斥了其他任何人来占有这一财产吗?那不就是侵犯了他人的所有权吗?同一类罪行具有极不相同的各种形式,如果你们否认这些形式之间的差别，那么你们也就是把罪行本身当做一种和法不同的东西而加以否定，你们也就是消灭了法本身，因为任何罪行都是和法本身有着某种共同的方面。不论历史或是理性都同样证实这样一件事实：不考虑任何差别的残酷手段，使惩罚毫无效果，因为它消灭了作为法的结果的惩罚。”马克思从批判重刑主义的危害出发，揭示了在量刑上需要罪刑相适应的原则。对行为不加区别的思想，必然导致罚不当罪、罚超过罪的重刑主义。

接着马克思进一步阐发说：“如果犯罪的概念要有惩罚，那么实际的罪行就要有一定的惩罚尺度。实际的罪行是有界限的。因此，就是为了使惩罚成为实际的，惩罚也应该有界限——更使惩罚成为合法的惩罚，它就应该受到法的原则的限制。任务就是要使惩罚成为真正的犯罪后果。惩罚在罪犯看来应该是他的行为的必然结果——因而也应该是他本身的行为。他受惩罚的界限应该是他的行为的界限。犯法的一定内容就是一定罪行的界限。因而衡量这一内容的尺度也就是衡量罪行的尺度。对于财产来说，这样的尺度就是它的价值。”

这就是马克思所阐发的刑罚理论中关于罪刑适应的量刑原则。需要略加说明的是：

1. 罪刑适应原则，本来是资产阶级进步刑法学家贝卡利亚提出的原则，即资产阶级的量刑原则。但马克思承认这一量刑原则的合理性，因而把这一原则也认定是无产阶级刑法学的量刑原则。

2. 马克思发展并改造了贝卡利亚的观点，把他的抽象的“罪刑均衡”（即笼统地以社会危害性的大小来确定刑罚的轻重）原则，进一步提出罪刑适应的内涵应当以价值为尺度（特别对侵犯财产罪来说是如此），也就是以社会劳动为客观的标准和尺度，从而将原来意义上的罪刑适应原则，从抽象改造成为具体、从没有客观标准改造成为有客观标准，从主观任意性的认识改造成为实事求是的认识，因而从资产阶级古典刑法学派的不彻底性改造成为马克思主义的彻底性。以此类推，马克思、恩格斯后来提出的社会主义分配原则——按劳分配，也是以劳动做尺度确立的。这些历史唯物论的科学真理，都是马克思转向政治经济学的研究中找到的正确答案。

把罪刑适应的资产阶级刑法学的量刑原则改造成为马克思主义刑法学的量刑原则，这是马克思的《辩论》对无产阶级和共产党做出的伟大的刑法学理论贡献之一。

第三，《辩论》的全部内容，始终贯彻了马克思战斗的、批判的革命精神，从深刻批判地主资产阶级的重刑主义的斗争中，奠定了马克思主义刑法学的理论基础。

马克思贯彻《辩论》通篇的革命批判精神，集中于对封建的和资产阶级的重刑主义的批判和斥责。他指出重刑主义的主要表现，诸如：混淆罪与非罪的界限，把无罪认定为有罪，主观地任意扩大犯罪面和惩罚面，不考虑行为的差别性，而一律实施残酷的惩罚，法官就是法和法外另有"法"的惩罚的非法性，鼓吹法律的伸缩性和模棱两可，为任意滥施重刑而广开惩罚的市场，等等。

特别值得提出的重要之点是：马克思揭示了滥施重刑正是地主、资产阶级统治的代表——立法者的脆弱和怯懦的表现。他指出："真正的立法者除了不法行为之外，不应该怕任何东西，但作为立法者的私人利益却只知道法的后果可怕，只觉得图谋不轨的恶徒可怕，因而颁布法律来对付他们。残酷是怯懦所制定的法律的特征，因为怯懦只有变成残酷时才能有所作为。私人利益总是怯懦的，因为那种随时都可能遭到劫夺和损害的身外之物，就是它的心和灵魂。"

马克思的话完全道破了重刑和酷刑，正是那种极端自私自利的封建皇帝或资本家大亨们制定的刑事法律的特征，正是他们极端怯懦的表现。

批判和反对重刑主义，最初是贝卡利亚提出的，他在1764年写的著名的《论犯罪与刑罚》，第一次提出了资产阶级罪刑适应的量刑原则。过了半个多世纪即1842年，青年马克思写出了著名的《关于林木盗窃法的辩论》，是在新的历史条件下第一次提出了无产阶级罪刑适应的量刑原则。罪刑适应原则是在斗争中建立和发展起来的。在世界近代现代史上，批判与反对重刑主义，是在刑法学领域的革命。它既包括18世纪资产阶级对封建刑法的革命，更包括19世纪无产阶级对封建刑法和资产阶级刑法的革命。

六、《论人民民主专政》对马克思主义刑法学的补充和发展

在新中国成立初期，毛泽东同志就在他著名的《论人民民主专政》里指出："对人民内部的民主方面和对反动派的专政方面，互相结合起来，就是人民民主专政。"中国无产阶级领导的、实质是无产阶级专政的人民民主专政，是对人民内部包括工人阶级、农民阶级、城市小资产阶级、民族资产阶级等广大人民群众的民主的方法和对一小撮反动派的专政的方法互相结合起来的专政。这种科学的、精确的对人民民主专政性质的概括，是对马克思主义关于无产阶级专政学说的发展。

接着，毛泽东同志又指出："人民犯了法，也要受处罚，也要坐班房，也有死刑，但这是若干个别的情形，和对于反动阶级当做一个阶级的专政来说，有原则的区别。"

毛泽东同志这段话的重要意义是:他提出人民民主专政的专政对象有两类:一类是对反动阶级的专政,这是基本的、主要的形式;另一类是对作为若干个别情形对待的人民内部犯罪分子的专政(包括判处徒刑和死刑),但这是附属的,次要的。这是对马克思主义阶级专政论和刑法学的补充与发展。作为人民民主专政工具之一的刑罚,社会主义制度赋予它的使命是要惩罚与改造两种人,一种是反动阶级的阶级敌人,即形形色色的反革命分子;另一种是人民内部产生的形形色色的其他刑事犯罪分子。对这两种惩罚的对象,都施用专政的方法,而不是民主的方法。毛泽东同志这个新论点,补充与发展了马克思主义的刑法学和刑罚论。

《论人民民主专政》还指出:"宋朝的哲学家朱熹,写了许多书,说了许多话,大家都忘记了,但有一句话还没有忘记:'即以其人之道还治其人之身'。我们就是这样做的,即以帝国主义及其走狗蒋介石反动派之道,还治帝国主义及其走狗蒋介石反动派之身。"

对毛泽东同志引朱熹的话所作的对阶级专政职能的形象概括,应当做如下的理解:

其一,所谓"以其人之道还治其人之身",是从最根本的意义上来说的。至于怎样"还治"即怎样专政?在方针、政策、原则、制度以及具体措施各方面,无产阶级的刑罚同封建刑罚与资产阶级刑罚,是不相同的。在这些方面,是绝不能"以其人之道还治其人之身"的!

其二,如果误解了这句话的根本意义和内容,那么就有可能无原则地搬用封建刑罚或资产阶级刑罚的一套,其结果就将使无产阶级刑法原则和刑罚制度变质。应当指出,对于反动的封建刑法和资产阶级刑法中的许多东西,不但不能搬用和"还治",恰恰相反,必须坚决地禁止和反对。例如,对属于封建刑罚中酷刑主义的各种肉刑及其死刑执行方法上采用的凌迟、枭首、戮尸等,必须坚决废除和禁止。对封建刑罚中的重刑主义和报复主义的加等刑、法外加刑、株连、反坐、籍没、耻辱刑等,必须坚决摒弃。对资产阶级监管制度中对待犯人的"冷酷的感化"和"折磨性的改造"政策等,也必须坚决反对。

无产阶级社会主义刑罚的原则是:惩罚与教育相结合的原则和革命人道主义原则。刑罚具有重要的专政、制裁作用,但同时要反对单纯惩罚主义,刑罚具有一定的威吓(震慑)作用,但同时要反对威吓主义;刑罚对严重罪犯要施用死刑和其他重刑,但同时要反对重刑主义;刑罚对受迫害者具有伸张正义、保护身心健康和生命财产安全的作用,但同时要反对狭隘报复主义;刑罚在刑事立法、刑事司法和对犯人监管等方面,都要贯彻革命人道主义原则,为此必须坚决反对酷刑主义，坚决反对“冷酷的感化”和“折磨性的改造”等奴隶主、封建主和资产阶级的种种反动的政策和原则。一句话，在这些方面，都是不能“还治”的。

在刑法学、刑罚原则和刑罚制度方面，我们应取得的基本态度是：坚持与发扬马克思列宁主义毛泽东思想的政策和原则，反对“左”的和右的错误倾向。应当指出，脱离实际的倾向会产生法律教条主义，脱离马克思主义法学理论的倾向会产生法律实用主义。对这两种错误倾向都应注意防止和反对。只有排除各种错误倾向的干扰，才能正确地沿着马克思主义法学理论与中国法制建设的实际相结合的轨道胜利前进！

（1983年第5期）

悔罪是自首成立的要件吗

王者香*

悔罪和自首都是罪犯在犯罪后的表现。二者既有联系,又有区别;可以互相结合,但并非不可分开。铭山同志发表了两篇文章《谈谈自首的成立要件》①和《试论对自首罪犯的从宽处理》两文都给了我很多启发。但是,他认为"自首的本质在于悔罪"。"悔罪贯穿于自首的全程。自首成立的每一个要件都是悔罪的表现。不悔罪就无所谓自首。"并认为早自首,悔罪就早就好;晚自首,悔罪就迟就差。我觉得这是把悔罪与自首混为一谈,与司法实践中实际情况不符。现在就这个问题提出个人浅见。

一、悔罪不是自首的本质

自首是罪犯在犯罪被发觉前主动向司法机关投案的行为,也就是罪犯使自己由触犯刑法的人,成为法律面前的受审人的行为。这一行动的实质就是罪犯对国家审判权的态度的根本改变,即由对抗转变为屈服。有的亡命之徒,在犯罪后闯进政府机关,扬言作案的就是他,要关就关,要判就判,他毫不在乎。这种行为虽然在形式上是接受审判,但实质上不是屈服于国家审判权的权威,而是对国家法律的公然藐视,是犯罪后态度恶劣的一种表现。如果经教育不改,拒不悔罪,不真诚接受审判,是不能以自首看待的。

自首和自首制度的本质是受国家政权的阶级本质制约的。在我们人民民主专政的社会主义国家里,自首是向人民低头和走改恶从善、重新做人的道路。我们向犯罪作斗争主要是靠专门机关与群众相结合,而不是靠罪犯的自首。自首制度作为刑罚制度的有机组成部分,是为刑罚的预防犯罪的目的服务的。它固然有利于分化瓦解犯罪集团、消除隐患和防止枉纵,使案件得到及时正确合法的处理,而其主要目的乃是争取、挽救犯罪者,以减少其人身危险性,使之易于改造,所以具有积极的教育作用。自首是我国历来的刑事政策规定为可以从宽处

---

* 作者单位:西南政法学院(现西南政法大学)。

① 铭山:"谈谈自首的成立要件",载《法学杂志》1982 年第 6 期;铭山:"试论对自首罪犯的从宽处理",载《法学》1983 年第 1 期。

理的情节。

悔罪是罪犯对其所犯罪行的一种追悔的心理态度。在社会主义制度下,真诚悔罪应当是:罪犯不仅对其罪行的违法性和应受惩罚性有一定程度的认识,而且对其罪行的社会危害性这一犯罪的本质特征也有一定程度的认识。基于此,从法律上、政治上和道义上由衷地作自我谴责,从而因其犯罪对国家和人民利益的侵害而追悔莫及。这种态度表明罪犯愿意放弃犯罪立场,自觉改恶从善、重新做人。基于此,悔罪很可能导致自首,自首也很可能导致悔罪,但两者之间的联系,并不是必然的。有的罪犯在犯罪后虽然痛悔前非,但由于种种原因并没有自首,而是在被捕后成为受审人。个别罪犯虽然悔罪,但既没有自首,也没有被捕归案,而是在社会的影响下,经过一定时间自觉改过自新,成为安分守法的公民。这种情况也是我国刑法追诉时效制度的根据之一。有的罪犯是在自首后经过教育才开始悔罪。还有的罪犯则在自首后直到判决以前,一直无悔罪表现,但屈服于国家审判权的权威,被迫受审。可见,悔罪既可能是自首的前提,也可能是自首的效果,也可能始终未能与自首相结合。认为"自首的本质特征是悔罪"和"不悔罪,就无所谓自首"的说法,是与复杂的实际情况不完全相符的。

二、悔罪不是自首的成立要件

罪犯在犯罪后如果打消隐匿、逃跑念头,转而屈服于国家审判权的权威,自愿接受审判,就必须自动投案,主动交代罪行。审判的前提是罪犯本人到案,审判的先决条件是查明罪犯。罪犯主动交代罪行,是提供顺利查明其罪的条件。所以自首的成立要件是:罪犯在犯罪后的一定时间内,即在犯罪事实未被发觉,或者犯罪事实已被发觉而犯罪人未被发觉,或者犯罪事实和犯罪人都被发觉在司法机关讯问或采取强制措施以前,或者正在被追缉中,自动投案、主动如实交代自己的犯罪事实、自愿接受国家的审判。

所谓自动投案,就是罪犯自己充当自己案件的"检举人",并将自己的人身置于司法机关可以实行强制措施之下的主动行动。如果只交代罪行和赃款赃物,不主动投案,则不能成立自首。如有些经济罪犯慑于人大常委会的决定,将赃款寄给报社,这不算自首。投案的动机,即引起和推动罪犯自动投案的内心起因是多种多样的,悔罪只是其中之一,而且不是常见的。因为犯罪是一种严重蔑视社会秩序的行为,行为人要认识其行为的本质特征并由衷地作自我谴责、自我追悔是不容易的。在社会主义制度的优越条件下,法律的权威也只能较多地迫使罪犯"放下屠刀",投案自首,而不能同样多地促使他们在投案前真诚悔罪。

投案的动机较常见的是罪犯出于从个人利害出发的单纯的畏罪心理,单纯畏罪虽然也可能后悔不该犯罪,但出发点是慑于法律的权威,不能表明其有放弃犯罪立场的意愿。因此,多数是在投案后经过教育在认识提高的基础上才转化为悔罪。此外,投案还可能出于其他的动机,虽无悔罪表现,但并不因此影响投案的自动性和有效性。因此,所谓"悔罪是投案的动因,投案是悔罪的表现","构成自首的投案必须悔罪"的绝对说法,是不能成立的。

主动交代罪行是罪犯在自动投案的基础上,进一步充当自己犯罪事实的"证人",主动供述便于查明罪行的材料,以表示自愿受审的诚意。如果投案的动机是悔罪,其交代罪行就会是主动的、彻底的。但是,由于悔罪的程度较差,加上畏罪的心理以及思想动摇等原因,所以不能排除虽然悔罪投案,但交代罪行的主动性较差和交代不彻底等情况存在,而有赖于侦查、审判人员的教育作用。另外,有的自首罪犯,其投案和交代罪行虽然不是出于悔罪,但并不一定影响交代的主动性和彻底性。例如,某些自以为因受打击迫害而报复犯罪的罪犯,他们认为仇已报恨已消,犯罪是"值得"的,并不后悔;不仅自动投案自首,并且主动彻底交代犯罪事实,自愿受审,甚至不要求从宽处理。这些人中有的经过教育可能悔罪,但也有个别的,虽经反复教育,一直没有悔罪之心。然而,这并不影响自动投案的成立,也不影响主动交代罪行的成立。因为自动投案和主动交代罪行的心理态度,只须基于对其罪行的违法性的认识,不必是对其罪行的社会危害性这一犯罪的本质特征的认识。所以,认为"如实供述犯罪事实,说明犯罪分子确有悔罪","供述犯罪事实一定要悔罪"的绝对说法,也是不能成立的。因而,自首的每一个要件都不必然是悔罪的表现,相反,不少自首罪犯的悔罪往往是经过侦查、审判人员教育所起的效果。可见,所谓"悔罪贯穿于自首的全过程,自首成立的每一个要件都是悔罪的表现",不仅会限制自首的范围,同时也会忽视人民司法机关的侦查、审判对罪犯的积极教育作用。

三、悔罪是自首从宽的主要根据

我国的刑事政策一贯坚持自首从宽的原则。它要求自首和悔罪都必须是真诚的。自首并不一定悔罪。为了尽可能多地挽救犯罪者,不以悔罪为自首的成立要件,而作为教育争取的目标。根据《刑法》第63条的规定,自首不是一律从宽,更不是"宽大无边",而是在《刑法》第57条规定的以事实为根据、以法律为准绳的量刑基本原则的基础上有条件地从宽。是否从宽和从宽的程度必须以自首的情节、程度为转移,而有无悔罪表现和悔罪的程度应当是衡量自首情节、程度的主要根据,从而也是衡量自首是否从宽和从宽程度的主要根据。

自首的情节,如投案的时机早晚,动机好坏,交代罪行的主动、彻底程度,有无悔罪和立功表现及其程度等,都是衡量自首程度的根据。从预防犯罪来说,除立功表现受客观上有无可立之功的制约外,自首而无悔罪表现只能说明人身危险性相对减小,不能说明罪犯具有自觉接受改造的思想基础。因为自动投案只具有客观上的不能再犯和主观上的不敢再犯的现实性,主动交代罪行也只具有自愿接受审判的现实性和早日接受改造的可能性。如果自首而又悔罪,则由于罪犯不仅在法律上而且在政治上和道义上对罪行的自我谴责与追悔心理,说明其主观上有自觉接受改造不愿再犯的思想基础。因此,其人身危险性相对减小,具备了较易改造的前提,也就是具备了应当从宽的前提。从宽的程度必须考虑悔罪的程度,一般说来,悔罪越早越好,因为早意味着有较多的时机接受侦查审判人员的教育。但是,有的也会出现思想动摇和反复。反之,某些在投案后甚至在交代罪行后悔罪程度较差的罪犯,由于侦查、审判人员的教育,也可能在判决前达到沉痛悔罪的深度。因此,认为自首早悔罪就早,自首晚悔罪就晚,悔罪早就好,悔罪晚就差,并以之作为衡量悔罪程度的标准,是不恰当的。

从以上分析,适用《刑法》第63条除以犯罪事实为基础和考虑立功表现外,应当以悔罪为主要根据。对于其罪应处死刑,但其人有自首和真诚悔罪表现,足见其有后效可观,不是必须立即执行,可以考虑依法判处"死缓",否则便会削弱自首制度的争取挽救作用。只有对那些罪大恶极的犯罪分子,自首的动机又不好,如预期杀人自首,或者在追缉中走投无路才投案自首,或者勉强交代罪行,但主动和彻底的程度很差,而且经反复教育毫无真诚悔罪表现的,则绝不宽贷,以防止怙恶不悛之徒钻自首从宽的空子。

(1983年第5期)

【栏目】 对装鬼吓人造成他人精神分裂症的定性分析

刘际英 *

案情简介

被告李某(25岁,某厂工人)之母阮某是某市邮电分局话务员。1982年12月阮因超假和提出不符合制度规定的要求,与分局领导陈某发生争吵,之后阮一直不去上班。陈某乃派其女小陈(该局职工)接替工作。1983年春节前夕被告探亲回家,轻信其母一面之词,便蓄意对小陈报复。2月8日,被告制成形象可怖的假面具一副,翌日夜潜入话务室,待小陈在值班床上入睡之后,即戴上假面具到小陈床前装鬼,施以恐吓。小陈被吓后,精神失常,经某精神病院鉴定已患精神分裂症。据查小陈无此病史,小陈的家族亦无遗传病史。

此案在审理时有3种意见。第一种认为被告未实施暴力,没有伤害人体,不为罪。第二种认为被告对被害人会造成精神失常没有预见,属过失伤害罪。第三种认为被告主观上有伤害故意,客观上有伤害行为和伤害结果,构成故意伤害罪。

应定故意伤害罪

柯葛壮** 黄耀祖*** 周洪鸣****

本案被告人采用的犯罪手段虽较特殊,但仍属对社会有严重危害的伤害行为,已构成伤害罪。具体理由是:

---

* 作者单位不详。

** 作者单位:上海社会科学院法学研究所。

*** 作者单位不详。

**** 作者单位不详。

一、被告主观上具有故意的罪过

被告由于报复心切,有计划有预谋地采取恶毒吓人手段,选择夜深人静、猝不及防的时机,施加于一睡意蒙眬、孤立无援的女青年,会造成严重危害社会的后果,这对被告人来说,不但是明知的,而且是积极追求的。当然被告人不可能明确被害人实际将会受到何种程度的危害,但使之精神上受到严重刺激应在他的故意之中。因此,可认定被告人具有伤害他人的直接故意。

二、被告的行为所侵犯的客体是他人的健康

司法实践中,常见的伤害表现为对人体外部组织与内部器官的破坏,即造成身体外部的创伤或内部生理机能的损害。内部生理机能当然包括脑组织功能在内。由于被告人的不法侵害,致使被害人造成精神分裂症,应属于对"人体内部生理机能损害"的范畴。

三、对本案客观要件的认定问题

有人认为被告人装鬼吓人,没有使用暴力,不属伤害行为,缺少构成伤害罪的客观要件。此种认识过于狭窄。我们认为,凡足以造成他人伤害结果的行为都属伤害行为,如施用药物、毒物、原子辐射等。使用暴力只是其中一种手段,而不是唯一手段。至于认定精神伤害程度的方法与使用暴力的肌体伤害是不同的,这主要看所引起的精神分裂症的轻重,短期内能否恢复与能否治愈等综合认定。本案被告人实施的手段虽非暴力,但仍是一种强烈刺激他人大脑中枢神经的行为,并且正是这一行为使被害人的认识、思维、意志、感情等方面的活动智能紊乱,从而发生病理变化,造成精神分裂症。可见,其行为与结果之间存在内在的、必然的因果关系,完全符合伤害罪的客观要件。

(1983年第6期)

如何认定犯罪的“着手”实施

伍柳村*

犯罪实行行为的着手是划分未遂和预备的分界限。“着手”一词在近代刑法学中是由贝卡利亚在1764年发表的《论犯罪和刑罚》一书中首先提出的。1810年法国刑法在条文中使用了这个词，而后各国刑法在规定未遂时，也相继采用与法国刑法类似的表述。我国《刑法》第20条第1款规定：“已经着手实行犯罪，由于犯罪分子意志以外的原因而未得逞的，是犯罪未遂。”这说明着手是犯罪实行行为的开始。我国《刑法》第17条规定：“为了使公共利益、本人或者他人的人身和其他权利免受正在进行的不法侵害，而采取的正当防卫行为，不负刑事责任。”所谓“正在进行的不法侵害”，一般也指的是着手之后的侵害，而对于侵害的预备和侵害已经终止，都不能行使防卫。因此，从理论上探明着手问题，对司法实践具有重大的现实意义。

对于“着手”的解释有主观说和客观说之分。

主观说认为：凡可以认识出有犯罪意思的行为，就是实行犯罪的着手。实行犯罪的着手是以具有犯罪意思为前提的。例如，持刀在人前挥舞，决定其挥刀行为究竟具何性质仅就其客观行为来观察，还不能作出判断，必须从行为人主观的思想活动来考察，才能作出确切的决定。如出于游戏，就与犯罪无关；如出于威胁他人，则为某种犯罪的手段，成为犯罪构成要件之一；如出于杀人，则为杀人犯罪的着手。因此，犯罪的预备只有在行为人表现出是为了犯罪而作准备时，才能确定其为犯罪，否则，还不能认定为犯罪预备。例如，行为人买刀、磨刀，在没有表现出是为了杀人而作准备时，不能认定为杀人罪的预备；又如，行为人买煤油、汽油一类易燃物，在没有表现出是为放火作准备时，也不能认定为放火罪的预备。因为买刀、磨刀，买煤油、汽油等都非专为犯罪之用，绝大多数都是出于生活的需要。所以，预备行为作为犯罪处理，必须确认行为人的思想活动是为了犯罪作准备。按照上述主观说的论点，将混淆预备和未遂的界限，会把大多数预备行为划入着手阶段，势必扩大未遂犯的范围，在处理案件上将发生差误，且不利于鼓励行为人在预备阶段自动放弃犯罪。

---

* 作者单位：西南政法学院(现西南政法大学)。

客观说认为:凡是能从客观上观察到,“着手于完成犯罪之危险行为;或着手于完成犯罪所不可缺之行为;或着手于构成犯罪事实有密切关系之行为,”都是实行犯罪的着手。按照客观说的论点,则在犯罪尚未完成以前很难认定其为危险行为或犯罪不可缺的行为,在犯罪构成事实尚未具备以前,也难推断其与之有密切的关系,而且同预备行为也难以区别。例如,持枪杀人,向他人借得手枪和子弹,也可以说是为完成犯罪所不可缺的行为;而将子弹上膛,更可以说是危险行为。然而,还没有遇见所要加害的人,能说这些就是犯罪实行行为的着手?显然不能。即使藏枪在身已碰上了所欲加害的人,对于构成犯罪事实已达到密切关系,但尚未拔出枪来,也还不能认为着手,应该说这些都属于犯罪的预备。所以,按照客观说也将混淆预备和未遂的界限;而且不考虑行为人主观的思想活动,仅从行为观察,即作认定,还会导致客观归罪的错误。

按照马克思主义唯物辩证的观点,在犯罪的阶段问题上,必须就具体问题作具体分析,要求客观和主观得到一定的统一。

犯罪的预备是犯罪实行行为以前的一个阶段。我国《刑法》第19条规定:“为了犯罪准备工具、制造条件的,是犯罪预备。”用以同“已经着手实行犯罪”相对照,就会明显地看出:犯罪的预备是为了犯罪准备工具、制造条件的行为;而犯罪的实行,则是实施了刑法分则规定某一犯罪构成要件客观方面的行为,犯罪的实行必然有一个起点,这个起点就是犯罪实行行为的开始。着手标志着故意犯罪已由犯罪的预备阶段向犯罪的实行阶段跨进了一大步,其行为的性质也发生了很大的变化。着手是确定犯罪实行的主要标志,也是划分未遂同预备的分界线。着手不是预备的终了,而是实行的开始,即是犯罪实行行为的起点,它和实行是极为紧密地连接着的,两者几乎不可分割,有时甚至只是一瞬间的事。如果把犯罪的实行行为看成一条线,则这条线的起点就是着手,终点就是既遂。线的起点和终点虽然有一定的距离,但很难说它有多长。这个起点和终点无论在理论上和实践上都非常重要,起点是划分未遂和预备的界限,终点是决定犯罪已否完成,达到既遂。

如何认定实行行为的开始——着手?由于犯罪是一种极为复杂的社会现象,不同的犯罪就有不同的着手。因此,在理论上很难提出一个固定的、统一的公式,应按各个不同具体犯罪的犯罪构成的有关要件,如犯罪侵害的客体、犯罪可能发生的危害结果以及犯罪的手段、时间、地点和情节等,有机地联系起来进行分析,以其行为的外部动作已经能明显地表现出行为人将要实行某种犯罪构成应当具备的客观要件的特征,才能作出判断。更具体一点,可从以下两点来考虑:第一,行为人在客观上已经表现出有为一定犯罪的意思,即犯意客观化;第二，与某一具体犯罪构成的客观要件所要求的实行行为紧密相连的起点。例如，放火罪，准备煤油、火柴等易燃物品以及走向放火场所等行为都属于预备；而在擦燃火柴或以火种接触燃料物品以及走向放火场所这一行为时，则为着手，即放火罪的实行开始。在持刀杀人犯罪中，行为人买刀、磨刀、带刀以及探看被害人的行踪等行为属于预备；而在对准被害人举起刀时，或持刀紧追被害人时，应认为是杀人罪的着手，即杀人罪的实行开始，刀子砍下去就是杀人罪的实行。而投毒杀人的着手与上述情况就不相同，对何时是着手有两种意见：(1)认为毒药投下食品后，还没有接近被害人是预备，毒药接近了被害人才是着手；(2)认为毒药一投就是着手，投下就是实行。应以第二种意见为妥。因为毒药一经投下，杀人的实行行为不但已经开始，而且已经终了，此后行为人即不必再有其他的动作。至于毒药何时接近被害人，只能看成是自然进行的一个中间现象，其进行的速度与过程如何，已与实行行为无关。如被害人服毒身死，则构成杀人既遂；如被害人没有服用毒物，则为实行终了的杀人未遂。若按第一种意见，则被害人接近并服用毒药往往是由于本人的行为所使然，这岂不把被害人自己的行为视为犯罪的着手实行？在情理上是讲不通的。又如，抢劫罪、强奸罪都规定以暴力、胁迫和其他方法为犯罪构成的客观要件，只须行为人一经实施暴力、胁迫，就是犯罪实行行为的开始，犯罪就已经着手实行，尽管行为人还没有接触到被害人的财物或被害人的肉体，都不能认为抢劫的行为或强奸的行为还没有开始。当然，这两种犯罪的目的各异，区别两罪的性质要探究犯罪故意的内容。有一个案例，数人共谋抢劫，准备了刀枪棍棒，在路边丛林中隐藏起来，等待行人经过实行抢劫。正当此时，就被抓获。司法人员认为他们的行为已进入着手阶段，应定为抢劫未遂。其实，这种情况，既没有特定的被害人，也没有面对被害人，还不能认为着手，只能作为抢劫罪的预备犯处理。

(1983年第7期)

试论诬告陷害罪

周道鸾* 张泗汉**

诬告陷害罪,是侵犯公民人身权利,干扰司法机关正常活动的犯罪。由于这种犯罪是假借国家机关权力,侵犯公民权利的行为,往往会造成严重后果,因此,不仅在道义上受到社会舆论的谴责,而且在法律上要追究诬陷者的刑事责任。然而,这种犯罪一般比较复杂,罪与非罪的界限不易区分。研究诬告陷害罪的历史发展及其构成要件,划清诬告与错告以及诬陷罪与其他犯罪的界限,对于提高我们同诬告陷害的犯罪行为作斗争的认识,准确认定犯罪性质,正确适用法律,保护公民的民主权利,具有重要的意义。

一

诬告是一种社会历史现象,是阶级社会的产物。翻开古今中外的历史,用诬告制造冤案,陷害无辜的事件,屡见不鲜。唐朝武则天,任用索元礼、周兴、来俊臣等酷吏,以诬告残害忠良为能事,甚至编写了一本专讲诬陷与株连之术的书,名为《罗织经》。南宋秦桧,陷害民族英雄岳飞,使岳飞父子均遭杀害,至今为人们所诅咒。第二次世界大战前,1933年2月,德国法西斯头子希特勒、戈林,为了打击德国共产党和工人运动,一手制造轰动世界的“国会纵火案”,妄图迫害国际共产主义运动领导人季米特洛夫等,这是近代国际史上发生的一起典型的诬陷案件。

林彪、江青反革命集团,为了推翻人民民主专政,在“十年动乱”期间,利用他们手中窃取的权力,捏造事实,制造伪证,残酷迫害党和国家各级领导人以及广大干部和群众。一时诬告成风,冤案遍及全国。其手段之卑劣,株连之广,危害之大,后果之严重,为中外历史上所罕见。

我国自秦汉以来,历代对诬告都是要治罪的。“诬告反坐”曾经是我国封建刑法的一项原则,最早见于战国末期的秦律。汉宣帝元康四年诏日:“诸年八十

---

* 作者单位:北京市高级人民法院。
** 作者单位:北京市高级人民法院。

以上,非诬告、杀伤人,佗皆勿坐。”把诬告规定为重罪,即使是80岁以上的老人,也不在宽免之列。唐律明确规定:“诸诬告人者,各反坐。”诬告人谋反、谋大逆者,斩。《宋刑统》、《大明律》、《大清律》等,也都有诬告罪的规定。

为什么诬告要反坐?据《晋书·刑法志》所载曹魏律《序略》,是为了“省刑息诬”。实质上,是为了巩固封建统治秩序,维护地主阶级的根本利益。因为这种犯罪不仅直接危害被诬陷者个人,而且妨害封建社会秩序。特别是谋反、谋大逆的诬告,可以导致统治阶级内部互相残杀。所以,封建刑律中,都把诬告作为严重的犯罪,并以严惩诬告作为稳定社会秩序的一项重要措施。

中国共产党人历来认为诬告是一种犯罪行为。早在抗日战争和解放战争时期,在一些革命根据地和解放区政权颁布的法令中,就有惩治诬告的规定。1942年《晋冀鲁豫边区危害军队及妨害军事工作治罪暂行条例》第1条第8款规定:“勾结敌伪陷害抗日军人有据者”,处死刑、无期徒刑或5年以上有期徒刑。1948年《晋冀鲁豫边区破坏土地改革治罪暂行条例》第10条规定:“栽赃诬陷他人犯本条例各罪者,按所举之罪处罚。”中华人民共和国成立后,在有的单行刑事法规中,对诬告有原则规定。如1951年颁布的《中华人民共和国惩治反革命条例》第19条规定:对反革命罪犯,任何人均有向人民政府揭发、密告之权,但不得挟嫌诬告。粉碎“四人帮”以后,为了吸取“文化大革命”沉痛的历史教训,加强社会主义法制,巩固安定团结的政治局面,第五届全国人民代表大会第二次会议于1979年7月通过的《中华人民共和国刑法》,对诬告陷害罪作了专条规定。1982年12月第五届全国人民代表大会第五次会议通过的宪法,进一步把禁止诬告上升为宪法原则,庄严宣布:“中华人民共和国公民的人格尊严不受侵犯。禁止用任何方法对公民进行侮辱、诽谤和诬告陷害。”从而为我们同诬告陷害的犯罪行为作斗争,提供了重要的法律武器。

二

什么是诬告陷害罪?根据我国《刑法》第138条第1款规定的精神和刑法理论,诬告陷害罪(以下简称诬陷罪)指意图使他人受刑事处分而捏造犯罪事实,作虚假的告发的行为。

诬陷罪的基本特征和要件是:

1. 必须有捏造犯罪事实的行为。这是诬陷罪最本质的特征。因为只有捏造犯罪的事实,才有可能对诬陷者追究刑事责任。例如,河北省任县副检察长刘文生编造假证,捏造该县检察长辛仁志“倚仗职权,徇私枉法,采用多种手段,包庇11起案件中近30罪犯,使作恶多端的犯罪分子逃脱人民法网”,就是以虚构的事实,诬陷辛仁志触犯了我国《刑法》第188条,构成徇私枉法罪。刘文生这种捏造事实的后果是足以引起对被诬陷人辛仁志受到刑事追诉的。因此构成诬陷罪。

2. 必须向有关部门进行告发。这是构成诬陷罪的前提条件。告发是诬陷者通过一定形式实现其诬陷意图的行为,如果行为人只有捏造他人犯罪事实的行为,而没有实施告发,其诬陷意图即没有实现的可能,因而也就构不成诬陷罪。不管是口头还是书面,是署名还是匿名,是真名还是化名;是向司法机关告发,还会向其他有关单位或工作人员告发,只要行为人实施了告发,诬陷罪就应成立。至于告发以后,被诬陷的人是否受到刑事追究,并不影响诬陷罪的构成。

3. 必须以“他人”为特定的诬告对象。所谓他人,是指自然人,而不是法人。被诬陷者,可以是国家工作人员,可以是一般群众;也可以是包括犯人在内的任何公民。法律对于所有公民的合法权益都是保护的。被诬陷的特定对象,必须清楚明确,通常是有名有姓的,但并非要以指名道姓作为先决条件,只要从所诬陷的内容中能清楚地表明被诬陷的是谁就可以了。行为人如果只是泛泛地捏造某种犯罪事实,而不是对特定人进行指控,不能构成诬陷罪。

4. 必须以使他人受刑事处分为目的,具有犯罪的直接故意。构成诬陷罪的目的只有一个,而动机则可能是多种多样的:有的是“三种人”诬陷坚持三中全会路线的好干部,妄图东山再起;有的是为挟嫌报复,栽赃陷害,发泄私愤;有的是名利熏心,妒贤嫉能,邀功请赏;有的是排除异己,取而代之;有的是自己犯了错误,为了洗刷自己,摆脱困境,嫁祸于人,等等。动机不同,不影响本罪的成立。

上述特征,紧密相连而不可分割,这4个要件,缺一不可,只有同时具备,才能构成诬陷罪。

首先,准确认定诬陷罪,要严格区分罪与非罪的界限,这是关系到惩罚罪犯与保护公民正当行使民主权利的重要原则问题。从审判实践看,主要是划清两种界限:

一要划清诬告与错告的界限。《刑法》第138条第2款规定,“不是有意诬陷,而是错告,或者检举失实的,不适用前款规定”。这就把诬告与错告在性质上清楚地区别开来。诬告属于犯罪行为,错告则是在进行正当控告、检举中发生的差错,绝不应把两者混同起来。诬告与错告,虽然在客观上都具有指控他人犯罪的告发行为,但在主观方面两者却有质的不同。前者是故意捏造事实,作虚假告发,后者则是由于情况不明,或者认识片面而检举失实。由此可见,是否具有诬陷的故意,是区分诬告与错告最基本的标志。要正确判明这一点,必须把住

3 个环节:要对所指控的事实进行全面的、客观的分析研究;对告发人与被告发人双方的相互关系进行历史的和现实的调查了解;对告发的背景、原因进行深入的调查研究。只有这样,才能透过现象抓住本质。

二要划清诬陷罪与一般诬告行为的界限。由于两者都有捏造事实、诬陷好人的特征,因而在实践中易于混淆。必须从诬陷的内容和主观目的上认真加以区分。一般诬陷行为捏造的事实,仅限于犯错误的事实,即不触及刑律的事实,其目的只是使他人受某种纪律处分。因此,从性质上讲,一个是犯罪,另一个是违法。对一般诬陷行为,可根据不同情节和后果,分别给予行政处分、纪律处分或者批评教育。

其次,要正确区分诬陷罪与其他犯罪的界限。这是关系到准确定性、恰当量刑的重要问题。从审判实践看,同诬陷罪比较容易混淆的,主要是报复陷害罪、伪证罪和诽谤罪。因为这几种罪在犯罪的主观和客观要件上有类似之处。

报复陷害罪与诬陷罪,两者都具有陷害他人的故意,但报复陷害罪并不要求具有使他人受刑事处分的目的。是否具有这种目的,是区分这两种罪的最主要特征。从犯罪构成的其他要件看,还有犯罪主体不同:诬陷罪可以是达到刑事责任年龄的任何人,报复陷害罪则只能是国家工作人员;犯罪手段不同:报复陷害罪必须以利用职务、滥用职权为前提,诬陷罪并不要求必须是利用职权实施犯罪;陷害对象不同:诬陷罪的受害者可以是任何人,报复陷害罪则只限于控告人、申诉人、批评人。

伪证罪同诬陷罪一样,侵害的直接客体,是公民的人身权利和司法机关的正常活动;在主观故意上,又都是以伪造事实为犯罪内容的。两种犯罪的区别在于:诬陷罪的主体没有特殊要求,伪证罪的主体则必须是特定案件的证人、鉴定人、记录人和翻译人;诬陷捏造的是整个犯罪事实,伪证罪则是对与案件有重要关系的情节所故意作的虚假的证明、鉴定、记录和翻译;诬陷罪对实施诬陷的行为没有时间的限制,伪证罪则只能在案件的诉讼过程中发生。

诽谤罪与诬陷罪,在客观上都是针对特定对象,采用捏造事实的手段实施的犯罪。但所捏造的事实内容有区别:一个是犯罪的事实,另一个是足以损害他人人格和名誉的事实;从行为方式看,也各不相同,诬陷是向有关部门告发,诽谤则只是向第三者散布;主观目的更是不同,诽谤罪是意图损害他人的人格和名誉,这是区分两者的主要标志。

三

对实施诬陷的犯罪分子必须绳之以法。《刑法》第183条第1款规定："……凡捏造事实诬告陷害他人(包括犯人)的,参照所诬陷的罪行的性质、情节、后果和量刑标准给予刑事处分。国家工作人员犯诬陷罪的,从重处罚。"正确理解和适用这一条款,对于正确定罪量刑,提高办案质量,是十分重要的。

诬告罪犯应当受到惩罚,这同"诬告反坐"是两回事,不能等同。"反坐",是封建统治者惩处诬告的一项刑罚原则,其实质乃是刑罚报复主义。我国刑法规定的诬告治罪,与封建刑律的"诬告反坐"是有原则区别的。一种观点认为,"予诬告者以反坐,应当是健全社会主义法制的重要内容之一"。另一种观点认为,《刑法》第138条关于诬陷罪的规定,是"诬告反坐"原则的体现,即诬陷什么罪反过来就应定诬陷者什么罪。例如,甲诬告乙犯反革命罪,于是对乙也应按反革命定罪。这种观点不仅混淆了诬告受罚与诬告反坐的区别,而且同我国刑罚的目的和犯罪构成的理论也是不相吻合的。刑罚的目的取决于国家政权的性质。我们是社会主义国家,我国刑罚惩罚犯罪,保护人民,集中体现了人民民主专政的国家本质。刑罚的目的,既要惩罚罪犯,更要教育、改造罪犯,是惩罚与改造的对立统一。从根本上说,惩罚是为了预防犯罪,这同以恐吓为核心的报复主义的封建刑罚,是完全对立的。有人可能认为,早在解放区时,我们就有诬告反坐的立法,反坐与人民政权的性质是一致的。应当看到,当时的规定,是限于历史的条件,人民法制尚处于初建阶段,很不完备,对这类法律问题还没有来得及作更深入的研究,而且当时这类立法也只是针对个别情况规定的,并不是作为一个刑罚原则见之于刑事立法,因而不具有普遍的意义。

任何犯罪都是主观要件与客观要件的统一。犯罪的目的决定犯罪行为的性质。如果行为人不具有某种犯罪目的,也就不能构成某种犯罪。例如,反革命罪的成立必须具备以推翻人民民主专政的政权和社会主义制度为目的。不具有反革命的目的,就不能定为反革命罪,甲诬陷乙犯反革命罪,如果甲只有诬陷他人的目的,而不具有反革命的目的,又怎么能定为反革命罪呢?同样,要构成某种犯罪,没有某种犯罪行为,也是不能成立的。例如,诬陷他人杀人,其犯罪行为是诬陷而不是杀人。没有杀人的犯罪行为,杀人罪又何从构成?可见,从犯罪构成理论讲,诬告他人犯罪的,只能成立诬陷罪,而不能构成其所诬陷的犯罪。

确定行为人犯的是什么罪,应当以刑法规定的罪名或者依法可以类推的为准。《刑法》第 138 条第 1 款规定的是诬告陷害罪,如果把这一条款理解为诬告反坐,按照行为人诬告什么罪反过来就定什么罪的话,那岂不是等于取消了诬陷罪? 因此,无论是从刑法这一条款规定的原则精神,还是它的实质内容上看,诬告陷害都是一个独立的罪名,只能定诬告陷害罪。

对诬告陷害罪如何适用刑罚呢?《刑法》第 138 条规定了量刑原则,而没有具体规定相应的刑罚方法和量刑幅度。这是从我国实际情况出发,全面考虑了这类犯罪的特点,因而是科学的,切实可行的。

《刑法》第 138 条对诬陷罪的量刑,既不按照封建刑律的反坐实行处罚,也不脱离实际去规定一个量刑幅度,根据这类犯罪的特点提出了"要参照所诬陷的罪行的性质、情节、后果和量刑标准给予刑事处分"。这是实事求是精神的体现。诬陷同其他犯罪行为相比,是一种特殊类型的犯罪。这种犯罪的社会危害程度,往往取决于所诬陷的具体内容。例如,诬陷某人偷了 5 只羊,同诬陷某人杀了一个人,其危害后果就有明显的不同。应当看到,诬陷罪的情况是千差万别的。诬陷的内容可以包括分则规定的各个犯罪。从量刑上说,也包括了所有的刑种及量刑幅度。像这样复杂的情况,必须采用"参照"的量刑原则。否则,即使机械规定一两个量刑幅度作标准,也是很难解决实际问题的。对这类犯罪正确适用刑罚,应当在全面分析案情的基础上,注意区别不同的情况和后果,然后"参照"所诬陷的罪予以处刑。

"参照"与"按照"是不同的。"参照"是指依据具体案件,既可以在其所诬陷的罪的法定刑幅度内酌量刑罚,也可以低于该法定刑。这种量刑上的灵活性是与诬陷罪的构成的复杂性相适应的。"按照"则意味着与所诬陷的罪名等同量刑,其实质是反坐。这与我国刑罚的基本精神和具体案件具体分析的原则是相违背的。另一个要考虑的因素是,诬陷他人犯罪而引起刑事追诉,这仅是一种可能而不是必然。诬陷者固然要承担罪责,但如果司法机关不予轻信,可能性也就不会变成现实。从这种意义上说,司法机关的错断,也是危害后果发生的一个重要因素。我国刑事诉讼法明确规定,对一切案件的判处都要重证据,重调查研究,不轻信口供,证据、口供都必须经过查对,证据只有查证属实以后,才能作为定案的根据。看不到司法机关在同犯罪作斗争的责任,而把导致错案的全部责任概由诬陷者来承担,因此处以所诬陷的罪的同等刑罚。这样做,对于履行司法机关的崇高职责,维护社会主义法制,是有害而无利的。

国家工作人员是人民的公仆。人民给予他们权利,是为了让他们更好地为人民服务。他们理应模范地遵纪守法,不谋私利。国家工作人员如果实施诬告陷害行为，在情节相同的情况下，其所造成的后果往往比普通群众更为严重，社会危害性也就更大。因此，法律规定要从重处罚。这对于保障公民的人身权利和民主权利，是完全必要的。

当前，值得指出的是，诬告还不是个别现象，有些地方还时有发生。我们应当充分认识诬告陷害行为的严重危害性，学会正确运用法律武器，同这种犯罪行为作坚决的斗争。在斗争中，既要严惩实施诬告陷害的犯罪分子，切实保护人民群众同犯罪分子作斗争的积极性；又要严防有些干部以惩罚诬告为名，行打击报复、压制民主之实，保障公民正当的民主权利，以利于进一步发扬社会主义民主。

（1983 年第 8 期）

形式矛盾的刑法条文能否同时并用

张　承*

审判实践中,经常遇到某人的行为根据刑法分则某条某款已构成犯罪,依法应当判处刑罚;但是同时,这一行为又具备法律规定可以从轻、减轻,直至免予刑事处分的情节的情况。这时,判决书中就要把认定其犯罪的法律根据和应当(或可以)从轻、减轻或免予刑事处分的法律根据分别列出。一般情况下,这种既认定其罪,又减免其刑的做法,并不会引起人们的误解或异议。

但是,某基层人民法院一个类似的判决却引起了争议。案件的大体情况是这样的:某甲(社员)与大队干部某乙发生纠纷后恰患急症死去。甲的家属为报复某乙,给大队施加压力,把甲的尸体停放在大队办公室。虽经社、队各级领导多方劝导、调解、批评,甲的家属仍坚持停尸达48天之久,给大队的正常工作和合作医疗造成很大损失。因此,甲的家属某丙被公安机关逮捕,并由检察机关公诉,人民法院依法审判,决定免予刑事处分,予以训诫。该案判决书中引用的法律条文是《刑法》第158条和第32条。第158条规定:"禁止任何人利用任何手段扰乱社会秩序。扰乱社会秩序情节严重,致使工作、生产、营业和教学、科研无法进行,国家和社会遭受严重损失的,对首要分子处五年以下有期徒刑、拘役、管制或者剥夺政治权利。"第32条规定:"对于犯罪情节轻微不需要判处刑罚的,可以免予刑事处分,但可以根据案件的不同情况,予以训诫或者责令具结悔过、赔礼道歉、赔偿损失,或者由主管部门予以行政处分。"在这一案件一审判决后的上诉和申诉审理中,有的人对这两条法律的同时引用提出了异议。认为"情节严重"是本案的定罪根据,如果再同时引用第32条,即承认被告人的行为"情节轻微"。这不是自相矛盾吗?根据形式逻辑中的矛盾律法则,认为或者是根据"情节严重",引用第158条对某丙定罪判刑,或者由于"情节轻微"而不构成犯罪,当然也就不能依据第32条免予刑事处分。所以,刑法中的该两条款不能同时并用,否则就是违反矛盾法则。

从表面看,这两条法律规定同时被引用在一份判决书中,是矛盾的。对同一个行为,既认定其"情节严重",又认为其"情节轻微",到底是哪一个对?是罪还

---

* 作者单位不详。

是非罪？我认为，如果只是表面地、形式地、孤立地看待这一问题，只能得出二者必居其一，否则必错的结论。但是，马克思主义的理论告诉我们，对具体情况必须作具体分析。只根据其表面现象是不能得出正确结论的。刑法科学也是一样。

下面我们试就这两条法律条文能否同时并用谈些看法。首先，扰乱社会秩序罪中，犯罪客观要件是“利用任何手段扰乱社会秩序情节严重的行为”。这就是说，只有利用各种手段扰乱社会秩序的行为，尚不能构成本罪，必须同时是“情节严重”的行为才构成本罪。“情节严重”是扰乱社会秩序罪的犯罪构成要件。缺少它或不符合它，都不能构成本罪。其次，是否一旦构成本罪，严重的程度就没有区别或不需要区别了呢？根据马克思主义辩证唯物主义的观点，我认为是有区别的，还是要根据犯罪事实、犯罪性质、情节和对于社会的危害程度分别给予恰当的处理，而不能因构成本罪必须情节严重，而一律从重处理。最后，所谓情节严重、情节轻微都是相比较而言的，问题是什么与什么相比。第158条中的“情节严重”，是与不构成犯罪的行为比较而言；第32条中的“情节轻微”是对已构成犯罪的“情节严重”的行为比较而言。这就是说，本案因扰乱社会秩序情节严重，才构成犯罪，但构成犯罪后与其他犯罪相比较，又是情节轻微的，故从轻处理。由此可见，“严重”与“轻微”都是相比较而言的，并无矛盾之处。刑法理论告诉我们：无罪者绝对不罚，有罪者不绝对都罚。第32条就是刑法中有罪者不绝对都罚的法律根据之一。

与《刑法》第32条规定相类似的，还有《刑法》第192条：“国家工作人员犯本章之罪，情节轻微的，可以由主管部门酌情予以行政处分。”也就是说，国家工作人员必须首先已经犯有刑法第八章中规定的渎职罪，然后再根据犯罪的事实、情节、后果，属于情节轻微的，才可以同时引用第192条规定处理。

必须指出的是，《刑法》第32条与《刑法》第10条“但书”的规定是有本质区别的。第10条“但书”规定：“情节显著轻微危害不大的，不认为是犯罪。”因此，这条无罪的规定是不允许与刑法分则中的定罪条款同时并用的。否则，显系矛盾，不合逻辑。

刑法分则中，以“情节严重”、“情节恶劣”为犯罪构成要件的有20条之多。在审判实践中，它们都可以与《刑法》第32条同时并用，并不互相矛盾排斥。

（1983年第8期）

从一起毁容致残的实例看修改刑法部分规定的必要性

田心水*

第六届全国人大常委会第二次会议通过决定,修改和补充了部分法律规定,这对进一步健全和完善我国的社会主义法制,确保社会主义现代化建设的顺利进行是完全必要和非常及时的。当前社会治安中凶杀、抢劫、爆炸、强奸、盗窃等严重刑事犯罪活动还很突出,甚至发生了不少罕见的恶性案件,特别是一些流氓团伙,气焰十分嚣张,严重地破坏了社会秩序的安定。法律作为统治阶级意志的集中体现,旨在保护人民,打击敌人,惩罚犯罪,为了更好地发挥法律武器的作用,根据形势与任务的需要,理所当然地要相应地作出修改和补充。如《刑法》第134条规定,伤害罪致人重伤的,处3年以上7年以下有期徒刑,然而在司法实践中,往往遇到有些案件,犯罪分子蓄意以极其凶残的手段实施伤害行为,情节恶劣,后果严重,但根据《刑法》的规定最高刑期不超过7年,即使是致人死亡,除刑法另有规定的外,最高刑期亦为无期徒刑。这样,在不少情况下势必造成罚不当罪,不能体现我国刑法罪刑相一致的原则,不足以使一些严重的刑事犯罪分子得到应有的惩罚。据了解,全国各地有不少类似案件,因受法定刑所限,罪罚不当,民愤不平。如发生在广州市的一起毁容致残案件:犯罪分子杜某,因本厂女工陈某中止与其恋爱关系而怀恨在心,先以写信威胁被害人,要用斧头砍断其臂,继而购买硫酸30余斤,将其中一部分加热后灌入5磅暖水壶,趁陈某在车间埋头工作之机,猛揪住陈的头发,将壶内硫酸仰面倾倒在陈的头、脸等部位,致陈当场昏迷,生命垂危,虽经抢救幸免一死,但头、脸、颈、四肢等均遭灼伤,尤以头部为重,颅骨出现散在性坏死,双目失明,左耳失聪,面目全毁,(见被害人被害前后照片3张)惨状目不忍睹。此案该如何定性和处理?如以重伤罪定性量刑,最高刑期为7年,此情此景如此刑罚显属罚不当罪,不仅不足以震慑敌人,民愤亦不平。如果突破法定刑判处,又与法不符。有的同志认为可定杀人罪,可是行为人主观方面的故意内容又与杀人罪不甚吻合。这样就出现了如以伤害(重伤)定罪,罪刑不能一致,如突破法定刑判处则与法不符,如为重判以杀人定

---

* 作者单位不详。

罪则违背了审判工作实事求是和依法办事的原则。如何解决呢？既不能有法不依,又不能不考虑实际情况。当然,法律修改以前还得依法办事。然而法律的有关规定经实践证明已不再适应对敌斗争的需要时,由立法机关适时地在总结经验的基础上进行必要的修改则势在必行。列宁曾经明确指出:“在斗争尖锐的时候仍然坚持不能修改法律的革命者,也是不好的革命者。”接着还指出:“如果法律妨害革命的发展,那就得废除或者修改。”六届全国人大常委会二次会议正是从斗争的需要出发,对上述刑法条款修改为:“故意伤害他人身体,致人重伤或者死亡,情节恶劣的,或者对检举、揭发、拘捕犯罪分子和制止犯罪行为的国家工作人员和公民行凶伤害的”,“可以在刑法规定的最高刑以上处刑,直至判处死刑”。这样,上述矛盾就迎刃而解了,这是广大司法工作者在实践中提出的要求,也是广大人民群众的愿望。这一修改可以更好地体现我国刑法罪刑相一致的原则,震慑敌人,保护人民,保障我国社会主义现代化建设的顺利进行。

（1983年第10期）

奸淫幼女罪不应以“明知”为条件

许　言* 　刘　辰** 　吴振汉***

奸淫幼女罪是强奸罪的一种特殊形式，在我国《刑法》第139条强奸罪中第2款中有所规定。奸淫幼女罪与一般强奸罪不同，有其自身的特点，因为被害人身体智力尚未发育完全，性机能尚未成熟，对性行为缺乏理解，缺乏辨别是非、自我保护和反抗的能力。她们往往成为流氓分子残害的对象，被奸淫后引起的后果特别严重，使幼女身心健康遭受严重摧残，有的甚至使幼女的性机能遭到破坏，危害幼女的终生幸福。因此，奸淫幼女的犯罪分子历来是我国惩治犯罪中的重点打击对象，必须依法从重从快予以惩处，绝不能以没有采取暴力、被害人没有反抗、没有造成严重后果为由而心慈手软。

《刑法》规定：“奸淫不满十四岁幼女的，以强奸论，从重处罚”，就是把14岁作为法定幼女年龄。凡是奸淫不满14岁幼女的，不论其采取何种手段，被害人表示什么态度，都构成奸淫幼女罪。有人认为对幼女的认定要根据身体发育的程度，有的女子虽不满14岁，但性机能已发育成熟。然而，发育成熟是体力、智力的总和，身体发育并不等于智力也已成熟。我国《刑法》法定不满14岁的为幼女，是根据我国国情的普遍规律制定的，是把幼女作为刑法的特殊保护对象。

从这几年执行刑法的情况来看，对于这一法条的执行是严肃的，但也存在一些有争议的问题。

有人提出，奸淫幼女罪是否以行为人明知被害人年龄为条件，如果对不满14岁的幼女误以为已满14岁，而与之发生性关系是否构成本罪？

强奸罪是直接故意的犯罪，行为人必须具有奸淫的目的。《刑法》第11条规定：“明知自己的行为会发生危害社会的结果，并且希望或者放任这种结果发生，因而构成犯罪的，是故意犯罪。”刑法中对某些容易混淆罪与非罪的条文，往往用“明知”加以限制，如重婚罪，必须“明知他人有配偶而与之结婚的”，窝赃、销赃罪必须“明知是犯罪所得的赃物”，而奸淫幼女罪没有这样的规定。因为行为人与妇女发生不正当的性关系是一种违法的和不道德的行为，具有社会危害

---

* 作者单位：上海市人大教科文卫委员会。

** 作者单位不详。

*** 作者单位：湖北省高级人民法院。

性,这一点是明知的。因此,在实施该违法行为的时候,应该考虑到对方是否幼女,是否刑法特殊保护的对象。因而,只要行为人具有与幼女发生性行为的不确定故意,就具备了奸淫幼女罪的主观条件。

从实际情况看,行为人要了解被害人的确切年龄是不可能的,即使是司法部门也要经过详细的调查才能认定。而且行为人一般也不是事先了解对方是否幼女后,再决定奸淫与否的。从幼女的外表来看,对年龄太小的可以辨别,但对有的接近14岁的,单从外表是很难判断其是否幼女的,更何况犯罪分子为了逃避惩处,往往伪供,推卸罪责,而司法部门往往无法从其他证据去查明其是否确知被害人年龄的供词,如以明知幼女作为本罪要件的话,势必使一些犯罪分子逃脱法网,不利于惩罚犯罪和保护下一代。因此,即使行为人真的以为被害人已满14岁,但实际上不满14岁,只要具有奸淫目的与之发生性关系,就应该以奸淫幼女罪追究其刑事责任。

例如,青工甲(23岁)在公园见一戴红领巾的女学生乙(年13岁半,身高1.64米),即上前调戏,并将乙骗至偏僻处,以"交朋友"为名奸淫了乙。在审理中,甲辩解说,乙长得高,不知道是幼女,而且发生两性关系时没有采取暴力,不应以奸淫幼女定罪。法院认为,被告甲对他所侵害的对象乙是一个戴红领巾的学生是明确的,而红领巾是少年儿童所佩带的,这是普通常识,被告人也是清楚的。因此,被告人在主观上具有奸淫女性的犯罪故意,客观上有奸淫的行为,不论采取什么样的犯罪手段和幼女是否同意,也不管是否确知被害人不满14岁,应以被害人的实际年龄为准,定为奸淫幼女罪,依法从重惩处。法院这样认定是正确的。

(1983年第10期)

对数罪并罚中的“总和刑期”也要“限制加重”吗

罗书平*

在刑法理论的教科书或专论中,对数罪并罚如何决定执行的刑期,存在一种普遍相同的观点,即不论数罪的总和刑期多少,均应受“有期徒刑最高不能超过20年”的限制,即只能在“20年有期徒刑以下,数刑中最高刑期以上酌情决定应当执行的刑期”。如一本《刑法学》教科书写道:“例如某甲犯有强奸罪、盗窃罪和放火罪,强奸罪宣告八年有期徒刑,盗窃罪宣告3年有期徒刑,放火罪宣告12年有期徒刑,三种犯罪的总和刑期为23年有期徒刑,三种宣告刑中的最高刑为12年有期徒刑,本来可在刑23年以下12年以上的范围内酌定执行的刑期,但有期徒刑最高不能超过20年。因此应在20年以下12年以上酌定执行的刑期。”

我认为,这种观点是值得探讨的。

我国《刑法》第64条第1款对数罪并罚原则是这样规定的:“判决宣告以前一人犯数罪的,除判处死刑和无期徒刑的以外,应当在总和刑期以下、数刑中最高刑期以上,酌情决定执行的刑期;但是管制最高不能超过3年,拘役最高不能超过一年,有期徒刑最高不能超过20年。”本法条有三层意思:(1)数罪中有被判处死刑或无期徒刑的,不存在并罚问题;(2)对数罪执行的刑期只能在“总和刑期以下数刑中最高刑期以上”的范围内,“酌情决定”;(3)最后决定执行的刑期,管制最高不能超过3年,拘役最高不能超过1年,有期徒刑最高不能超过20年。由此可见,数罪并罚中受“限制加重”原则“限制”的,仅仅是最后“决定执行的刑期”,而不包括“总和刑期”。从本法条的表述上可以看出,是在对数罪并罚适用的对象和在什么范围内酌情决定执行的刑期作了阐述后,紧接着用“但书”规定“限制加重”原则的。“限制加重”原则只是对决定执行的刑期,而不是对“总和刑期”。

弄清楚这一点,对司法实践有什么意义呢?有的。这涉及数罪并罚中对总和刑期超过有期徒刑20年的人如何量刑的问题。例如,罪犯某乙犯有贪污、故意伤害致死、强奸致人重伤3个罪行,各罪被分别宣告均为10年。对此,按照

* 作者单位:四川省达县地区中级人民法院。

《刑法》第 64 条的规定，在总和刑期 30 年以下，数刑中最高刑期 10 年有期徒刑以上的范围内决定其应当执行的刑期。但最高不能超过 20 年。倘若按照总和刑期也要“限制加重”的观点，则只能在 20 年有期徒刑以下、10 年有期徒刑以上的范围内决定执行的刑期。用第一种方法量刑，假定人民法院对某乙决定执行的有期徒刑是 20 年，已属于有些偏轻的了。倘若按第二种方法决定执行的刑期，就有可能决定执行不满 20 年的有期徒刑。在司法实践中，“顶格”判处的情况毕竟是有限的。又假定本案中，某乙有从轻处罚的情节，在 30 年到 10 年有期徒刑范围内决定执行 20 年，仍然是体现了从轻处罚的。但如在 20 年到 10 年有期徒刑范围内“顶格”决定执行 20 年，这就很难说是从轻处罚了。因此，不管数罪的总和刑期超过法定的数罪并罚最高刑期多少，一律限制在数罪并罚最高刑期上，然后再在这个已被限制的总和刑期以下，数刑中最高刑期以上决定执行的刑期，显然与法不合，也不利于同犯罪分子作斗争。

（1983 年第 10 期）

儿子帮助母亲自杀应如何定性处理

金子桐[*]　咸忠园[**]

案情简介:

某日,被告人陈某在责任田收割玉米棒时,偷割了邻地玉米棒三垄、高粱四十八穗,被生产队派看庄稼的郭某(68岁)发现。郭要陈回村找队长处理,因而发生争执,陈殴打郭致死,仓皇逃离现场回家,对半身不遂的母亲(67岁)说:"我闯了大祸,打死人了。"其母问:"谁?"陈答:"郭某"。陈母认为,自古杀人要偿命,若独子伏法,她失去依靠也活不下去,不如由她去给郭家抵命。母子俩商定后,由陈将母背送到郭家后院的崖背,并对母说:"这是郭家的后院,"说罢离去。其母爬了14米坠崖跌死在郭家院内。案发后公安机关将陈拘留,陈供认了上述事实经过。郭尸经法医鉴定:系胸、背部受打击休克死亡。

分析意见:

此案审理时,对被告人偷割他人责任田里的少量玉米棒和高粱,属小偷小摸行为,被告人打郭致死,以故意伤害致死定罪,并无异议。但对其帮母自杀的行为有3种不同意见:

第一种认为,被告人打死郭后,认为要抵命,乃同意其母自杀抵命,将母背至崖背,由其母自爬坠崖,这对被告来说,是出于悔罪,对母子俩人说来,是对法律愚昧无知而造成的惨剧。然其母系出自杀,被告人不负罪责。

第二种认为,陈母属自杀,责任虽不在被告人,但这是被告人的伤人致死行为引起的,并且还帮母去自杀,因此对他所犯的故意伤害致死罪应从重处罚。

第三种认为,被告人出于妄图逃避致死人命罪责的动机,帮助其母自杀,非法剥夺了她的生命,又犯了故意杀人罪。我们同意第三种意见,具体理由是:

1. 帮助自杀,是指对已决意自杀的人的自杀行为给予助力,使自杀行为得以实现的行为。帮助自杀必须同时具备两个特征:(1)行为人必须明知他人决意自杀而实施帮助行为;(2)行为人必须在客观上与自杀者的死亡结果具有直接的因果关系。本案陈母是基于对法律的错误理解和爱子之心,并且权衡了利害得失后决意自杀的。而被告人也认为其母自杀可抵郭某命,自己可免予一死,

---

* 作者单位:上海社会科学院法学研究所。

** 作者单位不详。

于是背送其母到郭家后院崖背,造成了陈母自杀身亡的结果。陈母是个已失去行动能力的人,因此被告人的“背送”行为,完全符合帮助自杀的特征。

2. 帮助自杀的行为,对自杀人的死亡结果虽起辅助或促进作用,但其性质仍是非法地剥夺了他人的生命。

有人对我国刑法对自杀行为未规定为犯罪,认为帮助自杀亦不构成犯罪。这种认识是不对的。对自杀者的自杀行为来说,虽然它戕害的是自己的生命,但其行为是具有社会危害性的,我国刑法之所以未规定为犯罪,其原因在于:如自杀既遂,因犯罪主体的不存在,则无追究刑事责任的必要;如自杀未遂(畏罪自杀例外),若追究其刑事责任,在客观上就会使自杀者产生自杀不成也得坐牢的念头,促使其自杀的决心,达不到刑罚的目的。本案陈母虽然有重病并有自杀之决意,但其人身权利同样受到国家法律的保护。被告人为了达到由母抵命的目的实施了帮助自杀的行为,非法地剥夺了她的生命,已构成了故意杀人罪。

3. 帮助自杀的行为,客观上虽同一般的杀人罪一样,剥夺了他人的生命,但其主观方面只是帮助自杀不是直接杀人,因此在量刑时,不能一概而论。帮助自杀的原因是多种多样的,有的身患绝症难以忍受痛苦,有的遭受挫折产生厌世,而要求他人帮助自杀。本案是陈母替被告人“偿命”,由被告人帮助其母自杀,虽然这种行为是昧于法律的妄想,但陈为了逃避罪责,竟实施了这一行为,其犯罪动机是十分卑劣的,这是量刑时应该考虑的一个从重情节。

(1983年第10期)

论通奸引起严重后果的法律责任

宣林泉*

通奸是有配偶者与他人或无配偶者与有配偶者,相互自愿发生不正当性关系的行为。

通奸是否构成犯罪,历来见解不一,争议甚多。主张把通奸规定为犯罪的主要理由:一是通奸破坏了他人的家庭团结和睦,矛盾容易激化,造成奸情杀人,社会危害性大;二是从中国的实际出发,人民群众要求把通奸规定为犯罪。主张不把通奸规定为犯罪的主要理由:一是通奸是旧社会的遗毒,有的地方通奸现象不是个别的,刑法不宜管得过宽,打击面不宜过大;二是通奸属于道德品质范畴的问题,应放在党纪、政纪范围内去解决,用道德教育、舆论谴责、纪律约束比较适当;三是从各国立法例来看,绝大多数国家都不把通奸定为犯罪,可供我们借鉴。这两种主张都是言之成理、持之有据的。我国刑法并没有规定把通奸当做犯罪,经过3年多的实践,有必要对此回顾研究一番。我国的立法工作是反映工人阶级和广大人民群众的意志的。从客观存在和发展变化的实际情况出发,审时度势,在实践中不断总结经验,修改完善,使法律有效地调整和处理各种社会关系和社会矛盾,是我们的任务。

近年来,笔者有机会走过17个省、市、自治区,根据有关方面提供的案例和统计资料表明,由于"十年动乱","四人帮"践踏和摧残社会主义法制,社会主义道德水平有所下降。加上近几年,我国又面临着对外开放的环境,西方腐朽的生活方式,"性解放"、"性自由"也侵蚀了一些人,通奸现象同20世纪50年代相比,有明显的上升趋势,因通奸而引起严重后果的情况,已成为社会问题之一,增添了不安定的因素。主要表现为:

一、有的通奸情节恶劣,后果严重,社会危害性大

通奸的情况有多种多样,有的从临时性的通奸发展为长期,从与一个人通奸发展为多人,从秘密发展为公开,已不顾羞耻,个别的甚至当着配偶的面通奸,公

* 作者单位:西南政法学院(现西南政法大学)。

然挑衅。对于淫乱思想严重,道德品质败坏的人来说,舆论、纪律的约束已不够有力,发展到后来,通奸者虽无凶杀、伤害他人行为,但因奸情受到侮辱、损害的配偶往往不堪忍受,刚强者起而行凶,懦弱者导致自杀,造成家破人亡、妻离子散的悲惨结局。例如,山西省某县来某与常某长期通奸,丈夫劝止不理,奸妇公然宿居奸夫家中,丈夫前往杀死妻子,又杀死奸夫的两个未成年儿子,奸夫逃脱,结果被判处死刑。又如,某市女社员尹某品德败坏,公公气得上吊身死,丈夫对其通奸行为规劝无效,反被奸夫奸妇毒打一顿,后竟发展到当着丈夫的面在家通奸,丈夫气愤不已,带着3个未成年子女投井自杀,除大儿子漂起来未死外,其余3人均死亡。

二、因奸情引起的凶杀案件增多

奸情引起了形形色色的凶杀案件,有奸夫之间因争风吃醋引起凶杀的,有通奸一方不愿继续,而被杀害的,更多的是奸夫奸妇合谋杀害本夫本妻的案件。据一些地区统计,近几年发生的故意杀人案件中奸情杀人占20%~30%,个别地区高达40%以上。四川省某县魏某与谢某长期通奸,二人多次通谋,相互催促,各自杀害自己的配偶,魏趁其妻从医院引产回家调养之机,将其毒死,岳父误以为手术不当,到公社大吵。谢趁其夫胃痛之机,将其毒死,败露后交代出通奸一事,经公安机关侦查,魏妻也是被毒死。通奸引起的伤害、放火、爆炸等恶性案件也有增加。

三、因通奸为诱因的离婚案件上升

家庭是社会的细胞,担负着多种社会职能。建立一个幸福美满的家庭,不仅有利于一家人的生活、工作和学习,而且有利于社会的安定团结和国家的繁荣富强。男女一方的通奸行为,往往导致家庭破裂,有的还蓄意同配偶制造矛盾和纠纷,从肉体上、精神上加以虐待。据某些地区统计,离婚案件中20%~30%,是由于通奸而引起的。近年来,有些报纸杂志对通奸行为不加谴责,却片面宣扬这种"离婚自由",造成是非颠倒,思想混乱。

四、通奸给家庭子女带来不良影响和毒害

家庭是培养子女个性品德的基础。家长的道德品质,对子女的榜样力量是非常巨大深刻的。孩子的好奇心强、可塑性大,善于模仿,如果父母品德败坏,乱搞两性关系,孩子耳濡目染,就会形成不健康的品质和心理状态。成长后也有可能模仿父母的样式去做。近年来,犯罪学者惊呼,青少年犯罪大都发生在不良家庭教育的环境里,是值得重视的。

综上所述,通奸的社会危害性大。为了保障婚姻家庭,预防犯罪,维护社会治安,应该运用道德的、教育的、行政的、政治的力量与通奸行为作斗争,而法律的力量也是不可缺少的,否则我们就会在屡教不改的、道德品质败坏的人面前束手无策。人民群众对于通奸情节恶劣、后果严重的,要求给予法律惩处的呼声很高。然而,由于我国刑法没有关于通奸罪的规定,法院在处理通奸妨害他人婚姻家庭案件时,缺乏直接的法律依据。还有破坏军婚的,因行为人系通奸,尚未达到公开同居的程度,也往往不予处理。因此,引起当事人和人民群众的不满,个别地方甚至发生人民代表在人代会上动议追究基层人民法院院长失职,错怪了政法干部。有的通奸者的单位领导也视若无睹,不加过问,认为政法部门管不了,单位也不管;有的即使给予批评教育、行政处分,而对于某些无耻之徒来说,不足以阻遏其恶性,有的甚至说:"通奸不犯法,批评教育算个啥!"有的当事人由于告状无门,乃采取暴力行动,酿成恶性案件。

从我国的国情来考虑,我国历史悠久,素称礼仪之邦。保持两性关系的贞洁,是我们民族的优良传统和纯风美俗。我国是一个社会主义国家,合法的婚姻家庭应该受到社会主义法律的充分保护,对于旧社会遗留下来的丑恶现象——通奸,应该根据不同情节,予以处理。对于其中社会危害性大的,应该绳之以法。为此,我建议:

1. 对于通奸行为中的"情节恶劣"、"后果严重"的,应构成通奸罪。建议补充立法。

所谓"情节恶劣"、"后果严重"是指:(1)屡教不改,一贯与他人通奸或多人通奸的;(2)虽未实施杀人、伤害行为,但因通奸引起凶杀或自杀,造成他人家破人亡的;(3)国家工作人员利用职权,诱奸妇女的;(4)因通奸蓄意制造家庭纠纷,对配偶进行肉体摧残、精神折磨的,或以暴力胁迫配偶同意自己与他人通奸的。

2. 建议扩大破坏军人婚姻罪的适用范围,将"明知是现役军人的配偶而与

之同居或者结婚的……”修改为“明知是现役军人的配偶而与之结婚或者与之通奸，经教育不改的……”对军婚给予特殊保护。

3. 对一般通奸行为应由党政部门给予批评教育或者给予党内和行政的纪律处分，不能因为不构成通奸罪而放任不管。

4. 某些通奸者除有通奸行为外，还兼有流氓行为、伤害行为、虐待行为或其他非法行为，过去因囿于通奸不构成犯罪，连带对这些非法行为也未予追究，这是不对的。对其中情节恶劣，已构成犯罪的，应一并处理，可以分别按流氓罪、伤害罪、虐待罪定罪量刑。对公开姘居或者潜逃外地、公开以夫妻关系共同生活的，可按重婚罪处罚。

（1983年第11期）

盗开汽车造成严重后果如何定罪

孙应征*

例一，被告人万××于1983年先后纠合他人偷开汽车7次，寻欢作乐。其中有一次，万等3人将停放在某工厂院内的一辆吉普车打开，由被告人驾驶。由于车速过快，造成翻车，损失达7900元。

在审理中，有的认为是流氓罪，有的认为是交通肇事罪。一审法院以扰乱社会秩序罪判处。

笔者认为，为了寻欢作乐而盗开汽车，公然蔑视交通规则、严重破坏社会秩序的行为，应以流氓罪处罚。造成国家财产重大损失的，作为从重处罚的情节。流氓犯罪的特点，不是以特定个人或公私财产为目标，而是向社会挑战。这类犯罪与《刑法》第158条扰乱社会秩序罪是有区别的。扰乱社会秩序罪是指行为人基于不良动机或为了个人利益，无理取闹，冲击机关、学校、工厂、科研等单位，致使工作、生产、营业、教学和科研无法进行，使国家和社会造成严重损失的行为。万××等人无视法纪，7次盗开汽车寻欢作乐，不仅严重扰乱了公共秩序，而且还造成对公共财产的严重侵害，符合流氓罪的特征。至于本案是否能定交通肇事罪，由于被告人主观上有明显的犯罪故意，故不能定为交通肇事罪，但可将财产损失作从重情节。

例二，被告人刘××为了给家里运东西，某日将停靠在公路旁的一辆汽车盗走。由于驾驶技术不高，致汽车冲上人行道，撞断3根护栏立柱。往左打方向盘时，又将姜、王2人撞倒轧死。后汽车撞在建筑物上熄火，刘弃车畏罪逃跑。

一审法院定盗窃、交通肇事两罪，二审法院改判为盗窃罪。

例三，被告人孙××为办私事，将汽车站的一辆汽车发动开走。车主周某发觉，即驾驶另一辆汽车追上。周下车站在街中令其停车。孙明知失主拦车，却以4档高速向周直冲过去，周闪开，孙继续驱车逃跑。到十字街口，发现前面一辆公共汽车、一辆吉普车正在交会，孙将其方向盘猛力向左打，企图违章超车逃脱，致撞倒女青年3人，造成一死两伤的严重后果。

一审法院以危险方法致死人命罪判处，二审法院改为抢劫、交通肇事两罪。

---

* 作者单位：湖北省高级人民法院。

对出于各种目的、擅自把他人汽车开走的案件，定性时要具体分析行为人的主观心理和客观行为。如对用于抢送重伤员、急病员到医院，没有造成其他后果，且事后立即送回的，应不为罪；对用于私事，事后安全送回的，应负一定的行政、民事责任；对用于实施犯罪的，应根据案件情况作具体分析。

例二中，刘××为给家里运东西，将汽车盗开，并在驾驶中予以毁损，不论其事先有无占为己有的故意，鉴于汽车毁损后已不可能原物返回，物主已失去控制，对此应定盗窃罪。对刘在驾驶中肇事，致人死伤并畏罪逃跑的行为，其致死人命的主观心理尚属过失，应定情节特别恶劣的交通肇事罪，以两罪并罚论处。

例三中，孙××盗开汽车后，被失主追及，当街拦住，令其停车。孙某明见，反而加大油门猛冲过去，其行为已由盗窃发展为拒捕，并兼有杀人的动机，应根据《刑法》第153条以抢劫罪处罚。如果杀人既遂，还应定故意杀人罪。孙在后一阶段的行为属于逃跑中的违章超车，以致造成死1人伤2人的严重后果，其致人死伤在主观上不具有希望或者放任的故意。因此，构成情节特别恶劣的交通肇事罪。

（1983年第11期）

精神污染是青少年犯罪的重要原因之一

包心鉴*

在严厉打击刑事犯罪的斗争中,我们可以看到青少年犯罪占有极大比重。从揭露的材料看,他们犯罪气焰之嚣张,活动之猖獗,情节之恶劣,手段之残忍都是罕见的。对这些犯有严重罪行的人,我们绝不能心慈手软,必须运用法律武器,给予坚决的打击。然而,我们还必须冷静地分析一下,在当前为什么会有这么多的青少年犯罪,他们是怎样堕落成为罪犯的。对这样一个重大的社会问题,笔者对山东省青少年违法犯罪情况作了一些调查研究,大量案例分析证明,意识形态领域的精神污染是导致部分青少年犯罪的重要原因之一。现提出来供大家探讨。

一、先看几组数字的比较

我们把1979年至目前这两年多时间作为一个时期来考察。这一时期的青少年违法犯罪活动,呈现出与"十年内乱"以及1979年前两年的青少年违法犯罪活动种种不同的特点:

(一)青少年犯罪在全部犯罪分子中的比例逐年上升,是历史上的高峰

山东省青少年在全部犯罪分子中的比例,1980年为51.7%,1981年为53.3%,今年第一季度为53.5%,大城市还要高些。某看守所关押的达85%。

据有关材料记载,新中国成立以来全国各城市青少年犯罪人数占全市总人口的比例,没有超过1‰的。而近两年,大部分城市都突破了这个纪录,个别城市,竟达6‰。实属历史上罕见。

(二)青年职工犯罪人数上升

1979年之前待业青年犯罪人数多,而近两年青年职工犯罪人数上升;以济南市为例,青年职工犯罪人数占全部青少年犯罪人数,1979年为21%,1980年为49%,1981年为55%。

(三)大学生犯罪情况严重

据济南12所高等院校统计,1981年发生各类案件67起,其中盗窃、流氓、行

* 作者单位:山东省社会科学院。

凶杀人等刑事案件62起,今年第一季度发生刑事案件5起,近两年被判刑的7人。上述情况都是新中国成立以来所没有的。

(四)干部子女犯罪人数增多

以鲁西南某县为例。1981年这个县城查获9个流氓犯罪集团,共有97名成员,其中县科局长以上领导干部的子女就有14名,占近15%,而且他们都是犯罪集团的骨干分子。大城市特别是沿海城市,干部子女犯罪情况更多。

(五)城镇多于农村,沿海城市多于内地城市

以青岛(沿海)和济南(内地)这两个城市为例。今年第一季度,全省青少年犯罪人数占全部犯罪人数的53.5%,济南为65.8%,而青岛为72.7%。青岛、济南均高于全省平均率,而青岛又大大高于济南。

综上所述,近两年青少年违法犯罪活动是历史上的高峰,犯罪率逐年上升;犯罪人员的构成,已经由前几年主要是待业青年,逐步变为主要是工厂职工、大中学校学生,以及干部子女。这些特点说明,目前青少年问题,已成一个不容忽视的严重的社会问题。

二、精神污染蔓延

分析上述犯罪情况特点我们可以看到:大部分犯罪青少年,本人有固定工作和经济收入,前途有保证,家庭生活也比较富裕,与以往由于生活无出路而导致犯罪的情况大有不同。显然,导致这些青少年违法犯罪的原因已不仅仅是"十年内乱"严重恶果的影响,待业青年无生活出路,家庭的娇惯,坏人教唆。资本主义思想在意识和生活方式方面对青少年的腐蚀,特别是前一阶段出版、文艺创作和表演方面低级庸俗、诲淫诲盗之类在一些地方泛滥于市,五花八门的西方资产阶级思潮污染、侵入我们的意识形态领域,而我们却放松青少年的政治思想工作,使部分涉世未深,免疫力差,识别是非、善恶、美丑能力不强的青少年受到影响和毒害。资本主义思想的污染骤然增强和我们政治思想工作的严重削弱,这两个方面一"进"一"退",相互作用,是不少青少年陷入违法犯罪泥潭的重要原因。近两年,随着对外开放政策的实行,由于我们缺乏经验和必要的防范措施,海外资本主义思想趁虚而入,国内意识形态领域的一部分人名为介绍和研究外国情况,把资产阶级民主、人道、自由之类奉为治世的圭臬,听任这种精神污染蔓延。通过电影、电视、电台、书籍、刊物、讲台等多种渠道,许多不应该让青年接触的东西,直接地无批判地向青少年开放,甚至明令禁止的黄色照相、录像、手抄本等污秽品,也在某些角落里传播开来,致使一些知识贫乏和缺少生活经验的青少年，思想更加混乱，从而误入歧途。

（一）某些电影、电视的影响

近两年电影大大增多，电视大大普及，而青少年是电影、电视的主要观众，电影、电视对他们的影响极大。不加批判地引进外国的侦探、凶杀、带有色情镜头的电影电视，一些国产片也追求低级趣味，对青少年起着直接的腐蚀作用。电视《加里森敢死队》播映后，不少城市即出现青少年组成的“加里森敢死队”，模仿影片情节，结伙打架。山东师范大学学生苗某，抢劫杀人罪，审讯中他交代：“最爱看的电视是《加里森敢死队》，最爱看的书是《福尔摩斯探案集》。”他的作案手段就是从这两个作品中学来的。不少失足女青年，是从看了电影《××恋》，因羡慕女主角的打扮开始模仿而逐渐堕落的。

（二）某些书刊的影响

近两年一些文艺刊物大肆刊登美女相片和带有色情情节的文艺作品，一些出版社将历史上带有明显污垢的作品不加整理批判地出版，这些作品大量侵入青少年的精神领域，使一些人受其糟粕所害。特别是大、中学生，有机会较多地阅读西方文艺作品，学校课外阅读指导工作又十分薄弱，致使一些学生不是用分析的观点，去接受西方文艺作品中的积极因素，而是欣赏其中低级庸俗的情节，并逐渐发展为模仿追求。山东师范大学学生谭某（已婚），受某些小说的影响，模仿西方大学生“寻情妇”，采取引诱、胁迫手段，多次奸污女同学，走上犯罪道路。

（三）录音带的影响

随着生活水平的提高，目前录音机比较普及，而大部分又集中在干部家庭。据济南市团委不完全统计，录音机在干部家庭及其子女手中的占50%以上。一些干部子女利用他们的特殊条件搞来黄色歌曲的录音磁带，相互转录，四处流传。有些人利用录音机搞“家庭舞会”、“黑灯舞”，有的青少年就是由此失足的，还有些青少年因收听反动广播而犯罪。

（四）与某些外国人交往的影响

山东地处沿海，对外接触机会较多，实行对外开放政策后，外国海员和旅游观光的外国人日益增多，带来了某些资本主义生活方式，一些青少年对此缺乏抵制能力。有的向外国人索要淫书淫画淫照，有的走私贩私，有的着意模仿外国人的生活方式，有的丧失国格人格，以致堕落犯罪。

（五）不正之风的影响

一些领导干部利用特权，为其子女升学、就业、参军、入党、提干等问题寻找门路，提供方便，少数人甚至千方百计庇护其子女的违法犯罪行为。这种不正之风对青少年产生两种恶劣影响:有的干部子女自恃有特权,胡作非为,无所畏惧,而有的普通人家的子女,由此而产生对现实不满,对社会主义制度产生怀疑,自甘颓废。近两年,社会上结婚讲排场、请客送礼等不正之风盛行,酒馆餐厅为片面追求利润,推波助澜,一些青少年抵制不了,为了弄钱而违法犯罪。

三、相关部门失职

上述种种因素说明,在新的历史时期,资本主义思想对我国社会的精神污染,特别是对抵抗能力薄弱的青少年已经到了触目惊心不能容忍的地步。面临着资本主义思想新的进攻,我们有些社会领域,特别是一些意识形态部门,缺乏清醒的认识和足够的警惕,在实行对外开放政策的同时,没有相应地采取防范资本主义思想腐蚀的积极措施,建立起我们自己的坚强堡垒,在对青少年教育的问题上,失去了自己应尽的职责。

(一)对青少年的政治思想工作和管理工作严重削弱

许多事实说明,凡是政治思想工作薄弱、行政管理混乱的单位,青少年犯罪情况就严重;而凡是青少年犯罪情况严重的单位,那里的政治思想工作和行政管理一定薄弱。某缝纫机机件厂,共349人,这两年犯有各种违法犯罪行为的就达65人,占18.6%,而这个厂的党支部副书记兼厂长本身就是一个投机诈骗分子。某皮革研究所的领导,对青工放任自流,去年9、10两个月,就发生3起强奸、行凶案件,此外还有5人因打架斗殴被拘留。

目前大、中学校政工人员很少,有的大学政治部门被取消,直接做学生思想政治工作的辅导员更少,大部分是业务教师兼职,有名无实,对学生的思想不明,教育无力,管理松懈,甚至撒手不管。不少学生从早恋、乱恋,发展为违法乱纪。山东大学学生侯劲松,经常无故旷课,并约人来校打架,为此曾受留校察看处分,但仍无人帮教,反遭歧视嘲弄。本人多次要求和领导谈话,都被拒绝,使其思想更加抵触,终致发展到持刀行凶。

还有的单位领导对青少年思想问题熟视无睹,有的甚至抱着幸灾乐祸的态度说:“让他们闹去吧,闹进了监狱就算完。”这样的思想认识和精神状态,怎么能教育引导好青少年?

(二)学校教育重智而轻德

济南高校被判刑的7名大学生,均是学习“尖子”,4名是高考成绩优秀者,2名是推荐入学的全能优秀运动员,1名是毕业回校的进修生。这个现象说明了三方面的严重问题:一是中学片面追求升学率,对学生只重学习成绩好坏,不问思想品德优劣。有的学校对已有明显劣迹的学生，只要其成绩好，一切皆好，甚至掩饰其弊。例如，山东大学学生苗某，在中学就有偷盗、流氓行为，只因他是全省田径比赛少年组五项全能冠军，中学为他加上了很好的评语，被选送进大学，终至盗窃杀人。二是招生只看考试成绩，忽视思想品德。近两年大学招生政审很不严格，有的干脆取消了政审，只要卷面成绩好，就成了宝贝，以致把一些思想品质差的学生招进了大学。三是大学生重专业课程，严重忽视政治理论学习，只要专业成绩好，就可以分配好工作，当研究生和出国。这种纯为个人学习的思想在现今大学生中有相当大的市场，而"为人民学习"，"为国家学习"等提法被视为"空头政治"。因而大部分学生对政治理论课不感兴趣，上政治理论课看其他书籍，甚至无故旷课。对于这些错误思想倾向，没有加以解决，一些学校甚至大力提倡为个人学习的思想。这是近两年大学生违法犯罪情况严重的直接原因。

（三）青少年的业余生活无人过问

青少年精力旺盛，迫切要求业余生活丰富多彩，而业余生活内容健康与否，对青少年影响最大。因此，对青少年业余生活的组织和引导，是青少年教育的一个极为重要的内容，但现在这一工作又是薄弱环节，不少工厂领导对青年职工只管 8 小时之内，不管 8 小时之外，对他们的业余活动从不过问，任其自流；许多工厂也无像样的图书阅览室和文娱活动设施；城市街道和农村就更差。青少年业余时间无处可去，不少人就只好把时间和精力消磨在打扑克、逛大街、闲扯之中；地下黄色书刊也就趁机在青少年中流传。目前不少工厂、中学发现有手抄本淫书，某中学一次就发现近 30 名男女学生传抄，这些学生学习松懈，精神颓废，有的年仅十五六岁就发生两性关系。一些共青团组织缺乏针对青少年的特点开展生动活泼的可以陶冶情操的活动，而多是板起面孔的枯燥的"政治"活动，所以不少青少年对团组织的号召也不感兴趣。对城市待业青年，一般都无人组织，各单位虽然有知青领导小组，但只管分配，不管教育。待业青年正是世界观、人生观形成时期，长期离开集体，缺少充实的精神生活，对他们的思想成长非常不利。

四、要积极主动搞好青少年教育

青少年在我们社会中占相当大的比重，每一个部门，每一个单位，每一个成年人，都直接间接同青少年思想教育发生联系，自觉地或不自觉地对青少年发生这样或那样的影响。对于成年人，尤其是从事上层建筑各部门重要工作的人来说，不仅有自我教育提高的问题，而且有帮助青少年一代健康成长的责任。这是关系到我们的社会长治久安，我们的事业后继有人的大问题，因而它不是哪一个部门的责任,而是社会各界共同的责任。所以,目前青少年教育,需要社会各界从与资本主义争夺青少年一代这个立足点出发共同认真对待。

近几年,我国社会各界对青少年有两种说法:一说“思考的一代”,褒;一说“垮掉的一代”,贬。无论是褒还是贬,都有其片面性。褒者,盲目乐观,无限吹捧;贬者,哀其不幸,放弃教育。这两种倾向,对青少年的成长都是不利的。应该一分为二地对待青少年,发扬其思考的一面,认真引导他们正确地思考;拯救其垮掉的一面,用社会主义的精神文明来充实他们的灵魂。

对青少年教育,曾经提出“综合治理”,或曰“打总体战”,都是要求社会各界都来参加对青少年教育的工作。既然是“战”,就要发挥主动性,打主动战。社会各界都要主动地考虑如何通过自己所掌管的工具、自己的工作以及自己和青少年的联系,来加强对青少年的正确引导和教育。我们的电影、电视、广播、戏剧、出版、理论、新闻等部门,我们的各级各类学校,我们的工厂、街道、农村的基层领导干部,我们的党政机关干部和领导同志,都应该积极行动起来,从自己的角度出发,想方设法对青少年实施正确引导。如此,“总体战”才能打赢。而目前有的单位消极被动,眼看资本主义思想对青少年腐蚀而无所作为,听任一些青少年堕落下去,甚至为了片面地追求“票房价值”而散布精神污染,这种倾向是危险的,有害的。

(1983年第12期)

关于《决定》的溯及力问题

柯葛壮[*]　顾肖荣[**]

刑法的溯及力,是指一个新的刑事法律制定后,对以前发生的未经审判或者判决未确定的行为是否适用,如果适用,新的刑事法律就具有溯及力,否则就没有溯及力。因此,在制定一项新的刑事法律时,必须同时规定它的溯及力。各国的刑事立法,对溯及力的规定,都是根据本国的实际情形,以维护统治阶级的根本利益为目的的。在刑法理论上将各种不同的溯及力,概括为以下几种原则:从旧原则、从新原则、从新兼从轻原则、从旧兼从轻原则。

我国《刑法》的溯及力是采取从旧兼从轻原则的,即原则上适用行为时的法律,但新法律(即《刑法》)不认为犯罪的或处罚较轻的适用新法律(即《刑法》)。而这次颁布的《关于严惩严重危害社会治安的犯罪分子的决定》(以下简称《决定》)采取的是从新原则,即"本决定公布后审判上述犯罪案件,适用本决定",它具有溯及既往的效力。对过去未经审判或判决未确定的行为,凡是符合《决定》规定范围的,一概按《决定》处理。

《决定》对溯及力的规定采取从新原则的意义,就在于更有利于严惩严重刑事犯罪,纠正对某些严重刑事案件刑罚过轻和打击不力的偏向。由于《决定》对几种严重刑事犯罪所规定的处罚都比刑法原条文为重,因此,"从新"实际上就是"从重"。这是针对严重刑事犯罪分子活动猖獗的情况,为了维护社会治安,保护人民生命财产的安全,保障社会主义建设的顺利进行而采取的有力措施。自实行以来,对社会治安的好转已起了显著的作用,充分显示了刑法武器的巨大威力。

《决定》对从新原则的适用范围有严格的限制。它只对《决定》中规定的 7 种严重危害社会治安的犯罪分子有效,即只适用 6 种犯罪(涉及《刑法》分则 7 个条文)中的情节严重的、情节恶劣的(对检举、揭发、拘捕犯罪分子和制止犯罪行为的人行凶伤害的)、情节特别严重的、造成严重后果的、严重危害社会治安的,以及这次新补充的传授犯罪方法的。我们认为,非《决定》列举的犯罪情况不能适用,仍然适用有关《刑法》分则。

---

[*] 作者单位:上海社会科学院法学研究所。

[**] 作者单位:上海社会科学院法学研究所。

有人提出,刑法采用的是从旧兼从轻的原则,而《决定》采取的是从新原则,与《刑法》总则有无矛盾？我们认为是不矛盾的。这是因为《刑法》总则虽然规定了从旧兼从轻的原则,但并未规定“从旧兼从轻”是我国所有刑事法律都必须遵循的唯一原则。恰恰相反,《刑法》总则第89条清楚地规定:“本法总则适用于其他有刑罚规定的法律、法令,但是其他法律有特别规定的除外。”国家立法机关为了维护国家和人民的利益,在制定新的刑事法律时,完全有权根据现实斗争的需要,在规定溯及力的问题上选择某一最适宜的原则。因此,《决定》采取从新原则,不存在与刑法总则相矛盾的问题,而正是正确执行了用刑罚同一切反革命和其他刑事犯罪行为作斗争的刑法任务。

《决定》对它公布施行以前的行为有溯及力,是指未经审判或者判决未确定的行为。对于判决已确定的,则无溯及力。有人提出,《决定》公布以前处理的一些刑事案件,有的量刑太轻,现在能否通过审判监督程序,按照《决定》重新加重处罚呢？例如,某甲携带凶器进行流氓活动,情节严重,在1983年2月已经判决,按照《刑法》第160条第1款的最高刑,判处有期徒刑7年。现在与《决定》的处刑标准相比较,对某甲的处罚显然是轻的。但是,这超出了《决定》的溯及力范围,因而不能通过审判监督程序适用《决定》,重新审判。根据《刑事诉讼法》第149条规定,适用审判监督程序予以重新审判的案件,必须是“在认定事实上或者适用法律上确有错误的”,这里所指的“适用法律上确有错误”,是指判决时的法律,而不是指判决后新制定的或修改的法律。像上述某甲一案,按照当时刑法有关条款处理,定性量刑都准确无误。因此,重新审判是没有法律根据的。如果上述某甲流氓罪案,当时该从重处罚的而没有从重处罚,该判7年的只判了2年,存在量刑不当的错误时,才依法可以通过审判监督程序重新审判,以纠正原来适用法律上的错误。但也不能适用《决定》,而应按照刑法原有关条文的量刑幅度处罚,不能扩大《决定》的溯及力范围。当然,如果发现某甲另有未经审判的漏罪,而漏罪又属于《决定》范围的,对漏罪可依《决定》处理。

以上是我们学习《决定》关于溯及力的一些体会,希望得到批评指正。

（1983年第12期）

1984 年

对“死缓”犯“抗拒改造情节恶劣”该怎样理解

孙如林*

长期以来，法学界和司法部门对怎样理解被判处死刑缓期2年执行的罪犯，在缓期执行之间“抗拒改造情节恶劣”的问题是有争论的，主要表现在：“抗拒改造情节恶劣”是不是一定要犯新罪？除此之外，还有没有其他“抗拒改造情节恶劣”的情况？有的刑法学教材中认为：“抗拒改造情节恶劣”不是指犯人一般违反监规的行为，而是指构成了新的较重的罪。并且说，在“具体认定时，应按新罪的性质、情节及危害程度，联系原来判处死缓的罪行作统一的考虑，只有综观前后两罪，认为非杀不可的，才能考虑执行死刑”。这种观点，我们认为是值得商榷的。

1. 认为只有犯了新罪才是“抗拒改造情节恶劣”，是不符合《刑法》规定的。《刑法》第46条所说的“抗拒改造情节恶劣”并不是专指犯了新的较重的罪，而有更为广泛的含义。“死缓”罪犯在缓期执行期间，又犯新罪，只是“抗拒改造情节恶劣”的一种表现，但并不是只有犯了新罪才是“抗拒改造情节恶劣”。“死缓”罪犯在缓期执行期间拒不认罪服法，经常故意违反监规，抗拒改造，也包含在刑法规定的“抗拒改造情节恶劣”之中。否则，立法时就没有必要用“抗拒改造情节恶劣”，而直接用“又犯新罪”，这样不是更直截了当、便于执行吗？我们认为，死刑罪犯在缓期执行期间可以执行死刑的包括抗拒改造情节恶劣的、又犯新罪的、发现判决时所没有发现的重大罪行的三种情况，而不是仅仅指犯了新罪。

2. 从司法实践看，如果认为只有犯了新的较重的罪才是“抗拒改造情节恶劣”，客观上就会放纵犯罪，削弱法律的威严。就“死缓”罪犯来说，他们本来是罪该处死的，只是由于法律规定“不是必须立即执行”的原因，才宣告他们死刑缓期执行，给予他们一个重新做人的机会。倘若他们“抗拒改造情节恶劣”，毫无疑问，应该依法执行死刑。那种要等到他们又犯了新罪，给社会造成新的危害后果，才考虑执行死刑的说法，这不仅是放纵了“死缓”罪犯，而且与国家关于死

* 作者单位：江苏省司法厅。

缓制度的积极意义是不相符的。在实践中,如果把“死缓”罪犯的抗拒改造,只是理解为又犯新罪,那么,对抗拒改造的罪犯又如何处罚呢?既不能对他们加刑(已被判为死缓),又不能对他们执行死刑(因为他们未犯新罪),这显然是不对的。为此,我们认为不能作上述的理解。

3. 还有些同志不适当地把《刑法》第70条对于判处有期徒刑、拘役的缓刑的规定,用于判处死缓的罪犯,把“再犯新罪”作为撤销缓刑的条件。这是适用法律不当。众所周知,死刑缓期执行与有期徒刑、拘役缓刑完全是两回事,不能相提并论。对“死缓”罪犯只能适用《刑法》第46条规定,而根本不能适用《刑法》第70条。

还有,“死缓”罪犯在缓期执行期间,如果“抗拒改造情节恶劣”是不是只有等到二年考验期满才能执行?根据《刑法》第46条的规定,我认为,对“抗拒改造情节恶劣”经查证属实,需执行死刑的不必等到“二年期满以后”才去执行,而是罪犯什么时间“抗拒改造”并达到“情节恶劣”的程度,经查证属实,并经核定,什么时间就可以执行死刑。

(1983年第12期)

【栏目】 关于流氓团伙犯罪若干问题的探讨

团伙犯罪是集团犯罪的一种形式

奎 娜[*] 刘立宪[**]

团伙犯罪是近年来出现的破坏性、危险性极大的一种犯罪形式。随着严厉打击刑事犯罪斗争的开展，团伙问题作为新的理论和实践问题，摆在我们面前，亟须研究探讨。下面仅就团伙犯罪在共同犯罪中的形式问题，谈点粗浅认识。

团伙犯罪是共同犯罪的一种。根据刑法理论，共同犯罪分为一般共同犯罪和特殊共同犯罪（有组织的犯罪集团）两种，团伙犯罪属于共同犯罪的哪一种形式，目前在认识上还不能趋于一致。有的认为团伙犯罪是一般共同犯罪的一种形式；有的认为团伙犯罪中那些成员固定、组织严密、有明确目的的是犯罪集团，其他的属一般共同犯罪形式；还有的认为团伙犯罪既不属于一般共同犯罪，也不是集团犯罪，而是介乎两者之间的一种独立形式。这些观点忽略了团伙犯罪的本质，没有准确地反映团伙犯罪的基本特征。

从司法实践的经验看，犯罪团伙通常是指 3 人以上多次共同故意犯罪，或虽只共同作案一次，但以前相互勾结，经常从事违法活动的犯罪组织。这种犯罪组织有的并没有什么较为严密的组织形式，有的也没有明确的行动计划和分工，而主要靠平时养成的作案习惯来共同进行犯罪活动。这种组织相对一般共同犯罪来说，内部的联系较为紧密，即具有某种程度的组织性，对社会有较大的危险性和危害性。那种将团伙犯罪看做一般共同犯罪的观点，正是忽略了“团伙”是一种犯罪组织的实质，混淆了与一般共同犯罪在结构形式和社会危害程度上的显著区别，因而得出了它还不是犯罪集团的结论。另一种对犯罪集团固守着一定要具有“犯罪的目的性，严密的组织性和成员的稳定性”的传统看法，认为有的“团伙”已成为集团，有的“团伙”构不成集团，也是与实际情况不符的。目前存在的有组织犯罪中，符合上述严格条件的是极少数，最常见的，对社会危害极大

---

[*] 作者单位不详。

[**] 作者单位：吉林大学。

的有组织犯罪,却不具有或不完全具有“三性”的特征。这样,实际上将大多数有组织的犯罪团伙排除于犯罪集团之外,看不到其具有特殊共同犯罪的严重危害性。把犯罪团伙作为共同犯罪中的一种独立形式,也是与法理、与实际相悖的。“团伙”并非法律术语,它是近年来司法实践中出现的,对那些纠合性、结伙性犯罪的一种表述。共同犯罪分为一般共同犯罪和特殊共同犯罪两种,我们不能把具有特殊共同犯罪特征的团伙犯罪作为一种独立的共同犯罪形式。

我们认为,团伙犯罪从本质上说属于特殊共犯形式,团伙等于集团。我国刑法对犯罪集团没有规定任何定义,这是为了在适用法律时可以根据具体情况酌情认定。正如马克思所指出的犯罪产生刑法。刑法理论是根据犯罪的客观实际情况概括出来的,带有规律性的东西。在我国,过去的犯罪集团是怎么样的呢?历史上的犯罪集团都是由旧社会遗留下来的地主富农分子、惯窃惯盗分子、流氓恶棍、不法资本家等组成的。以往刑法理论对犯罪集团的解释,是根据当时阶级斗争的形势和刑事犯罪的特点,为集中打击旧社会残留的敌对势力和社会渣滓而提出来的。随着时间的推移,社会实践的发展,特别是“十年动乱”以后,社会上犯罪形式出现了许多新特点,在这种情况下,仍旧沿用过去的认识,在实际中是行不通的。那么,现实的犯罪情况有些什么特点呢?

1. 在各种形式的犯罪中,以有组织的团伙犯罪危害为大,而在团伙犯罪中,又尤以结构并非严密者为多。因此,从当前集团犯罪的实际情况出发,犯罪集团的概念可以表述为:多人参加有一定程度的组织性,多次作案的犯罪团体。

2. 集团犯罪的最本质的特征是有组织犯罪,团伙犯罪符合这一特征。它具有以下几个特点:

(1)从形成的过程看,违法犯罪活动贯穿于“团伙”形成的全过程。“团伙”形成主要有两种形式:一种是由违法“团伙”转化为犯罪团伙的。这种形式大多是有劣迹的青少年浪迹街头,在打架斗殴、小偷小摸、调戏妇女等违法行径中,相互熏染,相互支持,恶性越深,最后发展为共同进行犯罪活动;另一种是犯罪分子在犯罪过程中互相串联、勾结而逐渐形成。或在劳改场所相识,回到社会之后勾结起来,沆瀣一气,继续作恶。有人把他们归纳为是利用“同学、同弄、同乡、同案、同监”关系勾搭起来的。

(2)从内部结构看,一般是由一个或几个起支配作用的人物为核心,形成某种“小圈子”。其中的主要成员绝大多数是累犯、惯犯和“几进宫”的劳改逃犯、劳改释放人员、解除劳教人员,近几年来这类人的比例越来越高。在人数较多的团伙中,已经自然形成首要分子、骨干分子和一般成员几个层次。有的还有“第一梯队”、“第二梯队”、“第三梯队”,当一批首要分子受到打击,另一批接着填补。"团伙"的主要成员大多保持稳定，一般成员则经常有些变动，有些犯罪分子，今天成为这个团伙的成员，明天又成为另一个团伙的成员，团伙之间有些"游离分子"，同时，团伙不断吸收社会上有劣迹的青年，出现"滚雪球"式的发展。实际上，"团伙"已成为一个一面不断输入新成员，一面又不断输出经过犯罪"熏陶"的老手的"犯罪培训中心"。

(3)从联结的纽带看，"团伙"成员之间的联结不完全靠某种纪律维持。骨干分子大都是犯罪老手，自然谙熟其中的"规矩"并自觉遵从，因而形成一种用"哥们义气"、犯罪习惯加酒肉拳头的特殊"黏合剂"，将他们牢牢粘在一起，一旦混迹于此，要脱身是很难的。从这一点上说，团伙类似"黑社会"组织。

(4)从犯罪的过程看，"团伙"犯罪一般并不制订什么长期作案计划，最终达到什么目的也不明确，而是想起什么干什么，作案带有极大的随意性。但具体到每次作案，往往又研究对策，商量办法。从这个意义上说，又带有一定的计划性。作案时，一般没有明显的组织者、指挥者，靠平时形成的成员地位的尊卑和作案习惯自然分工。

(5)有一定的防卫能力，犯罪团伙具有作案的经验，懂得消灭罪迹，逃避侦查逮捕，反审讯，聚众到公安局闹事，甚至内外勾结，策划越狱。有的首要分子还有保镖，有的预设多处巢穴，防备打击。

可见，团伙是由有作案习惯的成员为主组成，并形成一定结构形式的类似"黑社会"的犯罪组织，具有犯罪集团的本质特征。

3."团伙"犯罪符合集团犯罪惯常性的特征。

犯罪一旦成为集团性，便具有作案形式多样化和作案次数连续化的特点，我们称为犯罪的惯常性。犯罪团伙多由惯犯、累犯为核心，这些人犯罪恶性极深，在犯罪—捕判—又犯罪—又捕判的经历中，结识了各种各样的犯罪分子，他们或者纠合一起成为"团伙"，或者互相传授犯罪方法，通过"交叉感染"，由单一犯罪转化为犯罪的"多面手"。在这些惯犯的带动下，犯罪团伙无毒不有，无恶不作，呈现出犯罪的多样化和长期性。有的违法"团伙"转变为犯罪团伙，虽然其中还没有惯犯、"几进宫"的犯罪分子，但由于其成员有共同进行违法活动的历史，在主观上形成习惯性的共同故意，客观上已养成默契的配合行为，一旦开始犯罪，便立即发展成集团犯罪。因此，对违法"团伙"转化为犯罪团伙的也应定为犯罪集团。处理时，可酌情与长期犯罪集团相区别。

4. 团伙犯罪符合集团犯罪社会危害性极大的特征。

团伙犯罪社会危害性极大，除了其无恶不作，活动猖獗之外，主要表现在"滚雪球"式的增多犯罪和"裂变"成新的犯罪组织。司法实践经验已多次证明，一个地区只要有一个犯罪团伙，就足以使各类案件不断发生，治安形势急剧恶化。“团伙”在犯罪过程中不断地将有劣迹的青年拉入伙，使犯罪分子不断增多。当犯罪组织发展到一定规模，由于内部或外部的原因，还会发生“裂变”，一分为二或一分为几，出现新的“团伙”。然后又“滚雪球”，再“裂变”，如此恶性循环，对社会治安秩序造成极大的危害。因此，对“团伙”的头子要从重惩处，组织应坚决拆散，并应采取措施使其成员不能再度纠集起来进行新的犯罪活动。

综上所述，可以得出这样的结论：团伙犯罪是新形势下出现的集团犯罪，我们只有运用法律武器，毫不心慈手软地从重从快打击，才能尽快地实现社会治安的根本好转。

（1984 年第 1 期）

划清流氓犯罪与流氓行为的界限

李宗青*

流氓犯罪从发案数来看，活动最为猖獗，从危害性来看，对社会治安的威胁最大，从严惩严重危害社会治安的犯罪分子以来的打击数看，数量最多，而且今后仍然是打击的重点。全国人大常委会的两个《决定》是我们严厉打击这类犯罪的有力武器，我们必须牢牢掌握。

《决定》把流氓犯罪列为严惩的首位，对他们可以在《刑法》规定的最高刑以上处刑，直至判处死刑。重点打击的是 3 类对象：(1) 流氓犯罪集团的首要分子，这就是指在犯罪集团中起组织、策划、指挥作用的犯罪分子。这类犯罪分子在一个犯罪集团中可能只有一个人，也可能有多人，有幕前的、有幕后的，有公开的有隐蔽的，不能让他们漏网。(2) 携带凶器进行流氓犯罪活动，情节严重的。这是流氓犯罪中最凶恶残忍的一类，他们往往不计后果，动辄伤人、杀人，对社会威胁极大。对其中情节严重的，必须严厉打击。(3) 进行流氓犯罪活动危害特别严重的。这三类概括了所有流氓犯罪活动中应予严惩的情节，既有集团犯罪的，也

* 作者单位不详。

有一般共同犯罪的,也可以是单个人犯罪的。《决定》的量刑幅度与《刑法》第160条(进行流氓活动,破坏公共秩序,情节恶劣的,最高刑期7年,流氓集团的首要分子,处7年以上有期徒刑)相比,具有更大的法律威力。过去我们在处理单个人的流氓犯罪中,有的虽情节严重,但由于被认为尚未达到情节恶劣的程度,而未予处刑,让他们继续破坏公共秩序,在社会上散布"病菌",带坏那些意志薄弱的青少年,扩大了流氓队伍,应当引以为戒,坚决纠正。

但是,在与流氓犯罪作斗争中,也必须划清流氓行为、其他犯罪行为与流氓犯罪的界限。当前有几种情况值得引起注意。

第一,在一般公民之间因某种纠纷或矛盾发生的一般性打架斗殴,有的虽然参加人数较多,但并非蓄意寻衅滋事,要同那些为非作歹的流氓犯罪团伙寻衅滋事,聚众斗殴相区别。

第二,因乱谈恋爱,几次发生不正当的两性关系,与那种以"恋爱"为名,一贯奸污妇女,玩弄女性的流氓犯罪行为加以区别。

第三,以下流语言对妇女挑逗,与那些一贯以淫秽语言、行为调戏、侮辱妇女的流氓犯罪加以区别。

第四,因赌博输钱,偶尔把输掉的少量赌资抢回来,与那种虚设赌局,引人入套,持械抢赌台和一贯以"抢台面"为手段获取钱财的抢劫犯罪行为加以区别。

(1984年第1期)

析流氓犯罪团伙的政治色彩

魏皓奔*

流氓分子结伙进行犯罪活动是当前常见的一种流氓犯罪形式,它侵犯的客体是社会的公共秩序。它与其他妨害社会管理秩序的犯罪(如冒充国家工作人员招摇撞骗罪、聚众赌博罪、贩卖假药罪等)相比较,往往具有明目张胆地公然对抗社会管理秩序和带有浓厚的反社会的政治色彩。

---

* 作者单位:浙江省杭州市社会科学研究所。

流氓犯罪团伙有一个重要的特点，就是它不是以特定的个人或者公共财产为侵害目标，而是对整个社会、法律道德的公然挑战。例如，聚众斗殴是流氓团伙最常见的一种犯罪活动，少则几人，多则几十人、上百人参与，而且常常动用匕首、刮刀、钢叉、自制火枪等凶器。斗殴的原因，往往是为了争夺"势力范围"，制服对方，实现称霸社会的野心。他们在斗殴中，往往以谁侵犯社会秩序最严重、践踏国法更厉害，谁就是"英雄"；有的还以谁胆敢对抗拘捕，行凶伤害民警为"英雄"。

在杭州市中心的一个大饭馆里，6个男女流氓在大庭广众之中，公然互相搂抱、乱搞，行为污秽下流，不堪入目。当周围顾客对他们提出批评，这些人竟拔出凶器对批评人大打出手。接着，他们更是变本加厉，公然在大街上胡搞。他们的行为带有公开向整个社会、国家法律挑战的性质。

有一个流氓犯罪集团首要分子被捕后，公然在看守所墙上写道："不到此地非好汉，回头再来是英雄。"其反动气焰多么嚣张！

有的流氓犯罪集团，其实就是反革命小集团、秘密会社，有一套反动组织形式、纪律和纲领，他们敌视和反对社会主义制度，同国外阶级敌人相呼应，与无辜群众为敌，以凶残的手段向社会报复，其政治色彩更是清楚。

我们纵观中国近代的历史，从横行乡里的地痞恶棍到旧上海的"大亨"，所有大小流氓及其帮会团伙，也无不充满了与人民为敌，反对人民民主政权的浓厚的政治色彩。

因此，我们对流氓犯罪团伙的性质、特点、危害性和它的政治色彩，要有深刻的认识，绝不可小看他们的破坏作用，他们实际上就是黑社会，我们应当毫不留情地坚决予以摧毁。

（1984年第1期）

对流氓犯罪集团的定罪要准确

王崇槐*

流氓犯罪集团是流氓罪的共同犯罪。如何对流氓犯罪集团正确地定罪，是一个重要的问题。有的地方把流氓罪当做结合犯来认定，把抢劫、伤害、强奸等罪统统结合进去，作为流氓罪的一个从重情节。他们认为，如果把流氓罪与抢劫、伤害、强奸等罪分立开来，构成数罪，就会显不出流氓犯罪集团的罪行。我认为，这种做法，无论从理论上还是实践上，都是欠妥的。

流氓罪与抢劫、伤害、强奸等罪是不同的罪名。《刑法》规定，流氓罪归属妨害社会管理秩序罪。抢劫罪归属侵犯财产罪，伤害、强奸罪归属侵犯公民人身权利罪。它们各有其不同的内涵。因此，双方不能互相替代和结合。

流氓犯罪不是结合犯。《刑法》把容易同时发生的两个独立的罪结合在一起，规定在一个条文里，叫做结合犯。刑法并没有把流氓罪与抢劫、伤害、强奸等罪结合在一起，规定在一个条文里，而把流氓罪的罪状叙明为"聚众斗殴，寻衅滋事，侮辱妇女或者进行其他流氓活动，破坏公共秩序，情节恶劣的"。把流氓罪当做结合犯来认定，是没有根据的。

流氓犯罪集团往往是一种综合性的犯罪。在定罪时除了认定流氓罪外，并不排除其他罪名的认定。只要流氓犯罪集团实施了抢劫、伤害、强奸等犯罪，就应该按数罪认定。这样，更能揭露流氓犯罪集团的本质。还有对盗窃集团、抢劫集团、强奸集团也要按照其各自的犯罪性质定性，而不能统统归入流氓犯罪集团。

总之，我们必须根据罪刑法定原则，是什么罪定什么罪，是多少罪定多少罪，防止和克服将数罪认为一罪，将此罪认作彼罪。

（1984年第1期）

* 作者单位不详。

奸淫幼女罪必须以“明知”为条件

段新安[*]　刘明祥[**]　孙立泉[***]

奸淫幼女罪,是指同未满14岁的幼女发生性关系的行为,是侵犯幼女人身权利、摧残幼女身心健康的严重犯罪。它是强奸罪的一种特殊形式,历来是我们打击刑事犯罪的重点。

我国《刑法》第139条第2款规定:“奸淫不满十四岁幼女的,以强奸论,从重处罚。”这是考虑到未满14岁的幼女,身心和智力发育尚不成熟,对生活中许多事物缺乏认识能力,不知道性行为会发生什么样的后果,容易受骗上当,对坏人也缺乏反抗能力。因此,对不满14周岁的幼女加以特殊保护,是完全必要的。

当前,在法学界和司法界中,对行为人不知女方是幼女而与之发生性关系的,是否构成奸淫幼女罪有两种认识:一种认为,只要与不满14岁的幼女发生性行为的,不论行为人的主观认识如何,应一律以奸淫幼女定罪;另一种则认为,要贯彻主客观一致的原则,要以明知为条件。我们同意后一种意见,因为奸淫幼女罪是故意犯罪,我国《刑法》对故意犯罪的规定是:“明知自己的行为会产生危害社会的结果,并且希望或者放任这种结果发生,因而构成犯罪的”。所以,奸淫幼女罪只能是以行为人“希望这种结果发生”为主观要件。这里所说的“危害结果”,是指我国《刑法》分则条文中所规定的构成某一犯罪的既遂的结果。因此,奸淫幼女罪的直接故意内容,是指明知自己的行为会发生奸淫不满14岁幼女的结果,并且希望这种结果发生的一种主观心理,也就是我们通常所说的必须以明知被害人是幼女为条件。有的同志却认为,我国刑法中,对某些容易混淆罪的界限的条文,往往用“明知”加以限制,而奸淫幼女罪却没作这样的规定,以此论证奸淫幼女罪不应以明知为条件。我们认为这是对我国《刑法》条文的片面理解。事实上,我国《刑法》分则规定的犯罪,绝大多数是故意犯罪,而明确标明有“故意”或“明知”二字的却很少。一般说来,《刑法》条文只在下列两种情况下,才标明故意或明知:一是某种危害社会的结果,既可以由故意行为造成,也可以由过失行为造成,而我们只处罚故意行为时;二是某种危害社会的结果,故意和过失

[*] 作者单位不详。
[**] 作者单位:中南政法学院(现中南财经政法大学)。
[***] 作者单位:最高人民检察院。

行为均可造成，刑法规定两者都要处罚，但处刑不同。除此之外，对明显只能由故意行为才能构成犯罪的，法条一般都没标明故意或明知，如贪污罪、强奸罪就属此类，但我们不能说贪污、强奸罪就不以明知为条件。

我国《刑法》把14岁作为幼女的法定年龄，这是根据我国的国情制定出来的。从现实情况看，确定是否是幼女是十分必要和可能的。一般说来，幼女与少女或成年妇女，她们的外表差异比较明显，如容貌、体态、表情、穿着等方面各有不同而容易区分，难以区别的是某些早熟的且已接近14周岁的幼女。对于前者，即使犯罪分子伪供、抵赖，也是不难识破的；对于后者，就应做深入细致的分析工作了：如果幼女发育不很早熟，外表上也不难分清，虽幼女谎报年龄，但行为人明知对方是幼女或可能是幼女，而依然进行了奸淫行为，不论这种行为是否取得幼女的同意，仍应认为奸淫幼女罪。因为尽管幼女谎报了年龄，冒充为成年人，但行为人仍可以从对方长相知道她可能是幼女，在这种情况下依然与女方发生性行为，足以说明行为人主观上仍然具有奸淫的故意，具备了以明知为条件；如果幼女身体发育早熟、体形同少女或成年妇女一样，谎报了年龄，致使行为人无法知道其为幼女，同时性行为出于双方自愿且发生在恋爱期间，对此一般不以奸淫幼女定罪。因为这对行为人来说缺乏构成奸淫幼女罪的主观要件即明知条件。但对这种错误行为，必须以行政手段进行严肃处理。如果男方利用“谈恋爱”之名，玩弄女性，情节恶劣的，尽管男方也确实不知对方是幼女，对此应以流氓罪论处。

（1984年第2期）

试论持续犯

——兼谈重婚罪是否持续犯的问题

柯葛壮*

持续犯又称永续犯,也称狭义上的继续犯(广义的继续犯除持续犯外,还包括连续犯、徐行犯及常业犯),是指犯罪既遂后,其犯罪行为处于不间断的继续状态的一种犯罪形态。例如,我国《刑法》第161条脱逃罪就是,自在押犯人逃离监所之日至其重被拘捕或自动归案之日的一段时间内,脱逃行为一直处于继续状态。《刑法》第143条的非法拘禁罪和《刑法》第183条的遗弃罪等都是持续犯。

持续犯具有下列特征:

1. 持续犯必须是犯罪行为的继续,而不是不法状态的继续。例如,盗窃罪,窃取他人财物之行为完成后,持有赃物之不法状态仍处于继续之中,但因盗窃行为早已结束,不存在继续状态,故不属持续犯。

2. 犯罪行为处于继续状态的时间比较长。持续犯本是相对于即成犯而言,既成犯只需少许时间即可完成。例如,开枪杀人,一开枪,杀人行为就结束。而持续犯则相对花费较长时间才结束犯罪。

3. 犯罪行为的持续状态发生于犯罪既遂之后。例如,一经将他人私自禁闭,即构成非法拘禁罪的既遂。此后继续将他人禁闭的行为乃犯罪既遂状态的继续。不能把犯罪既遂前一系列行为的继续当做持续犯的形态。例如杀人,今日进行策划,明日购买毒品,后日投放毒药等,这一系列行为虽处于继续状态之中,但发生在杀人既遂之前,故不是持续犯,而是杀人预备。

4. 犯罪行为继续状态是不间断的。这一点区别于连续犯。持续犯尽管时间较长,但犯罪行为自始至终处于不间断的状态,只是一个行为。而连续犯则处于断断续续的状态,是在时间上有间隔的数行为的连续。例如,企图贪污一笔巨款而分几次实行就是。全面地把握上述四方面的特征,有助于准确理解和认定持续犯。

正确认定持续犯,不仅对划清一罪与数罪的界限有作用,尤其对确定追诉时

---

* 作者单位:上海社会科学院法学研究所。

效有重要意义。《刑法》第78条第1款规定:"追诉期限从犯罪之日起计算;犯罪行为有连续或者继续状态的,从犯罪行为终了之日起计算。"因此,确定某一犯罪是否持续犯往往就会成为解决追诉时效问题的关键。例如,重婚时间超过5年的重婚罪是否还有追诉权?要解决这个问题就必须先解决重婚罪是否持续犯的问题。

重婚罪是不是持续犯?笔者认为重婚罪具备上述4方面的特征,属于持续犯。有的同志对此有异议,认为重婚罪不属于持续犯。理由是重婚既遂,重婚行为已结束,所处于继续状态的仅是重婚后所造成的非法同居。这种观点把重婚行为狭隘地理解为骗取结婚登记的行为,登记完毕,重婚行为也就告结束,因而不承认还存在重婚行为的继续。我们认为,这种行为之所以构成重婚罪,在于它侵犯了一夫一妻制的婚姻关系。重婚登记,固然是侵害了一夫一妻制的表现形式,但并非唯一的形式。以夫妻关系非法同居的行为同样也侵害了一夫一妻制,因此也是重婚行为的表现形式。一经登记,虽然构成了重婚罪的既遂,但以夫妻关系非法同居的行为并没有结束。因此,登记只意味着重婚行为的开始而不是终止。不应把登记与以后以夫妻关系非法同居的行为割裂开来,而应看做完整统一的重婚行为。因此重婚罪的追诉期限就不能像上述观点所认为的只能从非法婚姻确立之日起计算,而必须从犯罪行为终了之日起计算。只有从终了之日起计算,经过5年的,才依法不再追诉,如甲10年前与乙未经登记而重婚。3年后,乙发现甲原已有配偶,遂与甲脱离夫妻关系,拒绝来往。这种情况,今天就不能再追诉甲的重婚罪。因为其重婚行为在7年前已经终止。对于那些重婚后一直存在双重夫妻关系的犯罪分子,不论其重婚时间延续多长,都必须依法予以惩处。

(1984年第3期)

如何理解《决定》中伤害罪的加重处罚

金子桐*

伤害罪是侵犯公民人身权利案件中常见的一种犯罪。它不仅仅严重损害他人健康,甚至致残、致死,有的还聚众斗殴、械斗,严重妨害社会秩序,危害极为严重,而我国刑法原来对故意伤害罪处刑偏轻。因此,全国人大常委会通过的《关于严惩严重危害社会治安的犯罪分子的决定》(以下简称《决定》)中,对故意伤害罪作了可以在《刑法》规定的最高刑以上加重处罚。在具体执行中如何正确地运用《州法》与《决定》的规定,还有一些值得探讨的问题。

1.《决定》是对《刑法》的补充而不是代替。有人认为《决定》是针对目前治安情况不好而作的特别规定,属于特别法范畴,其适用应优于刑法,因而对伤害罪可以脱离开《刑法》第134条的规定而独立适用。我认为这是不妥的。《决定》主要是对六类严重危害社会治安的犯罪分子加重了处罚和新规定了传授犯罪方法罪。《决定》的施行并不意味《刑法》有关条款无效,而由《决定》代替,“可以在刑法规定的最高刑以上处刑”。因此,应该肯定《决定》对伤害罪加重处罚的规定,是对《刑法》第134条故意伤害罪的补充,对它的适用不能背离《刑法》第134条的基本规定。

2.《决定》对伤害罪的补充、修改,主要是加重了处刑。因为有的故意伤害的犯罪手段残忍,情节恶劣,如致人缺腿、断手、瞎眼,以致全身瘫痪,终身受伤痛折磨,连生活也不能自理;有的心狠手辣,一次就重伤多人。对这类犯罪分子,如果根据《刑法》,最高刑只能判处有期徒刑7年,显失事理之公平。但《决定》对加重处罚是有范围和条件限制的,绝不是适用于一切伤害行为。《决定》规定的范围是“致人重伤或死亡”的,而且必须是“情节恶劣的”,才可以在刑法规定的最高刑以上处刑,直至判处死刑。由此可见:

(1)《决定》对《刑法》第134条第1款,即犯一般伤害罪的处刑,没有可以加

---

* 作者单位:上海社会科学院法学研究所。

重的规定。因此,对犯一般伤害罪的,即使情节恶劣,也只能在刑法规定的法定刑幅度内从重。(2)符合《决定》规定的故意伤害罪“可以”加重,但并非“必须”加重,或“应当”在最高刑以上判处,或者都可以判满贯。伤害行为的情节和造成的后果是千差万别的,应当依照刑法有关量刑的规定,酌情决定加重或不加重,加重到何种程度。加重要按照《刑法》规定的法定刑的最高刑为起点,即致人重伤的,其加重的起点为有期徒刑 7 年,致人死亡的,起点为无期徒刑。

3.《决定》补充规定了“对检举、揭发、拘捕犯罪分子和制止犯罪行为的国家工作人员和公民行凶伤害的”,也可以在刑法规定的最高刑以上处刑,直至判处死刑。我们理解,这个条款的范围应当是:(1)犯罪主体必须是严重危害社会治安的犯罪分子。如果不是犯罪分子,而是犯有违法或错误行为因受制止、揭发等而行凶伤害的,应按其他规定处理。(2)行凶的对象是指检举、揭发、拘捕犯罪分子和制止犯罪行为的国家工作人员和公民。(3)所谓“行凶伤害”,是指使用暴力伤害他人身体而言,使用暴力不一定都造成伤人的结果。伤了人的,还有皮肉创伤、轻伤、重伤甚至致人死亡等不同程度的区别。《刑法》规定的故意伤害罪,只对伤害他人身体达到一定程度的,才作为犯罪处罚。对轻微伤害则列入治安处罚或批评教育的范围。但是,我们认为对上述决定所举的行凶伤害,必须从重处理。凡是造成伤害后果的,就应按《决定》加重处罚。不能因伤害后果轻微,就不作犯罪看待。当然,加重的起点已如前述,仍应按不同伤害程度所规定的法定最高刑,按档起步,并无须以“情节恶劣”为条件。因为在这种情况下的“行凶伤害”就是“情节恶劣”的。

4. 犯罪分子对检举、揭发、拘捕和制止犯罪行为的国家工作人员和公民“行凶”而未造成伤害后果的,应如何处理。过去对未造成伤害后果的,一般都不作犯罪处罚。我们认为根据《决定》精神,对这种情况下的“行凶”,如以未造成伤害后果而不加处理,显然不足以打击犯罪分子的嚣张气焰,鼓励干部群众与犯罪作斗争的积极性和保障他们的人身权利。那么究竟应如何处理,这涉及与其他刑法条文的法规竞合和如何处罚伤害未遂犯的问题。

首先,这种“行凶”如果是抗拒国家工作人员依法拘捕或者阻碍依法执行其他公务的,就会与《刑法》第 157 条妨害公务罪和《刑法》第 153 条因犯盗窃、诈骗、抢夺罪为抗拒逮捕而当场使用暴力的规定相竞合。后两条之罪都以使用暴力为要件,但却不以造成一定伤害后果为前提。故对“行凶”而未造成伤害结果的,如已构成《刑法》第 153 条、第 157 条之罪者,可按这两条予以处罚。

其次,“行凶”而未造成伤害后果,能否以未遂犯罚之?对故意伤害罪应否有未遂,过去一直有争论。本文不拟涉及。但对上述《决定》规定的特定的行凶,如也不处罚未遂犯,就会脱离当前的斗争现实。从当前严重危害社会治安的犯罪分子所进行的行凶情况来看,大多数都是态势凶狠,手段残酷,只是被行凶的对象采取有力对策,才未被伤害。例如,有一犯罪分子被群众追捕,逃进死胡同,无处藏身,就拔出利刃向追捕者挥舞,只因追捕者精于武术,善于防身,才未被伤及。就其主观恶性和行凶行为来说,都有很大的危险性。故我们主张对行凶而情节恶劣者,虽未造成后果,也当以伤害未遂犯罚之。当然,还是要区别情节,有的犯罪分子因被制止或受追捕而顺手挥了一拳、踢一脚、推一把,企图解脱困境而逃,没有明显伤人故意的,不宜以伤害未遂定罪,可依原犯之罪,予以适当从重。

(1984 年第 4 期)

如何区分流氓(伤人)罪与故意伤害罪

陈泽宪*

有意伤害他人的流氓犯罪与故意伤害罪,是司法实践中较难区分的两种不同性质的犯罪。常见的问题是,伤害事实这一具体的、物质性的危害后果,往往促使一些办案人员把流氓伤人行为误定为故意伤害罪。定罪不准,就会量刑失当。特别是流氓行为造成他人轻伤的,更易导致重罪轻判。

最近,某地法院系统对判处有期徒刑 5 年以下刑罚的案件进行复查,发现重罪轻判的案件中,有相当一部分是由于把应定流氓罪的,误判为故意伤害(轻伤)罪。例如,被告人王××(男,20 岁),一天下午到某中学游逛,无故辱骂正在操场上跳绳的女学生邱×,并打邱一耳光,遭到该校体育教师李××严词斥责,被告竟抽出随身携带的刮刀将李胳膊、臀部刺伤。一审法院认定王犯有故意伤害罪,判处有期徒刑 3 年。上级人民法院认为原判适用法律不当,遂根据《关于严惩严重危害社会治安的犯罪分子的决定》,改判被告人犯流氓罪,加重处罚。由此可见,正确区分两罪的界限,对于当前严厉打击严重刑事犯罪分子的斗争,具有特别重要的实际意义。

---

* 作者单位:中国社会科学院法学研究所。

有人认为,是否具有伤害的故意,是区别故意伤害罪与流氓(伤人)罪的标准。仔细推敲,实无助于二罪的划分。因为流氓伤人并非没有伤害故意,而是这一故意不可分割地包含在流氓犯罪故意之中,前者被后者所吸收。这是任何触犯两个故意罪罪名的牵连犯所具有的主观方面特征。譬如抢劫犯有意轻伤事主(若重伤,则属于结合犯),劫取财物,并不是犯罪分子没有伤害他人的故意,而是这一故意融合在抢劫的故意之中,前者为后者所支配,因而只构成抢劫罪,不另成立故意伤害罪。所以,在实质上,流氓伤人通常属于流氓与故意伤害的牵连犯。这种场合的伤害,作为犯罪手段和后果,与整个流氓犯罪活动有着直接的牵连关系,应当按照重罪吸收轻罪的原则,在较重一罪的法定刑范围内酌定刑罚。尤其是在流氓活动造成他人轻伤的场合,必须对行为人以流氓罪惩处,而不宜以故意伤害罪处断。否则难免轻纵了罪犯。

二罪侵犯的客体是有区别的。故意伤害罪的客体是简单客体,即它只直接侵犯人的身体健康权利这一具体社会关系,而流氓(伤人)罪的客体则是复杂客体,它不仅直接侵犯他人的人身权利,且直接破坏公共秩序,妨害了社会管理秩序。后者的伤害行为与伤害对象通常带有随机性和不确定性。构成对一般社会秩序的威胁和侵犯,而不仅仅是对某个特定的人身权利造成危害。因此,根据我国刑事立法和已往的司法实践,我们认为,具有下列事实特征的犯罪行为直接造成伤害结果时,对行为人应以流氓罪科刑罚,而不宜定故意伤害罪。

1. 无事生非,寻衅滋扰。例如,被告人孙某根(男,20岁),于1983年7月一天下午,在某中学门口见中学生宋×戴一墨镜,便以“借戴”为名,对宋无理纠缠索取墨镜。遭拒绝后,孙一掌将宋墨镜打掉,并抄起一块木板把宋打倒在地,又用脚踢宋。致宋头部外伤,缝合4针,牙齿被踢掉3颗。孙还用砖头将前来制止的两名学生砸伤。

2. 自划地盘,称霸一方。例如,宋某(男,21岁)、陶某(男,19岁)得知外区男青年赵某与本区一女青年交朋友,便认为赵“没打个招呼,就在咱们地面上拍婆子”,遂共议“教训”赵。某日晚,宋、陶在公共汽车站将赵拦截,并用啤酒瓶把赵头部击伤。另有一案,被告人黎某(男,32岁),某仪器厂工人,为人蛮横凶悍,狂称“××厂我是老大!”动辄拔拳伤人。一老工人因与黎未打招呼,也遭黎殴打。从1982年3月至1983年7月,黎在该厂先后将6名干部职工打成轻伤。

3. 暴力侮辱妇女。例如,被告人江某(男,24岁)某日乘坐一辆卡车外出拉料时,在车斗上用皮带沿途抽打两名骑车女青年脸部,致一女青年左额皮肤开裂,另一女青年被抽摔倒跌伤。

4. 聚众斗殴伤人。这有两种情况:其一,流氓团伙互殴,造成伤害后果。此种情形不宜以故意伤害罪单独惩处一方或双方,而应定流氓罪一并处罚。其二,聚众殴打无辜,扰乱社会治安。对此类犯罪分子尤应以流氓罪从重处罚。例如,被告人李群(男,19岁),于某日下午在护城河边无故将素不相识的捞虾男孩张××(13岁)推入水中取乐,受到张父斥责。李便回去纠集余增明、曹云等人到张家将张父叫出,李、曹各持砖头砸击张头部,余用菜刀背将张击伤。致张前额缝合6针,脑后缝合3针。三犯在作案过程中还威胁围观群众,不准前来救助。

以上4种情况,是流氓(伤人)罪中常见的。实例中,往往互相交叉,有的甚至兼而有之。这些特征均反映出流氓伤人行为绝非单纯地侵害公民的人身权利,而是对公共秩序和正常社会管理活动的直接侵犯。因而比起一般故意伤害罪具有更大的社会危害性,故应从重打击。除此之外,我们还应结合行为人的一贯表现(多有劣迹或前科)、作案地点(多在公共场所)、犯罪人与被害人的关系(大多素不相识,无冤仇)、案犯的心理态度(多无明确的犯罪目的动机,表现为对公共道德和社会秩序的藐视)等情况,综合分析,准确定罪。如果犯罪分子所实施的流氓行为与伤害行为并无直接牵连关系,且各自具备特定犯罪构成的各项要件,已分别独立地构成犯罪,则应数罪并罚。总之,应具体案情具体分析,正确地认定犯罪事实,善于运用法律武器,切实做到有罪必罚、罚当其罪。

(1984年第4期)

对故意伤害未遂的刑事责任认识

王礼仁*

故意(根据法学界多数人的意见,犯罪未遂只存在于直接故意犯罪之中。因此,这里所说的故意是指直接故意)伤害罪中有没有未遂?对故意伤害未遂如何适用刑罚?这是司法实践中需要探讨的问题。有人认为:故意伤害是以后果论罪,致人重伤者以重伤罪论处,致人轻伤者以轻伤罪论处,没有致人伤害者,则不以伤害罪论处。因此,故意故害罪中没有未遂,或者说伤害未遂不构成伤害

* 作者单位:湖北省远安县人民法院。

罪,笔者对此有不同看法。

大家知道,犯罪未遂存在于一切故意犯罪之中。因为任何故意犯罪是不可能都发生行为人所希望的危害结果的,往往会由于行为人意志以外的原因而使其所希望的危害结果不能得逞。所以,首先应当肯定,故意伤害犯罪也存在未遂。如果认为伤害未遂而未造成伤害结果,即否认伤害未遂有罪,这就不符合我国刑事立法精神。我国《刑法》第20条已明确规定了对犯罪未遂的处罚。它适用于一切犯罪未遂。伤害未遂犯罪也不例外。

从司法实践来看,对伤害未遂如果不予以法律制裁,也是行不通的。例如,张某(男)与李某(女)恋爱,后李决意与张终止恋爱关系。于是张对李怀恨在心,蓄意毁李容貌。某日晚上,张将购买的硫酸装入瓶内携带到李家放置门外,然后佯装有事将李骗出。正当李刚一出门,张即一手抓住李的前衣领,一手伸去拿瓶。因李早有戒备,当即一脚将瓶踢碎。张见毁容不成,又用手抠李眼睛,由于李极力与张搏斗,并大声呼救,邻居及时赶来将李解救脱险,免被残害。对于这种已经着手实施犯罪,由于行为人意志以外的原因而使他人身体健康没有遭到实际伤害的,是不是能不以伤害罪论处呢?是否硬要待到实际伤害结果发生后才予以处罚呢?当然不能。由此可见,无论是从刑法理论上,还是从司法实践上,对于那些用心险恶,手段残忍,情节严重的伤害未遂犯,应当予以定罪科刑。

那么,到底如何适用刑法呢?是按轻伤处刑,还是按重伤处刑呢?这就要具体分析。其中最重要的就是查明行为人故意的内容和行为方式。如果行为人具有下列目的之一,并使用了足以发生与之相应的危害结果的工具或方法,由于行为人意志以外的原因而未得逞的,仍应以重伤罪论处,适用《刑法》第134条第2款。(1)意欲使人肢体残废或者毁人容貌的;(2)使人丧失听觉、视觉或者其他器官机能的;(3)使人其他身体健康遭受重大伤害的。对于那些对自己可能造成的伤害结果无明确、肯定认识,而其行为又具有两种可能性:既可能致人重伤,也可能致人轻伤的,一般应采取就低原则。但应当注意,对于行为人的行为明显不能造成伤害或者只能造成轻微伤害的,不能以罪论处。

以上看法当否,希望能通过讨论指正。

(1984年第4期)

论法条竞合后的从重选择

冯亚东[*]

法条竞合(也称重合),是指同一犯罪行为同时符合《刑法》分则中两个条文的规定的情况,在处理中则选择其中一个较重之刑罚条文。对法条竞合从重选择的理论根据进行探讨,对于当前司法实践和今后立法(包括修改《刑法》)都具有重要的意义。我们先看一个案例。

四川省某县某公社社员粟某,从1949年8月至1981年4月,非法制造、贩卖假药。他打着"祖传秘方"的招牌,在全国20多个省、市散发了几万份铅印广告,吹嘘其所制的"麝七丸"能治偏瘫。粟在不到两年的时间中,就骗取了全国各地2100余名患者的购药款36400余元。患者服了粟寄去的假药后,病情毫无好转,但也不加重,不起任何作用。其间卫生部门曾对粟的行为进行追查,粟两次转移制药地点以逃避。破案后粟的态度极为恶劣,拒不交代赃款去向。该案在处理时有两种意见:一种意见认为,应按《刑法》第164条定制造贩卖假药罪,因为粟是以营利为目的而制造、贩卖假药,完全具备该罪的构成要件。另一种意见认为,应按《刑法》第152条定诈骗罪,因为粟犯是以假充真,用欺骗手段取得他人财物,具备诈骗罪的构成要件。该案按这两个罪名分别定罪,在量刑上悬殊甚大,如果引用《刑法》第164条最高只能对粟犯判处7年有期徒刑,而且这样量刑还有些牵强,因为粟的行为并没有直接给"人民健康……造成严重后果",似乎适用"二年以下有期徒刑、拘役或者管制"的幅度更恰当一些,如果引用《刑法》第152条定诈骗罪,则可以对粟犯处"十年以上有期徒刑或者无期徒刑",并可以"没收财产"。粟犯以制造、贩卖假药的手段而赢利,其骗取的财物数额巨大,欺骗的患者人数众多,并且所有的赃款都不能追回,其情节特别严重,不重判既不足以抵罪,又不足以平民愤。

从上述案例中,我们可以看出,如果严格按照犯罪构成的理论来处理该案,则适用《刑法》第164条是最恰当的,但这样处理显然罪与刑不相适应,放纵了罪犯,如果根据"罪刑相适应"的基本原则来考虑,则按《刑法》第152条处理,更能做到罪与刑相适应。究竟应如何处理为妥,就是本文所要论述的"法条竞合

* 作者单位:四川省南充地区中级人民法院。

的从重选择”问题。

在我国《刑法》分则的条文中，存在普通法条与特殊法条。所谓普通法条，是指说明了构成犯罪的最基本的特征，适用范围比较广泛的法条。如《刑法》第152条能够普遍适用于各种骗取公私财物的行为，所谓特殊法条，是相对于普通法条而言的，它在普通法条叙明的基本特征的基础上规定了形成新的罪名的特殊要件，其适用范围较窄。如规定“制造、贩卖假药罪”的第164条，规定“神汉、巫婆借迷信诈骗罪”的第165条，就都是相对于第152条的特殊法条。二者不仅具有“诈骗公私财物”的基本特征，同时还分别具备不同的特殊要件，是两种特殊的诈骗行为。

在刑事立法中，立法者除了规定普通的、一般形式的构成犯罪的法条外，还往往从普通形式的犯罪构成中抽象出特殊形式的犯罪构成，它针对特殊的犯罪主体、特殊的犯罪客体、特殊的犯罪意志、特殊的犯罪手段等内容而作出专门的犯罪构成的规定，形成在普通形式的犯罪构成的法条以外的特殊形式的犯罪构成的法条。从形式上看，普通法条和特殊法条是各自独立存在的，但从实质上看，二者却具有同一的意义。“特殊”是从“普通”中抽象出来的，是寓于“普通”之中的。具体到某些犯罪行为来说，如果排开适用于它的特殊法条，则往往可以用一个普通法条将其概括；反过来，如果排开可以概括它的普通法条，则可以将其最恰如其分地纳入针对它的特殊法条。这样，在法条的适用上就出现了同一犯罪行为可以同时符合两个条文的规定的情况，这种情况就是我们所称的“法条竞合”（除此之外还有其他情况的竞合，因限于篇幅，本文不作论述）。在司法实践中我们可以看到，能够竞合的条文之间，往往都有这么一个普通和特殊的关系。从表面上看，法条的竞合是同一犯罪行为同时符合两个条文的规定，但从深一层的意义上去探究，却是这两个条文之间本身具有同质的内在联系，这就是法条之所以能够竞合的缘故。

于是，就出现了竞合后选择适用其中一个法条的问题。从前面的分析中我们可以得出：特殊法条是在普通法条基础上产生的，是保护统治阶级特殊利益的需要。当普通法条与特殊法条竞合时，应该首先选用特殊法条。“特殊法条优于普通法条”，这可以作为执法的一个具体原则确定下来。如果普通法条优于特殊法条，则特殊法条就失去了独立存在的意义，与立法者的本意不符。据此，对上述粟某的处理应适用《刑法》第164条这个特殊法条。如果对制造、贩卖假药的行为按《刑法》第152条定诈骗罪处理的话，那么制造、贩卖假药罪就失去了独立成罪的意义，第164条也就实际上不复存在了。

从法理上讲,特殊法条的刑罚应重于或至少应等于普通法条的刑罚,这是因为特殊法条中规定的特殊内容对统治阶级来说更具危害性。比如:制造、贩卖假药的行为不仅诈骗了公私财物,而且还危害了人民身体健康,比一般的诈骗行为危害更大,更应严惩;神汉、巫婆借迷信诈骗的行为不仅骗取了财物,而且还扰乱了社会秩序,败坏了社会风尚,也应严惩。但由于种种原因,我国刑法中有些法条的规定却并非如此,出现了特殊法条的刑罚低于普通法条的刑罚的情况。如《刑法》第152条诈骗罪(普通法条)的最高刑为无期徒刑,而相对于这个普通法条的三个特殊法条的刑罚却大大低于该法条的刑罚:第164条制造、贩卖假药罪的最高刑为7年有期徒刑;第165条神汉、巫婆借迷信诈骗罪的最高刑也为7年有期徒刑;第166条冒充国家工作人员招摇撞骗罪的最高刑也只有10年有期徒刑;又如,《刑法》第106条以危险方法危害公共安全罪(普通法条)的最高刑为死刑,而相对于这个普通法条的第111条破坏通信设备罪(特殊法条)的最高刑则只有15年有期徒刑。再如,第152条的盗窃罪(普通法条)规定的最高刑为无期徒刑(根据全国人民代表大会常务委员会《关于严惩严重破坏经济的罪犯的决定》,盗窃罪的最高刑改为死刑),而相对于这个普通法条的第128条中的盗伐林木罪(特殊法条)规定的最高刑则只有3年有期徒刑,致一些大规模盗伐森林、获利巨大的犯罪分子得不到严惩。类似上述不合理的法条在我国刑法中还有一些,不一一列举。

由于存在上述问题,故根据"特殊法条优于普通法条"的原则,在处理某些案件时,就会出现罪与刑不相适应的现象,不符合"罪刑相适应"的基本原则,而选用普通法条却可以解决这个问题。在这里,"特殊法条优于普通法条"的具体原则与"罪刑相适应"的基本原则就发生矛盾、抵触。

在社会科学的所有领域,都有个"大原则管小原则、具体原则服从基本原则"的道理,刑法科学的领域也不能例外。由此推论,当"特殊法条优于普通法条"的具体原则与"罪刑相适应"的基本原则相抵触时,自然应是前者让位于后者,服从后者。前者仅是个执法的具体原则,而后者却是立法和执法都必须遵循的基本原则,是刑法的核心因素,刑法的一切规定都应该由此而产生和推论,并始终服从于此。具体说来,当出现适用特殊法条则刑不足以抵罪,而适用普通法条却能够解决这个问题时,可以选用普通法条,以符合"罪刑相适应"的基本原则。根据这个道理,对上述粟某案的处理就应该选用第152条。

司法实践中在具体运用时,需要注意法条竞合后的从重选择,必须是在适用特殊法条而其刑罚不足以抵罪的情况下。我国《刑法》中由于存在特殊法条的刑罚轻于普通法条的刑罚的情况,故有些案件即使按照相应条文(特殊法条)判处最高刑也是罚不当罪。为了尽可能地弥补这一不足,我们才提出了法条竞合后从重选择的问题。但如果适用与犯罪行为最相适应的特殊法条能够做到罚当其罪,就没有必要去考虑法条竞合的选择问题。

(1984 年第 4 期)

【栏目】 对侵吞误付的公共财物应如何处理的讨论

【编者按】 本刊1983年第10期发表应懋同志写的“对贪污罪若干法律问题的探讨”后收到一些来稿,对文内所举一例是否构成贪污罪提出不同看法,本刊现将来稿摘登如下,并请上海社会科学院法学研究所柯葛壮同志寄了一篇答复,供读者参考。

应懋同志文中所举一例是这样的:某县手表厂采购员唐某去北京市手表厂采购零件,发货员误称多发3两,唐某吞为己有,组装成手表130只出售,非法所得3000元。

“利用职务之便”是贪污罪的重要条件

黄秉正*

贪污罪侵害的客体是公共财产的所有权关系,所造成的危害主要表现为国家、集体财产上的损失。国家工作人员和受委托从事公务的人员所实施的这种犯罪,还侵害国家工作的正常活动,败坏国家机关的声誉。因此,贪污罪是国家工作人员的渎职犯罪,有别于其他侵犯财产罪。

利用职务之便是构成贪污罪的一个重要条件,对此如何正确掌握常发生争议,其要点是:(1)利用职务之便的“职务”是泛指国家工作人员和其他依法从事公务人员的身份,还是专指具体的职务上的权限范围?(2)职务上的便利是指一般的工作上的机会和条件,还是特定的对于具体公共财产的合法支配权和经营管理权?

要正确回答这个问题,应当着重从贪污罪具有渎职的性质来考察。渎职是法律意义上的违背职务权限规定的行为,是违反法律赋予的特定的权利和义务,而不是一般意义上的国家工作人员和其他依法从事公务人员的身份。例如,国营经济、集体经济组织的会计,根据国家颁发的《会计人员职权条例》,负有通过财会工作管理使用本单位资金的权利和保护公共财产的完整、安全的义务。首

* 作者单位:四川省阿坝州中级人民法院。

先要具有这种法律所赋予的职务权限,才能够产生是否背离职责规定的问题。因此,职务之便不是一般工作中的条件和机会,而是特定的对于公共财产的合法支配权和经营权。如果把利用职务之便理解为凡是在国营经济、集体经济中工作的人员,不论是从事公务的还是从事生产劳动的,只要是利用工作中的机会和便利条件,采用侵吞、盗窃、骗取等手段把公共财产转归己有的,都是利用职务之便实施犯罪行为,都构成贪污罪,这就混淆了贪污罪和其他侵犯财产罪的界限,把一些并不具有渎职性质的侵犯财产罪当做贪污罪。

某县手表厂采购员唐某去北京手表厂采购手表零件,发货员误称多发,唐某占为己有的行为,应懋同志认为应构成贪污罪。理由是:"'利用职务之便'有两种情况,一种是利用职务侵吞、盗窃、骗取暂时由自己经管的公共财物;另一种是在行使职权时侵吞、盗窃、骗取他人经管的公共财物。"后者值得商榷。关键是该"职权"对于他人经管的公共财物和经管公共财物的他人,有无支配关系,这是能不能构成贪污罪的利用职务之便的条件。唐某利用采购工作中的条件和发货单位误称的偶然机会,乘机窃取公共财物的这种犯罪行为,笔者认为还是定盗窃罪为宜。

《刑法》第155条第3款把受委托从事公务的人员列入贪污罪的犯罪主体,并不变更"利用职务之便"的含义。这种委托关系是指经过一定的组织形式,或经单位领导人正式指派的委托,而不是某个工作人员个人的委托。个人委托不能成为法律规定上的国家机关、企业、事业单位、人民团体的委托。司法实践中,有的物资保管、押运人员把管理货物的工作交给驾驶员;食堂管理人员把管理饭菜票、物资的工作交给炊事员,对驾驶员、炊事员乘机窃取的行为,当做贪污罪来认定。其实,这些犯罪行为并不都符合贪污罪的特征。

(1984年第5期)

应设立侵占公共财产罪

周 辉*

对唐某侵吞多发零件的行为,应文认为不能定盗窃罪,我同意。那么是否构

* 作者单位不详。

成贪污罪呢？应文是肯定的，我不能同意。贪污罪是国家工作人员利用职务上的便利，盗窃或侵吞其暂时合法管理的公共财物，即被侵害的对象并不要求一定是本单位的财产，但必须是行为人暂时合法管理的财产。唐某的行为虽然利用了职务之便，但侵吞的并非其合法管理的公共财产，而是别人错给他的财物，所以不能定贪污罪。

不是盗窃罪、贪污罪，那么唐某的行为属何性质呢？这是在我国现行《刑法》上没有明确规定为犯罪，而又必须给以刑罚处罚的行为，我认为，我国《刑法》应设立一个侵占公共财产罪的罪名。理由是：

1. 对这种侵占公共财产数额较大、严重危害社会的行为，如果不以犯罪论处，就会放纵这些破坏社会主义经济基础的分子。

2. 对侵占、盗窃、诈骗少量公私财物的行为，《治安管理处罚条例》规定给予行政处罚，对盗窃、诈骗公私财物数额较大的行为，刑法规定给予刑罚处罚。但对侵占公私财物数额较大的行为，刑法未明确规定，这是一个漏洞。

3. 由于立法上无明文规定，在司法实践中造成混乱，有的定盗窃罪，有的定贪污罪，有的则不认为犯罪，作违法行为处理。

4.《刑法草案》第22稿、第23稿曾有“侵占公私财产罪”这一条文，后修订时删除了。删除的理由是除按贪污罪处理外，剩下的其他侵占公私财产的行为，数量一般有限，可不作犯罪处理。从删除的理由来看，说明假如侵占公私财产数额较大，是要以犯罪论处的。现在实践中已出现了这些情况，因此，我们应考虑设立这一罪名。目前，可以考虑按贪污罪类推处理。

（1984年第5期）

该案属民法中的不当得利

王玉虎* 宋仁堂**

我们认为唐某将北京手表厂发货员误称多发的手表零件据为己有的行为，应属民事范畴债的关系中的不当得利，是民法调整的范围，不构成刑事犯罪。

---

* 作者单位不详。

** 作者单位不详。

1. 唐某把手表零件据为己有,虽然使北京手表厂的利益受到损害,但这个损害的发生并非出于唐主观上的故意,而是由北京手表厂发货员的过错造成的,即客观上唐对手表零件所有权的占有并未实施某种违法行为。

我国《刑法》对犯罪的规定必须是出于行为人的故意或过失所实施的行为。贪污罪、盗窃罪都是故意犯罪。所谓故意犯罪就是行为人的主观犯意、行为与损害结果之间有着内在的直接联系。不能只看有无损害结果,不看有无损害行为,否则势必造成客观归罪,混淆罪与非罪的界限。现实生活中有许多这样的事实,如把拾得物据为己有,买卖中把对方多付的钱隐匿归己等,就其损害结果都已形成所有权的转移。但这些损害不是拾得者的故意造成的,而是原有者的过错,故不应认为构成犯罪的行为。

2. 将唐某把手表零件据为己有认定为犯罪,从逻辑推理上和犯罪阶段上来推导都难以成立。

假如唐某多拿手表零件后,经过思想斗争认为不妥,又返还了原物,能否算犯罪中止或投案自首?又假如发货员交付后,随即发现而追回,能否认为唐某贪污未遂?某单位出纳员某甲到银行提取公款1万元,银行人员误发了11000元。试设下列三种情况:(1)某甲将多出的1000元据为己有;(2)有据为己有的意图,但还是主动返还了,而银行人员尚未发觉;(3)查询后予以返还。这三种情况能否分别认定为贪污罪的既遂、中止和未遂呢?又假如某甲提取的不是公款,而是个人存款,又当如何定罪,能否定盗窃罪?

综上所述,对唐某不能认定有罪,应作为民事法律关系中的不当得利,着予返还原物,并据情采取民事的、行政的措施处理。

(1984年第5期)

为什么侵吞误付公共财物构成贪污罪

柯葛壮*

国家工作人员或者受国家机关、企业、事业单位、人民团体委托从事公务的

* 作者单位:上海社会科学院法学研究所。

人员，在同外单位发生经济关系中，将对方因工作失误而多给付的数额很大的货物、钱款，占为己有的案件，究应如何定性，意见分歧很大。有的认为属民法上的不当得利；有的认为是侵占行为，但我国《刑法》没有侵占罪的规定，可按贪污罪类推定罪；有的则认为构成盗窃罪。这涉及如何划清罪与非罪的界限和准确适用法律问题，值得探讨。

贪污罪是国家工作人员、集体经济组织工作人员和其他经手、管理公共财物的人员，利用职务上的便利，侵吞、盗窃、骗取或者以其他手段非法占有公共财物的行为。将对方单位误付的大量财物占为己有的行为正是利用职务之便，以侵吞手段非法占有公共财物，符合贪污罪的构成要件和特征。

这种贪污行为是借对方一时失误而自动给付之机进行的，与盗窃、骗取等手法相比，有其自身的特点。有的同志认为他们虽多得了财物，但一没偷、二没骗，完全是对方失误造成的，是意外收获，故既无贪污故意，又无贪污行为。这种看法是由于对侵吞形式的贪污缺乏认识所致。

由于有的侵吞的对象是对方错误给付的，因而在持有人非法占有以前，已处于其支配之下，故无须采取积极的攫取行为，而只要采取隐匿不报等消极的不作为，即可达到非法占有的目的。学说上有人主张这种侵吞行为是一种单纯的意思发动，只要持有人决意把持有之物非法占有，其侵吞行为即已完成，犯罪也随之成立。但在实际处理上，由于这种不作为形式比较隐蔽，持有人主观上究竟是否确立非法占有之故意，难以判明，故也有人主张还必须对非法占有之财产有积极的处分行为，或者变持有为占有的行为，才能构成犯罪。

根据我国刑法主客观相统一的原则，只要有非法占有的故意和非法占有的行为，即可构成犯罪，而不管其行为形式是作为还是不作为。例如，将多得的货物卖掉，对方发觉差错追讨时，谎称没有多拿或拒不返还，就是积极的行为，足以表明其有非法占有之故意，构成犯罪。故意隐匿不报，无正当理由长时间既不交公又不归还，同样也可构成犯罪，因为也足以判明其有非法占有之故意。

有的同志对此持反对意见，认为把这种不作为认定为犯罪，对下列问题解释不通：(1)持有人经过思想斗争认为不妥又返还原物，能否以犯罪中止或者投案自首论？(2)发货员发现多付货物后，随即追回，能否认定持有人为贪污未遂？

对于第一个问题，笔者认为侵吞的成立必须有变持有为占有的不法意图。既然持有人尚处于思想斗争阶段，就说明非法占有的决意尚未确立，更谈不上着手犯罪，或者犯罪既遂，故不能以犯罪中止或投案自首论。对于第二个问题，还要看持有人当时的主观意图如何而定。从理论上讲，侵吞行为是一种单纯的意思发动，只要持有人非法占有的决意确立，侵吞行为即告终了，且非法占有的目的也已达到，不发生未遂的问题。如持有人尚未有此意图,则犯罪还未着手,也无未遂可言。

利用职务之便侵吞公共财物的行为完成,贪污罪即已既遂。至于将贪污所得如何处分,是非法出售还是转送他人以及这种处分行为之既遂与否,均与贪污罪的构成无关。事后之处分行为系贪污之必然结果,应为贪污行为所吸收。

有的同志虽承认将对方误付财物据为己有是侵吞行为,但认为没有利用职务之便,故不能按贪污罪论处。其理由是:(1)是否利用职务之便应着重从是否具有渎职性质来识别,而这种行为没有渎职;(2)利用职务之便侵吞的对象必须是暂时合法管理的公共财产,而这种行为侵吞的不是合法管理的财产;(3)这种行为只利用了本人工作条件和发货员失误的偶然机会,并非利用职务之便。

笔者认为上述理由是难以成立的。(1)国家工作人员在办理公务之际,发现多得的公共财物,应负归还原主或交公的义务,相反吞为己有,违背应尽的职责,不能说不具有渎职性质。(2)行为人代表国家机关或经济组织依正常途径提取的公共财物,包括对方误发的在内,都是对方交付给自己单位的,而不是交付给他私人的。行为人依职务所提到的所有财物都只有代表本单位妥善管理之责,而绝不允许侵吞。这些财物都在他"合法管理的公共财物"的范围之内,而只有在被他侵吞之后,才成为非法所得。所以不能说侵吞的对象不是"合法管理的财产"。(3)多得财物系对方误付造成,当然不能说行为人利用职务之便,但事后已为其持有,并在其职权范围之内趁机化公为私,这种情况也应属利用职务之便。

由此可见,国家工作人员将对方误付的公共财物占为己有的行为,是在依法执行公务之际,趁机利用职务之便侵吞的,只要侵吞的数额够得上贪污罪的数额杠杠,就应以贪污罪定性。

根据司法实践中与贪污犯罪作斗争的经验,国家工作人员挪用公款归个人使用,超过一定时间不还的,或者挪用公款进行非法活动的,在对外交往中接受礼物,按照国家规定应交公而不交公的,只要够上贪污罪的数额,都是以贪污罪论处的。这体现了我们社会主义国家特别保护公共财物和对国家工作人员从严要求的精神。与此相对照,这类侵吞行为也完全应以贪污罪论处,不需要适用类推。

对于这类贪污罪既要明确定性,又要注意区别界限。对于其中情节轻微的,如虽有不法占有的意图,而后又主动交公的,或者在追查时及时承认、全部返还的,以及侵吞数额较小的等,也可以免予刑事处分,或作无罪处理,由主管部门酌情给予批评教育或行政处分。如侵吞人不是国家工作人员,或者没有利用职务之便,或者侵吞的是他人私有财产,则不能构成贪污罪。

(1984年第5期)

奸淫幼女罪是否以“明知”为要件的剖析

夏吉先*

近来对认定奸淫幼女罪有两种对立的观点在报刊上论争:一种观点认为,行为人必须“明知”对方是幼女而予以奸淫才构成犯罪;另一种观点则认为,即使不“明知”,只要奸淫的是幼女,即足以构成此罪。下面谈谈我的看法:

1. 奸淫幼女罪犯罪构成的特殊性。

(1)被害对象的特殊性。幼女是指未满14周岁的女子,它与其他女子有着不同的特点。在生理上,性器官还未发育成熟;在心理上,认识和辨别是非的能力还比较差,容易上当受骗,对坏人缺乏反抗能力。因此,我国《刑法》把幼女列为特殊保护的对象。

(2)犯罪客观方面的特殊性。强奸罪是采取暴力、胁迫或者其他手段,违背妇女意志强行性交的行为,而奸淫幼女罪不论行为人采取何种手段,被害对象的意志和态度如何,只要被奸淫的是幼女,即告构成。

(3)故意内容上的特殊性。主观故意是犯罪主体的一种罪过形式。我国《刑法》分则中,有的法条只规定了犯罪的客观方面,未提及主观方面;有的不仅规定客观方面,而且规定主观方面。这类具有限制性规定的法条是有特定的要求的。这就是说,行为人除了具有总则规定的“明知自己的行为会发生危害社会的结果”这个概括性故意外,还必须具有分则条文中所规定的具体故意。例如,《刑法》第172条“明知是犯罪所得的赃物而予以窝藏或者代为销售的……”奸淫幼女罪在刑法中只规定了客观方面,并未规定行为人主观上除有概括故意外,还必须具有“明知对方是幼女”这样的具体故意。有的同志把我国《刑法》分则中并没有规定的具体故意,作为奸淫幼女罪的构成要件,这不仅与我国现行法律相悖,而且与立法精神不符。

2. 奸淫幼女罪在对行为人主观故意的认定上,应掌握的是有无奸淫之目的。

奸淫幼女罪是一种直接故意的犯罪,只要行为人具有摧残、蹂躏、奸淫之

---

* 作者单位:华东政法学院(现华东政法大学)。

目的，客观上又有奸淫之行为，犯罪即告成立。这种犯罪故意，对于被害人年龄很小，一看便知是幼女的，是很明显的。但是，对年近14周岁临界年龄的女子，则行为人很难明知，有的不满14周岁的幼女发育得比已满14周岁的成熟得多。某市法院几位有二三十年司法经验的审判员到一家中学作实地调查，他们目测了几十个14周岁左右的女学生，估计是否已满14周岁，结果证明百分之八九十是猜错的。须知，未满14周岁与已满14周岁只有一天的界限。在司法实践中，为了要查明某人是否已达到刑事责任年龄，往往要经过反复调查。由此可见，在奸淫幼女罪中，要求行为人明知被害女子的确切年龄是不合实际的。但是在法律上对幼女总要有一个明确的年龄界限，那就是14周岁，那就得按法律规定办。把具有奸淫目的作为奸淫幼女的主观故意内容，比将行为人是否明知被害人已满14周岁作为标准更为正确，具有明显的客观性和合法性。

认为奸淫幼女罪必须明知对方是幼女的观点，是从《刑法》第11条中的“明知”引申而来的，并以“总则管分则”作为理由。笔者认为，这种引申是值得商榷的。因为：(1)《刑法》第11条规定的“明知”，是指行为人对自己的行为会发生危害社会结果而言的，把这一明知内容引申到对奸淫幼女罪的幼女年龄上是不正确的，也与法不合。(2)总则管分则无疑是正确的，但怎么管有两种情况：一是当分则条文对本罪的故意内容另有具体规定时，这个具体故意就具有相对的独立性，在定罪时，除了考虑总则的概括故意外，还要考虑分则的具体故意；二是当分则条文没有规定具体故意时，说明总则中的概括故意与分则中的故意内容相融合，这一罪应认定为概括故意。奸淫幼女罪就属于这一种情况。

奸淫幼女罪不以行为人“明知”被害人年龄为条件，符合我国《刑法》对该罪的规定，但是，奸淫幼女案件的情况千差万别，因此既要注意其一般性，又要注意其特殊性，不宜千篇一律，生搬硬套，对某些疑难案件，要对行为人的主观罪过、客观行为、造成的后果，进行缜密细致的分析，才能作出稳妥慎重的处理。

例如：(1)对某些幼女早熟，虚报年龄，主动纠缠男方而男方确实不可能识别，而发生不正当两性关系的，不宜一律定奸淫幼女罪，可根据行为人的错误程度，作适当的行政处分。

但是，对女方虚报年龄也要作具体分析，因为女方没有向他人如实介绍年龄的义务，而且虚报年龄的动机也是多种多样的，因此，不能仅仅凭虚报年龄这一点，还要根据其他情节全面认定。

(2)不满16岁的少男与不满14岁的幼女因受不良影响而“早恋”,发生了两性关系的,不宜定奸淫幼女罪,应责成双方家长、学校严加管教。

对个别少男奸淫幼女,造成严重后果的,如重伤害的,应定罪处刑。

(3)某些偏僻农村目前尚残存父母包办婚姻、领“养媳妇”等陋习,有的父母给不满14岁的女儿“成亲”,不宜定奸淫幼女罪。

(1984年第8期)

如何看待反革命罪的既遂与未遂

段立文*

反革命罪有无既遂、未遂之分，是我国法学界长期争论不休的问题之一，归纳起来不外乎3种观点：一是认为反革命罪没有既遂、未遂之分；二是认为不能一概而论，有的没有既遂、未遂之分，有的有既遂与未遂之分；三是认为从原则上应有既遂、未遂之分。

持第一、二种观点的同志，认为反革命罪或部分反革命罪没有既遂、未遂之分的理由有二：一是认为反革命罪的性质严重，危险性大（如背叛祖国罪，颠覆政府、分裂国家罪等），故法律不要求犯罪结果的出现，只要实施了犯罪构成客观方面的行为就是既遂，不存在未遂的问题；二是认为有些反革命罪（如反革命宣传煽动罪，组织、利用封建迷信、会道门进行反革命破坏活动罪等），属于"形式"犯罪，其危害涉及我国政权和社会制度的政治影响，不好具体测量，故也不要求实际结果的出现，只要客观上实施了法定的犯罪行为即为既遂，也不存在未遂的问题。持第二种、第三种观点的同志，虽认为反革命罪或部分反革命罪有既遂、未遂之分，但都遇到了一个棘手的理论问题，即如何解释反革命的目的问题。我国《刑法》第90条规定的反革命目的，是以"推翻无产阶级专政的政权和社会主义制度"为内容。如果承认了某一具体反革命罪的既遂，是否意味着我国政权和社会主义制度有可能被推翻？否则，如何认定某一反革命罪目的的既遂？为了解决理论上遇到的这个难题，他们把反革命目的划分为"最终目的"和"具体目的"，或者叫做"间接目的"和"直接目的"。也就是把《刑法》第90条中规定的推翻无产阶级专政政权和社会主义制度，叫做反革命的"最终目的"或"间接目的"，而把反革命分子在某一具体反革命罪中反革命的犯罪意图，叫"具体目的"或"直接目的"。以反革命杀人罪为例，他们认为反革命分子把人杀死，就是反革命杀人既遂，这里虽未达到推翻我国政权和社会主义制度的目的，即未达到"最终目的"，但却达到了"直接目的"。

笔者认为，谈论反革命罪有无既遂与未遂之分，既不能离开主客观相统一的原则，又不能违背我国的司法实际。反革命罪为直接故意的犯罪，行为人实施犯

---

* 作者单位：西北政法学院（现西北政法大学）。

罪具有明确的反革命目的,因此,上述第三种观点,即认为反革命罪原则上应有既遂与未遂的观点才是正确的。

现实生活中,许多反革命分子虽然积极追求反革命目的的实现,但由于意志以外的原因,其犯罪意图并未实现的例子很多。如企图颠覆政府、分裂国家,但实际并未颠覆、分裂;企图进行反革命破坏,但却并未造成损害;企图实施反革命杀人,但却并未杀死,等等。按照《刑法》第 20 条对犯罪未遂概念的规定,这些情况都应属于犯罪的"未得逞",而非犯罪的既遂。

各国刑法典对此类犯罪区分既遂与未遂的立法例亦不少见。如《日本刑法典》对"内乱罪"就有既遂与未遂的明确规定。该法第 117 条规定:"以改变日本国宪法所确定的国家基本制度,或妄图排除国家主权于日本国的全部或部分领土之外,恣意行使国家权力为目的,聚众暴动的,为内乱罪。"紧接着该法第 118 条规定:"前条罪的未遂犯,应予处罚。"苏联建国初的许多法规也明确规定反革命罪有既遂与未遂之分,如 1918 年 2 月人民委员会"关于敲警钟"的决议,规定对于以反革命为目的,采用鸣警钟、鸣警笛、派遣报信人种种方法而召集居民的行为所负的责任之后,又特别指出,对于上述行为的未遂罪,也按既遂罪处罚(按既遂处罚,不等于未遂就是既遂——笔者注)。如果说这些都是外国的法例,那么早在 1934 年 4 月 8 日公布的《中华苏维埃共和国惩治反革命条例》第 32 条也规定"虽有本条例规定的犯罪行为之企图而未达目的者(未遂犯)……得减轻其处罚"。至于司法实践中的判例就更多了,如我国最高人民法院特别法庭的判决书中就认定江腾蛟构成了"反革命杀人(未遂)罪"。

以所谓反革命罪的性质严重,危险性大为理由,来否定反革命罪有未遂的观点是站不住脚的。因为这二者是属于两个范畴的问题。犯罪的严重与否,危险之大小,属于犯罪的性质问题,而犯罪的未遂则是犯罪在客观上停顿的阶段问题。犯罪未遂的有无,并不以犯罪的性质严重与否为转移。轻罪有未遂,重罪同样有未遂。

有的同志认为,反革命罪的既遂发生,其后果就不堪设想,我们将失去处罚的权力,故在此谈论既遂与未遂无意义。承认反革命有既遂、未遂之分,绝不意味着对反革命分子的宽容。承认不承认反革命罪有既遂与未遂之分,丝毫改变不了这类犯罪的本身的属性。

所谓"形式"犯罪无未遂的观点,也是难以成立的,因为它不符合我国的司法实际。以反革命宣传、煽动罪为例,如果行为人夜间乘无人之机在某街道偷贴反革命标语时,将要贴出,适逢巡逻的公安人员而当即被抓获,未发生行为人期望达到的蛊惑群众的危害结果,就应视为未遂。如果把这种行为也视为既遂,显然违背主客观相统一的原则,也不符合我国刑法对既遂罪的规定。就社会主义刑法理论而言,犯罪的既遂,应该是客观上实施了一定的犯罪行为,又满足了行为人的犯罪意图。如果只根据行为人在客观上所实施的行为,而不顾行为人的犯意是否得到满足,随意确定犯罪的既遂,势必在理论上造成混乱,即在一些犯罪中,对所谓"实质"犯罪,主张主客观要件的统一,而对所谓"形式"犯罪,又主张二者割裂。

持"形式"犯罪未遂的观点的同志,提出的一个重要理由,是所谓"形式"犯罪中的危害结果难以测量,故法律不要求这种犯罪结果的有无。在"形式"犯罪中,有无未遂的问题,不能一概而论,这要看是什么样的"形式"犯罪,或者以什么方式实施的"形式"犯罪,如果属于"形式"犯罪中的"即时犯",上述观点无疑是正确的。因为"即时犯"只要行为人一经着手实施犯罪,其危害结果就同时产生,所以,不可能发生未遂的问题。但是,"形式"犯罪并非都是"即时犯",这要以犯罪的具体方式而定。仍以反革命宣传、煽动罪为例,如果行为人采取口头方式当众进行反革命演讲,就只能是犯罪既遂;但是,如果行为人采取文字的方式,在夜间乘无人之机偷贴反动标识,就可能发生犯罪的未遂。

至于上边提到的在区分反革命罪的既遂与未遂时所遇到的那个理论上的难题,确定是值得探究的。解决好这个问题,对区分反革命罪的既遂与未遂大有帮助。

首先,从立法的角度来研究。我认为我国《刑法》第90条所规定的反革命罪的目的,即"以推翻……为目的"的表述,似有不周之处。在解放35年人民政权空前巩固的今天,许多反革命分子也懂得,企图推翻我国政权和社会制度的美梦是难以实现的。所以,在多数情况下,他们所实施的各种反革命破坏活动的实际意图,是想达到某种削弱、损害、破坏我人民政权的目的。在这个问题上,《苏俄刑法典》的规定有值得借鉴之处。1926年《苏俄刑法典》第58条对反革命目的的规定是:"目的在于颠覆、破坏或削弱工农苏维埃政权……或者目的在于破坏或削弱苏联的对外安全和无产阶级革命基本的政治的、经济的、民族的成果的一切行为,都认为是反革命行为。"该法1978年修订版第63条对于反革命杀伤罪的规定,是"损害或削弱苏维埃政权为目的,对于国家、社会的活动家或者政权代表……加以杀害的。"第68条对于反革命破坏罪的规定也是指"削弱苏维埃国家为目的……"我认为该法典对许多反革命罪的目的,以"损害"、"削弱"、"破坏"等表述,比较符合实际。

其次,从司法的角度上看,对《刑法》第90条仍可以作扩大理解。该条"以推翻……为目的"的规定,是对一切反革命犯罪目的的高度概括,并不意味着每一个具体反革命活动的犯罪意图,都要达到“推翻”的程度才算是具有了反革命目的,也不意味着每一具体反革命罪的既遂,只能以推翻我国的政权和社会制度为标准。实践中各个反革命分子实施犯罪的意图并不完全一致,区分既遂与未遂的标准也应不同。

总之,我们绝不能得出这样的结论:只有以推翻我国政权和社会主义制度为目标的犯罪,才具有反革命目的,而以损害、破坏或者削弱我国政权和社会主义制度为目标的犯罪,就不具有反革命目的。因此,无论是以推翻我国的政权和社会主义制度为目的,还是以破坏、削弱、损害我国的政权和社会主义制度为目的,都应视为反革命目的,犯罪人的目的达到为既遂,犯罪目的未达到就是未遂。

(1984 年第 9 期)

对类推的犯罪应确定新的罪名

李京生*

罪名,是指法律根据犯罪行为的性质和特征所规定的犯罪名称。每一个罪名都是一个特定的概念,有其特定的内涵和外延。罪名的作用,除了揭示某一犯罪的性质和主要特征以外,还在于将这一犯罪同其他犯罪区别开来,使此罪与彼罪不相混淆。对类推的犯罪,在《刑法》分则中没有规定现成的罪名,人民法院要根据法律的授权,按照法律规定的条件和程序,比照《刑法》分则中最相类似的条文,确定一个恰当的罪名。关于对类推的犯罪如何确定罪名的问题,目前有三种意见:一是以类罪名为罪名;二是以所比照的具体犯罪的罪名为罪名;三是根据类推犯罪的性质和特征确定新的罪名。笔者认为,前两种意见有欠妥当,应当采取第三种意见。

以类罪名为罪名的缺陷,是类推犯罪的具体性质和特征不明确,没有使类推的犯罪特定化。类罪名只是刑法对犯罪的一种分类,它只能说明该类犯罪所侵害的同类客体,而不能说明具体犯罪的直接客体、具体性质的特征,对人民法院的定罪量刑并无实际意义。类罪名与具体罪名相比,前者外延宽,内涵浅,概念大,比较抽象。以类罪名为罪名,既看不出适用类推的犯罪行为在《刑法》分则中是否有明文规定,也看不出这一犯罪行为与刑法分则中哪一具体条文最相类似。举例来说,制作、贩卖淫秽电影、淫秽录像的行为,是《刑法》分则条文中没有明文规定的犯罪行为。如果只根据同类客体,定妨害社会管理秩序罪就不妥当。因为妨害社会管理秩序罪是指一类犯罪,包括若干具体的犯罪,内容广泛而庞杂,定妨害社会管理秩序罪,实际上等于并没有具体定罪。制作、贩卖淫秽电影、淫秽录像的犯罪行为,同妨害社会管理秩序罪中的所有具体犯罪是否都最相类似呢?当然不是。那么又同哪一具体的犯罪最相类似呢?不清楚。是否可以从量刑上看出是同哪一分则条文最相类似呢?也不行。因为类罪名并没有规定刑罚,而妨害社会管理秩序罪中的有些具体犯罪的量刑幅度是相同的。所以,类推的犯罪以类罪名为罪名,并未达到确定罪名所要达到的目的。

将类推的犯罪冠以《刑法》分则中最相类似的条文的具体罪名,似乎是使类

* 作者单位不详。

推的犯罪特定化了。但是它却与分则条文罪名的特定性不符,使特定性成为不特定了。

刑法中的具体犯罪,都有其特定的犯罪构成要件;其罪名,也都有其特定的内涵和外延。凡能够完全符合刑法中具体罪名特征的犯罪行为,都可直接以刑法中的具体罪名定罪量刑,而无须适用类推;而需要适用类推的,恰恰是不完全符合《刑法》分则中具体罪名的特征(特别是犯罪的客观方面的特征)。将不完全符合《刑法》分则中某一罪名特征的行为以该罪名定罪,显然是名不副实。如将制作、贩卖淫秽电影、淫秽录像的行为定制作、贩卖淫书、淫画的罪名就是名不副实。淫书、淫画并不包括淫秽电影和淫秽录像。这一点也正是适用类推的原因所在。如果将制作、贩卖淫秽电影、淫秽录像的行为定制作、贩卖淫书、淫画的罪名,就看不出这是一个类推的犯罪,看不出对刑法分则条文直接适用和比照适用的区别。

将类推的犯罪冠以《刑法》分则中的具体罪名,还会带来一个不好的结果,即会使《刑法》分则中具体罪名的外延增加,内涵变浅,以致整个罪名的概念发生变化,从而破坏了罪名的特定性、稳定性和科学性,如将制作、贩卖淫秽电影、淫秽录像的行为定制作、贩卖淫书、淫画罪,就扩大了制作、贩卖淫书、淫画罪的外延,使该罪名的概念变得不特定。如果我们在类推时不断地扩大制作、贩卖淫书、淫画罪的外延,将出租淫书、淫画的行为,出租淫秽电影、淫秽录像的行为和以营利为目的放映淫秽电影、淫秽录像的行为统统以制作、贩卖淫书、淫画的罪名定罪,就使这一罪名的概念越来越大,越来越无法确切表述。一个罪名的概念如果丧失了特定性和稳定性,也就不再具有科学性了。

根据《刑法》第 79 条的规定,对适用类推的犯罪应当确定新的罪名。一个新的恰当的罪名,可以反映出类推的犯罪行为的主要特征,使犯罪之名与犯罪行为之实相符合。新的罪名可以反映出这一犯罪是《刑法》分则中没有明文规定的,还可以反映出它是与《刑法》分则中哪一条文规定的犯罪最相类似。如将制作、贩卖淫秽电影、淫秽录像的行为定制作、贩卖淫秽电影、淫秽录像罪,这一罪名明确地揭示了这一犯罪行为的主要特征,犯罪的对象是淫秽电影、淫秽录像,在客观上要有制作、贩卖的行为。根据这一罪名,人们还可以看出,这一犯罪是与《刑法》分则第 170 条的制作、贩卖淫书、淫画罪最相类似。由此可见,对类推的犯罪确定新的罪名,才可以达到确定罪名的目的。

不同意对类推的犯罪确定新的罪名的同志认为,新罪名“无法律依据”。其实不然,作为一种法律制度的类推,是以法律规定为依据的。人民法院将《刑法》分则条文中没有规定的犯罪行为定罪判刑,具有法律创制的性质。但这是依据法律的授权，而且是按照严格的法律程序进行的。法律依据就是《刑法》第10条和第79条，其中第79条中的"比照刑法分则最相类似的条文定罪"，就是指确定适用类推的行为构成犯罪，并确定新的罪名。

另外，从我国《刑法》确立类推制度的目的来看，对类推的犯罪也应当确定新的罪名。《刑法》规定类推制度的目的，除了弥补现行《刑法》之不足，惩罚应当受到惩罚但《刑法》分则没有明文规定的犯罪行为以外，还在于通过类推适用，为立法的发展积累经验。对类推的犯罪行为确立新的罪名，就可以在罪名上为《刑法》的修改补充做好准备，使刑事立法不断完善。

（1984年第10期）

法条竞合可以从重选择

——与肖开权同志再商榷

冯亚东*

《法学》1984年第8期发表了肖开权同志的《法条竞合不能从重选择》一文(以下简称“肖文”),对拙文“论法条竞合后的从重选择”(载《法学》1984年第4期,以下简称“竞文”)提出商榷意见。由于该争论在某种程度上关系到司法实践中是否严格执法的原则性问题,也关系到如何灵活地运用法律武器打击犯罪问题,故笔者再提出以下商榷意见。

“肖文”开宗明义以小标题提出,“‘竞文’的实质在于废弃法律条文”,这不能不令人赧然。综观“肖文”内容,却未必能推出这个结论。他说:“以上归结起来只有一句话:谁认为法律的规定违反了他认为的大原则,谁就可以不用它。”这段话偷换了概念,将“竞文”所提的“罪刑相适应”的基本原则换为“他认为的大原则”,于是,“竞文”就成了离开刑法基本原理而由作者随心所欲地“认为”了。众所周知,“罪刑相适应”的原则并不是某一个人的主观认为,而是我国刑法界公认的客观存在的社会主义刑法的基本原则。由于犯罪情况的千变万化和我国刑法中还存在一些疏漏之处,在执法中有时会出现难以处理的情况,而不处理又不行。为了解决这些难题,执法部门理所当然地要在法律规定的范围内进行慎重而灵活的考虑,学术界也相应地会对之作出一些解释和探讨。“竞文”提出法条竞合的从重选择,就属于这样一种情况,其目的是要寻找一种既不违反法律规定,又能罪刑相适应地惩办犯罪分子的有效办法,这又有什么不能容许的呢?

关于立法和司法各自的权限,“肖文”认为,“司法机关只有严格执行立法机关所制定的法律条文的规定的职责,没有使法律条文‘失去独立成罪’、‘实际上不复存在’的权力,更莫说是执法人员和学者、专家”。对此,笔者完全赞同。但“肖文”以此反驳法条竞合的从重选择,却难以立论。其一,在司法实践中,执法人员面对纷繁复杂、千差万别的各种案件,不可能简单地、不假思索地搬取某一法律条文对号入座,而总是要仔细斟酌,反复推敲,以选取一个与犯罪行为最适

* 作者单位:四川省南充地区中级人民法院。

应的法律条文。在这个选择法条的过程中,执法人员从“罪刑法定”、“罪刑相适应”等基本原则出发,去判断一个案件的处理是否符合这些原则,其间不可避免地会涉及对立法合理性的考虑,对法条是否符合基本原则进行评断。这是执法人员很自然的逻辑思维过程,没有这些就谈不上执法,这根本不存在什么“站在立法机关的上面去了”。其二,“肖文”也肯定法条竞合的存在,当特殊法条与普通法条竞合时应运用特殊法条。既然存在竞合,就必然带来竞合后的选择问题,既有选择又有取舍,就势必出现用这一条文而不用另一条文的情况。

“肖文”认为根本没有“特殊法条的刑罚应重于或至少应等于普通法条的刑罚”的法理,这太武断了。所谓法理,就是法学理论,属于学术讨论的范围。既是学术讨论,就应当允许发表不同的见解,提出新观点,过去没有,并不等于现在和将来都不能有。学术讨论自然有正确和谬误之分,这有赖于司法实践的检验和理论上的摸索总结,而不能不许讨论。

至于粟某案的赃款“为什么不能追回”,司法实践中类似情况不胜枚举,毋庸赘述。既然不能追回,还有什么追缴、退赔或罚金可处呢?就是粟有合法财产可处罚金,也不能抵罪。罚金和徒刑是不同性质的刑罚,不能相互折抵。粟某骗取的款项达36000余元,造成极大的社会危害,就是将其赃款全部追回,按照《刑法》第164条顶格判7年有期徒刑,也是不足以抵罪的。

我们不妨再举一例:吉林省抚松县露小河村区有一片红松母树林,是我国仅有、世界少见的森林瑰宝,是我国发展林业、培植优质林木的重要资源,具有极大的经济价值。1982年6月~1983年7月,以抚松县邮局知青木制厂厂长刘方廷为首的10余名犯罪分子,盗伐该处红松母树55株(最大径级达90多厘米,树龄200年)、锻树母树5株,共合木材120多立方米,给国家造成直接损失16000余元,刘方廷等将树加工成板材高价出售,获利2万余元。对刘等如果按照最相适应的特殊法条第128条定盗伐林木罪,则最高只能判处3年有期徒刑,而按照与盗伐林木罪(特殊法条)相适应的盗窃罪(普通法条)处理,则可以在死刑以下的各种刑罚幅度内量刑。最后,对该案法院以盗窃罪作出判决,根据《刑法》第152条判处主犯刘方廷无期徒刑,剥夺政治权利终身,其余各犯也分别按盗窃罪判处。笔者认为该案判得好,真正体现了社会主义法律的尊严,达到了惩罚犯罪和预防犯罪的目的。最近第六届人大常委会第七次会议通过的《中华人民共和国森林法》第34条第3款作出新的规定,盗伐林木据为己有,数额巨大,依照《刑法》第152条的规定,追究刑事责任,这条规定是吸取了司法实践中的新鲜经验而制定的。它从立法的角度解决了法条竞合的从重选择问题。

“肖文”认为法条竞合与法规竞合是同一概念,有些著作中亦有类似提法,笔者认为两者是有区别的。法条竞合是指同一行为符合同一法规的两个条文，法规竞合是指同一行为符合两个不同的法规。前者是同一法规中两个条文的竞合，后者则是两个不同法规的竞合，如《刑法》同《惩治军人违反职责罪暂行条例》的竞合。如果一个军人盗窃了弹药，他的行为既符合《刑法》第120条盗窃枪支弹药的规定，又符合《惩治军人违反职责罪暂行条例》第11条盗窃武装装备罪的规定，根据特殊法规优于普遍法规的原则，毫无疑问应该适用《惩治军人违反职责罪暂行条例》。将法条竞合与法规竞合区别开来是有意义的，可以使我们在理论上准确地阐明问题。

在同一法规范围内的法条竞合，根据犯罪情节和罪刑相适应的原则，需要选择一个量刑较重的法条，是符合"罪刑法定"的基本原则的。当然，这种选择有其特定的限制条件：(1)进行选择的两个条文必须确系竞合，即同一犯罪行为必须分别符合不同构成要件的两个条文。这是进行法条竞合从重选择的前提条件。如果仅仅只是考虑要重处犯罪分子，而选用与犯罪行为不相符合的重刑条文，则在理论上是没有任何根据的，在实践上是荒谬的。这不是"竞合的选择"。(2)必须是在适用特殊法条而其刑罚不足以抵罪的情况下，才能适用。

"竞文"的实质是为了在司法实践中提供在法律范围内灵活打击犯罪的意见。以上管见谬误难免，敬请肖开权同志和读者指教。

(1984年第12期)

1985 年

当前贪污罪若干问题的探讨

陆　林*

1982年春严惩严重破坏经济的罪犯的斗争,沉重地打击了贪污犯罪活动,贪污案件大幅度下降。然而,过后不久,贪污活动又较为频繁地发生,有的地区、部门还有发展趋势,必须引起高度重视。这就要求我们树立同贪污行为作长期斗争的思想准备,并且在惩办贪污罪时,善于运用法律武器,明确以严惩为指导思想,绝不能手软。目前,在司法实践中,对贪污罪的认定和处理有一些需要探讨的问题。

一、贪污罪的概念及其惩处

1952年颁布的《惩治贪污条例》规定:"一切国家机关、企业、学校及其附属机构的工作人员,凡侵吞、盗窃、骗取、套取国家财物,强索他人财物,收受贿赂以及其他假公济私、违法取利之行为,均为贪污罪。"这是20世纪50年代初期根据当时情况和斗争需要所确定的贪污罪概念。20多年后我国颁布施行的第一部《刑法》,明确规定贪污罪是国家工作人员利用职务上的便利,贪污公共财物的,(国家工作人员含委托从事公务的),同时把收受贿赂,以虚构事实欺骗的方法骗取财物等行为,从贪污罪中划出,分别规定为受贿、诈骗等罪。《刑法》对贪污罪的惩处的规定,比之盗窃、诈骗等侵犯财产罪要严。比如,《刑法》对贪污罪的构成未作数额限制(在实践中是有一定数额杠杠的,这对区分贪污行为与贪污罪是必要的,问题在确定多少数额为起刑点),而规定盗窃罪须是数额较大的,规定贪污罪的最低刑为"拘役",而盗窃罪的最低刑是"管制";规定贪污罪的最高刑是死刑,而盗窃罪最高刑为死刑,则是在1982年颁布的《严惩严重破坏经济的罪犯的决定》中作的规定。由此可见,刑法的立法思想是对贪污罪的惩处要重于盗窃等其他侵犯财产罪,而不是相反,这是我们必须明确的。

* 作者单位不详。

二、贪污罪的主体和客观要件

主体必须是国家工作人员和国家机关、企事业单位、团体等“委托从事公务的人员”。公务一般指公事。上述人员之所以能够贪污是由于他们对某部分财物有经营、管理、分配之权。受委托从事公务，一般是指由上级或本单位的领导委托，有的虽无正式手续，但实际上为领导和所在单位的群众认可，也应视为受托从事公务。在工厂、企业直接从事劳务的不能成为贪污罪的主体，如他们在从事劳务中盗窃生产工具、物料，但并不具有对此类物品的管理、分配权。如果把直接从事劳务视为委托公务，就会扩大贪污罪的主体，把盗窃误认为贪污。

贪污罪的客观要件是利用职务之便，而不是指利用工作中有接触钱财物资的条件和机会（工作之便）。如某建筑材料站发货员利用发水泥、黄沙等工作之便，采取废单发货、重复发货等形似贪污的手法，盗窃水泥、黄沙，价值800余元，法院对他以盗窃罪判处是恰当的。因为发货员不同于保管员、材料员，前者因从事发货而接触物品，而无调拨、管理权力。

对新的经济实体中发生的侵占财物行为应如何处理？实行搞活经济以后，我国的经济结构发生了变化，承包户、专业户、副业队以及各种经济联合体如雨后春笋。这些组织中出现的侵占财物的行为是不是贪污？

首先，要分清这种经济实体的性质，如果是城乡劳动者个体经济，则贪污无从提起，因为贪污罪侵犯的客体必须是公共财物。目前有两种情况，一是某些个人、家庭承包户依法经营业务和纳税，并缴纳管理费用，盈利数额较大，因担心“露富”，乃采取虚列支出、减少收入等形似贪污的手法，这不是贪污也不是犯罪。二是上述经济体中的受雇者采取虚报、冒领等手法捞取企业钱款，这不是贪污，而是盗窃或诈骗。因为专业户经营的工副业生产所雇用的人员，不属于集体经济组织的工作人员。

合伙手工业、运输业或合伙经营其他业务的经济实体，其经济所有和经营盈亏都是合伙者共同负责，其性质亦属个体经济。在这种经济实体中发生的合伙者之间的侵吞或受雇者侵占合伙者的财产，由于被侵害的对象是个人财产，行为性质不属贪污。这类实体中有些合伙事务的执行人，也用经理、会计、出纳等名称，但他们不属于受委托从事公务的人，两者应区别开来。

现在有些个体经济、合伙企业因种种原因与集体经济挂钩，用集体的名义出现，但是我们要看它的实质，而不是名义，只要他们确实是私人集资，自主经营，应视为个体或合伙企业。

对农村经济联合体要进行分析,有的是在不改变个人生产资料所有权的条件下,或者在保留家庭经营方式条件下的联合,有的时联时散,当年联合,年底分光,过年再合,没有公共积累,这不能算集体经济,这类实体中发生的侵占行为,不属贪污。还有的联合比较紧密,有明确的管理制度,有公共提留,积累归集体所有,有集体经济因素,其工作人员侵吞的财物属集体性质,可按贪污罪论处。

集体所有制经济的财物系一定范围的公共财物。宪法规定,"农村人民公社、农业生产合作社和其他生产、供销、信用、消费等多种形式的合作经济"以及"城镇中的手工业、工业、建筑业、运输业、商业、服务业等行业的各种形式的合作经济,都是社会主义劳动群众集体所有制经济"。凡属合作性、群体性集资的集体所有制性质的经济实体,经有关主管部门批准、认可,即取得法人资格。此类经济体中的从事公务人员或是上级部门委任,或由本单位人员推举。这些人员如利用掌管经营、物资或财务等权力,侵吞本单位财物,则构成贪污。如某区一街道打包服务队负责人蒋某,与该服务队财务——他的妻子汪某,相互勾结,以私开账外发票、收入不入账等手法,侵吞服务队7300余元。蒋、汪受街道集体企业部门委托管理该打包服务队,利用职务侵吞集体公款,应以贪污罪论处。

贪污罪的立案和量刑对贪污罪的惩处要严格划定贪污罪的范围,防止把盗窃等其他侵犯财产罪混淆为贪污罪。然而,目前在司法实践中,贪污罪的立案和惩处的数额杠杠远远高于盗窃、诈骗等罪,使这两种犯罪的刑事追究失去平衡。贪污几百元的,由单位作行政处分,甚至不了了之,殊失法律的严肃性,也不利于保卫公共财产的安全。从立法上看,从《惩治贪污条例》到现行《刑法》,并无对贪污罪立案的数额高于盗窃罪的含义。如果规定贪污罪的立案数额与盗窃罪大体相同,就可避免对贪污犯罪打击不力的现象发生。当然,在惩处一些数额不是很大、情节一般的贪污罪犯时,根据《刑法》可判处拘役或有期徒刑缓刑,以示挽救。但对(1)贪污罪的惯犯、累犯,这些人贪污成性,不予严惩,劣性难改;(2)贪污犯罪集团的首犯、主犯;(3)数额巨大,情节严重或特别严重的;(4)在1982年4月打击经济犯罪斗争后犯贪污罪的;(5)把贪污赃款挥霍殆尽或转移隐匿的,则应予严惩。从重惩处上述严重侵害公共财产的贪污罪犯,是制止贪污行为的重要方面。

(1985年第1期)

对在服刑期中既发现余罪又犯新罪的人应如何处理

罗书平*

罪犯吴某1983年(时年17周岁)因犯盗窃、抢夺罪被判处有期徒刑5年。服刑9个月后又犯脱逃罪。追捕归案后,发现吴在前罪宣判前还犯有奸淫幼女罪。据此,某县人民法院对吴犯适用数罪并罚原则处刑,奸淫幼女罪判处有期徒刑4年,脱逃罪加处有期徒刑3年,残刑4年零3个月,决定执行有期徒刑11年3个月。

我认为,这个判决在对数罪实行并罚的方法上是值得研究的。

我国《刑法》第65条对"判决宣告后发现余罪"的并罚原则是"先并后减",《刑法》第66条对"判决宣告后又犯新罪"的并罚原则是"先减后并"。本案吴犯既有余罪,又有新罪,应分别适用《刑法》第65条、第66条的规定处罚。

首先,对新发现的奸淫幼女罪判处的4年有期徒刑与原判盗窃、抢夺罪的5年有期徒刑,按《刑法》第64条的规定,在5年以上9年以下有期徒刑内酌情决定执行的刑期。鉴于吴犯犯罪时不满18周岁,可考虑执行有期徒刑7~8年。

其次,如果执行的刑期是7年,那么扣除已经执行的刑期9个月,应为6年零3个月。

再将新犯的脱逃罪判处的3年有期徒刑,与上述6年零3个月有期徒刑,按《刑法》第64条的规定决定执行的刑期。假如决定执行的刑期为九年零三个月有期徒刑,那么,这一刑期就是吴犯自这一判决生效后实际还应执行的刑期。

某县人民法院的判决中没有根据案件的不同情节采取相应的"先并后减"和"先减后并"的方法,而是实行了一次性的并罚。这是与刑法"数罪并罚"原则的规定不相符合的。

(1985年第1期)

* 作者单位:四川省达县地区中级人民法院。

对当前投机倒把罪的几点认识

王良化[*]　李志一[**]

投机倒把是发生在经济领域中，主要利用流通环节进行的一种违法犯罪行为。它严重扰乱市场，影响物价稳定，破坏经济秩序，干扰四化的顺利进行，历来是要予以取缔和打击的。当前在举国上下进一步贯彻执行对内搞活经济、对外实行开放的方针，加快以城市为重点的整个经济体制改革的步伐，大力发展社会主义商品经济的新形势下，如何准确地认定什么是正当的商品流转，什么是投机倒把，对于划清非法与合法、罪与非罪的界限，保护正当的生产经营活动，打击严重的经济犯罪都有重要的现实意义。

我们学习了中央两个一号文件和关于经济体制改革的决定，结合实际工作，谈谈对当前投机倒把问题的认识，以求教于专家和学者。

一、新中国成立后几个不同时期投机倒把范围的演变

投机倒把，在不同的时期，不同的历史阶段，基于不同的政治和经济状况，具有不同的范围。

新中国成立初期，我国存在5种经济成分，其中个体经济在数量上约占整个国民经济90%，私营商业在社会商品零售额中占85%。当时在国家统一领导下，实行国内贸易自由的政策，部分工业品和全部农产品在市场上自由购销。当时投机倒把，是指在商业经营中买空卖空、囤积居奇、杀价收购、哄抬物价、扰乱市场，以欺诈行为牟取暴利的行为。随后在"五反"运动中，又把偷工减料和偷税漏税作为投机倒把的表现。这对于加强国营经济的领导，稳定社会主义市场，打击投机商业的非法活动，促进整个社会经济的发展，是起了一定的作用的。

对农业、手工业和资本主义工商业实行社会主义改造以后，私营商业已大为减少，当时投机倒把的范围，主要指套购倒卖、长途贩运、倒卖生产资料、组织地下工厂、地下商店、地下包工队等非法活动。打击这些投机倒把活动，保证了国

---

* 作者单位：上海市经济法研究会。

** 作者单位：华东政法学院（现华东政法大学）。

营经济和公私合营企业的顺利发展。

20世纪60年代,由于自然灾害和工作中"左"的错误,我国经济遇到了严重的困难,对市场管理曾一度放松,个体经济和集市贸易有所发展。当时投机倒把的范围,主要是指倒卖工农业生产资料;黑市经纪,牟取暴利;买空卖空,转包渔利;倒卖计划供应票证;套购转卖,长途贩运以及倒卖外货等。由于对经济犯罪的打击,对保证市场供应,恢复国民经济起了有利的作用。

"十年动乱"期间,由于林彪、"四人帮"在全国制造大破坏、大混乱,使国民经济濒临崩溃的边缘,当时规定:"倒卖国家统购统销物资、工农业生产资料,倒卖金、银、工业品、票证,抬价抢购,长途贩运,买空卖空,私包工程,私设工场,雇工剥削,走私行贿"等为投机倒把,并且规定坚决取缔无证商贩和手工业户,取缔各种非法交换、买卖场所,不准农民弃农经商,严禁粮、棉、油、烟、麻等上市交易。把真正的投机倒把与群众的正常交换和消费活动混为一谈,破坏了群众的经济生活和社会主义法制。

党的十一届三中全会以后,国家先后颁布了《刑法》和一系列法律、法令,对投机倒把的范围作了规定。以投机倒把罪来说,就是指以牟取非法利润为目的,违反国家金融、外汇、金银、工商管理法规,非法从事工商业活动,扰乱社会主义经济秩序,情节严重的行为。其表现是,非法倒卖工农业生产资料;抬价抢购国家计划收购物资,破坏国家收购计划;从国营和供销合作社零售商店套购商品,转手加价出售;个人坐地转手批发;黑市经纪,牟取暴利;买空卖空,转包渔利;欺行霸市,囤积居奇,哄抬物价;倒卖计划供应票证和银行有价证券;倒卖金银、外币、珠宝、文物、外货、贵重药材;偷工减料、掺杂使假、以假充真、骗钱牟利,以替企业、事业等单位办理业务为名,巧立名目,招摇撞骗,掠取财物;出卖证明、发票、合同,代出证明、代开发票、代订合同,提供银行账户、支票、现金,从而牟取非法收入。

上述这些规定,是在中央两个一号文件和《关于经济体制改革的决定》以前作出的,按照目前放宽政策,进一步搞活经济的要求,我们认为,其中有些规定需要放宽,有的则需要作必要的修改。

二、对投机倒把行为的重新认识

现在全国农村全面推行了联产承包责任制,调动了广大农民的社会主义积极性,使农业生产在短时期内有了蓬勃发展,大量农副产品需要出售,农村购买力急剧增长,这就迫切要求疏通城乡流通渠道,加速商品流转。在城市,则要求改革经济体制,使工业能吸收最新科技成就,加速发展新的生产力,真正在社会主义现代化建设中起主导作用,迎接世界新技术革命的挑战。为此,必须开拓城乡交流和国际市场。

在新的形势面前,对投机倒把应该有新的认识。

需要进一步肃清"左"的影响。过去一提商品经济,有人就很自然地把它和资本主义挂起钩来;一讲市场,有的人就把社会主义市场看做国营商业的独家天下,对多种经营形式特别是对个体经济看不顺眼,从多方面"保国营、限集体、卡个体"。有的搞地区封锁,防止商品外流,并不准外地先进产品进入;有的一见长途贩运,就认为是投机倒把,予以打击。对集市贸易"活而不乱,管而不死"的方针,着眼点总是在"管"字上,而没有从"活"字上将市场搞活,支持生产的发展。

解决这个问题的最好办法是学习中央两个一号文件和关于经济体制改革的决定,深入实际,调查研究,冲破"左"的思想束缚和传统观念,大力支持社会主义的商品生产和商品交换,促进商品经济的发展。

经济管理是一门科学,也具有两重性,即自然属性和社会属性。管理的自然属性反映了社会化大生产协作劳动的要求,这对于不同社会制度都是相同的,即共性;管理的社会属性,反映了生产资料占有者和统治阶级的意志,不同社会制度是不同的,即特殊性。就自然属性来说,商品流转的理论和实践有其本身的规律性,如商品的价格要与价值相适应,以及供应规律等,如果不是根据商品的自然属性和客观规律进行管理,而是根据某种教条或固定的模式,依靠硬性的行政命令办事,那只会窒息经济,妨碍生产力的发展。例如,对长途贩运,过去总认为是资本主义的经营方法,但是这几年来的实践证明,正是由于一些人从事商品的长途贩运,才开辟了新的流通渠道,搞活了城乡经济,减少了流转环节,打破了地区的界限,促进了经济繁荣,满足了人民的不同需要。

又如,过去对农副产品的购销活动卡得很死,唯恐有人抬价抢购,现在农村集市贸易和城市农副产品市场大批开放,价格不作硬性规定,基本上是随行就市,协商成交,供应量日增,价格平中有降,这样既不会发生什么抢购,又活跃了市场,搞活了流通,促进了生产。

再如,对居间牟利的掮客活动、"皮包公司",过去是一概取缔的,现在要做具体分析。随着商品经济的发展,为了及时传递商品信息,加速商品的流转,需要有人专门从事咨询,牵线搭桥。只要经过工商部门登记批准,又不以扰乱市场、损害国家利益为目的,是应该受到保护的。当然,如果建立跨地区或全国性的咨询机构要经过中央有关部门的同意。

不少省在贯彻1984年中央一号文件以后,农村出现了“四个增加”,即贩运活动增加,经营大商品、做大生意的增加,搞合作经济和雇工的增加,农民进城务工经商的增加。同时也出现了“四个突破”,即业务分工界限突破,经济活动区域界限突破,零售与批发的分工界限突破,部门、行业和所有制的界限突破。由于这些新的增加和突破,行政管理部门出现了“三个不适应”,即思想不适应,法规不适应,工作作风和方法不适应。这种情况,要求为经济基础服务的上层建筑迅速作出反应,方针政策应作必要调整,有关法规也要及时修订,以适应改革的新形势。

那么,是不是说,在新形势面前,投机倒把行为就不存在了呢?当然不是。当前投机倒把的范围显然缩小,但是犯罪活动的质量和危害程度却又明显提高,切切不可掉以轻心。放宽政策不等于放任不管,修订法规不等于取消法律法令,打击投机倒把的工作应该加强,而且是一项长期的任务。也就是说,既要不断清除“左”的思想影响,又要克服松劲麻痹情绪,贯彻“打防结合、以防为主、综合治理”的方针,对投机倒把案件要善于抓住典型,查明案情,找出漏洞,严肃处理,并在实践中经常加强调查研究,发现新情况,修订新措施,解决新问题,使法律法令更好地为经济体制改革服务。

三、当前打击投机倒把的重点

我国刑法中对投机倒把的规定仍然是适用的。在具体执行中,应该抓住主要矛盾,弄清打击的重点,才能真正做到惩处犯罪,制止违法,教育群众,维护社会主义经济秩序。

当前打击投机倒把的重点是:

1. 倒卖金银、珠宝、文物、走私物品。上列各物,都是国家法令明确规定的限制流转物品,私自出卖给国家指定的收购单位以外的团体和个人,均属违法;如属“倒卖”,当然更加严重,应为打击的重点。

2. 倒卖国家计划供应的票证,如粮票,油票,汽油、柴油票,名牌自行车、缝纫机、电视机票等,并且从中牟利的。

3. 破坏国家的统购、统配和派购计划,破坏国家的重点建设,倒卖国家不允许自由买卖的物资,如原油、煤炭、木材、大量的钢材、棉纱、化纤原料等。

4. 出卖假合同书、假发票、假提货单或者倒卖无实物过手的经济合同、发票、提货单,转口加价,从中牟利的。

5. 为投机倒把活动代出证明信,代开发票,代订合同书或者提供现金、支票、银行账户,从中牟利的。

6. 倒卖外汇、银行有价证券或应该复运出口的物品,从中牟利的。

7. 经营和制造冒牌、伪劣商品,以假充真,以次充好或掺杂使假、短尺少斤等情节严重而又屡教不改的。

8. 在商品购售中欺行霸市,哄抬物价,扰乱市场秩序的。

(1985 年第 2 期)

危害公共安全者的法律责任

武　彪*

印度博帕尔市美国跨国公司联合碳化物公司所属一家农药厂，于 1984 年 12 月 3 日凌晨发生严重事故，液态毒剂甲基异氰酸盐气体失控漏出，使该市 70 万人中 20 万人中毒，2500 多人死亡，5 万人可能双目失明，该地区大量食物和水源受污染，大批牲畜和其他动物死亡，生态环境被严重破坏，震惊了世界。这是工业对人类带来祸害的最突出事例之一。随着科学技术的发展，社会化生产规模的日益扩大，易燃、易爆、有害、有毒化学物质的大量使用，对人类健康及生态环境已成为严重威胁，据英国救灾机构牛津饥荒救济委员会不完全统计，发展中国家 1982 年就发生了 37.5 万起农药中毒事件，仅斯里兰卡 1978 年就发生了 1.5 万多起，有 1000 多人死亡。

我国四个现代化建设的不断发展，先进技术设备和化工原料大量引进，各地也已发生过不少恶性重大事故，“安全第一”的方针不能不进一步提到应有的高度，促使各行各业重视，以防患于未然！

我国《刑法》分则在紧接第一章反革命罪之后，就集中归纳了各种严重危害公共安全的犯罪，特设危害公共安全罪，列于普通刑事犯罪之首，作为第二章，足以说明我国立法工作高瞻远瞩，将公共安全放在应有的地位，是国外刑事立法所少见的。这充分体现了我国人民保卫人身安全和辛勤劳动成果的迫切需要，也显示了加强社会主义法制，大力纠正某些职工乃至领导干部漠视安全生产的错误倾向，树立安全第一思想的决心，是完全适合我国当前实际情况的。

但由于社会上，特别是在国家工作人员中，法制观念还比较淡薄，对十一届三中全会制定的“有法可依、有法必依、执法必严、违法必究”，加强社会主义法制的方针，在某些地方和部门依然执行不力，特别是对于在生产中违反规章制度，导致国家和人民利益严重损失的肇事者，往往以为是过失犯罪，不同于故意破坏，就千方百计找借口，庇护、隐瞒，甚至以权代法，阻挠司法机关的追查处理，让漠视人民生命和国家财产安全的肇事者逃避法律责任，也使有关的官僚主义

* 作者单位不详。

者心安理得,好官自为,致使某些恶性重大事故重复发生,使四化建设遭受严重损失。例如,上海海运局“大庆53号”油轮在空载航行途中,舱内残存大量可燃危险气体,未采取排气及防火措施,就违章明火作业,于1982年5月5日发生新中国成立以来第一次大油轮爆炸沉没事件;“战斗67号”轮又在1983年11月翻沉。在一个局的范围内一年半中连续发生两起沉船重大事故,是罕见的。1984年3月7日该局“神州”轮在立丰厂修理中,又由于电焊工违反明火作业须经领导批准,并应预先清除现场易燃易爆物品和备妥消防灭火器材等有关规章制度,而导致大火,造成伤亡和国家财产的严重损失。除了直接肇事者应负过失罪责外,有关领导人员在规章制度的检查监督上的失职,以致同样事故重复发生,负有不能推卸的罪责,也是十分明显的。

我国危害公共安全最普遍、最频繁的要算农药与炸药引起的毒害和爆炸事故,累计起来,数量是十分惊人的。仅据浙江省某一地区调查,有的社队以生产需要为名,出证为个人购买农药和雷管炸药;有的单位非法擅将大量爆炸物品转卖给个人,以致造成严重损失者为数甚多。某县一个水库从1980年起擅自转卖和外借水库加固工程使用的炸药,有1100公斤之多;该县某一大队全户137户社员家家都有危险品雷管炸药,其中80%是从这个水库以非法手段搞来的,有的并被用来作为犯罪的手段。该队有个杀人犯吴某就是通过各种“关系”从水库分四次骗得雷管炸药120节,于1982年9月19日用雷管引爆,将与他中断恋爱关系的女青年炸死。吴犯自应严惩,但违反管理法规,将危险物品擅自转移,造成严重后果者,却均未受到法律制裁。尤其是有毒农药及其他药品的大量使用,如不严格按照规章管理,对人身安全,特别是通过对粮食、蔬菜、瓜果等食品的污染,对于广大人民的健康,危害极大,此类重大事故,也已屡见不鲜。1984年3月14日及4月4日,湖南省航运局3104、5301及5315等船队,在装运尿素之后,未经清洗消毒,就从湖南澧县及安乡县装运大米,以致连续两次使共计151万多斤大米遭到污染,造成严重损失;而且在装运大米前,有关人员就曾提出清洗船舱的建议,可是负责承运的人员竟漠然视之,不予理睬。他们对人民的身体健康麻木不仁,对粒粒辛苦得来的粮食任意糟蹋到了什么程度?至于农药污染饮水,毒死水产物的事故,则为各地所常见,但尚未引起足够的重视,也很少依法处理。

由于生产力的发展,人类在与自然作斗争中逐步从必然王国走向自由王国,总结出一套技术规范,以调整人与自然的关系。这与调整阶级与阶级、人与人之间关系的法律,在性质上虽有所不同,但由于生产社会化程度越来越高,违反技术规范,对生产力的破坏,也日益强烈,这不仅给违反者个人带来灾难，而且给整个社会带来极大的危害。从而自然科学与法律日益沟通，结合越来越密切；因此各国都赋予这些形式上属于自然科学领域的技术规范以法律效力，转而成国家法律的重要部门，强制执行，这是完全符合科学规律和人民利益的。

我国《刑法》分则第2章规定，除对故意破坏、危害公共安全的犯罪，依法予以惩治外，对于违反规章制度而造成重大事故，导致人身伤亡或公私财产重大损失者也依法予以制裁。这对于保证物质文明与精神文明建设都是十分重要的，必须严格坚决执行。因此对那些无视人民和国家利益，违反规章制度而导致严重后果者，绝不能以其为过失犯罪而轻纵，不负责任地放任自流，听任事故恶性循环，导致更多的群众，在更大范围内遭受更严重的灾难。

按照犯罪构成的理论，无论是从客观上的严重社会危害性，造成人身的伤亡和公私财产的重大损失，还是从肇事者主观上的故意违反规章制度，或者对公共安全危害的放任态度，以及对职守的玩忽来说，都不能片面地以为这类事故不属故意杀人或蓄意破坏就予宽纵，因为如果对于这种主观上既属故意违法，而又在客观上导致人民利益遭受重大损失的罪行不予追究，其社会效果实质上就是包庇少数非法肇事者而对广大群众的生命财产置诸脑后，使公众丧失安全的保障。

当然，一般来说，故意犯罪者较之过失犯的恶性更深，危害性更大；但不能因此就形而上学地认为对故意犯应一律从重，而对过失犯则一概从宽，甚至以此为借口，迁就庇护。我国《刑法》第10条有关犯罪的总概念，是一律从犯罪者的行为是否对社会具有危害性与违法性，而应受刑罚处罚为依据的。如果犯罪情节显著轻微，危害不大的，则不认为犯罪。这既包括过失犯也包括故意犯罪。从我国刑法的立法精神来看，是无论如何得不出，对于违反国家规章制度而造成严重社会危害的过失犯一概从轻的结论的。大量血淋淋的事实教训我们，某些对人民生命财产极不负责的违章指控，违章作为，使社会主义事业造成了严重损失的，其破坏性与发案率远远超过了某些故意破坏事故的严重程度。江苏省东台县检察院查处责任事故案件时，在勘验现场的同时，组织有关企业事业单位领导和群众一起参与观察惨状，提高大家对责任事故破坏性的感性认识则是一种生动的法制教育和安全生产教育的有效形式。各地政法部门和生产领导机关在处理安全事故案件中，不妨借鉴。

早在第一届全国人民代表大会上，老一代无产阶级革命家董必武同志就极有远见地严肃指出："对于经济建设中发生的事故，常常只注意政治事故而很少追究责任事故，同时对责任事故又常常只注意单纯的教育，而很少注意用必要的法律制裁,以便更有效地消灭和预防违法犯罪的现象。”

前司法部部长魏文伯同志,十分关切危害公共安全事故对四化建设的破坏作用,最近特提笔挥毫,题写了“为建设四化,危害公共安全罪应依法处理”,告诫我们提高对危害公共安全事故的警惕性,运用法律武器,为保卫四化建设成果作坚决的斗争。

(1985年第2期)

正当经营与投机倒把罪界限的对话

林既立[*]　包如星[**]　杨书文[***]

甲:近来,经济政策越来越放宽,市场繁荣,促进了生产力的发展。过去有许多认为是投机倒把行为的,现在属于正当经营了。有人提出,现在还有没有投机倒把罪?投机倒把的概念是不是要重新确定……

乙:在新形势下,对什么是投机倒把罪确实有重新认识的必要。我认为投机倒把罪的基本概念没有改变,仍旧是以攫取非法利润为目的,违反国家金融、外汇、金银、工商管理法规,非法从事工商业活动,扰乱社会主义经济秩序的情节严重的行为,不同的是它的具体内容改变了,范围缩小了。对于什么是投机倒把,什么是正当经营,什么行为构成投机倒把罪,当前投机倒把罪有哪些新的特点,倒是值得大家讨论的。

丙:投机倒把活动主要发生在商品流通过程中,现在统派统购的物资范围有了改变,减少了指令性计划部分,增加了市场调节的作用,一部分过去不许上市的产品,现在也进入市场,个体工商户可以经营完成国家收购任务后的工业品和农副产品,统派统购任务外的产品的价格已经放开;过去不允许农民弃农经商,长途贩运,现在农村社队和个人可以经营加工、贩运完成收购任务后多余的各种农副产品,价格也可以随行就市,还允许农村剩余劳动力组织建筑队、运输队、安装队进城承包业务,农民可以独资或合资办工厂……现在是城乡人民,千军万马,各显神通,搞生产,搞流通,各地都涌现了一批万元户。

甲:而另一方面,也确实有一些人利用改革开放的形势,搞投机倒把活动。中共中央《关于经济体制改革的决定》指出:第一,就总体说,我国实行的是计划经济,即有计划的商品经济,而不是那种完全由市场调节的市场经济;第二,完全由市场调节的生产和交换,主要是农副产品、日用小商品和服务修理行业的劳务活动。但有的人却利用搞活经济和改革之机,进行破坏计划经济,牟取暴利的活动。因此,我们一方面不能用老眼光来看新问题,用过时的政策思想来看今天政策允许的事情;另一方面也不能思想麻痹,看不清在新形势下确实存在的投机倒

* 作者单位不详。

** 作者单位:上海市高级人民法院。

*** 作者单位不详。

把活动,甚至看准了,也不敢触动。

乙:当前的投机倒把案件有些什么特点呢?我看,第一,投机倒把的范围比过去缩小了,在数量上减少了,但现在的投机倒把案件在质量上提高了,大案要案突出了。第二,内外勾结得多。这有两种情况,一种是国家机关、企事业单位人员与社会上的投机倒把分子相勾结,另一种是境外不法分子与境内投机倒把分子相勾结。第三,多种犯罪纠合在一起,行贿、受贿、诈骗、招摇撞骗都有,不少都是行贿开路,行贿的财物过去用农副产品,后来用洋货(录音机、电视机),现在赤裸裸的用金钱,三百五百还看不上眼。第四,是集团性犯罪,围绕着投机倒把的目的,搞非法套购、运输、销售一条龙。第五,某些国家机关、企事业单位及其工作人员中出现的新的不正之风,与投机倒把活动纠缠在一起,他们以搞活经济和松绑为名钻改革的空子,损公肥私,大发横财,但查处很困难,有阻力。他们上下左右都有关系网,盘根错节,某些部门的负责人还做他们的靠山。

丙:正因为现在的投机倒把是在放宽经济政策的情况下出现的,所以在查处时要划清政策界限,正确分清性质:有的是符合规格的货真价实的犯罪行为,有的则是一般违法行为,有的是偏离政策的错误(越轨行为),有的则是不正之风,不能“一刀切”。

例如,对过去一向由国家计划分配的工农业生产资料,现在则要分清属于计划内的产品,还是计划外的超产或不符质量标准的等外品。即使是计划内的,现在也有部分自销产品可以通过市场渠道供应。因此,对经营上述产品的也要具体分清。江苏省有一个校办工厂,通过上钢×厂的推销员李××购得属国家计划之内自销2%的各种钢料500余吨,经生产资料公司订立合同。成交后,校办工厂设宴招待李××等,并给李200多元“奖金”,这是一种不正之风,应予制止,但不能算犯罪。

但也不是一律不构成犯罪。另外一个例子是某建筑队工作人员陈某,勾结某省驻沪办事处物资供销部人员王某,以支付管理费的办法,在“沪办”设立临时账户,并利用“沪办”介绍信套购钢材50吨,然后抬高一倍以上价格倒卖给江苏的造船厂和在“钢铁市场”上冒充本企业的剩余物资出售,牟取暴利7000多元,构成犯罪。因为这是哄抬物价,扰乱市场,违反工商管理法规而且是情节严重的行为。

又如,对产地完成国家收购任务后多余的粮食,社队和个人都可以自由运销,不受地区、数量和运输方式的限制,但对于在城镇倒卖粮票等计划供应票证或套购粮食外运,是违法的,数额巨大、情节严重的构成投机倒把罪。例如,闲散人员梁某非法以每斤5分购进上海、浙江等地粮票6万余斤,然后“借用”居民购粮证购粮,每斤抬高1角卖出,非法牟利3000余元,构成投机倒把罪。

另外,某些粮食收购部门、管理部门的工作人员钻粮食计划牌价、议价、市场价格同时并存的空子,利用其间的差价,低进高出,伪造账目,掠取大量钱财,也构成投机倒把罪。

甲:是的,你说的情况确实存在。现在有些案件看上去有某些类似,但深入一步研究,一个构成犯罪,另一个是合法经营。

例如,现在农民可以到城镇开店办厂,农民建筑队、安装队可以进城承包工程,工程负责人把任务和收益转包给作业小组,这样完成任务速度快、质量高,作业小组花的劳动多,获得的报酬也多,这是正当收入。例如,上海嘉定县马陆公社王某承包上海普陀区一家饭店工程,由于加紧施工,提前半年完成任务,质量达到全优标准,在3个月中,参加劳动的农民每人分得700元,这是应得的报酬。也有的工程队,由于承包人获利过多,劳务者获酬较少而产生矛盾,这是劳务纠纷性质。但有的承包则不同,如葛某向上海某半导体元件厂等单位承包河堤驳岸工程,总额为87000多元,葛转手把这些工程转包给别的3个承包人,从中掠取12000余元。葛还把某五金变电公司仓库的河堤驳岸工程介绍给董某等人,收受介绍费4500多元。法院依《刑法》第118条投机倒把数额巨大的处理,我认为是正确的。

在职职工为外单位充当中间人,居间介绍正当的业务,在成交额中提取一定的奖金,是否一律都算投机倒把是值得研究的。我认为前提是介绍的业务是否对商品流通有利。这些人之所以能够把业务介绍成功,是同他们有一定的专业知识,信息灵通,熟悉行情有关,若作为投机倒把打击,对搞活经济和发挥他们的专长,是不利的。在当前工商登记不完备的情况下,该职工应取得单位主管部门的许可。但是,如果有的在职职工利用其管理国家紧缺物资之机套购,转手倒卖,情节严重的则应该定罪。如现在有的企业在未完成国家计划之前把大量计划物资抬价数倍出售(如原煤),而有的铁路运输部门在未完成国家计划之前,调出大量车皮外运,牟取暴利,对于这种单位的直接责任人员应该定投机倒把罪。

还有一种是在目前办理工商登记、取得法人资格、开设银行账户等手续还不方便的情况下,有的人挂在其他单位名下,并通过该单位代出证明、代开发票、代订合同或提供银行账户、支票,该人则支付一定"管理费用",只要他进行的是正当经营,而不是犯罪活动,不能看做投机倒把。相反,有的单位明知某人进行投机倒把,而给予提供账号等,从中牟利,则是一种提供犯罪的手段。有的人通过转账,勾结国家职工套购国家不允许买卖的物资,牟取暴利的,可构成投机倒把罪。如上海某厂职工王某，利用同乡关系，以江苏省××社队厂作为中转账户单位，又勾结湖南衡阳化工采购站职工李某，套购国家计划物资化工原料10余吨，以虚报重量，抬高市价，倒卖给浙江省平湖某化工厂，通过上述账户转账，从中获利4000余元。这是一种以获取暴利为目的，直接破坏国家计划经济和市场管理的投机倒把的犯罪活动。

乙：对的，现在市场上有一些人利用某些商品流通渠道不畅，向国营或集体商店购买大量日用品，通过长途贩运，转手加价出售，或通过社队企业加工成品，追加利润销售，只要符合工商、税务等有关法律政策规定，应看做正常的贩卖和经营业务活动。但有的国营商店职工采取内外勾结，大量套购凭证供应商品或紧俏商品，加价倒卖，牟取暴利，情节严重的则构成了投机倒把罪。

之所以有些相类似的情况，存在合法与非法、罪与非罪，是因为当前的经济犯罪，包括投机倒把，是利用改革过程中存在的某些空子和薄弱环节进行的。现在一方面，大量的是合法的、正当的、有利于搞活流通，发展生产，改善人民生活的经济活动；而另一方面也确有少量的犯罪活动混迹其间，浑水摸鱼。因此，我们在工作上也要一手抓改革开放，保护合法的、正当的经济活动，但不要一谈“保护”，就对经济犯罪视而不见；另一手要抓打击经济领域的严重犯罪活动，也不要一谈“打击”，就草木皆兵，不分青红皂白，侵犯合法的、正当的经济活动。恰恰相反，“打击”的目的就是搞好改革开放。

不少司法人员提出，现在正当经营与投机倒把的界限不容易分清，我觉得最主要的是看有无社会危害性和社会危害性的大小，看对国家对社会利大于弊，还是弊大于利，还是纯属害国害民，因此对这类案件要全面地收集材料，客观地衡量和评价，精心区别。对一时看不准的，不要急于处理。

丙：现在有几种情况纯属害国害民，值得注意。有的几个企事业单位串起来，把紧俏商品（例如彩电、汽车等）转手倒卖，层层加价，实际上商品还没有提出仓库，只是把货单转来转去乱涨价，以增加小单位的收入，这种做法完全是坑害国家，哄抬物价。还有的单位把根本不能用的紧俏的生产资料（如汽车），卖给专业户，这是坑农的勾当，极容易造成严重交通事故，情节严重的，应该追究直接责任人员的刑事责任。

在对外开放中，也有一种情况值得注意，有一些境外人员，以到内地经商、开厂、办店为名，与境内某些人，包括某些国家干部勾结，搞投机倒把，牟取暴利，坑害国家。例如，境外人员郑某以香港绿洋有限公司经理的身份，与广州市畜产进出口公司签订经营出口兔毛22吨的协议书。之后，郑勾结广东省封开县商业局驻广州办事处负责人叶某、封开县供销社贸易货栈采购员林某等人，以上述商业局、贸易货栈名义，与畜产公司签订供给兔毛合同。而后，郑偕上述人员到河南、山东等地大量收购兔毛，再每吨抬价22000～25000元售给畜产公司，然后由畜产公司卖给郑某，郑大部分运到香港，但根本无钱付款，造成国家重大经济损失，而郑以"介绍费"、"奖金"名义，从供给畜产公司兔毛的商业单位，获非法所得83000余元，其中4万余元分给参与这一犯罪活动的同案人。这类案件是值得警惕的。

（1985年第3期）

认定奸淫幼女罪的关键在哪里

朱华荣* 赵国强**

在严厉打击严重危害社会治安的犯罪中,揭露出不少奸淫幼女的罪犯,人们对这些野蛮摧残幼女身心健康的罪犯,表现出无比的愤怒,要求依法按强奸罪从重惩处,是理所当然的。但是,在司法实践中,经常碰到这样的情况:有的幼女发育较早,性已成熟,在与男青年的交往中,谎报年龄,谈情说爱,并发生两性关系;个别早熟幼女,受不健康思想的腐蚀,与多名不知其为幼女的男子发生性关系,甚至发展为卖淫。对于那些不知奸淫对象为幼女的男子,是否也要认定为奸淫幼女罪,在刑法理论界引起了激烈的争论。开始,争论的焦点集中在行为人是否要以"明知"对方是幼女为前提。有人主张,不管行为人主观上是否"明知",只要客观上与不满 14 岁的幼女发生性关系,就构成奸淫幼女罪。然而,我国《刑法》第 13 条规定:"行为在客观上虽然造成了损害结果,但是不是出于故意或者过失,而是由于不能抗拒或者不能预见的原因引起的,不认为是犯罪。"这就说明,构成犯罪,行为人主观上必须要有故意或者过失,奸淫幼女罪是一种故意犯罪,过失不能构成。而构成故意犯罪,根据我国《刑法》第 11 条的规定,行为人主观上又必须"明知自己的行为会发生危害社会的结果"。接着,争论引向深入,焦点集中对"明知"内容的理解,即构成奸淫幼女罪,行为人主观上究竟应当"明知"哪些内容,幼女的年龄是否包括在内。显然,这一争论已不限于奸淫幼女罪的认定问题,而直接关系到故意犯罪的"明知"内容。所以,我们认为有必要从理论上对此加以探讨。

我们认为,对故意犯罪中"明知"内容的理解,不仅要根据《刑法》总则第 11 条的规定,而且还要结合分则规定的具体犯罪构成的特征。《刑法》总则第 11 条作为一种原则性的规定,是对分则规定的各种具体故意犯罪的抽象概括,它反映了各种故意犯罪所具有的共同特征。第 11 条规定任何实施了故意犯罪的人,主观上都必须具有"明知自己的行为会发生危害社会的结果"这种认识因素,以及"希望或者放任这种结果发生"这种意志因素,两者缺一不可,这对认定各种具体故意犯罪具有指导意义。

---

* 作者单位:华东政法学院(现华东政法大学)。
** 作者单位:中国人民大学。

但是,任何犯罪都是具体的,发生的危害结果也是具体的,因而“明知”的内容也是具体的。例如,故意杀人,就是明知自己的行为会发生非法剥夺他人生命的危害社会的结果,盗窃就是明知自己的行为会发生非法占有他人财物的危害社会的结果,强奸就是明知自己的行为会发生非法与受害妇女发生性关系,破坏妇女人格、名誉的危害社会的结果。

危害结果和犯罪客体是犯罪构成中联系最紧密的两个不可分割的方面,任何危害结果都是对一定犯罪客体造成的损害。所以,对具体危害结果的“明知”,必须借助于对具体犯罪客体的“明知”。例如,故意杀人罪的直接客体是他人生命权利,当行为人不知道自己的行为是指向他人生命权利时,当然也无法认识其行为结果会是非法剥夺他人生命的危害结果,其行为性质是杀人行为。在司法实践中,因不认识具体犯罪客体而影响故意犯罪成立的案件是屡见不鲜的。如误认人为兽而加以杀害,误把他人之物当做自己的而私下拿走,误把其他妇女当成通奸对象而实施奸淫,均因行为人缺乏对故意杀人罪客体、盗窃罪客体和强奸罪客体的“明知”,导致缺乏对相应危害结果的“明知”,因而不构成故意杀人罪、盗窃罪和强奸罪。对犯罪客体的“明知”和对危害结果的“明知”,是故意犯罪“明知”内容中不可分割的两个方面。

犯罪客体的不同,决定了危害结果的不同,决定了犯罪社会危害性的不同。由于任何犯罪都是侵害了具体的犯罪客体,都会造成具体的危害结果,所以,犯罪的社会危害性也应当是具体的。正是这种具体的社会危害性,才能充分体现各种犯罪的社会危害性在程度上的差别,才能深刻揭示各种不同的犯罪性质。因此,行为人对具体犯罪客体和具体危害结果的“明知”,从而也反映了行为人不同内容的犯罪故意和主观恶性的大小,即罪过的程度,这就为立法者正确制定法律,和对犯罪实行区别对待,实现罪刑相适应原则,提供了科学的理论依据。

我们知道,犯罪客体是一种社会关系,对这种社会关系的认识,一般总是通过对犯罪对象的认识来达到的(没有犯罪对象的例外),我国《刑法》分则条文对各种犯罪直接客体的规定,一般也是通过对这些直接客体对象的描述来体现的。例如,故意杀人、强奸妇女、奸淫幼女罪中提到的“人”、“妇女”、“幼女”,就是这类犯罪对象。如果行为人对犯罪对象没有认识,也就不可能对犯罪客体有认识。例如,误认人为兽而加以杀害,说明行为人对“人”这一对象没有认识,因而也无法认识“他人生命权利”这一犯罪客体,不构成故意杀人罪。

如前所述,具有犯罪对象的故意犯罪,行为人要“明知”具体的危害结果,依赖于“明知”具体的犯罪客体,而对具体犯罪客体的“明知”,又取决于对这种犯罪客体的物质表现或犯罪对象的“明知”。也就是说,只有通过犯罪对象为媒介，才能认识到犯罪的直接客体，以及认识到具体的危害结果。

对奸淫幼女罪来说，只有当行为人明知奸淫对象为幼女时，才能明知自己的行为是破坏了国家对幼女身心健康的保护，进而明知自己的行为会发生损害幼女身心健康的危害结果。反之，行为人如果由于某种原因，的确不知奸淫对象为幼女时，就无法明知自己的行为会侵害奸淫幼女罪的直接客体，也无法明知自己的行为会发生奸淫幼女的危害结果，也就是缺乏对奸淫幼女罪社会危害性的“明知”，主观上不具有奸淫幼女的故意。在这种情况下，仍以奸淫幼女定罪，显然是违背我国刑法中主客观一致原则的。

综上所述，故意犯罪的“明知”内容，应当包括行为人对具体犯罪客体和具体危害结果的“明知”，包括对具体社会危害性的“明知”。具有犯罪对象的故意犯罪，还应当包括对犯罪对象的“明知”。这是解决正确认定奸淫幼女罪的一个关键问题。

有的同志认为，“刑法总则第十一条‘明知自己的行为会发生危害社会的结果’包括犯罪的、违法的、不道德的等行为所造成的广义上的危害结果。只要行为人出于危害社会的故意，行为构成犯罪的，就应视为他具备了犯罪构成的主客观要件。”这种观点是值得商榷的。因为他认为，《刑法》总则第11条规定的“明知”，似乎不是对分则规定的各种具体故意犯罪特征的“明知”，而仅仅是对结果的犯罪性、违法性、不道德性的“明知”。这就割裂了总则与分则之间的内在联系，导致刑法中的故意不是由各种具体犯罪故意所组成的，而只是一种抽象的犯罪故意、违法故意、不道德故意。如果这种论点得以成立，那么，只要客观上造成一定的危害结果，就可以构成故意犯罪。例如，甲在马路上乱扔果皮，致一行人滑倒而不幸死亡，就会因为甲主观上具有乱扔果皮这种不道德的“广义上的危害社会的故意”，客观上造成他人死亡，而认定故意杀人罪。又如，司机甲违章开车，将一行人轧死，就会因为甲主观上具有违反交通规则这种违法的“广义上的危害社会的故意”，客观上造成他人死亡，而认定为故意杀人罪。这样就会把许多不道德的非罪行为和过失犯罪行为上升为故意犯罪，这显然是违反我国刑法的立法精神的。

有人认为，“《刑法》分则所规定的罪行，对需要以‘明知’作为犯罪构成的主观要件的，条款本身都作了明确的规定，奸淫幼女罪没有作‘明知’的规定，说明此罪并不要求以‘明知’作为犯罪构成的主观要件。”这种观点只看分则，不看总则，也割裂了总则与分则的联系。既然总则第11条已作出“明知”的规定，这就说明任何故意犯罪都要以“明知”作为犯罪构成的主观要件。分则条文不再作“明知”的规定，是完全合乎逻辑的。如果说，故意犯罪是否以“明知”作为犯罪构成的主观要件,需以分则条文中有无“明知”规定为条件的话,那么,我国刑法分则规定的故意犯罪,大多无“明知”的规定,难道这些故意犯罪就不要求以“明知”作为犯罪构成的主观要件吗?立法者之所以在某些分则条文中规定“明知”,不是因为只有这类故意犯罪才需要以“明知”作为犯罪构成的主观要件,而是因为这类犯罪在罪与非罪、此罪与彼罪方面容易混淆,故通过“明知”予以强调故意犯罪是否要以“明知”作为犯罪构成的主观要件,以及“明知”哪些内容是在总则规定指导下,由分则条文来决定的,而不取决于分则条文中有无“明知”的规定。

但是,为了正确认定奸淫幼女罪,有几种情况应当加以注意:

1. 行为人确实不知道奸淫幼女的(当然不是根据被告的口供,而是根据审判的认定),不构成奸淫幼女罪,具体处理大致有以下 3 种情况:(1)行为属一般违法的,不以犯罪论处。例如,幼女甲发育早熟,体形与少女相似,谎报年龄,与男青年乙谈情说爱,自愿与乙发生性关系,则乙不构成奸淫幼女罪,也不以犯罪论处。(2)行为人具有特定故意的,以该故意定罪。例如,男青年甲意欲强奸少女乙,因天黑,误认乙妹幼女丙为乙而以暴力实施了强奸。事后,才得知强奸的是丙不是乙。甲只构成强奸罪,不构成奸淫幼女罪,但可从重惩处,与结果加重犯相同。(3)行为人流氓成性,以玩弄女性为目的,即使不知奸淫对象为幼女,也应以流氓罪论处。

2. 行为人尽管不确知奸淫对象为幼女,但从女方体形,智力发育或其他情况中已预见其有幼女可能时,仍实施奸淫的,也构成奸淫幼女罪。“明知自己的行为会发生危害社会的结果”,既包括“明知”危害结果必然发生,也包括可能发生。只要认识到奸淫对象可能为幼女,就构成对幼女的“明知”。

3. 行为人具有概括故意的,仍构成奸淫幼女罪。所谓概括故意,是指行为人对犯罪对象范围的认识是不确定的,从而导致对危害结果范围的认识也是不确定的。例如,甲在黑夜拦路强奸妇女,不管老小概不放过。如果甲强奸的是幼女,则以奸淫幼女罪惩处,因为其犯罪故意包括了奸幼的内容。

4. 未婚青年与幼女结婚而发生性关系的,要视具体情况而定。有人认为,这类现象一般都发生在偏僻农村,不宜定奸淫幼女罪。我们认为,不宜一概而论。对于那些明知对方为幼女,明知与幼女发生性关系是法律禁止的,而仍一意孤行,予以蹂躏,造成严重后果的,应定为奸淫幼女罪。

【编者按】 对于如何认定奸淫幼女罪的故意,本刊和其他刊物都发表了不同观点的文章,刑法学会也提出应该重点研究,本刊特发表此文,以供深入理论探讨。

(1985 年第 4 期)

【栏目】 **有罪乎,无罪乎**

——非法领取和私分奖金是否构成犯罪的探讨

【编者按】 当前,全国正在深入地进行经济体制改革,各种经济往来,多是以合同为纽带。其中,最令人瞩目的是城乡工商企业内部承包合同普遍出现,对促进生产力的发展起了很好的作用。但是,值得重视的是,有些单位,打着改革的旗号,以搞活经济为名,进行违法犯罪活动,使经济犯罪和经济纠纷交织在一起,要划清两者界限确有一定的难度。某县某厂在实行内部承包中,用不正当手法,提前领取巨额奖金,发给了该厂的职工,案发后,该厂厂长、班组长等 5 人被捕。在审理中有的认为是犯罪,有的认为只是犯错误。据了解,这类情况在不少地区时有发生,因而它具有一定的代表性和典型性,为此,我们将案情公布如下,并发表一组探讨性文章,希望大家展开讨论。

案情简介和审理情况

李锦才*

1983 年 1 月,某县某厂与县公司签订了上交年利 20 万元的承包合同。该厂为了增强企业活力,提高经济效益,即在内部实行承包,把生产、节约、利润各项指标,承包给下属 10 多个车间和班组,并分别签订了内部承包合同,由厂工会鉴证。

在厂部与建材、晶管两个组签订的合同中规定二建材组在本年度完成采购总值 128 万元,所需的采购费用按采购总值的 73‰比例包支,如有节约,节约部分的 70% 由组提作奖金;晶管组在本年度应上缴利润 83000 元,核定包支差旅费 6200 元,如有节约,节约部分的 65% 由组提作奖金,如实际超支,超支部分由组自负。另外,对厂部领导及有关人员,视他们的贡献大小,可在两个组应得的奖金总数中,提取 18%,作为奖金。

---

* 作者单位不详。

在试行承包工作中，该厂领导反复强调：实行内部承包，不单为个人多拿奖金，主要是为国家多争贡献，为企业扩大积累。

该厂的这种勇于改革的精神，曾得到县人民政府的赞赏，并在有关会议上作了经验介绍。

合同签订后，大大调动了全厂职工的生产积极性，迅速解决了原材料的"断炊"现象，经济效益有显著提高。1～6月，全厂完成利润18万元，占年利数的90%，其中建材、晶管两个组就创利87000多元，承包前，供销员外出"住要大旅社，行要小汽车"，承包后，他们"乘船五等舱，提货用肩扛"，因而大大降低了费用开支。仅建材、晶管两个组上半年就节约差旅等费用52000多元。按照合同的规定，这两个组上半年应提节约奖37200元。7月初，他们听说奖金要封顶，唯恐奖金少拿而吃亏，即向厂部提出提前发奖的要求，征得了厂领导和会计的同意。当时这一大笔款若以奖金名义不可能从银行取出，于是他们通过开白发票、造工资假名册、虚列运费支出等手段，先后领得现款25200元，其中以奖金形式分给厂领导王某、陈某、余某各1000元，两个承包组组长胡某、赵某各800元；分给职工群众最少的50元，最多的达1700元。

1984年案发，上述王、陈、余、胡赵等五被告被捕。审理时有两种意见，一种认为，五被告利用职务之便，以搞活经济为名，虚报冒领公款，应定合伙贪污；另一种则认为，所订合同合法有效，按合同规定提取奖金理所当然，只是采用的手段上有错误，属于违反财经纪律，构不上犯罪。

（1985年第8期）

社会危害性是犯罪最本质的特征

夏吉先*　张徐锦**

这起非法领取和私分奖金的经济案件，是在经济体制改革的形势下发生的，在定罪时，又涉及刑法的犯罪构成和现行的经济政策的关系，因此有一定的难度，很有探究的必要。如何认定本案的性质，笔者有如下分析意见：

* 作者单位：华东政法学院（现华东政法大学）。
** 作者单位：上海市高级人民法院。

1. 区分经济犯罪的界限,必须将犯罪构成的不变性与现行经济政策的可变性结合起来考虑。

我国经济体制改革的特点之一,是各种经济组织实行多种形式的承包责任制。对承包中出现的各种经济案件,既要从总体上按照犯罪构成原理,又要针对个别案情作具体分析。因为经济犯罪与其他刑事犯罪不同,它除了按照刑法规定的构成各种经济犯罪的不变条件外,还要参照各个时期经济政策的可变情况。之所以要这样,这是由行为的社会危害性所决定的。我们知道,犯罪最本质的特征是社会危害性,而经济行为的社会危害性是随着经济政策的变化而变化的。同种性质的经济行为,在甲经济政策的条件下具有社会危害性,而到了乙经济政策条件下却丧失其危害社会的性质。就本案来说,实行企业内部承包,按节约指标提奖分成的经济行为,是明显违反以往国家的经济政策的;但随着我国经济形势的变化,这种行为已为现行的经济政策,即建立多种形式的经济责任制和贯彻责权利相结合的原则所许可,因而丧失了它的社会危害性质。

2. 如何认定企业内部承包合同的法律效力。

企业内部的承包合同,是改革形势下出现的新生事物。这种合同,虽在我国的经济合同法中没有规定,但从它具有的法律特征和所起的调节功能看,应该认定为我国经济法律部门一种新的具体法律形式。因为:

(1)它具有"五性"的法律特征。它是承包者与被承包者经协商一致达成的协议,具有自愿性和确定性,双方签订合同是为了实现自己一定的经济目的并由此规定各自的权利义务,它体现了国家、集体、个人三者利益的兼顾性和责权利的一致性;订约的双方虽属上下级关系,但在签订和履行合同时都是平等的,具有平等性。(2)具有管理功能。我们知道,我国经济法调整的经济关系有三类:纵向管理性质的,横向经济协作的,内部经济管理的。而企业内部承包合同调整的是上述一、三类经济关系。因此,笔者认为,企业内部承包合同具有法律效力,应当受到法律的保护。尽管某县某厂与所属两个班组签订的承包合同,个人提成比例有过高等不合理因素,但这是属于修改调整的问题,不能因此认定合同无效。

3. 正确理解贪污罪与贪污手段的关系。

根据《刑法》规定,贪污罪是指国家工作人员利用职务上的便利,以侵吞、盗窃、骗取或者以其他方法,将公共财物转归已有的行为。贪污罪的主体,只能是国家工作人员或者受委托从事公务的人;侵犯的对象只限于公共财物;其作案手段是利用职务上的便利,非法占有。

笔者认为,认定本案是否构成贪污罪的关键有如下要点:一是要分清这

25000多元钱的性质，二是认清行为人的占有方式是否利用了职务之便。(1)这笔款项的性质。从表面看似属单位公款，但就其实际性质而言，是承包方按合同规定属于个人所得之款。再说，承包方提前领奖的原因，是怕奖金封顶，唯恐少拿而吃亏。因此，他们主观上不具有贪污的故意。这就失去了贪污罪成立的前提条件。(2)行为人的占有方式。行为人通过开白发票、造工资假名册、虚列运费支出等手段以取得这笔款项，这是非法的，确属贪污的手法。但按照《刑法》的规定，要构成贪污罪必须同时具备3个要件。既然认定该合同合法有效，那么本案行为人的行为并没有侵犯贪污罪的客体，尽管其主体条件和行为方式符合贪污罪的要件，但由于客体不符仍不能以贪污定罪。对行为人弄虚作假的错误行为，可根据党纪政纪给以必要的处分。

(1985年第8期)

某县某厂厂长等五人应属无罪

友　平*

在经济体制改革中，各地企业内部承包合同普遍涌现出来，某县某厂建材、晶管两个供销组与厂部签订的利润包干合同就是其中一例。这本对搞活企业，调动职工的积极性，解决吃"大锅饭"，为国家创造财富起了一定的作用，无疑是应予褒奖的。但因他们采取弄虚作假的手段，而被视为"合伙贪污"，从厂长到承包组长共计有5人抓了起来。在审理中，主张定贪污罪的，有3条理由：(1)认为合同非法，提取奖金总数的65%归承包方，违反了"国家得大头，集体得中头，个人得小头"的规定；(2)认定私分公款，因为有一个承包组没有节约开支、创造利润，也就谈不上提取奖金；(3)作案手法符合贪污罪的特征，他们在向银行提出公款前并未说明作奖金用，直到案发后串通一气才说是分奖金，而且手段恶劣，采取开白纸条和假发票冲账。从表面上来看，这些理由似乎充分，其实是不能成立的。现将笔者的看法提出来商讨：

* 作者单位不详。

一、某县某厂内部签订的承包合同没有违反国家政策的规定

企业内部承包合同同其他经济合同一样,必须遵守国家的法律,符合国家政策的规定。从某县某厂所签订的承包合同的提成比例来看,并没有违反“国家得大头,集体得中头,个人得小头”的原则。众所周知,前几年农村兴起生产责任制时,中央曾作出“大头、中头、小头”的政策规定,对促进农村经济飞快发展起了重大作用。现在,随着全国以城市为重点的经济体制改革,形势发生了很大的变化,已突破了这一规定。中央《关于经济体制改革的决定》中指出:“建立以承包为主的多种形式的经济责任制。这种责任制的基本原则是:责、权、利相结合,国家、集体、个人利益相统一,职工劳动所得同劳动成果相联系。”因此在国家、集体、个人三者利益的分配比例上,没有大头、中头、小头的规定。

再说,我国城乡企业由于各自的情况迥异,因而实行承包的形式也必然多种多样。现就承包合同的主要内容来看,有税后利润分成、利润包干和产值包干、资金包干3个方面。某县某厂所签合同属于利润包干,即承包方(两个供销组)必须完成上交发包方(厂部)的利润指标,才能提取若干奖金,否则要追究违约责任,这与税后利润分成不尽相同。因此,要求完全按照“国家得大头,集体得中头,个人得小头”的原则提取奖金,未免“一刀切”,更不应借此规定来否定其内部承包合同的合法性。当然,该厂提取奖金比例过高和合同规定的某些条款(如惩罚方面)不够具体,对硅片的采购价格未严格按照合同规定履行,所有这些都是需要加以修改完善的,并应从中吸取教训。

二、不是“私分公款”,而是应得奖金

在这里,一个至关重要的问题是:对是否创利的事实作如何认定。主张定贪污罪的认为承包方没有盈利,因而所分奖金属于“合伙贪污”。主张不为罪的认为,该厂两个供销组1983年上半年超过合同规定的利润指标数,只从中领取了应得奖金的一半多,也就是说还没有支足,更谈不上什么过头。同样的事实,看法不同所得结论也就不同,这里还涉及查账怎么查法的问题,只要本着实事求是的态度,我们深信认识终会得到统一的。事实是根据,法律是准绳,应该说本案事实是清楚的,他们是在盈利情况下,依照内部承包合同所规定的比例提取了分内应得的奖金,既然是分内,当然也就有权支配,因此不存在私分公款问题。

三、手段酷似“贪污”，但确不构成贪污罪

乍看起来，某县某厂的领导同志采取用开白纸条、假发票的方法，冲平账目，这与贪污手段没有什么两样。但是具体问题应作具体分析，绝不能因为采用方法的错误，掩盖了应发奖金这一实质，更不能看成是犯罪行为。是否构成犯罪，除了客观方面条件外还要看行为人主观上有无贪污的故意，以及有无侵害受刑法保护的客体。以此来衡量和联系本案的情况，我们就不难看出：首先，他们签订合同的手段是正常的并经厂工会鉴证。当两个承包组组长怕发放奖金政策有变要厂长提前发放时，开始厂长不同意，一再说明合同有效，说话算数，经几次催促，才找财务部门核算，同意发放。从这全过程来看，没有任何证据能证明他们上下串通、相互勾结、私分公款、以饱私囊的预谋，也就是说，他们主观上没有贪污的故意。其次，他们没有侵吞骗取公共财产的行为。他们经过自己的辛勤劳动，提高了企业的经济效益，因而获得企业应给予的合理报酬，谈不上侵犯公共财物的所有权。基于这些方面分析，他们的行为不构成贪污罪。至于他们所采用的错误方法，严重地违反了财经纪律，应给予党政纪律处分，但这不属于司法处理的问题了。

综上所述3点，某县某厂内部承包合同依然成立，即具有法律约束力，应受到法律的保护。案件涉及的5人应属无罪。在肯定这一问题的同时，也不应忽视他们在改革中发生的错误和偏差，应予克服和纠正。

（1985年第8期）

防卫过当只能是过失犯罪

施滨海*

防卫过当的罪过形式是一个比较复杂的问题。我国《刑法》分则没有防卫过当的罪名和罪刑幅度,其罪过形式,法学界争议甚多。考察其他国家刑法,虽普遍认为防卫过当是犯罪行为,但对其罪过形式规定不一。《巴西刑法》规定:"行为人过失地超越合法防卫的限度,如果实施的行为应受过失罪惩罚的,应当负刑事责任。"《苏俄刑法典》(1978年1月修订版)规定:"杀人超过正当防卫限度的,处二年以下的剥夺自由,或一年以下的劳动改造";"重伤他人身体或伤害他人身体超过正当防卫的限度的,处一年以下的剥夺自由或一年以下的劳动改造。"《朝鲜刑法典》规定:"超过正当防卫的范围而杀人,或在犯罪现场逮捕犯人时,因超过必要限度致使犯人死亡的,判处三年以下的徒刑,或一年以下的劳动改造";"因超过正当防卫范围,致重伤他人的身体的,判处一年以下的劳动改造"。从上述量刑幅度看,与过失犯罪类似。

笔者认为,防卫过当的行为虽然是一种犯罪行为,但首先是一种防卫行为,其出发点和目的性是合法和正当的,然后才说得上是否过当。防卫过当的前提条件,首先必须符合正当防卫。

有人提出:"有一些防卫者为了有效地防卫,而加大'有效系数',明知自己的行为会发生超过必要限度的危害结果,而希望和放任这一结果的发生。这种既非意外事件,又非过失,而且也非出于复仇、泄愤等犯罪动机实施的过当行为,只能构成故意犯罪。但是它毕竟是出于防卫的正当动机所为,因而仍属于防卫过当。"当然,无论是正当防卫还是防卫过当,行为人实施其防卫行为都是有意识的,是为追求一定的目的有意识地实施的,而且预见到自己的行为可能或者必然会造成一定的结果。但是,这不是"明知自己的行为会发生危害社会的结果",因而也不存在"希望或者放任"危害社会结果发生的心理状态。如果明知自己的行为会发生危害社会的结果,并且希望或者放任这种结果发生,因而犯罪的,那就不是防卫过当了。

例如,在某条僻静的小弄堂,晚上经常发生流氓滋扰,侮辱过路妇女。青年

---

* 作者单位不详。

女工陈某晚间下班随身带了把剪刀，以防不测。某夜，果有两名流氓企图对陈实施流氓行为，陈一面叫喊，一面用剪刀乱戳，致其中一个流氓受伤多处。此案陈某虽加大了“有效系数”，但仍属正当防卫，没有超出防卫限度。

又如，某夜甲手持水果刀企图拦路抢劫乙，遭乙拒绝后，便用水果刀刺破乙右肩，乙即掏出随身所带的三棱刀刺中甲大腿，致甲倒地。乙觉得还不解恨，便上前朝甲的腹部连刺两刀，致甲死亡。此案乙的所谓加大“有效系数”的行为，是在甲被乙的三棱刀刺中倒地后实施的，此时甲的侵害行为已经过去，乙在防卫中途临时产生了犯意，从而改变了乙的这一行为的防卫性质。

试把防卫过当的行为分解，可以分为两个部分。第一部分是正当防卫所必需的，第二部分是超过的。防卫过当所应负的刑事责任是基于超过那一部分，在这一部分也是过失的，因此“应当酌情减轻或者免除处罚”。

过失犯罪可以分为两种，即疏忽大意的过失和轻信可以避免的过失。轻信可以避免的过失必须以行为人认识到自己的行为可能发生社会危害性为必要条件，并以不希望或不放任危害社会的结果发生，而与故意犯罪相区别。防卫过当是不能预见危害社会结果的发生的，因为行为人既不希望受到不法侵害，亦不希望防卫之发生，因而排斥了轻信可以避免的过失。防卫过当的罪过形式只能是疏忽大意的过失。

（1985 年第 9 期）

1987年

社会主义社会同样产生犯罪

魏皓奔*

长期以来，法学界对社会主义条件下产生犯罪的原因是什么，莫衷一是，争议颇大。常常将它的产生归结为两大方面的原因——历史原因和现实原因。所谓历史原因，主要是指“旧社会的残余”和“‘十年动乱’的影响”；所谓现实原因，主要是指“外来消极文化的影响”和“剥削阶级思想的毒害”；并断然认为，我国社会主义社会本身不会产生犯罪。

这种认为社会主义社会本身不会产生犯罪的传统观念，禁锢了人们的思想，严重地阻碍了对我国犯罪原因问题的深入研究，也不利于我们正确地制定社会主义社会如何有效地减少犯罪、预防犯罪的切实可行的法律、法规和有关方针政策。

据此，笔者认为，社会主义社会本身同样也不可避免地产生犯罪。

第一，犯罪是阶级、国家、法律的孪生兄弟。

原始社会没有阶级、国家，不存在也不可能存在一个凌驾在整个社会之上的统治阶级，因而作为犯罪——触犯统治阶级意志的法律规范的行为，也就失去了存在的根据。当人类社会出现了阶级和阶级对抗，出现了社会各集团根本利益的尖锐冲突，于是，居于统治地位的阶级，为了维护自己的阶级利益和统治秩序，镇压被统治阶级的反抗，就建立了整套暴力机关，并制定了一系列新的社会规范来调整人们相互之间的关系。于是，才产生了犯罪的现象和概念。

马克思和恩格斯在《德意志意识形态》一书中，也曾对犯罪及其产生的原因作过精辟的阐述：“犯罪——孤立的个人反对统治关系的斗争，和法一样，也不是随心所欲地产生的。相反地，犯罪和现行的统治都产生于相同的条件。”①马克思主义经典著作家的这段话，以历史唯物主义的观点，深刻地揭示出了犯罪和法、社会的内在必然联系。

社会主义社会既然还存在国家，产生着法律，那么作为国家和法律的孪生兄弟——犯罪，也必然随之产生和存在，这是顺理成章、毫不奇怪的。

我国《刑法》第90条规定：“以推翻无产阶级专政的政权和社会主义制度为

---

* 作者单位：浙江省杭州市社会科学研究所。

① 《马克思恩格斯全集》（第3卷），人民出版社1956年版，第379页。

目的的、危害中华人民共和国的行为,都是反革命罪。”我国《刑法》这一关于反革命罪的定义,深刻地揭示了反革命罪与社会主义社会的内在联系。其实,一个社会只要存在统治阶级与被统治阶级,无论是少数人统治多数人,还是多数人统治少数人,都必然会引起被统治阶级一方的强烈反抗,这是必然的。这是由这一社会性质的本身决定的。社会主义社会产生统治阶级,必然同时也产生被统治阶级,产生在政治、思想、经济、文化等方面以各种形式反抗和破坏现存的政权和社会制度的行为。

第二,我国生产力发展水平和社会主义经济制度、政治制度,也不可避免地产生犯罪。

例如,侵犯财产的犯罪,新中国成立以来在我国刑事案件中一直占50%以上。那么,为什么会产生盗窃、抢劫、贪污等这类现象呢? 根据历史唯物主义的基本观点,社会存在决定人们的意识,犯罪的终极原因,只能从现实生活的生产和再生产中去寻找。恩格斯说:“……每一时代的社会经济结构形成现实基础,每一个历史时期由法律设施和政治设施以及宗教的、哲学的和其他的观点所构成的全部上层建筑,归根到底都是应由这个基础来说明的。”①盗窃罪所侵犯的客体是社会上的财产所有关系。我国社会主义刑法认为盗窃是犯罪行为,而历史上无论是奴隶制国家、封建制国家、资产阶级国家,还是半殖民地半封建的旧中国,也都把盗窃看作是一种犯罪行为,并历来将它作为刑法的主要打击对象之一。后晋法律规定,捕获强盗,“不计赃物多少,按验不虚,并宜处死。”(《文献通考》第166卷)汉律规定:“盗马者死,盗牛者加”,对无故入人家舍的,允许格杀勿论。但事实上,这些社会形态都消灭不了盗窃现象。究其根源,根本原因就在于它是由这些社会存在的多种所有权状况所决定的。如果整个社会的生产资料和生活资料只存在一种所有制形式,像原始社会的财产关系那样,不分你我,当然也就无所谓出现侵犯他人或公共财产所有权的问题了。

社会主义社会消灭了剥削,但是还存在商品生产,存在不同形式的生产资料所有制形式和物质产品的分配关系,同时社会产品还远没有达到按需分配的程度,因此必然出现根据统治阶级意志和利益而建立、调整人们的财产关系的行为规范,因而也必然出现违反这一规范的行为——盗窃。

邓小平同志1984年10月22日在《中顾委第三次全体会议上的讲话》中,将犯罪问题与社会生产力紧紧地联系在一起,精辟地指出:“我们对刑事犯罪活动的打击是必要的,今后还要继续打击下去,但是,只靠打击并不能解决根本的问

---

① 《马克思恩格斯全集》(第3卷),人民出版社1956年版,第66页。

题，真正解决根本问题要翻两番。”党的十一届六中全会《关于建国以来党的若干历史问题的决议》中也指出：“社会主义不但要消灭一切剥削制度和剥削阶级，而且要大大发展社会生产力，完善和发展社会主义的生产关系和上层建筑，并在这个基础上逐步消灭一切阶级差别，逐步消灭一切主要由于社会生产力发展不足而造成的重大社会差别和社会不平等，直到共产主义的实现。”这里，“由于社会生产力发展不足而造成的重大社会差别和社会不平等”，就是社会主义社会之所以出现犯罪的最根本原因。也就是邓小平同志所说的“只靠打击并不能解决根本的问题”的实质所在。至于“外来腐朽文化、生活方式影响”和“旧社会残余”等，它们之所以在我国社会主义社会还有市场，并产生消极的作用，其根基也在这里。

因此，社会主义社会不可避免地产生犯罪的最终根源是，由于社会生产力发展不足而造成的重大社会差别和社会不平等。

（1987 年第 1 期）

对窃取遗忘包内财物案件的再探讨

严求实*

随着我国社会主义经济体制改革的深入展开,城乡经济日益活跃,人、财、物出现大流动,不少人携带装有大量现金的公文包、拎包外出,有的不慎将包遗忘在公共场所。仅上海市南京东路派出所在1985年内,就收到群众交来的遗忘包400多只,内有现金13万多元及其他财物。近年来,一些不法分子在公共场所乘机窃取遗忘包的案件屡有发生,并有增多的趋势,这是新形势下出现的新情况。对这类危害社会治安的案件应引起我们的足够重视。

当前,在司法实践中,对明显盗窃数额较大的"拎包"案件,定为盗窃罪并无异议,但对窃取遗忘包或误以为他人遗忘包的案件,能不能定盗窃罪,往往认识不一。有的认为,行为人是拾物不还,不具有盗窃的故意和秘密窃取的手段,属于民法范畴的侵权行为,可责令其返还原物或赔偿损失,不能以盗窃罪论处;有的认为,行为人在公共场所发现他人遗忘包,采取隐匿或转移等秘密手法,非法占有数额较大的公私财物,构成盗窃罪,应依法追究刑事责任。对此,很有必要加以进一步探讨。

从窃取遗忘包案件的情况来看,主要有以下4种表现形态:

1. 所有人在自用的车辆上放着包,停下离开时忘了带走,被伺机盗窃的行为人发现,窃为己有。

2. 所有人在饭店等公共场所,对携带的包保管不善,放在旁桌椅上或放在桌椅上暂时离开,行为人见到包后,误认为他人所遗忘而匆匆取走。

3. 所有人在商店、饭店、摊位等公共场所购物或就餐后,一时疏忽,离开时将包遗忘,不久返还寻找已被店员、摊主藏匿,并隐匿不交。

4. 所有人在车站候车,因人多拥挤,包被挤落,当场发觉后立即寻找,但已被行为人藏匿。

从行为人在公共场所发现他人遗忘包后的表现来看,有的把遗忘包塞入自己包内,或用其他物品遮盖,掩人耳目;有的见遗忘包后立即改变吃饭购物的本意,匆忙携包离开现场;有的将包藏匿起来,当失主或有关组织前来查询时,掩盖

* 作者单位不详。

真相,甚至转移目标,等等。这些行为不仅说明行为人在主观方面具有非法占有他人财物的故意,而且在客观方面,采用隐匿、遮盖、转移等秘密方式,将装有财物数额较大的遗忘包占为己有,这是秘密窃取的一种特殊形式,符合《刑法》规定盗窃罪的基本特征,应当按盗窃罪论处,以有利于争取社会治安的根本好转,保障公私财物的安全和促进社会主义精神文明建设。

在对这类案件的讨论中,有的同志把拾得遗失物与取得遗忘物相提并论,认为这是一种不当得利,属于道德规范问题,应当由民法加以调整。这种观点值得研究。我们认为,遗失物与遗忘物是两种不同性质的概念,其区别的主要标志是财物是否脱离所有人、保管人的实际控制。一般说来,遗失物往往是失主记不清物在何处失落,寻找较为困难,财物对于所有人、保管人来说已实际失去控制,脱离了持有关系。拾得者也不知物主所在,如能主动交给有关组织或在原地等候招领,这是"拾金不昧"的共产主义道德,应予发扬;但有的贪图小利而占为己有的,可以说属于道德范畴,充其量属于《民法通则》所规定的侵权行为。而遗忘物则不同,财物所有人、保管人都将物放在特定的场合或地点,因一时疏忽或注意力转移,在离开时将物遗忘,一般说来能在较短的时间内发现,并会立即返回遗忘物放置地,但由于行为人乘隙取走,使财物所有人、保管人无法恢复对物的控制。这实质上是行为人破坏他人对物的持有和支配关系,与盗窃罪所侵犯的客体相同,明显超越了道德范畴,已是触犯刑法规范的犯罪问题。至于有的行为人把他人照管不善的财物,误以为是遗忘物而非法占有,这是行为人认识对象上的错误,并不影响定罪。

有人认为,这类案件只有"非法占有的故意",无"秘密窃取"的手段,不能定罪;或认为定罪无须注重"手段是否秘密",而看"是否占有他人所控之物"。我们认为,既然认定为盗窃罪,必须紧紧掌握"非法占为己有"、"秘密窃取"和"数额较大(或巨大)"3 个主要特征,而且这 3 个特征是有机联系,缺一不可。所谓"秘密窃取",是指行为人自认为所进行的非法行为不会被人察觉,也即实施了不为财物所有人、保管人所发觉的行为。从盗窃遗忘包的行为人的主观和客观行为来看,明知是他人所遗忘,唯恐失主返回寻找和发觉,携包偷偷溜走,或将包加以隐匿、遮盖,或一面制造假象,欺骗伪装,一面迅速转移等,都表明是一种秘密窃取的形式,如果数额较大,应当定为盗窃罪。那种不讲秘密窃取的手段,只讲非法占有他人所忘之物,这就会把盗窃罪与其他侵犯财产罪相混淆,不利于准确地打击盗窃犯罪活动。

也有人认为,营业员、店主、摊主、乘务员及其他服务人员,对遗忘物有特殊的管理关系,非法占有遗忘包中钱财的,不能定为盗窃罪。我们认为,这些有特定身份的行为人,就职业道德来说,对顾客遗忘之物只有代为保管的义务,而无支配的权利,更不能乘机非法占为己有。如果失主向他们认领,仍拒不交出,甚至采用种种伪装掩盖等手法,将遗忘包内的财物占为己有,那就超越了他们对遗忘物应有的管理关系,而是背了财产所有人、保管人所实施的秘密窃取行为,也应定为盗窃。这与第三人拾得遗失物或发觉遗忘物并交给店主、营业员保管,而他们加以侵吞,在性质上是有区别的。

当然,这类案件的情况是错综复杂的,要根据每个具体案件,作具体分析。对于有的查明确无非法占有的故意,误拎他人之包,不能因包内有数额较大的钱款,作为犯罪处理。有的行为人出于贪图小利,在公共场所拎走他人遗忘包,后发现钱款数额较大,非法占有的犯意尚未确定,当他人来查询时即予归还的,可视为情节显著轻微,不认为是犯罪。同时,鉴于这类盗窃案件,行为人往往是临时见财起意,比那些有预谋的撬窃、闯窃、扒窃等犯罪人的主观恶性要小,在量刑时可依法酌情从轻或减轻处罚。但是,对于那些情节严重以及造成被害人自杀、精神失常等严重后果,或者有盗窃前科劣迹的犯罪分子,应当依法适当从重处罚。

(1987 年第 1 期)

从定罪量刑的差异看法律应用技术的开发

史建三*

法学研究包括理论研究、应用研究和发展研究3个层次。目前,从众多法律分支领域内理论与实际、立法与司法脱节的危机情况看,法学应用研究亟须加强。

例如,在刑事领域,从理论上论证在法律面前人人平等和罪刑相适应原则的重要意义并不困难,然而要使这些原则在实践中真正得到贯彻执行,却难如蜀道。笔者曾经同时收集到3个盗窃案例,3个被告的作案时间都在1983年,地点在同一个省同一个地区,盗窃物品的价值基本一样,被告都有过一两次的偷摸行为。然而对这3个被告的处理却令人出乎意料:一个不构成犯罪,另一个构成盗窃罪被判刑2年,还有一个构成盗窃罪被判刑10年。基本相同的案情,截然不同的判决,无疑是对法制的亵渎。据调查,类似定罪量刑上的差异和不平衡的现象绝非罕见,以至于连某些审判员都把定罪量刑和自由市场相提并论,喻为“一个市场一个行情”。

出现这种理论和实际脱节的现象,有法律的和非法律的原因。从法律的角度来看,我国刑法大都是侧重于定性描述的原则性定罪规定和宽幅性量刑规定,这种立法技术给各地的审判人员根据当地实际和被告人的具体情况定罪量刑留下了充分的余地,在全国范围内具有较强的适应性;但是另外,这种弹性规定赋予审判人员以很大的自由裁量权。审判人员一旦受到非法律因素的干扰,在“合法”的范围内就会出现种种不合理的、有损法律公正性的现象。特别是在封建残余势力和法律虚无思潮远未肃清的情势下,审判人员办案时,常会处在上下压力、左右夹击之中,或领导以权相通,或亲朋好友以情相劝,或利害关系人以利相诱。如果审判人员稍有私念,就难免会在适用弹性条款时有所偏向。

如果说法学应用研究要以填平理论与实践之间的鸿沟、解决立法与司法不协调的矛盾为主要任务,那么大力开发以现代数学方法和使用现代化数学方法的先进手段为标志的法律应用技术,就应该成为法学应用研究赖以生存的前提条件。马克思曾经指出:“一种科学只有在成功地应用数学时,才算达到了真正

---

* 作者单位:华东政法学院(现华东政法大学)。

完善的地步。”法学要进一步繁荣和深化、要适应现代化社会的需要，也必须走数学化、技术化的道路。

当代新科技革命的飞速发展，为法律应用技术的开发提供了物质条件，尤其是具有扩大人类智能的、优质高效的电子计算机，为数学在法律领域内广泛运用开辟了道路。电子计算机能够代替人脑处理浩瀚庞杂的数据，使法律领域内原来许多无法想象的定量分析得以实现，从而为法学理论的进一步深化，为立法和司法进一步协调奠定了定性描述和定量分析相结合的基础。采用先进的科学技术，建立法律专家系统，对于理论指导实践，以及辅助执法人员排除非法律因素的干扰具有重要的实践意义。目前正在研制的电脑辅助定罪量刑专家系统，综合运用现代系统论、控制论和信息论的理论成果，兼采定性描述与定量分析计算和数学模型技巧与电子计算机技术相结合的方法，汇集了法律的有关规定和专家型审判人员的经验，以及他们正确适用法律定罪量刑的典型判例，对正确适用刑法具有极大帮助。它可以根据审判人员提供的案情事实信息，运用系统存储的法律和有关知识进行推理判断，为审判人员审理刑事案件提供准确定罪和最佳量刑方案。随着应用技术在法律领域的日益渗透，经济纠纷辅助处理专家系统、民事纠纷辅助处理专家系统等都将破土而出。届时，法律应用技术将以崭新的姿态，在提高办案质量、提高办案效率、提高执法人员的业务素质以及避免冤假错案、避免上下左右对执法的干扰、避免执法人员的感情用事等方面发挥巨大作用。同时，也为法学理论的拓展提供现代化研究手段。

（1987 年第 2 期）

打击经济犯罪与传统观念的转变

应后俊*

在当前开放、搞活、改革的新形势下，人们正在以崭新的观念来看待各种各样的经济活动的功与过、是与非、轻与重，传统的观念要经受现实的检验，在办案中需逐步实现从产品经济法律观到社会主义商品经济法律观的转变。当前，要注意分清以下6个方面的思想界限。

一、成分论与唯成分论

我国《刑法》是一部很好的刑法。但是，它毕竟颁布在8年以前，根据当时的主导思想，刑法的任务就是保护以公有制为基础的社会主义经济。我们通常把经济犯罪形象地比喻为挖社会主义墙脚。当然，社会主义墙脚是不允许挖的，保护公有经济仍然是刑法的主要任务。但是，其他经济成分的墙脚能不能挖呢？应该承认，当时对此并未引起应有的重视。近几年来，我们要把半自给的经济转到社会化大生产的商品经济轨道上来，就不能不充分发挥一切有利于商品经济发展的其他经济成分的作用。也就是说，刑法需要保护的，不仅仅是公有经济，对于个体经济、合伙经济、股份经济、中外合资经济等其他经济成分也要一视同仁地予以保护。在这方面，也要坚持法律面前人人平等的原则，不能像某些人所说的那样，“民法讲平等，刑法讲成分”，当公有经济企业与其他经济成分企业产生纠纷时，有意无意地偏袒公有经济企业，甚至不惜动用刑法的武器去打击其他经济成分。如徐××贪污案，徐在为集体企业推销电扇器材的同时，免费为另一村办的合伙企业推销一批电扇器材，由买方将货款2000元直接汇给该合伙企业。对此，有关部门竟以徐某贪污2000元认定，其理由是合伙企业属私人性质，徐某虽无一分钱落入个人腰包，却为私人企业办事就算非法占有。当法院对此作出无罪的判决时，还提出抗诉。殊不知对个人合伙的经济也是要保护其发展的，把徐××帮助合伙企业推销货物所得的货款作为徐××贪污定性，也是违反事实的。

---

* 作者单位：《浙江大学》编辑部。

二、打破旧的经济秩序与破坏社会主义经济秩序

在改革中，为了进一步搞活、开放，不可避免地要触动和打破原来按照产品经济观念建立起来的某些经济秩序。要把有利于经济发展的行为，与破坏社会主义经济秩序划清界限。破坏社会主义经济秩序罪是指违反国家经济管理法规，破坏国家经济管理活动，使国民经济遭受损害的行为。因此，要考虑对国民经济有利还是有害，是利大还是害大，不能不加区别，如徐某将甲地的滞销品运至乙地出售牟利，未经工商行政和有关管理部门批准，这当然是违法的。但是，他毕竟运销的是甲地的滞销品，而为乙地群众所喜爱的，客观上起到了调节市场商品余缺，满足群众需求的作用，其行为无论在主观上还是客观上都与损害国民经济、破坏社会主义经济秩序的投机倒把罪是有区别的。

三、手段非法与行为犯罪

刑法所要惩罚的是危害社会的行为而不是非法的手段，尽管在不少情况下行为与手段有密切的联系，但两者毕竟是有区别的，手段上的非法并不等于行为上的犯罪。在当前经济活动中，有一些人由于对政策和法律在认识上的错误，或出于怕露富等心理支配，采取了一些虚报账目、伪造单据等非法手段去取得本该属于他自己的报酬，或用上述方法去支付理该给付的报酬，这种非法手段由于不具有危害社会的结果，因此不能以犯罪去认定。如某物资能源开发公司经理某乙经领导批准，聘请了5名业务顾问和技术顾问，为了给顾问们以一定的报酬，乙假造了工资名单，向公司领取7个月工资计7000余元。案发后，有关部门以伪造工资名单侵吞公款数额较大为由定乙犯了贪污、行贿罪，后经法院审理，认为乙没有贪污的故意，也没有侵吞公共财产的行为，作出了无罪判决，这是正确的。

四、以知识产权获取物质利益与利用职权侵吞公共财产

国家工作人员获取除工资以外的额外收入，大体有两种情况：一种是利用自己的知识或技能，通过业余技术服务取得较大的物质利益；另一种是利用自己担任的职务上的权力或便利，侵吞公共财物。某些同志往往混淆了这两种性质完

全不同的“权”字,其实,一为知识产“权”,二为行政“权”力,以致把享受知识产权当做以权谋私,把业余技术服务等同于利用职务上的便利,贪污受贿。如某工程师在帮助一个外单位搞技术改造时,在合同规定的项目以外又帮助该外单位解决了不少技术问题,使该单位获得了巨大的经济利益,外单位为了表示感谢,主动送了近千元报酬,为此被当做受贿罪追究刑事责任(已纠正)。可见,尊重知识、尊重人才,也应该成为我们处理经济犯罪案件的一个重要指导思想。

五、形式与内容

在处理经济犯罪案件中,我们经常要遇到生产资料所有制性质问题,所以要确定主体、客体的性质。但是,随着搞活经济产生了所有制的表面形式与实际内容相分离的现象,所有制性质也越来越难区别了。如承包责任制,有企业内部职工的个人承包或集体承包,也有非本企业人员的外来承包,有整个企业的承包,也有企业内部的部门承包。承包后,有维持原来集体性质的,也有改变原来集体性质的,有形式上改变了所有制性质而实际上并未改变的,也有形式上未改变所有制性质而实质上已经改变了的,特别对于最后一种情况,更要慎重对待。如冯某,1985 年 1 月根据企业可以租给或包给集体或劳动者个人经营的规定,承包了某县地方工业供销公司所属的“代购代销综合服务部。”合同规定,冯应每月付给公司房租 40 元,全年上缴利润 6000 元,除此之外,盈亏全由冯个人负责,服务部原有 4 名职工也由冯自行调配,其他成员由冯组合。可见,这实质上是一个个人承包合同。但是,在合同条文中,仍然根据原有营业执照,写上了企业性质为“大集体”。这个服务部经过冯一段时间经营,很快扭亏为盈,冯除履行合同规定上缴全部应缴款项外,个人得利 5 万多元。有关部门竟以合同规定是“大集体”为根据,认定冯贪污 5 万余元(现已撤诉),这显然是忽视了合同的形式与实质的区别。在处理由合同承包引起的经济犯罪案件中,一定要注意这类承包合同的形式和内容相分离的情况。

六、违反财经纪律与经济犯罪

在强调宏观控制、微观搞活的过程中,某些单位或个人,从局部利益出发,突破了宏观控制的某些框子。对于这种出于微观搞活而冲击宏观控制的行为应该如何看待?我认为,在一般情况下,作为违反财经纪律处理为宜。如某县重型机械厂厂长黄××，从1984年7月起，经厂职代会通过，实行分组生产承包制，并规定了相应的工资和利润分配方案。承包后，年总产值从87万元增至184万元，上缴税利20万余元，人均产值达15000元，名列全省前茅。根据这一产值和原承包合同规定，应增发工人奖金12.4万余元，但当时中央对奖金发放已加强了宏观控制，黄为了兑现原合同，而又不致支付高额奖金税，经厂领导班子多次集体研究，决定采取开假的外加工发票的办法，截留利润近7万元，作为奖金，陆续发给全厂工人，并计入生产成本。黄的这种行为，采取了类似集体贪污的手段，其目的是达到偷税，有的同志主张以贪污定罪，有的主张以偷税罪论处。笔者认为黄某主观上无非法侵吞公共财产的故意，客观上没有任何中饱私囊的行为，他的目的是兑现合同，以保持工人的生产积极性，但其行为是违法的，权衡利弊，还是作违反财经纪律处理为宜。

划清上述6个界限的目的是更加准确、从而更加有力地打击严重经济犯罪活动，保障经济体制改革和政治体制改革的顺利进行，促进四化建设。

（1987年第4期）

“贿赂”不包括其他“不正当利益”

李文燕*

贿赂罪系我国《刑法》所规定的受贿罪、行贿罪和介绍贿赂罪的统称。当前无论是刑法学界，还是司法实践部门，由于对受贿罪中的一些问题存在种种不同认识，直接影响到对受贿罪的认定和处理。其中，对于“贿赂”是否包括其他“不正当利益”，就是有着较大分歧的问题之一。

对于“贿赂”在认识上的分歧突出表现在对受贿罪概念的表述上，其中主要有两种观点：一种认为，受贿罪“是指国家工作人员利用职务上的便利，为行贿人谋私利，而非法索取、收受其财物或不正当利益的行为”；另一种则认为，受贿罪“是指国家工作人员利用职务上的便利，为行贿人牟取私利，而非法索取、收受其财物的行为”。对于受贿罪的两种不同表述，其分歧之点是如何理解“贿赂”的含义，前者认为“贿赂”除指财物之外，还包括其他“不正当利益”，而后者则认为“贿赂”是指财物。笔者赞同第二种观点，其主要理由是：

1. “贿赂”包括其他不正当利益缺乏法律依据，而仅是一种学理上的解释，只有当这种学理解释科学而准确的论证了现行法律时，才能被司法实践所接受。

其实，对于“贿赂”的不同表述，早已见述于某些外国或我国台湾地区的有关刑法论著中。资产阶级法学家，对“贿赂”的学说很多，但主要是两种：一是有形利益说，即“贿赂”是指财物和财产性的利益，如提供住房、旅游、实物招待、免除债务等；二是有形兼无形利益说，即“贿赂”除指金钱财物之外，还包括能够满足人的需要和欲望的一切有形或无形的利益，如介绍职业、提职晋级、调换工种、允许性交等。我国台湾地区刑法学家赵琛教授在他所著的《刑法分则实用》一书中在谈到受贿罪时，就认为“贿赂”既包括财物，也包括其他不正当利益，并进而解释所谓不正当利益，即“凡可以供人需要满足欲望者，不问其为有形无形之利益”。还有一些外国刑法学家在他们的著作中也都有类似的论述。那么，我们是否由此就可以认为对“贿赂”本来就有着两种不同认识呢？诚然，在外国及我国台湾地区的许多“刑法”论著中对“贿赂”确实认为除财物外，还包括其他“不正当利益”，但这不是对“贿赂”含义在学理上的扩大解释，而是法律条文本

---

* 作者单位：中国人民公安大学。

身对“贿赂”的明文规定。例如,1954 年通过的《格陵兰刑法典》第 27 条规定:“公职人员非法要求或答应接受财物或其他利益者”,可构成受贿罪;我国台湾地区“刑法典”第 121 条规定:“公务员或仲裁人对于职务上之行为,要求、期约或收受贿赂或其他不正当利益者”,可构成不违背职务之受贿罪;1968 年公布的《意大利刑法典》第 319 条规定:“公务员对其不执行职务或迟延执行或违背职务之行为,而为自己或第三人收受或期约金钱或其他利益者”,可构成违背职务行为之受贿罪。

而我国《刑法》第 185 条明确规定:“国家工作人员利用职务上的便利,收受贿赂的”,可构成受贿罪,其中并无“不正当利益”的规定。因此,从学理上把“贿赂”作超越法律规定范围的扩大解释,是缺乏法律根据的。

2.“贿赂”二字的含义不能包括其他“不正当利益”。什么是“贿赂”,查阅《辞海》,我国汉字中把“贿赂”明确解释为:贿者,财也,赂者,遗也。“贿赂”就是指“私赠财物而行请托”之意,因此不能扩大“贿赂”二字的内容。综观我国刑事立法,历来是把贿赂犯罪作为贪污罪的一种表现形式来看待的。早在 1947 年 5 月 6 日制定的《东北解放区惩治贪污暂行条例》和 1948 年 1 月 10 日制定的《晋冀鲁豫边区惩治贪污条例》中,都把受贿行为规定为以贪污罪予以惩治;1952 年 4 月 21 日中央人民政府公布的《中华人民共和国惩治贪污条例》第 2 条规定:“一切国家机关、企业、学校及其附属机构的工作人员,凡侵吞、盗窃、骗取、套取国家财物,强索他人财物,收受贿赂以及其他假公济私违法取利之行为,均为贪污”;1979 年公布的我国第一部《刑法》,虽然把受贿罪按其侵犯的同类客体规定在渎职罪中,但在 1982 年 3 月 8 日第五届全国人大常委会第二十二次会议通过的《关于严惩严重破坏经济的罪犯》决定中又把受贿罪修改为“国家工作人员索取、收受贿赂的,比照刑法第 155 条贪污罪论处”。贪污罪的对象是什么?当然是财物。如果“贿赂”还包括其他“不正当利益”,又如何能以贪污罪论处?除此之外,我国《刑法》第 185 条还规定“赃款、赃物没收,公款、公物追还”;1983 年最高人民法院召开的经济案件座谈会上,当时江华院长明确指出,贪污、受贿案件,数额要掌握在 2000 元左右这个杠杠。如果贿赂不单纯是指财物性的利益,何为“赃款、赃物没收,公款、公物追还”? 如果贿赂还包括其他“不正当利益”,2000 元左右的杠杠又如何掌握?(当然,认定受贿罪不单纯看受贿数额,还有其他情节。)

3.“贿赂”包括其他“不正当利益”,从执法角度上看,没有实际意义。我国刑法学界有的同志之所以认为“贿赂”应包括“财物或其他不正当利益”,主要是基于当前司法实践中所遇到的具体问题而提出来的,如有人为了利用国家工作人员职务上的便利为自己牟取私利，而采取为对方安排子女就业、转正或介绍不够条件的人入党入团、提拔晋级等，认为这些不正当利益是行为人利用职务之便，在受贿的故意支配下所取得的，具备与财物一样的贿赂性质。但是，笔者却认为，这种认识仅具有形式上的合理性，从执法角度上看，并无实际意义。

"不正当利益"作为一个法律概念，含义不清，无法确切掌握其具体内容。我国《刑法》中虽然也不乏其例的使用"其他方法"，如第150条规定，"以暴力、胁迫或者其他方法抢劫公私财物的"，可构成抢劫罪。其中，"其他方法"尽管并不确定，但含义是清楚、明确的，即类似于暴力、胁迫，而能使财物所有人或保管人处于不能或不知反抗的地步的一切方法。受贿罪的其他"不正当利益"显然不是指类似"财物"的不正当利益，这个"不正当利益"大可至入党、入团、提职晋级，小可至拉关系、走后门、以权谋私等"一切不合法取得的足以供人需要或满足人之欲望的一切有形或无形利益"，其范围何其广也！这与不正之风又怎能划清界限，罪与非罪的标准用什么来衡量？例如甲请求乙，利用乙当党委书记的职权，把自己经常泡病号不上班的儿媳尽快拉入党内，而甲又答应利用自己的职务之便，把乙的女儿从车间调到厂化验室工作。此案中，甲乙双方以权谋私，彼此都获取了不正当利益，其中谁能按受贿罪处理？其次，非但定罪会感到困难，处罚起来会更觉棘手。如某走私集团用女色勾引，拉某海关人员张×下水，张×因多次与该走私集团中的走私犯发生两性关系，而利用其值班的机会，多次放过该走私集团的其他成员，使价值人民币2000万元的物品从境外走私进入国内。此案如果把张×受走私集团女色勾引，多次发生两性行为认为是利用职务上的便利所取得的不正当利益，而定为受贿罪，按照《关于严惩严重破坏经济的罪犯》决定，张×所接受的这种不正当利益如何比照《刑法》第155条贪污罪论处？

综上所述，笔者认为"贿赂"的含义应限于财物或其他物质性的利益。其中，所谓其他物质性的利益，则必须是可以用货币尺度来衡量的有形的物质利益。例如，免除债务、提供旅游、免费招待等。因为只有可以用货币尺度来衡量的有形物质利益，才能比照《刑法》第155条贪污罪论处。当然，这并不是说国家工作人员利用职务上的便利，所取得的其他"不正当利益"就可以不予追究，而是如何追究的问题。如果国家工作人员利用职务上的便利，为他人牟取私利，而索取、收受了无法用货币尺度来衡量的"不正当利益"，构成其他犯罪的，可按有关犯罪处理；不构成其他犯罪，但又需处理的，可以由有关部门予以党纪、政纪处分，不宜定受贿罪。

（1987年第4期）

【栏目】　关于刘亨年案罪与非罪的讨论

【编者按】　本刊自今年第7期起,连续5期对刘亨年案进行了讨论,下期起拟告一段落。在讨论期间,收到各地来稿一百多件。我们对读者的支持和关注,表示感谢。我们认为,在这新旧两种体制交替中,对同一问题产生分歧看法,是正常的。通过各抒己见,取长补短,有利于从产品经济的法律观念,向社会主义商品经济的法律观念转变。对刘亨年案本身,我们期望有关执法机关尊重广大读者意见而作进一步研究并作出正确的处理。

刘亨年案不是"用今天的政策翻历史的旧账、旧案"

荣国涛*

在《法学》月刊连续发表的关于刘亨年案罪与非罪的讨论所反映的问题,是如何正确地按十一届三中全会以来的政策和法律来解决改革开放中所出现的经济领域中的新问题,而不是像某些同志所理解的那样是所谓过去处理正确而按现行政策认为错误,或者是"用现行政策去翻历史旧案"。现就此谈几点看法:

一、刘案不属历史旧案,也无案可翻

历史旧案应有特定范畴,刘亨年案件不属于历史旧案。无论从历史还是现状来看,均不构成犯罪,自属无案可翻。

就刘案的历史背景来说,该案发生在党的十一届三中全会之后,而在1984年中央1号文件发表之前。自1984年5月一审作出有罪判决,同年9月二审法院对本案上诉作出无罪判决,1985年7月省检察院抗诉直到1986年4月高级人

---

* 作者单位不详。

民法院又做出有罪判决,共历时3年,对此怎么能说是历史旧案呢?就我国情况而言,所谓历史旧案大致指如下两种情况:其一,指新中国成立初期直到"文化大革命"以前所处理的案件;其二,是指"文化大革命"以后直到党的十一届三中全会以前所处理的案件。至于刘亨年案件,则是在十一届三中全会及1984年中央1号文件下达以后的现实问题,这不是什么"历史旧案"。

至于处理刘案的政策及其所适用的法律,除《刑法》早已有具体规定外,特别要提出的是1984年中央1号文件,它应是处理此类案件的主要依据。该文件针对当时农村经济的开放搞活情况以及因改革而新出现的各种经济承包责任制之类有关政策界限问题,做了具体而明确的规定。因此,处理此案根据上述文件精神,依据《刑法》有关规定,结合党对农村经济体制改革的现行经济政策来确定其罪与非罪,是理所当然的。本案所适用的都是现行政策和法律,根本不发生所谓新旧法律的时效问题。

还要指出的是,按照有错必纠的原则,无论对历史旧案还是新案,只要有错均在复查纠正之列,这也不是所谓按现行政策翻历史旧案。十一届三中全会以来我党平反了大量的冤假错案,这样做正是尊重历史、尊重现实,实事求是的表现。相反,那种害怕承担责任,不敢纠正冤假错案,用现在的政策为自己的历史错误作辩解或者强调所谓历史需要而把过去显然错误的判决说成是正确,都是有害的。

二、从历史的情况和现行政策看刘案都不构成犯罪

刘案发生在1979~1983年这几年中,当时开放搞活经济处于试点阶段,搞承包劳务联合也是一种新鲜事物,更是一种新的独特的承包形式。特别是搞这类承包当时尚无先例可循,在这种形势下刘亨年等人承担和组建了建筑队,在一无资金二无设备的情况下,依靠双手为郑庄大队创造财富,为集体和群众勤劳致富作出了贡献,对国家和集体、社员都是有益的事情,这应该是本质的一面。不看到这本质的一面而片面地抓住这一新事物在成长中不可避免地存在的某些缺点错误大做文章,甚至认为是犯罪,真是相差何止十万八千里!按照1984年中央1号文件关于"实行承包责任制的社队企业……实行按劳分配,民主管理……经理报酬从优"的规定精神,刘亨年等人所获劳动报酬,与其所花费的精力及其所做出的贡献来说,理应优厚。刘等几年中实际得到报酬,既不过分,也不算高,无论从当时或现今的政策来看,也是合情合理合法的。犯罪的本质特征在于行为的社会危害性,刘亨年等人的行为不具有社会危害性,自然谈不上

犯罪。

三、刘案被告人提出上诉、申诉均属正常，无可指责

我国《刑事诉讼法》第129条规定："当事人或者他们的法定代理人，不服地方各级人民法院第一审判决、裁定，有权用书状或口头向上级人民法院上诉……对被告人的上诉权，不得以任何借口加以剥夺。"这一规定说明刘案被告人的上诉权严格地受到法律的保护，刘亨年等人对省法院终审判决不服，有权申诉要求复查改正，也无可指责。同时，根据中央有关规定，对党的十一届三中全会以来处理的，包括打击经济犯罪，打击刑事犯罪中处理的案件，如本人提出申诉，要进行复查，确实搞错了的，应一律纠正。因此，刘案被告人对判决不服，上诉、申诉均属行使受法律保护的诉讼权利，无可指责，更谈不到翻历史旧案。

（1987年第7期）

刘亨年等人的行为为什么构成了犯罪

杨玉河*

刘亨年负责的建筑队同郑庄大队之间的关系究竟是不是承包性质？这应当结合建筑队成立时的社会背景来分析。前几期发表的文章不少带有片面性，即用现在的政策法律去分析六七年前的经济问题，结果都非常一致地得出"无罪"的结论，对此我有不同的看法。

刘亨年组织建筑队是1979年1月的事情，当时农村经济改革在河北尚未展开，农村承包经营还未进行，河北全省几乎所有的农村仍旧实行的是"三级所有、队为基础"的政治经济体制。滦县1982年才开始落实生产责任制，1983年全面推行土地承包和其他工副业承包。刘亨年当时受命组织领导建筑队的社会条件不可能允许他搞承包，而且事实上生产队也的确并未同他签订经济承包合同，双方更没有具体地规定各自的权利义务。因此，我认为刘亨年同大队之间的

* 作者单位：河北省社会科学院法学所。

关系不可能是承包关系。

刘亨年到县工商局办理的营业执照载明:"经济性质:集体;核算方式:工分制。"如果我们觉得仅凭这张营业执照说明不了问题的话,那么,通过分析建筑队的一系列经营活动就可以使我们确信该建筑队是个集体经济性质的社队企业,不是个人合伙或其他性质的经济实体。

集体所有制企业的一个最基本特征是实行独立经营、单独核算、自负盈亏。它的纯收入除依法纳税和交纳其他管理费用外,剩余部分在企业内部一部分作为公积金和公益金;另一部分作为集体劳动成员的个人收入。刘亨年领导的建筑队的纯收入也是作了如上的分配。他们的纯收入除税金、管理费外,一部分作为劳动报酬先分给建筑工人,再由工人交给生产小队"买工分";另一部分作为纯个人收入归建筑队工人。从这个角度看,建筑队并没有提留公积金和公益金,事实上它也无须提留,因为它用不着购买用于扩大再生产的生产资料。但从实质上分析,该建筑队的纯收入有一部分还是转化成了公积金和公益金。首先,建筑队工人的收入有一部分交给生产小队,其中一部分被生产小队提留为公积金和公益金,有一部分被用于社员的年终分红。建筑队工人到建筑队做工,一方面他们成了建筑队成员之一,另一方面他们仍旧还是生产队的社员,他们仍旧要参加生产队的年终分红,生产队的公积金和公益金也有他们一份。也就是说,建筑队的收入中有一部分变成了属于该建筑队集体成员的公积金和公益金。其次,建筑队的纯收入的5%要作为管理费交给生产大队,生产大队无疑也要将其中的一部分留作大队全体社员(包括建筑队里的社员)的公积金和公益金。

总之,正是因为刘亨年领导的建筑队具有"独立经营自主权,有权支配和运用自己的生产资料和劳动力,直接组织生产和收益分配,盈亏由自己负责"①等特点,它应当属于集体企业。

建筑队的性质和它同大队的关系既然已解决,那么,分析刘亨年等人的行为性质也就比较容易了。

首先,从犯罪主体来看,刘亨年等人是或属建筑队或属生产大队的领导管理人员,具备构成贪污罪主体的条件。

其次,从犯罪客体来看,刘亨年等人所占有的财产正是能够作为贪污罪客体的国家、集体的公共财产,按照国家和大队的规定建筑队应按期如数交纳税金和管理费,但是从1979～1982年建筑队既没有依法实事求是地交纳税金,也没有按期如数交管理费。经查核,如果把建筑队1979～1982年拖欠的税款和管理费

① 许涤新主编:《政治经济学辞典》,人民出版社1980年版,第87页。

都如数补齐的话,建筑队将有5万余元的亏空(编者按:人民法院判决书未予认定)。在未交纳够税金和管理费之前就占有建筑队的财产,实质上就等于占有国家和集体的财产。检察院正是根据这点来确认刘亨年等人的行为为贪污罪的。

最后,从客观方面和主观方面来看,刘亨年等人明知故犯地采用涂改账目、虚列开支等手段掩盖他们侵吞公共财产的行为,同样也符合贪污罪的犯罪构成。

总之,我认为刘亨年等人的行为已构成了贪污罪,应当依法追究其刑事责任。

(1987年第7期)

刘亨年构成贪污罪

蔡德森*

贵刊今年7月号发表"一件'集体贪污案件'的前前后后"的采访记,对刘亨年案罪与非罪的问题作了事实报道。我们认为,刘亨年构成贪污罪,理由是:

第一,刘亨年是受大队党支部委托从事公务的人员。1979年年初,大队党支部开会研究脱贫办法,决定由刘亨年组建一个建筑队,并在当时条件下,经工商登记为集体所有制。建筑队组建后,刘亨年与大队的关系,虽然有过变化,然而最终保持的是一个集体性质的经济实体,在经营权上受到大队的制约。1979年大队规定参加建筑的工人每工向生产队交纳2元,月出勤天数为25天,生产队给记工分,其他,大队什么都不管了。但到1980年年底,大队党支部又研究,除原来每工向生产队交2元钱外,大队按工程总收入提5%的管理费,发生重大事故由大队协助解决。其他一切经营、财务、分配、结算、人事均由刘亨年负责。事实上,大队为建筑队的经营不是一点工作没做,如有3位大队干部做了不少后勤工作,还为工人高大勇被工程方的职工不慎砸伤致残,就花了2个月时间进行善后处理,刘亨年因此给大队干部发了些钱。这些情况说明刘亨年在组建建筑队的过程中自始至终是在大队的有关规定和领导下处理有关问题,并向大队负

* 作者单位:安徽省人民检察院。

责的集体所有制的经营实体。

第二，刘亨年接受委托之后，利用大队给他的自主权，侵吞、占有、非法处分公共财物。这里，我们当然要注意到刘亨年利用大队给他的自主权而为脱贫致富所作的贡献。但功不能掩过，触犯了刑律，也要绳之以法。且看刘亨年从1979年到1983年的4年中，每到年底结账时，就从当年盈利中，以各种名义，如奖金、补助费、加班费等给包括刘亨年本人在内的4个人发钱，共处分得款占总收入的1%，计1.6万余元，这是刘亨年利用职务之便的非法处分。在这笔款子中，既有应向大队提成的管理费，也是工人劳动的共同所得，而刘亨年利用职权擅自分给包括他在内的4个人，自然是一种贪污手段。同时，在公社要去查账时，刘亨年又叫会计涂改账目，弄虚作假，蒙骗检查，更加重了他的贪污情节。

第三，刘亨年侵占的是公共财产。这里，我们也注意到被告在一审上诉以及二审审理认定刘亨年没有公共财产可占的依据。如说，刘亨年组织的是劳务输出，没有国家贷款，没有集体投资，里面不包含公共财产的成分；建筑队的分配原则是自负盈亏，多劳多得，没有侵吞国家、集体和工人的财产，等等。其实，这些说法出于对农村建筑队的特点不了解，是不对的。首先，应当看到，像刘亨年式的建筑队是较普遍的，近年来，由于城市建设的发展，国营建筑力量跟不上发展形势，给农村建筑队以发展良机。这些农村建筑队并不像外行人所想象的那样有国营建筑公司一样的固定资产、大型建筑工具，而是“一把瓦刀”上阵，生产资金从工程方取来，不要国家贷款、集体投资，买空卖空也能干起来的一个行业。所以，没有国家贷款、集体投资，或者需要很少资金，也能从工程方的预支款中解决生产资金问题，工程方之所以能够信任这些建筑队，又是因为这些建筑队是打着乡、镇政府的招牌的缘故。

刘亨年建筑队赚的都是国家的基建投资，它不同于劳务输出，劳务输出赚的是外国人的钱，刘从1979年到1983年，共参加建造了7条大桥，为第一商业局等单位建筑了楼房、消防池、游泳池、楼库、滑道、引滦入津工程等，每项工程都是国家或地方政府和建筑队打的交道。

我们还应看到刘亨年建筑队的经营思想不是出于为国家作出贡献而是唯利是图。近几年来，大部分农村建筑队可以说是对国营建筑公司的补充，起到弥补国营建筑力量不足和打破独家经营的作用。但是，也有不少农村建筑队为了招揽生意，层层行贿，有的在施工中偷工减料，造成工程质量低劣，有的偷漏税款，给国家税收造成损失。刘亨年建筑队就是这种少数违法经营的建筑队，如他在承建工程中偷漏国家税款达60549元。

我们在讨论刘亨年案的罪与非罪时，从犯罪构成上看问题是对的，但是单纯从犯罪构成上讨论,就成为孤立办案,案件就会办不准确。办刘亨年案要掌握法律武器,还要掌握建筑队的一般知识,不能脱离建筑队的背景,讨论建筑队的案情。

(1987年第7期)

严格掌握罪与非罪的总标准

——从刘亨年被认定贪污罪谈起

司剑山*

我国《刑法》第10条关于犯罪的概念,科学地揭示了犯罪最本质的特征是社会危害性,这是我们在司法实践中把握罪与非罪的总标准。因此,要认定某一行为是否构成犯罪,不能釜底抽薪,撇开社会危害性这一构成犯罪所赖以存在的前提条件,用犯罪构成去盲目硬套。而必须先审检其行为是否具有社会危害性,以解决是否构成犯罪的实质问题,然后运用具体的犯罪构成解决犯罪的法律属性问题。

作为犯罪本质特征的社会危害性,主要是通过行为人的主观恶性和客观危害行为的结合并损害国家和人民的利益而反映出来的。综观刘亨年一案的全部案情事实,我们认为,刘亨年的行为不具备犯罪的本质特征——社会危害性,故不应以犯罪论处。

根据案情介绍,生产大队和刘亨年负责的建筑队是承包关系,且有较具体的承包协议。1979年年初,根据大队党支部和刘亨年的协议,去建筑队出工的社员每人每天向生产队交纳2元钱,月出勤数为25天,生产队给记工分,除此之外,生产队什么都不管。至1980年年底,承包协议经党支部研究,又变更为:"除原来每天向生产队交2元钱外,大队按工程总收入提5%的管理费,发生重大事故由大队协助解决,其他一切经营、财务、分配、结算、人事均由刘亨年负责,大队干部不干预。"在当时的条件下,建筑队虽经工商登记为集体所有制性质,但实际上建筑队里没有集体提供的任何资金和设备,建筑队之所以能够存在并取得

* 作者单位不详。

经济效益，完全是刘亨年等人自筹资金、自主经营的结果。再从建筑队的内部结构来看，属于自发性、简易性和松散性的经营组织。其内部人员多少、招工解雇、工资奖金的分配形式都由刘亨年根据经营状况自行确定。它不像集体所有制单位那样，招工人数、退职退休、医疗待遇、工资奖金、纪律处分都是经国家有关部门批准和认可的。因此，建筑队名义上是集体性质，实质上是一种个体或合伙企业。故对建筑工程总收入和因质量优等所得的工程管理费，除照章纳税，上交大队5%的管理费、支付工人工资奖金外，剩余部分不属公共财产性质，理当能自行安排。

考虑到当时为改变束缚农业生产力的旧体制而展开的以推行家庭联产承包责任制为中心的一系列农村经济改革刚刚兴起这一社会大背景，和上述案情事实的具体背景，我们认为刘亨年的行为不具有社会危害性。

1. 刘亨年不具有非法占有公共财产的目的，缺乏有害于社会的主观危险性和构成贪污罪的主观方面要件。鉴于工程收益较好，刘亨年和技术员、会计、保管员共同研究，感到工人加班加点多拿工钱，他们同样日夜操劳，没有加班工资，而且外出联系业务又需额外开支。于是决定给不拿加班工资的4名管理人员（包括刘亨年本人）和为建筑队做了不少后勤工作的3名大队干部发了一些钱。这些钱的累积数仅占工程总收入的1%，刘亨年个人所得和某些工人的加班工资所得基本持平。应该指出，一方面，这笔剔除纳税和管理费、工人工资奖金的钱，如前所述，不属公共财产性质；另一方面，这笔钱渗透着刘亨年等管理人员日夜操劳、精心管理的汗水。因此，刘亨年并非受不劳而获思想的支配，提取他们不应得的钱。刘亨年本来就有合法占有和处分这笔钱的承包协议依据。

2. 刘亨年的行为也不具有客观危害性。我们知道，客观危害性是通过对国家和人民利益造成损害反映出来的。就贪污罪的客观危害性而言，主要表现在对全民或集体财产所有权的侵犯。而事实上，刘亨年的行为一没侵犯全民或集体的财产所有权；二没采取私招乱雇，或故意压低工人报酬，或转手倒卖承包合同来进行盘利和牟取暴利的非法手段，他们“私分”的钱财，是在为国家、集体作出重大贡献，并扣除上交的管理费和支付工人工资后的合法所得。具体来说，建筑队参加过引滦入津等多项工程，由于刘亨年管理有方和工人的努力，质量优等，多次受到有关领导部门的嘉奖和表扬。承包期内，这个建筑队向国家交纳税款、向大队和生产队交管理费和提留共60万余元。大队用此款发展农业，增产粮食30多万斤，各生产队提留后，使当地从事农业劳动的日值由过去的4角、5角，提高到1元、1元5角。建筑队工人的年均收入超过1000元，个别的接近3000元。以作出上述贡献为前提，刘亨年和其他管理人员因不明政策和防止他人"红眼",采取了一些掩人耳目的手段,提取了本应属于他们所有的钱款;即使私分钱款在形式上符合贪污罪的客观要件,但缺乏犯罪的实质特征,故不应以犯罪论处。

根据中央有关精神,在实行农村联产承包责任制基础上出现的各类承包专业户,是农村发展商品生产、勤劳致富的带头人,是农村先进生产力的代表,对此,应当珍惜爱护、积极鼓励和支持。在处理农村经济案件时,要从党的农村经济政策出发,把用违法手段牟取暴利的犯罪行为同现行政策允许的劳动致富的经济活动区别开来。对刘亨年这种为国家和集体作出重大贡献而仅从总收入中提取1%收益的行为追究刑事责任,岂不有悖于党的农村经济政策和适用刑法的本意吗?

由此案引出并值得举一反三的问题是,司法工作人员在当前改革、开放、搞活的形势下,树立符合社会大趋势的执法观念,对于准确把握经济领域内罪与非罪的界限是至关重要的。这种执法观念要求从行为人的行为是否有利于经济改革和发展生产力的高度,来考察其是否具有社会危害性及其程度大小,对于那些已具有社会危害性但可以由其他法律手段处理的行为,不要硬拉到刑事领域来处理,鉴于经济体制改革是一个不断探索、逐步完善的过程,因此对有关政策明确以前的行为,尤应慎重对待,不要轻易地追溯既往。

(1987年第7期)

刘亨年不构成贪污罪

顾肖荣*

刘亨年案件是经济承包以后出现的新问题。该案从1984年5月7日滦县人民法院作出一审判决至1986年4月25日河北省高级人民法院作出终审判决,其间历时两年。真可谓一波三折,令人深思。由于终审判决并未认定刘犯有偷税罪,而只认定刘犯有贪污罪,所以,本文只就刘是否犯有贪污罪发表一些见解。

* 作者单位:上海社会科学院法学研究所。

要从分析财产的所有权性质入手，看承包人刘亨年所占有的财物是否属于公共财物。

刘亨年所组建的建筑队申请领取的营业执照是集体性质的，因此，该建筑队自然是集体所有制性质，其财产自然也是公共财产。这样，刘亨年等人私分、侵吞公共财物，当然应构成贪污罪。一些同志就是按照这样的思路来考虑问题，得出刘犯有贪污罪的结论。

实际上，在搞活经济以后，出现了大量形似集体企业，实为个体经营和私营的企业。也就是说，以集体名义申领执照，而筹集资金、设备、原材料、组织生产等均由个人承担。这种企业实质上是个体企业或合伙企业。行为人即使以典型的贪污手段分掉资金财产，因不属于侵吞公共财产，也就不构成贪污罪。刘亨年案件与上述情况极为相似，但也有不同的一面：相似的一面是以集体的名义申请执照，实质上却是个人承包经营；不同的一面是刘搞的这个建筑队用不着集资购买生产工具和设备，只要招募一些管理人员（如会计）、技术人员和工人就能外出揽活，提供劳务了。因此，从性质上讲，刘所组建的建筑队不是个体企业，也不是私营企业，而是带有个人承包性质的集体经济组织。这从以下事实就可以看出：经村党支部扩大会议讨论商定，由刘组建一个建筑队去天津承揽工程，并一致决定将建筑队承包给刘个人，并以工程总收入的5%向大队提交管理费，出工社员每人每天向生产队交2元钱，全月按25天计算。大队不过问建筑队的具体工作，也不参加管理。建筑队开办时，一无资金、二无设备，没有占用生产队和大队的任何财产。业务的联系、工人的招募、技术员的聘请、会计的任命、财务的动用、开支的审批、施工队给甲方造成的经济损失和法律责任，均由队长刘亨年自行决定和处理。也就是说，收益、亏损、法律责任全由承包者个人承担，而大队和生产队只是按照契约不担任何风险地收取“管理费”（实为“挂名费”）。这实际上是一种“实行完全独立核算”的大承包，承包者有完全自主的经营权，同时也独立地承担风险和责任。

根据最高人民法院、最高人民检察院《关于当前办理经济犯罪案件中具体应用法律的若干问题的解答（试行）》的有关规定：“当前，凡生产资料、资金全部或者基本上为集体经济组织所有，交由个人或若干人负责经营的，应视为集体经济组织的经营层次，其主管人员或者管理财物的人员，利用经营之便，以侵吞、盗窃或骗取等手段，将属于集体经济组织的生产资料、资金或应上交集体经济组织的利润非法占为私有的，以贪污罪论处”，刘亨年等人从主体和侵犯对象这两方面，都不符合上述规定的要求。

1. 从主体上看。这种由个人承包的集体经济组织的生产资料或资金必须全部或基本上为集体所有。而刘承包的建筑队一无集体所有的生产资料,二无集体所有的资金,从未占有过任何集体财物。因此,刘就不是这种承包型贪污的主体。

2. 从侵犯对象看。承包型贪污的对象必须是"属于集体经济组织的生产资料、资金或应上交集体经济组织的利润"。而刘等人根据工程收入,按时向县、公社、大队、生产队提交不同的管理费和各种税金。以纯收入的75%作为工人工资进行分配,分配的方法是:群众评议,按级提取,并公之于众,差额部分不平衡,不吃大锅饭,实行一年结算一次,没有结余,按劳分配,工人平均年收入在千元以上。其余的25%的纯收入作为队领导和管理人员的工资、补助和管理费。由于刘亨年承包的建筑队靠的是劳务输出,没有生产设备和公共积累,更不存在扩大再生产的问题,每年分光用光,所以,不存在侵吞集体所有的生产资料和资金的问题。总之,刘等人没有截留各种应上交的税利,也没有侵吞集体所有的生产资料和资金,更谈不上侵吞工人所有的劳务收入,因此,就谈不上侵犯公共财产,也就不构成贪污罪。

即使刘等7人的工资、补助和管理费占25%,工人工资收入占75%的比例不合理,那也只是个民事问题,可以通过协商和诉请法院解决,不应将其作为刑事犯罪处理。

实际上,刘等人所谓"私分、作假、涂改账目、巧立名目"侵吞的款项都是属于25%当中的。而这25%大部分是属于他们几个人的私有财产,这怎能构成贪污罪的侵犯对象呢?刘等人采用"贪污"手段侵吞属于自己所有的财产,是对自己的权益不明,从而理不直气不壮的结果,这不能成为构成贪污罪的理由。

应当看到,刘实行的是"完全独立核算"的大承包,其前提是没有占用集体的任何资金和财产,只是支付了"挂名费",领取了一张集体性质的营业执照。作为承包人的刘某与作为发包人的大队,由原来的行政隶属关系,变成各自独立的民事主体以承包协议为内容的民事法律关系。它的权利、义务由双方具体商定,平常的行政权力和垂直调整失去了作用。承包人对资金、实物的支配使用及处置权限,已非通常状态下的财经管理制度所能约束。我们应该看到新形势下经济现象的复杂性,严格区分罪与非罪的界限,保护改革、开放、搞活的积极势头。

(1987年第7期)

从量刑现状的调查看电脑辅助量刑专家系统的作用

史建三[*]

为了保证全国哲学、社会科学“五七”规划科研项目“量刑综合平衡与电脑辅助量刑专家系统”这一课题研究的科学性，需要收集大量的第一手资料，为此，我们在有关部门的支持下，先对在刑事犯罪率中高居首位的盗窃罪量刑的现状进行了常规摸底调查和专家判断法调查。

通过常规摸底调查，我们对调查区域内盗窃罪量刑的现状有了一个基本的估价。从1500余份判决书的分解分析和综合情况来看，70%的盗窃犯罪量刑比较恰当，且能保持横向的平衡。然而，量刑不平衡的现象也是客观存在的。有些案情，根据我们的分解分析，在主体情况、罪前劣迹情况、前科情况、作案动机、作案时间、作案地点、作案手段、作案对象、盗窃数额、盗窃次数、共同犯罪情况、犯罪形态、犯罪后果、赃款去向、悔罪情况等各方面都基本相同，量刑轻重的差异却很大。或许有不少同志认为，这种对比是无实际意义的，因为世界上绝不会有两个完全相同的案情，审判人员根据不同的案情而量定的刑罚轻重自然也有差异。这种想法，已由专家判断法调查的审判员们作出了回答。

在专家判断法的调查中，我们给予审判人员150个盗窃罪的假设事实，要求审判人员仅就每个案件中给定的事实提出量刑意见。对100名审判人员的初步调查结果表明，同样的案情受到审判人员的不同处理，这说明审判人员的个性在决定被告命运中起着不容忽视的作用。

在150个征询量刑答案的案例中，100名审判人员对拟定的某一案例量定的最低刑和最高刑之间的差，小则半年，大则为18年，150个案例的平均量刑差为5.08年。在量刑差中，鉴于各地区对盗窃数额的规定不同，有一部分属于合理的差异，除这一合理的差异和其他一些因地区特点而产生的微量差异，150个案例平均量刑差为4年左右。量刑差的大小和案情复杂程度呈正比关系，即案例的有关量刑情节越多，审判人员对此案量刑的差异就越大。

从上述第一类和第二类调查的比较分析来看，导致量刑不平衡的主要原因

---

* 作者单位：华东政法学院（现华东政法大学）。

是审判人员的法律意识活动和体现不同,以致对同一案情会作出不同的法律评价,审判人员的感情因素、受外界非法律因素的干扰等层次。具体表现在:

1. 对法律规范中包含着丰富和深刻的立法意图在认识和理解上不一致。如:

(1)对量刑所要追求的目的认识不一,从而出现量刑的差异。专家判断法调查中有这样一个案例:被告人出于为本单位解决生产难题的动机,驾车混入甲厂,偷装了一车原材料,价值为 1500 元,甲厂因原材料被偷而影响了生产,直接损失为 3000 元。对于此案被告人,100 名审判人员量刑意见分布情况是,52 人选择了半年至 5 年的有期徒刑,28 人选择的徒刑缓刑,8 人选择了拘役,6 人选择了管制,6 人认为可以免予刑事处分。对同一案情作出不同的选择,反映了审判人员对立法者之所以规定刑罚的意图理解不一致。认为惩罚是立法核心意图的审判人员,都以实际行为为根据,判处 1 ~ 2 年的有期徒刑;认为威吓是核心意图的审判人员,大都判处 3 ~ 5 年有期徒刑;认为改造是核心意图的审判人员,注重行为人的个性特征,大多选择缓刑、管制和免刑措施。

(2)对各相关量刑情节和量刑轻重关系的认识不同而产生的差异。例如,对被告人教唆已满 14 岁不满 18 岁的未成年人盗窃价值 500 元财物的案件,有的审判人员认为应判 1 年有期徒刑,而有的审判人员则认为应判徒刑 5 年。对这一简单案情会出现 4 年量刑差的主要原因是对教唆未成年人犯罪的法定情节和量刑的从重关系究竟为多少存在看法。有的对此法定情节考虑从重半年左右、有的从重 3 ~ 4 年。

(3)对立法者之所以要对某些情节作从轻、减轻、免除处罚或者从重、加重的交叉规定理解不一致而导致量刑上的差异。有这样一个案例:被告人利用仓库管理制度的混乱,偷走一台价值 5 万元的精密仪器,在公安机关立案侦查后,携赃投案自首。有的审判人员认为对被告人可以免予刑事处分,有的则认为应该判处死刑。之所以如此轻重悬殊,是由于有些审判人员误解了自首可以从轻的立法原意。

(4)对如何解决量刑轻重情节兼具的案件认识不一导致量刑上的差异。如有的审判人员以从重情节来排斥从轻情节、用法定情节来排斥酌定情节,有的则采用轻、重情节相互抵消的方法。不同的认识,自然会导致不同的量刑结果。

2. 不能正确地审时度势,从而在量刑活动中出现过犹不及的现象。有的同志过分强调形势对量刑活动的作用,甚至把形势置于"以事实为根据、以法律为准绳"的基本原则之上,闻"风"而动。体现从宽政策时,容易出现"问题不在大小,关键在于态度"的一宽到底的做法,治安形势不好需要依法从重从快时,不注意区别对待、严中有宽的斗争策略,不与他人比谁判得“准”,而与他人比谁判得“狠”。例如,某被告人多次共窃得价值7000元的财物,在反盗窃斗争中向司法机关投案自首。受理此案的审判机关为促使更多的犯罪分子投案自首,对被告人作了免予刑事处分的决定。被免刑的被告人几天之后又在公共汽车上扒窃被抓获,这一现行扒窃行为刚够立案标准,却被判了10年有期徒刑。许多刑庭庭长评论说,对该被告的判决,前者过宽,后者过严,反映了审时度势中存在的问题。还有个别同志轻视犯罪的社会危害程度与形势的密切关系,执法僵化,这同样会导致量刑上的偏差。

3. 受外界非法律因素的干扰,屈从压力以致不能秉公而断、伸张正义。由于党风、社会风气还未根本好转,特别是在封建残余势力和法律虚无思潮远未肃清的情势下,审判人员办案时,常会处在上下压力、左右夹击之中,或领导以权相压,“你有独立审判权、我有人事调动权”;或亲朋好友、利害关系人以情相劝、以利相诱。于是,抱有私念的审判人员或屈从于压力或自缚于关系网,出现有法难依、执法难严、违法难究的现象。上述现象虽属极个别现象,但亦常见之于极端,其恶劣影响正如培根所剖析的那样:“一次不公正的裁判,其恶果超过10次犯罪,因为犯罪是无视法律——好比污染了水流,而不公正的审判则毁坏法律——好比污染了水源。”

要从根本上解决量刑不平衡的问题,除了继续运用传统有效的方法外,运用现代科学技术,开展电脑辅助量刑专家系统的应用研究,无疑是一个事半功倍的重要途径。

在开发电脑辅助量刑专家系统的过程中,不少同志感到难以理解,问道:电脑能够像审判员那样对罪犯量刑吗?笔者认为,对此不宜作“能”或者“不能”的简单回答,而应从辩证唯物论的观点出发,作些具体的研究。

从哲学的角度来看,电脑是人为自我复制的对象,它建立在人对自己认识的基础上,将某一阶段的认识以物化的形式固定下来,制造出电脑。电脑制造出来后,人的认识又前进了,因为人在实践中又得到了新的认识。然后又把这种新的认识重新物化在电脑中,如此循环不断深化。人始终是认识活动的主体,而电脑始终是人这一认识主体的物化、工具。从这个意义上讲,人始终处于支配地位,电脑不可能完全取代审判人员,而永远是审判人员手中的工具。摆正人脑和电脑的主从关系,是有可能在审判活动中运用电脑量刑的前提条件,我们在研究课题的名称中标明“辅助”两字,足以说明我们的立场。

然而,电脑也确有胜过人脑之处。例如,其运转速度之快、精确度之高、客观公正性之强是人脑远远不及的。尤其是系统论、控制论、信息论、仿生科学、心理科学、思维科学等许多学科相互渗透而产生的人工智能学与电子计算机技术的紧密结合而形成的各类专家系统，是专家群体的经验、知识与电脑的巧妙结合。它能聚集某一领域内第一流权威的专门知识的精粹，并通过统一的软件系统做到专家经验和知识的共享，从而使某一领域内的普通工作人员能较快地接近或达到专家的水平。电脑辅助量刑专家系统是刑事审判专家群体智慧的结晶，这种群体智慧，显然要比少数人的一些临时直觉判断可靠得多，而且最大的好处是可使广大的审判人员有一个比较一致的度量标准。电脑辅助量刑专家系统的开发，有助于各地的审判人员包括刚刚从事审判活动的新同志较快地在领会立法意图、准确运用法律规范方面能和法律专家群体的认识趋于一致，以求得法律的一体遵循和全国量刑的基本平衡。这是我们研制电脑辅助量刑专家系统的理论根基和目的所在。

电脑辅助量刑专家系统的研究首先是建筑在广泛而又深入的调查研究基础之上的。例如，该系统中的盗窃罪子系统就是在基本摸清各种常见盗窃犯罪行为的社会危害性大小基础上，认真总结量刑经验，并运用定性分析和定量描述相结合的方法，通过时空上的纵横交错的比较研究，寻找同类犯罪行为因地区差异和社会情势不同而存在的变量规律及适度范围，探索各种法定量刑情节和酌定量刑情节及其程度与盗窃罪量刑的轻重系数的关系，从而拟定出一套盗窃罪量刑指标体系以及对量刑指标体系进行动态研究后得出的一套解决量刑情节交错、冲突等问题的规则，并经反复多轮征求意见使之趋于统一。

然后，设计者模拟审判专家应用法律规范和量刑知识作出判断的过程，将有关的法律规定和量刑指标体系及其判断规则存入知识库。知识库的主体功能在于：它能把量刑的法律规定、专业知识和经验归纳为千百个“如果出现这一情况，那就这么办”的形式表示的规则，这个过程一直继续下去，直到构成复杂的规则网络。这套规则体现了所有能够得到证据和能从信息中得到符合逻辑的结论之间的关系。随后采用合适的控制方法，依据审判人员输入的案情信息，选择适当规则，进行推理，作出判断和决策。

当然，我们绝不否认电脑辅助量刑专家系统由于受到时空条件的限制，会暴露出它的一些缺陷。因为到目前为止，它还不能像人脑那样自行从过去的经验中学到东西，处理新型犯罪现象的能力较差。但是这些缺陷并不会埋没它在处理90%以上常见多发犯罪时的高超水平。而且由于该系统着眼于机理或经验本身，将量刑所依据的机理表示出来，力求寻找那些不能表示的或不准确的机理，因此该系统是知识增长型的系统，它不满足于已经解决的问题，而是不断地去适应新形势下的新问题，根据法律的废、改、立情况经验的进一步积累，通过人—机对话形式,沿着增长量刑知识的途径继续发展着系统本身。

总之,电脑辅助量刑专家系统是一个智能的系统,其对审判人员的辅助作用简言之有以下几点:

1. 由于该系统汇总了广大审判人员的办案经验,并根据专家的思维过程,把案情事实分解成几十大类数百小类与量刑有关的基本因素、具体因素,并通过屏幕显示,提示审判人员在量刑活动中不要遗漏任何一个与量刑有关的法定情节和酌定情节,因而有助于审判人员全面考虑,综合评判。

2. 根据审判人员提供的案情事实信息,运用系统存储的专家知识,进行推理判断,最后得出专家群体对某一案情的量刑结论,同时能得出该结论的可信度说明,以供审判人员作量刑决策时参考。

3. 由于该系统荟萃着专家群体几十年之量刑经验,具有一定的权威性,故有助于审判人员克服外界非法律因素的干扰,秉公执法,伸张正义。

4. 对于经验不丰富的新手来说,该系统是一种最好的实用教具,使用它,能迅速提高业务素质和实际办案能力,从而尽快地接近或达到审判专家的水平。

电脑辅助量刑专家系统的上述作用及其在平衡量刑方面的重要意义正为越来越多的人们所接受。刑法理论界的专家、教授认为,这一课题是一项推进定罪量刑活动定量化、标准化和科学化并且能够成功的事业。一大批在法院从事审判业务和政策法律研究的干部认为,该课题是通过现代科学技术,把我们几十年来同犯罪作斗争的经验总结起来,把全体审判人员的智慧集中起来,编成电脑的工作语言,因而它是高水平、高智能的结晶。检察部门的干部认为,电脑辅助量刑专家系统有利于发挥法律监督机关对执法的监督作用。律师认为,法制本身要求克服量刑随意过大的现象。该课题的研究对于在刑事领域内排除非法律因素的干扰、采纳辩护律师合理的意见,保障法律适用的平等性具有重要意义。劳改部门的干部认为,各地法院在依法定罪量刑方面会出现事实大同小异,定罪一致但量刑轻重悬殊的情况。当这些罪犯交付劳改机关执行后,明显地反映出来,这对罪犯认罪服法和接受改造是极为不利的。研制电脑辅助量刑专家系统能解决量刑不平衡的难题,促使罪犯对判决心服口服,为我们对罪犯的教育改造打下扎实的基础,我们期待着这一科研成果早日问世。

(1987年第12期)

1988 年

适用“其他危险方法”定罪量刑的意见

徐汉亭*

“以其他危险方法危害公共安全罪”，是指在本质上与放火、爆炸、决水、投毒一样，一经实施就足以造成不特定多数人身伤亡或者重大公私财产损失的行为。如利用放射性、毒害性物质，散播病菌，破坏井下通风设备等危险行为，以及像姚锦云在天安门广场故意高速行车，撞死多人以泄私愤等行为，都可按照“以其他危险方法危害公共安全罪”论处，并无异议，又如左洪成、李荣辉等用大量工业酒精兑酒出卖，造成近百人甲醇中毒，其中25人死亡、11人伤残的严重危害后果，被定为“以其他危险方法危害公共安全罪”从重处罚，也是罪有应得、合理合法的。因为“以危险方法”导致危害公共安全的严重后果，符合《刑法》第106条的规定。问题在于：虽然实施了放火、决水、爆炸以外的其他类似投毒的危险方法，并有造成不特定多数人的伤亡后果的可能，但一时未见后果或无法查明后果的，能否适用《刑法》第105条的规定，以“其他危险方法”论处？比如被告人甲是某腊味店的负责人。1985年期间，先后通过不正当方法从肉联厂买回大量含有病菌、寄生虫卵的需经高温处理才能供食用的猪肉，加工成香肠投放市场，从中牟利1.8万元。由于该店不具有加工“高温肉”的条件，有可能对群众的身体健康造成严重危害，至于具体损害了多少人的健康，损害到什么程度，则无从调查认定。后被逮捕、起诉，司法机关依据《刑法》第105条的规定，“以病害猪肉加工食品出售的危险方法危害公共安全罪”，处有期徒刑5年，已经终审。对于这一判决适用法律是否正确，有不同意见。

目前，对类似案件，多数主张“以投毒的危险方法危害公共安全罪”定性，并且给予理论上的论证。有的说第105条“逻辑上可以包括投毒”；有的说第105条“未写投毒，是立法技术问题”，“并且是我国独特的写法”，等等。这些见解是否符合法条规定，值得进一步研究。

我国《刑法》第105条规定的犯罪方法是指用“放火、决水、爆炸或者其他危险方法”，破坏的对象是指工厂、矿场、油田、港口、河流、水源、仓库、住宅、森林、农场、谷场、牧场、重要管道、公共建筑物或者其他公私财产，危害公共安全，尚未

* 作者单位不详。

造成严重后果的。对“破坏对象”如此明确地列举，说明其他危险方法的外延很难包括投毒的方法在内。有人说，破坏对象中有“水源”，水源自可成为投毒的对象。当然，向水源投放毒物，可能造成人身伤亡的后果。但通观全条，可以看出破坏的方法是条文中所包含的放火、决水、爆炸等危险方法，破坏对象指“公私财产”损失，而没有将人身伤亡列入，破坏后果只能是由放火、决水、爆炸等危险方法造成，而不可能是“投毒”造成。故将“投毒”行为理解为第105条“其他危险方法”实属勉强。既然第105条不包括投毒在内，当然就很难把出售未经处理的“高温肉”行为依据该条的规定定罪量刑。而第106条虽规定有投毒行为，但必须是发生严重危害后果才可以构成，那么，对于故意投毒尚未发生严重危害后果以及前面所举案例，究竟应如何处罚呢？试提出以下意见，供进一步研究探讨。

第一，无论出于直接故意、间接故意，或由于过失投放毒物，制作、销售有毒食品，已经造成多人伤、亡的严重后果，适用《刑法》第106条规定，按投毒罪处罚，自不待说；如未发生严重后果，即使出于直接故意也不能直接适用第105条规定处罚；特别是行为人在间接故意或过失的心理状态下实施了上述行为，如未发生危害后果，就更不能构成危害公共安全罪。销售未经处理的“高温肉”行为，按行为人当时的心理状态看，实属间接故意，因为其目的在于牟取非法利润，而对是否危害群众身体健康，甚至生命安全持放任态度。按照刑法理论，间接故意犯罪是根据已造成的危害后果确定其刑事责任的，无危害后果则不能确定其刑事责任；而成立过失犯罪则必须有危害结果发生，无结果即无所谓犯罪，因为它属于结果犯。这些论断，虽属学术观点，但有科学含义，并已为刑法条文所肯定，或者已为多数人所接受。

由于《刑法》第105条未规定投毒罪，那么，对于直接故意投放毒物，足以危害公共安全的行为，究竟如何定罪处罚呢？我认为，投毒是一种危险犯罪，一旦实施就足以威胁不特定多数人的生命安全，按照我国《刑法》第10条的规定，应当予以刑事处罚。但适用《刑法》分则哪一条款，我国《刑法》第105条未作明确规定，不宜直接适用。尽管理论界作了种种学理解释，但论据不足，且对司法机关无束缚力；有的司法机关也那样判了，但难以服人。最好的办法是建议依法对该条加以修改或解释，以便有所遵循；在修改或解释之前，只能比照《刑法》第105条的规定，以投毒罪类推处罚，因为它符合适用类推的条件。

第二，对于销售未经高温处理的含有毒性的猪肉或其加工食品，尚未造成严重后果，或者只造成个别伤亡后果的违法犯罪行为，应依新法优于旧法、特别法优于普通法的原则，选择适当法规予以处罚。这个法规，就是1982年颁布试行的《中华人民共和国食品卫生法》(以下简称《食品卫生法》)。

《食品卫生法》第7条规定:“……(二)含有毒害物质或者被有毒、有害物质污染,可能对人体健康有害的;(三)含有致病性寄生虫、微生物的……(八)用非食品原料加工的……(十二)其他不符合食品卫生标准、卫生规定的。”上述规定不仅明确哪些行为属于违反《食品卫生法》,而且在该法第41条中还规定:对因上述行为造成食物中毒事故或者其他食源性疾患的,应由有关部门追究行政和民事法律责任外,对“致人死亡或者致人残疾因而丧失劳动能力的,根据不同情节,对直接责任人员分别依照《刑法》第187条(玩忽职守罪)、第114条(厂、矿重大责任事故罪)或者第164条(制造、贩卖假药罪)的规定追究刑事责任。情节轻微,依照《刑法》规定可以免予刑事处分的,由主管部门酌情给予行政处分”。该法明确规定只有发生“致人死亡或者致人残疾”的危害后果(但不危及公共安全)时,才需要根据具体情节,依照所列《刑法》有关条文追究刑事责任;无此后果的,则只追究行政和民事责任。

固然,《食品卫生法》规定适用的相关犯罪,除第164条外都是过失犯罪,但也不能说销售未经高温处理的猪肉案件中就没有过失犯罪。事实上,既有过失犯罪,也有间接故意犯罪,以蓄意毒害不特定多数人民群众为目的的直接故意犯罪只是极个别现象。因此,除直接故意投毒行为外,可以比照《刑法》第105条类推处罚外,如果由于违反《食品卫生法》规定,但还尚未造成伤亡后果,或者只造成个别伤亡后果的,都只能依据《食品卫生法》处置,而不能适用《刑法》第105条。

《食品卫生法》既已对有关行为作了明确规定,为何弃而不用呢?一言以蔽之,曰:“嫌轻”。在这种“嫌轻”的思想指导下,自然就采取了“从重选择”的态度:只要勉强能挂上重罪的,就必然选择重罪法条量刑,尽管这种做法缺乏理论上的根据。甚至还有人主张将上述行为定为诈骗罪或者投机倒把罪处以更严厉的刑罚,直至判处无期徒刑或死刑。其理由是:隐瞒真相、以假充真,具有诈骗罪的特征;以次顶好、牟取非法利润,是投机倒把罪的表现。

能不能如此去理解和适用法条呢?我认为是不能够的。这样任意选择法条,必将导致混乱。比如,招摇撞骗罪、伪造货币罪等,都有诈骗罪的性质;伪造、倒卖计划供应票证罪、制作贩卖淫书淫画罪,也具有投机倒把罪的表现,如果都可以任意选择,这些罪岂不失去存在的价值?因此,无论在理论上还是在实际工作中,都必须有一个明确的、一致的、合乎科学的规定。这个规定就是对待法条竞合的原则。

当某一犯罪行为触犯两个法条规定的罪名,而这两个罪名又彼此存在相容关系,即其中一个罪的全部内容是另一罪的一部分,从而为另一罪所包含时,它们间的关系就叫法规(条)竞合。对于法规竞合(不是想象竞合)应坚持新法优于旧法、特别法优于普通法的原则,选择适用新法或者特别法。普通法与特别法的关系,既可反映在两个不同法规之间,也包括同一法规中的普通条款与特别条款。

一般情况下,规定特别法是为了突出该罪的特殊社会危害性程度。我认为,无论立法者为了突出其较大的危害性,还是为了表现其较小的危害性,既然从普通条款中把它分离出来,就有它存在的必要。只要法律作了特别规定,当然就只能适用特别条款。至于新法优于旧法的原则也是一样道理。既然新的特别法更加符合实际斗争的需要,就应毫不犹豫地选择新的特别法。问题只是在于:自从关于严惩严重破坏经济的罪犯和严惩严重危害社会治安的犯罪分子的两个《决定》公布实施以来(对刑法而言,它既是新法,也是特别法),对一些严重危害经济和社会治安的犯罪加重了刑罚,体现了"从严"的精神,得到了群众的拥护。但司法机关在具体量刑时往往只强调了加重刑罚的一面,而忽视了加重刑罚所依据的条件——情节特别严重或恶劣。这样,有时就造成一种适用法律的偏向:新法或特别法较之旧法或普通法的法定刑加重了就积极适用;反之,便弃而不用。在这种思想影响之下,往往为了强调从重打击,不仅在对罪行性质的分析上夸大其社会危害性,而且在刑罚的选择上也任意作从重选择:哪条刑重用哪条;哪条挂无期徒刑和死刑就用哪条;甚至不顾法律内部的协调,一味要求增加挂无期徒刑和死刑的条款。在这种气氛下,如果有人坚持依照新法或特别法处较轻刑罚的意见,即被扣以"心慈手软"的帽子,迫其作从重选择。从近来一些案件的审理表明,对假冒商标罪弃而不用,以投机倒把罪从重处罚;对贩卖假药罪嫌法定刑太轻,从重选用投机倒把罪,等等。由于这些意见往往最易获得支持,因而不仅在司法实践部门使"从重选择"日益普遍化,而且理论界也有人设法给予论证,使"从重选择"合理化。

再以销售含有毒性猪肉,但未发生严重危害后果的案件来说:《食品卫生法》是 1982 年实施试行的,与《刑法》相比是新法;该法规定适用《刑法》中的相关条款(制作、贩卖假药罪等),与诈骗罪、投机倒把罪相比是特别法。对于销售含有毒性猪肉的行为,本应直接适用《食品卫生法》规定的条款处罚,但却仍然坚持按《刑法》第 105 条"以其他危险方法危害公共安全罪"处罚的主张。我想,之所以出现这种情况,固然有诸多主客观原因,但适用法的任意性和从重选择的习惯性以及我国《刑法》不少条文过简,以致产生理解上的困难和混乱,恐怕是诸因素中之主要者。我国《刑法》固然有简明的特点,但如过分强调这一点,或者为了达到这一点而不惜削足适履，实为有害而无益。除了必然给司法解释加重负担之外，并在具体案件的定罪量刑上给予司法机关以过大的权力，往往影响刑事立法精神的真正实现，从而使刑法所肩负的同犯罪作斗争的艰巨任务也难以顺利实现。

（1988年第7期）

民间组织经营商品房构成投机倒把罪吗

本刊记者

1986年6月23日,天津市“东方应用技术开发公司”总经理戴振祥被天津市和平区人民检察院逮捕,在社会上引起了强烈的反响。有人大叫:抓得好!东方公司是皮包公司,戴振祥是天津经济犯罪的典型;有人惊呼:抓错了,东方公司是改革的产物,关押戴振祥是一起打击科技人员的冤、假、错案,戴振祥不仅无罪,相反有功。两年多过去了,戴振祥仍然被关押着。这起曾轰动天津卫的特大案件,到底有罪还是无罪?

一、东方公司的崛起与解体

戴振祥,1960年毕业于清华大学土木工程系,原是中国市政华北设计院的工程师,兼任天津市图算学研究会副秘书长。1984年年底,戴振祥和图算学会的几位有技术专长的同事,根据天津市科协有关文件精神,酝酿成立一个科技开发公司。经图算学会、市科协的同意,工商部门批准,1985年1月“天津市东方应用技术开发公司”(集体所有制)没有花国家一分钱挂牌开张。戴振祥停薪留职,担任总经理。公司初创时主要经营科技咨询、前期工程、工程设计等业务。1985年4月以后还经营城市开发、房屋销售等业务。1985年一年,东方公司承接项目28项(其中包括日后引起麻烦,投资高达3000多万元的利民道工程),公司人均创利8.2万元,人均劳动生产率达130万元。就在此时,社会上却谣言四起:东方公司是皮包公司,靠的是行贿、受贿、投机倒把赚钱;有的说得更明白,我们革命几十年,每月才百八十元,戴振祥一个月就是800元,他们收入那么高,不贪污诈骗才怪呢!1985年年底一个联合调查组进驻东方公司。经过1月左右的调查给了一个严重违法乱纪的结论。调查组决定把戴振祥送交检察机关查办。1986年4月2日戴振祥被收容审查,6月被逮捕,7月副总经理王国印也被逮捕,东方公司停止经营,资金被冻结,办公室被进驻,业务被接管,人员被遣散,公司解体。

二、“招惹是非”的利民道工程

麻烦就出在东方公司承接的河西区利民道工程。

1985 年的天津和全国所有的大中城市一样，几十年的建房欠账压得人们透不过气来，上至市里领导，下到平头百姓都在为房子问题发愁。

东方公司创办之初，天津市第二棉纺织厂派人找到了戴振祥，该厂在河西区有一片职工住宅——利民道住宅区急需改造。但是多年来由于资金、能力、效益等问题无法解决，始终未能如愿。厂方希望与戴振祥携手，土地与技术结合，解决这一难题。

利民道地区原是解放初建造的简易过渡性住房。原打算使用 3 ~ 5 年。30 年过去了，现在形成马路比胡同高，胡同比宅院高，宅院又比住处高的低洼地，俗称“三级跳”。30 多年来居民增加到 3200 余户，变得拥挤不堪。房屋失修严重，“屋外下大雨、屋内大雨下，屋外不下雨、屋里还滴答”。一到雨季，到处是深达一米的积水，家家熄火断炊，棉纺二厂只好派出车辆，挨家挨户送馒头、大饼。有的老工人悲痛地说：“解放了，我们在政治上翻了身，经济上翻了身，什么时候才能在住房上翻身？”

戴振祥等在现场进行了勘察、研究、计算，经过可行性研究、方案设计，得出每建造 100 间房屋除安排原住户外，剩下 36 间都归造房人（即出房率 36.6%）。于是由棉纺二厂出面，东方公司组织设计、协调，不向国家伸手要钱，集资联建。许多单位带着资金、“三大材”指标纷至沓来。短时间内，30 多家单位签约参加，集资 3000 多万元。接着动迁、三通一平、规划、勘探、设计迅速完成，一期工程建筑面积 10 余万平方米就要正式开工了。但 1985 年 8 月初市建委下达的开工计划出房率降为 32.7%。按此出房率，东方公司赚不到钱不说，反而要赔钱，投资单位要么追加投资，要么散伙。戴振祥等经过反复论证，精确计算，发现原计划图纸建 6 层房间距超过国家规定，如造 7 层，出房率可达到 43.4%，有关部门同意加盖一层。公司计划把多出的房屋作商品房出售。有的单位听说尚有余房，争先恐后地要求签订合同，并先行付款。

戴振祥等因此走出了困境，不仅保住工程，预计可盈利 800 万元以上。他万万没有想到利民道工程、经营商品房成了把他送上法庭的主要依据。

三、法庭上的交锋

1988年5月13日，在戴振祥被关押长达2年1个月11天后，天津市中级人民法院刑事审判庭公开审理戴振祥案。

审理中，公诉人指控戴振祥所犯的罪行从区检察院移送起诉时的5个（诈骗、贪污、行贿、受贿、投机倒把）减为2个（投机倒把、受贿，因受贿明显不成立，从略）。

法庭审理开始后，公诉人指出：

1. 东方公司开办之初，系被告人戴振祥欺上瞒下，私自动用市图算学研究会的公章，伪造该学会提供资金3万元和300万元2份信用证明，骗取了工商行政管理部门的营业执照。该公司既无资金，也无固定办公地点，虚报从业人员，是名副其实的皮包公司。公司的成立是虚假的，是欺骗得来的，因此围绕公司的一切活动都应视为非法。

2. 在利民道工程中违反有关规定，超执照经营，为牟取暴利，置国家政策于不顾，擅自经营城市开发项目。更为严重的是未经政府有关部门允许，未经资格审查，擅自经营商品房，而且非法经营数额达2200多万元（注：指已收工程款）。情节特别严重，显为投机倒把犯罪。因为国家没有一项政策允许民间组织经营商品房。经营商品房要有必要的资格审查手续。

3. 在工程尚未完成的情况下，被告人戴振祥将工程建设资金500万余元任意挪用、转借、馈赠并挥霍，其中仅提取所谓管理费计达140万元，全部用于购置固定资产，发放工资、奖金，请客送礼，支付出国费用等，给国家和集体经济造成了巨大损失，给群众生活造成严重危害。

辩护律师指出：

东方公司的成立是经图算学研究会理事会集体讨论同意，市科协1984年145号、161号文件批准的，由戴负责具体办理法人登记手续，不存在私自动用公章，伪造证明的问题。工商登记按国家规定需资金证明，但当时并无须多少资金方能开业的规定。图算学会和深圳大学在1984年12月前曾分别出具提供3万元和300万元资信证明。营业执照开出后，由于种种原因图算学会实拨1万元，深圳大学未拨。这并非戴的主观愿望，怎么能说是戴伪造证明呢？而且中国旅行社天津分社入股东方公司10万元，并于1984年12月4日出具资信证明，1985年2月8日拨款，东方公司开办之初实有11万元，开办一个技术咨询公司足够了。但检察院在调查中明知中旅社天津分社入股10万元的情况，却只字未提，是违反刑诉法取证原则的。有关无固定办公地点、虚报从业人员的说法也是不能成立的。公司开办时在科学会堂租用办公室，以后自行购置了办公用房。联合调查组办案时用的就是该办公室。公司开办后经济效益好，许多人想进公司而进不了，根本没有必要强凑人员，空报名单。

另外，在利民道工程超照经营问题上，律师与公诉人有原则分歧。在工程计划之初完全是集资联建的性质，东方公司的行为也是非营利性的，仅收取管理费。由于客观条件的变化，公司不得不决定加盖一层作为商品房。在此之前，1985 年 4 月东方公司下属东深公司成立，所取得的营业执照中有城市开发建设、商品房销售等项目。怎么能说是超照经营，投机倒把呢？在当时国家并未对商品房经营主体作过明确规定和限制，亦无经营主体资格审查的专门规定。怎能把罪名安在戴振祥头上呢？

最后，关于 500 万元资金被任意挪用、转借、馈赠、挥霍的说法笼统、含混，不能使人信服。事实是东方公司从工程盈利中预提（政策允许）120 万元捐赠市政府（改造和平街市容等用），借给下属公司 100 万元，公司使用 140 万元，合计为 360 万元。500 万元不知从何说起？公司使用的 140 万元交税 60 万元，购置固定资产 29 万元，工资、福利招待费等仅用 11 万元，银行尚存 40 万元。公诉人的指控失实。

辩护律师还指出，戴振祥案件之争是改革开放带来的观念变化之争。如何评价、认定戴振祥的行为，应该立足于商品经济的刑法观，跳出产品经济刑法观，分清行为人的行为对社会有利还是有害。戴振祥的行为恰恰是为国家分忧，为集体增收，为群众谋利。这样的行为有功无罪！公诉人与辩护人力陈了自己的观点之后，法庭宣布休庭、戴振祥等究竟有罪无罪，广大人民群众拭目以待。

编后：

科技知识分子戴振祥留职停薪，兴办民间公司，与有关工厂联建房屋，满足困难户殷殷之望，是否犯了法，构成罪？民用房屋是否只许公家兴建，不许民间办，办了难道就是犯罪行为？戴的行为是否改革、利民之举？

欢迎读者来稿参加讨论。

（1988 年第 9 期）

应依法宣告戴振祥无罪

朱华荣*

《法学》第9期发表了《民间组织经营商品房构成投机倒把罪吗》一文,就戴振祥罪与非罪问题展开了讨论。作为本案的辩护人,我们所提出无罪辩护是基于以下理由:

1. 起诉书指控:"戴振祥等商议开办'东方应用技术开发公司'(以下简称'东方公司'),1985年1月初,在既无资金,又无固定办公地点的情况下,由戴振祥私自动用市图算学会公章,伪造资金信用证明,并虚报从业人数、骗取营业执照"等情况。"经我们调查,与客观事实明显不符。

经查明戴振祥于1960年毕业于清华大学土木工程系,原为中国市政华北设计院工程师,兼任天津市图算学研究会副秘书长。于1984年响应党中央的城市改革号召,在市科协党委的领导支持下,经图算学会理事会研究决定,将戴振祥借调到图算学会筹建开发公司。后戴自动停薪留职,担任开发公司董事长兼总经理。在筹建过程中,得到市科协党委的支持。图算学会提供部分资金,经集体多次讨论,市科协1984年第161号文件批准,成立"东方应用技术开发公司"。同时,由戴振祥以图算学会副秘书长及公司总经理的身份负责公司登记工作。戴根据图算学会理事会的决定,以副秘书长身份,使用历来由他本人保管的公章,办理资信证明3万元(实拨1万元),这是他的职权,也是他的工作义务。怎能曲解为私自动用公章伪造证明呢?

关于该公司的资金。经查明:图算学会实拨1万元,中国国际旅行社天津分社入股10万元。上述单位都分别于1984年12月先后出具资信证明,并先后将资金拨入东方公司账号上。这些均有证明书、拨款批件及账目可查。虽然,东方公司在集资过程上有曲折。例如,图算学会所出资信证明是3万元,但实拨1万元,账目记载也不清楚。但从原始单据,负责人对入股的批示等各种证据相互印证所揭示的事实真相来看,东方公司实有资金11万元是客观存在的事实,不容否认的。以后,东方公司与深圳大学联合成立"东深城市建设开发公司",深圳大学答应出资100万元,后增至300万元并出具资信证明,领得营业执照。但后

* 作者单位:上海市第四律师事务所。

来深圳大学并未拨款,这应属深圳大学的事情,绝非戴振祥虚报资金。此时因东方公司经营情况良好,盈利丰厚,完全可以独资经营,也未追究深圳大学违约责任。这一事实已经查明。应该指出:1985年政府对于成立公司的资金,当时并没有具体限额规定。何况东方公司开设时实有资金至少有11万元。而且东方公司实质上属于知识智力型的开发公司,本身业务活动同开设律师事务所一样,并不需要大量资金,其已有资金足以开业经营、成立公司。

关于从业人员的问题。我们查阅了东方公司所报的人员名单有26人,其中多数为科技人员,包括工程师、高级工程师,有充分的技术优势,有能力开办公司,以后公司的经营活动也证明了这一点。起诉书中指控东方公司虚报从业人员,并在卷宗中附有几个人的证言,否认他们参加过公司。但据我们调查,这些证言是不可靠的,有矛盾的。案件发生后,使个别人讲了一些违心不实之词,这是可以理解的。而当时的事实却是东方公司开办以后,许多同志都要求参加,这些所谓虚报的人员,经调查,有人证明他们也是表示愿意参加的,有的自愿报名,有的经人介绍而被列入名单,并非虚报。至于列入名单的人,由于各种原因,未能一一到齐,这种人员变迁也属常情,也不能认定为虚报。

关于指控东方公司没有固定办公地点。经查明,东方公司是由科协领导支持成立的。开办伊始就在科学会堂租有办公室,不久因业务发展,公司自置有办公房屋。从开办至今,都有固定办公地点。现在工作组还占用东方公司办公房屋,均有案可查。指控东方公司没有固定办公室,真不知从何说起。

综上所述,起诉书指控东方公司既无资金,又无固定办公地点,虚报从业人员,把东方公司说成是“三无”公司,“皮包”公司,明显是失实的。

2. 关于改建棉纺二厂工人宿舍——利民道工程一事,起诉书指控“戴振祥以集资联建为名,超业经营,出售商品房,进行投机倒把”。经我们查明:天津棉纺二厂工人宿舍原来状况极差,数十年来未得到改善。1985年棉二厂与东方公司联系,研究改造办法。东方公司提出集资联建方案,并达成协议。虽然,当时戴振祥主观上有搞商品房的想法,但限于当时主、客观条件不具备,也因营业执照上没有经营商品房的项目,东方公司是严格按照集资联建方式进行的。不仅有集资联建的协议书和文件记载为证,从进行的事实内容作实质性考察,也完全属于集资联建性质,而非出售商品房。

首先,参加联建单位,资格上均为国家集体企事业单位,并根据有关联建政策,带有房屋计划指标及资金等,按照联建方式、程序及要求而签订协议,分得房屋的。绝不是通过商品交易、房屋买卖方式取得房屋的。

其次,集资联建是非营利性的。东方公司以东方设计公司的名义参加联建,为联建单位之一，并为主办单位，与其他联建单位的关系是协作和服务性质，从中提取一定管理费。当时，东方公司主持联建的造价（房价）仅为 676 元/m^2，商品房的利润率一般是 20% ~30%，有的高达 50%。如以最低利润率 15% 计算，商品房价格至少要了 76 元/m^2。因此，从东方公司主持的联建房价上考察，也绝非在经营商品房。

最后，集资联建，不属于经营行为，是各单位间协作的合同行为，是按这种民事关系的合同规定进行活动的。集资联建既非经营性质，也不需要到工商行政管理部门去领营业执照，当然也不会产生什么超出营业的问题。

综上所述，东方公司进行集资联建，不论从形式到内容，从现象到本质，都反映了集资联建性质，绝非以“集资联建”为名。

被告人戴振祥搞商品房的想法付诸实行，是在 1985 年 8 月。但经调查，他并没有像起诉书指控那样：“未经政府批准的情形下，非法超出经营城市建设开发项目，违反工商行政管理法规，大肆进行投机倒把活动。”

1985 年 4 月戴振祥等成立了“东深城市建设开发公司”，并依法向天津市工商行政管理局领取了营业执照，其经营范围证明有：“出售商品房”等项目，绝非“未经政府批准的情况下，非法超出经营……”

戴振祥搞商品房的起因：开始联建时，戴测算出房率为 36.6%，但建委批下的计划，其出房率仅为 32.7%，按此出房率，每 m^2 需要增加 81 元造价，否则只有停止联建。

戴发现建委批下的建房计划中，房屋每栋的间距较大，可以加盖为 7 层楼房（原为 6 层）。否则不合乎国家规定合理节约使用城市土地原则。加盖 7 层，出房率可增至 43.4%。可将多余房屋作商品房出售。这样，不但可以不要联建各单位增加造房经费，还符合国家节约使用土地原则，多出房可为城市解决居住难的问题，并可为公司盈利几百万元或 1000 多万元。戴振祥于 1985 年 8 月决定经营商品房，虽然没有能实现，但完全是合理合法、顺理成章的事，对社会有益无害。对这种利国利民的大好事，怎能说成是投机倒把行为呢？关于投机倒把的形式，有关法律规定较详。我们不了解指控的这种行为属于哪一条法律规定，属于何种投机倒把形式。

3. 起诉书还笼统地指控戴振祥任意挪用、转借、馈赠、挥霍工程建设资金 500 万元，却缺乏具体分析，含糊不清。据我们调查，东方公司 1985 年 6 月后，将自己有权支配的款项及收益款项先后捐献天津市政府等单位作为公益使用计 120 多万元（以后均退回银行），暂借给下属子公司 100 万元，缴纳建筑税 80 万元，支付设计费 45 万元，联建前期工程配套费支出 114 万元。东方公司只提用了 140 万元,并无违法犯罪等情况。

东方公司提用 140 万元的收支情况,东方公司在联建管理服务工作中,按规定可提管理费每平方米 6 元(比一般收费标准低),总共可提 160 万元。东方公司按工程进度每月可提 20 万元,没有提前支用现象。当东方公司从 1985 年 8 月开始经营商品房后,当时测算利润可达 1 千多万元时,该公司提款也未超过原先规定。东方公司总共提款 140 万元,加上其他咨询费收入 30 万元,共计 170 万元均存入银行。其开支情况是:缴工商税 60 万元,购置固定资产(房屋、汽车、办公用具等)29 万元,工资、福利、交际费用 11 万元,银行尚存 70 万元。而起诉书中笼统指控戴振祥挥霍用尽,数额特别巨大,情形特别严重。这是不符事实,不公正的。难道缴税、捐献政府作公益事业的行为,支付经营上款项都算挥霍犯罪吗?戴振祥除了领取工资奖金外,没有任何贪污行为。至于东方公司的工资奖金等待遇,比一般人高,但从经济改革的观点,以工资与经济效益挂钩来衡量,也并不算高,作为犯罪事实来认定,也不恰当。

纵观戴振祥投身改革,经营东方公司以来的行为,特别是经营利民道工程,其行为不但没有危害社会,构成犯罪。相反,对社会作出了很大贡献,有利于人民。

首先,天津棉纺二厂职工宿舍是多年没法解决的难题,东方公司出来解决了。没有让棉纺二厂花一分钱,改造了利民道"三级跳"低洼积水的工人宿舍,为天津城市建设作出贡献,为广大工人谋福利,美化城市,改善工人居住条件,使棉二厂工人居住面积,平均每户增加一倍。过去 5 百户一个公共厕所,现在家家有抽水马桶。过去 5 百户一个水龙头用水,现在每户有厨房,有好几个水龙头。这是有目共睹的。

其次,利民道工程为棉纺二厂增加了 1000 多万元房产。其他参加联建单位,也有了房屋,并将房屋交予国家,为国家增加 100 多万元房产。东方公司还为国家纳税达 100 多万元,为创税率最高企业之一。

另外,东方公司为一些科技人员提供了发挥潜力的场所,也为他们增加了收入和福利。

总而言之,被告人戴振祥,作为一个工程师,一个知识分子,投身改革事业,查不出主观上有非法牟取暴利的投机倒把的犯罪故意,客观上不具有法律上规定的任何投机倒把行为,更没有发生任何破坏社会主义经济秩序的危害结果,依法不能构成犯罪。戴振祥在工作中,在改革中,不可避免地存在这样或那样的缺点和错误,但绝非犯罪行为,不能任意拔高,混淆罪与非罪界限。

还应该强调,对戴振祥行为的认定和评价,应该从我国当前形势,以党和国家实行经济改革、开放的政策为依据，应该从社会主义商品经济法律观、政策观出发，以是否有利于社会主义商品经济发展，促进社会生产力为评价标准，作为划分违法与合法、罪与非罪界限的原则。因此，我们认为，戴振祥经营商品房的行为，虽然还未实现，但是有利于社会主义商品经济发展的。目前商品房已成为经济改革的热点，如果还抱着过去观点认为这是违法犯罪行为，显然是同今天经济改革形势背道而驰的。

据此，我们要求法庭查明案情，正确解释和适用法律，贯彻党的十三大精神，妥善处理本案，宣告被告戴振祥无罪。

【编者按】

上述戴振祥案已于1988年9月14日由天津市中级人民法院作了一审判决，判决书说：被告人戴振祥等为领取工商企业经营执照，虚报自有资金，为达到牟取暴利之目的，违反工商行政管理法规，超出经营城市建设开发项目，经营数额特别巨大，情节严重，已构成投机倒把罪，处有期徒刑4年，同案被告人王国印处有期徒刑2年。

对本案判决是否合法，本刊拟继续讨论，欢迎天津市司法干部和广大读者来稿，参加讨论。

（1988年第10期）

对戴振祥功罪是非之探

羊　子*　张展阳**

天津东方应用技术开发公司总经理戴振祥因解决天津棉纺二厂职工住宅困难,承接改建利民道住宅区工程,在关押2年之后,以犯有投机倒把罪被送上法庭。在社会上,众说纷纭,莫衷一是。对此我们有必要从刑法规定的角度,结合当前改革、开放的形势予以深入的探讨。

一、从有无社会危害性的角度看戴案

社会主义刑法的基本原理揭示:行为具有社会危害性是构成犯罪最本质的特征,某一行为构成犯罪就在于它对社会造成了危害,因此受到刑法否定的评判和严厉的谴责,处之以刑罚,使社会重新恢复平衡。脱离了行为是否具有社会危害性这一根本标准,就无法认定行为是否构成犯罪。而刑法对某一罪所设立的具体构成要件也是以社会危害性作为其实质内容的。综观戴案的全部发展过程,我们认为戴振祥及其东方公司的所作所为,不但无害于社会,而且还有益于社会,因此不构成犯罪。

根据案情介绍,利民道住宅区原是新中国成立初期建造的属临时过渡的简易住房,只打算使用三五年。然而30年过去了,人间几经沧桑,而住宅不但简陋依旧,而且随着马路的垫高,成为“三级跳”,其处境更为恶劣。棉纺二厂为解决这一困境,找上戴振祥,希望与东方公司携手,以土地与技术相结合,解决难题。戴振祥正是在这样的要求下,才着手承接这一工程,开始进行勘察、研究、计算,经过可行性研究、方案设计,得出每建造100间房屋除安排原住户外,剩下36间归造房人支配(36.6%)。于是由棉纺二厂出面,东方公司组织设计、协调,不向国家伸手要钱,集资联建。大家知道,由于几十年政治上的风风雨雨,使得城市住房建设远远落后于人民群众的居住要求,而目前国家又百废待兴,不可能拿出大批资金投入住房建设,一下子满足群众要求。在以国家投资建房为主的同时,

* 作者单位不详。

** 作者单位不详。

鼓励社会集资联建,以减轻国家负担,这是国家的一项重要政策。对于一项好的政策,我们不能仅仅从概念上去理解,更重要的是如何将它付诸实践。戴振祥及东方公司与棉纺二厂共同协作,向社会集资联建,是一件利国利民的好事。由于市建委下达的开工计划出房率降为32.7%,面临要么让有关单位追加投资,要么被迫散伙的困境,戴振祥在经过反复测算论证,符合国家有关建房规格的前提下,将原建的6层改为7层,使出房率达到43.4%,这样使工程由亏变盈。这一设想是得到有关部门准许同意的(也许问题在于公司计划将加层建筑作为商品房出售,对此下文将详细讨论)。由此可见,戴振祥及东方公司的行为实际解决了职工的住房困难,减轻了国家负担,而联建单位也是了解真相,也愿积极投资,并无上当受骗之处。这样的行为何来社会危害性!既无社会危害性,又何能构成犯罪!

二、从犯罪构成的角度看戴案

戴振祥是被指控犯有投机倒把罪而起诉的。所谓投机倒把罪,是指以攫取非法暴利为目的,违反国家金融、外汇、金银、工商管理法规,非法从事工商业活动,扰乱市场,破坏社会主义经济秩序的行为。根据这一概念,构成投机倒把罪的关键在于客观方面是否具有违反有关工商管理法规,扰乱市场,破坏社会主义经济秩序的行为。没有违法性,没有扰乱市场,积极谋取利润本是发展商品经济的重要杠杆。可以说,没有牟利的动机和目的,就没有商品经济的存在和发展。那么戴振祥及东方公司是否具有违反工商法规,严重扰乱市场的行为呢?

1. 经营商品房是否就是违法

投机倒把罪到底指一种什么样的行为?投机倒把从语言学的本意讲是指寻找时机、谋取利益的行为。由于投机倒把的行为特征十分含糊,在司法实践中难以具体认定,所以往往通过有关规定和司法解释具体确定其行为种类和行为内容。根据1985年7月8日"两高"对认定投机倒把的司法解释和1987年9月17日国务院关于处罚投机倒把的暂行规定,都没有规定经营商品房买卖属于投机倒把的行为。有人认为未经政府有关部门允许,未经资格审查,擅自经营商品房,而且非法经营数额巨大,显属投机倒把犯罪。因为国家没有一项政策允许民间组织经营商品房,经营商品房要经必要的资格审查手续。然而,问题是国家也没有一项明确的政策和法规,不允许民间组织经营商品房,也无对经营主体资格审查的专门规定。我们知道,我国法制有个基本原则是,法无明文禁止的行为不违法,法无明文规定的行为不为罪。既然如此,何具违反有关法规的行为特征?

而没有违法性的特征,又何具构成投机倒把罪的客观基础?

2. 有无严重扰乱市场,破坏社会主义经济秩序

有人认为非法经营数额巨大,就是情节严重。我们认为投机倒把的情节严重,主要是指非法行为扰乱社会市场、破坏经济秩序所产生的危害程度而言。没有违法性、没有扰乱市场、没有破坏经济秩序,那么经营数额的大小与构成犯罪没有丝毫的联系。

那么本案有无严重扰乱市场、破坏经济秩序呢?根据案情,我们认为戴振祥及东方公司的行为非但没有扰乱市场,而且有助于促进经济秩序的稳定。利民道地区30年来旧貌依然,房屋严重失修,3200多户人家拥挤不堪,以致老工人悲怆而涕下。面对此情此景,怎么不见一个庞大的调查组进驻该地区,以解工人们熄火断炊之苦呢?戴振祥在棉纺二厂多年愿望始终不能实现的情况下,开始筹建利民道工程,许多单位是带着资金、"三大材"指标纷沓而至的。30多家单位自愿签约参加,积极集资3000多万元,接着就动迁、三通一平、规划、勘探、设计,一期工程建筑面积10余万平方米正式开工。据此,不知扰乱什么市场,破坏了哪种经济秩序?这里有必要对戴振祥在利民道工程加层建造商品房拟予出售是否合情合法,作一下分析。首先,加层是在出房率降低,面临要么追加投资要么被迫散伙的情况时,才在国家有关建房规定许可的条件下,经有关部门同意的情况下决定的;其次,通过加层增加出房率,能为社会解决更多的住房困难,何乐而不为呢?难道建房非得亏损才值得称道?最后,东方公司所属的东深公司营业执照中有城市开发建设、商品房销售等项目。既如此,就更无可非议了。

据此可知,戴振祥及东方公司的行为根本不符合投机倒把的客观方面特征,显然不能构成投机倒把罪。

三、从发展商品经济的角度看戴案

当前,我国还处在社会主义的初级阶段,生产力还很落后,要改变这种状况,必须大力推动社会主义商品经济的发展。与此相适应,刑法也应当把保护商品经济的发展作为自己的中心任务。在今天,我们衡量一个行为有无社会危害性及其危害程度的大小,应当以这一行为是有利于还是破坏了社会主义商品经济新秩序为正确标准。这就要求我们必须同传统的产品经济观念告别,破除那些不利于商品经济发展的陈旧教条和过时的框框架架,为商品经济的发展创造良好的社会环境。戴振祥等在图算学会、市科协的同意下,经工商部门批准,成立东方公司,是适应了当前经济体制改革的新形势,而科技人员留职停薪,进行从

商活动,是政策所允许的,也是经济搞活、开放的一个内容。在公司初创之际,实际资金和所具证明有些不符,但绝对不能以此得出公司的成立条件有部分虚假,因此公司的一切活动都属非法的片面结论。至于有人认为,我们革命几十年,每月收入百八十元,而戴一个月就是 800 元,因此断定必是犯罪无疑,那更是产品经济下绝对平均主义思想的陈腐观念的反映,与当前提倡发展商品经济的政策相去甚远,格格不入。

应当看到,在目前经济体制改革的阶段,法律不可能对每一个事物都作出明确的具体规定,很多东西还属于尝试性的。没有多种在不违法情况下的大胆尝试,就没有商品经济的发展。而进行商品经济又必然与商业活动紧密相连,在商业活动中,无疑每个人都怀有谋利的动机。以是否具有利己和谋利的动机和目的作为投机倒把的认定标准,显然是不正确的。这里有一个问题需要引起注意,即司法机关在当前改革、开放、搞活的形势下,应当树立起适应商品经济发展的新的执法观念,以此评判每一行为的社会政治及法律性质,在这个前提下,对于某些具有轻微危害性,但可以通过其他法律手段或者行政手段处理的行为,就没有必要用某种犯罪构成硬套入座,处以刑罚。

当然,也应当指出,东方公司在商业活动交往中,在符合政策许可的情况下预提各项管理费时,是否应当考虑到其他受益人的实际承受能力,尽量做到利益平等。在资金的使用上应当考虑到它的合法性和恰当性,从而使利国利民的改革创新之举,获得更广泛的社会基础。关于戴振祥等人在公司的活动中,是否有其他违法乱纪的行为,另行构成其他犯罪,如诈骗、贪污、行贿、受贿等,又当别论,因为这不属于本文探讨的主要内容。

(1988 年第 10 期)

“利民道工程”是利民之举
——兼谈刑事执法观念的转变

刘宁书*

自从改革开放以来,特别是商品经济逐步发展、多种经营四处开花之后,人们一直进行着什么是改革,什么是守旧,什么是保障改革,什么是阻碍改革的争论。作为维护国家和社会各种秩序的刑法首当其冲,始终处在这种是非大论战的旋涡之中。天津市“东方应用技术开发公司”(以下简称“东方公司”)总经理戴振祥投机倒把一案可谓是这方面的典型。它反映出来的问题已远远超出法律的范围,需要我们从改革开放的深层去思考、分析。

一、现有法律宣布:利民道工程是利民之举

天津市人民检察分院起诉书指控:戴振祥为达到牟取暴利之目的,非法超出经营城市建设开发项目,违反工商行政管理法规,大肆进行投机倒把活动,数额特别巨大,情节特别严重,已构成投机倒把罪。

法律是衡量人们行为的尺度,但衡量必须全面、客观,不能削足适履,唯我听用。戴振祥是否构成投机倒把罪,只有在事实清楚、证据确凿的前提下,以现有法律为依据,才能得出正确的结论。而我国现行法律(当然首先是刑法)恰恰宣布:利民道工程是利民之举!

(一)构成投机倒把罪必须有违反工商等行政法规的行为

我国《刑法》第117条规定:“违反金融、外汇、金银、工商管理法规,投机倒把,情节严重的,处三年以下有期徒刑或者拘役,可以并处、单处罚金或者没收财产。”这种罪状,刑法理论上称为空白罪状,即为了确定某一具体犯罪构成的特征,而参照其他法律或者法规中的有关规定。因此,有无违反工商等行政法规的行为,是能否构成投机倒把罪的前提条件。显然,戴振祥的行为与违反金融、金银法规无关,关键要看是否“违反了工商行政管理法规”。

最高人民法院和最高人民检察院在1985年7月18日所作的《关于当前办

---

* 作者单位:上海市高级人民法院。

理经济犯罪案件中具体应用法律的若干问题的解答(试行)》中,专门对投机倒把罪进行了解释,明确规定投机倒把行为有9种,其中前8种为倒卖国家不允许自由买卖的物资,倒卖外汇,倒卖金银,倒卖文物,哄抬物价,以次顶好、以少顶多,以假充真、掺杂作假,将应出口商品在国内倒卖和为从事非法倒卖活动的人提供方便条件并从中牟利的,第9种为"其他违反金融、外汇、金银、物资和工商管理法规,非法牟利的行为",很明显,经营房屋不在此列,若要作第9种行为认定,应有司法解释。国务院于1987年9月17日发布的《投机倒把行政处罚暂行条例》,规定11种行为属投机倒把,其中10种行为是明确的,但没有一种提到经营商品房问题。而第11种行为是一个笼统的规定:"其他扰乱社会主义经济秩序的投机倒把行为",究竟哪些行为属此范围,国务院将解释权授予主管的工商行政管理部门。至今为止,特别是戴振祥所在的"东方公司"与其他单位集资联建利民道工程期间(1985年年初~1986年年初),尚未看到工商管理部门有诸如"个人或单位擅自经营商品房属投机倒把"之类的规定,这证明"东方公司"先是联建后因加盖一层将多余房屋作为商品房的行为,不在11种投机倒把行为之列,因而也就不能适用《刑法》第117条或第118条(投机倒把罪的加重处罚规定)。况且1985年4月(利民道工程联建开始不久)成立的"东方公司"的子公司"东深公司"有开发建设、商品房销售等项目,并未超业经营,更从何谈起构成投机倒把罪?

关于非法牟利问题,应当与付出劳务取得报酬区别开来。非法牟利的前提是非法经营或者不从事经营及生产活动,也不承担任何风险,坐收"管理费"等好处。反之,就是付出劳务取得报酬的合法行为。已如前述,"东方公司"的行为不仅未违反当时的工商管理法规,而且戴振祥等人还在利民道地区进行了勘察、研究、计算和组织设计、协调等大量的工作,并非不劳而获,提取的140万元管理费当属合情、合理、合法的报酬。效率高,报酬自然也就应当高,这是竞争机制下优胜劣汰的经济法则。

(二)国家法律没有明文规定的行为是"中间行为"

当今社会新事物层出不穷,作为反映客观实际的法律,不可能也没必要规定穷尽,这就产生了介于合法行为与违法行为二者之间的"中间行为"。所谓"中间行为"即法无明文规定的行为,就是法律既没有规定禁止,也没有规定允许,其法律性质首先表现为没有侵犯已有法律保护的社会关系和社会秩序,其次表现为这一行为尚未被法律所规定。所以,"中间行为"的根本属性,是法律所未禁止的行为。它的出现只是为法律作出新的规定提供了可能。在立法最终确定之前,任何人无权将法律没有规定的内容加在"中间行为"之上。

有人曾经对广东省的经济建设作了一个形象的描述:"看到绿灯赶紧走,遇见红灯绕道走,没有灯则摸索走。"如果用法律术语来表述上述三种行为的话,那么绿灯通行是合法行为,红灯绕道是规避法律的行为(通常是违法行为),无灯摸索即属"中间行为"。"中间行为"的意义就贵在"摸索走",它走在了法律的前面,这对处于改革开放洪流中的我国来讲尤为重要。我们应当看到探索的精神是好的。以"东方公司"戴振祥等人的行为为例,他们在改革的大潮中办起了公司,又面对着国家、集体无资金,单位无能力,以及众多市民居住在"三级跳"的漏房里的局面,凭着勇气、技术和管理,摸索出了一条集资联建并用多余的房屋作商品房的利国、利民、利集体、利个人的新路子,是国家法律、法规尚未明文规定的"中间行为"。怎么看待这样的行为就成了确定"利民道工程案"性质的核心所在。标准只有一个,这就是"东方公司"的行为是否有社会危害性。

(三)没有社会危害性就不能以犯罪论处

现有的刑事执法中,相对而言较为注重从犯罪构成的4个要件上确定某个行为是否构成犯罪,却往往忽视了从有无社会危害性上进行分析,而是否具有社会危害性又是一切犯罪构成的前提,没有社会危害性就不能以犯罪论处,社会危害性没有达到相当的程度,也不构成犯罪,这在我国《刑法》第10条中规定十分明确。

社会危害性是一个历史的范畴,不同的历史条件下社会危害性的内容也不同。比如长途贩运,以前国家是禁止的,改革开放以后允许了,这说明形势的变化,是社会危害性内容变化的原因。在当前改革开放的形势下,我们必须用新眼光去衡量一个行为是否具有社会危害性或社会危害性的大小,充分考虑其已经有的和可能产生的有利社会发展的一切因素。从"东方公司"一案来看,不但看不出有何社会危害性,而且还具有诸多的有利于社会的内容:解决了国家更新利民道住宅区的长期欠债问题;解决了天津市第二棉纺厂缺资金、无能力的问题;解决了利民道居民30年居住"三级跳"住宅的问题;解决了本公司职工、干部的工资、奖金、待遇等问题;为市政建设捐款、缴纳建筑税……这些利国、利民、利集体、利个人之举,何罪之有?我们执法的座右铭应当是党的十三大提出的:"是否有利于发展生产力,应当成为我们考虑一切问题的出发点和检验一切工作的根本标准。"

二、转变一个观念:用刑法调整一切社会关系

经过10年来的不断改革和逐步完善法制,我们越来越强烈地感觉到刑事执

法已无法适应形势的发展需要，其症结在于执法观念陈旧，习惯于用刑法调整一切社会关系，"东方公司"一案就是明证。因此，我们要从改变执法现状的角度着手，找出目前这种刑事执法定式的历史原因和社会原因。在中国的历史长河中，无论是反映在人们的观念上还是统治者的意志中，法律只有刑法，刑法代表法律，一切行为只要越雷池一步，就意味着要受到刑法的制裁，法律几乎等于惩罚，而且是严厉的惩罚。即使有零星的其他法律，也不过是刑事法律的"附属物"。进入近现代以后，这种情况仍未改变。"以阶级斗争为纲"成为法律的灵魂，法律等于专政，公民根本无从维护自己的合法权益。近几年来，这种状况有所改观，然而由于历史的惯性，刑事执法中仍然随处可见旧有的痕迹。我们只有从根本上转变用刑法调整一切社会关系的观念，才能跳出固有的框框，使刑事执法有一个质的飞跃。具体地说，刑事执法中有 5 种观念必须转变：

第一，习惯于专政、打击，缺乏保护、调节观念。

专政、打击是我国几十年来刑事执法的一贯思想，并得到了有力的贯彻。不可否认，打击在某个时期、某个地区乃至对某个人是必要的，但这不是执法（当然也不是刑事执法）的全部内容，而仅仅是一种手段，执法更多地还应体现在保护和调节上。有一种观点认为"打击就是保护"，这实际上极大地局限了法律（包括刑事法律）的功能。打击固然能起到保障社会秩序、保障其他公民合法权益的作用，但打击不等于保护。如果打击过头或打击不准，非但不能起到保护的作用，还会适得其反，其主要表现是对罪犯合法权益保护不够和客观上存在的宁可错打也不放过（宁"左"勿"右"的典型）。如果一味地强调打击，冤、假、错案自然不会少，"文化大革命"中刑事执法的教训是沉重的，应当吸取。如"东方公司"案，戴振祥是否构成犯罪，应从是有害于社会还是有利于社会，和是害大还是利大方面权衡，不能单单从打击着眼而忽视了本案的社会效果，否则就丧失了刑事法律的一大功能——保障无辜者不受追究。可见变单纯的专政、打击观为保护、调节观已成为刑事执法的当务之急。

第二，习惯于运用刑事法律，缺乏民事、经济法律观念。

一个完整的法制体系应当是宪法统率下的各种法律、法规的有机结合，而不是以刑法为主体的畸形法制结构。以刑法为主体是历史和社会产下的怪胎，表现在执法上就是习惯于运用刑事法律，缺乏民事、经济法律观念。这主要有三个原因：一是历史上"重刑轻民"法律观的延续；二是打击敌人是法律的首要任务的政策思想影响；三是几十年来的执法主要是执行刑事法律。执法者长期在执行刑法的轨迹上行走，形成了只知运用刑事法律，不懂或不知运用民事、经济法律的局面，有些明明应属民事或经济法律调整的，却首先想到而且偏偏要用刑事法律调整。如“东方公司”案,发生在经营“利民道工程”的过程中,其中涉及房屋经营、集资联建、取得收入并分配、缴纳税款等一系列民事、经济法律、法规,不搞清这些法律问题,追究刑事责任就无从谈起。所以,执法者应当具有综合性的法律观念,不能“单打一”。

第三,习惯于经济上的平均主义,缺乏竞争机制下的优胜劣汰观念。

长期以来,社会主义被歪曲为“一大二公”,“大锅饭”应运而生,且遍及中国的每个角落,小农的平均主义思想又被赋予了新的内容,人们像被捆在一起的螃蟹一样,谁也动不了,谁也富不起来。党的十一届三中全会后,禁锢被取消了,人们纷纷加入商品经济下竞争的潮流。然而,刑事执法中经济上的平均主义思想根深蒂固,缺乏竞争机制下的优胜劣汰观念,当社会上出现“一切向钱看”的“红眼病”时,刑事执法中出现了有钱就要判的“红眼病”,脱离了形势的发展。戴振祥为首的“东方公司”人数不多,却经营管理了偌大的“利民道工程”,取得了巨大的经济效益。与此形成鲜明对照的是,当“东方公司”因戴振祥被逮捕而解体后,接管的单位用了近百人管理已由“东方公司”完成了大量工作的“利民道工程”。孰优孰劣,一目了然。而有人竟然说:“我们革命几十年,每月才百八十元,戴振祥一个月就800元,他们收入那么高,不贪污诈骗才怪呢!”这是典型的“均贫富”思想,岂不知效益与效率是一致的,有什么样的效率就有什么样的效益,优胜劣汰是大自然的法则。因此,刑事执法中应树立竞争机制下的优胜劣汰观念,不能谁拿的钱多就判谁。

第四,习惯于产品经济、单一经营方式,缺乏商品经济、多种经营方式的观念。

产品经济、单一经营方式是“一大二公”经济思想的必然产物,严重违背经济规律。多种经营是商品经济得以发展的重要形式,它依靠的是价值规律和市场规律,比之于单一的经营方式要活跃得多。我国的刑事执法是在产品经济和单一经营方式的环境中产生并存在的,与之相适应具有高度的人为痕迹,刻板而凝固,无法适应多变而快节奏的商品经济环境。戴振祥所在的公司是改革开放的产物,它的主要投资是智力,是高效率的管理,有人却用产品经济、单一经营方式的眼光去衡量,称为“皮包公司”。实际上,多种经营具有很高的灵活性和自主性,它们之间互为补充,能够起到“八仙过海,各显神通”的作用,不像单一经营那么死板。“东方公司”在如此短的时间里,取得那么大的经济和社会效益,充分说明了这一点。刑事执法应从固有的产品经济、单一经营方式的观念中解放出来,跟上商品经济的步伐。

第五,习惯于已有定论的东西,缺乏新事物,新情况观念。

刑事法律在我国是最古老、最主要的法律，因而也就相应地最保守、最少生气，旧观念多，习惯于已有定论的东西，缺乏新事物、新情况观念。往往是一旦出现新事物、新情况，刑事执法就会用已有定论的东西硬套，形成“新”被“旧”吞并的可悲结局。如“东方公司”经营房屋是改革中出现的新事物，国家法律、法规没有明确规定，不宜用老框框去套，更不宜张冠李戴，用不相干的法律、法规去约束，而应肯定其创新精神并慎重对待。在当前改革开放的形势下，新事物、新情况会不断出现，破除旧观念随时随地都有，这就需要我们跟上大潮，不致落后。

总之，“东方公司”案不是一个孤立的现象，它实际是新形势下两种观念的交锋。要正确地执行法律，真正做到保障改革开放的顺利进行，就必须转变已有的刑事执法观念。只有树立与改革开放相适应的新刑事执法观念，才能无愧于这个时代！

（1988 年第 11 期）

请查明戴振祥案有无失误

季亦探*

读完《法学》今年第9期披露的戴振祥被作为投机倒把罪逮捕起诉的报道后，顿然产生一种不安与忧虑，感到在改革开放急剧发展的形势下，对什么是投机倒把，什么经济行为应该打击或保护，还处于一种迷糊状态。这是为什么？

一、经营商品房同投机倒把并无联系

可以说，历次关于投机倒把行为的法规，从未把经营商品房作为投机倒把行为。过去不允许把房屋作为商品经营，但找不到经营商品房是投机倒把的规定。1981年国务院发布的3号文件中规定的12种投机倒把行为中没有涉及。1987年9月国务院发布的《投机倒把行政处罚暂行条例》，规定了11种投机倒把，其中5项是指倒卖行为，还有是指制造、销售伪劣商品，制售、传播非法出版物，为投机倒把提供物资、票证或利用报销凭证进行不正当经营；垄断货源，哄抬物价，以及其他扰乱社会主义经济秩序的行为等，而没有经营商品房的。就是当前甚嚣尘上的“倒爷”，他们倒这倒那，还没有发现倒房屋的。当然，如果戴振祥及其东方公司的行为果真构成投机倒把，也可以成为第一个“房屋倒爷”，但事实上戴的行为连投机倒把的边也沾不上，因为，第一，利民道工程是由东方公司组织设计，棉纺二厂与有关单位集资联建，发展到把多出的房屋作商品房出售，开始时东方公司仅收取管理费。整个工程不向国家要钱、要土地，达到改善职工和居民居住条件的目的。第二，经营商品房是否超越经营范围？这需研究三点：(1)东方公司所属的东深公司，经核准的经营范围可销售商品房，如由其直接销售多余房屋，则符合经营范围。(2)如果东方公司销售商品房屋超越经营范围，这与投机倒把是两回事。超越经营范围如果当事人之间发生经济纠纷，一般按无效合同处理，无须作为经济犯罪案件查处。(3)利民道工程集资3000万元，后因加盖一层可多出房屋，出售后预计盈利810万元。指控中把工程款额称为非法经营额，这样就成了投机倒把的特大案件。集资联建的工程款怎么说得上

* 作者单位不详。

是非法经营额？如硬要联系，那就需要把集资联建中的非法行为摆出来。而指控的犯罪事实就是"超执照经营"、"未经资格审查"、"未允许民间组织经营商品房"等。这些难道是投机倒把性质问题吗？

二、利民道工程和出售多余房屋究竟属何性质

确认一种行为的性质，应当经过综合分析，从总体上加以衡量，不能以偏赅全。如果东方公司销售工程后多出的房屋系超越经营范围，是否即可确认为非法经营？如果忽视事物本质，抓住一点不及其余，遽下结论，是不能正确定性和处理的。笔者认为，利民道工程和把多余房屋作商品出售是合法经营，理由是：第一，东方公司、戴振祥经营此业务，主观上为了与棉纺二厂等单位携手解决职工住宅，不具有牟取非法利润甚至暴利的故意。第二，集资联建或改建职工住房，完全合法，且是加速建房的有效措施，符合改革要求。第三，此项工程和出售多余房屋，十分有利于改善群众的居住条件，是利国利民的一件好事。第四，在工程和计划出售多余房屋中，未发现偷工减料、掺杂使假、抬高价格等问题；如有，指控中是不会放过的。因此，对于做这样利国利民的好事，如有超越经营范围的问题，可以通过补办法律手续弥补。

三、保护改革者还是打击改革者

戴振祥这位清华大学土木工程系毕业生，是具有专长的工程师，为顺应改革潮流，打破铁饭碗，不吃太平饭，敢冒风险，没花国家一分钱成立东方公司，创造了年人均劳动生产率130万元，人均创利8.2万元的奇迹。对于这样一个富有创造性劳动的科技工作者，即使其工作存在失误，也应加以保护。而指控中说他领取管理费140万元，用于购置固定资产，发放工资、奖金，请客送礼，支付出国费。而实际上140万元中交税60万元，购置固定资产29万元，工资福利招待费等11万元，银行尚存40万元。两者相距多远！这岂非莫须有的罪状。

写到这里，笔者翻出最高人民检察院今年4月1日在七届一次全国人代会上的工作报告，报告上几次提到检察机关通过办案，维护了社会主义经济秩序，促进了改革、开放的顺利进行，保障了公民的合法权益，乃至还使300多个濒临倒闭的企业摆脱困境等。那么，请问：在查处戴振祥"投机倒把"案件中，究竟是保护改革者还是打击改革者？把戴捕押二年多，有没有侵犯了公民的人身权利？

由于戴的被捕使东方公司解体,这与人代会上的检察工作报告岂非大相径庭。看来,需要查一查在办案中有没有失误乃至其他问题,有没有离开改革的要求。从而,可以增强我们维护改革的意识,提高办案水平,真正做到打击破坏社会主义经济秩序、破坏改革的犯罪者,保护有利于改革、有利于发展商品经济的改革者。

(1988年第11期)

【栏目】　关于戴振祥案罪与非罪的讨论

来自天津的呼声

——本刊在天津就戴振祥案召开座谈会

李志刚*

本刊1988年第9期发表了《民间组织经营商品房构成投机倒把罪吗》一文,就天津戴振祥案件罪与非罪问题展开了讨论。文章发表后,收到了全国各地大量参加讨论的来稿。为使讨论深入进行,本刊编辑部最近在天津召开了座谈会。现将部分同志的发言整理发表,供读者参考。

甄健民(大津市科学技术学会常务副主席,天津市政协常委、咨询委员会主任):

关于戴振祥案件的情况我比较熟悉。1984年年底,天津市科协曾号召所属各学会、研究会有条件的可以办经济实体。戴振祥所在的市图算学研究会也准备开办公司,科协党组就此专门开会讨论,同意该会用自有资金成立东方应用技术开发公司(以下简称东方公司)。科协的指导思想是:科技人员搞技术咨询、服务,促进技术转化为生产力是件好事,科技人员投身于创新、改革,我们应该给予支持和帮助。以后东方公司经工商管理部门审核批准开业了,资金、人员、办公用房都确实具备,怎么能说是"皮包公司"骗取执照呢?法院判决书上认定是"领取"执照,却又说是"伪造"证明得来,这是矛盾的。领取和骗取是两个完全不同的概念。既然是"伪造证明",当然是"骗取",怎么又是合法"领取"的呢?据我们了解,发执照的工商管理部门从来没有说是上当受骗,错发执照,相反他们认为执照是经合法程序颁发的。这说明东方公司的存在是合法的,不是什么"皮包"公司。

案件现在变得扑朔迷离,为什么?我同意律师同志的意见,有些同志在东方公司"出事"后由于种种原因说了一些违心的话是可以理解的。但是为了对事实和法律负责,我希望这些同志现场现在能站出来说真话,否则于心有愧。当初

---

* 作者单位:华东政法学院(现华东政法大学)。

东方公司成立时不少热心人来游说,怕科协不支持东方公司。特别是利民道工程,当时各界的反映很好,社会上一片叫好声,但问题一来,却都不愿站出来说话,这难道是正常的吗?我们平时总是说要实事求是,但处理问题时就"一刀切"、"一面倒",而不是具体问题具体分析。

我认为,对东方公司、戴振祥这类案件要慎重,知识分子、科技人员要干些事业,社会要理解,要支持帮助。我们不是经常在说法律要为改革开放服务吗?新生事物经常并不那么成熟,主要要看该事物是有益的还是有害的。东方公司成立搞利民道工程是在1984年、1985年,当时国家的许多政策并不很明确。例如经营商品房主体资格审查的问题,在1985年没有明确的规定,直到1987年中央才下了一个《关于加强城市建设综合开发公司资质管理工作的通知》,才得以明确,而且还规定以前未经资质审查的现在可以补办。但此时戴振祥已被关押一年多了。

现在仍然有人认为科学技术不是商品,你凭什么拿钱?还拿了那么多。卖果子、卖大虾的可以拿钱,科技人员提供技术服务获得报酬就是经济犯罪。这合理吗?符合党中央的政策吗?

侯毅刚(中国国际贸易促进委员会天津分会会长):

贸促会原是东方公司的主管部门,我们对本案的看法始终如一:戴振祥他们办东方公司搞利民道工程是为改革开放创了新路子,为天津城市建设作了贡献,根本谈不上犯罪。

提起戴振祥案,天津人都知道是个大案要案,但"大"到如何,"要"到怎样,群众、领导都蒙在鼓里。现在的政治空气是宽松的,民主的,有必要提高一些透明度。《法学》月刊在全国讨论一下这个案件很好!我认为案件的讨论,其意义超过了案件本身,它反映了法律怎样为商品经济、为改革服务,司法观念如何适应新形势的要求,知识分子在改革中应处于何种地位,这些问题具有普遍意义。我们认为从东方公司成立到利民道工程都是合法的,是对人民有利的。如果说挥霍浪费两千多万元是对人民犯了罪,但现在有账可查:"三级跳"改造了,9万多平方米的住房耸立起来了,老百姓已住上新居了,这能说是犯罪吗?利民道工程造价是天津最低的、效率是天津最高的,有这样的投机倒把吗?东方公司造了9万平方米住房,公司用的业务费用不到40万元,平均每平方米仅4元钱左右,有这样的牟取暴利吗?判决书说挥霍亏空200万元,其中有通过银行融资外借可以收回的,有交税上缴国库的,这能算挥霍浪费吗?

东方公司8个人管理利民道工程,搞得井井有条。工作组进驻后,却动用了80个人在搞。可以查查看,在戴振祥被关押前公司到底有没有发生亏损。现在如果真的有亏损,那是怎么来的?

事实胜于雄辩,我相信只要本着实事求是的态度,以事实为依据,以法律为准绳的精神,不怕掉乌纱帽的勇气,案件是会真相大白的。

从司法的角度说,用新政策去制约老行为,以旧观念来套新案件的做法都是不妥的,往往容易出错案。为什么这几年打击经济犯罪,执法者常常感到政策不清,难以执行,有一种困惑感呢?这是新旧体制变革中必然会产生的。观念不改变,困惑不会消除。现在似乎有一种倾向,投机倒把成了经济犯罪案件的大口袋,别的套不上,就往这个口袋里装。这种倾向很危险。当然这不仅仅是司法的问题,也有理论和立法的问题,应该引起重视。

我很同意辩护律师朱华荣教授的意见,戴振祥案件以投机倒把罪判4年,根据是不太充分的,上诉很有必要。希望司法部门慎重考虑。天津的法院过去处理案件还是比较慎重的,希望这次更加的慎重。

赵光裕(天津市著名律师,原天津经济技术开发区律师事务所所长):

戴振祥案件,实质上是如何对待科技人员提供有成效的科技服务,收取较丰厚的报酬问题。对该案件不少同志从事实上、法律上谈了很多,我也准备另写文章参加讨论,在这就不多谈了。我只想谈一点,当前改革与开放是国家既定的大政方针,实现这一目标不仅需要良好的经济环境,也需要稳定、透明的法律环境,需要完善的法律制度。在对待知识分子、科技人员投身改革中出现的一些问题,尤其是处理罪与非罪的问题要慎之又慎。这涉及公民的切身利益,关系到我们将设立一个什么样的经济环境、法律环境来适应改革开放的需要。据我所知戴振祥所在的图算学研究会,一个小小的群众团体就先后发生过三起案件(包括戴振祥案),基本都是因为科技人员提供咨询服务收取报酬如何定性的问题。后来一个不了了之,一个被判了刑,又平反了,戴振祥案还在争论不休。为什么真正的"倒爷"不抓,却抓住知识分子不放呢?这一方面说明知识分子在改革中,在新与旧的更替中,遇到了难题需要有更完善的法律的保护;另一方面也说明法律界在受到两种观念的夹击,需要适应形势,改变观念,为改革服务。司法部门也意识到这一点,在逐渐的改变,希望步子能迈得更大一些。我对本案的结果持乐观态度。

张鹤翔(中国国际贸易促进委员会天津分会办公室主任):

对待戴振祥案件,我们的态度是明确的。东方公司为天津干了一件好事。一个民间公司,在天津1985年没有一家有胆量改造利民道工程。这个案件天津人民看得清楚,利民道地区的居民自有公论。作为天津的一个公民,我要说句公道话:应该给戴振祥、东方公司树立功牌。是功是过,有罪无罪,请看利民道工程。

我感到这个案件现在已不仅仅是个法律问题,其中的行政干预不少。有人想通过这个案件立一功。案件中凭空捏造、无中生有、主观臆断的东西不少。甚至有人说东方公司给市政府×××领导、市委×××领导贿赂多少万元。于是案件未查证先定性,为自圆其说翻来覆去凑证据,罪名增了又减,减了又增,最后硬套了一个"投机倒把"。我对法律不太熟悉,但是东方公司既没有高价出卖房子,也没有把房子倒来倒去,转手加价,坑害他人,更没有违反工商法规,怎么能说是投机倒把呢?就算是投机倒把吧,数额达2000多万元的投机倒把大案只判4年,岂不太便宜了戴振祥?

我们国家对知识分子的问题是几经波折的,为什么到了十一届三中全会后的今天还会发生这样的事,不难看出"左"的东西在一些人的思想中并未彻底根除。

《科技日报》曾报道了杭州精化所戴晓钟"投机倒把"案,戴晓钟最近被宣告无罪。天津不少同志说;南有戴晓钟,北有戴振祥,"南戴"已平反,"北戴"何时放。我们期待着。

天津南开大学法律系主任岳彪在会上也作了发言,支持戴振祥上诉。

(1988年第12期)

戴振祥案是科技人员提供技术咨询服务

赵光裕*

天津市"东方应用技术开发公司"总经理戴振祥及副总经理王国印被按诈骗、投机倒把、行贿、受贿、贪污罪逮捕、起诉,有关报道发表时,该案已经天津市中级人民法院判决,结果是以戴振祥犯投机倒把罪判处有期徒刑4年;同案被告王国印以同一罪名,判处有期徒刑2年。被告等非法动用、侵吞的500余万元工程建设资金依法追缴。判决的依据主要是:(1)虚报自有资金领取工商企业营业执照;(2)为了牟取暴利,违反工商行政管理法规,超业经营城市建设开发项目,数额特别巨大;(3)在工程尚未完成的情况下,任意挪用、馈赠、挥霍工程建设资金,给国家和集体造成重大经济损失。戴振祥已经提起上诉,现就笔者所见所闻所思探讨如下:

1. 本案事实曾经三方面机构四次宣告查明,其结论却各不相同。第一次是

---

* 作者单位不详。

天津市和平区人民检察院侦查，以查明被告犯有诈骗、投机倒把、行贿、受贿、贪污五罪，移送天津市人民检察院分院审查起诉；分院经查明被告仅系犯有投机倒把及受贿两罪，据此起诉到天津市中级人民法院；在审理中又查明被告仅犯有投机倒把一罪，并据以判决科刑。但据戴振祥辩护人朱华荣律师于本刊1988年第10期发表“应依法宣告戴振祥无罪”中所述在本案查明的事实，与原审法院所查明，并据以论罪科刑的事实，有严重的质的不同。笔者当年作为东方应用技术开发公司所归属的上级单位中国国际贸易促进委员会天津分会，对该公司问题专案组的法律顾问，所了解的情况与朱华荣律师所查明的事实也基本相同。究竟一审法院何以对律师所查明的事实均不采纳，由于判决书上并未将不采纳的理由加以说明，也未对自己所查明的事实确属符合实际的根据进行论证，因而形成不知其所以然的状态，但这却是应否对戴振祥等论罪科刑的基础，事涉公民基本权利，且为社会所广泛关注，相信上级人民法院必将给予足够重视，认真判明。

2. 在此诸多扑朔迷离的事实中，也还有与共同查明的结果相一致，且为被告所自认无争的事实，那就是利民道工程属于35个单位集资联建。如所公知，集资联建是需房单位为了满足本单位的需要所采取的建房联合行动，同样如所公知，在经济学上，凡是供自己消费需要的劳动生产品并不是商品，只有为了出卖而制造的产品才是商品。所以集资联建并非商业活动，依现行政策和管理规定，是不需要营业执照的。戴振祥以其土木工程科学知识提供技术咨询服务，并不违反，从而也无“超业经营”之可言。至于经戴振祥运用其所具有的专业知识，精心计算所增加的出房率，本属戴振祥所作出的创造性贡献。退一步言之，纵即武断该房将作为商品房出售，但由于戴振祥被捕时，该房尚未产出，也无预售行为，如何能对无行为的人就其思想论罪科刑！基于这一前提，戴振祥所组建的东方应用技术开发公司究竟实有多少资金，已不涉及是否犯罪问题，非人民法院刑事审判庭所需分辨。

3. 原判决对所查明的事实及所作判断又有自相矛盾费解之处。原审对戴振祥定罪是以“为达到牟取暴利之目的”造成“非法动用、侵吞500余万元工程建设资金，至今仍有200余万元资金尚未收回，而发生亏损”为论据的，判决中并指出所“任意挪用、转借的，有馈赠市容委100万元，馈赠城市管理杂志社20万元”等，如果从抽象概念思考，对心怀谋求不法之所有的目的，而造成数百万元危害后果的人，为了社会防卫的需要，给予刑罚制裁是理所当然的。但具体到本案来说，提留管理费并非违法，所拨给东方贸易公司的100万元是支借性质，应属不使资金闲置、呆滞的合理运用，只要不影响工程所需款项的及时支付，也无责任之可言。至于对国家公益事业总数达120万元的巨额馈赠，不仅足证并无不法牟利的社会危害性，反而说明其主观上自觉受本市卓有成效的市政建设所感召，而表示支持的拳拳赤子之心。迄今为止，对天津市政建设能作出如此无私奉献的，戴振祥应属突出范例。何况所谓非法动用，侵吞500万元之数，根本不知从何说起。因为除馈赠市政公益事业120万元，借给所属东方贸易公司100万元及提取管理费140万元外，还向市建委缴纳城市建设配套费110万元，税款80万元，仅此几笔大数，已为550万元。而所提取的140万元管理费中，除支付工商税63万元，购买汽车等固定资产30万元，公司从业员工24人的工资及奖金11万元，银行尚有存款40万元，账目是很清楚的。在财务上既无所谓任意挥霍，也不存在所谓"至今仍有200余万元的资金因未收回而发生亏损"的事实。恰恰相反，此项工程把数十年的"三级跳"改为拔地而起的广厦千间，为市政建设助一臂之力，交纳税款100余万元，为国家创造了收益；为各有关企业增建了1000多万元的房屋；为居民改善了住房条件，从而所谓"给国家和集体造成重大经济损失"之说，实属子虚乌有，如以中央所倡导的"生产力标准"加以衡量，其功过是非已不辩自明。

4. 关于戴振祥开办东方应用技术开发公司所取得的营业执照是否合法，首先需以查明的事实为前提。戴振祥之所为，仅系在联建中收取管理费，不属于倒卖商品房，则营业执照的合法与否仍属工商登记管理问题，根本不涉及刑事犯罪。

综上所述，本案实质上是科技人员提供有成效的科技服务，收取较为丰厚的报酬应如何对待的问题。由于只是对设计加盖的第7层楼房可能作为商品房经营，但因戴被捕时，该房尚未建成，亦未预售，充其量只能说是有经营商品房的意向，并未实施，因而也谈不到经营了商品房是否犯罪的问题。当前，改革与开放是国家既定的大政方针，这都需要稳定、透明的法律环境才能实现。尤其是罪与非罪问题不仅事涉全体公民的切身利益，而且由于天津是一个对外开放城市，也必然为外国投资者所关注。我国《刑法》规定属地主义原则，外国人更需要对自己的经济活动是否触犯中国法律有明确的估计，这在外商眼中，同样属于投资环境问题，并不仅仅由一些直接涉及外商投资的中外合资企业法、外资企业法、涉外经济合同法及有关税法等经济立法所能代替的。可以相信，本案在经过审理，深入判明真相之后，将能作出宣告戴振祥无罪的判决。

（1988年第12期）

戴案判决书所引法律条文不当

吴小真*

戴振祥、王国印因犯投机倒把罪，被判处有期徒刑一案，是根据《刑法》第117条规定："违反金融、外汇、金银、工商管理法规，投机倒把，情节严重的，处三年以下有期徒刑或者拘役……"构成投机倒把罪侵犯的客体是国家金融、外汇、金银、工商管理活动，客观上要有违反上述法规，严重扰乱市场的行为。综观戴振祥的一切活动，能沾上边的就是工商管理法规。那么，工商管理法规有无对戴所从事的民间组织经营商品房这类行为作过明确的禁止规定？迄今为止尚无明令禁止的具体规定。1985年国务院37号文件规定的24种物资不允许自由买卖中，无商品房一项；1987年9月17日，国务院颁布的《投机倒把行政处罚暂行条例》规定的11项行为属于投机倒把，也未将商品房买卖视为投机倒把行为。显然，出售商品房的行为属于国家政策尚未规定的、值得研究探讨的新问题，不能简单地将这种民事行为视为违反工商法规并扣上投机倒把罪的帽子，在刑法范畴里进行调整。从另一方面讲，加速住宅商品化、私有化已成为社会发展的必然趋势，实践证明，多渠道集资建房有着极大的经济效益和社会效益。戴振祥和"东方公司"正是迎合了社会这一需要而作出的积极贡献，非但无罪，而且有功。《刑法》第117条和戴的行为并无相容之处。

本案一审判处两人有期徒刑属于刑法规定的共同犯罪，法律和法学理论对构成共同犯罪有严格明确的概念和限定。共同犯罪的构成首先是各个共同犯罪人在客观上必须有共同的犯罪活动；其次是指每一个共同犯罪人必须有共同的犯罪故意。总之，必须具备共同犯罪的行为和共同犯罪的故意的统一，两者缺一不可。根据事实来看，1985年年初，天津棉纺二厂与"东方公司"联系，研究改造棉纺二厂的工人宿舍——利民道工程。戴振祥经科学合理的测算，是在1985年8月决定经营商品房的，而"东方公司"副总经理王国印早在1985年4月中旬已被公司解聘，无论从刑法理论或客观事实分析，戴、王不具备也不可能具备共同犯罪构成的要件，也就无法成为投机倒把罪案的共犯。

《刑法》第60条规定："犯罪分子违法所得的一切财物，应当予以追缴或者责令退赔；违禁品和供犯罪所用的本人财物，应当予以没收。"依据这一条文，法

* 作者单位不详。

院判决:戴振祥等人非法动用侵吞的500余万元工程建设资金依法追缴。作出这一判决所依据的"犯罪事实"是,"被告人戴振祥在工程尚未完成的情况下,又将工程建设资金中的五百余万元任意挪用、转借、馈赠并挥霍,其中提取管理费140万元;陆续转拨给东方公司下属的东方贸易公司100万元;馈赠市容委100万元;馈赠城市管理杂志20万元,等等"。

人民法院正确定罪量刑,必须坚持"以事实为根据,以法律为准绳"的原则,实事求是,从我国目前实行改革开放形势看,衡量一种行为是否构成犯罪的标准,必须从社会主义商品经济法律观政策观出发,看是否有利于社会主义商品经济的发展,是否有利于促进社会生产力的发展,并以此作为划分罪与非罪、违法与合法的界限。戴振祥等人在经济往来中并无中饱私囊的行为,而是从盈利部分中拿出相当可观的钱款捐赠政府作公益之事,这难道是犯罪行为?有这样的犯罪形式吗?如事实真是如判决书中所认定的非法动用侵吞500万元的话,那么,戴振祥等人恐怕再长几颗脑袋也保不住。

戴振祥投机倒把一案,由于定性上的错误,所以导致了判决书上所引用的有关法律条文都显得与事实格格不入。此案如何处理,人们正拭目以待。但愿我们的司法干部能正确做到为实现社会主义商品经济新秩序,提供切实的法律保障。

(1988年第12期)

1989 年

戴振祥案是一个错案

——刑法学界部分专家、学者讨论戴振祥案座谈会综述

李志刚*

1988年12月30日天津市高级人民法院就戴振祥投机倒把案作出终审裁定,驳回上诉、维持原判,即认定戴振祥犯投机倒把罪,判处有期徒刑4年。裁定作出后,引起了刑法学界的关注。本着"以事实为依据,以法律为准绳"和法律、法学理论为改革开放和商品经济发展服务的精神,本刊于1989年1月14日在上海召开了有京、津、沪、武汉等地部分刑法专家、学者参加的座谈会。与会者一致认为戴振祥案是一个错案。现将座谈会内容综述如下:

与会者一致认为:有否社会危害性是犯罪的本质特征,综观戴振祥案件,并无社会危害性可言。

戴振祥作为一个国家设计单位的土木工程师,留职停薪,创办"东方公司",不花国家一分钱的投资,联络30多家企业,改造危房,兴建大楼近10万平方米,使一千余户居民脱离极其恶劣的居住条件。东方公司人均年创利8.2万元,人均劳动生产率达130万元,怎么谈得上犯罪。党的十三大报告指出:"一切有利于生产力发展的东西都是符合人民根本利益的。因而是社会主义所要求的,或者是社会主义所允许的。一切不利于生产力发展的东西都是违反科学社会主义的,是社会主义所不允许的。"利民道这一大片宿舍,为什么30多年来得不到改造,而由戴振祥为首的东方公司组织改造了。戴振祥却因此成了罪人,遭受铁窗之苦、牢狱之灾,这公平吗?与会者认为,看戴振祥是否犯罪,除了用生产力标准、为人民做了好事还是坏事作标准外,还要看戴振祥的行为是否违反《刑法》有关条款。

认定犯罪要以事实为依据、以法律为准绳,这是起码的常识,不能凭空想象,任意解释。任意解释法律的办案方法是没有不出冤、假、错案的。

根据我国《刑法》,全国人大常委会关于严惩严重经济罪犯的决定和最高人民法院、最高人民检察院的司法解释以及国务院的有关规定,投机倒把罪没有一项能套在戴振祥的头上,连投机倒把行为也没有。戴振祥是联络协调30多个单

---

* 作者单位:华东政法学院(现华东政法大学)。

位集资联建住房。联建房屋不是商业行为,属于东方公司营业范围内的工程设计,后来因为建房遇到难题才提出由原来的6层改建为7层,拟议将多余的房屋作为商品房出售,事实上也还没有出售。即便出售,他的分公司东深公司的营业项目中有销售商品房一项。而且建设销售商品房,由国家、集体、个人一起上,有利于加快城市房屋建设,解决广大居民的居住困难,正是我国住房改革的方向。

公诉人提出"两高"解释倒卖哪些商品构成投机倒把犯罪时,有一个"等"字,经营商品房就属于"等"字范围内。然而"两高"解释的前提是"倒卖"两字。没有倒卖,就"等"不出来,若这样无限制的扩大解释,那么卖羊肉串、茶叶蛋都可以"等"进去了。

判决、裁定等法律文书中自相矛盾、逻辑混乱,令人难以理解。

在仔细研究了起诉书、一审判决书和二审裁定书之后,专家们提出,几份法律文书前后认定的差距很大,难以自圆其说。例如:关于公司执照的取得问题。起诉书称:"伪造证明""骗取"了执照,一审判决称:"伪造证明""领取"了执照,而二审裁定书却说:"开具了证明"由工商部门"批准发照"。那么到底是"伪造证明",还是"开具了证明"呢?到底是"骗取"、"领取",还是"批准发照"呢?是一审判决不当,还是二审裁定有误?又如,关于资金使用问题,一审判决中说:"戴振祥在工程尚未完成的情况下,又将工程建设资金中的500余万元任意挪用、转借、馈赠并挥霍,其中提取管理费140余万元……至今仍有200余万元的资金因未收回而发生亏损。"二审裁定却说:戴振祥"经营额达3000余万元,并先后预提利润360余万元"。那么戴振祥到底使用的是工程建设资金还是管理费或是利润?管理费、预提利润是合法收入还是非法所得?到底是500余万元还是360余万元?200万亏损终审裁定未予认定,是否确有其事?连这些最基本的事实都如此含糊不清,如此处理案件能合情、合理、合法吗?

判决书说,戴振祥"在工程尚未完成的情况下,又将工程建设资金中的500余万元任意挪用、转借、馈赠并挥霍"。"挪用、转借、馈赠、挥霍"怎么会认定是投机倒把呢?挪用是挪作他用,根据我国《刑法》规定,挪用公款归个人使用,在一定条件下,构成挪用公款罪,挪用救灾、抢险等特定款物作他项开支的构成挪用特定款物罪。判决所说的"挪用",既不是挪用公款归个人使用,也不是将特定款移作他用,因而不属刑法调整的范围。转借,如果不具有上述挪用的性质,与刑法没有什么关系。馈赠,如果不是借馈赠之名,行行贿之实,也不牵涉刑法问题。"挥霍",是"任意花钱"之意,目前也不是刑法解决的问题。至于把这些行为视为投机倒把犯罪,在现有的行政法规和司法解释中都找不到根据。实际上这500万元的处理情况是:捐赠市容委100万元,捐赠城市管理杂志20万元,借给下属东方贸易公司100万元，提取管理费140万元，缴纳建筑税80万元，支付设计费45万元等。捐赠是为天津市政建设作贡献，缴纳建筑税增加了国家税收，借给下属公司是母公司帮助子公司的发展，支付设计费、前期工程配套费是履行经济活动中应尽的义务，所提取管理费比在联建管理服务工作中规定可提取的管理费还要少。由此可见，判决书把东方公司为国家做好事、正常的支付和提取，认定为戴振祥构成投机倒把罪的依据，真是"欲加之罪，何患无辞"。

终审裁定认为，东方公司没有经营商品房资格。试问经营商品房的资格是什么时候规定的？又说戴振祥超出经营范围，从事非法活动。且不说他并未超出，即使超出，现在超越经营范围的企业有多少，难道都构成犯罪吗？所谓非法活动，是指违反了行政法规、还是民事法规，"非法"活动都是构成犯罪的吗？

一案罪名数变，最后套了一个似是而非的投机倒把罪，这是一种不正常的现象。执法者刑法观念应该改变。

从本案的办理过程来看，也有不正常之处。从1986年4月戴振祥收容审查时起，先查他贪污、诈骗，查不出来，便说他给了一些在职的科技人员建房设计费是行贿、受贿。设计人员也受到审查。后来因国家有规定，科技人员可以从事业余设计，构不成犯罪，戴行贿成立不了。故从区检察院移送起诉时的5个罪名（诈骗、贪污、行贿、受贿、投机倒把）减为两个（投机倒把、受贿），又因戴振祥不具有特殊主体身份，受贿又不能成立，最后只剩下一个投机倒把罪。而这时戴振祥已被关押2年1个月之久，不硬安一个罪名，判几年刑，怎么交代呢？东方公司和戴振祥等人因此受到的损失，怎么了结呢？

与会者指出，我国宪法、民法都规定："由于国家机关和国家工作人员侵犯公民权利而受到损失的人，有依照法律规定取得赔偿的权利。"现在有关具体法规尚未制定出来。如果制定出来，像目前的司法实际状况，怎么能得到执行？为了不承认侵犯了公民权利，还不知怎么来抵制呢！

判决书说："为严厉打击破坏经济秩序的罪犯"，这个经济秩序究系何指？是产品经济秩序，还是社会主义商品经济秩序？产品经济秩序，科技人员只好吃"皇粮"，没有留职停薪、去办技术开发实业之说，居民住宅也只能由国家投资建造，统一配给，哪有单位联建，经营商品房的？现在党中央已明确我国处于社会主义初级阶段，要实行和发展社会主义商品经济，是司法人员头脑里的产品经济刑法观转变为社会主义商品经济刑法观的时候了。再坚持旧皇历，哪有不办错案之理。

不承认科学技术是商品，否认科学技术可以转化为生产力，怕知识分子冒富的观念是与改革开放背道而驰的。

与会者指出:我国知识分子命运多舛,知识分子政策几起几落、大起大落。一些人思想深处总认为"知识越多越反动",知识是没有价值的东西,科学技术管理不成为商品,知识分子只有无私奉献的义务,没有获得相应报酬的权利,只能安贫乐道,每月拿几十块钱工薪,苦度光阴。你若冒富,必是"为富不仁",总有些歪门邪道的名堂。在改革的浪潮中,有些知识分子想为国家人民多作贡献,加入弄潮的行列,先富起来,有什么可以指责的?戴振祥是多拿了些工资奖金,一年收入2万余元,但与他所作出的成绩相比,是微不足道的。当前文艺界、影视界高收入的人有的是。只要来源正当,依法纳税,就是合法的。有些人认为戴振祥一不出资金,二不出地皮,有些图纸也是请人设计的,有何贡献,就是"鬼点子"多。殊不知,这个"鬼点子"就是管理。搞组织工作,出主意,想办法,协调整个工程进行,这就是贡献,否则为什么30多年来危房依旧。我国现在不但缺少科技人员,更缺少优秀管理人才。管理就是生产力。只有克服几十年来形成的产品经济观念,才能推进我国的现代化建设事业。

如果戴振祥案件成立,如此"特"大的经济案件,仅判4年刑,显属畸轻。这样的判决何以服众,执法者是不是有难言之隐?

从法院的一审判决和二审裁定来看,判决书、裁定书认定:戴案数额特别巨大,而事实上,却没有当做数额特别巨大的投机倒把罪来处理。因为按照《严惩严重经济罪犯的决定》规定,投机倒把,情节特别严重的,处10年以上有期徒刑、无期徒刑或者死刑,可以并处没收财产。根据"两高"解释:"对非法经营数额在20万元以上,或者非法获利数额在10万元以上的,一般可视为数额特别巨大。"数额特别巨大是认定投机倒把罪"情节特别严重"的一项主要内容。按照指控和认定,戴案非法经营数额为3000余万元,为"两高"解释的数额特别巨大起点的115倍,当可谓"数额特别、特别、特别……巨大"依照《严惩严重经济罪犯的决定》,应处死刑而有余,何以仅仅处有期徒刑4年呢?在"左"的流毒尚未肃清的今天,有些人对平民百姓和知识分子犯法是不惜动用重刑的。如果真的认为戴振祥投机倒把,数额特别巨大,绝不会如此从轻发落。执法者是否有难言之隐,我们不得而知。但却另一角度说明,"数额特别巨大"不成为戴案投机倒把罪的认定根据。

总之,判决书认定戴案构成投机倒把罪的这一关键性理由或论据,根本不能成立。

现在有些官司,似乎不是在打法律官司,而是在打权力官司、关系官司,这种状况不彻底改变,健全民主与法制将是一句空话。

与会者认为,本案的事实是清楚的,法律也是明确的,问题是对事实如何认识。本案之所以反反复复,拖延数年之久,问题不在案内而在案外,不在法内而在法外。到底是权大还是法大,到底是人治还是法治,还有长期的斗争。现在有人说:法学界思想不解放,回避现实,法学研究是注释法学;殊不知法学研究有其特有的难度。坐而论道不解决问题,但是理论一联系实际,马上就有人指责你干扰司法工作,对审判施加压力。《法学》就戴振祥案发表了几期讨论文章,天津市法院马上就有人指责你干扰司法审判。在《法学》刚登第一篇文章时,就有自称为天津财税检查组组长的人打长途电话到《法学》编辑部,追问《法学》归谁管。讨论法律问题,摆事实讲真理,与归谁管有什么联系。难道真理也归谁管吗?难道真理也因归谁管,有等级之分吗?有不同意见可以提出,认为别人说得不在理可以参加争论。现在不少案件不是在打法律官司,而是在打权力官司。谁的权力大,真理就在谁的手中。中国有句俗话,叫做:"官无悔判",判了就判了,错也好,对也罢,改是改不得的。当官哪能有错?有些人看来,这就是"维护司法机关的尊严"。错了你自认倒霉吧!这样的尊严能维持得住吗?"当官不为民作主,不如回家卖红薯"。戴振祥明显是无罪定了有罪,稍有法律常识的人也能看得出来。这中间有多少是法的因素,又有多少是权的因素,恐怕只有当局者才清楚。

专家们一致呼吁:戴振祥案是个错案!希望有关部门通过正当程序妥善处理!

参加这次座谈会的有:中国刑法学研究会副总干事、武汉大学法学院院长、刑法教授马克昌;中国人民大学刑法博士生王勇;天津市一级律师赵光裕,天津市科协法律顾问处负责人张冀;上海市一级律师李国机;上海社会科学院法学所刑法研究员肖开权,副研究员、院长助理、中国刑法学会理事顾肖荣;中国法学会理事、上海市司法局研究室主任常耀有;上海大学刑法副教授、中国刑法学会理事徐逸仁;以及华东政法学院副院长、刑法副教授张国全,中国刑法学会副总干事、刑法教授苏惠渔,教授陈鹏生,刑法教授朱华荣,科研处副处长史建三和《法制日报》、《上海法制报》与本刊及上海一些新闻单位的代表近30人。

(1989年第2期)

对挪用公款罪几个问题的探讨

张绍谦*

▲“挪用”应指违反规定，擅自将公款移作他用。

▲挪用公款“归个人使用”是构成一切挪用公款罪的必要的不可缺少的条件。

▲挪用公款行为的危害性与挪用时间长短成正比，与挪用次数并无多大关系。无论案发前是否已归还，对数额较大、自挪用之日起3个月内未还者，以挪用公款罪论处。

▲挪用公款罪属于当然继续犯，追诉时效应自归还之日起算，在其归还之前犯罪行为一直持续存在。

1983年1月21日，全国人大常委会通过了《关于惩治贪污罪贿赂罪的补充规定》（以下简称《补充规定》）。该规定第3条第1款规定：“国家工作人员、集体经济组织工作人员或者其他经手、管理公共财物的人员，利用职务上的便利，挪用公款归个人使用，进行非法活动的，或者挪用公款数额较大、进行营利活动的，或者挪用公款数额较大、超过三个月未还的，是挪用公款罪……”《补充规定》颁行以来，法学界已有不少人著文对挪用公款罪的构成、处罚等问题作了比较系统的研究。本文对已有定论的研究不再重复，仅就以上规定在实践中遇到的几个比较复杂且有争议的问题，谈一点不成熟的看法。

一、如何理解挪用行为的特征

有人认为，“挪用”就是未经合法批准而擅自将公款移作他用。这种理解对于无权批准动用公款的人来说，当然是合适的，但如果挪用公款者是本单位有权支配、使用公款的领导，这种理解就不合适了。例如，某厂财务处长经请示主管财务工作的副厂长同意，将本厂2万元公款“借”给自己的儿子办商店。看上去，这种出借是经过合法批准的，但行为实质和危害性，与一般挪用公款并无差别，不以挪用公款处理显然不当。

* 作者单位：郑州大学。

笔者认为,“挪用”应指“违反规定,擅自将公款移作他用”。所谓“违反规定”,既指在程序上未履行合法批准手续而私下挪用,也包括形式上似乎经过合法批准,但其实质仍属违反财政法规和财务制度的规定,挪用公款归个人使用的行为。如果实际挪用者与批准者有挪用公款的共同故意,应以共犯论处。

目前,公款私借现象在一些地方比较严重。有的借用时间长达30年以上。给国家财经秩序造成一定影响。而这种借款,往往是经领导批准的。这种情况在法律上如何定性呢?根据我国有关财政法规和财务制度的规定,除少数特殊情况外,公款是不允许借给个人使用的。因此,不论有无经过批准,将公款借出,一般均属违反财政法规的行为。从危害性看,大量或长期借支公款,势必会扰乱国家财政经济秩序,甚至影响国家机关正常活动。因此,对那些利用职务之便,以任何形式将公款借给个人使用的,只要不符合法律允许的借款条件,原则上均应视为挪用公款。当然,借款原因很复杂,因而对这类案件处理时,应慎重从事。对不符合挪用公款罪其他构成条件的,当然不能定罪;对于虽符合挪用公款罪的要求,但确实事出有因,情有可原,危害不大的,一般也不应定罪处罚。但对没有正当理由而大量借用,或借用公款给个人进行非法活动,或进行营利活动,数额较大者,对借支者应以挪用公款罪处罚。

二、“归个人使用”是否为一切挪用公款罪的必要要件

从《补充规定》第3条第1款的语法结构分析,“归个人使用”紧靠“进行非法活动”以前,而后面所列举的两种挪用公款行为构成犯罪的,均未再标明须“归个人使用”。就此而论,似乎“归个人使用”仅限于第一种挪用行为,即挪用公款进行非法活动。而对于进行营利活动或进行非法、营利以外其他活动的,构成犯罪则不要求只限归个人使用。若归其他全民或集体单位使用的,也可构成挪用公款罪。也有人认为,无论哪一种挪用行为,都必须是“归个人使用”时,才能构成犯罪,归单位使用的,只能作一般违纪行为处理。

笔者认为,如果仅从法条字面分析,前述观点无疑正确,即“归个人使用”仅限于挪用公款进行非法活动。但如果对法条作进一步分析则会发现,“归个人使用”是一切挪用公款罪的必备要件。

首先,全国人大法工委在关于《补充规定(草案)》的说明中指出:“目前有些个人长期挪用公款或者挪用公款进行非法活动、营利活动,情况比较严重,各地要求明确规定。”由此可见,立法者当时正是针对挪用公款归个人使用的情况才设立本条之罪的。

其次,比较法律规定的3种挪用公款行为的危害性,在其他情节相同情况下,挪用公款进行非法活动的危害性最大。正因此,法律对其构成犯罪既无数额限制,又无时间要求。而对后两种挪用行为构成犯罪的,要么要求"数额较大",要么同时还要求超过3个月未还。可见,后两种挪用公款行为较第一种的危害性要小一些。那么,法律既然未明确规定"归单位使用"进行非法活动的构成犯罪,根据"举重以明轻"的法律解释规则,挪用公款归单位使用,没有进行非法活动的,则更构不上罪了。否则,实践中必然出现极不公正的现象。

最后,分析挪用公款罪同挪用特定款物罪,《补充规定》第3条第2款规定:"挪用救灾、抢险、防汛、优抚、救济款物归个人使用的,从重处罚。"可见,对挪用这些特定款物归单位使用的,不能定挪用公款罪,仍应按《刑法》第126条规定的挪用特定款物罪处罚。而该罪的法定最高刑为7年有期徒刑,挪用公款罪的法定最高刑却为15年有期徒刑。挪用特定款物行为的危害性当然大于挪用一般公款。那么,将挪用一般公款归单位使用的,按挪用公款罪这一重罪处理,而对挪用救灾等特定款物归单位使用的,却只能按挪用特定款物罪这一轻罪处理,这就使法律明显失去合理性。《补充规定》中也仅明文规定挪用救灾、救济等特定款物归个人使用的,从重处罚,而没有规定挪用这些特定款物归单位使用的,也要从重处罚。这种规定本身就说明立法者是有意将挪用公款归单位使用的行为排斥在犯罪之外的。

综上所述,"归个人使用"为一切挪用公款行为构成犯罪都不可缺少的条件。

三、如何理解"超过三个月未还"

挪用公款的实行行为是移挪和使用的结合。其中使用是实行行为的主体。"挪"只说明这种使用的不正当性。而且,这里的"使用"是广义的,即凡是使公款失去合法控制,就应认为非法使用行为已经开始,一直到归还之前,公款一直处于使用期间。也就是说,使用是与移挪同时开始的。因此,"超过三个月",就是从行为人着手移挪公款之日起计算,非法占有公款的时间超过了3个月。如果行为人连续挪用,用后次所挪用的公款归还前次挪用的公款,每次挪用均不超过3个月的,应当从第一次挪用公款之日起,连续累计计算挪用时间,直至最后一次挪用行为终了。但应按最后一次挪用尚未还的数额追究责任。

有些罪犯钻法律空子多次挪用公款,但每次挪用均不超过3个月即归还。且第一次归还与后一次挪用之间还有一段时间间隔。因其多次挪用行为之间缺乏连续性,也并非用后次所挪归还前次所挪,按上述原则,就无法追究刑事责任。笔者认为,挪用公款行为危害性与挪用时间长短成正比,而与挪用次数并无多大联系。因此,无论行为人挪用一次还是几次,其累计挪用时间长的,危害性就大于挪用时间短的。因此,为了不使罪犯有机可乘,对这种情况,仍应累计计算实际挪用时间(即不计两次挪用之间的间隔),只要超过3个月的,也认为已超过3个月未还。但不宜以累计挪用总额追究责任,而应对多次挪用的数额综合平衡,同时考虑每次挪用时间长短,然后从中选择一个比较合适的数额。不过,累计多次挪用行为时间时,应将其中挪用数额未达"较大"的行为减去,只计算均达"较大"以上的挪用行为。

"超过三个月未还",是指自挪用之日起,在3个月内没有归还,还是指时间不但超过了3个月,而且在案发前没有归还,也即对于挪用时间已超过3个月,但案发前已经归还的行为能否定罪,理论界有两种针锋相对的观点。笔者认为,这一规定应当理解为自挪用之日起,行为人在3个月内没有归还。至于3个月后,案发以前有无归还,对构成犯罪没有影响。其理由如下:

第一,挪用公款行为的危害性主要表现在非法使用公款上,同挪用时间长短成正比,而与行为人案发前归还与否并无多大联系。既然认为挪用时间超过3个月,危害性就达到了可罚程度,就没有理由以行为人后来在案发前归还的行为否定这种可罚性。归还是行为人在实施危害行为,已经对社会造成危害之后的一种事后态度,对量刑有影响,但改变不了行为的危害性,因而对定罪没有关系。

第二,将案发前未还作为犯罪构成必要条件,不但因"案发"概念模糊而在实践中难以掌握,从而带来认定上的诸多麻烦,而且还会导致司法结果出现明显不合理现象,即挪用公款时间刚过3个月即被查获,案发前行为人尚未归还的,以犯罪论处,而挪用数额更多,挪用时间更长的,因在案发前归还了,反而不能定罪处罚,使犯罪构成与挪用行为危害性脱节。定罪决于案发前归还与否,这显然有失公正。

第三,将案发前未还作为构成要件,还可能为一些狡猾罪犯故意规避法律创造条件。他可以在挪用公款后,时刻观察形势,只要你未发觉,他就长期不还,直到感到形势不妙,有可能发案时,赶快归还。这样,既尽可能长时间地挪用了公款,又不至于受刑罚制裁。这种效果显然也是为立法者所不希望的。

值得一提的是,最高人民法院和最高人民检察院于1985年联合作出的《关于当前办理经济犯罪案件中具体应用法律的若干问题的解答(试行)》以及1987年又联合作出的《"关于挪用公款归个人使用或者进行非法活动以贪污论处的问题"的修改补充意见》中均提到,对挪用公款超过6个月,案发前已归还的行为,一般不作为犯罪处理,但应注意,当时的条件与现在的条件是不同的。当时的《刑法》中并没有挪用公款罪这个罪名,上述司法解释都是将挪用公款行为规定为以贪污罪论处。而贪污罪是"以非法占有公共财物为目的"的犯罪,该罪主要特征之一,就是行为人没有归还所贪污财物的打算。因此,要将挪用公款行为按贪污罪论处,当然只能以案发前行为人没有归还为前提。一旦归还了,就说明他没有非法占有的目的,再对其行为以贪污论处也就缺乏依据。而现在《补充规定》则已将挪用公款规定为一个独立的罪名,使其具有与贪污罪不同的构成要件。该罪的主观目的就是暂时非法使用。而行为人案发前归还与否,不影响对其非法使用公款目的的认定,即使以后归还了,前面的行为仍完全符合挪用公款罪的特征。因此,再要求以案发前未还作为构成挪用公款罪的必要条件,显然就不合适了。

四、挪用公款罪是否属于继续犯

挪用公款往往有个时间过程,那么本罪是否属于继续犯?弄清这一点,对于确定本罪追诉时效的起止时间以及确定《补充规定》的时间效力都是很重要的。例如,某村村长杨某于1987年12月25日挪用公款2万元盖私房,直到1988年3月30日被司法机关查获,一直未归还。检察机关认为,杨某行为虽开始实行在《补充规定》以前,但一直持续进行到《补充规定》公布的1988年1月21日之后,因而应当适用《补充规定》,属超过3个月未还,构成犯罪,予以起诉。而律师则认为杨某挪用的时间发生在1987年12月25日,之后3个月中,还有使用的行为,而没有移挪的行为,因而只能适用以前的法律。其挪用未超过6个月,不能构成犯罪。

从法律规定可看出,本罪的实行行为是"挪"和"用"的结合,但其中心行为应是"用","移挪"只说明"使用"的不正当性。在公款被非法使用期间,实际上也处于被挪状态。因此,非法使用公款期间,挪用公款的实行行为当然处于持续不断的过程中。如果认为挪用公款行为只在开始移挪那一刻存在,其后非法使用公款就不再是本罪实行行为的继续,那么,罪犯如果挪用一笔"数额较大"的公款,一直到10年后尚未归还,就算过了追诉期限,不能追究刑事责任了,岂不荒唐!因此,挪用公款罪属于当然的继续犯。在其归还以前,犯罪行为一直持续存在。追诉时效应从归还那天起计算。对于挪用行为跨越1988年1月21日的,应该认为行为发生在《补充规定》生效后。所以,对该行为应以《补充规定》为依据追究刑事责任。

(1989年第10期)

类推定罪的必要性

王　勇*

一、法无明文规定的含义

"法无明文规定",确切地说,是指刑法分则没有对某一种情况是否构成犯罪作出规定。它与那种"刑法分则条文规定得不明确"意义上的法无明文规定,是有根本区别的。例如,在我国刑法分则中,存有许多类似"其他方法"、"其他手段"、"其他活动"的抽象笼统规定。这些规定的含义不很明确,从某种程度上讲,也是法无明文规定的一种情况。但是,这里的"法无明文规定"是指"法无明确之文"。这里探讨的法无明文规定与"法无明确之文"不同。前者从刑法分则的角度讲,存在法律"缺乏"的问题,而后者则不存在这种"缺乏"。

在司法实践中,有将这两种不同的法无明文规定等同起来,从而将不该适用类推的情况适用了类推。例如,某地人民法院曾对奸淫痴呆少女的行为按类推定为强奸罪,并上报最高人民法院审核。其理由是,对于没有使用暴力、胁迫手段奸淫痴呆少女在刑法分则上没有作出规定。这种理解是不对的。固然,刑法分则在规定强奸罪时没有明确地将奸淫痴呆妇女罗列出来,但却规定了以"其他手段强奸妇女"。"其他手段"是比较笼统和抽象的,因此可以算是"不明确之文",但不是"缺乏"法律,通过法律解释,可以把奸淫痴呆妇女纳入强奸罪的"其他手段"之中,因为行为人利用被害人智力不全、缺乏意识意志能力而对之加以奸淫,就表明行为人违背妇女的意志而与之发生性关系,侵犯了妇女的性的不可侵犯权。可见,在刑法分则有条文规定的情况下,再按类推定罪,就多此一举了。这可以直接定以强奸罪。

在不"缺乏"法律的情况下,应当严格按照法律已经规定的条文行事,是社会主义法制的要求。因此,在认定某一情况是否属于法无明文规定从而决定是否对之适用类推时,应当防止某种行为刑法分则已作出规定,而去比照其他条文类推定罪,这种情况在苏联取消类推之前曾经被作为一种例外而被允许存在,苏联高等审判机关对于罪行虽然符合刑法分则某些条文的规定,但其社会危害性

---

* 作者单位不详。

已经超出了该条范围之外,可以用类推方式适用其他比较严重的犯罪条文。在我国,这种情况应当被禁止,否则,法律的正确执行就会失去必要的保障,法律本身也就形同虚设了。

对于法无明文规定而又对社会造成一定危害后果的行为,如果符合类推条件的,应当予以类推定罪,不符类推条件的,则不应予以定罪。

二、法无明文规定与类推定罪

《刑法》第79条规定:"本法分则没有明文规定的犯罪,可以比照本法分则最相类似的条文定罪判刑,但是应当报请最高人民法院核准。"据此,对于法无明文规定而又具有一定社会危害性,的确可以成立为犯罪的情况,应当适用类推予以定罪。这也就是以类推来弥补刑法分则的某些"不足"。

为什么对于法无明文规定的情况可以适用类推来定罪呢? 这是因为:

第一,根据马克思主义的历史唯物主义,法律是一种表现为国家意志的统治阶级的意志,而法律所要调整的社会关系则是一种客观存在。马克思、恩格斯曾经指出:"违法行为通常是由不以立法者意志为转移的经济因素造成的。"就形式而言,法律是经过人的主观意志形成的,是一种主观的东西,但就内容来讲,法律反映的是一定社会物质生活条件的要求,因此是一种客观的东西。形式和内容的统一、主观和客观的统一,正是法律本身所体现的辩证法。规定犯罪的刑法条文就是形式,是主观的东西,而所发生的一切危害统治阶级利益的犯罪则是内容和客观的东西。如果刑法能把所有犯罪都规定出来,那么,形式和内容、主观和客观就能很好地统一起来,这部刑法也就能称得上是完美无缺的了。但是,在刑法中把所有可能发生的犯罪都罗列出来是不可能的。因为整个社会在不断地发展和运动,会出现许多新类型的犯罪,人们在某一阶段内的认识是有限的,不可能事先把所有犯罪都考虑到。所以,列宁讲:"如果要开一张包治百病的丹方,或者拟定一个适用于一切情况的一般准则('不作任何妥协'),那是很荒谬的。"然而,我们对之不是无能为力,我们可以设法使一部分法无明文规定的情况得以定罪,类推就是一种得力的方法。它能够在一定程度上填平刑法的形式和内容、主观和客观间的差别,努力使它们统一起来。这样,法律就可以符合社会的需要,绝大多数犯罪也就都逃脱不了刑罚的制裁了。

第二,以类推来对法无明文规定的情况进行定罪,也是同马克思主义关于犯罪的实质概念相一致的。马克思和恩格斯指出:"犯罪——孤立的个人反对统治关系的斗争,和法一样,也不是随心所欲地产生的。相反地,犯罪和现行的统治都产生于相同的条件。同样也就是那些把法律看做某种独立自在的一般意志的统治的幻想家才会把犯罪看成单纯是对法律的破坏。"在这里,马克思、恩格斯不仅把犯罪看成是一个形式上的概念,即"对法和法律的破坏",而且更主要的是把犯罪看成是一个实质的概念,即"反对统治关系的斗争"。这说明,犯罪的概念是它的形式概念和实质概念的统一,其中,实质概念是最本质的。我国《刑法》第10条对犯罪所下的定义,实际上主要是从实质概念方面来表述的。这一条在开头用了"一切"两字,就把所有可能发生的犯罪都包括于此了。正是由于我国刑法规定的犯罪实质概念,才使刑法中的类推成为一个其他刑法制度所不能替代的角色。如果没有类推,就很难想象《刑法》第10条规定的"一切"犯罪都能受到刑法的制裁。

第三,以类推来对法无明文规定的情况定罪,也是我国特定的社会历史条件的需要。苏联曾在自己的刑法中规定类推制度长达30多年,1958年取消了类推。为此,我国的一些同志议论:"苏联同我国一样是一个地大、人多、民族复杂的国家。而苏联刑法却逐步采用罪刑法定原则,为什么我们不能这样做呢?"言下之意,我国也应取消类推。其实,这是不了解苏联社会和法制情况的一种表现。苏联的类推是在特定历史条件下产生的。20世纪20年代后期,激进的法学家帕坎尼斯和克雷连科主张废除规定具体犯罪和刑罚的刑法分则,代之以对所有犯罪都进行社会主义法律意识的"类推"定罪。这种思想曾在苏联法学界占据了上风,致使司法机关对类推进行了无限制的频繁的适用。如1937年,仅莫斯科市的各法院就判处类推案件500多起,其中相当一部分是不正确的。这足以证明苏联实行类推所带来的危害,因此他们不能不予以废除。另外,从社会情况来看,苏联固然地大、人多、民族复杂,但它却是由15个加盟共和国组成的联盟国家,各加盟共和国都有自己的刑法典。这样一来,处理一个加盟共和国内的犯罪就不会遇到很多复杂情况了。我国的情况与之不同。首先,我国刑法是新中国成立后制定的第一部刑法,由于经验不足,必有许多遗漏之处。其次,我国是一个人口众多、民族复杂的大国,社会情况错综复杂,而应付这些复杂社会情况的只是一部统一的不甚完备的刑法。另外,类推制度在我国长期被使用,起到了较好的作用,未曾出现苏联那种被滥用的情况,因此,类推制度是符合我国的实际情况的。

既然类推是司法人员用以填补法律"不足"的,那么对法无明文规定的情况予以类推定罪,会不会破坏社会主义法制?这个问题曾引起许多人的担心。我们认为这种担心是没有必要的。类推固然用以填补法律的"不足",但这是在法律的基础上进行的。"不足"者是刑法分则条文,而类推则是刑法总则条文规定的,因此,类推定罪是在刑法总则的基础上进行的。借助于总则的规定,再对与法无明文规定的行为最相类似的刑法分则条文规定的犯罪构成加以修正,使之适用于被类推的行为,这也就使类推定罪具有了法律上的根据。可见,司法人员依类推定罪也是在法律的基础上进行的。尽管“缺乏”一定的刑法分则条文,但通过总则的有关规定(主要是第10条和第79条),这种“缺乏”的刑法分则条文,为其最相类似的刑法分则条文所代替,于是类推定罪也具有了刑法分则条文上的根据。

类推是在法律的基础上进行的,因此,不是对任何法无明文规定的情况都可随意加以定罪。这里有一个范围的限制问题。一般而言,以下情况不应适用类推:

1. 涉及刑法总则的某些情况。例如,对于14岁差一天的人杀了人的,能不能类推总则关于主体年龄的有关规定,以故意杀人罪,追究其刑事责任?显然不能。《刑法》第79条明确规定,被类推的只能是刑法分则没有明文规定的情况。刑法总则的规定则是不能类推的。再说,刑法总则规定的大都是定罪量刑的一般原则,如果允许对定罪量刑的一般原则进行类推,就会危害社会主义法制。

2. 行为是由于行为人过失造成的。我国《刑法》第12条第2款明确规定:“过失犯罪,法律有规定的才负刑事责任。”这便把过失的情况排除出适用类推加以定罪的范围。

3. 法律明确规定有特殊要件的情况。在刑法分则中,法律规定一些犯罪必须具备一定的特殊要件,如特定的犯罪目的、特定的明知内容、特殊犯罪主体等。如果某一行为不具备这样的特殊要件,一般是不能类推这些条文加以定罪的。

(1989年第10期)

1990 年

抢劫借据应构成抢劫罪

潘季林*

汪某于1989年8月上旬，先后向孙某借款5次，共计2750元。每次借款时均没有第三人在场，但每次均出具借据。8月13日晚9时许，汪某借口还钱进入孙的住宿（独自住宿），入门后把门关上。当孙某把5张借据拿出来时，汪某便上去抢夺借据，孙某捏住借据不放。汪某就将孙掀倒在地上，孙呼喊“救命”。汪某一手卡住孙某的颈部，另一手将随身携带的浸有农药的纱手套往孙某的嘴巴里塞，孙某便咬了汪某塞纱手套的手指（被咬伤），汪某松开手后，孙某便吐出手套，继续呼救。此时，邻居闻声赶到，汪某慌忙从地上拾起散落的其中两张借据夺路逃跑。当晚10时许，孙某开始呕吐、气喘，被亲属送往当地医院，经16小时的抢救脱险。医院诊断：有机农药中毒（吸入型）。法医鉴定：重伤。

对汪某是否构成抢劫罪，有两种相反的意见。第一种意见认为：汪某的行为不构成抢劫罪。理由是：（1）抢劫的对象不是财物。抢劫罪侵害的客体是公民的人身权利和公私财产权利，因而抢劫的对象应是财物。汪某虽然采用了暴力，但抢的是借据，它既不是动产又不属有价证券。（2）不符合“当场夺取”的特征。抢劫罪的客观方面行为是当场使用暴力，从公私财产所有人手中抢取财物。汪某取得孙某的钱财（借款），在实施犯罪前已依据借贷行为而取得。（3）债权并不是所有权，而是一种请求权。综合案情，汪某用浸有农药的手套塞入孙某的口中，引起了致命的中毒，可定杀人罪。

第二种意见认为：汪某的行为符合抢劫罪的特征，应定抢劫罪，理由是：

1. 主观上汪某有非法强占他人财产的故意。

汪某抢劫借据的目的，并非单纯为一纸凭证，而是要以此来消灭他与孙某之间债的法律关系，最终达到非法占有已借用的这笔钱财，这符合抢劫罪的主观特征。

2. 汪某的行为符合抢劫罪的客体、客观特征。考察行为人的犯罪性质，要依据其行为所侵害的客体并结合其主观故意来分析。因为犯罪客体是犯罪构成的必备要件。犯罪客体是我国刑法所保护而为犯罪行为所侵害的社会主义社会

---

* 作者单位：浙江省余杭县人民法院。

关系,它能反映犯罪性质。而犯罪对象,本身一般并不能直接决定或表现社会关系的性质,所以说犯罪对象本身并不决定犯罪性质(不排除《刑法》分则中有些犯罪以某种特定对象作为犯罪构成要件加以规定)。抢劫罪侵害的客体是国家、集体、公民对公私财产的所有权,即我国刑法所保护的社会主义财产关系。那么,汪某的行为是否侵害了孙某财产所有权,回答是肯定的。从本案来看,汪某抢劫的债权凭证,本身不是财物,但这些凭证并不是抽象的、毫无内容的,它反映了债权人孙某享有对债务人汪某主张财产权利的债权,而这一债权是以孙某对借款的所有权为基础的,是所有权的一种表现形式。汪某采用"卡颈部、强塞农药手套"等暴力手段,抢劫借据,妄图以此消灭相互间的债的关系,达到非法占有债权人孙某的合法财产,从根本上是侵害了孙某对这一借款的所有权关系。所以无论从汪某行为所侵害的客体,还是客观方面的行为,均符合抢劫罪的特征。笔者同意第二种意见。

(1990年第1期)

刑法中受贿罪内容急需补充立法

张树根*

党和国家正在抓廉政建设，国家工作人员收受贿赂是腐败不廉的一种重要表现。我国《刑法》颁布后，司法机关惩处了一大批收受贿赂的犯罪分子，对保证公务人员廉洁，维护党和政府在人民群众中的威信，维护法律尊严和良好的社会风尚，保证国家机关的正常活动起了良好的作用。但仍有不少收受贿赂行为未受到法律制裁，这种现象的存在对党和政府起了严重的腐蚀作用，引起了群众不满。这些该受未受法律惩处的行为，主要有下述几种类型：

1. 国家工作人员利用国家工作人员的地位或身份（而不是利用所任职务执掌的业务和工作），为请托人牟利，收受请托人贿赂。例如人大常委主任或政协主席或分管人事工作的副市长，在本地区或外地区的有关单位为请托人购买钢材或化肥等供应紧张的物资，收受了请托人的贿赂；邮电局长为请托人办理（通过公安人员）出国护照或解决了城市户口落户问题收受请托人的贿赂，等等。我国1979年颁布的《刑法》第185条规定国家工作人员利用职务上的便利，收受贿赂为受贿罪。1982年3月8日全国人大常委会通过的《关于严惩严重破坏经济的罪犯的决定》中将《刑法》第185条原规定的“国家工作人员利用职务上便利，收受贿赂”，修改为“国家工作人员索贿、收受贿赂”。修改后的《刑法》，未规定国家工作人员利用职务上的便利，只规定具备国家工作人员身份（地位）收受贿赂便构成受贿罪。但全国人大常委会于1988年1月21日颁布的《关于惩治贪污罪贿赂罪的补充规定》又恢复了受贿罪中“国家工作人员利用职务上的便利”的内容。因《刑法》未规定国家工作人员利用其国家工作人员身份或地位收受贿赂为受贿罪，所以对一些国家工作人员利用其所任职务的身份或地位，而不是利用职务掌管的工作或业务收受贿赂，便无法律依据进行处罚。

2. 国家工作人员利用所任职务便利为请托人办事牟利，自己不收受请托人贿赂，而由其家属、亲属、朋友以及关系人向请托人收受贿赂，国家工作人员对此可能知情，也可能不知情。由于国家工作人员与其关系密切，对他们是合谋共同作案，还是国家工作人员确不知情，很难取证查清。这些向请托人收受贿赂的国

* 作者单位不详。

家工作人员的家属、亲属、朋友以及关系人,有的是国家工作人员,有的不是国家工作人员。因我国《刑法》规定国家工作人员利用职务上的便利,索取或收受请托人财物并为请托人牟利,才构成受贿罪。国家工作人员利用职务上的便利为请托人办事牟利,但不收受请托人财物,而收受请托人财物之人(国家工作人员或非国家工作人员两种人员均有)不利用自己所任职务为请托人办事牟利。这两种人的行为与刑法规定之受贿罪的犯罪构成要件不符合,对其惩处无法律依据。

3. 国家工作人员或非国家工作人员通过其他工作人员的职务或职务地位或身份或影响,为请托人办事牟利,而向请托人收受财物。利用职务办事者可能知道也可能不知道请他办事者向当事人收受财物。这样,国家工作人员利用职务上的便利,为请托人办事牟利而不收受贿赂,与不利用职务便利,为请托人办事牟利而收受贿赂,两个人的两种行为方式,与刑法规定受贿罪的犯罪构成不完全相符,对这种收受贿赂的行为进行惩治,无法律依据。当然查清了国家工作人员利用职务为请托人办事牟利,是与收受请托人贿赂者共同合谋作案,这是共同犯罪,对这种行为惩处是有法律根据的。因这是他们二人之间的事,即便是他们串通。一起共谋作案,也很难搜集到证据对他们进行治罪。

4. 离休、退休的国家工作人员利用在职时的人际关系,通过利用现在在职人员的职务,为请托人办事牟利,收受请托人的贿赂。因离休、退休人员已不是在职人员,又未利用职务便利为请托人办事牟利,对其收受贿赂处理也无法律依据。

5. 国家工作人员甲为请托人办事牟利,向请托人索要、收受财物,将收受的财物自己只留一小部分或不留,将其中大部分或全部给了其他国家工作人员。对甲以受贿罪处理无异议,而对其他国家工作人员,因其对此财物来源也可能知情,也可能不知情。这种行为与法律规定的受贿罪不完全相符,也不好处理。

所以会出现上述几种类型的收受贿赂的行为人未受惩治,其主要原因有两个。其一是我国《刑法》对贿赂罪的犯罪构成的规定很不严密,有很大的疏漏,《刑法》中有关受贿罪犯罪构成未能覆盖全部受贿罪的行为表现形态,对上述5种类型的受贿行为未规定为受贿罪。其二是实施受贿行为的人很认真地研究了我国《刑法》中关于受贿罪的规定和执法人员对法律的理解,变换其收受贿赂的行为方式、方法,使其行为与法律规定有点差异,使对号入座增加曲折和困难,以迷惑执法人员和善良的人们,达到其逃避法律制裁的目的。

上述5种受贿行为,不仅现在在我国存在,在中国历史上及当今世界上许多国家都有发生。中国历代的刑律以及当今世界上许多国家的刑法,对惩治这种犯罪行为都作了详细的规定。

中国唐朝的《唐律》、宋朝的《刑统》直至明朝的《明律》、清朝的《清律》都对受贿罪(当时叫职制罪、贪赃罪)规定得较详细。中国历代刑律都规定官吏以官吏身份、地位(未加利用职务上的便利的限制)索取、收受请托人(有事人)的财物为犯罪。计赃处刑(枉法的从重或加重处刑)大都规定了官吏或平民利用其他官吏的职务地位、身份便利(或利用其他官吏之势力或影响),为请托人办事牟利,向请托人(或有事人)索取、收受财物为犯罪,被利用职务的官吏,不知情不为罪,知情者为共同犯罪;大都规定了官吏的家属人员收受、索要他人财物,对官吏及其家人均予以治罪,官吏本人知情者与家属同罪,不知情者从轻减轻处刑,不坐赃;大都规定官吏索取或收受贿赂后,将所收受之财物分给其他官吏。对索要或收受者依其收受之全部贿赂财物处刑,对分得部分赃物者依其所分得之数额处刑;《唐律》、《刑统》还规定离职之官吏及其家属收受其原任新官馈与,便给予治罪。

抗日战争和解放战争时期,中国共产党领导的解放区一些地方政府,以及新中国成立后中央人民政府公布的《惩治贪污条例》,都规定只要具有从事公务之工作人员身份、地位而索取收受贿赂便构成贪污罪(即现在的受贿罪)。陕甘宁边区政府于1939年公布之《惩治贪污条例》规定,只要具有机关、部队及公营企业群众组织以及社会公益事务团体人员身份"勒索敲诈收受贿赂者"便构成受贿罪(当时叫贪污罪)。晋冀鲁豫边区政府于1948年颁布之《惩治贪污条例》规定:"本边区各级机关、团体、工厂、学校公私合作社及受政府领导或指导办理公营或公益事业的一切人员,凭借政治地位或职权,勒索、强占,敲诈或受贿者"便构成贪污罪(即现在所说的受贿罪)。新中国成立后,中央人民政府于1952年公布的《惩治贪污条例》规定,一切国家机关、企业、学校及其附属机构的工作人员"强索他人财物,收受贿赂"为贪污罪(即现在的受贿罪)。

当今世界上一些社会主义国家的刑法和一些资本主义国家的刑法,对贿赂罪都规定得较为详细严密。苏联、保加利亚和朝鲜民主主义共和国3国刑法除规定公职人员利用职务上的便利为请托人办事牟利,索要、收受请托人(有事人)财物为受贿罪外,还规定公职人员利用所任职务的地位为请托人(有事人)办事牟利、收受请托人的财物为受贿罪。保加利亚、捷克斯洛伐克、加拿大、印度和我国香港5个国家和地区的刑法除规定公职人员利用职务上的便利为请托人办事牟利,索取、收受请托人财物为受贿罪外,还规定公职人员利用公职的身份为请托人办事牟利,向请托人索取、收受贿赂为受贿罪。捷克、美国、加拿大3国刑法规定公民利用其他公务人员职务为请托人牟利益,收受请托人财物为受贿罪。捷克、意大利和我国香港3个国家和地区刑法规定公务人员利用其他公职人员职务为请托人牟利益，收受请托人财物为受贿罪。捷克、法国、意大利和美国4国的刑法把公民作为受贿罪的主体（不是指与公职人员共同犯罪，而是单独构成受贿罪主体），把公民利用其实际的或假定的影响力，为请托人办事牟利，收受请托人财物，规定为受贿罪。意大利、奥地利、加拿大、日本、印度、韩国、新加坡的刑法规定：公务人员利用自己担任之职权为请托人牟利益，不是为自己收受，而是为第三人收受请托人交付之利益为受贿罪。保加利亚、意大利、联邦德国、加拿大和泰国5个国家刑法规定收受之贿赂不仅包括财物，而且还包括其他利益，如加拿大刑法规定受贿利益包括职位、住所、雇佣等内容。日本刑法规定，公务人员先为请托人牟利，事后收贿赂为受贿罪。联邦德国、加拿大和日本3国刑法规定公务人员先收受请托人交付之利益或期约，将来为请托人牟利为受贿罪。法国、意大利、联邦德国、美国、奥地利、加拿大、韩国、泰国和新加坡的刑法规定，不仅把已收受的贿赂定为受贿罪，而且把要求交付、同意收受、期约（即商定以后给贿赂尚未给付）收受贿赂定为受贿罪予以刑罚。

为了保证我国国家机关、团体、国营、集体企事业单位正常活动，保证公务人员廉洁，保卫国家和人民利益不受损害，急需对我国刑法中有关受贿罪的条款内容作进一步补充立法，使之更完善、严密，能覆盖全部贿赂犯罪行为的表现，使贿赂犯罪分子在法律上无空隙可钻，不仅可以据此惩罚犯罪，同时它还有震慑作用，使那些企图犯罪者见刑法有明确惩罚规定而不去犯罪，达到预防犯罪的目的。为此建议我国《刑法》中有关贿赂罪的条款中增加下述六点内容：

1. 从事公务的人员利用所任职务的身份、地位为请托人牟利，收受或期约收受请托人交付的财物或其他利益便构成受贿罪。

2. 从事公务人员利用自己职务、地位、身份为请托人牟利，由自己的亲属、朋友以及关系人收受请托人财物。该公务人员与上述人共谋的为共同犯罪；公务人员不知情的，上述收受贿赂之人单独构成受贿罪。

3. 公务人员或非公务人员利用自己的影响通过利用其他公务人员职务，身份、地位为请托人牟利，收受请托人之财物或其他利益构成受贿罪。该“其他公务员”知情者为共同犯罪，不知情者不构成犯罪，收受请托人贿赂者构成受贿罪。

4. 国家工作人员的家属收受请该国家工作人员办事之人的财物或其他利益为受贿罪。该国家工作人员知情者为共同犯罪，不知情者只追究其家属人员受贿罪。

5. 离休、退休的国家工作人员利用自己的身份、地位，通过利用其他公务人员职务、身份、地位为请托人牟利，收受请托人之财物或其他利益为受贿罪。

6. 国家工作人员索要、收受贿赂，将所索要、收受之财物全部给其他国家工作人员或非国家工作人员；或者自己分得一小部分，将其余部分给其他国家工作人员或非国家工作人员，此国家工作人员构成受贿罪。根据其索要收受贿赂数额之总额惩罚，其他得到赃物者如是知情者，则为共同犯罪，根据其所得赃物多少惩罚，如不知情，只追缴所得之赃物。

（1990年第2期）

离婚中的“丈夫”能否成为强奸主体

刘德法*

李某(男,32岁),1979年与张某(女,30岁)自由恋爱结婚。婚后感情一般,李经常以张某未生育为借口打骂、折磨张某,最终导致夫妻感情破裂。1990年2月,张某诉请法院要求解除与李某的婚姻关系。法院受理此案后,在审判员主持下,经调解,他们二人达成书面协议:解除婚姻关系,夫妻共有财产平均分割。审判员当场向二人宣读复核了双方达成的书面协议,二人均承认协议内容属双方自愿一致的意思表示。审判员宣布3日内制作调解书,加盖院章后送达双方当事人。当晚,李某以共同清点财产为由,将张某从娘家邀到原住处,李某手持尖刀,威逼张某与自己同寝,张某拒不同意,李某便一拳击昏张某,用事先准备好的尼龙绳将她手腿捆绑,强行与张某发生性关系。次日凌晨,张某就到公安机关报案,强烈要求追究李某的刑事责任。

对李某的行为如何定性,存在分歧,主要有两种意见:

第一种意见认为:李某的行为已构成强奸罪。理由是:(1)李某行为侵犯了妇女性的不可侵犯的权利。张某作为一个成年妇女,有权利也有能力按照自己的意志决定自己的正当性行为。是否与李某发生性行为,张某有自决权,这是她神圣不可侵犯的合法权利。李某以暴力手段与之强行性交,显然是对张某这种权利的严重侵犯。(2)客观上,李某采取了拳击绳绑的暴力,和以尖刀相威胁的胁迫手段,李某与张某的性交是在违背张某的意志情况下强行实施的,符合强奸罪的本质特征。(3)李某与张某已经达成离婚的书面协议,解除了婚姻关系,李某采用暴力奸淫张某的行为完全符合强奸罪特征。

第二种意见认为,李某的行为不构成强奸罪,应定为虐待罪。理由是:(1)李某与张某仍然是夫妻关系,丈夫强行同妻子性交,定强奸罪,于法无据。我国《民事诉讼法(试行)》第101条第1款规定:“调解达成协议,应当制作调解书,由审判人员、书记员署名,并加盖人民法院印章。调解书送达后,即具有法律效力。”另据1984年8月30日最高人民法院《关于贯彻执行〈中华人民共和国民事诉讼法(试行)〉若干问题的意见》第23条规定:“调解书应当直接送达当事人

---

* 作者单位:郑州大学。

本人。一方拒绝签收,应视为调解不成,原调解书不发生效力……”据此,李某与张某双方虽已自愿达成解除婚姻关系的协议,但李某与张某强行发生性交之前,人民法院还未将该协议制作成调解书送达双方当事人,他们原有的合法婚姻关系仍然存在。李某无论采取什么手段与张某发生性行为,都仍然是在具有合法婚姻关系的夫妻间发生的性行为。从我国刑法学理论上来讲,采取暴力手段、在违背妇女意志的情况下与妇女发生的必须是夫妻关系以外的不正当性行为,才能对行为人定强奸罪。我国刑事法律没有规定丈夫可以成为强奸妻子的犯罪主体,如果丈夫强行同妻子性交,手段恶劣,触犯其他罪名的,可按其他犯罪论处。本案李某符合虐待罪的主体资格。(2)李某用暴力手段,强行与张某发生性交的行为,属于他经常虐待妻子行为的延续。张某之所以提出与李某离婚,其原因就是不堪忍受李某的长期虐待,他对妻子的肉体摧残和精神折磨一直延续到即将解除婚姻关系之际。此次采取暴力手段与妻子强行性交,正是李某虐待妻子行为的一次集中表现。(3)李某在婚姻关系存续期间强行与妻子性交的主观方面,就是要故意地对张某进行肉体和精神上的折磨,其行为动机则是对提出离婚请求的张某泄愤报复。综合全案事实,李某的行为符合虐待罪的构成条件。

笔者持第二种意见。为接受本案的教训,笔者建议:基层人民法院对于双方均同意解除婚姻关系的离婚案件,可以不制作调解书,由书记员将当事人双方达成的调解协议记入笔录,经双方当事人、审判人员、书记员签名或者盖章后,当场发生法律效力,以避免类似事情的发生,切实保护妇女的合法利益。

(1990年第9期)

诬告陷害罪应明确规定法定刑

张永华*

诬告陷害罪是一种严重侵犯公民人身权利和国家机关正常活动的犯罪。诬告陷害罪的情况是十分复杂的。诬告者主观上具有诬告陷害他人,使他人受到刑罚处罚的犯罪目的,而就各个不同的诬告者而言,其犯罪动机则往往各异。诬告陷害的内容,包括了我国刑法分则规定的轻重不同的各种犯罪;而这些犯罪的法定刑,又包括了悬殊极大的所有刑种及量刑幅度。诬告陷害罪有一个重要特点。即"控告人"、"检举人"所"控告"、"检举"的事实是捏造的,客观上并不存在。正因为如此,才使得"控告人"、"检举人"成为诬告者,因陷害他人而要承担刑事责任。中国历史上对诬告者采用"反坐"的刑事处罚原则,即诬告他人犯有什么罪,对诬告者即按这种罪予以刑罚处罚。但是,诬告者诬告他人所犯的某种罪行实际上并不存在,如果按照这种并不存在的罪行反过来对诬告者裁量刑罚,无疑失当。有鉴于此,我国《刑法》第138条对诬告陷害罪的规定是"……凡捏造事实诬告陷害他人(包括犯人)的,参照所诬陷的罪行的性质,情节、后果和量刑标准给予刑事处分……"

我国《刑法》第138条对诬告陷害罪的规定,摒弃了"诬告反坐"的传统刑事处罚原则,但还不彻底。因为,对诬告者的刑罚处罚,仍然要"参照"诬告者诬告他人所犯的某种实际上并不存在的罪行的"性质、情节、后果和量刑标准"进行裁量,而不是根据诬告陷害行为本身的社会危害性程度、诬告陷害行为人的主观恶性等因素进行裁量。并且这一规定还表明,我国《刑法》中有诬告陷害罪这一罪名,但没有法定刑。从刑法理论和司法实践的角度而言,对诬告陷害罪没有明确规定法定刑,有下列不足之处。

第一,违背了我国《刑法》关于"罪刑法定"原则,不利于案件的正确处理。

第二,我国《刑法》第57条规定刑事审判中的量刑原则是"应当根据犯罪的事实,犯罪的性质,情节和对于社会的危害程度",依法对犯罪分子决定刑罚;而我国《刑法》第138条规定,对诬告陷害罪的处罚要"参照所诬陷的罪行的性质、情节、后果和量刑标准"进行。与《刑法》第57条所规定的关于量刑的一般原则

* 作者单位不详。

有失一致。

第三,任何直接故意犯罪,行为人在主观上都具有某种目的。正确地判定行为人实施犯罪的目的,对于认定犯罪构成的主观方面具有重大意义。诬告他人犯有盗窃罪,诬告者在主观上并非具有"非法占有"的目的,但对诬告者裁量刑罚,则要参照具有"非法占有"目的的盗窃罪的"性质、情节、后果和量刑标准"予以处罚。主客观要件并不统一,行为人如何承担刑事责任?就犯罪构成理论而言,《刑法》第138条对诬告陷害罪的处罚规定,有继续探究的必要。

第四,司法实践证明,由于审判人员自身素质的差异,对明确规定了法定刑,且造成的社会危害性程度又大体相当的同一罪名的犯罪,在量刑幅度上尚相差悬殊,而"参照"给审判机关留有更大余地,往往会导致某些审判人员随意性,致使量刑失当,与我国刑法"罪刑相适应"原则相悖。

第五,由于没有对诬告陷害罪明确规定法定刑,所以,受到刑罚处罚的诬告者,往往不知道对自己的处罚是否罪刑相应,亦即是否公平。这样,显然不利于对罪犯的改造。

综上所述,我国刑法应当对诬告陷害罪明确规定法定刑。

诬告以捏造某种犯罪事实为前提,因而破绽多,漏洞大,诬告者企图使他人受刑事处罚的犯罪目的往往未能达到,这就造成一种假象,似乎被诬告者并未受到什么损害,司法实践中也往往不对诬告者追究刑事责任。这种现象不仅有损于法律的尊严和公正,而且使我国刑法有失保护公民人身权利、维护国家机关正常活动的积极作用,甚至还会助长类似犯罪的发生。

诬告陷害犯罪属于行为犯,只要诬告者捏造犯罪事实并向国家机关告发,本罪即告成立,至于诬告者的犯罪目的是否达到,亦即被诬告者是否受到刑罚处罚,对本罪成立没有任何影响。司法实践中,本罪的客观表现形式有以下4种:第一,行为人捏造犯罪事实并向国家机关告发,但被识破,国家有关职能机关不予立案。第二,国家有关职能机关立案之后,被诬告者被国家审判机关作出有罪宣告之前,诬告者主动自首。第三,国家有关职能机关立案之后,被诬告者被国家审判机关作出有罪宣告之前,诬告者的罪行败露。第四,被诬告者因受诬陷而被处以刑罚。

诬告陷害罪侵犯的客体,是公民的人身权利和国家机关的正常活动。公民的人身权利和国家机关正常活动被侵犯的程度轻重,应当是量刑轻重的主要依据之一,从司法实践看,诬告陷害罪的社会危害性程度,并不完全取决于诬告者所诬告的罪名的性质。诬告者所诬告的是重罪。诬告行为的社会危害性程度可能较轻;反之亦然。例如,诬告他人犯有故意杀人罪,其诬告罪行可能很快败露,被诬告者未受到刑罚处罚;反之,诬告他人犯有破坏军人婚姻罪,不但侵犯了被诬告者的人身权利和国家机关的正常活动,而且侵犯了现役军人配偶的人身权利,甚至可能由此造成意想不到的后果。由此可见,准确地把握诬告陷害罪的社会危害性程度,是正确合理量刑的关键。

根据诬告陷害罪社会危害性程度的轻重,可以将诬告陷害行为划分为3种情况:第一,一般诬告是指国家有关职能机关没有对诬告者所诬告之罪立案,或者没有对被诬告者作出有罪判决。第二,情节恶劣的诬告是指:(1)国家工作人员诬告;(2)多次诬告,或者诬告多人;(3)为首串通,纠集多人共同诬告;(4)报复诬告,以被诬告者曾对诬告者的不法行为进行过公开否定为限。第三,后果严重的诬告是指:(1)被诬告者因受诬告而被处以刑罚;(2)被诬告者在物质、精神上受到重大损害;(3)在社会上造成重大恶劣影响。

据此,建议我国《刑法》对诬告陷害罪明确规定法定刑:

凡捏造事实诬告陷害他人的,处3年以下有期徒刑;情节恶劣的,处3年以上10年以下有期徒刑;造成严重后果的,处10年以上有期徒刑或者无期徒刑。

如果被诬告者因受诬告而被判处死刑,并且在死刑判决执行之后,案件的事实真相才被发现,那么,对诬告者最高只能处无期徒刑,诬告陷害罪的法定最高刑是否偏低?也就是说,"诬告反坐"的刑事处罚原则在这种特殊的情况下能否适用?要回答这个问题。必须注意到诬告陷害罪的立法原意和我国刑事审判制度的特点。

从根本上说,我国《刑法》规定对实行诬告陷害的人要予以刑罚处罚,旨在保护公民的人身权利和国家机关的正常活动,预防类似犯罪的发生,某人因受他人诬告犯有死罪,被非法判处死刑并予以执行,其生命终结,诬告行为所侵犯的,仍然是公民的人身权利和国家机关的正常活动,并非公民个人的生命权利,诬告者应当承担的,仍然是诬告陷害罪的刑事责任,而并非故意杀人罪的刑事责任。因此,"诬告反坐"不是,也不应当是我国刑法中诬告陷害罪的刑事处罚原则,因为"诬告反坐"的实质是"以牙还牙、以血还血"的刑罚报复主义,为社会主义刑事立法所不取。

"以事实为根据"是我国刑事审判工作的基本原则之一。只有犯罪事实清楚,犯罪证据确实充分,才能"以法律为准绳",依法对被告人作出有罪宣告并予以刑罚处罚。若根本无罪的人因受他人诬告而被判处并执行死刑,诬告者所诬告的事实和提供的证据,貌似具有无可否认的控诉力量和不容置疑的证明能力是一个重要原因,而国家有关职能机关工作的重大失误也是一个重要原因。可以说,诬告陷害行为的得逞只是为诬告者所具有的犯罪目的的实现,提供了一种可能和条件，而国家有关职能机关工作的重大失误，在客观上使诬告者的犯罪目的最终得以实现。

诬告者的主观恶性应当引起我们充分注意，并在裁量刑罚的时候予以充分的考虑。但是，即使被诬告者被判处并执行死刑，对诬告者判处死刑也是不确当和不公正的。

（1990年第10期）

罪刑相适应与中国刑法观念的更新

李华平*

欲求中国刑法的现代化，抛弃陈腐落伍的旧刑法观念、实现刑法观念的现代化应为先导。中国刑法的现代化，始于民国时期资产阶级刑事法律的制定，但是，在中国刑法现代化的历史进程中，一直是步履蹒跚，迄今，一些与刑法现代化进程背道而驰的传统观念仍然严重阻碍着我国刑法的现代化进程。刑法理论中罪刑相适应蕴涵的报应与复仇观念，便首先成为应予扬弃的观念。

罪刑相适应刑事政策在处理罪刑关系上采取的是一种寻求刑罚与犯罪行为的质与量上的等价性的法律模式。这种观念可溯至蒙昧时期的同态复仇观念，宗教教义关于"善有善报、恶有恶报"的哲学信条，给这种法律模式戴上神圣的光环。近代资本主义自由商品经济所恪守的等价、有偿、互利的民法原则，更使人们在惩罚犯罪时以已然的犯罪行为的实际危害性作为裁量刑罚的唯一根据（至少是最重要的根据），锱铢计较于二者质与量上的差异性，追求罪与罚的绝对均衡性显得天经地义、无懈可击。罪刑相适应的基质是报复主义，其立足点是建立在一种过去的心理之上的应受谴责性，因而，它是一种"向后看"的理论，循此行事，既掩饰了人类所固有的报复欲，同时，又使得人类矫治犯罪社会疾病上的科学性无从谈起。马克思早期曾一度深受黑格尔报应主义的影响，对罪刑相适应原则予以肯定，把犯罪人犯罪行为的界限作为社会对之进行惩罚的界限，犯罪行为的实际危害性的程度，制约刑罚在质与量上的规定性。这个思想在其《第六届莱茵省议会的辩论》中得到系统的阐述和发挥，①，但其后，马克思又对此进行了反思性的清理与批判，指出，"这种把刑罚看成是罪犯个人意声的结果的理论只不过是古代"报复刑"——以眼还眼、以牙还牙、以血还血——的思辨表现罢了。"②罪刑相适应作为刑法的一个基本原则，支配着我们的刑事立法、刑事司法与刑法学理论研究，同时也作为一种评判刑法制度的价值标准，存在于人们的法律意识之中。在社会科学化、科学社会化的今天，报复主义不能不说是刑法学界的悲剧。

---

* 作者单位不详。

① 《马克思恩格斯全集》（第1卷），人民出版社1956年版，第140～141页。

② 《马克思恩格斯全集》（第8卷），人民出版社1956年版，第579页。

其实，社会对犯罪人实施刑罚，其目的并不是惩罚，而是避免犯罪，即预防犯罪。科学的刑事政策应立足于预防犯罪，通过对受刑人的成功矫治，使之作为一个正常的人回归因犯罪而被排泄于其外的自由社会。当代中国社会再犯率的上升，要求我们对传统的立足于罪刑相适应的刑事政策进行反思和检讨。历史的、现实的经验表明，报复主义的刑事政策无力阻挡犯罪浪潮的袭击。研究刑法的人，都知道刑罚在降低犯罪率上的作用是极其有限的。19世纪末，在意大利出现的犯罪狂潮宣告了古典刑法学派时代的结束，而揭开了世界范围内刑法现代化的序幕。世界刑法现代化进程是循着一条由古典刑法学派所主张的客观主义，向刑法实证学派所主张的主观主义演变的道路，同样，中国刑法的现代化，也应实现由“行为中心论”向“犯罪人中心论”转轨。

“行为中心论”刑法哲学着眼于犯罪结果，而无视犯罪人的存在。意大利学者菲利嘲笑这种刑事政策思想“忘记了犯罪人的人格，而仅把犯罪作为抽象的法律现象进行处理。这与旧医学不顾病人的人格，仅把疾病作为抽象的病理现象进行治疗一样”。而“犯罪人中心论”则强调定罪量刑应以犯罪人的人身危险性为依据，至于犯罪人人身危险性外化的客观危害性，仅仅是考察犯罪人人身危险性大小的依据之一而已。量刑机关对犯罪人的量刑过程，就是一个对决定犯罪人人身危险性诸因素：犯罪原因、犯罪动机、犯罪人的一贯表现、生理状况、精神状况、遗传关系、危害后果、经济状况、职业状况等进行综合考察，确定适合犯罪人重新塑造、重新适合社会正常生活之所需的刑量“剂量”的过程。行刑过程的重要，任务之一便是根据犯罪人的矫正“疗效”对刑量进行调剂，从而避免量刑的“过”与“不及”。由于上述诸因素对犯罪人人身危险性决定作用在不同人身上是各不相同的，因此，对不同的犯罪人就应采取不同种类、不同“剂量”的刑罚方法。一句话，中国刑法科学化与现代化的理论模式，应当是刑罚个别化。服务于刑罚个别化的刑罚立法、犯罪立法、量刑与行刑过程，则是中国刑法现代化，这一未来走向得以达到的前提与保证。

中国刑法现代化的理论要求体现为：

首先，在犯罪论上，犯罪不应被视为基于自由意志的利害权衡的结果，犯罪动力的大小，也并非是由犯罪与刑罚之间利益“差额”大小决定的。相反，犯罪人之所以成为罪犯，根源于他所处的从内部、外部，从精神和物质上促使他走向犯罪的生活环境之中。一个人犯罪驱动力的大小，主要取决于他所处的社会环境和所受的教育向他提出的需求，以及他的心理素质与生理素质。因此，要想最大限度地发挥刑法在预防犯罪上的作用，就必须抛弃企图借助罪与刑的均衡来抑制犯罪的刑事策略，同时，把犯罪作为一种社会疾病来治疗。犯罪情况，是社会有机体内部健康状况的人类学指标。犯罪人既是一个野蛮人,又是社会的牺牲品,面对犯罪率的上升,立法者首先想到的不应是刑罚,而应着眼于社会的自我完善,在社会的自我完善中消除或削弱促使犯罪的社会基因。无视社会自身所固有的不健康因素,动辄诉诸刑罚,以为"重一奸之罪,而止境内之邪",为现代科学刑事政策之大忌。

其次,在刑罚论上,刑罚体系不应被视为根据犯罪行为的危害性而设立的刑量"价格表",以便待行为危害之价而"沽"。刑种的选择与安排,只是为了矫正犯罪之所需。因而,刑种的规定,并不一定以惩罚性为前提,刑种的多样性,刑罚功能的多元化,是刑法现代化的内在要求。苏联、东欧国家刑罚体系中大量非刑罚处理方法的渗入,便是苏东国家刑法日益现代化的一个标志。

最后,在行刑制度上,行刑机构的一个重要任务便是根据刑罚矫治犯罪人"疗效"状况对刑罚进行调整。对那些疗效较好不需执行全部刑罚者,可将其提前放归社会,以便尽早适应社会的正常生活;对于那些恶习未改,尚需进一步"治疗"者,可延长其刑期;对于那些虽具有一定人身危险性,但并不需要将其隔离者,就不必判处监禁处分。因此,现代刑事政策需要有灵活多样的行刑制度,除了缓刑、假释制度,还应有延长刑期制度。

罪刑相适应的报复观念已根植于我国国民的心中。在当前社会主义初级阶段,商品经济蓬勃发展,罪刑等价意识不仅不会被削弱,相反,还有可能愈益强化。因此,中国刑法的现代化进程不可能是一帆风顺的,一者它要克服固有的报复观念,二者又要抵制商品经济等价意识的冲击。

历史的十字路口,任何犹豫都是有害的。要么是熟视无睹于犯罪狂潮的到来,置刑罚无效性于不顾;要么是实现刑法由行为中心向犯罪人中心、由罪刑相适应向刑罚个别化发展,这里是没有多少折中余地的。

(1990年第12期)

1991 年

刑事司法中的“就轻不就重”

王　勇*

就轻不就重，是刑事司法实践中惯常的一种做法，其含义比较广泛，在司法实践中，具有如下几个方面的含义：

1. 在证据的确认上，如果证据材料有证明罪轻和罪重等多种证明力，但并不能确定证明罪重或罪轻，则确认证明罪轻的证据有效。

2. 在定罪上，就轻不就重是指：

(1)被告人可能犯有数罪，但能够查证属实的只有一罪或者其中几罪，应按查证属实的罪数去认定。

(2)被告人可能犯有较重的罪，但能够查证属实的只是较轻的罪，应当按较轻的罪予以认定。

(3)被告人所犯之罪可能属牵连犯或吸收犯等情况，但能够确认的只是其中处刑较轻的一个犯罪行为，那么，只能按所认定的这一犯罪行为定罪。

3. 在量刑上，就轻不就重的含义十分明确，即可判可不判(免刑)的不判，可重判可轻判的轻判，可杀可不杀的不杀。

对于就轻不就重的这种做法，还是应当予以肯定的。有人曾从理论基础上对其提出了怀疑，认为它是与马克思主义的唯物论背道而驰的。他们认为，实事求是与马克思主义的基本精神。在刑事司法实践中，应当以实事求是的态度来确认证据和定罪量刑，一是一，二是二，该重判的重判，该轻判的轻判，绝不可含糊不清，模棱两可。笔者认为，这种实事求是的精神是应当肯定的。但是，在特殊情况下如何来看待实事求是的精神，笔者却存有不同的认识。马克思主义告诉我们，人的认识是有限的，人们在一定的时间内对于一定的社会现象不可能认识得一清二楚。犯罪是一种十分复杂的社会现象，带有很大的隐蔽性。虽然我们的侦查手段较之过去要发达得多，先进得多，绝大多数犯罪也能予以查证清楚，但无论怎样，人的认识不可能会十全十美地把所有犯罪都反映出来，必定会出现那种因人的主观认识的限制而导致的不能完全查明犯罪事实情节的情况。这样，就可能要求司法人员在“轻”与“重”之间进行判断，从而也就导致了就轻

---

* 作者单位：中国人民大学。

不就重这种做法的出现。可见,承认就轻不就重问题的存在,也是一种实事求是的态度。

但为什么是就轻不就重,而不是就重不就轻呢?笔者认为,对于这个问题可从4个方面来理解:

其一,以实事求是的观点来看,就轻比就重更具有事实根据。例如,就被告人贩卖了20盒淫秽录像带还是30盒淫秽录像带的问题。证明20盒的证据肯定比证明30盒的证据更具证明力。因为证明80盒的证据同时也证明了"必有20盒"的事实,而证明20盒的证据则证明不了"必有30盒"的事实。所以,证明贩卖20盒淫秽录像带这一较轻犯罪事实的证据相对来说更为充足。在定罪和量刑问题上,也都存在类似的答案,即就轻的事实根据大于就重的事实根据。

其二,从预防犯罪的角度来看,就轻比就重更能体现党和国家对犯罪分子的教育挽救方针,有助于犯罪分子的改造,使他们早日回归社会,重新做人。同时,这也是同党和国家"可从宽的一律从宽"、"可杀可不杀的坚决不杀"等刑事政策相一致的。

其三,从司法人员的工作态度和责任心上讲,就轻比就重更能体现司法人员对刑事司法工作的谨慎、认真和负责态度,有助于防止冤、假,错案的发生。刑事司法工作不同于其他工作,它关系到人的权利、财产、自由甚至生命,稍有不慎,便会出大错,因此,对于把握不住的问题从轻处理,是十分必要的。

其四,从刑法的历史和现状来看,就轻不就重也是与刑法的历史发展中所形成的一些原则相吻合的。例如,在中国古代,刑法上就有"惟疑从轻"之说。《唐律》曾规定:"诸疑罪,各依所犯以赎论"。该条疏议曰:"疑罪,谓事有疑似,处断难明,各依所犯以赎论,谓依所疑之罪用赎法收赎"。就是说,对疑罪,只能处以赎刑。从现代西方国家的刑法来看,则处处体现了有利于被告的原则。我国刑法关于刑法溯及力(从旧兼从轻原则)的规定等,也体现了就轻不就重的这一精神。这说明,就轻不就重是有一定的背景依据的。

当然,就轻不就重这种做法也存有许多不可克服的缺点,主要表现为:

第一,就轻不就重,从认识论上讲,基于人的认识的有限性,但是,人的认识的有限性是暂时的,是针对一定的时间而言的,随着时间的推移,过去一些可能暂时无法弄清的犯罪事实终会真相大白。因此,采取就轻不就重的方法,就有可能导致这么一种情况:对于犯有较重罪行的犯罪分子,只认定了其较轻的罪行,给予了较轻的刑罚,从而没有做到罪刑相适应。

第二,如果把就轻不就重作为一项原则来认可,就可能会使一些司法人员产生懒惰思想,使其为图省事而不肯花大力气去深入调查研究,弄清事实真相。犯罪活动错综复杂,隐蔽性强,是需要大量的调查研究和分析才能搞清楚的。只要司法人员肯下工夫,绝大多数的犯罪事实终会大白于天下的。但是,如果我们过多依赖于就轻不就重的做法,就有可能使某些司法人员产生这种想法,即事实搞不清楚时就按轻的来认定、来判刑。这样一来,不但会使司法人员产生懒惰思想,而且违背“以事实为根据”原则,产生不良后果。

第三,按照就轻不就重来办,也可能会让一些犯罪分子钻空子。尤其是对于一些我们掌握证据尚不十分充分的犯罪案件,如果犯罪分子死不供认,百般狡辩,而我们又一时无法从其他方面来予以证实犯罪事实的,若按照就轻不就重的办法来处理,肯定会使犯罪分子受到宽纵;而对于那些认罪态度好的罪犯,由于其交代了犯罪事实,从而根据其犯罪事实而给予了严惩,就显得不是太合理,也会给我们贯彻“坦白从宽”政策带来困难。

可见,就轻不就重作为一种迫不得已的手段,并不能成为刑事司法中的一项原则,更不能使之得到普遍的运用,而应当尽量地避免采用这么一种做法,只有在确实无法完全查明案件事实真相时,作为一种最后手段,方可采用之。

由于就轻不就重的做法存有如此多的弊端,因此在实际运用这一方法时就应当十分注意,尤其应当注意以下几个方面的问题。

第一,就轻不就重不是司法活动的出发点,也不是贯穿整个司法活动的原则,而是不得已情况下的一种最后手段。在刑事司法工作中,司法人员首先要做的是认真、客观、全面的调查研究工作,而不是先入为主的“就轻”或“就重”调查,更不可抱有“反正可以就轻不就重,简单搞搞就行了”的想法就轻不就重,必须是在已作了大量的调查研究基础上,动用了一切可以动用的手段,但由于一时无法克服的客观原因或条件而实在无法查证清楚的情况下,才可作为不得已的最后手段而运用。任何尚未作充分和细致的调查研究就匆匆以就轻不就重的办法给案件下结论的做法,都是不对的,是不负责任的一种表现。

第二,就轻不就重,就是就轻来认定犯罪和处罚,而不是取轻与重之间的中间值。如前所例,犯罪分子贩卖20盒淫秽录像带还是贩卖30盒淫秽录像带搞不清楚,就按其贩卖了20盒淫秽录像带来认定,而不能以其贩卖了25盒淫秽录像带来认定,或者在认定时按照20盒来认定,但在处罚时却按贩卖了25盒的罪行来处罚。这一点是尤其要强调的。因为在司法实践中,有些司法人员遇到这种情况,往往在认定上就轻认定,而在处罚上却不就轻处理。这是不对的。认定事实是量刑的基础,事实如何认定,量刑亦即如何,而不能因为怀疑罪犯犯有更大的罪,但无充足证据证明,只能认定其较轻的罪,就觉得便宜了罪犯,从而在量刑时在一定幅度内予以从重处罚。这种方法使定罪和量刑相脱离,显然不是一种科学的方法。

第三，从程序和制度上来保证就轻不就重的方法不致被滥用。具体来说，检察机关对于公安机关移送审查起诉的案件，如发现事实不清，不应采用就轻不就重方法处理的而采用了的，应退回补充侦查，同样，法院对于检察机关移送起诉的案件，如发现上述情况，也应及时退回补充侦查。而法院在审判过程中如不正确使用就轻不就重方法的，则可通过上诉程序、抗诉程序甚至审判监督程序来予以纠正。

总之，在司法实践中运用就轻不就重的方法，必须要严格限定条件，不能随意滥用，唯此才能保证办案质量，才能稳、准、狠地打击犯罪分子。

（1991 年第 7 期）

也谈罪刑相适应与中国刑法观念更新

——与李华平同志商榷

陈正云*

《法学》1990年第12期刊登了李华平同志的《罪刑相适应与中国刑法观念的更新》一文(以下简称"李文"),"李文"认为,要实现中国刑法现代化,就必须进行刑法观念的更新,必须抛弃罪刑相适应的观念和原则,实行刑法"行为中心论"向"犯罪人中心论"的转轨,向刑罚个别化发展。对此,笔者不敢苟同,特与之商榷。

一、主张抛弃罪刑相适应观念和原则缺乏科学根据

"李文"主张废除罪刑相适应的观念和原则的理由主要有4条:一是认为罪刑相适应观念实质上是同态复仇、报复主义;二是认为罪刑相适应原则不符合马克思主义,为马克思本人所反对;三是认为罪刑相适应原则只注意犯罪的社会危害性,忽视了罪犯的主观人身危险性;四是认为罪刑相适应原则往往会导致量刑上的"过"或"不及",无益于对罪犯的改造。笔者认为,"李文"的这些理由都是站不住脚、经不住推敲的。

1. 罪刑相适应原则的根本任务是解决罪行与刑种、刑度间的挂钩问题。罪刑相适应原则是一个连接器,同时又是一个控制器,使罪与刑两者不会偏离或偏离不至于过大。它是代表国家的审判机关对社会也是对罪犯本人负责的一种制约原则,谋求公平正义。它无论如何也不可能和同态复仇、报复主义相提并论。同态复仇、报复主义的"以牙还牙"、"以血还血",讲究绝对的平衡,极端的对等,正是不讲正义、践踏公平的体现。罪刑相适应原则与同态复仇、报复主义有着本质的不同。同时,同态复仇、报复主义从根本上说没有什么程序约束可言,复仇报复的对象范围不仅仅针对加害人本人,有时还涉及其所属氏族、部落的有关成员,拥有复仇报复权利的人也不仅仅以受害人本人为限,有时其所属氏族、部落的成员也享有此权。而罪刑相适应原则只能是国家审判机关依照法定程序对罪

* 作者单位:华东政法学院(现华东政法大学)。

犯本人,根据案件的具体情况去适用刑罚必须遵守的一个原则,做到重罪重判、轻罪轻判、罪刑相称、罚当其罪,其目的是通过公平、正义的刑罚来惩罚教育改造罪犯,从而最大限度地预防、减少犯罪。

2. 认为罪刑相适应原则不符合马克思主义,甚至受到过马克思本人的清理和批判,这也不是实事求是的。相反,罪刑相适应原则是符合马克思主义的,马克思本人也是主张这一原则的。这一点,马克思主义的创立者们曾经有诸多论述。马克思以侵犯财产的行为为例,指出,“如果对任何侵犯财产的行为都不加区别,不给比较具体的定义而一概当做盗窃”,那就是一种“粗暴的观点”,“如果犯罪的概念要有惩罚,那么实际的罪行就要有一定的惩罚尺度。实际的罪行是有界限的,因此,就是为了使惩罚成为实际的,惩罚也应该有界限”,罪犯“受惩罚的界限应该是他的行为的界限。犯法的一定内容就是一定罪行的界限”。①这里所说的“界限”是指罪行的危害程度,所说的惩罚的“界限”就是指刑罚的轻重程度。按照马克思的观点,对罪犯适用的刑罚偏轻偏重都是有害的。如果罪犯所受到的惩罚比应受的惩罚轻,就会使有意识犯罪的人感到,犯罪后“他们可能受到的处罚同他们因破坏法律而获得的利益比起来实在太微小了”。②“如果罪犯所受的惩罚重,那就是采取不考虑任何差别的残酷手段,使惩罚毫无效果”。这样一来,惩罚就会“比过错引起更大的恶感”。使人们对于犯罪的憎恶变成了对于酷刑的憎恶,从而使“犯罪的耻辱”变成了“法律的耻辱”。如果实际的惩罚超过了应受惩罚的界限,那么对于犯罪来说也是不公正的,就不可能做到使“惩罚在罪犯看来应该是他的行为的必然结果——因而也应该是他本身的行为”。③

可见,马克思本人是主张罪刑相适应原则的,并且对该原则的含义、要求,具体做法等作了精辟的阐述,对不遵守该原则的种种恶果作了具体分析。至于“李文”引用马克思以为把刑罚看成是罪犯个人意志的结果的理论只不过是古代的“报复刑——以眼还眼、以牙还牙、以血还血——的思辨表现罢了”。并不能说明马克思在批判罪刑相适应原则,而恰恰是在批判那些把罪刑相适应错误地看成是同态复仇的人们的不正确的认识。

3. 罪刑相适原则并非不顾罪犯人身危险性情况,相反,它不仅要求考虑犯罪行为的客观社会危害性,而且也要求考虑罪犯的人格特征的人身的主观危险

---

① 《马克思恩格斯全集》(第1卷),人民出版社1956年版,第140~141页。

② 同上,第460页。

③ 同上,第130、140、141、148页。

性的大小。适用刑罚,既要以犯罪为依据,又要考虑犯罪分子的具体情况,包括其一贯表现、犯罪原因、犯罪动机、认罪态度、精神状况、生理状况、经济情况等。我国刑法对具有各种不同人格特征的人的犯罪情况分别规定了从宽、从严处罚的原则,例如将故意犯罪与过失犯罪相区别,有关刑事责任年龄的规定,对精神病人、聋哑人、盲人、孕妇适用刑罚的规定,以及累犯、惯犯和共同犯罪中的各类人员适用刑罚的规定,等等,主要就是针对罪犯主观人身危险性不同而作出的。

4. 导致量刑的"过"或"不及"的原因是多方面的,但不是基于罪刑相适应原则。罪刑相适应原则要求审判机关根据罪行和犯罪时罪犯的主观人身危险性的大小,综合分析确定相应的刑罚,并不要求审判人员预见罪犯在以后服刑中的表现情况。即使罪犯在以后服刑过程中的表现与所处刑罚有所偏离,也不能认为当时所判之刑罚有所不当。如果当时所处的刑罚就与罪犯的人身危险性大小和罪行大小不相适应,出现量刑的"过"或"不及",正是没有坚持罪刑相适应原则所造成的,这也反映了坚持罪刑相适应原则的正确性和必要性。

二、"李文"中的某些看法和建议有悖于现代刑法理论

1. "李文"在谈到中国刑法现代化、实行刑法观念更新时,主张两个转变,即刑法的"行为中心论"转变为"犯罪人中心论","罪刑相适应"向"刑罚个别化"原则转变。笔者认为,把行为中心与犯罪人中心、罪刑相适应与刑罚个别化对立起来,同时认为犯罪数量增加是坚持罪刑相适应和行为中心论的结果,这是不正确,不公正的。其一,造成刑罚效果不大,犯罪久打不下的因素是多方面的,不能归罪于刑法的行为中心和坚持罪刑相适应原则。其二,罪刑相适应和刑罚个别化并不矛盾,不存在罪刑相适应向刑罚个别化发展转变的问题。如前所述罪刑相适应已经考虑了每个案件的社会危害、情节、性质和罪犯的主观人身危险性的大小,行为人的罪过形式,目的动机等情况,它本身已包含了刑罚个别化,它是在个别化基础上的罪刑相适应。另外,刑罚个别化也不是毫无边际的个别化,而是要遵从罪刑相适应的一般原则和基本指导,是相对的刑罚个别化,刑罚个别化也正是为了做到真正的罪刑相适应。其三,刑法的行为中心论是人们长期斗争的结果,是马克思主义的一贯主张。社会危害性是从人们的行为及其后果中表现出来的,一个人没有实施危害社会的行为,或者仅仅有思想活动而没有以行为表现出来的危害性,也就谈不上构成犯罪。可见,危害行为在整个刑法中占有核心地位。同时,行为中心与犯罪中心也并非互相排斥。因为行为是主观之于客观的东西,是主客观的统一,尤其是刑法意义上的行为更是如此。所以,把刑法的

行为中心与犯罪人中心绝对对立起来，是不可取的，尤其认为要使行为中心向犯罪人中心转变，这不是刑法的现代化，而是刑法的复古、历史的倒退。

2.“李文”在谈到中国刑法现代化时，提出了某些观点，其中有些意见，笔者不敢苟同，以下摘其要者析之。

第一，在犯罪论上，“李文”认为犯罪的原因主要在于外部，而不在于犯罪分子本人。很明显，这种观点是违背马克思主义的。大家知道，任何事物的发展变化都有内因和外因。但最主要原因在于内因，它是事物发展变化的内在根据，外因通过内因起作用，一个人成为罪犯也不例外，主要原因在于罪犯本人，而不在于外部环境情况(这并不意味着外部环境对人没有影响)，否则，无法解释在同样的社会环境里，为什么有人犯罪，而更多的人却没有犯罪呢。

第二，在刑罚论上，“李文”认为“刑罚体系不应被视为根据行为的危害性而设立的刑量‘价格表’”，“刑种的规定并不一定以惩罚性为前提”。笔者认为，这种看法是毫无刑法理论根据的。刑罚体系只能依据行为的危害性大小来设置，罪与刑向来是不可分的。没有刑罚，如何对罪犯进行改造和教育？“李文”列举了苏联、东欧国家刑罚体系非刑罚处理方法的例子。但即使是这些非刑罚处理方法，也同样带有惩罚性，只不过它们的惩罚性相对于刑罚来说显得较弱罢了。

第三，在行刑方面，“李文”建议设立延长刑期制度，认为“对于那些恶习不改，尚需进一步治疗者，可延长刑期”。我们认为，这种设想是不可取的。因为一个人之所以被适用刑罚，唯一的原因在于他实施了犯罪。罪犯在服刑过程中没有改造好，或恶习未改，就要给予延长刑期、就会造成无罪也可以适用刑罚的荒诞现象。有人认为，既然有减刑制度，也就应该有延长刑期制度。其实这两者是有巨大差别的，前者以罪犯有一定的良好表现为前提，而后者却是给予一个新的刑罚，两者不可混为一谈。

三、罪刑相适应原则为中国刑法现代化所必需

我们认为，罪刑相适应的观念、原则不是中国刑法现代化的绊脚石，相反，它是为中国刑法现代化所必需的一项重要原则。

首先，刑法现代化最主要的任务和目的就是采取最恰当的刑种、刑度及行刑方式去有效地改造教育罪犯，从而预防、减少犯罪。罪刑相适应的观念，原则是实现这一任务的重要保证。现实量刑中的“过”或“不及”，以及刑罚无效性表现，正是由于没有真正做到罪刑相适应的不良后果。

其次，无论刑法怎样现代化，其本质和必然趋势是谋求更高层次的公平、正

义。罪刑相适应原则要求重罪重判，轻罪轻罚，无罪不罚，罚当其罪，罪刑相称，它是人们公平观、正义观最基本的要求和体现。试想违背罪刑相适应原则，定罪不准，量刑畸轻畸重或错罚无辜，又谈何公平、正义？又怎么能使罪犯、受害者及社会的其他成员真正地信服司法机关、相信法律？又如何去实现刑法的现代化呢？

随着经济的发展，社会的进步，人们价值观念的变化，对刑罚效果欠佳的反思，刑法理论界提出了刑法现代化的理论。但是，刑法现代化无论怎样更新观念，都必须坚持和更加完善罪刑相适应原则，而不是相反。要抛弃这项原则，抛弃刑法的行为中心论来谈什么中国刑法现代化，那必将是刑法的复古化，是刑法理论思想的倒退。

（1991年第8期）

对两个刑法司法解释的理论探究

——兼论法条的从重选择

陈兴良*

为了依法严惩为牟取暴利而从事非法出版活动和盗窃通讯设备破坏通讯线路的犯罪行为,最高人民法院、最高人民检察院于1987年11月27日和1990年7月10日分别发布了《关于依法严惩非法出版犯罪活动的通知》(以下简称《通知》)和《关于依法严惩盗窃通讯设备犯罪的规定》(以下简称《规定》)。对于危害特别严重的从事非法出版和盗窃通讯设备的犯罪行为,在法律条文的适用上,实行从重选择。本文拟对这两个司法解释的理论根据和法条的从重选择问题进行理论上的探究,以就教于刑法学界。

一

《通知》第2条规定:"以营利为目的,从事淫书淫画、淫秽音像的出版、印刷、发行、销售活动的,以《刑法》第170条制作、贩卖淫书淫画罪论处,其中非法经营或者非法获利的数额巨大或情节严重的,不仅触犯了制作、贩卖淫书淫画罪,也触犯了投机倒把罪,应以投机倒把罪论处。"这就涉及两个罪名,对于同一行为,根据数额大小与情节轻重分别以两种犯罪论处,理论根据何在?对此司法解释没有说明,只是指出:在数额巨大或情节严重的情况下,不仅触犯了制作、贩卖淫书淫画罪,也触犯了投机倒把罪。这种一行为同时符合两个法条规定的构成要件的现象,在刑法理论上称为法条竞合。

在刑法理论上,法条竞合是指一个犯罪行为,由于法条的错综规定,以致触犯数个法条,这数个法条所规定的构成要件,在其内容上具有包容或者交叉关系的情形。制作、贩卖淫书淫画罪与投机倒把罪,就存在特别法与普通法的竞合关系。因为投机倒把罪在客观上表现为违反金融、外汇、金银、物资、工商管理法规,非法从事工商业活动,扰乱市场秩序的行为。投机倒把罪的表现形式是多种多样的,刑法采取了空白罪状的立法方式,有关的司法解释和行政法规虽采取列

---

* 作者单位:中国人民大学。

举方式,但并未穷尽各种形式。从理论上来说,只要具备投机倒把罪的本质特征,就应视为投机倒把行为。一般认为,投机倒把罪的本质特征是侵犯了社会主义市场管理秩序,制作、贩卖淫书淫画罪实际上也同样具备。因为淫书淫画历来是被国家禁止交易和买卖的物品,从事制作、贩卖淫书淫画活动就是从事非法的工商活动,是一种投机倒把行为。如果刑法未对制作、贩卖淫书淫画加以专门规定,则它理所当然地应当作为投机倒把罪处理。那么,刑法又为什么将制作、贩卖淫书淫画独立成罪呢?这主要是因为该行为有不同于一般投机倒把行为的特殊性,在制定刑法的时候,制作、贩卖淫书淫画一般规模较小,获利不大,是一种轻罪。混同于一般的投机倒把行为,反而会因为投机倒把罪有情节严重(主要是数额大小)的要求,而使一些营利数额虽小,但社会危害较大的制作,贩卖淫书淫画行为无法惩处,导致放松打击。在刑法对制作、贩卖淫书淫画行为单独规定以后,它就和投机倒把罪之间具有特别法和普通法之间的法条竞合关系。根据特别法优于普通法的原则,对此类行为应以制作、贩卖淫书淫画罪论处,而不能定投机倒把罪。

由于制作、贩卖淫书淫画罪的法定最高刑是3年,而投机倒把罪的法定最高刑是死刑,两罪量刑相差悬殊。在这种情况下,在刑法理论上就提出了重法优于轻法的问题。重法优于轻法的原则是指,当两个法条相竞合,在一般情况下应当按照特别法优于普通法的原则,以特别法论处。但当特别法为轻法,普通法为重法,并且适用特别法难以做到罪刑相适应的情况下,可以适用重法,即以普通法论处。这就是《通知》第2条的理论根据。

二

《规定》第1条、第2条规定:“盗窃通讯设备价值数额不大,但危害公共安全已构成破坏通讯设备罪的,或盗窃通讯设备价值数额较大,并构成破坏通讯设备罪的,依照刑法第111条规定定罪处刑。”“盗窃通讯设备价值数额巨大,或者情节特别严重的,依照刑法第152条或《全国人民代表大会常务委员会关于严惩严重破坏经济的罪犯的决定》第一条第(一)项的规定,以盗窃罪从重判处。”这一规定也同样涉及两个罪名,一是破坏通讯设备罪;二是盗窃罪。如同前面的《通知》一样,这里的《规定》也对同一种行为,根据数额大小与情节轻重分别以两种犯罪论处。但《规定》的理论根据是想象竞合犯的从一重罪处断的原则。因此,虽然两个司法解释都作了从重选择,但理论根据却迥然有别。

在刑法理论上,想象竞合犯是指实施一个犯罪行为而触犯数个法条所规定的数个罪名的情形。盗窃通讯设备,犯罪人实施了一个行为。当然,这一个行为是由多个动作组成的,例如偷割通讯电线,然后将通讯电线非法占有。但不能把这些动作理解为数个行为,否则就是把行为与动作混淆了。因为,盗窃通讯设备只能是一行为,而不是数行为。但这一行为触犯了法条所规定的两个罪名:破坏通讯设备罪和盗窃罪。也就是说,一个行为同时触犯两个罪名。并且,这两个罪名之间不存在从属关系或者交叉关系,这正是想象竞合犯与法条竞合的根本区别。想象竞合犯是一种犯罪形态,而法条竞合是一种法条形态,法条形态永远以犯罪形态为基础,或者说犯罪形态可能因为法律的规定而转化为法条形态。但犯罪形态却有别于法条形态,两者不可混为一谈。制作、贩卖淫书淫画罪与投机倒把罪之所以存在法条竞合关系,是因为这两个法条规定的构成要件的内涵与外延,存在特别法与普通法的逻辑从属关系。也就是说,制作、贩卖淫书淫画是投机倒把行为的一种特殊表现形式。而破坏通讯设备罪与盗窃罪则并不存在这种法条上的从属关系。破坏与盗窃是两种完全不同的表现形式;破坏意在毁灭某种物质或者设施的价值;而盗窃则意在非法占有,使所有权发生非法转移。这两种犯罪在法条上没有任何瓜葛,而是由于犯罪人实施的一个行为,同时触犯了这两个罪名,从而使两者发生关联。

对于想象竞合犯,在刑法理论上一般认为应当从一重罪处断,这就是所谓从重选择。那么,如何确定罪名之轻重呢?大陆法系刑法理论中存在重点对照主义和全面对照主义之争。我国刑法理论上认为,可依下列标准定其轻重:主刑刑种的轻重,依《刑法》第28条的次序,即管制、拘役、有期徒刑、无期徒刑和死刑依次递重。同种之刑以最高度之较长者为重,最高度相同者,以最低度较长者为重。若两个罪都只有一个罪刑单位,可依此标准确定罪之轻重,择一重罪处断。若两个罪都具有两个以上罪刑单位,如破坏通讯设备罪有两个罪刑单位:没有造成严重后果的,处7年以下有期徒刑或者拘役;造成严重后果的,处7年以上有期徒刑。其中,前者为基本构成,后者为加重构成。盗窃罪有3个罪刑单位:数额较大的,处5年以下有期徒刑、拘役或者管制;数额巨大的,处5年以上10年以下有期徒刑;情节特别严重的,处10年以上有期徒刑或者无期徒刑,根据《严惩严重破坏经济的罪犯的决定》,还可以判处死刑,并处没收财产。其中,第一个是基本构成(数额犯),第二个是加重构成(数额加重犯),第三个是特别加重构成(特别情节加重犯)。盗窃通讯设备价值数额不大的,不存在构成盗窃罪的问题,危害公共安全构成破坏通讯设备罪的,应以破坏通讯设备罪论处。在这种情况下,一行为触犯一罪名,不发生想象竞合犯的情形。盗窃通讯设备价值数额较大的,一行为同时触犯《刑法》第 111 条与第 151 条,是想象竞合犯。两者法定刑比较,根据第 111 条,造成严重后果的,最重可以判处 15 年有期徒刑;没有造成严重后果的,也可以判处 7 年以下有期徒刑。而第 151 条盗窃罪第一个罪刑单位的法定最高刑是 5 年。第 111 条重于第 151 条,所以《规定》对此规定以破坏通讯设备罪论处。盗窃通讯设备价值巨大的,根据第 111 条,最重可以判处 15 年有期徒刑,而第 151 条规定最重可以判处 10 年有期徒刑。在这种情况下,第 111 条重于第 152 条,似仍以破坏通讯设备罪论处较妥。在盗窃通讯设备情节特别严重(包括数额特别巨大)的情况下,盗窃罪重于破坏通讯设备罪,应以盗窃罪论处。但《规定》将盗窃通讯设备价值巨大的情况与情节特别严重的情况并列,都以盗窃罪论处,是否确当,尚可商榷。

三

对法条竞合能否实行重法优于轻法的原则,在刑法理论上存在较大的争论。肯定说认为,当出现适用特殊法条刑不足以抵罪,而适用普通法条却能够解决这个问题时,选用普通法条,可以符合罪刑相适应的基本原则。否定说则认为,重法与轻法的竞合涉及立法和司法的权限问题,司法机关只有严格执行立法机关所制定的法律条文的规定的职责,而不能站在立法机关之上任意选择其所适用的法律条文。笔者过去曾对法条竞合重法可以优于轻法的原则作过肯定性的论述。现在看来,需要重新反思。泛泛地肯定重法优于轻法的原则确实存在某些消极作用,但一概否定法条竞合中存在重法优于轻法原则的适用也不科学,应该结合法条竞合的种类分而论之。法条竞合的种类,主要有两种,即独立竞合关系与交互竞合(其他种类姑且不论)。独立竞合,在大陆法系刑法理论中称为特别关系,即特别法与普通法的竞合。一般应当实行特别法优于普通法的原则。当特别法轻而普通法重时,能否以重法优于轻法的原则作为补充呢? 回答是否定的。在特别关系中,特别法轻而普通法重有两种情况:一是特别法该轻而轻。立法者设立特别法,一般是出于对某种社会关系的重点保护,因而法定刑重于普通法。但在某些情况下,特别法的法定刑轻于普通法,这恰恰是立法者的良苦用心。正如苏联刑法学家 B. H. 库德里亚夫妥夫指出:“在有些情况下,某些违法行为应从一般规范中划分出来,以便更准确、更具体地揭示这些违法行为的社会危害性程度,并能相应地规定比一般规范更重或更轻的制裁。”这种情况在我国刑法中虽不存在(尚可进一步探讨),但在外国立法例中存在。二是特别法该重而轻。有些特别法本来应该重，但因为立法上的不完善而轻于普通法。所谓本来应该重，又有两种情况，其一是立法时就该重而轻，显属立法上的缺陷；其二是立法时是该轻而轻，但在法律适用过程中，由于犯罪情况的变化，由该轻而轻转变为该重而轻，而立法又未作及时调整。制作、贩卖淫书淫画罪与投机倒把罪似乎属于第二种情况。在刑法制定时，制作，贩卖淫书淫画罪的法定刑轻于投机倒把罪是合适的。后来，一方面，制作、贩卖淫书淫画犯罪日益猖獗，社会危害性增加，而法定刑依然如故；另一方面，投机倒把罪的法定刑本来就重于制作、贩卖淫书淫画罪，又经提高，两者反差更甚。在这种情况下，适用特别法显然不能做到罪刑相适应原则，由此提出重法能否优于轻法的问题。正因为在独立竞合的情况下，特别法轻于普通法存在该轻而轻和该重而轻两种情况，如果不加区别地实行重法优于轻法的原则，就会使该轻而轻的法条竞合也适用重法，显然违背立法初衷。即使是在特别法该重而轻的情况下，也不能实行重法优于轻法的原则。因为既然是特别法，就是立法者的特别规定，无论轻重，都属于立法的范畴，司法机关只能依法适用，而不得擅自从重选择。否则，立法者的特别规定就失去存在的意义。重法优于轻法的原则虽能救一时之急，但从根本上说，不利于立法与司法两者的协调发展，司法越权可能危及社会主义法制的严肃性与统一性。类似情况，最好的办法是通过立法途径加以解决。交互竞合，在大陆法系刑法理论中称为择一关系。在这种情况下，两个罪名概念的外延互相交叉，交叉的这一部分，两个法条都可以同时予以评价，法律又没有对法条适用作出特别规定，因而司法人员可以根据具体案件选择法条的情况，刑法理论上称为择一关系，实际上是两法条竞合，从一重者适用。之所以从重选择，是因为只有重法才是立法者对这一行为的恰当评价。综上所述，在独立竞合的情况下，不能实行重法优于轻法的原则；而在交互竞合的情况下，重法可以优于轻法。

经过上述理论阐述，可以得出以下结论：《规定》根据想象竞合犯从一重罪处断的原则，对盗窃通讯设备价值巨大或者情节特别严重的行为，进行从重选择，以盗窃罪论处，除本文提到的个别问题以外，基本上是正确的。《通知》根据法条竞合的重法优于轻法的原则，对制作、贩卖淫书淫画数额巨大或情节严重的行为，进行从重选择，以投机倒把罪论处，则在理论上值得商榷。值得注意的是，1990 年 12 月 28 日全国人大常委会颁布了《关于惩治走私、制作、贩卖、传播淫秽物品的犯罪分子的决定》（以下简称《决定》），《决定》第 2 条规定；“以牟利为目的，制作、复制、出版、贩卖、传播淫秽物品的，处三年以下有期徒刑或者拘役，并处罚金；情节严重的，处三年以上十年以下有期徒刑，并处罚金；情节特别严重的，处十年以上有期徒刑或者无期徒刑，并处罚金或者没收财产……”按照新法优于旧法的原则，这一规定实际上已经取代《刑法》第170条，因而“两高”1987年11月27日对《刑法》第170条的司法解释也同时失其效力。《决定》对《刑法》第170条规定的制作、贩卖淫书淫画罪作了修改补充，并相应地提高了法定刑，以后此类案件应一律适用《决定》。

（1991年第10期）

窃用长话账号宜定诈骗罪

刘宪权[*]　傅鼎生[**]

长话账号是电话用户向电讯部门付费结算的特定方式，拥有账号，即可直拨海外。于是，不法分子便乘隙作案，窃用他人账号从中牟利。对利用账号攫取他人财产现象，司法部门在处理时颇感棘手。究其原因，在于对我国刑法分则有关条文中使用"财物"一词产生理解上的偏颇。"财物"一词，望文生义，以物质资料为限，因而对上述攫取非物质形式的财产的行为虽深恶痛绝，却颇感与刑法条文难以对"号"。因而有必要对此进行探讨。

一

"财物"一词，确有物质资料之意，然仅以此为内涵，未免有失周延。就我国刑事立法宗旨而言，刑法分则中所列"财物"一词应以"财产"全部含义而释。换言之，刑法条文中"财物"、"财产"两词同义。众所周知，公共财产神圣不可侵犯，国家保护公民个人合法财产，乃我国立宪原则。公私财产的不可侵犯性，表现为宪法所赋予国家、集体、公民个人的财产权。维护公私财产是各法律部门的共同任务。不同的法律部门均从不同角度，以不同方式对侵犯财产权的行为予以处罚，从而达到保护国家、集体、个人合法财产的共同目的。因此，当刑法将财产列为保护对象时，必以宪法有关财产权的全部外延为保护范围。值得一提的是，刑法条款中有关刑法任务和犯罪定义的表述均使用"财产"一词，而刑法分则在"盗窃罪"、"诈骗罪"、"抢夺罪"、"敲诈勒索罪"、"故意毁坏公私财物罪"、"贪污罪"及"反革命破坏罪"中均使用了"财物"一词。但通观刑法全部条款，我们认为，此"财物"一词并非对刑法任务、犯罪定义等条款中"财产"一词所作的限制规定，而是因为这些犯罪对象更多地表现为一定形态的物质资料，使用"财物"一词更能实感体现这类犯罪的对象。

"财物"一词既通"财产"，必具"财产"一词的全部内涵。须明确的是，"财

[*] 作者单位：华东政法学院（现华东政法大学）。

[**] 作者单位：华东政法学院（现华东政法大学）。

产”乃各学科所研究对象，不同学科均从各自角度赋予“财产”一定内涵。法学所指财产，具有其特定含义，即人体以外，能为人力所能支配、具有经济价值或效用的财富。它具有下列特征：(1)财产为人体以外的财富。它虽不包括人体本身，但已与人体分离的人的脏器、血液及尸体、遗骸、骨灰等在交易上能体现经济价值的，仍可视为财产。(2)财产必须体现经济价值或具有经济效用。法律保护公私财产，旨在保障一定经济利益免遭不法侵害。因而无经济效用或价值之物质纵能表现为一定的有体形态，亦不得为法律所指财产。(3)财产不以有形为限，任何无形财产抑或无形利益只要其具有经济价值亦可谓财产。(4)财产必须为人力所能支配。所谓“支配”，不独含使用，应理解为直接控制、管领。而“能够”则非依某一特定主体之能力为衡量标准，而应以生产力发展状况来确定。

《刑法》分则条文所示“财物”一词既以“财产”为内涵，那它也应囊括“财产”一词的全部外延。即要包括有体财产和无体财产。有体财产，即有形物，含一切有型(固态物质)或无型(液态物质)的物质资料。有体财产为财产之一种早已为众人接受。无体财产虽无某种形态，但却能为人所直接或借助一定机械、物质间接感知。无体财产又含如下三类：其一，性质上属于一定物质资料的无形物。如电、热、磁、光等任何能源。其二，智力成果。如专有技术、专利发明、作品、商业诀窍等。作为财产人的智力成果必须表现为一定的载体形式，能为他人所接受或感知，仅停留在大脑中的智力成果，虽有经济价值和为人力所能支配，仍不得为财产。智力成果的载体形式可以是书面、机械、胶片、磁带及半导体芯片等形式，亦可为口头形式，只要能为人所直接或借助装置间接感知便可，无须以物质形态固定下来。其三，具有财产价值的各种法权利益。包括：(1)动产、不动产及智力成果、姓名、商号的使用。如房屋，车辆、专利成果等的使用。(2)以某种行为为对象的债权利益。如各种服务和劳务，其表现为各种运输、保管、加工、承揽、电讯等服务，演出、旅馆、餐馆、澡堂、殡葬、照相、理发等服务；以及其他场所的入场、接待、代理、供给劳务等。上述财产种种，均为刑法的保护对象。由于其财产的不同形式和性质，因而就决定了权利人对上述种种财产的不同的拥有方式，也决定了攫取行为的多样性。一般而言，对于物质资料的攫取，多表现为垄断地占有，直接管领。对于公开的智力成果的攫取，则表现为使用、实施他人知识产品。对于尚处于秘密状态的智力成果的攫取，表现为泄露秘密和使用该成果。对于服务、劳务等法权利益的攫取，一般表现为以欺诈形式受领对方所作利益给付。

可见，长途电话账号作为电话用户(主要是单位)向电讯部门付费结算的特定方式，其实质是电话用户与电讯部门之间建立的债权债务关系，它与以“打长途电话”这一行为为对象的债权利益具有直接的联系。窃用长话账号就是攫取具有财产价值的法权利益的表现形式之一。

二

既然具有财产价值的法权利益也属于刑法保护对象，而长话账号又与这种法权利益具有密切的联系，那么，窃用长话账号的行为理应属于违法行为，情节严重者，当然应以犯罪论处。现在的问题是，窃用长话账号如果构成犯罪，应以何罪定性？一般认为定盗窃或诈骗罪。主张定前罪的理由主要是：窃用长话账号的行为方式符合“秘密窃取”的要求，关键在于窃用者的行为完全是背着受害者（即拥有账号的电话用户）实施的。笔者主张以诈骗罪定性。

诈骗罪作为一种财产犯罪其客观上表现为使用欺诈、谎骗的手法，使他人陷入错误认识，以假为真地“自愿”交付自己财物。这种欺骗手法，主要表现为虚构事实和隐瞒事实真相两种。就形式而言，窃用长话账号的行为人是背着电话用户使用该账号的，这里的受害者一般是电话用户，而在当时，该受害者通常又处于“不知”状态，这种情况似乎与盗窃罪“秘密窃取”的行为特征相符。但窃用他人长话账号不同于一般的侵犯财产罪，因为，它是对具有财产价值的一种法权利益的侵犯，并非直接对物质资料的攫取。对此我们不能仅从形式上进行分析，而必须抓住其实质。长话账号仅是一种付款结算的特定方式，没有任何物质上的价值。但它同时又与一定的具有财产价值的债权利益有密切的联系。确切地说，窃用了这一账号实际上就是扩大了电话用户对电讯部门的债务，其实质上是使用者通过转嫁债务的方式达到攫取法权利益的行为。尽管窃用长话账号的受害者一般是电话用户，但应清楚地看到，为窃用者提供他人债权利益的毕竟是电讯部门，即窃用账号者所攫取的债权利益直接来源于电讯部门，而非电话用户。在刑法理论上，诈骗罪的定性要看被害人的态度。这在被害人与被骗对象一致的情况下没有问题，但当被害人与被骗对象不一致时，就应该以被骗对象的态度作为定性依据。显然，窃用长话账号行为的被骗对象是电讯部门。当然，在某些特定条件下，窃用长话账号的直接受害人也可能是电讯部门，但只要被骗对象是电讯部门，均不妨碍诈骗罪的定性。

窃用长话账号实际上又是一种冒用电话用户账号的行为，行为人的冒用行为无疑是攫取法权利益的直接手段。我国刑法中侵犯财产罪的定性主要是看行为人取得财产的实际手段。窃用长话账号行为的重点在“用”，而不在于“窃”，这种“用”又是“冒用”,即使用欺骗的方法,虚构事实,使电讯部门产生错觉,信以为真而自愿地提供“直拨海外”的机会。应当注意的是,这种“冒用”的欺骗方法又与冒用者攫取他人的法权利益具有直接的联系,因为光窃取(即知道)电话用户账号,本身不能带来任何利益,而只有通过冒用才能取得利益。在这一点上,笔者认为,窃用长话账号与以盗窃手段取得某些企事业单位的记名提货单据、冒领货物或商品的性质,是一致的。盗得单据不等于已取得财物,主要是行为人利用这些单据,实施了诈骗行为,才能骗得财物,因而应定诈骗罪。同理,窃取他人长话账号也不等于取得了利益,只有冒用后方能得到一定的利益,而冒用行为又属欺骗行为,故而以诈骗罪定性当属合理。

(1991 年第 12 期)

1992 年

建议对未成年人犯罪不适用无期徒刑

欧阳波*

在对未成年犯罪者处罚方面，我国刑法除了确认不适用死刑原则外，对于应否禁止适用无期徒刑没有作出明确规定。对此，有的同志认为不应禁止适用，理由是：(1)有些未成年人犯罪性质和危害极其严重，仅允许对其最高适用有期徒刑，不足以有效地保卫国家和人民的利益，达到刑罚的目的；(2)我国刑法上还有刑罚执行中的假释和减刑制度。

笔者认为，基于未成年人生理、心理及责任能力等方面的特殊性，在我国，禁止对未成年人犯罪者适用无期徒刑还是必要的。

一、从未成年人犯罪的特殊性来看

未成年人在犯罪上，具有不同于成年人的特殊性，主要表现在：(1)未成年人犯罪者具有受害者和害人者的二重性；(2)未成年人犯罪起因奇特、动机简单、行为具有盲动性；(3)未成年人犯罪具有反复性。

在现实中，某些未成年人犯罪，确实手段残忍、后果严重、民愤较大。对此，依法追究一定刑事责任，是完全应该和必要的。但必须明确的是，对未成年犯罪者科以刑罚，应当充分考虑到未成年人犯罪的特殊性，全面权衡利弊。

二、从我国对未成年人犯罪的刑事政策看

我国是人民民主专政的社会主义国家，党和政府对于实施犯罪行为的未成年人，一贯坚持教育、改造、挽救为主，惩罚为辅的方针。1979年党中央转发中宣部、公安部、全国妇联等8个单位《关于提请全党重视解决青少年违法犯罪问题的报告》中指出："对于违法犯罪的青少年，我们的方针应着眼于教育、挽救和改造，但对极少数犯有严重罪行的反革命分子和其他犯罪分子，则必须依法惩办……当然，惩办的目的，也是为了教育和改造。……要力求通过艰苦细致的思

* 作者单位：福建省惠安县司法局。

想政治工作，卓有成效地化消极因素为积极因素。”这一指示，为我们处理未成年人犯罪案件，确定了方针，指明了方向。从我国刑法来看，《刑法》第14条第3款明确规定：“已满十四岁不满十八岁的人犯罪，应当从轻或者减轻处罚。”这就是我国刑法对未成年人犯罪从宽处罚的原则。这一原则是基于未成年犯罪人责任能力不完备以及他们较易接受改造教育的特点而设立的，体现了我国刑法的社会主义人道精神。

根据我国对未成年人犯罪的刑事政策，如果对未成年犯罪人适用无期徒刑，则很难起到教育、挽救、改造的作用。因为：(1)惩罚的作用十分有限。马克思说：“惩罚不外是社会对违反它的生存条件的行为的一种手段。”惩罚本身并不能自发地起到改造罪犯的作用。有些采取“重刑主义”（或“准重刑主义”）的国家的犯罪率丝毫没有下降。如美国，其少年司法制度正向成人化方向发展，但美国的青少年犯罪却是世界上最严重的，而有些采取“轻刑主义”的国家，犯罪并没有明显增多，如南斯拉夫、阿根廷等国家，青少年犯罪率虽有不同程度的上升，但在全部刑事案件中所占的比例一直是很低的。正如美国有的犯罪学家所指出的，“当代犯罪学关于犯罪原因理论的显著缺陷是没有考虑到社会对青年提供选择机会。”所谓“提供选择机会”就是给予“理想”、“出路”的意思。给青少年以努力的目标并提供广泛的机会，才是防止和消除青少年违法犯罪的治本办法。因此，在对未成年犯罪者科以刑罚时，要充分认识到惩罚的局限性，要看到惩办同样是社会主义教育方式体系中的有机组成部分，不能把对未成年犯罪者适当地追究刑事责任看成单纯地惩罚，只有这样才能真正地教育、挽救、改造犯罪的未成年人。(2)不利于未成年人犯罪者的改造。未成年人因思想尚未定型，心理承受能力差，好走极端，犯罪时反社会意识十分强烈，犯罪后容易产生自暴自弃，“破罐子破摔”的心理。司法机关的职责就是要帮助未成年犯罪者树立起改造好的自信心而不是任其发展。如果对未成年犯罪者处以无期徒刑，会对其产生不良的消极作用，使他们的思想长期蒙上阴影，看不到前途和希望，容易丧失自尊心、自信心，产生“非社会化”观念，从而加强犯罪倾向，抗拒改造，同时，对未成年犯罪者处以无期徒刑，也会使得违法者的家长、亲属长期背上思想包袱，难以配合司法机关做好犯罪者的认罪、悔过、改造工作。(3)附加剥夺政治权利终身不合情理。《刑法》第53条规定，对判处无期徒刑的犯罪人，应当附加剥夺政治权利终身。所谓剥夺政治权利，主要是指剥夺下列权利：选举权与被选举权；言论、出版、集会、结社、游行、示威的自由；担任国家机关职务的权利；担任企业、事业单位和人民团体领导职务的权利。不满18岁者，实际享有的只是第2项权利，其他权利因年龄关系尚不能享有。剥夺政治权利主要适用与滥用政治权利有关的犯罪,其立法思想和适用目的,是通过对行为人政治权利的剥夺,惩罚其对政治权利的滥用。如果对未成年犯罪者科以无期徒刑,那么大部分政治权利就将在他们享有之前而且在并非用来犯罪的情况下被剥夺掉,这显得不合情理,也不利于未成年犯罪者在狱中的改造自新。

三、从减判、假释制度看

主张不应禁止对未成年犯罪者适用无期徒刑的同志的一个重要理由是,我国刑法上还有刑罚执行中的减刑、假释等制度。笔者认为,这个不能成为理由。首先,减刑、假释从其性质来看,仅仅是促进犯罪者改过自新的一种手段,体现了我国刑法惩办与宽大相结合的原则,并不是在刑罚执行中必经的程序,更不是每一个犯罪者都可以得到减刑或者假释的。

其次,假释、减刑是有前提条件的。我国《刑法》规定,被判处无期徒刑的经过一次或者数次减刑之后,实际执行的刑期不能少于10年;被判处无期徒刑的犯罪者,实际执行10年以上,才可得到假释,无期徒刑减为有期徒刑的刑期,从裁定减刑之日起计算。这样,一个被判处无期徒刑的来成年人犯罪者,得服完10年刑期才可以得到假释,至少也得服了四五年刑以后才能得到减刑,也就是说,即使得到减刑,他也得服刑不下15年。因此,无论是得到减刑还是假释,该未成年犯罪者生命中最重要的时光都得在狱中度过。假使能因假释或减刑得以出狱,因其入狱时尚未成年,思想还未定型,加上长期与世隔绝,其出狱后适应社会的生存能力是可想而知的。而适应社会能力差是导致再犯的一个重要原因。世界上许多国家,包括苏联、南斯拉夫等国家,都规定对未成年人的监禁的上限为10年,而我们对未成年犯罪者,不但可以适用最高刑为15年的有期徒刑,而且还有无期徒刑和死缓,相较之,确实是重了一些。

四、从国际上“轻判主义”趋势看

缩短刑期,在西方一些国家比较普遍,如意大利判徒刑半年以下者占55%,荷兰占89%,挪威占76%,斯里兰卡占73%。这4个国家判刑5年以上的不到1%;判5年以上的,他们认为是重刑。阿根廷对少年犯判刑最多不超过2年;也门对少年杀人犯,只判5年徒刑;波多黎各除严重罪犯外,一般少年犯只判4个月徒刑。此外,世界上还有许多国家通过立法明确限定刑期,规定不对未成年犯罪者适用无期徒刑,如《德意志联邦共和国青少年刑法》第 105 条规定:“未成年人刑罚的上限为十年”;苏联法律也规定,对未成年人剥夺自由的期限不得超过十年;南斯拉夫、奥地利、瑞典、捷克和我国台湾等国家和地区也有相同或类似的规定。各国的法律规定虽然不尽相同,但都是考虑到未成年人心理和生理特点,着眼于对犯罪人的挽救、改造,并注意帮其卸掉思想包袱,减轻精神压力,促其努力自新,成为有正常人格的公民。

(1992 年第 1 期)

“罪人兼能人”的司法对策

杨新培*

在当前坚持以经济建设为中心,司法机关的执法活动要为社会主义经济建设服务、要为搞活搞好国营大中型企业服务的形势下,司法机关对一些虽已构成经济犯罪,但其本身属于生产、技术、经营、管理方面的关键人员或具有相当科研能力甚至是某些重要科研项目和重大经济建设项目负责人的犯罪分子,采取了慎重的处理方法:有的暂不予以拘留、逮捕、关押;有的不予起诉或免予起诉,让其在适当岗位上继续原有工作,戴罪立功。司法机关的这一举动,在社会上引起了很大的反响。这些经济犯罪分子本身具有双重的人格特性:一方面,他们因实施了危害社会的行为而沦落成犯罪人,他们的行为使社会遭受了不应有的损害,为法制所不容,对他们进行法律制裁,是他们行为的必然结果;另一方面,他们又是某一方面的能人,在他们身上有着某种特殊的才能或潜在的创造性,甚至有可能创造奇迹,这些又是我们的社会发展和当前的经济建设所迫切需要的。在这种矛盾冲突的情况下,如何进行平衡和协调,的确是一个急需解决的新问题。

对此,目前在理论上和实践中产生了两种不同的观点。一种观点认为,王子犯法,与庶民同罪,是千百年来人们追求的正义所在。法律面前人人平等更是我们社会主义法制的根本原则。只有这样,才能体现社会主义法制的严肃性。我们不能因一时一地的利益而动摇整个社会主义法制的基础。而另一种观点则认为,这些构成犯罪的能人,他们的犯罪固然是事实,但对这些犯罪人给社会造成的危害行为进行制裁和允许他们凭着自己的才能为社会创造更多的利益进行补偿相比较,选择后者对社会更有利。在这种情况下,对这些犯罪人网开一面,更能发挥司法机关为经济建设服务的能动性。

按照第一种观点,犯罪分子固然受到了应有的惩罚,社会遭受的损害得以恢复。然而遗留的问题却在于也同时扼杀了这些人身上的创造性,甚至使某些重要项目的进行由此而中断,从而影响了经济建设的大踏步前进和企业的本身发展。按第二种观点,社会固然因这些人的创造性劳动而获得了某方面的补偿,但整个社会的法制观念却受到了极大的冲击。很显然,上述两种观点各有利弊。

* 作者单位:华东政法学院(现华东政法大学)。

然而理论的探讨要求我们不能仅仅简单地评判上述两种观点及在这些观点指导下的实践得失,而在于如何兼取两者之长,互补两者之短,如何科学地看待这些“罪人兼能人”身上所出现的社会危害性和潜在的社会有益性。

唯物辩证法的法则告诉我们,任何社会现象的发生发展过程中,总是伴随着积极性和消极性相互矛盾的冲突。如何在最大限度上发挥其积极的一面,遏制其消极的一面,则是司法实践所追求的社会价值所在。对任何一个“罪人兼能人”的经济犯罪案件处理上,都必然存在一个定罪量刑的过程。在这一过程中,我们完全可以既本着在法律面前人人平等的原则,对已构成的犯罪,依照法律的规定作出统一的评价,以确保法制的严肃性不受不应有的动摇。但在适用刑罚上,则又应本着刑罚个别化、刑罚经济性的原则,对不同的对象分别采取不同的灵活处理方法,以保障经济活动的正常运行免遭不应有的损害。这就要求我们:

首先,在依法定罪上,我们必须始终坚持在法律面前人人平等的原则,对已构成犯罪的行为必须作出应有的否定评价。辩证唯物主义认为,犯罪是一种客观现象,它既不受犯罪以前的各种因素制约,也不受犯罪以后的各种因素制约。对这种行为应做什么样的评价,只能由司法机关根据法律的规定而进行。这里法律所要评价的对象只是行为,而不是行为人。在对犯罪行为的性质评定上,丝毫不能顾及行为人的人身状况。只要犯罪行为已进入我们的法律评价领域,那么任何犯罪行为都不能免受法律对它的否定评价。在依法定罪上,只有坚持法律面前人人平等的原则,对任何犯罪行为首先作出法律上的否定评价,才能表明这一行为是危害社会的,尤其在我们这个社会主义社会里,表明这一行为是与我们整个社会利益相对立的,为我们这个社会生存发展的要求所不能容忍的,从而在本质上揭示出这一行为对社会的危害性和在社会政治上的反动性。同时通过对犯罪行为的法律否定评价,给危害社会的行为打上犯罪的烙印,使其受到社会的普遍谴责;由此也表明国家对什么行为是允许的,对什么行为是严禁的,从而使法律真正成为引导人们行为的规范准则。这里,我们有必要对那些已构成犯罪的“罪人兼能人”暂不予以定罪处理就放在社会上进行“戴罪立功”的做法提出疑义,即没有预先的定罪处理,怎么能明确行为人的原先行为性质?没有预先的定罪处理,行为人有何“罪”而“戴”,又怎么能谈得上“戴罪立功”?没有预先的定罪,一些只能对犯罪所适用的附加刑,如罚金、没收财产等怎么能适用?因此,任何一种构成犯罪的行为,只要没有超出必要的追诉时效,司法机关就必须对已然的犯罪行为作出必要的法律评价,使犯罪人在心理上产生一种负罪感,促使其从中吸取教训,更好地遵纪守法,为其以后的“戴罪立功”创造心理条件。

其次,在适用刑罚上,对“罪人兼能人”的量刑,我们应当坚持刑罚个别化、刑罚经济性的原则,使司法机关的执法活动能始终围绕着如何为社会主义经济建设服务,为搞活搞好国营大中型企业服务这一中心展开。不同的犯罪人在社会活动中具有不同的价值表现。尤其在现代化经济建设中,一些具有特殊才能的犯罪人,对某些经济活动的进行和发展起着一定的推进作用,有时这种作用不能为他人所替代。一个人有时能搞活一家企业,一项技术有时能救活一个产品,一个发明有时能使社会增加一种财富的事例,在经济生活中时有所闻。这就要求我们在量刑活动中必须注意这些情况。对不同的犯罪人采取不同的处理方法,就有可能在最大限度上发挥不同受罚对象的独特才能和潜在创造性。时代的变革必然要求我们的思想观念、执法观念进行相应的更新。传统的罪刑相适应原则固然有其合理性的内容,但它忽视了同一犯罪的行为人之间却有着不同的价值表现。定罪是以行为为基础,相同的行为所反映的社会危害性必定具有同一性。但相同犯罪的行为人并不是完全相同的。因此在遵循罪刑相适应原则的同时,坚持刑罚个别化,刑罚经济价值性原则,是现代刑罚合理化、科学化的必然要求,是社会主义刑罚目的"向前看"的内核,也必然要不断否定"单纯向后看"的呆滞观念。我们的刑罚绝不是为了单纯地报复和惩罚犯罪人而运用的,而是为了预防犯罪,并通过惩罚使犯罪人改造成为新人,重新服务于社会。在对待"罪人兼能人"的犯罪案件上,当我们在对"罪人"的行为作出评价,将其可以利用来进行犯罪的客观条件予以剥夺后,如何发挥其作为"能人"一面的积极性,就成了我们对其量刑时所要考虑的一个重要因素。只要这些"罪人兼能人"的犯罪行为较轻或者已有明显悔改表现和强烈的立功欲望,我们完全可以通过免予处罚、减轻处罚或缓刑等方法予以处理。这样就可以将这种"能人"所具有发挥独特才能的可能性和要求立功抵罪的积极性,通过给予实际机会使其转化为现实性。即使犯罪人不具有法律规定的减轻处罚情节,但根据案件的具体情况,判处法定刑的最低刑还是过重的,依据《刑法》第59条的规定:"经人民法院审判委员会决定,也可以在法定刑以下判处刑罚"。在刑罚已经确定的情况下,我们也可以通过减刑、假释的方法,使这些已确有悔改的"罪人兼能人"尽早地回归社会,尽早地发挥其某一方面的才能。

综上所述,在强调司法实践积极为社会主义经济建设服务的形势下,司法机关对"罪人兼能人"的凡属于危害社会已构成犯罪的行为,都必须作出法律上的否定评价,以维护法制的统一性和严肃性,凡"罪人兼能人"有利于社会主义经济建设的一切有利因素,都应加以合理利用,以体现司法机关积极配合经济建设的能动性,二者同样重要,不能偏废。

(1992年第5期)

我国刑事立法指导思想的反思

陈兴良*

"宁疏勿密"的刑事立法指导思想,形成了刑法条文的原则性规定。在某种意义上,司法机关办案不是在适用刑法,而是在适用司法解释。这在一定程度上可以说是立法权的旁落。

我们反对刑事立法上的"宁疏勿密",但也并非主张制定法律必须冗长细致,搞立法上的烦琐哲学。刑事立法应当从实际出发,具有较强的可操作性。

社会生活发展了,迫切需要法律调整,而按照经验型立法,在没有经验的情况下不能贸然立法,因而出现法律的盲区。立法上不予过问,司法机关只能根据自己的理解去做。无法可依一旦长久沿袭,必然形成一种惯性的力量,从而侵蚀有法必依的原则。

刑事立法不是盲目的,而是在一定思想指导下进行的,因而是有目的的。刑事立法的指导思想,对于刑事立法具有重要意义。本文拟通过对传统的刑事立法指导思想的反思,对确立我国刑事立法的科学的指导思想作一探索。

一、刑事立法的粗疏与细密

刑事立法是粗疏还是细密?对此,我国刑事立法历来坚持的是"宁疏勿密",即所谓"宜粗不宜细"。其主要理由无非有二:一曰适应实际需要;二曰方便劳动人民。下面分别加以辨析,以明是非。

1. 适应实际需要作为刑事立法的方针,本来是无可非议的。任何一个国家的刑事立法,都必须从本国国情出发,立足于本国的实际情况制定刑法。然而,作为宁疏勿密理由的"适应实际需要"则并非如此,它是指将刑法条文规定得粗一些,给司法机关留下较大的活动余地,以便适应斗争的需要。例如,关于罚金的数额,各国刑法一般都作了明文规定,我国刑法对罚金没作数额幅度的规定。在刑法起草过程中,第22稿曾在总则中规定罚金的一般原则,在分则有关条文中规定罚金的数额,以后修改中考虑到我国地大人多,情况复杂,把数额规定死

---

* 作者单位;中国人民大学。

了,未必适合斗争需要,故又把分则条文中具体数额予以删除。[①] 这样的例子在我国刑法中不胜枚举。显然,这一指导思想是值得商榷的。我们认为,以适应实际需要为理由将刑法条文规定得粗疏一些存在以下弊端:其一,为司法机关擅断提供了客观基础,不利于有效地保障公民的自由与权益。立法的目的在很大限度上是限制司法机关的权力,使司法机关有法可依,在法律提供的范围内活动,从而使公民的合法权益得以保障,真正使刑法典成为"人民自由的圣经"。如果法律规定粗疏,尤其是刑法这样关系到对公民生杀予夺的重要法律规定得不够细密,赋予司法机关过大的自由裁量权,应该说,我国司法人员大多数是能够依法办事的,但也不能否认个别的人徇私枉法。如果法律规定细密,那么,以法谋私的现象就难以得逞,或者即使出现也容易发现。而由于法律给予司法人员的自由裁量余地过大,就很可能使以法谋私活动合法化,即在法律允许的范围之内以法谋私,难以实行切实有效的监督。其二,由于法律规定粗疏,发生了有法难依,乃至于法律虚置的现象,使法律自动无效,结果不仅起不到打击犯罪的目的,而且严重损害法律的严肃性与权威性。仍以罚金为例,立法上对数额不予规定,意在有利于运用罚金的法律武器同犯罪作斗争。但实际效果如何呢?罚金适用率之低堪称各刑种之最,在许多地方适用率只有 0.5%,有些法院甚至从刑法实施以来没有适用过一次。事实证明,对罚金不规定具体数额,并非有利于运用罚金与犯罪作斗争,而是不利于与犯罪作斗争,这样相反的效果是立法者始料未及的。

2. 方便劳动人民,这又是一个堂而皇之的理由。法律是应该方便民众,但这里存在一个思想上的误区:立法者以为刑法规定越粗疏,条文越少,越有利于民众熟悉法律。但立法的目的到底是什么?是光写在纸面上给民众看的还是为了给司法机关适用的?显然是后者而非前者。但是,在对刑法功能理解上却存在一个重大失误,即将刑法的谕示功能凌驾于操作功能之上。笔者认为,制定刑法,主要目的在于为司法机关定罪量刑提供法律规格,这种法律规格应该是明确而细密的,具有可操作性。如果离开了这一点,过分强调刑法的谕示功能;从法制宣传的效果出发,将刑法规定得过于粗疏,可以说是"捡了芝麻丢了西瓜"。这样做,表面上看是为民众的利益,实际上恰恰是使民众利益得不到切实有效的保障。这就是笔者前面所说的,粗疏的法律使某些以法谋私者有空可钻,从而发生侵犯公民自由的现象。

更为重要的是,立法者以"宁疏勿密"作为刑事立法指导思想,追求法律的

---

① 高铭暄著:《中华人民共和国刑法的孕育和诞生》,法律出版社 1981 年版,第 78 页。

粗疏,其结果却适得其反,形成“欲疏益密”的状况。我国刑法条文确实是粗疏,但由于缺乏可操作性,司法机关为了适用刑法,不得不颁布大量的司法解释。所有司法解释的篇幅加起来,超过刑法篇幅的数10倍还要多。现在的刑法条文基本上成了原则性规定,离开了大量的司法解释,司法机关根本无法办案。因此,从某种意义上说,现在不是在适用刑法,而是在适用司法解释。这种现象难道正常吗?有些刑法著作中提到立法者定义权的旁落问题,[①]而现在的问题岂止是定义权的旁落,一定程度上可以说是立法权的旁落。立法者宁疏勿密的理由之一原本是让民众便于熟悉刑法,但现在大量的司法解释是以内部文件的形式出现的,不要说广大民众无从了解,即使是刑法理论工作者对个别司法解释也难以寻见。把这种现象与“法不可测,威莫大焉”的传统观念相联系或许言之过重,但说它不利于公民法律意识的增强,不符合法制进步和完善的要求,似乎尚属公允。这种立法动机与实践效果的矛盾难道还不令人深省吗?结论不言自明:宁疏勿密,可以休矣。

应该说,在刑事立法上出现宁粗勿细的思想,绝不是偶然的,而是有一定的历史背景的。对此,我国刑法学界有人曾作了精湛的分析,主要是:第一,在长期的内忧外患,战乱频繁的历史条件下,新中国的缔造者强调的是组织纪律性,集中统一的领导,采取下级服从上级,全党服从中央,党政不分的首长负责制,形成上级指示,领导人讲话就是政策,就是法律的局面。在这种情况下,即使作为正式法律制定出来,也难免有随意、粗略、疏漏的弊端。第二,新中国脱胎于半封建、半殖民地的旧中国,两千多年形成的封建传统、习惯深深地渗透到各个方面,在法律的制定工作中也不例外。封建社会的皇权至上,帝谕即法、出入人罪、司法专横等陈迹时刻污染着新的立法环境。第三,新中国成立后经历的政治,经济,文化等许多方面的剧烈变革,对立法工作产生了直接的影响,使得“宜粗不宜细”原则有着广阔的市场。[②] 随着社会主义民主与法制的进一步健全,社会主义商品经济的迅速发展,立法上宁疏勿密思想的社会基础必将逐渐瓦解与消失,因而宁疏勿密的立法指导思想也会失去其存在的客观条件。

我们反对刑事立法上的宁疏勿密,但也并非主张制定法律必须冗长细致,搞立法上的烦琐哲学。而是主张疏密有致、粗细得当。也就是说,在刑事立法上,应当从实际需要出发,应粗则粗,应细则细;该疏则疏,该密则密,使得刑事立法

---

① 郑伟著:《刑法个罪比较研究》,河南人民出版社1990年版,第7页。

② 刘守芬:“反思‘宜粗不宜细’原则,完善刑事立法”,载《刑法发展与司法完善》,中国人民公安大学出版社1989年版。

具有较强的可操作性。

二、刑事立法的超前与滞后

刑事立法应当超前还是滞后？这也是一个关于刑事立法指导思想的问题。在这个问题上，我国刑事立法历来主张“成熟一条制定一条”，即所谓经验型立法。在刑法制定过程中，这种指导思想也反映得十分明显。例如，在《刑法》分则第3章破坏社会主义经济秩序罪的讨论过程中，有的同志主张增加一些罪名，如明知是劣质品，废品而冒充合格产品出厂发售，以假冒真，以坏充好，以少充多，欺骗顾客，任意压低、抬高购销价格，破坏物价管理；巧立名目，铺张浪费，破坏财经制度；挪用专款专料搞非法工程（楼堂馆所）；非法无偿占用土地或抗拒依法征用土地；等等。后来考虑到这些问题情况和原因很复杂，加之我国经济管理体制正在调整改革之中，对这些经验不成熟、政纪法纪责任界限一时还难以划清的问题，不必匆忙在刑法中加以规定。否则，不仅执行起来有困难，还会给工作带来不应有的损失。因此，大家倾向于先由有关部门加以考虑，必要时制定单行条例之类的东西，待实行一个时期以后再来总结经验，以后认为需要补充到刑法中去，再补充进去也不迟，基于此种考虑，所以刑法中没有规定这些罪名。[①]这里虽然只是涉及个别罪名的取舍问题，但还是反映出立法者的经验型立法的痕迹。

经验型立法，它是以已往已有的经验为基础的。这样的立法大多较为消极被动，主要表现为对于已经成熟的经验做法的一种法律认可。因此，这样的立法必然是滞后的。经验型立法当然比较保险，但却落后于社会生活的需要，尤其是在社会生活发生剧烈变革的情况下，更是如此。社会生活发展了，迫切需要法律调整，而按照经验型立法，在没有经验的情况下不能贸然立法，因而出现法律的盲区。立法上可以不予过问，但司法上对于一起起被提起的诉讼案件，不能无动于衷，因而司法机关只能根据自己的理解去做，无法可依一旦长久沿袭，必然形成一种惯性的力量，从而侵蚀有法必依的原则。例如立法者认为规定重大医疗事故罪的条件不成熟，因而未予规定。但在司法实践中，医疗责任事故构成犯罪的案件需要处理，因而只能各行其是，定重大责任事故罪者有之，定过失杀人罪者有之，定玩忽职守罪者也有之，严重损害法制的严肃性与统一性。

---

① 高铭暄著：《中华人民共和国刑法的孕育和诞生》，法律出版社1981年版，第178页。

经验型立法的不足之处十分明显，尤其是在当前经济体制改革的情况下，刑事立法滞后更加突出。在这种情况下，便提出了超前立法的问题。比如法学界有人认为，立法超前是一种社会客观存在，它是指社会统治阶级通过对社会发展的趋势和规律以及自己依此而要达到的社会秩序的愿望，转化为明确的法律规范，以引导、规范人们行为的活动。立法超前是社会基本矛盾运动和法律规范之社会功能的题中之义，是立法活动整体内容的组成部分，是法律运行的规律之一，也是当代信息社会发展的必然要求。① 还有些同志不同意立法超前的提法，而主张立法先导，认为立法先导是指立法在顺应客观规律的基础上，对现实起一种指导作用，是因势利导，而不是不顾现实国情而硬性的超前立法。② 笔者认为，立法之超前与先导这两个词并无实质性的区别，都是强调立法不能滞后，而是要超前，对社会生活起到一种引导的作用。因此，我们赞同超前立法。

在刑事立法中，所谓超前立法是指刑事立法应当充分地反映社会未来的发展趋势和未来的犯罪变化特点，从而使其能够适应历史发展的要求，以保证刑事立法的相对稳定性。上述否定超前立法的同志认为，超前的字义，就是超越现实总体，而法恰恰在总体上丝毫不能超越现实。客观实际是一切立法工作的出发点。我们认为，刑事立法之超前与从实际出发并不矛盾，超前也只能建立在从实际出发的基础之上。在这个意义上说，刑事立法的超前性与其现实性是统一的；作为刑事立法指导思想的超前性不能脱离于现实，它必须是在现实中孕育着“应该”与“可能”的超前性。正如有的同志所说，应然之法律根源于实然之生活。③ 但是，如果否认立法的超前性，过于强调对于现实生活的简单重复与认可，那么，法律就不会有生命力。

笔者强调刑事立法的超前，同样并非不顾刑法的可行性。任何超前的立法，都必须具有可行性。完全脱离现实性的超前性，必然不可行。因为完全脱离现实的超前刑事立法，不可避免地会将现实中根本不存在的或者司法机关根本无力查处的危害行为规定为犯罪，出现法律的虚置现象。例如，《关于惩治贪污罪贿赂罪的补充规定》第 11 条第 2 款所规定的隐瞒境外存款罪，从目前情况来看，我国同很少的几个国家有司法协助关系，而同西方发达国家则没有任何司法协助关系（境外存款主要是在这些国家的银行中的存款），而且短时间内也不可能同这些国家建立起司法协助关系。即使以后的某一天建立起来，对该类犯罪的

---

① 何勤华：“立法超前——法律运行的规律之一”，载《法学》1991 年第 4 期。

② 胡川：“立法可先导不可超前”，载《法学》1991 年第 4 期。

③ 冯亚东：“立法只能是一种超前的活动”，载《法学》1991 年第 4 期。

调查还将受到西方银行界的抵制。在这种情况下,我国司法机关要侦查、起诉和审判该类案件,可以说几乎完全不可能。诸如此类过于“超前”而不可行的刑事立法内容当然是要力求避免的。因此,超前立法向立法者提出了更高的要求,即要在对社会发展趋势与犯罪发生趋势作出科学的审视与预测的基础上,制定出切实可行的刑法规范。

(1992 年第 7 期)

对犯罪的“能人”绝不能法外施恩

鲍遂献[*]　徐淑芹[**]

对所谓的“能人”犯罪，能不能“网开一面”、“法外施恩”或“从宽处理”？论者观点不一。《法学》月刊独辟新苑，倡议讨论，鼓励争鸣。这对于辨明是非，求得对这一问题的合理解决，颇有必要，很有意义。然而，笔者认为，此一命题本身就欠科学，如不对有关概念的外延作出界定，讨论恐难深入。退而言之，即使命题能够成立，对犯罪的“能人”也不能网开一面，法外施恩。

一、何谓“能人”

大千世界，物以类聚，人以群分。凡为人者，智商有高低，能力有大小。于是，才有了“能人”与“愚人”、“人才”与“蠢才”、“出类拔萃之人”与“平庸之辈”的区别。从生理学和心理学角度来看，大凡为人者，除憨、傻、痴、呆者以外，皆可冠以“能人”之称号。但是，我们所要讨论的对象，显然并非此种意义上的“能人”。《辞海》曰：能人者；“极有才能的人”之谓也。照此诠释，茫茫人海之中能够获此殊荣者，恐怕只在少数。

人生在世，来去匆匆。即使智商再高，也不可能成为“全才”。因此，所谓“能人”，无非是指在某个行业、某一方面具有一技之长的专门人才。其范围涉及社会生活的各个领域、各行各业、各个层次。所谓“七十二行，行行出状元”，正说明“能人”无处不有、无处不在。然而，从有些论者的观点看，或把“能人”局限于“生产、技术、经营、管理方面的关键人员或具有相当科研能力甚至是某些重要项目和重大经济建设项目的负责人”，或把“能人”的范围扩大到所有“极富创造力的人才”。按照狭义的解释，似乎只讲“经济效益”，不讲“社会效益”，因为诸如政治家、法学家、文学家、艺术家之类从事精神财富创造活动的人，并未列入“特殊保护”的范围，如果按照广义的解释，似乎背离了“法制为经济建设服务”这一宗旨，且有“保护面过广”之嫌。如此看来，要正确处理“能人”犯罪问

* 作者单位：武汉大学。

** 作者单位：中南政法学院（现中南财经政法大学）。

题,实在有必要建立一个"能人鉴定委员会"之类的专门机构,并培养和造就一批超能人的"能人问题专家"。

二、何谓"能人犯罪"

人非圣贤,孰能无过。即使"能人"也不免有违法犯罪之举,于是就形成了"能人兼罪人"这一特殊的社会群体。"能人"首先是人,因此,"凡人"能犯之罪,"能人"未必不能犯之;相反,一些"凡人"无法触犯之罪,却成为"能人"之"专利"。概而言之,能人犯罪的范围本无界定,也不需要定。然而,笔者注意到,不少论者都把"能人犯罪"限于"经济犯罪"或明确表述为"贪污、受贿、玩忽职守"等渎职性的经济犯罪。何以对"能人犯罪"从宽处理?一曰:"能人"在改革大潮中,受到"一切向钱看"的思想的影响,一时误入歧途,情有可原;二曰:"能人"时常与钱物打交道,贪污受贿,多拿多占,实属难免;三曰:经济犯罪民愤不大,从宽处理,容易得到社会支持,如此等等,不一而足。

对于上述观点,笔者实在不敢苟同。这里提出几个疑问,请论者作答。疑问之一:为何对"能人"经济犯罪要从宽处理,而对于"能人"所实施的其他犯罪,就不能从宽处理?疑问之二:改革大潮之中有多少人受金钱诱惑而坠入法网,对"能人"经济犯罪,我们是一味纵容,还是坚决杜绝?疑问之三:对"能人"的经济犯罪从宽处理,容易得到社会的支持,是作者的想象,还是客观事实?

三、何谓"依法从宽"

对犯罪的"能人"要不要"依法从宽"了其答案不言自明。而争论的焦点却在于是"法内从宽"还是"法外从宽"。有些论者以法学家对法律的娴熟,提出了对犯罪的"能人"从宽处理的种种法律依据。诸如不予起诉、免予起诉,免除刑罚,多判缓刑,少判实刑,多判管制和罚金,少判拘役、徒刑;多一些减刑、假释,少一些狱内执行,等等。至于犯罪性质、犯罪情节,量刑情节等,对犯罪的"能人"来说,似乎无关紧要。因为,在"一虚一实"、"一多一少"的背后,反映的是一种"为宽而宽"或"极力从宽"的思维定式。

众所周知,惩办与宽大相结合是我国一贯的刑事政策。我国现行刑法上规定的刑法制度,正是这一基本刑事政策的体现。但是,无论是从严的制度,抑或是从宽的制度,都具有其明确而具体的适用范围、适用对象和适用条件。而且必须贯彻罪刑法定和罪刑相适应的原则。宽与严必须于法有据、幅度适中。这一点对于犯罪的“能人”或“非能人”，均无例外。如果只考虑“能人”这一身份，人为地降低从宽幅度的适用标准，只罚不打、罚不当罪、不罚不打，这与其说是保护改革开放，不如说是葬送改革开放的前途。其结果势必使我国方兴未艾的法制建设遭到破坏，改革开放也难以为继。

四、何谓“法律面前人人平等”

追求平等是人类固有的理想，也是中国人民数千年来梦寐以求的良好愿望。为了实现这一理想，历代中国民众英勇斗争，前仆后继，作出了巨大的牺牲，付出了沉重的代价。当一个专制、独裁、腐败的旧中国退出历史舞台之后，当我们结束了无法无天的“十年浩劫”之后，才真正为实现“法律面前人人平等”的理想提供了必要的社会条件。然而，由于种种复杂的历史原因，我们在贯彻“法律面前人人平等”这一原则的过程中，还存在许多不尽如人意的地方。在平等与特权的较量中，我国法制的威力还显得脆弱，并不时陷入尴尬的境地。

所谓“能人犯罪”，在很大程度上，无非是职务犯罪的代名词。对这种职务犯罪不予追究或法外施恩，与其说是因为罪犯是“能人”，不如说考虑的是“能人”的身份、职权和地位。倘若这种理解没有差误，那么，对犯罪的能人无原则地从宽处理，就意味着我们公开地承认在刑法领域中的不平等。而这种不平等的存在，对其他罪犯甚至大多数中国人来说，实在是一种不幸和悲哀！如果对这类“能人”可以网开一面，继之而来的很可能是对各种“能人”犯罪者大开法网。长此以往，法律面前人人平等的理想，将再度化为泡影。中国社会在这方面的教训太多太惨，不能不令人深省，引以为戒。

五、何谓“保护改革开放”

当今中国，不改革就要落后，不开放就难以发展。在改革开放的大潮中，能人辈出，成为推动中国社会前进的重要力量。改革开放需要能人，客观上要求法律保护什么样的“能人”？对犯罪的“能人”法外施恩是否就是保护改革开放？我们的法制究竟应当怎样为改革开放服务？这是需要作出明确回答的问题，不允许有丝毫的含糊。

历史的经验和中国的现实都已证明，改革开放离不开法制，法制的功能正在于建立和维持一个安定、健康的政治、经济和社会环境。作为法律体系重要组成部分的刑法和司法机关，其任务就在于通过依法打击和预防各种犯罪活动，保证改革开放的顺利进行。这是法制为经济建设服务的最好结合点。如果对犯罪的“能人”放任不究或罚不当罪，不仅不利于改革开放，反而会使改革开放在犯罪的洪流中难以健康发展。理由之一：对有罪的“能人”姑息纵容，不仅无助于犯罪人的悔罪改过，而且会助长其他未犯罪的“能人”铤而走险。其结果将会使“能人犯罪”泛滥成灾。理由之二：对有罪的“能人”迁就姑息，固然可能保全一厂、一地的一时经济利益，但却为整体利益和社会大环境的破坏埋下隐患。因此，对犯罪“能人”的放纵，最终将害人害己。

有些论者提出，对犯罪“能人”的处理，要以改革开放的大局为重，更新观念。此言并无根本错误。但是，如果把对“能人”犯罪的非犯罪化和非刑罚化与保护改革开放混为一谈，则大错特错。如果这样，更新观念不过是背离法制的遁词。

（1992年第7期）

对“能人”犯罪从轻追究刑事责任的依据

张明楷*

首先，对“能人”犯罪网开一面的做法是难以为人们接受的。犯罪与刑事责任的关系表明，任何人犯了罪都应当承担刑事责任，这是法律面前人人平等的原则在刑事司法上的具体表现。既然“能人”的行为构成犯罪，就理所当然要承担刑事责任。这一点不应当有任何疑问。否则便违背了社会主义法制原则，反而不利于经济发展。因为经济的发展需要社会主义法制的引导与保障，这也是党中央提出“一手抓经济、一手抓法制”的基本理由之所在。从刑事责任的目的来看，对犯罪人追究刑事责任是为了预防犯罪，包括特殊预防与一般预防。对犯罪的“能人”追究刑事责任，正是为了预防该“能人”重新犯罪，也预防其他“能人”犯罪。如果不追究刑事责任，“能人”就会将自己置于法律评价之外，更加目无法纪，为所欲为，他们就不再是经济建设的“能人”，而是违法犯罪的“能人”。

犯罪的“能人”应当承担刑事责任，其前提是“能人”的行为已经构成犯罪。故关键是要认准行为是否构成犯罪。从法律特征上说，要准确认定行为是否符合犯罪构成，从实质内容上说，要准确评价行为是否具有应当承担刑事责任的社会危害性。社会危害性的内容在《刑法》第 10 条有明文规定，但从根本上说应是有碍社会主义商品经济的发展，有碍社会主义生产力的提高，有碍人民群众生活水平的提高，有碍社会主义国家综合国力的增强。犯罪的社会危害性是一个抽象的标准，需要犯罪构成来说明，犯罪构成不是空洞的法律模式，而是社会危害性的具体化、特征化。这就要求我们从实质上理解犯罪构成，即对犯罪构成的解释必须反映上述社会危害性的内容，使符合犯罪构成的行为具有上述社会危害性。

在我看来，法制原则与经济原则的关系，反映在定罪问题上，就是犯罪构成与犯罪的社会危害性之间的关系。因为经济原则要求定罪量刑有助于生产的发展、商品的流通、技术的发挥、经济效益的增长，综合国力的增强，而社会危害性则是与之相对立的。所以，处罚有社会危害性的犯罪行为，实际上就是坚持了经济原则；而坚持以犯罪构成作为认定犯罪的法律依据，则坚持了法制原则，同时

---

* 作者单位：中南政法学院（现中南财经政法大学）。

又坚持了经济原则。由此可见,犯罪构成与社会危害性的统一,表明了法制原则与经济原则的统一。

当然,肯定上述原则的统一,是以更新对社会危害性内容的认识为前提的,即行为有无社会危害性,不能仅从政治上进行评价,而应以是否有利于生产力的发展为根本标准。是否有利于生产力的发展,主要应从宏观上考察。不能认为,凡是救活了一个工厂、企业的"能人",其行为就是有利于生产力的发展,就没有社会危害性。例如,发展社会主义生产力,需要良好的经济环境、经济秩序,"能人"虽然救活一个工厂,却严重破坏了社会主义经济环境、经济秩序时,就应当认为有社会危害性。再如,行为人曾一度使企业兴旺,但这种兴旺建立在破坏了本企业的制度、设备等基础上,使企业难以继续发展时,也不能否认其行为的社会危害性。

在追究犯罪"能人"的刑事责任时,无疑应使其负刑事责任程度与犯罪的社会危害性及行为人的人身危险性相适应。因为追究刑事责任的直接目的是预防犯罪,特别要使犯罪人改恶从善、重新做人,这就要求司法机关在确定刑事责任的程度时,不仅要考虑行为本身的社会危害性,而且须考虑行为人的人身危险性。如果不考虑行为人的人身危险性,就不可能实现特殊预防,因为人身危险性的大小决定其改造的难易程度,进而决定刑事责任的程度。行为人的人身危险性除了由犯罪行为本身反映出来外,还能从与犯罪行为有关的、犯罪前和犯罪后的表现中反映出来。考虑行为人的人身危险性是刑罚个别化原则的要求。

但是我认为,考虑行为人的人身危险性,并不就是考虑行为人的价值。人的价值本身并不是人身危险性的内容,更不能说价值大的人其人身危险性就小,或者价值小的人其人身危险性就大。因为,这二者之间并没有直接联系,有的人可能将"才能"施用于犯罪方面,在这种情况下,恐怕其人身危险性就很大了。再者,人的价值表现取决于诸多因素,有的人的价值在某种情况下已经充分发挥出来;有的人由于某种原因而没有充分表现其价值,但不可否认其有潜在价值。况且,如何衡量人的价值也是一个难题。如果将人的价值本身作为决定刑事责任轻重的重要依据,就容易使量刑失去客观依据,不利于维护社会主义法制原则。

我认为,对犯罪的"能人"从轻追究刑事责任的理由,只能在与犯罪行为有关的犯罪前后的表现中寻找。一方面这些表现反映人身危险性的大小;另一方面这些表现容易客观认定。我国刑法理论与司法实践历来肯定犯罪前后的表现是量刑的酌定情节,有些表现(如自首、立功等)还被刑法规定为量刑的法定情节。具体到我们所讨论的问题上来,一方面,要考虑行为人在犯罪前(或在开始追诉前)为搞活企业、发展经济所作出的重大贡献,这种表现与贡献能说明行为人的人身危险性小;另一方面,要考虑犯罪后（或在开始追诉后)为搞活企业、发展经济所作出的重大贡献。例如,有的犯罪人在受刑事追诉的过程中,积极转让发明、专利等,使企业得以挽救,这就是一种立功表现,这种立功表现也能说明行为人的人身危险性小。这样,“能人”犯罪前后在搞活企业,发展经济方面的表现与贡献,就成为从轻追究行为人刑事责任的依据。

在处理“能人”犯罪时,除了做到依法认定犯罪和有根据地从轻追究刑事责任之外,还应注意以下几点:

第一,必须坚持“可判可不判的坚决不判”的原则。我们知道,介于罪与非罪之间的行为是客观存在的,从表面上看,对这种行为既可以认定犯罪,也可以不认定为犯罪。但根据党和国家的一贯政策,对这种行为只能以非罪论处。这样做,并不是放纵犯罪,而是有利于司法机关集中时间与精力打击严重犯罪,保护国家和人民利益,保护公民的人身权利与其他权益。对于“能人”所实施的介于罪与非罪之间的行为不以犯罪论处,既符合党和国家的一贯政策,又有利于他们发挥才能,从而促进经济发展。

第二,必须慎重采用逮捕、拘留等强制措施。我国《刑事诉讼法》第 40 条第 1 款规定:“对主要犯罪事实已经查清,可能判处徒刑以上刑罚的人犯,采取取保候审,监视居住等方法,尚不足以防止社会危险性,而有逮捕必要的,应即依法逮捕。”刑事诉讼法对拘留的条件也有规定。如果不符合法定的逮捕、拘留条件的,一定不能逮捕、拘留。但司法实践中,为了办案方便,对不符合法定逮捕、拘留条件的人犯实行逮捕、拘留的情况是存在的。笔者调查了解到如下情况:司法机关怀疑某“能人”犯罪,于是采取逮捕措施。由于案情复杂,便反复延长羁押期限,结果行为人的行为并不构成犯罪;或者虽构成犯罪,却不需要判处自由刑以上的刑罚,但行为人经营、主管的企业、工厂已经倒闭,无法挽回。这种现象极不利于社会主义的经济发展,也不利于维护社会主义法制,必须杜绝。

第三,依法适当多判一些缓刑,管制,罚金与没收财产。缓刑是刑法规定的刑罚制度,管制、罚金与没收财产是刑法规定的刑罚方法,它们都具有积极作用。司法机关应正确适用这些刑罚制度与方法,同时注意预防其消极作用。对于犯罪的“能人”这样做,既维护了社会主义法制,又有利于发展经济。

第四,对“能人”犯罪从轻追究刑事责任的犯罪范围应当限定。如前所述,对“能人”犯罪从轻追究刑事责任的根据是与犯罪行为有关的犯罪前后的表现。从另一个角度来看,上述犯罪只能是在搞活企业,发展经济过程中的犯罪,或者说是与搞活企业、发展经济有关的犯罪。行为人实施与此无关的犯罪时,其为发展经济所做贡献,就不能成为从轻处罚的理由。例如,行为人为搞活企业,发展经济作出了贡献,但实施了强奸行为,这种犯罪与搞活企业、发展经济没有联系;行为人为搞活企业,发展经济所做的贡献,不能成为对强奸罪从轻处罚的理由。

(1992 年第 7 期)

依法从轻处理“罪人兼能人”案件并非网开一面

金汉标*

如何正确处理“罪人兼能人”这一类经济犯罪案件,是目前法学界、司法界讨论的热点,也是审判实践中的难点。笔者认为,处理“罪人兼能人”的经济犯罪案件,应在贯彻法制原则的前提下适当兼顾经济原则。这样,既打击了经济犯罪,又有利于经济建设。

一、依法定罪,贯彻法制原则

依法定罪,是指司法机关认定行为人的违法行为符合刑事法律规定的犯罪构成要件,是对违法行为作出政治上和法律上的评价。我国的法律是工人阶级和广大人民意志的体现,是由国家制定或认可并以其强制力保证实施的行为规则的总和。依法对违法行为定罪,符合广大人民群众的利益,目的是保护人民,制裁犯罪,维护社会秩序,保护社会主义经济基础,促进社会生产力的发展,实现人民民主专政历史任务的重要手段。因此,不管是什么人,只要他的行为构成了犯罪,都应依法予以定罪,体现法律面前人人平等的社会主义法制原则。与此同时,不论对什么人的行为,都要忠于事实真相,具体案件具体分析,严格区分罪与非罪界限,绝不能把无罪定为有罪。对于改革开放中出现的新情况、新问题,法律没有规定为犯罪,社会危害性不大的,一般以不定罪为宜。上述两个方面不可偏废,放纵犯罪,该定罪的不予定罪或者滥定罪名,不该定罪的予以定罪,都是违背社会主义法制原则的,因而也是不符合广大人民群众利益的。

二、区别对待,兼顾经济原则

处理“罪人兼能人”的经济犯罪案件要兼顾经济原则,是否完全缺乏法律依

* 作者单位:浙江省嘉兴市中级人民法院。

据,网开一面呢?回答是否定的。笔者认为,兼顾经济原则仍在法律规定的范围内进行,它既体现了依法办案的严肃性,又体现了为经济建设服务的能动性。根据法律规定和司法实践,对"罪人兼能人"的经济犯罪案件可分别按下列几种情况处理:(1)贪污、受贿等数额巨大,情节特别严重,给国家、集体造成巨大损失,又不具备法定从轻、减轻情节的严重经济犯罪分子,尽管他是"能人",也应依法严惩;(2)贪污、受贿等数额在一万元以上,犯罪后自首、立功,积极退赃的,依法可以减轻处罚并宣告缓刑,有的犯罪分子虽无法定减轻情节,但积极退清赃款,认罪态度好,确有悔改表现的,可以依照《刑法》第59条第2款的规定,减轻处罚同时宣告缓刑;(3)贪污、受贿等数额在一万元以下的,积极退清赃款,确有悔改表现的,可以多适用些缓刑;(4)贪污、受贿等数额不满五千元,犯罪后自首、立功或者确有悔改表现,积极退赃的,可免予刑事处罚;(5)贪污、受贿等数额不满二千元,情节较轻的,不予定罪。

司法实践中对上述(1)、(4)、(5)3种情况没有大的分歧,但对(2)、(3)两种情况争议较大,焦点是犯罪性质、数额、情节基本相同,"罪人兼能人"可适用缓刑,其他罪犯则判处实刑,违背了法律面前人人平等的法制原则。笔者不敢苟同。因为缓刑不是一种刑罚,而是具体执行刑罚的一项制度。宣告缓刑,必须以判处刑罚为前提,缓刑不能脱离原判刑罚而单独存在。根据《刑法》第67条规定,适用缓刑必须同时具备两个条件:(1)必须是被判处拘役或者3年以下有期徒刑的普通刑事犯罪分子;(2)必须是确有悔罪表现,不关押也不致再危害社会的犯罪分子。上述所列(2)、(3)种情况的"罪人兼能人"是符合适用缓刑条件的。首先,第一个条件中的"判处拘役或者3年以下有期徒刑",是指宣告刑,不是法定刑。如某人贪污1200元,应当判处5年以上有期徒刑,由于罪犯有减轻处罚情节,法院判处其有期徒刑3年并宣告缓刑;有的犯罪分子虽无法定减轻情节,但有酌定从轻情节,根据案件的具体情况,依照《刑法》第59条第2款规定,法院判处其3年有期徒刑,同时宣告缓刑,这些都有法律依据。其次,适用缓刑的第二个条件中的"悔罪表现"和"确实不致再危害社会",前者主要是指犯罪后自首、立功,彻底坦白交代犯罪事实,检举揭发他人罪行,主动退赃,尽力减少犯罪所造成的危害等。后者是指综合分析犯罪分子的思想状况和一贯表现,判断把他放在社会上不会继续犯罪,不再给社会造成危害。对于一些"罪人兼能人"的经济罪犯,由于一贯表现较好(指对社会贡献较大),初次或偶尔犯罪,在全面分析案情的基础上,依法适用缓刑同样有法律依据。最后,对符合适用缓刑条件的"罪人兼能人",适当多判一些缓刑,放在社会上监督改造,不仅符合刑罚的目的和中央的有关指示,而且有利于社会安定和经济建设。

要使法制原则与经济原则结合好，第一，要解放思想，认真清理“左”的东西，牢固树立为经济建设服务的思想；第二，要完善立法，使法律更好地服务于经济建设这个中心。为此，笔者提出不成熟的建议：(1)缩小贪污、受贿罪的犯罪主体，严格限于国家工作人员。近几年来处理的贪污、受贿案件中，国家工作人员是少数，多数是集体经济组织工作人员或者其他经手、管理公共财物的人员。例如一个农民受委托经手公共财物，侵吞后就构成贪污罪。其实，他与国家工作人员毫不相关。如果把后二者从贪污、受贿中划出去，是什么罪就定什么罪，那么我国的贪污、受贿犯罪就大幅度下降，那种担心对“罪人兼能人”多判些缓刑是与廉政建设唱反调的想法可以消除。(2)挪用公款过去就有，以前均按违反财经纪律处理。现在把挪用公款归个人使用、进行非法活动的，或者挪用公款数额较大、进行营利活动的，或者挪用公款数额较大，超过3个月未还的是否都要定罪处罚值得探讨。(3)对罪行较轻的经济犯罪，可考虑用财产刑取代自由刑。为了使缓刑犯更好地接受监督改造，可以增设保证金，数额掌握在每年2000～3000元，如判处有期徒刑2年，缓刑3年的，缴纳保证金6000元或9000元，缓刑考验期内没有犯罪的，考验期满后发还，如果在考验期内犯罪的，保证金予以没收，上缴国库。

(1992年第7期)

对"能人"经济犯罪能否从宽的看法

孙立泉*

近年来,司法机关对能人经济犯罪作从宽处理的情况有越来越多的趋势,对此应做如何评价,人们观点迥异,莫衷一是。但有一点是可以肯定的,这种做法给刑法理论和司法实践带来一点混乱,为世人所关注。

一、在谈能人能否从宽之前要首先界定何为能人

我们认为能人只能限于国营、集体、乡镇生产部门及商业贸易等部门的管理人员和科研人员,如厂长、矿长、经理、工程师……而且必须具备用合法手段为国家、集体作出巨大或很大贡献的条件,其能人资格要由县级或相当于(县级)以上部门确认。就是说是否是能人不能自封,也不能由少数人捧起来,更不能将靠投机倒把、偷税漏税、坑蒙拐骗、弄虚作假而给小集团带来一定经济利益的人封为能人。

二、虽有能人资格但犯有严重的贪污贿赂等经济犯罪,且中饱私囊的,不能从宽处理

从理论上讲,能人犯经济犯罪应与他人犯经济犯罪一视同仁,同样处罚,绝不能在法律这个严肃、神圣的领域里设保护区,也不容许在我国政治、经济生活中出现超越法律的特权阶层。我国宪法、刑法都明确规定了一切公民在适用法律上一律平等,此点是务必不能动摇的。能人们虽然为搞活企业、发展经济作出一定或较大贡献,但同时将国家、集体等财产以贪污受贿等手段装入自己的腰包,严重侵害了国家、集体、个人的利益,是国法不容、群众切齿痛恨的。如果仅因其有贡献,就据此从宽处理或不处理,不仅同刑法精神严重相悖,也不利于对行为人改造和挽救,更重要的是将会在人民群众中造成极坏影响,也将有损党和政府的形象。需要强调指出的是,对那些弄虚作假,损公肥私或仅为小集团谋利

---

* 作者单位:最高人民检察院。

的假能人、坏能人不但不能从宽处理，而且应依法从重处罚。

三、对具备能人资格并具有下列条件的可从宽处理

即守法经营，主观上是从国家、集体利益出发，客观上为国家、集体经济发展作出突出贡献，没有中饱私囊或中饱私囊情节较轻的且有很强的组织管理能力或很高的科研能力，企业离不开的。根据上述认识，笔者认为能人经济犯罪从宽处理的范围应为：(1)为发展生产而被迫向有关单位或有关人员行贿的，可考虑不以行贿罪处罚；(2)为局部利益考虑，以单位名义私分国家、集体财产给所在单位全体职工，可考虑从宽处罚；(3)因工作考虑不周密而使国家、集体经济遭受重大损失或被骗巨款，可考虑从宽处理；(4)收受礼品礼物，经教育后基本上如数交公的，可不作处理；(5)挪用公物，经教育如数退回的，且公物基本未有损坏的或损坏已作赔偿的，可从宽处理或不作处理；(6)挪用公款数额较大，但不够巨大，且在半年之内如数退回的，可考虑从宽处理；(7)用公款解决个人住房问题的，可从宽处理，或不作处理；(8)出于局部集体利益考虑，违反财政纪律和有关规定，陪同有关人员大吃大喝，向有关人员赠送礼品、红包，陪同有关人员超标准游山玩水，为有关人员提供出国，就学机会、经费等，可从宽处理或不作处理；(9)为局部小集体利益考虑而偷税、漏税的，经教育补齐税款并主动缴纳罚款的，可从宽处理；(10)单位接受下属部门提供的经济利益，用于单位或全体单位职工，单位领导个人没有中饱私囊的，可以从宽处理或不作处理；(11)其他不属于严重贪污贿赂、中饱私囊，对国家集体利益危害不大，人民群众反响较小的犯罪。

四、对能人犯罪要注意运用罚金刑

罚金刑是打击经济犯罪的有力武器，是对付经济犯罪必须动用的财产刑罚，这也是20世纪世界各国刑罚制度改革的重要标志。但是，我国《刑法》规定可以适用罚金刑的犯罪只有20条，并且无论是单处或是并处罚金，都是与其他刑种并列规定，故仅是几种可供选择的刑种之一。而且罚金刑适用的犯罪主要是故意犯罪、轻微刑事犯罪和贪财图利的犯罪，排除了过失犯罪、重罪和贪财图利以外的犯罪的适用。因而我国的罚金刑适用形式显得非常单调，从而引起司法机关对罚金刑不重视，使用率极低，形成“只打不罚”的现象，不但影响了罚金刑

自身的作用,更影响了刑罚的作用,最主要的是没有起到保护社会主义经济建设的作用。这与当今世界一些国家刑法中规定的罚金刑有很大距离。例如,英国刑法规定罚金刑可以适用于除谋杀罪以外的差不多所有的刑事犯罪,美国《联邦刑法典草案》规定无论是重罪还是轻罪,都可以适用罚金刑,法国刑法典第4条规定在具体条款中可以广泛适用罚金刑。由此可见,我国刑法中的罚金刑亟待调正和完善,实践中应重视对罚金刑的运用。结合本文,笔者认为要特别注意重视对能人犯经济犯罪适用罚金刑,使其经济上不能得到便宜,弱化其犯罪目的,也是对刑事处理从宽后的补充和平衡,不能只打不罚、重打轻罚,也不能不打不罚、轻打轻罚,对能人作从宽刑事处罚的,要体现出轻打重罚的原则精神。

五、对能人从宽处理,要经省级以上司法机关批准决定

就是说,基层司法机关欲对能人从宽,得报请省级以上司法机关批准决定,方能生效。这样做,是为了严格维护法律的严肃性。各地基层执法机关绝不能各行其是,随意作出对能人从宽的决定。对能人从宽与否,各省要根据当地实际情况慎重决定,但不宜在全国范围内作出统一规定。能人从宽现象作统一规定,会在群众中造成一些不良影响,故不宜统一规定。能人标准不好界定,也不宜统一规定。能人从宽具有特殊性,而并不带有普遍性,故不必作统一规定。

最后需要强调指出的是,无论对能人作何样的处理,即从宽还是从轻,司法机关都要牢记为经济建设服务和参与社会治安综合治理的联系,与有关主管部门紧密配合,做好能人犯罪所在单位的生产、科研、管理等各项工作,帮助整顿、改组单位领导班子,使单位各项工作不因此受影响,还要帮助单位堵塞漏洞,建立健全各项规章制度,使单位生产经营活动正常运转,使各项工作搞得更好。

(1992年第7期)

“能人”经济犯罪的从宽处理与从严掌握

陆世友* 钟劲庐**

时下,关于某些厂长、经理或供销员、业务员因经济犯罪问题被司法机关查处后,企业由于失去了相应的领导层或业务上的联系网,生产陷入困境,或承担国家科研项目、重点工程项目任务的科技人员因经济犯罪案发影响科研、工程进程的消息常见报端。类似这样的例子不胜枚举。这就是所谓的“能人”经济犯罪问题。对于“能人”经济犯罪,不论是一味强调经济犯罪本身的社会危害性,忽视“能人”的特殊作用,孤立办案,还是片面强调小范围的经济利益,而放弃对“能人”刑事责任的追究,都是欠妥的。查处“能人”经济犯罪既要有利于经济建设的发展,又要维护法制原则。

当前,对“能人”的经济犯罪行为,依法从宽处理是必要的,解放和发展我国的社会生产力,增强我国的综合国力,以实现20世纪末国民经济总产值翻两番,21世纪中叶达到小康水平的第二步和第三步战略目标,这既是时代赋予我们的光荣职责,更是一个难得的稍纵即逝的时机。目前党和国家的工作重点集中在经济建设上,所有其他工作都要服务于经济建设这个中心,而司法机关作为法律执行机关,在办案时,必须充分考虑如何更好地为经济建设服务,保证和维护社会主义经济的正常发展。对“能人”经济犯罪的依法从宽处理正是司法机关为保障经济建设而灵活执法的具体体现。

“能人”是国家建设的栋梁之材。他们中有的是企业家,勇于开拓,敢于创新;有的是技术权威,科研项目的带头人;有的是各单位的领导干部,业务骨干,技术能手等。发展生产、深化改革离不开“能人”的参与和支持。他们为社会创造了财富,为国家作出了贡献。但同时在商品经济浪潮的冲击下,其中有些经受不住改革开放的考验,或出于私欲利用职务上的便利实施了贪污、受贿、挪用公款等犯罪行为,或出于为集体利益实施了偷税、投机倒把、假冒商标等犯罪行为,已蜕变成腐蚀国家机体的蛀虫。对他们的经济犯罪行为,司法机关要追究其刑事责任,但也要考虑具体生产科研实际需要,如果他们的作用确实是别人无法替代的,对他们从宽处理利大于弊的,可依法酌情从宽处理。从宽处理并不是因为

---

* 作者单位:华东政法学院(现华东政法大学)。

** 作者单位:华东政法学院(现华东政法大学)。

他们是功臣,而是权衡利弊的结果。如果对上述犯罪的“能人”在执法时不考虑这些具体因素,按惯例从重从快处置,就可能牵一发而动全身。司法实践中企业因此停产、关闭造成一批职工可能待业,从而增加社会的不安定因素的情况为数不少。

“能人”经济犯罪依法从宽处理也有可行性。首先,“能人”人身危险性较小。他们在犯罪以前大多没有前科、劣迹,在犯罪后认罪态度较好,能知罪悔改。犯罪起因或是过分追求生活享受,或不懂法律、误解政策而引起的,因此,其主观恶性并不深,能够通过教育改造挽救。其次,“能人”往往是各单位的有功之臣。有的是在不得已的情况下,为了本单位、本部门的生存发展,或满足职工的短期福利要求而走上经济犯罪的道路,因此,往往得到相当一部分群众的同情,若对他们依法从宽处理,是能够为群众所理解和支持的。但是,对“能人”的经济犯罪“从宽”,绝不能宽大无边,主观随意,而必须依法处理。司法机关可以在不同的诉讼阶段,体现“从宽”。例如,在立案侦查阶段,可适当考虑采用监视居住,取保候审的强制措施,在侦查终结后,考虑可否适用免予起诉的决定,在审理阶段,可多判一些缓刑、管制、罚金刑。这样可以在不剥夺“能人”人身自由情况下,使其戴罪继续留在原单位参加正常的生产工作,立功赎罪。

有人担心,对实施经济犯罪的“能人”从宽处理,会不会有损于法律的严肃性和权威性?这种担心不无道理。因此,笔者认为,必须从严掌握对“能人”从宽的范围、尺度。“能人”虽是生产、技术领域中的特殊人才,但毕竟仍是普通公民,在法律面前并不能享有任何特权。从宽应该严格限制在法律规定的范围之内。如果认为某人是能人就可以对他网开一面,已构成犯罪者不予定罪,该处理者不予处理,就会破坏整个法制秩序,法律的权威性、强制性就会受到损害。而法制秩序的破坏势必阻碍经济的发展,反而达不到从宽处理的目的。

毋庸置疑,从宽处理的同时可能会带来某些副作用。首先,如何界定“能人”的范围?司法实践中并无统一的标准。有的罪犯可以凭借“能人”之名,逃避法律制裁。这样,就会诱发某些有犯罪倾向的人去实施犯罪,也无法教育广大公民遵纪守法,从而使刑法失去了一般预防功能。其次,从“能人”的身份看,有的“能人”担任重要领导职务,有的是社会上的知名人士,因此,社会影响大,关系复杂。这些“能人”因经济犯罪被司法机关查处时,有可能会利用其社会地位,职务,知名度到处游说,表白自己的“清廉”,博取人们的同情,或通过各种渠道进行摸底,弥补漏洞,给侦查工作设置障碍。故如何从严掌握“能人”的界定标准及“从宽”的限度,以排除外界因素的干扰,保证司法机关独立办案,实是司法研究的当务之急。

笔者以为,要使对实施经济犯罪的"能人"从宽处理,既保障经济稳定发展,又不损害社会主义法制的权威性,必须先解决以下问题:

1. 确立"能人"的法定标准。不是任何有一技之长的人都可以称为"能人"的。按笔者理解,"能人"应该是那些在生产、科研、流通或其他领域中有特殊才能的人。一般地说,必须具备以下 3 个条件:(1)有高度的才能。例如,有高度的领导才能、组织才能、经营管理才能、业务才能或较深的技术才能。(2)这种高度的才能确已由实践所证明,并不是人们主观上的推测或某些执法人员个人的感觉。(3)关系到国家和集体重大利益。如果某些有才能的人被查处后,只影响到局部或小范围的经济利益,那么,这种人员也不是法律意义上的"能人"。不同的行业、不同的层次,"能人"的表现形式各不相同。如有的是国营大中型企业中的企业家、高级工程师,有的是国防和军事方面的技术专家、核能专家,有的仅仅是乡镇企业中的厂长、经理。但他们都有一个共同点:有高度的才能,在国家的经济建设中其作用确是别人无法替代的。唯有具备这种条件的"能人",法律才允许从宽处理。当然,要准确地确定"能人"的含义是比较困难的,还有待通过理论上的进一步分析和实践验证,以制定一个规范化的标准。

2. 确定严格的审批程序。严格的审批程序是防止司法人员执法随意性的有效保障。我国的宪法、刑法、刑诉法及人大常委会决定,以及"两高"有关规定都对审批程序作了明确规定。例如,《刑法》第 79 条规定 :"本法分则没有明文规定的犯罪,可以比照本法分则最相类似的条文定罪判刑,但是应当报请最高人民法院核准。"对需要减轻处罚的,根据《刑法》第 59 条第 2 款规定,可以由人民法院审判委员会讨论决定。对需要特赦的,根据《宪法》第 25 条规定,必须由全国人大常委会审议决定。特别是对犯贪污受贿罪需要免予起诉的,最高人民检察院颁布了《关于贪污受贿案件免予起诉工作的规定》第 10 条规定:"刑事检察部门审查终结后,对符合免予起诉条件的,应当报经检察长审核,提交检察委员会讨论决定……"第 13 条规定:"个人贪污、受贿数额在二千元以上不满五千元需要免予起诉的,由承办案件的人民检察院决定,报上一级人民检察院备案。其他依照法律规定可以免予起诉的,由省级人民检察院核准,报最高人民检察院备案。"这种严格的审查和备案程序可以严格限制对"能人"经济犯罪从宽处理的随意性,有利于维护法制的严肃性。

3. 加强监督。检察机关作为法律监督机关要加强对公安、法院工作的监督。检察机关可以提前介入公安机关对"能人"经济犯罪的侦查工作,以便及时监督、纠正违法行为。对法院错误地从宽处理"能人"经济犯罪的,检察机关需立即向该法院上一级人民法院提出抗诉,以便作出正确的判决。如果"能人"经济犯罪是由检察机关直接查处的,人大必须实施监督。首先,检察机关需及时将案件报人大备案,或听取人大代表的意见。其次,人大需经常组织人大代表进行执法检查,评议司法机关工作,提高司法机关的执法水平。对于“能人”经济犯罪这种特定问题,可根据《地方各级人民代表大会和地方各级人民政府组织法》第 26 条的规定,组织专门调查组或调查委员会查阅案卷,直接监督。

4. 做好考察工作。司法机关对“能人”依法从宽处理后,可以给予一定的考验期,允许其戴罪立功。在考验期内,“能人”罪犯必须遵守法律、法令,接受监督,积极参加生产、科研工作,并定期向执行机关汇报工作情况。对在考验期内拒不改悔,继续犯罪的,司法机关必须取消其考验期,从重处罚。

对“能人”经济犯罪的从宽处理与从严掌握似乎是相互矛盾的,但实际上又是统一的。它们从不同的角度体现了司法机关办案为经济建设服务的宗旨。从宽处理旨在通过“能人”的立功表现,直接促进经济发展;从严掌握旨在通过维护法制秩序,间接保障经济发展。然后必须指出,对“能人”经济犯罪从宽处理乃是目前新的经济运行机制尚未建立、社会主义法制并不健全的特定历史条件下所采取的权宜之计,而非治本之策。从长远来看,要真正实现国家的繁荣、富强,必须严格执法,进一步健全社会主义法制。

（1992 年第 7 期）

1993 年

持有行为
——一种新型的犯罪行为态样

陈正云[*]　李泽龙[**]

一、问题的提出

全国人大常委会《关于禁毒的决定》第3条规定了"禁止任何人非法持有毒品",非法持有毒品达到一定数量的,即构成非法持有毒品罪。该《决定》第一次以立法的形式明确地规定了"持有"这种犯罪行为态样,突破了传统的犯罪行为论体系,标志着一种新型的既不同于作为也不同于不作为的犯罪行为态样——持有行为——的产生。实际上早在《关于惩治贪污罪贿赂罪的补充规定》中就已有这方面的规定(第11条第1款拥有不能说明之巨额财产罪),只是比较隐含、间接而已。"持有"行为态样在我国刑事立法中的创设,具有很重要的理论意义和实践价值,很有探讨之必要。

"持有"在国外刑法早有规定。在美国刑法中,有些犯罪定义既没有明确要求积极的行为,也没有明确规定消极的不作为,只要求"占有"某种物品就构成犯罪,如占有麻醉品罪,占有赃物罪,等等。① 大陆刑法理论一般称为"持有",其实两者表示的是同一含义。例如,中华民国1935年《刑法》第20章第263条规定:"意图供犯本章各罪之用,而持有鸦片、吗啡、高根、海洛因或其化合质料,或专供吸食鸦片之器具者,处拘役或五百元以下罚金。"日本《刑法》第140条(持有鸦片烟,吸食器具)规定:"持有鸦片烟或吸食鸦片烟之器具者,处1年以下惩役"。意大利《刑法》第435条(制造、持有爆炸物)规定:"意图加害公共安全而制造、获得、持有炸药或其他爆发性、窒息性、眩惑性、有毒性或燃烧性物质或供使用制造或调和原料者,处1年以上5年以下徒刑"。《美国模范刑法典》第1编总则第2章第1条第2款第(4)项规定:"占有者故意取得或收受该物体或如

* 作者单位:中国人民大学。
** 作者单位:华东政法学院(现华东政法大学)。

① 储槐植著:《美国刑法》,北京大学出版社1987年版,第48~49页。

欲终止其占有时,有足够时间去终止之期间内,对其自己支配该物之事实有认识时,在本条之适用上,占有即为一种行为。”该《法典》首次在总则部分把占有作为犯罪行为的一种特殊形式予以明确规定。

二、持有行为态样界定

持有是一种事实上的支配,行为人与物之间存在一种事实上的支配与被支配的关系。持有一般表现为行为人对特定物品的占有、收藏、控制、保管等方式,但是并不要求行为人将特定物品随身携带,处于行为人眼能看到,手能摸到的状态下,也不要求行为人将特定物品置于自己的住所。这就是说只要物品实际上处于行为人的控制状态即视为持有,无须处于行为人的物理力控制之下。它不以行为人对物品的自然力量或物理力上直接占有、控制为条件,只要求行为人与物之间存在支配与被支配、控制与被控制的那种事实状态和关系。即使物品与行为人的人身或其住所分离,但根据事实,物品仍为行为人所控制,也视为持有。持有,既可以是公开持有,为众人知道自己持有特定物品,也可以是秘密持有,不为人所知;既可以是以抢劫、走私等非法手段取得特定物品而持有,也可以是因路上拾得,接受赠与,同意保管而持有,只要行为人明知自己控制的是特定物品即可。

持有行为具有以下特征:静态性。持有表示的是行为人对特定物品的实际控制、支配关系,强调的是物品的自然归属,因而行为人对特定物品一般表现为消极的无所为状态,即行为人的行为往往呈现出相对的静态性特征,这是由持有的主要表现形式—支配、控制的特性所决定的,因为行为人对物品的支配、控制,并不一定要求行为人在客观外在实施什么特定的行为,只要行为人事实上支配,控制该物品即为持有。[①] 对象的法定性。持有行为的对象取决于法律的明文规定,特定选择。没有刑法的特别规定,持有本身也就失去了刑法上的行为意义。从各国立法例上看,持有行为的对象一般仅限于违禁品,如军火,毒品,赃物等。我国刑法对持有行为未作规定。《关于禁毒的决定》(以下简称《决定》)仅规定了非法持有品罪,因而在我国,持有罪只限此一种,行为人持有其他任何物品都不构成持有罪。[②] 时间延续性。持有行为具有一定的时间延续性,虽然对持有行为的时间的具体长短难以作出规定,持有行为时间既可能是长达一年或几年,

① 张明楷:“简论非法持有毒品罪”,载《法学》1991 年第 6 期。

② 陈兴良著:《刑法哲学》,中国政法大学出版社 1992 年版,第 68 ~69 页。

也可能短为几个月甚至几天，但这种行为时间必然呈现出一定的持续性，即在相当的时间内的不间断性。持有罪是一种持续犯。[①] 单一性。持有行为的单一性是指持有犯罪一般仅根据法定的对象确立罪名，如持有毒品罪，持有军火罪等。从罪名来看，犯罪行为表现出单一性、同一性，而不像作为犯罪与不作为犯罪那样，在具体罪名上表现出行为的多样性，如盗窃罪、抢劫罪、强奸罪、拒不执行判决、裁定罪、遗弃罪等。

三、持有行为特质辨析

关于持有行为的性质，我国刑法学界较少有人论及，有的学者认为："单纯的持有应该是不作为，例如私藏枪支罪，就是非法持有枪支，应当交出而隐匿不交，是不作为。如果持有只是一种行为状态，则应当根据先前的行为性质确定为作为。例如盗窃之占有，占有（持有）是对财物的支配的意思进行事实上的支配。但这是作为窃取的后果而存在的，因此，盗窃不是不作为犯罪。"由此否认持有是一种独立的新型的犯罪行为态样。对此，笔者不敢苟同。

首先，持有不同于不作为。刑法意义上的不作为包含着行为人的特定作为义务，不作为总是和特定的作为义务相联系，没有特定的作为义务就没有刑法意义上的不作为，离开特定的作为义务，则无法探讨不作为问题。私藏枪支罪的成立，一方面要有行为人对枪支的非法持有行为，但更主要的是；另一方面必须有行为人没有履行交出枪支这一特定义务。因此，私藏枪支行为才能构成不作为犯罪。如果行为人主动，自愿交出自己非法持有的枪支，则不构成私藏枪支罪。而持有罪中的持有行为并不要求行为人负有特定的作为义务，如非法持有毒品罪，只要行为人非法持有毒品，本罪即成立，即使行为人交出其持有的毒品，也不影响本罪的成立，而只能把它作为影响量刑的一个情节考虑。因此，不能把持有行为归属于不作为范畴。

其次，持有是一种行为状态，但是不能因为持有行为具有静态性、延续性特征，就否定其独立存在的意义。我们界定一行为的性质，只能根据行为本身的内涵、特征来分析判断，而不能以该行为前的其他任何行为的性质来决定。而且刑法对持有行为评价和责难的重点依据正是仅针对行为人对特定物品的支配、控制这一客观事实，而非行为人持有物品前的其他行为。因此，脱离持有本身，而

① ［日］福田本、大塚仁编：《日本刑法总论讲义》，李乔、文石、周世铮译，辽宁人民出版社1966年版，第51页。

在持有之前试图寻找持有的行为性的根据是不恰当的。在这里,我们要注意把行为状态和行为所造成的不法状态区别开来。行为状态是指犯罪行为所处的运动或相对静止状态,不法状态是指犯罪行为所造成的危害后果处于持续状态,如伤害罪,伤害行为虽告结束,但伤害行为所造成的不法伤害状态即被害人的受伤害结果仍在一定时间内处于持续状态。在盗窃罪中,由于我国《刑法》并未规定持有赃物罪,因而盗窃行为人对赃物的占有并不具有刑法上行为的意义,把它看成盗窃行为造成的不法状态未尝不可,正因为如此,我们在刑法理论上一般把诸如伤害罪,盗窃罪归属于状态犯,对状态犯事后违法状态完全可以依据基本罪的构成要件进行评价,从而在其范围内就不再构成其他罪,这叫不可罚的事后行为。如果行为人制造毒品后又持有该毒品,则行为人构成制造毒品罪和非法持有毒品罪,只不过两者成立吸收关系,非法持有毒品行为被制造行为吸收而只能以制造毒品罪论处。此外,持有罪皆属于持续犯,是不法行为和不法状态的同时继续。

最后,持有行为也不属于作为。从表面上看,持有行为的起始点接近于“作为”,因为行为人要想非法持有某种物品,最起码的必要条件是行为人需作出一定的行为(语言或动作)来获得某种物品,并表明行为人自己对该物的事实上的支配、控制。例如,行为人在路上拾得毒品的行为,行为人接受赠与毒品的行为,行为人同意保管他人毒品的行为等,行为人这些行为看起来似乎是一种积极的作为形式,但是与刑法意义上的作为有着本质区别。刑法上的作为,是指行为人积极地去实施刑法规范所禁止的行为,从而构成犯罪,而持有罪的这些先前行为都不能单独构成为刑法上的犯罪。更确切地说,行为人的拾得行为,接受赠与行为,同意保管行为并不是刑法所禁止的,只要行为人事后能立即将毒品(或法定的其他物品)彻底毁弃,上交或将有关情况向有关单位立即汇报,请求并接受处理。则行为人的拾得行为,接受赠与行为,同意保管行为不会从刑法上评价为犯罪行为并且追究行为人的刑事责任。刑法之所以认为行为人构成持有罪,关键在于行为人实施了先前行为以后的持有行为。由上可以看出,行为人的先前行为只是持有行为的条件和前提而已,行为人的先前行为并不为犯罪行为,(当然,因走私、抢劫、制造行为而获取毒品或其他法定物品的情形除外)持有行为才是法定的犯罪行为。绝不能把行为人持有行为的起始点——先前行为——当做刑法意义上的持有行为本身来看待,从而认为持有行为是一种作为形态,否认持有行为本身的独立性。综上所述,持有行为的起始点接近于“作为”,以持有行为的整体来看,又更接近于“不作为”,但行为人又无特定的作为义务。所以我们不能因为先前行为的存在而忽视作为行为的刑法禁止性,把持有行为认为是作为,也不能因持有行为具有静态性特征而忽视不作为应具有的特定作为义务条件而把持有行为认定为不作为。那种把持有视为作为或不作为的论断都是不恰当的。持有只能是一种独立的新型的犯罪行为态样。

持有行为的创立反映了我国刑事立法上对特定行为的刑事责任的要求和负担严格化趋势。为了适应客观实际情况的需要,立法者不得不修正传统的犯罪理论,采取严格化立法模式来遏制一些犯罪如毒品犯罪等。这种严格化立法模式表现为立法者对某些犯罪的构成要件进行抽象,概括,扩大外延,浓缩内涵,降低这些犯罪的构成要件尤其是客观要件的要求标准。使得司法机关更加容易和主动有效来认定犯罪成立和适用诉讼程序,打击罪犯。

(1993 年第 5 期)

1996 年

略论行贿罪主观要件的修改

朱孝清*

《关于惩治贪污罪贿赂罪的补充规定》规定:“为了谋取不正当利益,给予国家工作人员、集体经济组织工作人员或者其他从事公务的人员以财物的,是行贿罪。”据此,“为了谋取不正当利益”,是行贿罪的法定主观要件。这一要件,曾经适应过经济基础的需要,促进过经济的发展,然而在建立社会主义市场经济体制,实行“两个根本转变”的今天,其作用正在走向反面,故有必要加以废除。

一

我国对行贿罪主观要件的立法有一个发展的过程。1952年《惩治贪污条例》和1979年《刑法》,都根据行贿、受贿系“对合犯”的刑法理论来规定行贿罪,而无“为了谋取不正当利益”这一主观要件。如《刑法》规定:“向国家工作人员行贿的,处三年以下有期徒刑或者拘役。”这样规定,对于遏制行贿犯罪,促进廉政建设具有积极作用。但是,在计划经济体制下,却不利于非国有经济特别是作为中国农村经济支柱的乡镇企业的起步和发展。乡镇企业与国有企业的最大区别,就是原材料的采购和产品的销售不纳入国家计划,全靠自找门路,因而难免出现以送财物的方法去挖资金、技术、人才、信息,疏通供销渠道的消极现象。如何对待这一消极现象?如以行贿违法犯罪予以打击,固然有利于减少受贿犯罪,净化社会风气,但是,一大片乡镇企业生机盎然的发展就会被窒息,中国农村经济发展进程就会延缓。同时,乡镇企业中的这一消极现象是国家计划对不同所有制企业不平等的政策所致,而非乡镇企业所固有,因而宜“导”不宜“堵”,应主要通过深化改革而不应靠法律手段来解决。基于这一认识,为了把乡镇企业为求生存、发展而送财物这一消极现象及类似行为从行贿罪中解脱出来,1988年《关于惩治贪污罪贿赂罪的补充规定》对行贿罪作了重要修改,增加了“为了谋取不正当利益”的主观要件。根据这一要件,企业为生存、发展以送财物的手法疏通关系,所谋取的一般不属不正当利益,因而不构成行贿罪。因此,增加这一

* 作者单位:浙江省人民检察院。

要件，是在计划经济条件下，针对非国有企业特别是乡镇企业难以跟国有企业平等竞争这一不合理状况而在法律上对乡镇企业的一种倾斜。这一决策，是利弊相权的结果，因而必然是利弊共存的：一方面，它适应了当时经济基础特别是中国农村发展战略的需要；另一方面，它对经济秩序和社会风气又有明显的消极作用，因为这一要件无异于在法律上默认甚至纵容了在经济活动中大多数送钱送物的消极行为。

二

随着形势的迅速发展，“为了谋取不正当利益”这一要件得以合理存在的客观依据已基本失去，要件的正面作用已越来越小，反面作用却越来越大，需要加以废除。

首先，废除这一要件是实现“两个根本转变”的需要。党的十四届五中全会提出了我国社会经济发展九五时期和今后十五年的奋斗目标，并指出，实现这一目标的关键在于实行两个具有全局意义的根本性的转变：体制上以传统的计划经济体制向社会主义市场经济体制转变；经济增长方式上从粗放型向集约型转变。既然两个转变如此重要，那么，一切政策、法律都必须有利于实现这两个转变。

从中央决定将建立社会主义市场经济体制作为经济体制的终极目标后，我国国民经济市场化的进展十分迅速。1994 年市场调节的比重，在工业消费品中已占 95% 以上，在农副产品收购中已占 80% 以上，在生产资料销售总额中已占 85% 以上，①资金、劳力、技术、信息等生产要素市场也在建立之中。国有企业已基本上失去了往日国家计划的优惠，除关系国计民生的垄断性企业外，国有企业已基本上与非国有企业一样进入了市场，一样面对平等的竞争条件。因此，在计划经济条件下为了扶持乡镇企业而设立的：为了谋取不正当利益，要件已成了多余和祸害，因为它使原本平等的竞争变为不平等，使得经济活动中送财物的行为一般不能以行贿查处，其结果必然扭曲市场竞争机制，扰乱社会主义市场经济秩序，并使国有企业在竞争中处于不利地位。

“为了谋取不正当利益”要件也有害于经营方式的转变。因为转变经营方式，就必须加大科技投入，降低能耗和价格，提高质量和效益，使商品以优良的质

① 《求是》杂志 1995 年第 21 期。

量、低廉的价格和良好的售后服务在竞争中取胜。由于,“为了谋取不正当利益”要件默认了经济活动中大多数送财物行为,使得商品竞争扭曲为回扣竞争,不少企业供销人员购销商品的决定性依据是回扣的高低而不是商品质量和价格的高低,因而常常出现质优价廉商品销不出去,而假冒伪劣商品却畅通无阻的怪事。这必然促使企业把注意力放在以钱铺路和打回扣战上,而不放在降低能耗、提高质量和改进服务上。

其次,废除这一要件是转变社会风气,加强廉政建设的需要。经济活动中送钱送物行为已成为不正之风和腐败的一个源头,而且随着时间的推移,送的行情不断提高,由原先的小额金钱、土特产转为大额金钱和高档电器。它败坏社会风气,腐蚀公务员队伍,破坏廉政建设,使一批又一批国家公务员及其他从事公务的人员被拉下水。据某省统计,自1982年开展打击经济犯罪活动以来,检察机关共查办受贿犯罪案件7881件,其中大多数系在经济活动中以钱开路所致。况且,实际被腐蚀的还远远不止此数。而对送财物人,却往往由于难以认定其“为了谋取不正当利益”而难以行贿治罪,这就使反腐败工作只打受贿,不打行贿,只堵“流水”,不堵“源头”,甚至出现行贿的放鞭炮(庆贺企业的发展和自身的荣誉)受贿的坐监牢的极不公平的现象。这一现象已引起广大干部群众的强烈不满。一些有识之士指出,只堵“流水”,不堵“源头”,只查受贿,不查行贿,是消极的惩办主义,反腐败必须从源头抓起,对行贿犯罪必须严肃查处。

最后,“不正当利益”很难准确界定。有的认为,“不正当利益”是指违反法律、法规和政策的非法利益;有的认为是指违反法律、法规、政策的非法利益和违反社会主义道德的不应当得到的利益。而对所谓违反社会主义道德则又有不同的理解,有的认为用送财物的不正当手段取得的利益均属违反社会主义道德的不正当利益;有的则认为,手段的不正当性不等于目的的不正当性,手段违反社会主义道德不等于所谋取的利益违反社会主义道德。此外,对于用送财物手段竞争不确定利益是否属于不正当利益则更有争议。

三

废除“为了谋取不正当利益”要件,是为了有力地打击行贿,并进而减少受贿;但加大对行贿的打击力度,却有可能使行贿人与受贿人抱成一团,拒不交代行贿事实,从而影响对受贿犯罪的发现和查处。为此,修改行贿罪时,必须贯彻区别对待和分化瓦解的政策策略。具体要注意以下几点:

1. 把主动行贿与被动送财物区别开来。拟规定:被勒索而给予财物,没有获取利益的,不是行贿。

2. 对为了谋取非法利益而行贿的从重处罚,规定较重的法定刑。

3. 对投案自首的,从宽幅度要更大一些。拟规定:行贿人在被追诉前主动交代行贿行为,罪行较轻的,可以不作为犯罪,罪行较重的,可以免除处罚。

4. 对坦白交代的,予以宽大处理。拟规定:行贿人在司法机关第一次讯问时坦白交代行贿行为,罪行较轻的,可以免除处罚;罪行较重的,可以减轻处罚。

(1996 年第 8 期)

信用卡犯罪中若干疑难问题探讨

刘 华*

一、非法复制他人的信用卡问题

非法复制他人的信用卡,俗称"烧卡",是指利用专门技术设备,在伪造卡、空白卡或废弃卡上输入合法持卡人的密码、签名以及其他信息资料的行为。烧卡一般具有以下特征:(1)以他人真实有效的信用卡为蓝本复制,合法持卡人系受害人;(2)运用专门技术设备进行复制,犯罪方法具有较高的智能性。

在司法实践中,烧卡行为往往牵涉其他行为。在非法复制前,行为人有可能采用盗窃方法窃得他人的信用卡,也可能通过贿赂信用卡的特约商户职员,取得他人信用卡的资料。在非法复制后,行为人既可能出售复制的信用卡牟利,又可能供自己使用。可见,烧卡行为表现比较复杂。

有的论文在进行信用卡犯罪分类时,将烧卡归在冒用信用卡行为之列。[①]我们认为:单纯复制他人的信用卡属于伪造行为。显而易见,它具备伪造的两点重要特征:(1)无权制作。是未经国家金融管理机构批准或授权的个人和单位违法制作。(2)非法伪制。系对真实有效的信用卡的伪造。

信用卡的伪造和货币的伪造是不同的。伪造货币只要就货币的图案式样进行形式伪造,即可完成。伪造信用卡不仅要进行形式伪造,而且要进行内容伪造。因为有效的信用卡均输入持卡人的信息与资料,具有个人身份特征,所以,伪造的信用卡只有输入有关真实内容,才有冒充使用的可能性。在司法实践中,除了伪造的空白卡,绝大部分伪造的信用卡都是采用非法输入他人的信用卡信息资料方法进行内容伪造,都表现为非法复制他人的信用卡行为。香港20世纪90年代初期是世界信用卡伪造中心,警方人士介绍,罪犯伪造信用卡的步骤就

---

* 作者单位:上海社科院法学所。

① 张健:"试论我国信用卡的犯罪",载上海金融法制研究会汇编:《1995年惩治和预防金融欺诈高级研讨会论文集》,上海教育出版社1995年版,第160页。

是先行贿赂酒店和商店的职员，获得真正持卡人的资料，而后输入假卡。[①] 信用卡形式伪造与内容伪造的关系表明：非法复制他人的信用卡是典型的伪造行为之一。

之所以有人认为烧卡行为属于冒用行为，是因为实际复制行为和冒用行为的联系较为紧密，人们往往注意其冒用行为，忽略其伪造行为。我们认为，应当区别两种行为界限。专门复制信用卡的，是伪造信用卡罪；明知是复制的他人信用卡而使用的，涉及两个罪名：冒用他人信用卡罪和使用伪造信用卡罪。笔者认为，从受害人方面考虑，认定前一罪名更为适宜。既复制又使用，在理论上成立两罪，在适用上按照吸收原则，伪造行为吸收冒用行为；复制后出售的，由于《关于惩治破坏金融秩序犯罪的决定》（以下简称《决定》）未规定出售信用卡的行为为犯罪，故只能作为伪造信用卡罪的一个情节。

二、盗窃信用卡问题

《决定》第 14 条第 2 款规定："盗窃信用卡并使用的，依照刑法关于盗窃罪的规定处罚。"在司法实践中，盗窃信用卡的形式比较复杂，有盗窃有效卡与盗窃无效卡之分，还有窃得后使用的，也有窃得后出售的，对此不能一概而论，应当具体分析。

（一）盗窃有效卡

一是盗窃有效信用卡是否以使用为犯罪构成要件。一种观点认为：窃得信用卡即构成犯罪。[②] 另一种观点认为：窃得信用卡后又使用的，才能构成犯罪。笔者认为：盗窃信用卡不同于盗窃货币，窃得信用卡后不等于窃得信用卡内的资金。如果盗窃了信用卡而未使用，那么合法持卡人的经济损失实际上并没有发生，而且他可通过挂失止付避免损失发生。所以，对于盗窃信用卡未出售或者未使用的，原则上可以不认定。《决定》实际上强调了这一点，规定盗窃信用卡并使用的，可以按照盗窃罪的规定处罚。但是，如果系多次盗窃或者盗窃多张的，虽未使用或者出售，社会危害较大，应认定盗窃罪。

---

① 郭文纬："财经界与贪污有关的欺诈罪行"，载上海金融法制研究会汇编：《1995 年惩治和预防金融欺诈高级研讨会论文集》，上海教育出版社 1995 年版，第 52 页。

② 丁寿兴："试论信用卡犯罪的法律特征及其立法完善"，载上海金融法制研究会汇编：《1995 年惩治和预防金融欺诈高级研讨会论文集》，上海教育出版社 1995 年版，第 156 页。

二是如何确定盗窃数额。一种观点认为:按照窃得的信用卡上的存款数额和信用数额认定。另一种观点认为:应该按照实际使用数额认定。笔者认为:犯罪数额不应根据窃得的信用卡上的存款数额和信用数额认定,应该以实际的消费数额或者获利数额为依据。因为信用卡上表明的是合法持卡人的存款余额以及透支限额,行为人在窃得信用卡后,没有非法使用之前,只是获得了非法获利的机会,而未实际获得上述款项,也就是说,合法持卡人的经济利益尚未受到实际侵害。所以,以信用卡标明的,而行为人实际未得到的存款数额和信用数额作为盗窃数额认定,显然是不合理的。

(二)盗窃无效卡

无效卡是指伪造卡、废弃卡、止付卡(黑卡)等。一般认为:无效卡代表的是虚假财产权利和虚假承付信用,应认定为无价值物。单纯盗窃无效卡,不构成犯罪。但是,值得研究的是,对于盗窃无效卡后使用或出售的行为如何定性。笔者认为:盗窃无效卡并使用的,盗窃罪不成立。但是,根据《决定》可以构成使用伪造的信用卡罪或者使用废弃的信用卡罪。盗窃无效卡后出售的,虽然是盗窃无价值物,不成立盗窃罪。可是,出售无价值物,则构成诈骗罪,因为它具备虚构事实、隐瞒真相的诈骗罪特征。

三、骗领信用卡问题

骗领信用卡是指伪造虚假身份证件,从发卡银行骗取信用卡后进行透支消费的行为。在司法实践中,有的以虚构的持卡人的名义,制作虚假身份证件,骗领信用卡,由于持卡人系子虚乌有,发生巨额透支,银行根本无法查证。有的冒用他人名义以及身份证件,冒领信用卡,致使他人为其承担恶意透支罪名。由于《决定》没有规定这一行为,在刑法上如何认定骗领信用卡行为性质,值得研究。我们认为:首先,它不属于恶意透支行为,因为主体不符。恶意透支是指合法持卡人的超额消费行为,骗领的信用卡,持卡人的身份是非法的。其次,它有别于冒用他人的信用卡行为。他人的信用卡是指他人申领的有效的真卡,骗领的信用卡尽管是发卡银行的真卡,但是,信用卡的申领却未经过名义人的同意,所以不能视为他人的信用卡。笔者认为,《决定》列举的信用卡犯罪5种形式不能包括实际生活中信用卡犯罪的各种形式。因为这一行为已具有相当的社会危害性,我们认为,根据刑法规定,对于骗领信用卡并进行巨额透支的行为,可认定为诈骗罪。

四、盗划信用卡问题

盗划信用卡,是指特约商户从业人员利用工作便利,盗划顾客的信用卡侵吞其资金的行为。此类案件已经发生多起,对此行为如何定性,共有两种观点。第一种观点强调盗划行为是利用职务的便利,应该定贪污罪。① 第二种观点认为,从行为特征看,盗划信用卡是将他人的信用卡重复刷卡,并要模仿持卡人的笔迹签名,填签购单,其行为符合冒用他人信用卡的特征。

准确地说,盗划信用卡应认定为侵占罪。其理由是:(1)利用工作之便的特征明显。特约商户从业人员利用收银之便盗划他人信用卡,符合侵占罪要求的具有经手保管财物之便的条件。(2)特约商户从业人员一般不是管理人员,而是一般职工。定侵占罪要比定贪污罪,在主体身份上更为合适。(3)他人信用卡的资金是特约商户从业人员直接截留的,是典型的侵吞行为。至于重复刷卡和模仿签名的行为只是其侵占行为的掩饰手法,这与冒用他人信用卡以假冒签名骗取财物和服务的欺诈手法是不同的。所以,将盗划信用卡认定为冒用信用卡是不准确的。

五、恶意透支问题

当前,刑法学界在信用卡的恶意透支问题上意见分歧较大。主要的争议有3点:

1. 恶意透支的主体仅仅是合法持卡人,还是包括非法持卡人

有的观点认为,恶意透支必须是合法持卡人或伙同他人所为,没有合法持卡人的参与,就不构成恶意透支。与之相反的观点是,恶意透支主体可以是任何人,法律没有限定。还有一种观点认为,恶意透支的主体包括两种人,一种是合法持卡人;另一种是骗领信用卡的人。笔者同意第一种观点。恶意透支主体只能是合法持卡人,这与银行信用卡章程有关恶意透支的规定一致。非法持卡人利用所持信用卡透支,不能以恶意透支的罪名认定。而应根据其信用卡非法取得方式,结合其他情况认定罪名。

---

① 阿不都热衣木·卡德尔、张国吉:"信用卡透支问题初探",载《中外法学》1995年第3期。

2. 如何认定恶意透支数额

《决定》对信用卡犯罪的数额规定了3个档次,即数额较大,数额巨大,数额特别巨大。由于有关司法解释尚未出台,目前,无从把握具体金额,但是,学界对恶意透支数额认定提出了两个标准,值得探讨。一是单一标准说。此说认为司法解释只要笼统规定三个具体数额,即可确定何谓数额较大、数额巨大和数额特别巨大。例如,1995年4月20日"最高法"和"最高检"颁布的《关于办理利用信用卡诈骗犯罪具体适用法律若干问题的解释》(以下简称《解释》)则采用了单一标准。直接规定以5000元为恶意透支定罪标准。二是分类标准说。此说认为,我国发卡银行众多,其信用卡章程内容不一,各种信用卡的透支限额各不相同。单一标准很难适用,应当根据不同信用卡的透支限额分类确定刑法上的恶意透支数额。①

笔者认为,单一标准说和分类标准说的利与弊正好相反。前者其利在于统一了信用卡恶意透支的犯罪数额,不致产生数额因卡而异,造成处罚不公现象。其弊在于对各类信用卡透支数额完全不予考虑。目前,发卡银行规定的善意透支最低限额为200元,最高的为500元。② 如果适用单一标准,那么,刑法只能保护透支额高的信用卡,无从保护透支额低的信用卡。后者可取之处在于考虑了信用卡实际使用情况,但是完全根据发卡银行信用卡的透支限额,认定是否成立恶意透支犯罪,则是不可取的。

建议采用倍数数额标准。也就是说,以规范的信用卡章程为蓝本,规定凡超过信用卡章程规定的善意透支额5倍或者10倍以上的,可认定为恶意透支犯罪。具体还要区分个人卡和公司卡,人民币卡和外币卡。首先,这一标准区别了刑法标准和信用卡标准。信用卡标准不能等同于刑法标准,只能作为参照依据。其次,以倍数代替具体的金额,可以避免因货币价值变化而被动地进行数额标准修改。

3. 如何认定拒不偿还

一般认为,恶意透支应该以拒不偿还为构成要件。如果行为人透支后已经偿还或者承诺偿还,则不能认定为犯罪。问题的症结是如何认定拒不偿还。时间标准说认为:经银行催告后超过3个月期限的,即可认定具有非法占有目的。此观点源出于《解释》。催告次数说认为:银行对信用卡持卡人的透支一般实行三次催告。第一次,发出书面通知,催告还款;第二次,派出外勤人员上门索要;

---

① 罗会宝:"关于信用卡透支行为罪与非罪的界定",载《中外法学》1995年第6期。
② 参见中国银行长城卡使用章程和工商银行人民币卡使用章程。

第三次,诉请法院发支付令追付。如果经三次催告后仍不还款,就可认定拒不偿还。

笔者认为,单纯以3个月作为定罪界限,过于机械。催告次数说有可取之处。但是除了以3次催告为标准认定之外,有的恶意透支行为非法占有目的十分明显,例如,巨额透支后潜逃的;透支数额极其巨大,远远超过其实际支付能力的,则无须经过3次催告,即可认定。

另外,我国信用卡的申领一般需要提供担保。如果发生持卡人恶意透支且拒不偿还,而担保人在银行催告下为其还清了透支款和利息,是否还要追究持卡人的刑事责任呢?我们认为:在这种情况下,恶意透支的社会危害性已经因担保人的行为而消除。其担保责任的履行,解除了银行和持卡人之间的债务关系,避免了民事法律关系向刑事法律关系的转化。至于担保人与持卡人之间的债务关系,无须刑法调整。

(1996年第9期)

1997 年

刑法修改的规模定位与制度设计

周光权*

目前,关于如何进一步完善刑法(包括如何使刑法总则体系科学化、新增什么罪名等)的学术观点已经较多,其中不乏真知灼见。但是,从国家刑事立法能力和司法能力这一独特视角对刑法修改的规模定位和制度设计进行思考的并不多见。本文的立论基础是:刑法修改是人类出于对事物完美性的追求而采取的立法行为。目的显然是正当和无可非议的,但是目的的美好与正当丝毫代替不了"追求"过程本身的艰难。在此进程中,我们首先要对刑法修改的规模进行准确定位,在此基础上设计出民主和科学的刑法制度。

一、刑法修改的规模定位

这一问题的主旨是:这次刑法修改究竟应该达到什么地步(程度性)——是大刀阔斧地进行改革,还是小规模地改动?刑法修改的规模定位问题,关系重大,在学术界也有一些争执。有人曾提出要对现行刑法进行结构性变革,打破现有刑法体系重新排列组合。但我以为,这次刑法修改在规模上必须也只能是动些小手术,诸多因素决定了至少是在当前进行刑法结构性变革的时机并不太成熟。

而要准确进行这次刑法修改的规模定位,有四个字很重要:面对现实!这主要从3个方面理解:

在刑法学界,人们在肯定1979年《刑法》功绩的基础上探讨其缺陷并着力指出这些不足的原因时,有两种观点很有代表性:一是"立法经验不足"说,认为主要是当时历史条件和立法经验的限制使刑法典在体系结构、规范内容和立法技术上都存在一些缺陷。[①] 二是"理论准备不足说",认为没有科学的刑法学理论为立法提供指导是法典不成熟的真正原因。[②] 两种见解都有一些道理,或许后一种见解更为问题之症结,而且刑法学长期以来表面繁荣之下隐蔽着的萧条

---

* 作者单位:中国人民大学。

① 高铭暄主编:《刑法学原理》(第1卷),中国人民大学出版社1993年版,第268~269页。

② 李培泽:"论修改刑法的理论准备",载《现代法学》1995年第5期。

和理论底气不足局面仍未得到较大改观。因此,立法经验不足,理论准备不充分应当是刑法修改必须直面的第一个现实问题。

第二个应当正视的现实问题是我国当前正在进行的社会主义市场经济建设的伟大实践。长期以来,我们实行的是计划经济模式,统制经济下的犯罪类型是有限的,以暴力犯罪和普通财产犯罪为最多。对犯罪的打击手段相应地也是有限的——"以暴制暴"——来对付这些一般人的犯罪,即国家对犯罪的控制是直接的,且以国家本位为主;成熟的市场经济下的犯罪样态则与统制经济迥然不同:犯罪形态五花八门,令人眼花缭乱;智能犯罪增多,动辄成千上万的高额经济犯罪和权力渗入经济领域的职务犯罪层出不穷,令人瞠目结舌。犯罪类型的变化必然带来打击手段的变化——"以智克智"——来对付这些有知识、有权力人的犯罪。而且,由于社会的独立发展、成熟和对社会本身的重视,计划经济下犯罪控制的"国家本位"也开始向多元化的"国家社会"本位过渡。可见,与计划经济和市场经济两种目标模式相适应,应当分别建构两套内在结构和外在样式殊异的刑法,而且后一套刑法应当更逼近于人类对犯罪控制规律的真理性认识。但是,当前的问题是:我国正在实行的,既不是传统的计划经济制度,也不是成熟的市场经济,而是介于"转轨"时期,新旧体制的"磨合"在所难免而且还会持续相当长时期,此时的刑法既带有挥之不去的计划经济影响的痕迹,又必须符合市场经济的内在意蕴,因此它是两种体制碰撞的产物——带有"异化"的特征。同时,它又应当是发展的,因为计划经济向市场经济的转轨本身是一个总体上绵延向前的过程,刑法也就不能停滞不前,而应当是一个开放性体系。

可见,在这"转轨"过程中的刑事立法的确是一个艰难抉择的过程。纵观改革开放以来我国的刑事立法史,我们可以发现,20余个单行刑事法律的颁行和众多附属刑法条款的设置,已经远离了立法者"宁疏勿密"、方便人民群众学习的初衷,条文的交叉、重叠、混乱、矛盾不但使人民群众无法学习,而且有时使司法机关都手足无措、不知所从,由此刑法的照谕功能和操作功能皆失。司法机关为了处理案件便只得大量求助于司法解释,有时案件的实质处理便不得不以司法解释权架空立法权,使立法权旁落,立法者精心搭建的辉煌法律框架依然远未实现他们的理性预期。这些复杂的事实都充分说明:"转轨"时期的刑事立法必须谨小慎微。一方面,不能沿袭计划经济下的老套路来对付犯罪;另一方面,也不能完全按理想市场经济下的犯罪样态来设计刑法。以此为背景的刑法修改只能是小的改动——细微处见(刑法修改的)精神而已。因此,这似乎应了一句老话:"人类一次又一次地对法律的部分内容或全部内容加以否定,却总也无法消除法律形式相对无法满足的不和谐,这是法律本身的局限还是人类的根本追求在绝对意义上的不可靠?”[1]

这次修改刑法客观上不能回避的第三个问题是:适当估计国家能力,尤其是立法机关的能力和司法机关的能力。鉴于这个问题的重要和易被忽略,下面我们对其加以详尽探讨,以期获得对刑法修改规模定位的完整认识。

二、立法能力、司法能力与刑法修改的一般性探讨

对立法、司法领域的国家能力进行政治哲学分析,长期以来在法学界未引起应有重视。考察政治哲学史,我们大致可以将国家政治观归结为积极政治观和消极政治观两种类型。积极政治观的表征是:国家存在的理由是追求一种“尽善尽美”,国家不能容忍一切“阳光下的罪恶”,且有能力消除一切违法、犯罪现象,为此,国家的行动应当是积极的、有效的。积极政治观与建构理性主义有着天然的亲和性:建构理性主义有这样一种妄想——确实有某(些)个人能够掌握所有的相关知识,而且根据这种巨细无遗的知识,可以通过设计而建构一个理想的社会秩序,就像柏拉图设计理想国那样。[2] 由此而来的积极政治观必然导致积极国家观。消极政治观则与之相反,认为国家的目的是消除“大恶”——国家不可能消除一切人间罪恶而只能在对那些严重的、危及国家安全和社会安宁行为的惩治方面有所作为,这是从保守的角度判断国家能力,由此国家的行动应当是消极的。消极政治观与哈耶克所信奉的进化理性主义有着契合性。进化理性主义的实质在于否认“全知全能”政府存在的可能性——“政府在事实上不可能拥有事实上的全部知识。”我们历来对体现积极政治观的建构理性主义政治哲学较为熟悉,这一思想也较多地贯彻到了我们的刑事立法实践和司法实践活动中,国家基于这种观念对立法和司法活动给予了较大信赖。首先,积极国家观对立法活动的影响是直接的:立法机关对自己的能力持乐观态度,始终信心十足,企图通过制定法律来实现没有罪恶的“大同”社会,一旦某一行为对现有社会秩序形成威胁,立法机关就试图将其规定为犯罪而给予匡正,虽然其中的一些行为并未真正到了非利用刑法调控不可的地步;此外,立法机关还积极追求刑法典的完备。现行刑法典设置了类推制度以及许多学者提出设置数百种罪名的建议都

---

① [美]E. 博登海默著:《法理学:法哲学及其方法》,邓正来、姬敬武译,华夏出版社 1987 年版,第 3 页。

② [美]霍伊著:《自由主义政治哲学:哈耶克的政治思想》,刘锋译,三联书店 1992 年版,第 3 页。另外,本文关于建构理性主义、进化理性主义的简要论述也可参见该书有关部分。

是受了这种国家观的影响——对国家立法能力过于迷信，没有适当估计立法机关的能力。其次，积极国家观对于司法活动的影响也是巨大的：国家和司法机关自身都极其相信司法活动的有效性、公正性和效益性，认为只要是立法机关制定并颁行的法律，在司法机关那里就会得到不折不扣的执行，但是事实远非如此。

积极国家观的确确立了人类的一种理想即只要国家努力，就可以设计出完美的刑事法律制度，使社会局面风平浪静。作为一种政治哲学理念，积极国家观虽说多少带有些浪漫色彩，但也无可非议。然而，将其作为一种社会实践理论，或许会产生一些负面作用——国家会潜意识地认为，为了追求正当、完美、合理的目的，便可以也应当采取自认为有效的一切手段，可以进行大胆的社会实践（包括大量立法、司法活动），而且一般不会出差错，因为国家是有能力的。退而言之，即便出了纰漏，国家也在所不惜，因为目的是有正当性的，国家在向实现民众幸福这一理想模式挺进。这种对国家能力过分信奉和以目的合理来论证手段合理的逻辑在本质上讲是有害的。因此，比较积极国家观和消极国家观，后者虽然多少有些保守，但从实际效果来讲或许更为可取。这对我们当前的刑法修改工作并非毫无启迪。

以消极的政治哲学观念来指导刑法修改，并不是说立法者绝对地无所作为，只是意在强调国家应当准确估计自己的能力，保守、消极地看待立法和司法活动的能量：不应当以设计完美无缺、足以涵盖和消除所有人间罪恶的刑法为立法价值取向；也不能寄希望于司法机关会完全实现立法意图。问题讨论到这里，有必要深入探究一下如何正确估计国家刑事立法能力和司法能力问题。

要准确估计立法能力，我以为至少要综合考虑3个因素：(1)立法资料。要求立法机关对刑法实施以来的犯罪发生规律、刑罚运用问题进行定性和定量分析，掌握一些数据、搜集一些资料。准确判断：哪些行为不应当再是新时期刑法打击的对象；刑罚的轻缓和苛严会分别带来哪些后果；犯罪圈是扩大还是收缩更好；哪些刑法条文完全没有被执行甚至永远不可能被执行；等。立法资料的搜罗和分析对立法活动而言是基础性工作，绝不可等闲视之。(2)立法理论。刑法学研究究竟为刑事立法提供了多少理论支撑？刑法学家们精心营造的理论具备一种什么品格——紧随国家立法的注释刑法是否为相对地独立于国家立法的开拓性理论刑法？刑法理论水平的高低与立法能力优劣基本上呈正比例关系。(3)立法技术。我们一直对成文法较为青睐，但也看到它的局限性，所以1979年刑法便设置了类推制度和一些高度概然性条款（如关于流氓罪、聚众打砸抢罪等），现在一旦取消这些规定，我们的立法技术是否能达到较为精巧的地步；而且，立法者的语言文字驾驭能力和理性思维能力究竟达到了一个什么高度等问题都与立法技术乃至立法能力紧密相关。根据上述指标来估价我们的立法能力并进行刑法修改,应当说是有现实意义的。

在这次刑法修改活动中,我们还要适当估计司法机关的能力。这也是不容忽略的。因为我们的立法机关面临的是这样一个现实:并不是所有的法律条文都能被司法人员所执行。由此立法者面临双重任务:一方面,对过去立法中没有被执行、长期“虚置”的条文进行清理,或改造或废弃,使刑法更加精练和可行;另一方面,结合司法能力制定能在最大限度上被司法机关所认同、接纳、运用的条文。为此,准确估计司法能力就极其重要了。评价司法能力的指标可能多方面的,但我们认为最为主要的有这几方面:(1)司法资源。这是基础性指标,主要是指司法机关能够投入到刑事侦查、审判中的人、财、物力与时间。刑事立法应当在计算司法资源可投入总量的基础上设计刑法制度,司法资源明显不足,但刑法却偏要强令司法机关对某一犯罪(有时甚至是轻微犯罪)实行追诉,则明显有悖于刑法效益性原则。(2)司法环境。这一指数包括多重含义:其一,国家法制状况。这是司法的大环境。国家的法制状况好,除刑法以外的其他法律的运作都呈良性状态,刑法作为最后的社会治理手段多数情况下都可以被弃而不用,那么刑法修改时应尽量缩小犯罪圈,实现刑法的谦抑价值;如果“失范”行为此起彼伏,其他法律制裁手段(民事的、经济的)显然失效,刑法手段的运用在所难免,那么就应当扩大犯罪圈,这对于当前我国的刑法修改尤为重要。其二,配套立法情况。主要指程序法的立法情况。刑法的顺畅实现与程序法须臾不可分离。刑法规定了死刑,程序法就得规定死刑执行程序;刑法规定了罪刑法定原则,程序法就得规定证据审查判断、不起诉、无罪宣告等一系列制度和措施;刑法规定了单位犯罪,程序法就理应设置对单位犯罪的侦查、审判程序。其三,司法机关内部权力运作状况,尤其是法院内部权力配置及运作状况。“法院审判”(审判委员会对案件处理作出决断)还是“法官审判”对刑法的要求、实现都殊异,因此,刑事立法对此不能熟视无睹。(3)司法素质。包括司法人员的知识结构、经验、经历、人员组成比例等。司法素质不同,运用刑法条文的能力不同,对刑事立法的要求也不同:一个素质很高的法官能够深刻领会蕴涵于高度盖然性刑法条文中的立法主旨;一个素质较差的法官则往往很难区分一些法律条文明确指明的基本概念——如“利用工作之便”和“利用职务之便”。

有必要再强调一下,我们对国家刑事立法能力、司法能力提出了一系列评估指标,既不是想搞烦琐哲学,也不是鼓吹立法保守主义。我们意欲阐明:立法是一项重大复杂的工程,立法工作必须要有现实性。所谓立法的超前或前瞻都是应受到限制的——以准确估计立法、司法能力为前提。只有从眼前的现实出发,量力而行,我们的刑法修改才能说是成功的。

根据我们对当前国家立法机关立法能力和司法机关司法能力的初步估计,我们坚持认为,这次刑法修改在规模定位上应该是小规模的,不应该有大动作。

三、与立法、司法能力相适应的刑法制度变革

我们所关注的制度变革,主要牵涉四个较为宏观的问题,具体的刑法问题(如防卫过当条件的把握、增减什么罪名等)限于篇幅,这里不作讨论。

(一)刑法基本原则的设置

目前学术界对于刑法基本原则的内容已经基本达成了共识:罪刑法定原则与罪刑均衡原则。我国现行刑法总体来讲与罪刑法定的内在要求是一致的,但它又以类推为例外情况。应当说,在刑法典中是否规定类推对立法机关而言是个考验:绝对禁止类推可能放纵事实上的犯罪;规定类推却又可能侵及个体权利,与罪刑法定的限制机能相抵触。所以,类推制度的存在从实质上讲是一个奇怪的产物——它表明了立法机关的矛盾心理:对立法能力信心不足和对司法运作寄予厚望。下面略加分析。

类推首先表明立法机关对自己的能力心存疑虑。"法有限,情无穷",所以立法机关无法将形形色色的危及社会秩序和经济秩序的行为无一遗漏地规定在刑法中;其次,类推还表明国家对司法能力的过高估计:司法机关能够通过类推领会立法精神、准确惩罚犯罪。但是,理性分析和经验事实都业已表明:立法意图和司法意图是分处两个语境中的不同概念,二者进行沟通的难度远远超乎我们的想象。于是,实践中错误类推或类推侵及个人权利的现象难以避免,而这又是与罪刑法定的价值蕴涵大相径庭的。因此,我们认为,应当实行罪刑法定,排斥类推,因为罪刑法定的旨趣在于以立法权限制司法权,实现刑法的人权保障机能;而且结合当前实际分析,我国立法机关基本上有能力把严重危害国家安全、破坏社会经济秩序和扰乱社会秩序的行为规定为犯罪。当然,刑事立法也可能出现疏漏,但这是不可避免的,这正是建立在对立法能力的准确估价之上的判断,而且以不处罚一小部分犯罪为代价而换取刑法保障人权的重要法治价值,是舍小而取大,完全符合人类行为的功利选择原则。取消类推,也是我们对司法能力进行正确评价得出的结论。司法机关忙于应付接踵而至的案件,对案件处理的实质性思考多是从处理个案这一角度进行的,其视野具有有限性。要求司法机关对"法无明文"规定的案件进行类推处理,从本质上讲与司法机关的能力、视野、职责均不相符合。

尽量减少刑法条文中的高度盖然性条款也是坚持罪刑法定的题中之义。惟其如此,才能使法律具备普遍性、确定性技术特征,①发挥刑法的规制机能。至于哪些条款应明确、哪些条款应保有一定的盖然性,仍然要求立法机关凭借自己的立法能力作出理性抉择。

确立罪刑均衡这一刑法原则(而不仅仅是量刑原则)对于完善刑法也是极为重要的。现行刑法虽然没有明确规定罪刑均衡,但是人民法院在处理刑事案件过程中基本上严格坚持了这一原则:在定罪量刑时既考虑了犯罪人的社会危害性,又考虑了其人身危险性。因此,罪刑均衡原则的立法基础已经具备。一言以蔽之,单就刑法原则在刑法中的确立而言,我们认为立法机关应当对自己的能力充满信心。为此,应当确立罪刑法定、量刑均衡原则在刑法典中的地位,把它们放到刑法典中较为显眼的位置上,以表明我们追求实现刑事法制现代化的决心。

(二)犯罪圈的扩大

进入转轨时期以来,我国新类型案件层出不穷,立法机关适时颁布了一系列补充规定,这些规定大大突破了刑法典关于犯罪的规定,扩大了犯罪圈,这一立法行为是对的,因为现行刑法诞生于计划经济年代。但是,问题是如果我们修订了刑法典之后,又有大量新类型犯罪出现,难道我们又继续制定一系列单行刑法,使大量单行刑法始终游离于刑法之外并与刑法典并驾齐驱?这显然不利于刑事法制现代化,因此,我们建议立法机关要对这几年业已出现的犯罪作出清理和归纳,对将来一段时期内可能出现的犯罪作出一些前瞻性分析,适当扩大犯罪圈,既增加刑法的可感性和威慑力,又可在一定时期内保持刑法典的稳定性。当前,经济犯罪(如证券、期货犯罪以及针对知识产权的犯罪)和职务犯罪的犯罪圈应当进一步扩大。

(三)单位犯罪立法的完善

现行刑法中有的犯罪的条文太少,但有的犯罪的种类、条文却又过多,值得进行反思,其中关于单位犯罪的规定就首当其冲。

自从《海关法》开了规定单位犯罪的先河并以立法方式回答了关于单位能否成为犯罪主体的论争以来,迄今为止已有12个单行刑事法律和非刑事法律中的50余种罪规定了单位犯罪条款。但是,司法实践中对单位犯罪进行认定与处罚的极为鲜见。立法的积极踊跃与司法的反应迟缓形成了强烈的反差,这中间究竟有什么问题值得我们反思呢?

---

① 《马克思恩格斯全集》(第1卷),人民出版社1964年版,第71页。

笔者认为,单位犯罪立法的过多是典型的积极国家观指导下的产物。单位违法行为出现甚至愈演愈烈,国家认为应当将其纳入刑事干预的范围同时对干预的效果也持乐观态度,于是大量的单位犯罪条款产生。但是关于单位犯罪立法的积极性在一定程度上忽略了中国的政治体制结构、经济发展状况和司法实际环境,也没有充分认识到刑法调控的消极性、不完整性和最后手段性特征,因而多少显得有些盲目。

由此,进一步完善刑法关于单位犯罪的规定是迫在眉睫的。解决问题的途径大致有这么几个:(1)由于单位犯罪立法突破现有刑法理论的困囿,即有一定超前性,因此,在理论界对单位犯罪之概念、犯罪构成等一系列重大问题都有争议的情况下,立法机关宜在刑法总则中对单位犯罪的外延加以明确界定。(2)对单位犯罪的罪种范围给予严格限定(只限于经济犯罪和妨害社会管理秩序罪)。(3)减少单位犯罪的条款,避免出现"法律虚置"现象。(4)对单位犯罪规定双罚制,对单位判处的罚金应明确实行倍数罚金制,以统一司法操作。(5)对单位犯罪数额的规定应明显高于自然人并且尽量明确化。(6)取消关于"机关犯罪"的规定。因为"机关"构成犯罪主体于情理、逻辑上均难以自圆其说,且不利于维护国家机关的权威,不利于国家机关开展职务活动。其实,所谓的"机关犯罪"(如机关行贿)实质上都是机关领导个人为谋取政治上、经济上不正当利益的自然人犯罪。而且更为实证的一点是,对机关犯罪处以罚金时,在刑罚执行的可行性上存在大大的疑问。(7)建议立法机关设置惩治单位犯罪的特别程序规定,以便于司法操作。此外,要避免单位犯罪立法的形同虚设,必须优化司法的大环境,减少社会各方面对司法活动的压力和羁绊。

(四)刑罚轻缓化

这在刑法修改中也是一个较敏感的问题。当前,社会结构不断变化,财富分配机制也有所改动,经济的发展在刺激竞争欲望的同时,也激发了一些人的贪利攫财心理,大量暴力犯罪和新类型犯罪便如雨后春笋般滋生。为对付犯罪、保障社会,全国人大通过了一系列带有共同性的补充规定,这些单行刑法或加重了刑罚或增挂了死刑条款。由此导致的刑罚互相攀比、无限加重的趋势已经不容人们乐观。所以,有人戏称:"偷"不如"抢","伤害"不如"杀人",因为盗窃和抢劫、伤害和杀人的法定最高刑都是一样的——死刑。我们认为,这种重刑主义思想是值得警惕的,它不仅不利于实现刑法的民主化和科学性,还可能侵犯人权,毁损我们今天极不容易取得的法制成果。因为加重刑罚使刑罚在总量上不断攀升,使刑罚结构比例失调。而犯罪永远是层出不穷的,国家可以寻求的刑罚资源却是有限的,刑罚不可能直线性无限加重,正所谓罪有极而刑无限。解决罪与刑冲突的出路在于对刑法进行价值与结构的双重改造。但是,如前所述,当前,我们对刑罚进行结构性改革的时机尚不成熟,我们只能对刑罚轻缓化设计出一些限制性制度。(1)保留管制制度,并根据当前实际情况将罪犯被判处管制期间应当遵守的规定进行科学改造。(2)对减刑条件基本维持现行刑法的规定,即被判处特定刑罚的犯罪分子如确有悔改或立功表现的可以减刑,但其实际执行刑期对被判处管制、拘役、有期徒刑的,不能少于原判刑期的1/2,判处无期徒刑的不能少于10年。笔者认为,这一规定基本上是科学的。因为,一方面,从立法技术上看,它综合考虑了各方面的因素,既有利于犯罪人改造,又有利于司法机关执行刑罚;另一方面,规定确有悔改或有立功表现的罪犯可被减刑,基本准确地估计了刑罚执行机关的能力并赋予了一定裁量权。但是,目前有意向表明,立法机关欲将"减刑"条件严格化:必须有立功表现的方可减刑;而且被判处有期徒刑的,其实际执行刑期不能低于原判刑期的2/3,被判处无期徒刑的,实际执行刑期不能少于15年。这一设想过于苛严,既不利于改造、救治犯罪人并使之复归社会(因为多数犯罪人在监狱中干的是一些普通工作,诚实接受教育和改造而已,没有太多的立功机会等着他们去实践),也大大低估了刑罚执行机关改造罪犯的能力并在一定程度上削减了其酌定权。(3)对假释的修改也存在同样的问题,立法机关目前的设想是不直接对判处无期徒刑的犯罪人假释而必须先行减刑才能施行。(4)减少死刑适用面。对经济犯罪严格限制死刑的适用,对目前挂死刑的法条进行慎重的筛选,保留一些犯罪如重大暴力犯罪、毒品犯罪的死刑,取消一些犯罪如非暴力财产犯罪、非利用职务的经济犯罪的死刑规定。当然,刑罚轻缓化的实现不是一个简单问题,关涉罪与刑的均衡、刑与刑的比较等关键性问题,需要立法机关在恰当估计立法能力和司法能力的前提下作出选择。

(1997年第1期)

刑法司法解释的限度兼论司法法之存在及其合理性

陈兴良[*]　周光权[**]

司法解释是准确适用法律的基础和前提。关于司法解释发展史的研究业已表明,人类对法律解释重要性的认识已经使它跳出了"绝对禁止法官(院)解释立法"①的囚笼。因此,各国司法机关当前都在广泛运用刑法解释权,从而"力图使有关相对稳定性的需要和变化的需要方面这种相互冲突的要求协调起来"。② 但是,问题是刑法司法解释权应当在多大范围内运作,有无必要及如何对其施加限制,以"实现正义的解释"?③ 这的确是值得探讨的问题。尤其是循此而对当代中国的最高司法解释④进行宏观上的检视,使之走出误区,趋于完善,更具现实意义。

一、文本、刑法司法解释及其限度

一般解释学的理论认为,解释并不是无中生有的"境外生象",它必须面对一定的文本(text)而进行,这是从对解释学发展历程的考察中得出的必然结论。作为 hermeneutik 的最初含义的"解释"是指在阿波罗神庙中对神谕的解释,之后解释学的发展经过了解释的技术及其规则的创设阶段,但解释学的最终确立应归功于对《圣经》的解释。而对《圣经》的解释,又必须针对《圣经》本身来进行。荷兰哲学家斯宾诺莎在《神学政治论》一书中就指出,只有基于《圣经》本身去了解《圣经》及其作者的历史,才能真正把握圣经的原意。在西方,施拉依马赫是

---

* 作者单位:中国人民大学。

** 作者单位:中国人民大学。

① 沈宗灵著:《比较法总论》,北京大学出版社1987年版,第149页。

② [美]庞德著:《法律史解释》,曹玉堂、杨知译,华夏出版社1989年版,第1页。

③ [英]丹宁著:《法律的训诫》,杨百揆、刘庸安、丁健译,群众出版社1985年版,第1页。

④ 由于刑法解释乃是一种获得定罪量刑大前提的刑法规范的作业,而享有对被告人定罪量刑权力的机关是法院,因此,根据刑事案件之"审判最终决定"原则,同时考虑世界上多数国家将刑法解释权只授予最高审判机关的惯例。本文只将由最高审判机关作出的刑法司法解释纳入关注视野,范围的缩小丝毫无碍于探讨核心问题。

第一位为解释学奠定系统原则和方法论的思想家，被称为现代解释学的奠基人。他阐释的解释规则包括语法解释和心理学解释两部分，而最重要的两条语法解释规则是：在每一给定文本中需要充分确定的东西，只有参照作者与他最初的公众共有的语言领域才能确定；在每一给定的文本中每一个词的意义，只有参照它与周围的词的共存才能确定。① 由此可见，神谕、《圣经》都是解释者无可回避的文本，而施拉依马赫更是极力强调独立外在于解释者的"文本"的独特价值。作为"解释学之父"的狄尔泰把人文世界看做文本，认为研究文本就是希望它能传达一种将能影响解释者与他的读者的信息。② 他在研究解释活动中理解与经验之间的关系时也特别提到了文本：一方面，文本有待解释者作出解释；另一方面，解释者只能理解它的经验准备让他看到的东西，解释者根据他自己的经验来理解和解释文本。③ 解释学在20世纪经历了一次根本性的本体论转折，其结果是哲学解释学的应运而生和解释学问题的深化与扩大，这个转折的始作俑者是德国哲学家海德格尔，他认真区分了理解和解释的关系，提出了理解的"前结构"概念，认为准确的经典注疏可以拿来当做解释的一种特殊的具体化。④ 而要解释，必须"有典可稽"，这里的"典"就是文本。伽德默尔把解释学当做哲学本身来对待。他的解释学关心的是人生在世，人与世界最基本的状态和关系。⑤ 由此，他提出了"视界融合"(horizon verschemelzung)的概念，认为文本都有自己的历史"视界"(horizon)或历史背景，同时解释者也有自己的"视界"，即由自身的历史存在而产生的"成见"，要对文本进行真正的理解，必须使两个视界(即解释者的成见与解释对象的内容)能够融合在一起。⑥ 可见，在伽德默尔那里，文本无疑应当具有前提性意义，同时，他又强调，进入文本作者的视界并不要求作者完全抛弃自己的视界，与加德默尔齐名但大异其趣的现代解释学者利科尔更是建构了一整套文本理论。这套理论在他的哲学解释学中起着沟通方法论、认识论和本体论的枢纽作用。利科尔指出，"文本的含义从本质上讲并不是作者的假定意向，作者以外的经验，而是文本对于那些听从它的命令的人们的意义"。⑦

上述关于一般解释学发展历程的概括性描述已经揭示了这样一个不争的事

① 梁慧星著：《民法解释学》，中国政法大学出版社1995年版，第104页以下。
② 张汝伦著：《意义的探究——当代西方释义学》，辽宁人民出版社1986年版，第49页。
③ 同上，第54页。
④ 梁慧星著：《民法解释学》，中国政法大学出版社1995年版，第123页。
⑤ 张汝伦著：《意义的探究——当代西方释义学》，辽宁人民出版社1986年版，第160页。
⑥ 殷鼎：《理解的命运》，三联书店1988年版，第261页以下。
⑦ 梁慧星著：《民法解释学》，中国政法大学出版社1995年版，第134页。

实:在闪耀着解释学大师们智慧光芒的思想中都认同了文本对于解释行为发生的前提性价值,即无文本,无解释。虽然他们对文本是否真有确定不变的含义有着激烈的争议,[①]也对文本的内在意蕴及范围远未达成共识,[②]但是一切解释都必须基于文本,即所有的解释学,都是对文本加以正确理解的技术,[③]因为"解释学传统的批判性动力一直针对着误读文本最初含义这种倾向"[④]。

一般解释学强调一切解释学都应当针对文本而产生。那么,法律解释学自然也无法脱离文本而进行。因为"对于解释者来说,解释就是把自己置身于由那种被文本支持的解释关系所指出的含义中"。[⑤] 脱离了文本,法律解释就是"无源之水,无本之木"。当然,究竟什么是法律解释借以展开的文本,人们存在争议。我国学者有人认为是国家立法机关制定的成文法规范及习惯和判例规则;[⑥]有人认为是法律条文;[⑦]还有人认为是法律规范。[⑧] 我国台湾地区学者黄茂荣则提出,法律解释之文本是法律规范之条文、立法文献(如立法理由、草案、审议记录等),以及当时的社会、经济、政治、技术等附随情况,[⑨]其范围极其宽泛。丹宁勋爵认为,由于法律文件和制定法的语言永远不可能明确,所以它们才需要解释。[⑩] 因此,在他看来,法律解释的文本是制定法和法律文件。上述关于法律解释的文本的诸种界定有长有短,但笼统地将之套用到对各部门法的司法解释上恐并不具有普适性。

我们认为,刑法司法解释自有其特殊的内在规律。刑法司法解释所仰赖的文本亦非泛义上的法律解释之文本或其他部门法上所言之文本。泛义上的法律解释的"文本"概念,因为要适用于所有部门法,因而应当具有大的涵括性;[⑪]其

---

① 早期解释学认为,文本有确定不移、不可改变的意义。如施拉依马赫、狄尔泰、贝蒂等相信文本有不以解释者意志为转移的意义,或者是创作者的原意或者是文本的意旨。但20世纪以降,这种观点发生了严重的危机。海德格尔、维特根斯坦都在承认文本本身作为客观存在的基础上否认"文本意义"的存在,认为是解释产生意义,而不是意义决定解释。

② 例如,狄尔泰把人文世界看做文本,利科尔则直截了当地对文本作了界定,他说,所谓"文本"就是任何由书写所固定下来的话语。

③ 张汝伦著:《意义的探究——当代西方释义学》,辽宁人民出版社1986年版,第6页。

④ [德]阿佩尔著:《哲学的转变》,孙周兴、陆兴华译,光明日报出版社1992年版,第1页以下。阿佩尔还指出,误读文本这种倾向之所以发生,是因为解释者与文本之间存在历史间距。

⑤ 梁慧星著:《民法解释学》,中国政法大学出版社1995年版,第134页。

⑥ 同上,第107页。

⑦ 乔伟主编:《新编法学词典》,山东人民出版社1985年版,第246页。

⑧ 《中国大百科全书·法学卷》,中国大百科全书出版社1984年版,第81页。

⑨ 黄茂荣著:《法学方法与现代民法》,台大法学丛书1993年版,第292页以下。

⑩ [英]丹宁著:《法律的训诫》,杨百揆、刘庸安、丁健译,群众出版社1985年版,第1页。

⑪ 如我国台湾地区学者黄茂荣之所见。

他部门法解释上的文本,则依部门法的物质之不同而有细微差异,如民法解释学上的文本就包括成文法规范、习惯、风俗、判例及部分民法基本原则(如诚实信用)。① 刑法司法解释事关刑事被告人的生杀予夺,所以应当谨小慎微,可纳入刑法司法解释视野的"文本"数量亦应有所收敛。因此,刑法司法解释权,质而言之,不是权利,而是对解释者的限制,刑法司法解释在终极意义上也是"使人们的行为受到规则约束的事业"②。认识到这一前提,对于准确定位刑法司法解释的文本的外延具有重要意义。

对于刑法解释"文本"的具体指称,我国学者见仁见智,莫衷一是。分歧的见解大致有4种。③ 这些学说中除将刑事法律的意义、内容及其适用视为刑法解释文本的观点因过于宽泛、有使刑解释权无限扩大侵及个体权利之虞而殊不足取外,其他诸见虽可商榷,但都认为刑法解释之文本与刑法规范有关,因而尚有可取之处。当前,刑法学界多数人认为,刑法解释的文本应当是刑法规范。④ 我们认为,这当是一种灼见。因为法律解释乃是一种获取作为裁判大前提的法律规范的作业。⑤ 相应地,刑法解释的趣旨在于获得足以确定被告人罪责并处以刑罚的刑法规范。因此,刑法解释的文本就是刑法规范,整个刑法解释活动⑥都是围绕着作为文本的刑法规范的内容、本质、构成要件之间的关系等方面而展开的。

关于"文本"对于一般解释学、法律解释学(乃至刑法解释学)之意义的不厌

---

① 梁慧星著:《民法解释学》,中国政法大学出版社1995年版,第14章"诚实信用与漏洞补充"之相关内容。

② [美]伯尔曼著:《法律与革命》,贺卫方、高鸿钧译,中国大百科全书出版社1993年版,第5页。

③ 这4种关于刑法解释"文本"的观点分别是:刑法规范的含义及其适用说,参见胡新编:《新编刑法学·总论部分》,中国政法大学出版社1990年版,第20页;刑法规范的内容、含义及其适用的原则说,参见金凯等编:《中华人民共和国刑法简明教材》,山东人民出版社1987年版,第10页;刑事法的意义、内容及其适用说,参见杨春洗等著:《刑法总论》,北京大学出版社1981年版,第71页;刑法规范的含义及其所使用的概念、术语、定义等说,参见杨敦先等著:《刑法简论》,北京大学出版社1986年版,第29页。

④ 付正权:"刑法解释",载陈兴良主编:《刑事司法研究》,中国方正出版社1996年版,第312页。

⑤ 梁慧星著:《民法解释学》,中国政法大学出版社1995年版,第231页。

⑥ 当然包括刑法司法解释活动。但是,刑法之立法解释与司法解释仍有诸多差异。较直观的一点是:刑法立法解释中,解释者的创造性更大,作为文本的刑法规范对立法解释的辐射量相对较小,解释者可对刑法规范保持远距离感。司法解释受刑法规范的制约更大,用一个形象的比喻来说就是:刑法司法解释者如同受到约束的孙悟空,他必须在唐僧(立法者)画定的圆圈内活动,超过临界线即为违规。这是由立法解释在本质上有立法性质、司法解释不具有立法性质所致,对此我国刑法学者少有认真的分析。

其烦的论述无非想揭示这样一个事实:解释必须附会于文本;所有的解释结论都应当依靠文本而作出。绝对超越文本的所谓"解释"不是解释,而是纯粹意义上的创造(作)。

也许有人会提出质疑:得出如此结论是否有些无的放矢?解释学已经迈过了漫长的孕育发展过程,文本与解释之间的藤蔓关系岂不是早已昭然若揭?而实际上,我们揭示文本对解释的决定性意义是有所针对的——当代中国刑法司法解释之实际状况。毋庸置疑,我们的大量刑法司法解释是针对"文本"——刑法规范作出的,信守了"作为解释论,必须以立法上的成文为根据"[①]的刑法解释原则。但是,有的"刑法司法解释"[②]却完全逾越了国家立法机关制定的刑法规范的临界线,刑法司法解释成了毫无羁绊的创造法律的活动。这样的刑法司法解释尚不在少数,大致包括以下几种情况:其一,对刑法规范作补充性修改。如在1985年5月9日最高人民法院《关于缓刑考验期内表现好的罪犯可否缩减其缓刑考验期限的批复》中,即对我国1979年刑法所确定的减刑适用对象范围作了补充。[③] 其二,绝对越权解释。如最高人民法院和最高人民检察院于1986年6月21日发出的《关于刑法第144条规定的犯罪主体的适用范围的联合通知》中直接确认了重大责任事故的犯罪主体除《刑法》第144条规定的几类人外,还包括"群众合作组织或个体经营户的从业人员",完全突破了刑法条文的限制。其三,相对越权解释[④]。这又包括两种情况:一是以"有党的政策"为托辞进行越权解释。如在1985年7月8日最高人民法院、最高人民检察院联合发布的《关于当前办理经济犯罪案件中具用法律的若干法律问题的解答(试行)》中,规定了"挪用公款以贪污论处"的情况。然而,挪用公款作为一种犯罪予以惩处的规定权显然绝对不能由司法机关所享有。司法权对立法权的侵犯与分割已经极为彰显。但据说作出这一司法解释乃是有党的政策作为依据的。[⑤] 即便如此,这

---

① 李海东主编:《日本刑事法学者》(上)之"小野清一郎"部分,法律出版社、日本成文堂1995年10月联合出版,第140页。

② 这实质上已经不是司法解释了。

③ 游伟:"完善我国刑法司法解释应正确处理的几个关系问题",载《刑法发展与司法完善》,中国人民公安大学出版社1989年版,第268页。

④ 这与绝对越权解释的区别在于:司法机关在作出实质上的越权行为时,总有一些似是而非的理由,形式上在依法行使权力,实质上早已逾越自己的权限范围。

⑤ 有人曾专门走访了"两高"有关部门。有关部门对这一司法解释出台的背景作了描绘:1982年全国人大法工委起草了《关于惩治贪污罪贿赂罪的补充规定(草案)》,其中,规定对危害严重的挪用公款行为应以贪污罪论处。这个规定于1982年以政策文件的形式由中央办公厅下发给司法机关作为办案的指导与参考(但不得引用),后来"两高"以此为依据作出了上述之司法解释。参见郭华成著:《法律解释比较研究》,中国人民大学出版社1993年版,第201页。

一做法也显然有悖于法治国家之法律操作程序。但仍有人勉力为这一司法解释的合理性进行相当牵强的论证。① 二是对立法机关的《补充规定》、《决定》进行全面解释,制定执行、适用立法机关《补充规定》、《决定》的"解答"等司法解释。② 而这些司法解释无论从文字、条款数、调整范围上都超出了立法的规定。一不小心,便逾越立法的界限。上述脱离文本所进行的刑法司法解释,应当说,都有悖于1981年全国人大常委会通过的《关于加强法律解释工作的决议》的精神。正如有的学者所指出的那样,司法解释作为一种有效的法律解释,其主要目的在于保证现行法律的正确贯彻,以便有效地发挥法律规范的适用功能。正因为如此,司法解释就必须以法律明文规定的内容为解释对象,绝不能超越法律的规定去修改、补充现行立法内容,更不能创造新的法律规范。③ 这是对刑法司法解释中作为文本的刑法规范价值的准确认识,也是对司法行为大规模渗入立法权领域的深深忧虑。因为执法机关同时也是立法机关,也就取消了创立法律与执行法律之间的严格界限;④更是对刑法司法解释内在性质的把握:在刑法领域,解释者只能解释由立法机关确定的刑法规范,否则,解释权的无限扩张会侵及公民个体权利。

由此,我们应该再次强调一下前面已经提到的一般性结论:刑法司法解释应当借助于文本即刑法规范而进行;而且,重要的是,刑法司法解释至少应当维系在刑法规范这一文本所确定的边界(borderline)以内。突破文本边界或完全置文本于不顾的所谓"司法解释"已经不是本原意义上的司法,而是法的创制即立法活动了。这一活动的产物,我们姑妄称为"司法法"。所以,自从法官开始享有司法解释权那天起,我们便无可奈何却又无可置疑地陷入了难以自拔的两难窘境:一方面,我们对法官成为立法者怀有一种天然的恐惧感,因为正如孟德斯鸠所言,"如果司法权同立法权合二为一,则将会对公民的生命和自由施加专断的权力"。⑤ 但是,另一方面,由于"无论哪一项法律什么时候被提出来,人们都没有能力预见到实际生活中可能出现的多种多样的情况,即使人们有这种能力,

---

① 郭华成著:《法律解释比较研究》,中国人民大学出版社1993年版,第201页以下。但是,我们认为,无论如何这一司法解释都应遭到批判,因为司法解释借以参照的"文本"的阙如,理解立法意图、进行合理解释,都将无从谈起。

② 如最高人民法院针对全国人大常委会《关于惩治贪污罪贿赂罪的补充规定》和《关于禁毒的决定》分别制定了一个"执行解答"和一个"解释",请参阅。

③ 游伟:"完善我国刑法司法解释应正确处理的几个关系问题",载《刑法发展与司法完善》,中国人民公安大学出版社1989年版,第268页。

④ 张宏生编:《西方法律思想史》,北京大学出版社1990年版,第435页。

⑤ 王哲著:《西方政治法律学说史》,北京大学出版社1988年版,第274页。

也不可能用没有任何歧义的措辞把这些情况都包括进去”①,我们便无法离开法官在适用法律时对法律规范所作的解释,而司法解释权的授予又逻辑地蕴涵着法律规范框架结构缺失的危险。身处两难境地,我们的唯一选择是对刑法司法解释者突破、脱离文本行为的成因进行理性分析,探寻其合理性因素并对之进行制度性规制。

二、司法法之存在及其合理性探寻

前已述及,我们认为由司法机关在完全脱离或突破文本情况下而作出的刑法司法解释已经不是解释而是带有立法性质的活动,这一活动的结果无可争辩地衍生出司法法这一产物。提出司法法这一概念,必须甘冒受到激烈批判的风险。最有力的批判可能来自两方面:其一,承认司法机关享有创制(司法)“法”的权力,完全违背了立法、司法权力分立与制衡的基本原理,从根本上混淆了立法与司法的概念本身;其二,现行之司法解释权得以较大幅度地扩张(尤指脱离或突破文本的司法解释现象)只是说明司法机关是在利用法律赋予的解释权进行“创造性”解释,而非在进行立法性活动。② 针对第一个批判,我们要在后文“司法法之存在合理性探讨”部分进行更为详尽的论述,意在说明在当立法权绝对独享的观念已经有所动摇,③司法法不仅已经成了有目共睹的存在,而且其存在还获得了本源性上的支撑。对第二个批判,我们的辩驳理由是:当前我国刑法司法解释权的无限扩张趋势掩盖了这一个实质:司法机关在借“解释”之名行“立法”之实。司法机关在某些情况下的行为已经不是创造性地解释法律而是另起炉灶创制新法。对此,我们这里将在对“创造性解释”的内在意蕴加以充分把握的基础上,进一步区分创造性刑法司法解释和刑法司法法,然后对司法法的若干问题进行实质性的、全面的探讨。

这里有必要先对法律解释创造性的一般问题进行一些思考。随着以普鲁士为代表的国家制定庞大法典,“打算回答可能出现的一切问题并且以此来否定法官立法的一切可能性”④的幻想的破灭,对法典进行解释名正言顺地获得了合理性。而且,随着历史演进尤其是20世纪自由法学运动的兴起并对概念法学进

① [英]丹宁著:《法律的训诫》,杨百揆、刘庸安、丁健译,群众出版社1985年版,第1页。
② 郭华成著:《法律解释比较研究》,中国人民大学出版社1993年版,第202页以下。
③ 黄茂荣著:《法学方法与现代民法》,台大法学丛书1993年版,第401页。
④ [英]约络维奇:“普通法和大陆法的发展”,载《法学译丛》1983年第1期。

行猛烈抨击这一事件的发生,[①]人们要求对法律进行创造性解释的呼声日浓。因为,正如法国著名学者波尔塔利斯所指出的,人们已经意识到,"裁判官面对许多法律没有规定的事项是必然的。在这种场合下应允许法官根据正义、良知和睿智光辉补充法律的机能"。[②] 但是,关于法律解释的创造性究竟应发挥到何种程度为限,人们歧见纷纭。日本学者尾高潮雄认为:所谓法解释的创造性,是指法律解释具有造法的作用。法律解释并非单纯对法的理解活动,也具有造法作用,在性质上属于立法的延长。日本学者山田卓生则将法解释的创造性概括为3种情形:其一,法律漏洞的补充;其二,恶法的回避;其三,不明确法律规定及一般条款的价值补充。

而法国学者惹尼等人则认为要对法律进行创造性解释就必须从法律之外去发现"活生生的法律"。[③] 上述自由法学派关于法解释创造性的诸种见解将法解释从僵化、保守的概念法学的禁锢中解放出来并推进到一个新的境界,因此,其积极作用值得肯定。但是,正如我国有的学者所指出的那样,自由法学也矫枉过正,从一个极端走向了另一个极端:主张法官自由发现法律及极度轻视法典的权威,必然损及法律的安定性;而且法官也是常人,有其缺点和能力的局限,若听任其自由发现所谓活法,亦恐难确保判决的妥当性。[④] 因此,在对法律进行创造性解释时,不能仅凭法官个人的价值判断,而应受成文法律的诸多约束。

上述分析已经表明:对法律进行创造性解释是必要的,但创造性解释本身也应当受到一定的限制,不受约束的"创造"根本不存在。而且,有必要指出,因为刑法调整对象(犯罪与刑罚)的特殊性,对刑法的创造性解释更应当施以必要的羁绊,以免跨过法制的栅栏。我们认为,在刑法领域,不是从个别的法律及其规范出发,而是从法的根本原理出发,对法律没有加以规定的事实基于法秩序的精神而进行所谓的创造性解释[⑤]是不允许的。作为文本的刑法规范是刑法解释之所从出,因为刑法解释就是要使条文用语的语言学意义更加准确。而刑法的规范意义,不是立法者事实的、历史的意思,而是条文的客观意义。[⑥] 由此,决定了刑法解释的创造性只应当限定在一定范围内才是合理的。申言之,刑法司法解

① 梁慧星著:《民法解释学》,中国政法大学出版社1995年版,第104页以下。

② 转引自甘雨沛著:《外国刑法学》(上册),北京大学出版社1985年版,第23页。

③ 梁慧星著:《民法解释学》,中国政法大学出版社1995年版,第194页以下。

④ 同上,第197页。

⑤ 这实际上是最广泛意义上的法的解释(而不是刑法解释)。参见[日]木村龟二主编:《刑法学词典》,顾肖荣等译,上海翻译出版公司1991年版,第85页。

⑥ 李海东主编:《日本刑事法学者》(上)之"木村龟二"部分,法律出版社、日本成文堂1995年10月联合出版,第178页。

释的创造性发挥到极致也不过就是:对刑法规范现在的、客观的含义进行阐述。理由在于:(1)刑法是用以确定被告人罪责及施加惩罚的特殊社会治理手段,其功能的顺畅实现有赖于其意义的明确。刑法条文是以文字写成的,是一种语言符号,语言是将刑法条文与解释者联系起来的必不可少的媒介。文本和解释者,过去和现在,都只是一个正在进行的语言过程的要素。① 但语言绝对不是一种外在于人的纯粹客观的表达形式或手段,其生命存在于人的运动中,语言只有当它不仅仅是作为语言的存在,而变成展现存在的过程,语言才肯定了它自身的存在。② 这说明语言的含义是变动不居的,人们所理解的永远是语言现在的含义。但是,文本语言的发展性并不影响刑法条文含义的相对稳定性。因此,解释应当针对文本语言进行,将客观存在的意义和解释者主观的内心精神世界融为一体,才能使解释成为可能,解释的创造性才有所依托。(2)将刑法的司法解释的创造性限定在阐释"刑法规范现在的、客观的含义"这一范围内,有利于保障刑法的确定性。运用语言的游戏规则在特定的人群中具有客观性、一致性,使用相同的文字,运用相同的语法规则,就具有相同的社会含义,这是说话者和解释者都无法改变的。刑法是立法者运用本国语言写成的,所表达的规范内容只是文字意义规律及语法规则所实际传递的内容。③ 将刑法司法解释的创造性限定在一定范围内可以克服解释上的相对主义倾向和独断论。(3)对刑法司法解释的创造性程度作出限定,符合刑法正义性的要求。什么样的犯罪科以何种程度的刑罚,对于一般国民来说,必须是可以预测的,这是刑法人权保障机能的内在要求。因此,刑法解释必须限定在一般国民可能预测的范围内。④ 罪与刑的这种明确性要求是刑事立法及司法都应当满足的。由此,如果刑法司法解释不以刑法规范现在的、客观的含义为基础,罪刑上的明确性便无从保障,"一切事实上的犯罪,都处在国家刑罚权管理范围之内"。⑤ 可见,刑法司法解释权不加限制地创造的最终后果是人人自危:任何人在任何时空条件下都可能招致国家刑法的意外重击。

反观我国的一部分刑法司法解释,我们只得无可奈何地重复前已述及的基本观点:那些脱离、违背、突破文本的、被一些人称为"创造性解释"的东西,由于

---

① 张汝伦著:《意义的探究——当代西方释义学》,辽宁人民出版社 1986 年版,第 240 页。

② 殷鼎著:《理解的命运》,三联书店 1988 年版,第 180 页。

③ 付正权:"刑法解释",载陈兴良主编:《刑事司法研究》,中国方正出版社 1996 年版,第 352 页。

④ 苏惠渔等:《中日刑事法若干问题》,上海人民出版社 1992 年版,第 17 页。

⑤ 陈兴良:"罪刑法定的当代命运",载《法学研究》1996 年第 2 期。

没有对刑法规范现在的、客观的含义进行探讨便早已不是解释，而是立法。在这里引用美国学者弗兰克(J. Frank)最爱引用的一句名言来结束关于“刑法司法解释的创造性”问题的争议是再精当不过的了，即“谁对于法律的解释具有绝对的权威，则不论从何种意义上说，他都是真正的立法者”。①

那么，对司法机关在解释刑法过程中有意或不经意创制的这些司法法，我们是视之为洪水猛兽，还是理智地探析一下现象背后的合理因素，从而实现刑法司法解释的合理性控制？我们认为，后一种态度显然是积极的和可取的，应当也必须对司法法之存在合理性进行辨析，因为这不仅事关司法法的生存问题，而且涉及刑法解释机制的发展与完善，从根本上说与我国法制建设休戚相关。

我们认为，从功利角度分析，司法法之存在并非毫无理由。立法观念的变革、社会治理的客观需求都为司法法的孕育与滋生提供了土壤；此外，关于行政权与司法权同“质”不同“权”现象的分析也可以求证司法法存在的相对合理性。下面，择要略加论述：

其一，立法权、司法权绝对分庭抗礼观念的动摇。自20世纪以降，肇始于启蒙思想家的权力分立与制衡的理论受到了来自各方面的尖锐攻击。其实早在18、19世纪就有人对权力分立的作用和效果流露出深深的怀疑，认为它是纯粹理论空想的游戏，是政治学三位一体的神秘化。如边沁就独树一帜地认为，行政权应受到立法权的控制，立法机关应总揽一切权力。② 进入20世纪以来，各方面对传统三权分立理论的批评更是此起彼伏。例如，著名纯粹法学家凯尔森把法律规范看成一个等级体系，认为在这个体系中，基本规范只创立法律而不实施法律；处于另一端的是个别规范，它只对具体案件执行法律制裁，是纯粹的法律实施，并不创立任何新的规范。除了基本规范和最终的个别规范外，所有的法律规范都既是实施法律又是创立法律。即每一特殊规范是由另一更高的规范，最终由基本规范规定的方式所创立的。基本规范仅建立了一定的权威，后者又依次把创立规范的权力授予其他权威。这种体系中的各个规范，只能由某一更高的规范授权创立的人通过意志行为加以创立。③ 故此，在他看来，执法机关也是立法机关，创立法律与执行法律之间不应该有不可逾越的鸿沟。④ 希比尔甚至极端地认为，“司‘法’权不是司‘法律’权，‘司法律权’意味着(法院)将成为立

---

① [日]山田卓生：“法解释的主观性”，载《民法学的历史与课题》，东京大学出版社1982年版，第108页。

② 吕世伦主编：《西方政治法律思想史》(下)，辽宁人民出版社1987年版，第94～95页。

③ 沈宗灵著：《现代西方法理学》，北京大学出版社1992年版，第169页。

④ 张宏生编：《西方法律思想史》，北京大学出版社1990年版，第435页。

法机关(不受任何法律约束的机关)的一种执行机关了,这样地掌握司法权,是同法的观念相反的。就是说,法官不受法律约束,亦即不受立法机关的约束,他只服从'道义即真正的法'"①。这种观点或许因为走得太远而殊不足取,为此,有些学者提出了较为审慎但又不乏建设性的观点。日本学者末弘严太郎认为应由立法机关制定法的"外围",而由法院决定其"内容"。美国的卡多佐法官在比较了法官与立法者在法的形式上的作用之后说,实际上法官与立法者一样,同样在被许可的范围内进行立法活动。当然,与许可立法者的范围相比,法官被许可的范围较小。② 学者们的见解各有千秋,但不可否认,在当今世界各国,立法机关独揽立法大权的局面已经有所改观。立法机关之立法性质,已由过去的专属立法权转变为优先的立法权,而司法因而取得对立法机关所制定法律之补充权,亦即在法律补充意义上的候补立法权。这种司法机关的候补立法权具有候补性和针对个案性。③

其二,社会治理的需要对司法权广泛运用的迫切要求、司法权和行政立法权的横向攀比。人们已经意识到,与法典相对应的法治理想——力图一劳永逸地建立完善的法典并借此达到法治国家的追求——是一种在特定历史条件下的理论虚构,它使法制运动陷于不可忽略的误区。④ 因为自法典时代开始以后,"静止的社会和进步的社会之间的区分开始暴露出来"⑤。立法不可能朝令夕改,但司法机关又必须适用相对稳定和僵化的法律去处理接踵而至的疑难、复杂案件。没有司法机关在适用刑法规范时创造力的发挥,案件处理的准确性和及时性都大打折扣,而在此过程中,司法解释权突破立法者划定的界域也就在所难免。因此,我们甚至可以说,赋予司法机关刑法解释权,就潜含着司法可能衍生这一命题。

司法法的存在合理性也可以从司法权对行政权的横向攀比中求得。行政机关的独特性在于,它有权制定规章、进行广泛的行政管理和行使准司法权(如行政复议)。当代行政机关的立法权力就是颁布具有法律效力的行政规章。行政立法都是委任立法。委任立法是基于法律授权的立法,是法律委任行政当局制定具有法律内容和具有法律同等效力的法规,其权限由授权法即"母法"

① 转引吕世伦主编:《西方政治法律思想史》(下),辽宁人民出版社 1987 年版,第 267 页。
② 梁慧星著:《民法解释学》,中国政法大学出版社 1995 年版,第 198 页。
③ 黄茂荣著:《法学方法与现代民法》,台大法学丛书 1993 年版,第 401 页。
④ 陈金钊著:《法制及其意义》,西北大学出版社 1994 年版,第 132 页。
⑤ [英]梅因著:《古代法》,沈景一译,商务印书馆 1984 年版,第 13 页。

("parent"act)规定。[①] 这些类似于传统上由国会行使的权力被授予了立法系统以外的机关,因为没有这样的权力这些机关就不可能有效地完成它们所担负的各种任务。[②] 有人还具体分析了行政机关面临的各种繁重任务和它们介入立法领域的诸多理由:(1)议会议事时间不足以应付巨数之法案;(2)议事主题过于专门技术化;(3)不可预测的偶发事件;(4)立法机关的弹性问题;(5)立法机关欠缺试行的经验造成困难;(6)有关紧急权问题,须赋予行政机关紧急立法权。[③] 客观地看,司法机关也担负着化解纷争、恢复社会秩序的重要使命。因此,将行政机关介入立法领域的理由借用来解释司法法的产生之合理性并无不可。从行政权、司法权的比较上看,司法法的产生与存在是有其合理性的,因为在多数情况下行政权与司法权在运用本质上并无二致:事无巨细,都得处理;而且在多数情况下对突发事件的处理所采取的紧急措施无法以立法文件为蓝本。行政机关与司法机关在任务上相似但权力差距很大的状况,客观上助长了司法机关的不平衡心态和攀比的心理,司法法的产生便是这种横向攀比的必然之果。

三、司法法与司法解释的制度性限制:罪刑法定原则

司法机关的刑法司法解释权以及司法法的制定权都在一定程度上具有存在合理性,但是司法权不能无限地分割和侵蚀立法权,否则便会有架空立法权或使立法权旁落的可能。尤其重要的一点是,在刑法领域,司法法的存在有导致罪刑擅断的危险。因此,厘清司法法和司法解释的界限,对司法法以及司法解释权进行制度性限制,对于完善刑法司法解释制度就显得更为重要。对司法解释与司法法的规制与改造,我们总的倾向意见是:"在'有利'于,或至少不'不利'于人民之情形下,允许司法机关为法律的补充。"[④]当然,这还很不具体,有必要作进一步的细致分析。

人类对法律的解释经历了由严格运用解释权向自由运用解释权转变的漫长历史。当目的选择、利益衡量观念深深楔入解释者头脑中之时,刑法自由解释论者已经不再相信立法者单凭其理性的力量就能够对现在的社会予以完全地把握,因而也不再认为坚定不移地恪守成文刑法是合理的了。他们相信,刑法解释

① 龚祥瑞著:《比较宪法与行政法》,法律出版社 1985 年版,第 437 页。
② [美]伯纳德·施瓦茨著:《行政法》,徐炳译,群众出版社 1983 年版,第 29 页。
③ 吕海荣著:《从批判的可能性看法律的客观性》,法律出版社 1987 年版,第 74 页。
④ 黄茂荣著:《法学方法与现代民法》,台大法学丛书 1993 年版,第 379 页。

的实质原则乃是时代的精神，社会的必要。虽然，人们并未解决何为“社会必要”这一核心问题，许多案件都在社会必要的名义下用超越条文的便宜方式加以解决①，但是，人们还是愿意同意这样一种见解：自由解释也并不是漫无限制的，这种自由只是方法上的自由，它必须以法条的明文规定为出发点，不能离开文字所蕴涵的立法宗旨为自由创造，必须对于社会中占统治地位的价值、利益需要、正义观念以及案件中所涉及的相冲突的各种价值和利益有全面的把握，然后在立法宗旨所许可的范围内进行衡平，力求最大限度地实现效率和公平。② 循此思路，我们认为，总体上讲应当赋予法官较大的刑法司法解释权，包括进行最大限度的创造性司法解释的权力。法官在既定的限度内所为的刑法司法解释行为都是法律所许可的，那么，这个既定限度的具体指称究竟是什么？很值得探讨。

我们认为，刑法司法解释限度的总标准就是罪刑法定原则。

罪刑法定原则的基本含义是“法无明文规定不为罪，法无明文规定不处罚”。这一原则有着深刻的价值蕴涵：以个人自由为价值取向，体现了刑法的人权保障机能。③ 因此，这一原则备受刑法学者青睐。日本刑法学家泷川幸辰形象地指出：在社会内部存在种种对立的要素，存在强者和弱者，罪刑法定主义的精神在于从强者的压力下保护弱者，只要在社会上存在强者和弱者的对立，罪刑法定主义就是刑法上铁的原则。④ 虽然罪刑法定主义原则是近代自由主义思想的产物，是作为罪刑擅断的对立物而提出来的，但是这一刑法上的铁则却沐历史之风雨弥坚。⑤ 这主要是因为它的用法律限制权力（立法权、司法权）以保障个人免受国家刑法意外打击的精髓永未丧失所致。

罪刑法定不仅意味着对立法权的限制，更意味着以立法权限制司法权。司法如果没有立法的限制，擅断就不可避免，专横也在情理之中。对司法权的限制，其目的就在于保障公民的个人自由不受司法侵犯。罪刑法定就成为防止司法权侵犯个人自由的一种制度设计。罪刑法定通过对罪与刑之法定化，为公民

---

① ［日］中山研一著：《刑法的基本思想》，姜伟、毕英达译，国际文化出版公司 1988 年版，第 19 页。

② 付正权：“刑法解释”，载陈兴良主编：《刑事司法研究》，中国方正出版社 1996 年版，第 406 页。

③ 陈兴良：“罪刑法定的当代命运”，载《法学研究》1996 年第 2 期。

④ 李海东主编：《日本刑事法学者》（上）之“泷川幸辰”部分，法律出版社、日本成文堂 1995 年 10 月联合出版，第 152 页。

⑤ 1994 年 3 月 1 日生效的法国新刑法典第 111—3 条即明确规定了罪刑法定原则，应当引起注意的是，该法典第 111—4 条强调：刑法应严格解释之。

提供了行为模式，从而使公民对自己的行为具有预见性。① 罪刑法定原则是对司法权的限制，顺理成章地，它也是对刑法司法解释权的限制。我国学者曾经指出，“刑法解释的原则，首先要体现罪刑法定主义原则的精神。在解释中，只能按照实定法如刑法典以及其他明文规定的法规进行规范意义的解释，而不能超越为一定条文所制约的规范进行解释”。② 当然，19 世纪中、末期尤其是 20 世纪以来，在多数国家的刑法司法解释中恪守上述解释立场的程度已经大大降低。但是罪刑法定原则仍是刑法司法解释权不可恣意逾越的最后一道防线，因为“法律规则代表这样的观念：只有适用众所周知的法律规则，才能作出相关的判决”③。

刑法司法解释的限度是罪刑法定原则。罪刑法定原则的基本内涵是限制权力（司法权）和保障（公民个人）权利，在解释论上，前者体现为自律原则，后者体现为可预测原则。因此，刑法司法解释的限度就是符合自律原则和可预测原则。尽管这两项原则都是罪刑法定主义的题中之义，但这两项原则在功能上各有倚重。自律原则主要是对司法解释权的限制，要求解释结论能为刑法规范所涵括，反对司法介入立法领域，否定司法立法权。可预测原则要求解释结论对于普通公民而言都不感到意外，换言之，必须是普通公民根据一般语言习惯都可能预料到的结论。惟其如此，才能符合罪刑法定制度设计的避免公民因国家刑罚权的滥用而遭受打击之苦的初衷。④ 而要使刑法司法解释结论为刑法规范所涵括，要在刑法司法解释中将罪刑法定主义原则贯彻到底，就必须关注解释是否从文本（刑法规范）的文义入手这一根本性问题：在文义范围内进行的解释符合罪刑法定原则，反之则不然。当然，人们有时由于文义自身的模糊性可能对文义的确切意思存在争议。因为文字的含义一般并不是一个具体的点，而是一个意义域。日本学者加藤一郎先生对此提出了“框”的理论，他形象地指出：法律规定犹如一个中心浓厚而愈向边缘愈稀薄的“框”，规范事项犹如在框之中心，甚为明确，愈趋四周愈为模糊，以致使人们分不出框内框外。威利姆斯也认为，构成法律条文的许多文字，其边缘之处的边缘意义（fringe meaning）一片蒙胧，极易引起争执，究竟属于有关规范的外延之内还是之外，殊难定夺。而文义本身的局限性，

---

① 陈兴良：“罪刑法定的当代命运”，载《法学研究》1996 年第 2 期。

② 甘雨沛著：《外国刑法学》（上册），北京大学出版社 1985 年版，第 22 页。

③ ［英］约翰·香德、彼得·斯坦著：《西方社会的法律价值》，王献平译，中国人民大学出版社 1990 年版，第 42 页。

④ 付正权：“刑法解释”，载陈兴良主编：《刑事司法研究》，中国方正出版社 1996 年版，第 418 页以下。

即使立法机关勉力而为也难以克服。因此,要判断某一刑法司法解释是在文义范围内还是超越文义,多数情况下都是很困难的。检定的标准仍是前已述及的可预测原则:考察该解释的出台和刑罚权的发动对普通公民而言是否感到意外。如果某一刑法司法解释已经足以使普通公民丧失安全感,或对自己的权利及未来表现出焦急和忧虑,那么这一刑法司法解释显然已经不在文义范围之内,换言之,已经违背罪刑法定的基本要求。

依上述原理限制刑法司法解释权的运作是必要的和可行的。而对于司法法,我们认为,它的产生与存在符合司法机关的功利价值取向,司法机关试图通过司法法来解决刑事案件的原始冲动也是合理的。但在刑法领域司法法的过多存在又有悖于法制的统一,于实现刑法的保障机能不利,因此,对司法法理应给予比对司法法解释更多的制度性限制。基本的思路仍是罪刑法定主义原则——将司法法规制在罪刑法定主义之下,使法官在此前提下享有部分创制刑法的权力,以实现刑法司法法之"通过刑法",而又"超越刑法"的这一目标。

应当指出,虽然司法法也同样受到罪刑法定原则的限制,但它与司法解释所受到的限制不尽相同。司法解释是对刑法规范的阐释,不是"无中生有";司法法是在罪刑法定的范围内,对于法无明文规定而又不涉及出入人罪、轻重人刑的一般事项作出规定,并且不得与基本法——刑法相抵触。承认司法法这一概念,并不意味着司法机关具有无限制的立法权,而只是把那些填充法律漏洞或空白的一般情况由过去的司法解释名副其实地改称为司法法。这种司法立法权介于立法权与司法权之间,从权力性质来看,具有立法与司法的双重属性,是一种候补立法权。对其给予罪刑法定原则的制度性限制,它的存在便不但不会危及公民安全,而且有利于保障国家成文刑法规范的实施。

(1997年第3期)

罪刑法定原则确立的观念基础

蔡道通*

中国刑法的修改正在紧锣密鼓地进行,新的刑法的出台指日可待。未来的刑法明确确立罪刑法定原则几乎已成为理论界与实务界的共识。在这种情况下再研究罪刑法定原则是否已无必要?笔者认为,罪刑法定原则的确立绝不是一个简单的立法技术问题,而是一个深刻的观念变革与价值重塑工程,形成价值观念的共识乃是确保罪刑法定的精髓与灵魂得以贯彻的关键。没有科学、民主的刑法观念的确立与坚守,即便有罪刑法定原则的确立,在司法实践中也是不可能得到真正贯彻的。因为原有的价值观念可能以其他方式或通过其他途径在我们的刑事立法与刑事司法中复活,干扰我们建立包括现代刑法在内的法治社会的种种努力。因而研究罪刑法定原则确立的观念基础仍有重要的理论意义与实践价值。

一、罪刑法定的价值内涵及其意义

从法文化学意义上说,作为文化的一部分,法律既是一种符号,一种规则,更是一种文化信息的载体,其承载着一定的价值与观念,它表达着特定的文化选择与价值定位,而这种文化选择与价值定位,从根基上决定着法律如何生长,决定着法律的发展方向与进程。“罪刑法定主义不仅是一定的法律形式,更重要的是它所体现的价值内容……因为罪刑法定主义是以限制刑罚权,防止司法擅断,保障个人自由为价值内涵的,舍此价值内涵就根本谈不上罪刑法定主义。”①罪刑法定主义作为以人权保障为其价值取向,以限制国家刑罚权的无端发动为目标定位,以法治主义为制度基础的刑法基本思想和基本原则,权利的保障与权力的限制是精髓与本质所在。因此,没有观念意义上的罪刑法定的首先确立,罪刑法定是难以法律化为刑法的基本原则的。即使由法律加以明确规定,罪刑法定的司法运作必然也是不完全、不彻底的。更有甚者,如果我们漠视、否认罪刑法

---

* 作者单位:江苏淮阴师专政教系。

① 陈兴良:“罪刑法定的当代命运”,载《法学研究》1996年第2期。

定的价值蕴涵及其对刑法的意义,那么,必然会导致我们方法论上的偏差和错误结论的出现。

在学界,有个别学者认为,在中国古代刑法中就已存在罪刑法定主义了。这种罪刑法定主义是伴随着春秋战国时期公开颁布成文法运动而产生并发展成为系统理论的。如在秦朝的司法实践中,司法官吏对少数刑事案件虽然没有排除运用类推原则,但对绝大多数刑事案件的定罪量刑是依据事前公开颁布的成文法或经过官府认可的廷行事。因而,秦朝统治者在司法实践中,以廷行事和认定类推案例的形式,订正、补充和扩展了成文法的内容。这种不断完善法律制度的努力也是不断扩大实行罪刑法定主义范围的表现。由此,作者认为,罪刑法定主义不是资产阶级经济基础的产物,而是与中央集权制有着必然的联系,欧洲和中国封建社会的(封建主)地主阶级都曾实行过罪刑法定主义。① 也有学者援引《明律》中刑法追溯力"依新律拟断"的规定,以及《唐律·断狱》中"诸断罪缘须引律令格式正文"和明清律"断罪引律令"的规定,推导出中国封建社会刑法已是具有罪刑法定主义精神。② 与此相联系的一种观点认为,存在于西方的"自然法、衡平或正义、权利责任等观念",也是包括中国在内的"各国法系共同的基本原则,"并以《唐律》和《大明律》为据来证明这些观念实际是"中国法律发展中的根本性原则"③,依据作者的逻辑,罪刑法定主义也应该存在于中国的封建社会了。

笔者认为,结论的大胆是同立论者引证的草率与基本价值前提、事实前提的判断失误成正比的。如前所述,罪刑法定绝不是简单的罪与刑的法典化,它是有其特定内涵的。其中权利的保障与权力的限制及其现实化是罪刑法定的本质内涵。因此,中国封建社会历史上不曾有过罪刑法定主义,因为正义、权利等观念不曾在封建中国生根过,更没有成为法律发展中的根本性原则。正如顾准先生所云:"中国历史上的法,是明君治天下的武器,法首先是和刑,而不是和权连在一起的。"④没有权利观念作为土壤能生成出罪刑法定主义,那绝对是历史的误会。而且现代法治化理论及其实践已经揭示出这样一个基本规律:权利观念的发育层次及其权利保障的实现程度与私法的发达状况紧密相连。封建社会的中

---

① 栗劲:《秦律通论》,山东人民出版社 1985 年版,第 182 页以下;栗劲:"秦律和罪刑法定主义",载《法学研究》1983 年第 3 期。

② 转引自张晋藩等:《中国刑法史新编》,人民法院出版社 1992 年版,第 270 页。

③ 金勇义:《中国与西方的法律观念》,辽宁人民出版社 1989 年版,"前言"第 1 页及"导论"第 2 页。

④ 《顾准文集》,贵州人民出版社 1994 年版,第 316 页。

国,"也不存在在西方人名之为私法的那种东西,甚至在汉语的文化语言逻辑里面,'私法'的这种说法本身就是自相矛盾的。这当然不是说中国没有调整所谓'户婚田土钱债'的那部分法律,而是说它们为根本不同的精神所支配,法律的设立并不是在权利义务关系的框架里被把握和理解的",①正因如此,我们可以从价值取向的层面推导出罪刑法定主义为何出现在西方,而不是在中国的原因所在。"取法希腊精神的罗马法,以及继承罗马法传统的欧洲法律,法首先和权联系在一起。他们的封建制度是具有严格等级身份的一种统治制度,可是,至少在统治集团之内,相互间的身份和关系,观念上是由契约规定的,法学家称为'规定身份的契约'(contract to status)",在中国,这类问题由简单的16个字加以解决,即所谓:"溥天之下,莫非王土,率土之滨,莫非王臣。"②"在中国,在皇帝面前,宰相也可以廷杖,等而下之,什么'权利'也谈不上,所以,马克思讥讽中国是普遍奴隶制。"③对此类问题,美国学者安守廉教授的见解值得我们思考:在他看来,中国封建社会也有未经许可不得抄录、翻录官府典籍的规定,但却没有出现西方的知识产权制度,其原因就在于表面相似的东西背后各自为完全不同的价值与规则所支配。④ 可见价值观念对法律制度的重要性。表面相同的法律制度如果由完全不同的价值观念来支撑,那么便会出现迥然不同的法律效果及其不同的法律发展命运。

在我国,未来新的刑法确立罪刑法定原则基本已成共识,但是价值观念的共识尚未彻底地形成,而恰恰这一点对刑法的存续更为重要。这在人们对待类推的存废命运的论证上可略见一二。无论类推是存还是废,多数学者都承认这样的事实并以此作为论证类推存废的主要依据:尽管我国刑法中规定了类推,但在司法实践中运用类推的条件却很有限。主张废除类推者认为,类推制度形同虚设,如果废除类推制度,不至于对我国的社会治安形势造成什么影响。⑤ 力求保留类推者认为,类推案件少,并非需要类推的案件少,而是其他人为的因素造成的,诸如应类推未以类推定罪,或不以犯罪论,或直接援引有关刑法条文定罪,或通过司法解释直接运用某刑法条文定罪,因此不能以此否定类推。⑥ 以此表面

---

① 梁治平:"法律的文化解释",载《中国社会科学季刊》(香港)1993年11月总第5期。

② 《顾准文集》,贵州人民出版社1994年版,第317页。

③ 同上,第317~318页。

④ [美]安守廉:"知识产权还是思想控制:对中国古代法的文化透视",载梁治平编:《法律的文化解释》,三联书店1994年版,第250~279页。

⑤ 转引自赵秉志:《刑法修改研究综述》,中国人民公安大学出版社1990年版,第108页。高铭暄主编:《刑法学原理》(第2卷),中国人民大学出版社1994年版,第174页。

⑥ 侯国云:"市场经济下罪刑法定与刑事类推的价值取向",载《法学研究》1995年第3期。

化的论证理由来作为类推制度存与废的依据是没有多大意义的。即使是废止论者占优势,类推被废除,规定罪刑法定原则也没有什么积极意义。因为支撑类推的价值与观念还在,它可能以其他的方式影响渗透到我们的立法与司法过程中。在这种背景下废除类推确立罪刑法定原则,我们有理由相信刑事类推必会暗度陈仓。正如力主保留类推论者所言,类推可能会以扩大解释的方式,直接援引有关法律条文方式,或通过司法解释来直接适用某刑法条文方式等另一种面目出现,这样,刑事类推虽废犹存。而且这种认识及其观念会产生更为恶劣的影响,它会将一个系统化的法律变革作为一个简单的立法上的技术工程来对待,从而导致人们对法律应然价值探讨的轻视并对法治化进程难度缺乏清醒认识。可见,法律观念的转变及其新型价值观念的确立与坚守,是罪刑法定原则得以真正贯彻的前提与基础。

事实上,罪刑法定原则及其思想原本是西方法律观念的产物,是西方社会的产物,因而属于西方的法律传统。资产阶级针对中世纪盛行的罪刑擅断主义而提出的罪刑法定主义,是有其鲜明的时代特色,深刻的社会政治、文化、经济背景,可以说它是建立在西方的社会基石之上。因而我们探求罪刑法定原则就不能割断历史,更不能仅停留在对这一原则的表象认识上,否则我们永远把握不了这一原则与思想的本质与真谛。对此类问题,林毓生先生曾经很中肯地说过:“了解另外一种文化是非常困难的事,而把另外一种文化的一些东西当做口号是相当简单的”,“这些随便把外国环境中因特殊的背景和问题发展起来的东西当做我们的权威,这样自然产生了形式主义的谬误”,其根本要害在于“不知那些口号所代表的观念的复杂性和它在特殊历史情况下演变出来的性格,即把外国的一些观念,从它们的历史来源中切断”①。罪刑法定原则的确立不是简单的“移植”的结果,它首先必须是一种观念的移植。没有一定的观念作为基础,罪刑法定原则是不可能真正贯彻的。

二、罪刑法定需要什么观念作为基础

(一)刑法也应该是一种特殊“契约”的观念

刑法是公法,公法存在的基础是政治国家,权力与服从是其基本特征。但是,私法与公法截然分离的历史已经结束,两者的日益融合已成趋势。一方面,

① 林毓生著:《思想与人物》,台湾联经出版事业公司 1983 年版,第 13 ~ 14 页。

国家权力干预的层面越来越大,可以说渗透到私法存在的每一个领域;另一方面,私法精神不断地向公法渗透表现在公法规范上。私法的自由、平等、人权精神越来越多地体现在公法领域中。[①] 有些学者甚至不无偏激地认为,民法所调整的市民社会,为社会整体的1/2(另一半是政治国家),因此民法是与宪法相并列而存在,高于其他部门法,为根本法之一,[②]由此刑法应当体现和反映民法的基本精神(民法是私法的核心)。尽管我们远没有充分的理由说明民法是根本法之一,但同样我们不能否认的事实是:当今的刑法如果不能反映民法的基本精神,那么刑法的立法与司法必然进入困境,刑法的科学化与民主化乃至社会的法治化必然遥遥无期。"民法典不管在哪里,都往往被当做整个法律制度的核心",[③]"当民法被视为人民权利的圣经而成为人行于世不可或缺的安全保障时,当民法的理念成为各个社会形态所追求的目标时……我们就不能不承认民法是一种文化现象了"[④]。民法文化作为以市民社会与政治民主为前提,以自然法思想为哲学基础,以民法特有的权利神圣、身份平等、私法自治之理念为内涵,运作于社会生活而形成的、社会普遍的心理态势与行为模式,[⑤]不仅影响着人们的价值观念与行为模式,同时也必然影响着包括刑法在内的其他法律的建构。可以说,近现代刑法(包括罪刑法定原则的提出与发展)都与民法文化息息相关。与此相联系,作为私法(或称民法)重要范畴的契约及其观念可以也应当对刑法有所启示,包括对新型刑法观念的形成。

"刑事法律作为公法的一个分支,相当于政府与公民之间的一种'契约',用于表明什么应当作为犯罪受到处罚和通过怎样的程序加以处罚。"[⑥]契约的目的是记载双方当事者在无争吵和纠纷的情况下所达成的协议。从字面语义上讲,契约是预先防止今后有可能出现意见分歧而连接双方合意的纽带。在法律事务中,双方在协议中或合同中签字,就表明双方以此作为接受协议和合同的先决条件。正如对于合同来说,法律的作用并不是主动地支持一方去反对另一方,而是根据双方签订的合同内容来审断纠纷,那么在刑法中,它的功能也不在于主动地支持警方反对刑事被告方,刑法的主要作用是衡量和确认国家和个人之间的

---

① 杨振山等主编:《罗马法、中国法与民法法典化》,中国政法大学出版社1995年版,第6页。

② 徐国栋:"市民社会与市民法",载《法学研究》1994年第4期。

③ [美]艾伦·沃森:《民法法系的演变及形成》,李静冰、姚新华译,中国政法大学出版社1992年版,第172页。

④ 江平等:"民法文化初探",载《天津社会科学》1996年第2期。

⑤ 徐国栋:"市民社会与市民法",载《法学研究》1994年第4期。

⑥ [斯洛文尼亚]卜恩天·儒潘基奇:"关于比较刑事法的若干法哲学思考",载《比较法研究》1995年第1期。

‘契约’被严格遵守与否。[①] 刑法中的罪刑法定原则事实上就体现了国家的庄严承诺:除非你的行为正好落入法律精心限定的规定之中,除非行为具有全部的犯罪构成要素,否则也不得施以刑罚。从这个意义上说,刑法也应该是一种特殊的“契约”。

“契约化”的刑法由于其以明确性为前提,因而其对国家与公民来说才是公平的。“实现正义和预防犯罪是刑罚所追求的两大价值。”[②]如果说这一条命题能够成立的话,这一目标的实现就必然有赖于通过追究犯罪人的刑事责任并适用刑罚才能达到。当国家在判断一个人的行为性质及其相应的法律后果时,其唯一的依据只能是明确化的法律,如果国家事前没有把某种行为规定为犯罪,某一社会成员实施了这一行为,国家便对其适用刑罚,那么,这种刑罚的承担就是不公正的,对行为人而言就是不公平的。因为国家事前并没有对这种行为进行禁止,也没有告知人们实施这一行为的相应的法律后果。正如公民不能以因为不知道自己的行为是法律所明文禁止的辩解,来作为请求宽恕和免除处罚的理由一样,作为平等的对待,公民对于未受刑法明令禁止的行为所进行的作为或不作为,国家也不应进行干预。“契约化”的刑法可以有效地防止国家刑罚权的膨胀,从而使公民不必担心刑法的突如其来的打击而获得安全,刑法作为一种特殊的“契约”的观念,体现了罪刑法定主义的精神,同时构成了罪刑法定主义的一个理论支撑点。

(二)刑法的人权保障机能优先的观念

如果说刑法也是一种特殊的“契约”这一命题能够成立的话,那么,这种“契约”自身是否公平与合理就不能不成为人们关注的焦点,因为仅有刑法也是一种“契约”的观念并不足以支撑罪刑法定原则。即使“契约”被严格地遵守,倘若“契约”本身就是不公平的,那么这种遵守也没有什么实际意义。刑法本身也必须建立在自觉的权利意识与观念之上,罪刑法定原则才有足够的生存基础。刑法的人权保障的观念,刑法的人权保障的机能优先的观念是罪刑法定原则立足的又一基础和前提。

从法益保护的角度来看,刑法具有两种重要的机能,即刑法的社会保护机能和刑法的权利保障机能。刑法首先加以考虑的应当是社会保护、社会防卫,即通过一定的禁止规范确保国家自身的存续及其社会基本秩序的维护,国家与社会的法益保护常被置于一切法益保护之前。这是刑法的社会保护机能。同时,由

① 江平等:“民法文化初探”,载《天津社会科学》1996 年第 2 期。
② 胡云腾:“废除类推及刑法科学化”,载《法学研究》1995 年第 5 期。

于刑法是国家意志在法律领域中最强烈最极端的表达方式,权力固有的本性与特质决定了刑法自身具有强烈的扩张性和侵略性。如果不对国家刑罚权的行使给予必要的关注、限制,刑罚权的行使可能会以公民基本人权的非法削弱或剥夺为代价。因而,刑法除了社会保护之外,个人法益、个人的权利与自由也不能被忽视。可以说,没有对公民基本人权的保障与维护,就没有近现代意义上的科学民主刑法的诞生。所以,刑法也必须具有"行使保护犯罪者的权利及权益,避免因国家权力的滥用而使其受害的机能"①,这就是刑法的权利保障机能。"鉴于被告为刑事裁判及强制处分之对象,即知被告较诸一般人民更需要受人权之保障。"②

科学的刑法必须具有刑法的社会保护机能和权利保障机能。这就要求刑法的理念乃至价值取向必须蕴涵这些机能发挥的可能性,同时以这些理念架构的刑法基本原则及其具体规范必须体现这些机能并使之现实化。"法律的任务就是在努力尊重个人自由和维护社会根本制度之间保持平衡。只有这样,才能防止产生对某些法律的不合理性视而不见的现象。这些法令可能根本达不到自己的预定目的,或者将会产生在某种程度上为实现其造福于社会目的而过分牺牲个人利益的后果。"③刑法的社会保护与人权保障不可偏废,刑法既要通过其社会保护机能成为社会利益的捍卫者,同时刑法又要通过其人权保障机能成为公民自由的大宪章。

刑法的社会保护机能在于防止社会成员对社会、他人的不法侵害,因此,它以处罚犯罪人作为表征来实现这一机能。而刑法的权利保障机能在于防止国家对个人所加的非法侵害,以免个人的自由和权利遭到不利的影响,刑法的权利保障机能及其权利保障价值取向是以限制刑罚权的发动借以保障公民自由和权利为依托,所以刑法的人权保障有其特定的内涵,即是出于对刑罚权的扩张和膨胀的担心与防范。

刑法的社会保护机能要求刑法应无所不能,无所不包。刑法的权利保障机能又要求刑法应成为公民的权利捍卫器,刑事被告人的自由大宪章。刑法的权利保障与社会保护的这种"对立"要求我们必须确立一种理性的观念,进行一种较为慎重的价值选择。

---

① [日]西原春夫著:《刑法的根基与哲学》,顾肖荣等译,三联书店上海分店1991年版,第33页。

② 蔡墩铭著:《现代刑法思潮与刑事立法》,中国台湾汉林出版社1977年版,第100页。

③ [英]彼得·斯坦等著:《西方社会的法律价值》,王献平译,中国人民公安大学出版社1990年版,第181页。

"我们说刑法的两大机能不可偏废,并不是说两者不存在冲突,在冲突中不可能有所选择与丧失。"[①]事实上,罪刑法定是深受中世纪刑罚权无节制扩张和滥用之苦而作出的价值选择,就其基本属性而言,它倾向于保障人权,实现一般正义,增强社会安全感。可以说,罪刑法定是价值偏一的选择,而并非兼顾各个价值目标和利益。[②]

从功利的角度来看,任何选择都不是完美的,而且都是要付出代价的。这确是一个难题,刑法司法制度在两种利益之间满足一种利益时,另一种利益似乎就被贬抑了。[③] 如何使两种利益和功能的实现达到相对均衡且效益最大化就成了需要详研的课题。相对均衡不是等量齐观或绝对平衡,而是有所侧重。尤其是刑法的社会保护机能与刑法的权利保障机能发生冲突不能双全的情况下,我们应当以什么样的刑法观念来进行刑法基本原则和具体规范的选择,是刑法的社会保护优先,抑或人权保障优先?

"在罪刑法定主义作为刑法的基本原则确定的当初,其主要目的是防止刑罚擅断主义的刑罚制度,明确个人自由。"[④]如今,从国际范围来看,罪刑法定主义在当代更赋予了新的更为明确的立法基础,即从保障人权、"维护人的尊严"出发而进一步加以肯定。[⑤] 因而"罪刑法定主义乃系以限制国家刑罚之行使为主要目的,而以保障个人自由为最高目标"[⑥]。可以说,罪刑法定主义是刑法人权保障机能优先观念的最集中体现与表述,罪刑法定原则使刑法的权利保障机能优先的观念要求现实化了。事实上,罪刑法定原则的存在本身也蕴涵着这样的观念:在犯罪应当惩罚的前提下,刑法的权利保障更为优先,人权保障更为重要。刑法本身应当具有保障刑事被告人、犯罪嫌疑人的基本人权,防止不该受罚的无辜受罚并抗制国家刑罚权的肆意泛滥的机制。"由是观之,当刑罚权与基本人权发生抵触不能以全之情形,与其牺牲基本人权,毋宁放弃刑罚权。"[⑦]可以这么说,没有刑法的权利保障机能优先的观念就不可能有罪刑法定原则的形成及其存续。

---

① 陈兴良:"罪刑法定的当代命运",载《法学研究》1996 年第 2 期。

② 宗建文:"刑罚正义论——罪刑法定的价值分析",载《刑罚专论》,四川大学出版社 1995 年版,第 31 页。

③ [美]乔治·W. 皮尤:"美国与法国刑事司法制度比较",载《法学译丛》1986 年第 4 期。

④ [日]日高文博:《不作为犯的理论》,王树平译,中国人民公安大学出版社 1992 年版,第 118 页。

⑤ 何鹏著:《外国刑事法选论》,吉林大学出版社 1989 年版,第 14 页。

⑥ 杨建华著:《刑法原则之比较与研讨》,台湾汉荣书局 1982 年版,第 10 页。

⑦ 蔡墩铭著:《刑法基本理论研究》,台湾汉林出版社 1986 年版,第 346 页。

在我国,有些学者认为,从19世纪末20世纪初起,伴随着个人本位向社会本位的过渡,罪刑法定原则已度过其隆盛期而开始衰亡,所谓“法无明文规定不为罪”已不复存在,罪刑法定原则正在走向衰亡,因而我们不必步他人后尘,搞名不副实的罪刑法定。[①] 具体到刑法而言,按照这些学者的逻辑,应当是刑法的社会保护优先,只有这样,才符合社会本位的要求。

其一,这里首先涉及一个对事实的认识、判断与把握的问题,即西方社会是否真的已走向社会本位,而不再是个人本位(因为个人本位与人权保障密切相关,是罪刑法定的生存基础)。对此我国学者梁慧星指出:当代西方法律学者针对片面强调个人自由权利及执行自由放任主义政策所导致的社会弊端,提倡社会的权利思想或者社会本位的立法思想,有其进步意义。但所谓社会本位的法制,亦仅对权利本位稍作调整而已,绝非义务本位(权力本位)法制之复活。以人权宣言和拿破仑法典所确立的体现权利本位法律精神的三大原则,即契约自由、权利之不可侵犯及过失责任,迄今仍为世界各国法制之基础。20世纪以来之所谓社会本位立法思想及立法实践,乃在纠正和防止片面强调个人权利之弊,但其基本出发点仍未脱离个人及权利观念。[②] 可以说,权利观念、人权保障观念在西方也仍然是不可动摇的。相反地,刑法的人权保障优先的观念仍据有主导地位,罪刑法定原则仍是其刑法的基本的不可动摇的原则。

其二,即便西方已从个人本位走向社会本位,能否以此为据得出我们也应以社会本位来作为我们的立法基础呢(包括我们的刑法立法)?回答应该是否定的。我们有长达几千年的权力本位传统,个人观念、权利及其保障意识极为薄弱,国家权力几乎不受限制。即使新中国成立以后由于计划经济的集权模式的影响,权利观念的发育程度是较低的,权力应受限制的观念还未彻底的形成。在这种状况下,我们绝对不能用人家的明天来否定我们并不存在的今天,因为我们与人家处于不同的发展阶段,人家是在更高层次上的一种回归,我们切不可为据,况且随着市场经济的建立与发展,个人权利及其保障将会被放在越来越重要的地位,因为市场经济与权利要求相伴而行。个人与社会的关系应当向个人倾斜,个人本位及其人权保障的价值取向在当代中国应当有其主导地位和现实意义。有人甚至断言:法律一日为人类社会之规范,则可以断言个人观念、权利观念,必有其一日之存在。[③] 刑法的权利保障机能的观念应当有其积极的现实意

---

① 侯国云:“市场经济下罪刑法定与刑事类推的价值取向”,载《法学研究》1995年第2期。
② 梁慧星:“原始回归,真的可能吗”,载《比较法研究》1995年第3期。
③ 王伯琦著:《民法总则》,台湾“国立”编译馆1979年版,第34页。

义及价值。没有刑法的权利保障机能优先的观念作为基础，罪刑法定原则难以确立，即使形式上确立，也不可能真正地贯彻。这正是刑法的权利保障机能优先的观念对罪刑法定的意义。而恰恰这一点，在我们社会中仍十分缺乏。因为我们仍然将刑法与“刀把子”、“专政工具”简单地等同起来，尤其在社会治安恶化情况下，我们似乎只看到了刑法的镇压、惩罚作用所形成的社会保护功能了。在更深层次的观念与意识中，我们仍由这样的观念支撑着我们的刑法：惩罚了犯罪，自然就保护了人民的权利和自由，自然实现了刑法的人权保障机能。殊不知，刑法的人权保障有其独立的价值和意义，它是从权力的限制——刑罚权的限制层面表述对人权的刑法保护，因而刑法的社会保护绝不能涵盖刑法的人权保障，也不能替代刑法的人权保障。

三、结语：以新型观念支撑罪刑法定原则

罪刑法定原则的明确化对中国刑法立法而言具有划时代意义，它从一定意义上说是一场刑事立法的伟大观念变革。没有相应的观念作为基础，罪刑法定原则的贯彻是困难的。“立法或许是非常重要的教育因素，但这并不是说只要通过一项法律就能在一夜之间造成意识形态的基本改变，或把法律当做神奇的魔杖，可以在弹指之间把一个社会的偏见或内在情绪化的态度悉数扫除。”①法律的更新首先应当是一种观念的更新。哪怕在新的刑法典明确确立罪刑法定以后，正确的法律理念、刑法观念与科学的价值坚守也是确保罪刑法定现实化的前提，也是刑法合理存续的灵魂！

（1997年第4期）

① ［英］Dennis Lloyd著：《法律的理念》，张茂柏译，台湾经联出版事业公司1984年版，第319页。

依法“从重从快”的来历

——建国以来法学界重大事件研究(三)

杨 时[*] 李 然[**]

【编者按】 1980年下半年,时任上海市高级人民法院副院长的杨时同志以一名上海法学会会员的身份在一次学术研讨会上,作了“从重从快”打击刑事犯罪分子究竟应“依两法(即《刑法》和《刑事诉讼法》)进行”,还是“依形势需要进行”的发言。这是法学界首次探讨“严打”问题,一场风波由此而起。

李然(以下简称李):杨老师,请问您是在什么背景下提出“从重从快打击刑事犯罪分子必须依法进行”问题的?

杨时(以下简称杨):我今年已八十有一了,记忆力衰退了。如果我没记错的话,那是在1980年上半年,一位中央政法工作方面的领导来上海视察政法工作,在一次座谈会上,他提出了要根据形势需要,迅速开展从重从快打击危害社会治安的刑事犯罪分子的活动。他只提“根据形势需要”而未提“依照现行“两法”(即刚刚生效实施的《刑法》和《刑事诉讼法》)来进行“从重从快”。不过,他当时说过,这只是他个人的看法。

李:您参加这次座谈会了吗?

杨:没有,我当时在北京中央党校学习。1980年下半年学习结束后,我回到上海,获悉了那位领导的讲话精神,也知道许多同志对他提出的“要根据形势需要开展从重从快打击刑事犯罪分子”的观点议论纷纷。一些同志的疑虑是:1979年我国制定了“两法”(《刑法》和《刑事诉讼法》),1980年开始实施,好不容易有了法,全国人民都在关注它们的实施,可现在却离开“两法”要求,沿用过去法治不正常时期的提法“根据形势需要”,这究竟是前进,还是停滞?是推进法治,还是阻碍法治?

李:那位领导不是声明仅仅是他个人的意见吗?

杨:虽然如此,但政法战线的同志历来服从领导的观念比较强,因此在实际

---

* 作者单位:原任上海市高级人民法院副院长,现离休。

** 作者单位不详。

工作中总是积极贯彻领导的意图的。与此同时，报纸上也零零碎碎出现了根据形势需要开展从重从快打击刑事犯罪分子活动的报道和提法。思想上的混乱，必然带来工作上、执法上的混乱。由于片面地强调“根据形势需要”，结果在刑事审判活动中产生了一些不正常的现象。

一是某些地方在“从重从快打击”活动中，公、检、法联合办公，检察院提前介入，忽视了司法机关之间的相互制约关系。

二是一些地方把一般盗窃诈骗作为其他严重破坏社会秩序的惯犯判处了，往往一判就是“满贯”。对具有刑法规定的“犯罪预备”、“犯罪中止”、“自首”、“从犯”等从轻情节的案件，也加重判处了。有的在已经从重的基础上再加重；有的为了“从快”，不顾法律程序，今天将检察院起诉副本送达被告人，明天就开庭审判，似乎越快越好。

三是对惩罚与教育相结合的方针重视不够。强调惩罚，忽视教育。一些地方主张用“治乱世，用重典”来对待青少年犯罪。

四是法院的独立审判问题不被重视了。有的同志认为某个案件量刑轻了，就说法院“跟不上形势”，指责法院“思想右倾”，个别领导甚至利用职权指令法院对某案件定什么罪、判什么刑。每当刑事案件上升，治安情况不好，法院受到的指责就更多，似乎都是法院工作不力造成的。

李：面对这些问题，您是如何想的？

杨：究竟是“依形势需要”还是“依照‘两法’”开展“从重从快”，我自己也在苦苦思索。作为一名高级人民法院分管刑事审判工作的负责人，不能草率地把自己对领导讲话的疑虑告诉在第一线工作的同志，怎么办呢？就在这时，我接到了上海法学会举办学术讨论会的通知，我想，何不把自己的疑虑在学术研讨会上提出来，让学术界的学者、专家讨论一下。1978 年关于实践是检验真理唯一标准的讨论不就是首先在学术界开始的吗？

李：您决定在法学会的学术讨论会上谈出自己的疑虑，大概与您的文化修养也很有关系。听说您既是一位老革命，又是一位文化人。

杨：谈不上，谈不上。不过比起其他人，我这一生在学校学习、培训的机会多，与文化人接触多，20 世纪 30 年代中期我高中毕业后，就到了延安。先在陕北公学担任俱乐部主任，后又到鲁迅艺术学院音乐系和中央党校学习。解放前夕又到马列学院（即后来的中央高级党校）第一期学习 3 年。长期的学习生活使我养成了善于思考问题的习惯，也养成了向老师、学者请教的习惯。

李：您在法学会的讨论会上，向学者们请教了哪些问题？

杨：我主要从以下 3 个方面提出问题，请大家探讨。

第一,"两法"(《刑法》和《刑事诉讼法》)的制定是否脱离了形势需要?究竟是应该依法办案,还是根据"形势需要"办案?我认为,所谓形势,是指政治、经济、文化等方面的现状和发展趋势,也是制定党的方针政策的客观依据。党的十一届三中全会决定工作重点转移以后,搞社会主义现代化建设就成为新时期的总任务和国内的总形势,要完成这一总任务、适应这一总形势,就必须靠不断加强社会主义民主和社会主义法制来保障。刚刚生效实施的《刑法》和《刑事诉讼法》就是根据这个总形势制定的,它们不是脱离形势的,相反,是新形势的产物。至于社会治安这一具体形势问题,已经包含在《刑法》之内了。《刑法》之所以把对杀人、放火、抢劫、强奸和其他破坏社会秩序的犯罪分子的量刑幅度,定为从几年到死刑这么大的幅度,就是考虑了打倒"四人帮"以后的社会治安形势的需要,它同维护社会秩序,巩固和发展安定团结的政治局面,保障四化建设顺利进行是相适应的,因此我们没有必要再去另外强调什么"形势需要",否则就会引起思想混乱。

审理案件的准绳是法律,还是形势?

当然,在审判工作中,要注意一个时期的打击重点,要注意具体形势,避免脱离实际,孤立办案。但是,从宽从严应当在刑法规定的刑期限度以内判处刑罚,不能超出法律规定的范围,超出了法律规定范围,法就不存在了。

第二,办案要根据"形势需要"的观点,在刑法理论上和刑事立法上都是没有根据的。判定一个人的行为是否犯罪,《刑法》第10条已有明确规定。一是危害社会的行为;二是应当受到刑罚处罚的行为。而社会危害性的程度是区别犯罪和其他违法行为的标准。危害程度重的是犯罪,危害程度轻的,或情节显著轻微的,或尚未达到依法需要处罚的行为,就不能认为是犯罪。这就是法律规定的正确认定犯罪的标准。否则,就混淆罪与非罪的界限。

第三,《刑法》也有不少从重处罚的规定,如对主犯、累犯、教唆犯等应从重处罚,对那些情节恶劣、后果严重、致人重伤、死亡、公私财产遭受重大损失的犯罪行为应从重处罚。但这些从重处罚的条件是以行为人在犯罪中所处的地位和作用,以及犯罪行为产生的实际后果确定的,它与"形势需要"无关。

以上就是我当时发言的主要内容。

李:现在,您对已过去17年的发言内容怎样看?

杨:我认为,基本观点是正确的,17年来的实践已证明了这一点。但我的发言也是有缺点的。主要表现在两个方面:第一,我的发言当时带有情绪性。第二,把公、检、法3家的矛盾也在会上兜出来了。我当时直言不讳地说道,对某些法院在"从重从快"打击活动中的违法现象,某些领导人从不提出批评指正,有关部门也极少提出抗诉和意见，究其原因无非是大家都存在怕右不怕“左”、宁“左”勿右的思想，上下左右，彼此彼此，当然就没有人会对不依法从重从快问题提出异议了。

李：与会的同志听了您的发言，有何评价？

杨：没有什么不同意见。华东政法学院院长徐盼秋同志，刑诉法专家黄道教授等都给予了充分的肯定，大家都认为不应脱离“两法”而根据什么“形势需要”开展“从重从快”打击活动。“根据形势需要”是过去不重视法制年代的习惯做法，现在制定一系列法律就是为了纠正它。

李：那后来的风波从何引发呢？

杨：也不知道是谁，把我的发言整理成专门材料，上报到了中央。中央有关部门又把它作为反面教材下发全国各地的政法机关，并在编者按中，指出我的观点是错误的。这就在全国引起了一番争议，有的同志甚至提出要对我进行严厉的批评（也包含要处分的意思）。但最高人民法院的领导一直是支持我的。一位副院长说，杨时同志的中心意思是要求依法办案，这没有什么错嘛！1981 年 2 月，我到北京旁听对林彪、“四人帮”两个反革命集团的审判，见到最高人民法院院长江华同志，他对我说：“你的意见是正确的，但今后要注意提意见的方式。”

李：最近，我阅读了《江华司法文集》，从中可以看出他确实是支持您的意见的。这里不妨引出几段：

1. 关于依法办案还是依“形势需要”办案问题。江华同志在 1980 年 8 月北京市高级人民法院召开的刑事审判工作会议上的讲话中提出：“还有一个问题叫做审判工作‘紧跟阶级斗争形势’的问题。过去，政治运动一个接一个，审判工作经常处于为运动服务的状态，‘形势需要’竟成了定罪量刑的一个主要根据，只强调紧跟形势，不强调依法办案。事实证明，运动中办的案子里冤案错案多，这个教训至今还没有引起一些同志的重视。人民法院办案的基本原则是以事实为根据，以法律为准绳。我们不能为了‘形势需要’而作出违背事实和法律的判决；更不能借口‘形势需要’而任意改变案件的性质和罪名。我们审理的每一个案件都要经得起历史的检验。”①

2. 关于司法界怕“右”不怕“左”的问题。江华同志指出：“当前，司法干部怕‘右’不怕‘左’的思想是实施‘两法’的一个思想障碍。长期以来，只反‘右’，不反‘左’，没有‘右’也反‘右’，本来已经‘左’了还要反‘右’，使许多司法干部由于被指责为‘右倾’而挨整。值得注意的是，极左的思想影响存在，随便指责

---

① 《江华司法文集》，人民法院出版社 1989 年版，第 151 页。

人民法院右倾的现象时有发生。这种错误的做法造成了很深的后遗症,使不少司法干部怕'右'不怕'左',怕犯'右'的错误,而不怕违法……从领导上说,不要因为审判工作出现个别差错或者有不同的意见,就指责人民法院'右'了……我们法院干部,不管什么地方吹来什么风,都要坚持原则,这个原则就是依法办事。在审判案件上,无论是处理上下级之间的关系,还是处理与兄弟部门之间的关系,我们都要坚持依法办事的原则。"①

3. 关于正确理解"从重从快"要求问题。1980 年 6 月 2 日江华同志在河南省高级人民法院召开的干部大会上的讲话中指出:"去年中共中央有关文件中提到的对几种现行犯要从重打击,要及时判处。这是中央的方针……在这个问题上,我们要立场坚定,旗帜鲜明。但是应当明确,从重必须在刑法规定的量刑幅度之内从重处刑;及时或者从快是在刑事诉讼法规定的时限之内尽快审结案件。从重不是离开法定的量刑幅度愈重愈好,不能违反刑法。从快不是离开法定审限越快越好,不能违反刑事诉讼法。从重从快都要依法,不是依哪个人的意见,谁要重就重,要轻就轻,要多快就多快,那是不行的。形势需要与依法办案要统一起来……最近有的地方处理现行刑事案件,不区分具体情况,量刑时一律'满贯',判处法定的最高刑,这就违背了实事求是的原则。有的地方判处个别案子,为了从重处罚,竟然改变犯罪性质,把伤害致死改成故意杀人,把盗窃改成抢劫,这是不对的。"②

杨:江华同志讲得比我深刻。凡是过去在司法部门工作过的同志都会对江华同志上面的讲话感慨良多。我 1951 年在公安部一局工作,1955 年调往上海市公安局,1957 年筹建航运公安局,1964 年任市高级人民法院副院长,对司法界的情况是熟悉的。深知许多同志惯于以"群众运动"的方式开展审判工作,许多同志怕跟不上形势,宁"左"勿"右"。

李:由于像江华和您这样一批坚持依法办案的同志的努力,人们才逐步摆正了"从重从快"和依法审判的关系,纠正了那种根据形势需要以运动的方式开展从重从快打击活动的错误做法,中央有关文件的提法统一改为"依法从重从快",即在原来"从重从快"四个字前面加了"依法"两个字。

杨:我个人的作用微不足道。最终还是邓小平同志对这场风波作了结论。1983 年邓小平同志在同公安部负责同志的谈话中,明确指出:"必须依法从重从快集中打击"。在小平同志的思想指引下,后来的"严打"决定不再以中共中央

① 《江华司法文集》,人民法院出版社 1989 年版,第 149 ~ 150 页。

② 同上,第 124 ~ 125 页。

文件下达,而是由全国人大常委会于 1983 年 9 月 2 日通过《关于严惩严重危害社会治安的犯罪分子的决定》,使“严打”斗争纳入了法治轨道。

李:外界传说您因在法学会上的发言,而被一些领导同志认为是犯了错误,后来便“靠边站”了,情况是这样吗?

杨:我当时确实受到了市高级人民法院主要负责同志的批评。但我仍在高级人民法院工作,是正常离休,不存在“靠边站”问题,现在还担任高级人民法院咨询委员会的委员。其实,当初在上海发表根据形势需要开展从重从快打击意见的那位中央领导同志后来也不再提“根据形势需要”了,也强调要“依法从重从快打击”,这在他的文集中都有反映。共产党人从来都是坚持真理修正错误的。

李:通过这次对您的采访,我们更清楚了“依法从重从快”提法的来龙去脉。其实这也是司法界的一次拨乱反正。

杨:你们还年轻,要多学习理论,列宁的《论共产主义运动中的“左派”幼稚病》一书,尤其值得一读。

李:谢谢您接受我的采访。

(1997 年第 8 期)

再论死刑

马荣春*

从意大利著名刑法学家贝卡利亚首次提出废除死刑的主张以来,世界范围的死刑存废之争已达两个多世纪之久,各国的死刑立法也越来越深地受到了影响。随着世界范围的废除死刑思潮的再度兴起和废除死刑立法趋势的新发展,有人在我国刑法修订之前和修订过程中直接提出:我国刑法也应废除死刑。持这种想法的人对我国修订后的刑法仍然保留死刑表示难以理解和接受。

死刑问题,不仅是个严肃的法律问题,而且是个较为敏感的政治问题,故在这一问题上达成共识将有着极其重要的理论意义与实践意义。笔者认为,考察死刑问题,既不能进行抽象而空洞的理性论证,也不能受个别思想或死刑立法例的左右,而应像考察其他事物一样,去寻找和分析它的根据所在。笔者本文的主要观点是:死刑的保留不仅有其观念上的合理性,也有其现实上的必要性,但死刑终究还是要废除的,我国目前应坚决保留死刑,但应注意严格限制和灵活运用。下面逐一分述之,供商榷。

一、死刑的保留具有观念上的合理性

死刑作为一个最严厉的刑种,是随着国家和法的产生而产生的,并一直延续至今,为世界上绝大多数国家所保留和运用。这足以说明,无论是在时间上,还是在空间上,死刑都有其普遍而久远的合理性。这种合理性在观念上的体现是多方面的。

第一,死刑是正义与公平的体现。

贝卡利亚提出废除死刑的主张是以他从社会契约论中推导出来的死刑的非正义性和不必要性为根据的。他认为,人们最初订立社会契约时所交给公共当局的少量自由中并不包括处置自己生命的大权,因此,"死刑不可能成为一种权利,因此也不是一种权利"。① 而且,死刑"不可能是有益的,因为它为人们提供

---

* 作者单位:中山大学法律学系。

① [意]贝卡利亚著:《论犯罪与刑罚》,西南政法学院1980年印行,第57页。

了残酷的榜样”[①]。所以,“如果我能证明出,死刑既不是有益的也不是必要的话,那我在保卫人类的事业方面就获得了胜利。”[②]由此,我们可以很清楚地看出贝卡利亚的逻辑:因为国家是一种社会契约,并且该社会契约并未赋予国家可以对个人判处死刑的大权,所以,当国家对个人判处死刑时,就意味着非正义性。德国著名哲学家黑格尔从否定社会契约论来反驳贝卡利亚的观点。他认为:“贝卡利亚否认国家有处死刑的权利,其理由,因为不能在社会契约中包含着个人同意,听人把他处死,毋宁应该推定与此相反的情形。可是,国家根本不是一个契约,保护和保证作为单个人的个人的生命也未必是国家实体性的本质,反之,国家是比个人更高的东西,它甚至有权对这种生命财产本身提出要求,并要求其为国牺牲……贝卡利亚要求,对人处刑必须得到他的同意,这是完全正确的。但是犯人早已通过他的行为给予了这种同意。不仅犯罪的本性,而且犯人自己的意志都要求自己所实施的侵害应予摒弃。”[③]由此,我们也可以很清楚地看出黑格尔的逻辑:国家并非一个社会契约,而是一个有权对生命提出要求的“比个人更高的东西”,并且,犯罪的本性和犯罪人的意志都要求对犯罪予以摒弃,所以,国家有对个人判处死刑的权利,而当国家行使这项权利时,则是完全正义的。尽管贝卡利亚和黑格尔对国家判处个人死刑是否正义的论证过于空洞抽象而使问题未能得到深刻说明,但从他们的观点中,特别是从黑格尔的国家是“比个人更高的东西”的认识中,我们至少应该获得这样的启示:国家对个人判处死刑是否正义,首先取决于国家是否有对个人判处死刑的权利,而国家是否有此项权利,则取决于国家的本质特征。黑格尔的国家是“比个人更高的东西”的认识从马克思关于国家学说的观点来看,显然是较贝卡利亚的国家是一种“社会契约”说前进了一步,但“比个人更高的东西”并非就是国家的本质特征。“国家的本质特征,是和人民大众分离的公共权力。”[④]而“公共权力”可以划分为对内最高和对外独立的权力。在对内最高的权力中,应该包括国家就有关涉及社会生存需要的各项事务而享有的最高裁决权、最高执行权、最高强制权、最高惩罚权等。所以,当一个人所犯罪行严重危及社会生存时,作为社会总代表的国家判处其死刑,也就当然包括在国家对内最高权力之中。

只从“权力”的角度论证死刑的正义性似显不足,死刑的正义性还可从“义务”的角度来论证。国家的“公共权力”的本质特征,不仅意味着国家对社会的

---

① [意]贝卡利亚著:《论犯罪与刑罚》,西南政法学院1980年印行,第62页。

② 同上,第57页。

③ [德]黑尔格著:《法哲学原理》,范扬、张企泰译,商务印书馆1961年版,第103~104页。

④ 《马克思恩格斯全集》(第21卷),人民出版社1965年版,第135页。

超越于上的统治，而且意味着国家负有维护社会整体利益的重大职责，而犯罪，包括最严重的犯罪都是反社会的行为，所以，对最严重地危害社会整体利益的犯罪不处以最严重的刑罚，将是国家的严重失职。换言之，判处死刑是国家履行义务的需要。

死刑的正义性正是从国家对社会的权利义务中找到了根据。

死刑不仅存在正义与否的问题，也存在公平与否的问题。死刑是否公平，必须从公众的价值观念去评断，而人们的价值观念总是由一定的经济基础决定的。死刑的公平性的最为理性的根据并非在人类社会早期的诸如"杀人偿命"的朴素观念中，而是在人类社会发展到商品经济阶段所确立的等价交换原则上。等价原则反映在罪与刑的关系上，就是：一个人的犯罪行为对社会造成侵害，该人就应通过舍弃自身的利益包括财产利益和人身利益来进行对等补偿，当他的侵害达到最重的时候，也是他的补偿达到最大的时候，包括舍弃自己的生命利益即被判处死刑。"杀人偿命"是死刑公平观最朴素的表达，因为人的生命除了用生命本身相比较，没有任何其他等价物。正如德国另一位哲学家康德所说："谋杀者必须处死。在这种情况下，没有什么法律的替换品或代替物能够用它们的增或减来满足正义的原则。没有类似生命的东西，也不能在生命之间进行比较，不管如何痛苦，只有死；因此，在谋杀罪与谋杀的报复之间没有平等问题，只有依法对人执行死刑。"[①]所谓"西方国家民众赞成废除死刑的直接动因是出于对罪犯生命的尊重"，[②]实质上是贬低人的生命价值和社会整体利益价值，因为在故意杀人罪案件中被杀者的生命同样应予尊重，而被杀者的生命价值又是社会整体利益的组成部分。因此，这种说法是违背等价原则的一种极端的个人主义。至于国家也要对破坏经济秩序等最严重的犯罪判处死刑，同样是体现了等价原则的要求：这些最严重的犯罪给社会利益造成的损害往往是犯罪人有生之年所无法等量弥补的，不剥夺其生命则不能平衡其损害。只不过在这种情形之下，判处死刑对等价原则的体现没有如在故意杀人情形下那么完整和明显罢了。

当死刑能够体现正义与公平时，死刑也就成了人类社会追求正义与公平的价值目标的手段。

第二，死刑是人权的体现。

目前，无论国内国外，主张废除死刑者莫不把"保障人权"作为主要依据之

---

① 转引自《西方法律思想史资料选编》，北京大学出版社1983年版，第425页。

② 杨敦先、曹子丹主编：《改革开放与刑法发展》，中国检察出版社1993年版，第175页。

一。实质上,死刑与人权不仅不矛盾,相反前者是后者的体现。

人权理论的创始人并未因强调人权而主张废除死刑,恰恰相反,他们对死刑持肯定态度。洛克认为:在自然状态下,对个人具有惩罚违反自然法的罪行,包括将其处死的权力。但在政治社会里,人们就将处罚的权力完全交由社会来行使。因此,政治权力包括判处死刑的权力,"只要这一切都是为了公众福利"①。所以,洛克又说:"谁使人流血,人亦必使他流血。"②卢梭则认为:"对罪犯处以死刑,也大致可以用同样的观点来观察,正是为了不至于成为凶手的牺牲品,所以人们才同意,假如做了凶手的话,自己也得死。在这一社会契约里,人们所想的只是要保障自己的生命,绝不能设想缔约者的任何一个人,当初就预想着自己要被绞死……对罪犯处以死刑,这与其说把他当做公民,不如说是把他当做敌人。"③可见,洛克和卢梭都有一个较为明显的主张,为了保障社会更高利益,为了保障更多人的人权,罪犯的生命仍然是可以剥夺的。人权理论创始人的人权观与死刑观并非相互对立,而是保持一致的。

作为人权保障的国际公约《公民权利和政治权利国际公约》也未根本否定死刑,而只是对死刑作了严格限制。该公约第 6 条规定:"1. ……任何人的生命不得无理剥夺;2. 凡未废除死刑之国家,非犯情节最大之罪,依照犯罪时有效并与本盟约规定及防止惩治残害人群罪公约不抵触之犯罪,不得科处死刑……5. 未满 18 岁之人犯罪,不得判处死刑,怀孕妇女被判死刑,不得执行本刑。"

为什么在人权问题面前人权理论创始人要肯定死刑?《公民权利和政治权利国际公约》要有限制地确认死刑? 因为死刑与人权不仅不矛盾,两者之间反而是手段与目的之关系,前者保障和促进后者。当社会上还存在故意杀人这一犯罪现象时,废除死刑就意味着国家无视多数公民的人权。剥夺罪该处死的犯罪分子的生命本来就不存在侵犯或损害人权的问题。

第三,死刑是刑法罪刑相适应原则的体现。

罪刑相适应是当今世界各国刑法,包括我国修订后的《刑法》都予以明文规定的一条重要的刑法原则。该原则要求:罪重刑重,罪轻刑轻。既然罪有轻重之分,刑就有轻重之别。当罪达到最重的时候,也就是刑达到最重的时候。由于"严厉"是刑罚的本性,故对最重之罪处以死刑就有了固有的可能性和充分的合理性。如果某项本该适用死刑的犯罪的社会危害性并未见减轻,或者甚至是加

① [英]洛克著:《政府论》(下篇),叶启芳等译,商务印书馆 1964 年版,第 4 页。
② 同上,第 9 页。
③ [法]卢梭著:《社会契约论》,何兆武译,商务印书馆 1980 年版,第 46 ~ 47 页。

重，在这种情形之下人为地废除死刑，则不仅是违背刑罚的严厉本性，而且更是违背了罪刑相适应原则的要求。刑法之所以要明文规定罪刑相适应原则，旨在强化刑法正义与公平的价值取向，而死刑是在社会还存在严重犯罪的条件下对正义与公平的最高体现，因而也是对罪刑相适应原则的最高体现。当面对着某一罪犯是否应当处以死刑的时候，恰恰就是人们的正义观、公平观表露得最充分和最彻底的时候。

"杀人者死，伤人及盗抵罪。"用对杀人者处以死刑来体现罪刑相适应的朴素观念早在我国古代就有之，这对我们今天来认识死刑与罪刑相适应原则的关系应是有所启示的。

这里还要作一点强调，即死刑对罪刑相适应原则的体现和死刑对正义与公平的体现，是两种不同的体现，两者之间既有联系又有区别。区别是，对罪刑相适应原则的体现是法律观念的体现，对正义与公平的体现是价值观念的体现；联系是，对正义与公平的体现为对罪刑相适应原则的体现提供了观念基础，体现不了前者，也就无法体现后者。

目前，世界上有的曾经废除死刑的国家正在酝酿恢复死刑，尚未酝酿恢复的国家要求恢复的呼声越来越高，如加拿大和英国。这再一次证明了死刑的固有合理性。

二、死刑的保留具有客观上的必要性

由于死刑是刑法的一个内容，而刑法又属于上层建筑，故死刑的合理性探讨涉及的是死刑作为一项事物存在的主观条件问题。而死刑的必要性的探讨将要涉及死刑作为一项事物存在的客观条件问题。死刑的客观必要性存在于一定时期社会对死刑的各种现实需要。

第一，死刑的保留是政治稳定与发展的需要。

我国和苏联等国家的革命与建设实践已经证明，在各个革命时期，死刑在镇压阶级敌人，保卫和巩固革命政权，特别是社会主义政权上发挥了巨大作用。在当今保留死刑国家的刑事立法中，包括我国修订后的《刑法》几乎无一例外地对危害国家安全罪或国事罪规定可以判处死刑，这表明了死刑在维护和巩固政治上层建筑中仍在发挥和仍将发挥重要作用。

死刑对政治上层建筑的重要作用早已为人们所认识。革命导师列宁曾经说过："任何一个革命政府，没有死刑是不行的，全部问题在于该政府用死刑这个武器来对付哪一个阶级。"①在 1918 年谈到新生苏维埃政权的巩固时,列宁又曾说过:"如果我们对投机分子不采取就地枪决的恐怖手段,我们就一事无成。"②甚至,主张废除死刑的贝卡利亚也认为废除死刑应当有这样一个例外:当一个人甚至被剥夺了自由以后,他还拥有这实力和精力,以致威胁国家的安全,而且他的存在可能引起不利于现存政体的改革。③ 上述论断都清楚地说明了死刑是服务于政治上层建筑的一种现实需要。在整个上层建筑中,政治和法律本来就是联系最为紧密的两个部分,政治是核心,法律是为之服务的手段或工具。死刑作为法律中刑法的一项内容,其与政治之间也间接地构成了手段和核心或手段与目的之关系。说死刑是政治稳定与发展的需要,根据就在于整个上层建筑的诸要素之间,特别是政治与法律之间相互作用、相互影响的客观规律及其要求。

当然,并不是说所有应该判处死刑的犯罪都带有政治色彩,故也并不是说死刑唯一服务于政治。

第二,死刑的保留是经济稳定与发展的需要。死刑属于上层建筑。按照经济基础决定上层建筑,上层建筑反作用于包括服务于经济基础的哲学原理可有结论:死刑的保留是经济稳定与发展的需要。

我国和苏联等国的社会主义经济建设的实践已经证明了死刑在社会主义经济建设中所起的重大作用,更不能无视这样一个明显的事实:我国现阶段运用死刑打击严重经济犯罪和财产犯罪确已收到了遏制该类犯罪,保护社会主义市场经济建设和发展的明显效果。我国将于 1997 年 10 月 1 日施行的修订后的刑法专章规定了"破坏社会主义市场经济秩序罪"和"侵犯财产罪",并保留对此两类犯罪适用死刑,其着眼点是:社会主义经济体制的彻底转变、社会主义市场经济的顺利实现及其健康发展需要强有力的刑法保护。刑法对经济发展需要的保护力度,当然主要靠刑罚的严厉程度来衡量。

死刑对经济基础的重要作用也早已为人们所认识。列宁曾经说过:"不枪毙这样的贪污犯,而判了轻得令人发笑的刑罚,这对共产者和革命者来说,是可耻的行为。"④列宁还曾说过:"逮捕和枪毙受贿者和骗子。"⑤因为"富人和骗子是一枚奖章的两面,这是资本主义豢养的两种主要寄生虫,这是社会主义的敌

---

① 《列宁全集》(第 30 卷),第 9 页。
② 《列宁全集》(第 26 卷),第 472 页。
③ [意]贝卡利亚著:《论犯罪与刑罚》,西南政法学院 1980 年印行,第 5 ~ 8 页。
④ 《列宁全集》(第 27 卷),第 298 页。
⑤ 《列宁全集》(第 3 卷),第 505 页。

人。”[①]对于苏维埃政权建立之初严重破坏苏维埃经济基础的各种犯罪,列宁对军事委员会提出的要求是:“采取最坚决的措施,以铲除投机倒把、消极怠工、恶意存粮、恶意积压货物的现象。”[②]

结合理论、实践和革命导师的论断可知:死刑与经济之间更是手段和目的之关系。在经济犯罪越来越多、越来越严重的形势之下,“死刑为经济发展保驾护航”的说法是毫不过分的。

第三,死刑的保留是社会秩序稳定的需要。

从我国1979年《刑法》实施以来,社会秩序的状况已经证明了死刑对于社会秩序稳定具有不可代替的作用。尽管最近一段时期以来,社会秩序呈现出好差交替的恶性循环,但每次“严打”之后都能保持较长时间的稳定,而死刑在其中所发挥的威慑功能和预防作用是不容低估的,更不能借社会秩序的恶性循环盲目否定死刑已有和将有的作用。在美国,死刑的适用与社会秩序状况更是密切相关。1929年至1933年,美国因受经济危机的冲击而使犯罪率急剧上升,社会动荡不安,此间,死刑的适用也达到了美国历史上的最高峰。1968年之后10年中,美国社会秩序趋向稳定,故死刑适用也就很少。但从70年代末期开始,美国的杀人、抢劫等暴力犯罪日益上升,各州、联邦政府和司法界要求恢复适用死刑的呼声也随着高涨起来。1985年1月,美国盖洛普舆论调查表明:美国市民72%赞成死刑。这样,美国联邦法院不得不明确宣布:按照宪法,死刑是对某些犯罪分子的有效惩处。[③] 美国的死刑实践同样证明了死刑对于稳定社会秩序具有不可忽视的作用。

应该说,死刑对稳定社会秩序的必要是全部死刑客观必要的第一必要,因为社会秩序是社会生存和发展最起码的条件或保证。

死刑作为一种需要,无论是政治的,还是经济的,抑或是社会秩序的,都可以归结为社会生存和发展的需要,或者说,3种需要是社会生存和发展需要的基本方面。死刑对于社会现实需要来说,也相当于一种工具或手段。正如马克思所说:“刑罚不外是社会对违反它的生存条件(不管这是些什么样的条件)的行为的一种自卫手段。”[④]死刑作为刑罚的一种当然包括在社会自卫手段之中。但死刑不同于同样作为社会自卫手段的无期徒刑、有期徒刑等刑罚,它是一种虽非唯一有效但却为有效的刑罚或社会自卫手段,因为死刑的内容是剥夺人的生命,而

---

① 《列宁全集》(第3卷),第397页。
② 《列宁全集》(第26卷),第309页。
③ [美]刘易斯·F. 鲍威尔:“评死刑”,高永照译,载《当代法学》1990年第1期。
④ 《马克思恩格斯全集》(第8卷),人民出版社1961年版,第579页。

爱惜生命恰恰又是人的本能。这也是死刑何以威慑力最大和在同等条件下预防犯罪最有成效的原因,更是死刑从古到今广泛保留适用的原因。死刑的客观必要性正是建立在它特殊的功能和作用的前提之下,不然,死刑在刑法中将成为无用的摆设。英国法学家约翰·萨尔蒙在其《法律学》一书中说:“刑罚,首先就是恐吓,刑罚的主要目的就是给犯罪分子作出榜样,并警告所有和他有同样念头的人。”这句话应当是概括了死刑威慑犯罪的特殊功能和防卫社会的特殊作用。“新古典学派”的美国倡导者艾萨克·埃利克教授在对杀人案件的有关资料进行分析后得出的结论是:每执行1起死刑就可以阻止7~8起杀人案的发生。美国刑法学者杨克在研究杀人案件的有关资料后得出的结论是:每执行1起死刑就可以阻止156起杀人案件的发生。尽管上述两个数字悬殊很大并且难保准确,但说明的问题是很清楚的:死刑对抑制严重犯罪、防卫社会必不可少。

死刑在观念上的合理性和客观上的必要性正是死刑这项事物的根据所在。没有观念上的合理性,人们就不能在心理上接受它,没有客观上的必要性,人们就不可能在实践中运用它;既没有观念上的合理性又没有客观上的必要性,世界上绝大多数国家就不可能在现行的刑法中还保留它。

三、死刑废除是必然趋势和最终结果

死刑在观念上的合理性和客观上的必要性并非意味着死刑将永恒存在。因为,任何事物都有一个产生、发展、消亡的历史过程,故死刑作为一项事物其发展的必然趋势和最终结果是其自身的消亡即刑法上的废除。论证死刑的合理性和必要性与论证死刑的废除并不矛盾,论证前者等于论证死刑的存在,论证后者等于论证死刑的消亡,两个论证指向死刑这项事物的不同阶段和发展状态。

死刑废除是必然趋势和最终结果,这是不用作太多的论证而大家都能接受的。但在这个命题之下至少应注意两个方面的问题和四个方面的典型错误认识。

两个方面的问题:

第一,死刑的废除应是符合客观规律的过程,而不是纯粹的人为因素。死刑是上层建筑的一个分子,其自身的存在与否不仅要靠经济基础来说明,还要受上层建筑的其他部分的制约。因此,死刑作为一项事物并非今日生、明日亡,作为一种刑罚也并非今日立、明日废。只有当死刑丧失其合理性和必要性根据时,才是死刑应从刑法上抹掉的开始,即死刑的废除过程就是其丧失合理性和必要性根据的过程。既然死刑废除是一个符合客观规律的过程,则对待死刑问题不应无视其根据而奢谈废除死刑。

第二，死刑的废除先后只能因国而异，而并非有一个固定的模式。“死刑的存废取决于一个国家的历史传统、民族感情、物质条件、文明程度、现实情况等诸多因素。”[①]这里的“诸多因素”可以归结为人文观念、政治、经济、社会秩序这几个主要方面。但在不同的国家，人们的观念取向、政治需要、经济需要和社会秩序需要是不一样的，这就造成了死刑根据的具体形态不同及其存在时间长短不同并最终导致死刑在各国的废除先后有别。既然死刑的废除只能因国而异，则对待死刑问题不应无视国家之间的差别而盲目“借鉴”或甚至于崇洋媚外。

四个方面的错误认识：

第一，有人提出废除死刑是基于死刑是“坏榜样”的认识。贝卡利亚曾经说过：“死刑……不可能是有益的，因为它为人们提供了残酷的榜样。”[②]法国著名思想家罗伯斯庇尔更是危言耸听：“死刑不过是整个民族进行的隆重的谋杀行为而已。”[③]有人对死刑“坏榜样”的认识主要来自上述两位前人的论断。实际上，两位前人的论断及后人由此得出的认识都言过其实。如果国家处死一名罪犯就给公众提供了一个“坏榜样”，那么，目睹或亲身经历战争的人岂不个个成了杀人狂？事实上，当罪大恶极的犯罪分子被处以死刑时，人们的心理反应常常是“杀得好，该杀！”或“罪有应得！”，哪会有“杀人真痛快！”或“杀人真过瘾！”之类的心理反应？况且，现在的死刑行刑完全可以避开公众的围观。故以“坏榜样”为由提出废除死刑是无法立足的。

第二，有人提出废除死刑是基于所谓死刑违背人道主义和社会文明的认识。应当认为，当死刑作为一种抑制严重犯罪、防卫社会的有效手段存在并发挥作用时，死刑是在促进和保障社会文明，而并非有违社会文明至于死刑是否违背人道主义，王作富教授在他的《谈谈外国刑法中的死刑问题》一文中说：“我们不废除死刑，完全是出于保卫广大劳动人民利益的需要；让极少数毒蛇一样的恶人流血，正是为了让广大人民群众不流血，这就是最大的人道主义。”故死刑违背人道主义和社会文明的认识恰恰是走到了问题的反面，因此，是荒谬的。

第三，有人提出废除死刑是基于“自由的法制国家从自身崇尚的原则出发，也没有权利消灭公民的生命”[④]的认识。这种认识等于坚持法制国家对最重之

---

① 鲍遂献：“论死刑存废与人权保障”，载《当代法学》1992年第4期。

② ［意］贝卡利亚著：《论犯罪与刑罚》，西南政法学院1980年印行，第62页。

③ ［法］罗伯斯庇尔著：《革命法制和审判》，赵涵舆译，商务印书馆1965年版，第69～70页。

④ ［德］汉斯·约阿西姆·施奈德著：《犯罪学》，吴鑫涛、马君玉译，中国人民公安大学出版社1990年版，第985页。

罪无权判处最重之刑的观点。实际上,当法制国家对最重之罪无权判处最重之刑时,"罪刑相当"或"罪刑相适应"原则也就被严重破坏了,这样的国家还能叫法制国家吗?故这种认识也是走到了问题的反面,因此,它也是不能自圆其说的。

第四,有人提出废除死刑是基于"主张死刑的人实际上是在转移公众的注意力,不去真正追究造成犯罪行为的社会和心理原因"①的认识。应当认为,任何一个社会都不是完美无缺的。如果以社会原因为罪该处死的犯罪分子作开脱,岂不导致杀人等严重犯罪泛滥猖獗?不可否认,任何犯罪都是有一定社会原因的,但社会原因对具体犯罪只能是外在条件,而非内在根据,因此,社会原因并不能限制犯罪人的主观恶性和犯罪行为的社会危害程度达到罪大恶极,从而也就消除不了判处死刑的责任根据。故以社会原因为由提出废除死刑也是不足为据的。

上文之所以要探讨"两个方面的问题",是为了从正面进一步认识死刑的根据;之所以要探讨"四个方面的错误认识",是为了从反面进一步认识死刑的根据。无论是死刑的保留,还是死刑的废除,都离不开对死刑根据的考察。

四、我国目前应坚决保留死刑

这是由我国的历史传统、民族感情和现实国情所决定的。

第一,从历史传统和民族感情来看。在我国漫长的奴隶制、封建制、半封建半殖民地制的历史中,历代统治者推行严刑峻罚的结果之一就是形成了国民崇尚重刑、迷信死刑的心理。这种心理可谓根深蒂固,非一时所能消除。历史传统的影响,加上"恶有恶报"的报应观念,使得"杀人偿命"成为一种相当强烈的民族感情,如果废除死刑,一般百姓在感情上难以接受。

第二,从我国的现实国情来看。在新的国际国内形势之下,危害我国社会主义制度和政权的严重犯罪并未绝迹;在市场经济条件下,危害社会主义市场经济秩序的严重犯罪将大量存在;在各种个人主义和腐朽思想影响之下,危害公共安全、社会秩序和公民人身权利的严重犯罪仍有居高不下之势。在这种国情之下,现实需要不是削弱社会防卫手段,而是强化之。死刑作为社会防卫手段之一,应是首当其冲。在这种国情之下,如果废除死刑,将直接带来两个方面的问题:一

---

① [德]汉斯·约阿西姆·施奈德著:《犯罪学》,吴鑫涛、马君玉译,中国人民公安大学出版社1990年版,第986页。

是“严打”斗争难以为继,无助于社会治安严峻形势的扭转;二是废除死刑势必增加无期徒刑和有期徒刑,势必增加国家改造犯罪的成本,包括增加警力和劳改设施投资等,而这又为我国目前的国力所不允许。我国目前保留死刑的必要性,正如高铭暄教授所说:“中国是一个有10亿人口的大国,社会治安搞好了,对全人类就是一个贡献;中国着眼于保护绝大多数人的生命财产权利,以防止其受犯罪侵犯,目前中国要为社会不受侵犯而奋斗,而不急于为没有死刑而奋斗,绝不能认为只有废除死刑才是文明的,文明与否不能以是否废除死刑为标志。”①

另外,苏联3次废除死刑又恢复死刑的经验教训,可资我们今天对待死刑问题之借鉴。

上文所探讨的我国的“历史传统”、“民族感情”、“现实国情”,就是死刑的一般根据在我国的具体化和特别化或国别化。

五、我国的死刑应予严格限制

保留死刑并不意味着可以滥用死刑。死刑是剥夺生命的最严厉的刑种,若不加以严格限制,首先将导致错杀、滥杀,接着将导致人权之类的不良国际影响,而这些又将与保留死刑的原本宗旨严重相悖,故严格限制死刑不仅是社会文明进步的要求,也是死刑本身的要求。但是,我国现阶段对死刑的限制的不足之处有二:一是限制死刑只停留在“少杀”的政策提倡上,没有上升到刑事立法的高度,即没有刑事立法的限制;二是司法中的限制,即死刑立即执行与死刑缓期执行的划分标准并不明确。尽管修订后的《刑法》第48条规定“死刑只适用于罪行极其严重的犯罪分子”,较原《刑法》第43条规定“死刑只适用于罪大恶极的犯罪分子”有所进步和完善,但死刑立即执行与死刑缓期执行的界限仍停留在“如果不是必须立即执行的”的规定上,这一规定仍然有较大的主观随意性。在对死刑严格限制的世界潮流之下,笔者对上述不足提出建议如下:一是将“少杀”作为一项原则规范规定到总则中去;二是从打击犯罪、改造罪犯、稳定社会出发,结合以往的司法经验,规定出若干常见的简明易行的标准划定死刑立即执行和死刑缓期执行,使“如果不是必须立即执行”明确化和具体化。

另外,对于限制死刑,如果只理解为减少死刑条款,那是片面而肤浅的。限制死刑的真正根据在于犯罪的社会危害程度和打击犯罪、防卫社会的需要。对

① 高铭暄:“关于参加国际死刑问题学术讨论会的情况报告”,载《法讯》1987年10月26日专刊。

于限制死刑，列宁曾经说过：“对那些把我国出卖给外国帝国主义者的地主、资本家及其走狗，不实行恐怖和镇压，是荒唐可笑的。对他们采取说服办法，一般地从心理上影响他们是十分滑稽的。但是，当局势迫使小资产阶级民主派转向我们的时候，还一味对他们采取镇压和恐怖的策略，那是同样荒唐可笑的，甚至更加荒唐可笑的。”①列宁的这段话对我们今天来理解限制死刑的精神，应是有所启发的。

六、我国的死刑应予灵活运用

对死刑的严格限制只是强调不可错杀、滥杀，并不排斥死刑的灵活运用，因为法律的文字表述往往是死的，但法律的精神应该是活的。强调我国的死刑应予灵活运用，既有它的必要性，又有它的可能性。这种必要性和可能性存在于我国近期以来犯罪所呈现出的3个特征上：一是时间上，犯罪率时起时伏，这与“严打”斗争密切相关；二是空间上，犯罪类型具有地区性差别，这与我国政治、经济和文化意识地区差别密切相关；三是犯罪结构上，智能型、享乐型等具有时代特色的犯罪越来越突出。当然，上述3个特征并非机械并列，而是相互交错，从而使我国现阶段的犯罪现象具有相当的复杂性。犯罪的复杂性对死刑运用提出了灵活性的要求。当然，如何灵活运用死刑并非有一个定式，笔者提出如下尝试性的建议：

第一，运用死刑应因时制宜。就是要把刑法规定能够运用死刑的犯罪的刑事责任问题，与不同时期的国内外形势，特别是国内社会治安形势及打击犯罪的需要紧密地结合起来。只有这样，才能较为准确地把握死刑在时间上的宽严尺度，才能使死刑判处达到罚当其罪的要求。因为同一犯罪行为发生在不同时期或不同形势之下，其社会危害性及相应的刑事责任也是有所不同的。

第二，运用死刑应因地制宜。就是要把不同地区发生的性质相同的按照刑法规定能够运用死刑的犯罪的刑事责任问题，与相应地区的政治、经济、文化意识状况及其要求紧密结合起来。只有这样，才能较为准确地把握死刑在空间上的宽严尺度，才能使死刑判处达到罚当其罪的要求。因为同一犯罪行为发生在不同地区的不同政治、经济和文化意识背景下，其社会危害性及相应的刑事责任也是有所区别的。

---

① 《列宁全集》（第28卷），第172页。

第三，运用死刑应因罪制宜。就是同样是刑法规定能够运用死刑的犯罪，对在某一时期较为突出者和不为突出者，比较着把握死刑在罪种上的宽严尺度，从而明确和突出刑法在特定时期的打击重点，以更好地发挥刑法震慑犯罪和预防犯罪的功效。

运用死刑因时制宜、因地制宜、因罪制宜应是相辅相成、紧密结合的。只有这样，才能彻底地实现灵活性。需要予以强调的是：灵活性把刑事责任与犯罪的社会危害程度以及对社会危害程度有直接影响的犯罪的时空条件紧密地结合起来，所以，灵活性并不违背刑法罪刑相适应原则。灵活性也不违背法律面前人人平等的原则，因为法律面前人人平等这一原则在刑法中指的是罪、责、刑面前人人平等。

在我国，保留死刑、严格限制死刑和灵活运用死刑是一个有机统一的整体，死刑的生命就在这个整体中。

今天保留死刑正是为了将来废除死刑。

（1997年第8期）

刑法典应力求垂范久远

——论修订后的《刑法》的局限与缺陷

范忠信*

本文之旨,在于系统全面(但粗浅)地考察修订后刑法的局限与缺陷。文章将分为上下两部:上部从宏观角度考察,下部从微观角度考察。文中所论,可能略嫌苛责,但我相信,这将有利于我国今后刑事立法的进一步科学完善。爱之切,故言之也苛。这就是我们讨论修订后《刑法》时的心境。

从宏观角度看,修订后刑法的局限或缺陷表现在3个方面:

一、刑事立法指导思想上之缺陷

(一)"宜粗不宜细"导致"粗"、"细"两失

罪刑法定原则的确立,类推制度的取消,追求具体而细当然是刑法不可避免的趋势。但"细"不等于烦琐杂乱,而是尽可能以科学完善的概念概括一切可能出现的犯罪。修订后刑法共451条,长达7万言,当然不能算"粗略"、"简约"。刑法的文字追求简洁或简约是应当的,但修订后刑法的许多条文不必要地重复,有些条文并无实际内容,仅像司法解释或关于操作技巧的提示。这当然是追求简洁的刑法所不应有的(这在后文将要论述)。这就是说,即使不从条文数量而仅从内容看,现刑法也没有"粗"好。既然不"粗",那么它"细"了没有呢?没有。从条文看,并没有真正增加多少。1979年《刑法》共192条,原军职罪条例共26条,全国人大常委会先后发布的22个刑事补充规定或决定共计186条左右,还有其他散订于经济、行政等非刑事法律中的刑事条款数十条,合计早已超过451条之数。即使考虑到全国人大常委会22个刑事决定中的"条"常常内容庞大不可与刑法之"条"相提并论,还考虑到许多单行刑事法规和非刑法中的刑事条款在编纂时因内容重叠而合并,我们还不能不看到,修订后刑法条文并未增

---

* 作者单位:苏州大学法学院。

本文第二部分之自首、正当防卫之论析,曾请黄祥青博士撰写初稿。其他个别地方亦曾与他进行讨论,有所启发;还曾获得他的资料帮助,在此谨致谢忱。但文章的观点及内容的全部问题,概由我负责。此外,郝铁川同志亦就拙作提出不少建议,在此一并致谢。

加多少。据估计,可能仅仅40条左右确实属于新内容的条文,这主要体现在危害公共卫生罪、扰乱市场秩序罪、股票证券及计算机犯罪、危害国防利益的犯罪四大类罪名上,其余均是从前单行刑事法规范所已规定者。四大方面的犯罪,千头万绪,日新月异,仅仅以40余条规定之,这当然不能算"细"。当然,条文多并不一定就是"细",并不一定科学、完备、周密,关键是要能尽可能包罗一切可能出现的严重危害社会的恶行,具有相当的可操作性。

(二)"破坏市场经济秩序"何必辨姓"社"姓"资"

修订后《刑法》第三章标题比原刑法同一章标题多"市场"二字,但把"社会主义"四字与"市场"仍放在一起,使人生疑。小平先生曾言:"计划多一点还是市场多一点,不是社会主义与资本主义的本质区别。计划经济不等于社会主义,资本主义也有计划;市场经济不等于资本主义,社会主义也有市场。计划和市场都是经济手段。"①此语昭示,立法者只应于此注意的是市场经济秩序,而不是姓"社"还是姓"资"。

(三)保护人身权放在什么位置

《刑法》分则关于侵害人身权之犯罪列于什么位置,反映出一国立法对人身权保护之重视程度。近代各国刑法大多列于国事罪、公共危险罪、渎职罪之后,置于第三位或第四位。但现代各国刑法大多已经改变,将侵害人身权之罪列于分则首章,以显示重人身权保护之意。我国1979年《刑法》将其置于第四章,修订后《刑法》仍旧置于第四章,即置于"危害国家安全"、"危害公共安全"、"破坏经济秩序"三章之后,显然与上述国际趋势不洽。我国宪法将"公民基本权利和义务"列于总纲以下首章,相应地,刑法也应置"侵犯公民人身权"之犯罪于分则首章,以显示我国刑法在新时代的价值选择。

(四)过分强调"具体经验"和"实际情况",相对牺牲了科学性、长远性追求

修订后《刑法》第1条即申明立法指导思想是:"结合我国同犯罪作斗争的具体经验及实际情况,制定本法。"任何国家立法都应从"具体经验"和"实际情况"出发,这样表述当然可以。问题是,如何认识或评价"具体经验"和"实际情况",强调它们该到什么程度为妥。修订后《刑法》的确体现了这一指导思想,但似乎强调太过,相对牺牲了科学性、长远性追求。这一问题可从多方面去看。

第一,对一特定现象,如认为现实生活中严重存在,不惜多头或多方面规定,不免重复。如关于拐卖妇女儿童,即有第240~242、416条多方规定,共达4条之多,文字烦琐。原《全国人民代表大会常务委员会关于严惩拐卖、绑架妇女、

① 《邓小平文选》(第3卷),人民出版社1993年版,第373页。

儿童的犯罪分子的决定》因系单行法规，文字稍繁可以理解，但是一旦进入刑法，与其他条文成为一个有机体系时，再将这些条文及文字如数搬列，就有些重复啰嗦了。比如在第240、241条分别规定了拐卖者、收买者的罪刑以后，第242条关于阻碍国家机关工作人员解救的规定就不必要，因为其既无独立罪名，又无独立适用刑罚，通过司法解释适用第277条妨害公务之规定便可以了。第416条关于国家工作人员渎职不解救的规定也不必要，通过司法解释适用第397条就够了。

第二，把许多办案经验、适用法律指南或司法解释性的东西塞入《刑法》，列为正条，损害了刑法应有的简洁、逻辑性，也使内容显得重复。这一方面最为典型的三种情形：一是许多条文仅属引申性解释，没有刑罚规定。例如，第155条关于走私的外围行为(即准走私行为)视同走私罪处罚的解释；第242条关于阻碍解救被拐卖者这种特定的阻碍公务视同妨害公务罪处理的解释；第269条关于盗、骗、夺等犯人暴力拒捕视同抢劫罪处理的解释；第265条关于盗接通信线路复制电话号码等视同盗窃罪处理的解释。这类规定甚多，另如第156条、第247条、第289条、第388条、第394条等。其实均可于相应走私、妨害公务、抢劫、盗窃等正条中以适当文字概括进去，或以司法解释处理，没有必要另立正条。二是纯粹定义性条款太多。例如，第382条关于贪污的定义，第357条关于毒品的定义，第367条关于淫秽物品的定义，第389条关于行贿的定义，第385条关于受贿的定义，等等。这些规定并非不能有，但应置于各类罪名之一般情形处罚条款中，以免累赘。三是纯粹将某犯罪的一种情节单列条款。例如，第102条第2款关于与境外勾结犯背叛国家罪的规定，所指仅是前款背叛国家罪的一个最普通常见的情节，且无加重或从重处罚规定，显然没必要重复。又如，第106条关于与境外勾结犯分裂国家、叛乱暴乱、颠覆国家等罪从重处罚之规定，也仅是一个常见情节，应于各正条中解决，或通过司法解释解决。再如，第157条关于武装掩护走私、暴力抗拒缉私的规定，第247、248条关于司法人员刑讯逼供逼证或体罚致人伤亡的规定，均是“严重情节”或“特别严重情节”，单独规定条文且规定按别的条款之罪名刑等处罚，均显有不妥。如在原罪正条或准用罪名正条中解决不是更简洁吗？此外，有些条款纯系指示法官数罪并罚。如第241条第2~5款，均系关于收买妇女儿童者又同时犯强奸、拘禁、伤害、侮辱、出卖等罪行时数罪并罚的规定；第318条后款关于组织偷越国(边)境者同时犯杀害、伤害、强奸、拐卖等罪时的数罪并罚规定，等等。

第三，只考虑到现在严重存在的行为，不关心现已出现的但不严重或将要出现的行为，显然有“今天只管今天”之指导思想，不注重罪名概括面或周密性。

例如,第147条仅仅列举假劣农药、兽药、种子、化肥,就不曾想到还有假劣农机具、塑料薄膜、蚕种及其他养殖物种植物(且不够第149条所定5万元之标准)之情形,为何不于该条后加上“以及其他农用物资”一语概括一切可能情形呢?再如第382、385、389条关于贪污、受贿、行贿三罪的规定,其犯罪赃物仅仅规定为“财物”,显然落后于时代。

第四,某些过去的“经验”或体验仍萦绕于刑法中,有过时感。比如第289条的聚众“打砸抢”,显然是原刑法中第137条的翻版。

综上4种情况可知,修订后刑法在某种意义或程度上有过于重经验、重眼前现实的“短期行为”之弊。

二、刑事制度上之缺陷

(一)追诉时效制度几乎取消

1979年《刑法》第77条规定曾被公检法三机关之一采取强制措施(包括拘传、取保候审、监视居住、逮捕、拘留)以后逃避侦查审判的不受追诉时效期限之限制。修订后刑法则不然,改为凡被公安、安全、检察、法院四机关立案或虽未立案但已被控告而应立案者,不再受追诉时效之限制。这样一来,实际上几乎取消了追诉时效制度。这显然违背了近代刑法追诉时效制度创设之初衷。由于国家司法权力的行使有着一些不可克服的客观限制,不可能如愿地及于一切犯罪。因此,对国家权力客观上不能及的犯罪而言,时效制度就是一种较好的替代办法——与其让逃亡罪犯在随时都有被抓获之危险且终身难免刑罚责任的威胁下“破罐子破摔”,不如定下一个免限让其有所期待而后畏法隐匿、夹紧尾巴做人,在一种“守法”的外表下度过一个相当长时期。只要畏法隐匿如此一个时期,国家司法权力虽尚未直接及于他,但刑法震慑犯罪的目的已部分达到。这就是设立追诉时效制度之初衷或本意。此外,追诉时效还有限制国家和受害人追诉权无限期使用之意,给权力(利)定下时效同时也是为了促使权力(利)尽早行使。若以修订后《刑法》第87条的方式,实际上取消了追诉时效制度,其结果会促使在逃罪犯“一不做二不休”,会使得受害人及公安检察等机关没有行使权利(力)之紧迫感。

(二)自首制度不完善

第一,自首后重大立功者必减免刑罚之规定不妥。修订后《刑法》第75条作出刑责必减主义规定,主要注重的是鼓励自首、鼓励检举犯罪的功利目的,却可能违背罪刑相当及刑罚公正性原则。从罪刑相当原则出发,犯罪达到了相当严重程度时，就应处以相当严厉之刑。如各国刑法对谋杀罪一般均处死刑或终身监禁。对那些最严重的杀人和故意伤害（如一次谋杀多人或重伤多人）而言，由于刑罚的“有限性”与犯罪危害的“无限性”之间的天然矛盾，即使处以极刑，也仍不能与其犯罪严重程度相当。此时，犯罪人在犯罪后虽既自首又重大立功，但均不能将其危害降低，也不能将其罪责降到当处次极刑程度上。若于此时采必减主义，对最严重犯罪处次严厉之刑，甚至可以是处最轻之刑，无异于破坏了刑法的罪刑相当原则，无异于鼓励某些犯罪人：只要掌握了他人重大犯罪线索，做好自首准备，那么犯再严重的罪也不会受最严厉的处罚。以牺牲刑法公正价值的代价换取破案率提高，值吗？

第二，缺乏于受害人或有诉权人处首露也视为自首的规定。犯罪人在犯罪后于受害人或其他有诉权人处首露，坦承犯罪、退还赃物、赔偿损失之类，在各国刑法中均视为自首的一种形式，如《日本刑法典》和《韩国刑法典》均规定告诉才处理的犯罪，向被害人自白者，准用自首规定。① 我国民国时期历次刑法典也有此规定。中国古代刑律在此方面规定更详，如《唐律》规定：“诸盗、诈取人财物而于财主（处）首露者，与经官司自首同。”②这种情形，只要犯罪人未与受害人订立“不告发”协议，即与自首效果一样。即使后来受害人告诉到法院，应视同自首，减免其刑责。当然，对自诉罪案而言，受害人接受这种自首而不告诉是合法的。司法实践中，我们也常将此种情形视为从轻或减免处罚情节，但毕竟不如定为法典中的经常制度，更有利于鼓励犯罪人主动承担责任，同时也提高了破案率。

（三）保安处分制度未能正式确立

“保安处分”概念，由于曾为法西斯刑法使用过，新中国刑法一直避免使用。用不用这一概念不要紧，问题是我们在刑法中一定要建立一个完备的“次刑罚”或“辅刑罚”体系使之与刑罚互补配套。当今许多国家刑法典中均有“保安处分”专章或专节，将感化教育或训诫、监护、强制禁戒、强制工作、强制治疗、禁止在一定范围内居住、禁止进入特定场所、驱逐出境（对外国人）等合为一个有机体系，以管教少年犯罪人、精神病犯罪人、酗酒犯罪人、有传染病之犯罪人、吸毒犯罪人，等等。我国刑法虽不用“保安处分”概念，但实际上有保安处分，只是极不完善。例如，1979 年《刑法》第 14 条即有对少年犯“收容教养”之规定；修订后

---

① 《各国刑法汇编》（上册），司法行政部图书出版社 1980 年版，第 334 页。《韩国刑法典》，中国人民大学出版社 1996 年版，第 10 页。

② 《唐律疏议 · 名例五》。

刑法在“收容教养”之外,又增加了对精神病犯人“强制医疗”。此外,有责令家长及家属或监护人对少年犯和精神病犯人“加以管教”或“严加看管和医疗”的规定,但不是正式保安处分。① 我们缺少一个类似于“保安处分”的制度概念来统率这些处分,且缺乏这一制度体系中一些应有的部分:如对精神病犯人的强制监护处分,对酗酒者的强制禁戒处分,对以犯罪为常业或懒惰成习的犯罪人强制工作处分,对某些犯罪人于一定范围内一定种类场所禁居禁入处分,等等。实践中,虽或偶尔如此做(特别是强制戒毒),但毕竟不如上升为庄严的刑法制度更有利。这是刑法制度体系科学完善之任务的一部分,这一任务大概只有通过刑法中的专章节及一个附属的《保安处分实施条例》才能完成。

(四)“无限防卫权”制度隐然建立

修订后《刑法》第27条规定:“对于正在进行行凶、杀人、抢劫、强奸、绑架以及其他严重危及人身安全的暴力犯罪,采取防卫行为,造成不法侵害人伤亡的,不属于防卫过当,不负刑事责任。”这一规定,实际上抵消了前款关于“防卫过当”的规定,创设了“无限防卫权”制度,损害了刑法的公正价值。一般说来,正当防卫或防卫过当主要发生在严重危及人身安全的暴力犯罪场合,这些场合,不外“行凶”、杀人、抢劫、强奸、绑架及其他类似暴力犯罪。除这些场合之外,理论上讲虽然还有些场合(如侵犯财产权、名誉权、婚姻中的权利等犯罪)也可有正当防卫,但实践中人们一般不这么看,司法上也不视为正当防卫。例如,将正在诽谤自己、偷自己的财物、与自己老婆通奸的人打伤,就几乎没有人朝正当防卫上去想。所以,一旦在严重伤害人身场合取消了“防卫过当”之限制,实际上就几乎赋予了人们“无限防卫权”。把“足以制止不法侵害为限度”之限制一取消,等于告诉所有防卫人:只要认为对方是严重危害自己或他人的人身安全,就可以毫无顾忌地反击,哪怕手段已经超过足以制止不法侵害的限度或犯罪人已无力再实施侵害,还可以继续“防卫”直至其“伤亡”。一旦如此,何等危险。这无疑是从另一个角度助长公民滥行暴力滥施私刑,助长私力报复。况且,即便是这五类危害人身安全的犯罪中,也有情节轻重之分。轻者甚至可能只应判处3~5年有期徒刑。若对这样的轻情节侵害人身犯罪也纵容无限防卫,纵容用剥夺生命的手段方式防卫,这岂是刑法公正价值所应容许的?刑法此条设计初衷是鼓励公民勇敢地同犯罪作斗争,但是也造成了一种新的危险。这种危险还应包括可能使不轨之徒易于歪曲利用无限防卫权以遂其杀人目的。这种危险,比起在

① 《刑法》第35条“驱逐出境”应视为一种保安处分。《刑法》第37条“训诫”、“责令具结悔过、赔礼道歉”也可视为“准保安处分”。

“防卫过当”限制下可能会使一些公民在防卫时缩手缩脚纵容或鼓励犯罪的危险而言，真不知孰大孰小！

(五)“剥夺政治权利”对有关权利剥夺不当

修订后《刑法》与1979年《刑法》一样，坚持将《宪法》第35条规定的公民的最基本权利———言论、出版、集会、结社、游行、示威自由6项列入可以剥夺的政治权利之中，显有不妥。《宪法》第二章规定公民基本权利主要有10项(从第34条到第43条)，其中能依法剥夺或限制的权利都特别注明，即第34条的选举权、被选举权、第37条的人身自由权、第40条的通信自由和通信秘密权。此外一切权利，都未注明可以剥夺或限制，均应视为不可剥夺和限制的权利。也就是说，《宪法》第35条规定的六项权利，与第37条的信仰宗教自由权、第38条的人格尊严权、第39条的住宅权、第41条的批评建议控告权、第42条的劳动权、第43条的休息权一样，均不可剥夺。①

综观各国刑法典，其所列举的剥夺公权内容不外以下几项：(1)选举公职或被选为公职之权利；(2)担任非经选举产生国家公职之权利；(3)出任需要相当荣誉或信誉为条件之公共职务(如陪审员、证人、公证人、鉴定人、指定监护人和辅佐人)之权利；(4)拥有和获得国家荣誉名号(勋章、称号、奖章、军衔、荣衔、学位)及与此相关的利益之权利。也许，国外(包括社会主义国家)的立法者们早已共同认识到，言论、出版、集会、结社、游行、示威6权是基本的人权，不可剥夺。也许有人说，修订后《刑法》第54条第2项仅仅剥夺这六项“自由的权利”，与1979年《刑法》第50条第2项直称“宪法第45条(应为第35条)规定的各种权利”不一样，这也许表明经申请批准后，被剥夺政治权利人还可以部分行使这6项权利。这是误解，只有“自由”时才能叫“权利”，若“他由”，就谈不上权利。况且无罪公民行使此6权，特别是后5权，也要经批准。

(六)一些重要刑事制度仍付阙如

许多为各国刑法共有而为我国司法迫切需要的刑事制度仍被排除在修订后的《刑法》之外，令人遗憾。主要有以下3方面：

1. 剥夺民事权、亲权制度

各国刑法，无论是社会主义还是资本主义刑法，大多有剥夺民事权、亲权之制度。例如，《法国刑法典》有剥夺民事权与亲权规定，具体指剥夺民事代理权、

① 因此，刑法剥夺政治权利之制所能夺及的权利，应仅指《宪法》第34条之选举权和被选举权。因宪法未明文规定任何公民有“应考试服公职之权”(民国时代宪法有此规定)，故第34条被选举权应作广义理解，即包括出任非经票选的公职之权利。

出任子女以外的未成年人无行为能力人之监护人和财产管理人之权,和限制为子女监护人及财产管理人之权利。[①] 法国、波兰、蒙古、罗马尼亚等国刑法还将剥夺民事权扩至禁止从事某种职业、职务或社会活动特别是禁止犯罪人从事或担任与犯罪有关或曾借以犯罪的职业、职务或因犯罪人的恶名不宜担任的职务。罗马尼亚刑法还包括剥夺充当被信托人之权。意大利刑法除剥夺父权、夫权之外,还包括遗嘱权,他们总称为依法宣告禁治产(刑事附带民事判决)。西班牙刑法只剥夺对家之财产管理权与处置权。阿根廷刑法还包括丧失获得养老金和社会救济金之资格。[②] 这些规定,对于那些滥用职务权、职业权、营业权、亲权、夫权、父权、代理权而犯罪的人来说,是应有的处罚方式,是十分必要的。我国刑事司法实践中也经常发生被判刑人服刑期间所为民事行为的效力、处理家庭(夫妻)共有财产的效力、处理子女特有财产的效力等一系列问题,但因为没有统一的关于剥夺民事权、亲权的法定制度,所以处理起来十分混乱。民法通则和民诉法虽然有认定公民无行为能力或限制行为能力的规定,但未规定因犯罪而宣告禁治产或剥夺部分民事权、亲权之情形。[③] 这种情形,是远远不适应司法之需要及保护人民权益之需要的。

2. 刑罚易科制度

许多国家刑法还有刑罚易科制度。修订后《刑法》第53条规定:"对于不能全部缴纳罚金的,人民法院在任何时候发现被执行人有可以执行的财产,应当随时追缴。如果由于遭遇不能抗拒的灾祸缴纳确实有困难的,可以酌情减少或者免除。"实践中,如果没有不可抗力的灾祸,仅因为被罚金人无生计,长期贫困无力交纳,这罚金刑又如何执行?如减少或免除,岂不是说犯罪后贫困也是实现刑事责任的一种方式吗?所以,这种困窘只有通过刑罚易科制度才能够解决。

3. 行刑时效制度

各国刑法均在设立追诉时效制度同时设有行刑时效制度,我国刑法不能容许行刑时效制度,大概与实际上取消追诉时效制度之心态有关。

---

① 《法国刑法典》,中国人民公安大学出版社1994年版,第19页。

② 方蕾等编:《外国刑法分解汇编》(总则部分),第259~280页。

③ 我国刑事诉讼中,如无附带民事诉讼,就不会有附加的民事判决。其实,剥夺亲权、民事权,可以视为准刑事判决,可以视为附加民事判决。

三、多类多种犯罪未有规定

修订后《刑法》分则虽然规定了409个罪名,但仍有许多国外刑法共有的罪名并未规定。按罪名的性质来划分,我认为至少主要有以下四类犯罪[①]应当规定而未规定(其他缺乏者暂且不提)。

(一)关于严重违反社会公德和国民责任之犯罪

我们常讲要以法制推动精神文明建设,这当然包括以刑法强化国民道德。但是,对许多严重违反国民责任和社会公德的行为,国外刑法早就定为犯罪加以处罚,我国刑法一直视而不见,听之任之。这类行为有四种,第一是见他人有危险、灾难不予救助或不报告当局,即是犯罪。例如,《德国刑法典》第330条规定:“意外事故或公共危险或急难时,有救助之必要,依当时情况又有可能,尤其对自己并无显著危险且不违反其他重要义务,而不为求助者,处1年以下自由刑或并科罚金。”《奥地利刑法》第95条、《法国刑法典》第223—6条第2款、《意大利刑法》第593条等均有此类规定。[②] 这种罪名只能叫“见危不救罪”(在我国仍仅被视为道德不好的行为),《法国刑法典》甚至以高达5年监禁并科30万法郎罚金处罚之。第二是阻止他人救助别人灾危,构成犯罪。如《法国刑法典》第223—5条规定:“故意阻挠旨在使面临危险或灾难的人脱离危险的救援行动者,处7年监禁并科70万法郎罚金。”[③]这类规定其他国家也有。第三是遗弃原无法定养护义务且无自救力之人,构成犯罪。如《法国刑法典》第223—3条规定:“抛弃因年龄或身体状况或精神状况而不能自我保护之人于任何场所的,处5年监禁并科50万法郎罚金”[④]《德国刑法典》第221条第1款,《奥地利刑法》第82条等均有此意。特别是,将这种遗弃与父母监护人、监管人、教师等遗弃无自救力之人并列,说明其刑法已将本无法定义务抚养保护之但因特别危困情势而有道义义务救助的无自救力之人的遗弃定为犯罪。[⑤] 第四是见犯罪不斗争、不报告也构成犯罪。《法国刑法典》第223—6条第1款规定:“任何人能立即采取行

---

① 这里的“类”是我的方便分类,不是刑法分则上由“种类客体”所确定的犯罪之“类”。这里的“类”没有分则章节标题之含义,而可能是跨章节的,或仅是一章节中的一部分。

② 《各国刑法汇编》(上册),司法行政部图书出版社1980年版,第853、919页;(下册),第1633页。

③ 《法国刑法典》,中国人民公安大学出版社1994年版,第70、73页。

④ 同上。

⑤ 如两人同行旅游至僻远处,一人生病,另一人即有救助义务,否则即犯罪。

动阻止侵犯他人人身之重罪或轻罪发生，这样做对其本人或第三人并无危险，而故意放弃采取此种行动的，处5年监禁并科50万法郎罚金。”①《德国刑法典》第138条有“怠于告发犯罪”，《奥地利刑法》第286条有“怠于阻止犯罪行为罪”，《意大利刑法》第364条、第366条有“国民怠忽告发犯罪罪”和“国民拒绝协助正在缉捕罪犯之司法官员罪”都有类似的规定。还有国家（如波兰、希腊）甚至以明知他人有无罪证据而不报告司法当局坐视他人冤狱者也构成犯罪。上述五类恶行，在我国并不少见，报刊上也经常有人讨论应否将其定为犯罪，讨论了多年也没有结果。在通常被认为精神文明最不好的资本主义国家却早已规定进了刑法。当然，也许是因为人家精神文明太差才需要强制，但我们没有刑法强化精神文明也肯定不行。修订后刑法典产生于高扬精神文明大旗之际，不将这些国际通行规定纳入以督促国人走向文明，是大不应该的。

（二）关于严重的“国际犯罪”

对于许多人神共愤、全球共诛的国际犯罪修订后刑法典未设单章、单节或专条，未有加重处罚之规定，显得与国际刑事立法潮流有差距。现今各国刑法对于侵略罪、战争罪、对外私用武力罪、非法试验药物武器罪、灭种罪、反人道罪、种族歧视罪、奴役罪、酷刑罪、海盗罪、扣留人质罪、毒品罪、恐怖活动罪等有“国际公罪”性质的严重犯罪，多有专章专节或专条规定，以昭格外重视和严厉打击。特别值得注意的是日本刑法和韩国刑法的“与外国私战罪”，②犯罪地点主要可能在境外。我国刑法对于发生在我国境内的上述犯罪行为，大多可以当然视为杀人、放火、决水、贩毒、爆炸、伤害、抢劫、劫机、绑架等罪，适用我国刑法追究。但也有些无法归入这些犯罪中，成为“法无明文规定”的情形，如民族或种族驱逐流放，民族（种族）奴役、对外国私用武力、非法进行有害人类的人体试验或生物试验、非法进行有害的药物和武器试验、奴役或奴隶贩卖等，因法无专条，将可能不得不放纵之。或者即使勉强归入现有罪名中处罚（如将奴役罪纳入“非法拘禁”罪中处罚），又显然太轻，与这些犯罪之严重性远不相称。特别是当这类国际犯罪为我国公民在境外所犯，而犯罪人又逃回国内时，假如我国刑法无专条规定，又据“本国人不引渡”原则拒绝将罪犯引渡给外国审判，则我国将如何处理此种案件？所以，刑法中的这类规定是否突出，是否有专条专节，是一国刑法是

---

① 《法国刑法典》，中国人民公安大学出版社1994年版，第73页。

② 《各国刑法汇编》，（上册），司法行政部图书出版社1980年版，第343页。《韩国刑法典》，中国人民大学出版社1996年版，第19页。

否具有国际性、现代性的重要标志。[①] 我们不是常讲法律要“与国际接轨”吗?

(三)关于强奸以外的性犯罪

关于性侵害犯罪,修订后《刑法》于强奸罪之外,比1979年《刑法》增加了一个强制猥亵侮辱罪(第237条)。但是,严格地以发生性关系为侵害目的的犯罪,仍只列强奸一种。对于外国许多刑法典中列为犯罪的诱奸未成年妇女、诱致猥亵未成年男女,利用特定身份关系、权威(如监护、教育、管理、传教、隶属、雇佣等)奸淫妇女等性侵害以及通奸、亲属相奸等两种性犯罪,修订后刑法均无规定,这些规定的缺乏,也许是有意“反封建”的结果。[②] 因为通奸、亲属相奸、无夫奸均被视为典型的“封建主义”罪名。但事实并非如此。在西方资本主义国家刑法典中,这些罪名规定之详,超出我们想象。以“资产阶级自由化”最严重的美国而论,据1983年统计,美国仍有27个州有通奸罪,有20余州有私奸罪(未婚性交)或非法同居罪(非婚性交)。许多州都有乱伦罪(其中俄克拉何马州七八亲等以内血亲姻亲结婚或非婚性交都构成乱伦罪),许多州有诱奸未婚女子罪,还有反自然的性交罪(如鸡奸、奸尸、兽奸),等等。[③] 这些犯罪,在我国均“法无明文规定”。特别是利用特定身份关系和职权奸淫妇女,特别是少女,在西方国家大多视为仅次于强奸、奸淫幼女两罪的严重性侵害,但我国竟一直不规定。如《西班牙刑法》第434条规定的治安官员、神父、佣仆、监护人、教师、看护人奸淫12岁以上21岁以下少女之罪,《意大利刑法》第520条公务员利用官署权威奸淫妇女之罪;《奥地利刑法》第206条、第212条权力关系滥用奸淫猥亵未成年人之罪;《瑞士刑法》第192条奸淫16岁以上未成年人、养继子女、被抚养人、被监护人、学生、艺徒、学徒、仆役之罪,其第193条官员或医护人员奸淫被收容、监禁、救治、受刑、济养、被告之人之犯罪……在我国刑法中都视为无罪。这种情形,对保护妇女儿童,对防止权力关系滥用或约束有特定身份权之人的目标而言,都是重大缺漏。这类强奸以外的性侵害或性犯罪,在我国经常发生,但因为不视为犯罪,所以受害人只剩下两条选择:要么忍气吞声自认吃亏不敢声张,让犯罪人扬长而去或让其继续大胆侵害自己;要么伪造证据或现场,把案件“提

---

① 也许有人说,“国际犯罪”是国际公约规定的内容。事实不尽然。国际公约中的刑事条款一般均应有国内刑法的具体规定去实施、执行。我国参加这样的公约甚少,更应在国内刑法中有所规定。

② 储槐植著:《美国刑法》,北京大学出版社1996年版,第252、254~256页。我国刑法有“侮辱尸体罪”,但无“奸尸”罪。

③ 《各国刑法汇编》(下册),司法行政部图书出版社1980年版,第1610、1806页;(上册),第962~963、1088~1089页。

升”为“强奸”,以达到使罪犯受惩之目的。这两者都不是国家立法的本意。此种性侵害,视为无罪,太轻,不利保护妇女和未成年人权益;视为强奸,太重,又使罪刑不相称。如果刑法上也纳入欧美刑法类似的过渡罪名,问题不是就解决了吗?

(四)关于侵害精神、尊严、人格、隐私之类犯罪

国外刑法特别重视侵害人之精神、尊严、人格、隐私之犯罪,规定甚详。这是刑法现代性的重要标志之一。修订后《刑法》对此规定相当薄弱。主要以打击侵犯人之精神、尊严、人格、隐私为目的的罪名,实际上仅有第243条诬告罪、第246条侮辱诽谤罪、第252条侵犯通信自由罪、第245条非法搜查及侵入住宅罪4条。其他罪名虽间接有此意,但主要或直接目的是保护公民人身完整、安全及自由之权。因此,国外刑法典中许多常见的罪名我们没有。比如,《法国刑法典》①中的“威胁罪”(以实施重罪或轻罪相威胁使人产生恐怖)、“性骚扰罪”、“歧视罪”、“违反人之尊严与劳动住所条件罪”、“侵犯私生活罪”、“侵犯人之风度形象罪”、“侵犯职业秘密罪”等,我们都可能视为“资产阶级刑法的虚伪”。又如,《德国刑法典》第15章之“言论隐私权之侵害”、“私人秘密权之侵害”、“他人秘密之利用”等罪,②《奥地利刑法》第5章之“私人秘密及职业秘密之侵害”罪,③《瑞士刑法》第3章妨害名誉及秘密罪中之“无权录取他人谈话”、“窃听或盗录他人谈话”、“以录音方式或摄影妨害秘密或隐私”罪等,④何等周密,我们可以振振有词地说这类规定“不合我国国情”,所以要排除于刑法分则之外。但是时代变了,国情也在变,难道我们的“国情”永远是“斗私批修”斗到夫妻的枕头上吗?从前被视为荒诞的“隐私权”概念现在日渐为全社会普遍接受,这才是我们新时代的真正国情。刑法必须迎合这一国情!

从微观角度看,修订后《刑法》的局限与缺陷表现在两个方面:

1. 一些条文内容逻辑不严密

修订后《刑法》条文内容及逻辑不完善、不严密之处也很多,这里仅拣择一些略加分析。我们按条文先后之顺序分析。

(1)第6条第2款“凡在中华人民共和国船舶或航空器内犯罪的,也适用本法”。依此逻辑,特别行政区的船舶飞机内都应适用本刑法,因为它们都是中华人民共和国的船舶飞机。但这显违“一国两制”,也不合基本法及附件三之规

---

① 《法国刑法典》第65、67、80、84、88、89、91页。

② 《各国刑法汇编》(上册),司法行政部图书出版社1980年版,第796~797页。

③ 同上,第928~929页。

④ 同上,第1082~1083页。

定。应为"……也适用我国的刑法"。因为我国的刑法可以包括中央刑法和特区的刑法。

(2)第12条第2款"过失犯罪,法律有规定的才负刑事责任",此语逻辑有误。过失造成损害者,刑法有规定的才视为犯罪,未规定者只能叫过失致人损害之行为。此语给人的印象是,过失犯罪有两种:一是法律有规定应负刑责者;二是法律无规定不应负刑责者。其实大误。法律无规定且不应负刑责者岂能叫犯罪?此句应为:"过失行为,法律有规定者才负刑事责任。"

(3)第20条第2款"正当防卫明显超过必要限度……"此语亦不严谨。此处规定的是"防卫过当"。既为"过当",就不能叫"正当"。也许有人说,修订后刑法与原刑法比,"正当防卫"的概念已经变了,"正当防卫"的四个条件中,"防卫手段和程度必须以足以制止不法侵害为限度"的条件取消了,所以可以在防卫过当表述中曰:"正当防卫明显超过必要限度……"这是误解。修订后刑法与原刑法条文文字中都没有明确表述"防卫手段相当"或"足以制止侵害为限度"之意,这一意思都是从后项"防卫过当"的规定中推论出来的。防卫过当的规定,就是"正当防卫"之正当性的重要条件之一。修订后刑法还有防卫过当规定,就不能有"正当防卫过当"之表述,只应有"防卫行为明显超过必要限度"之表述。

(4)第20条第3款"对正在进行行凶、杀人、抢劫……采取防卫行为",此语亦谬。其一,从文法上讲,"行凶"就是"进行(实行)凶害行为","进行行凶",就是"进行凶害行为",说不通。其二,什么是"行凶"?所有实施凶害行为者都是"行凶"。因后文有"杀人、抢劫、强奸、绑架以及其他严重危及人身安全的暴力犯罪",所以"行凶"实际只能指"伤害",或者仅指"重伤害"。但是,"行凶"不是一个严格的法律概念,易生歧义。它是日常生活用语,"轻伤害"行为在日常生活中也常被叫作"行凶",如拿小裁纸刀挥舞威胁人,以小棍棒威胁人,或强而有力者以拳头挥舞威胁人,都常被叫作"行凶"。如果对这种一般只能造成轻伤害的"行凶"也公然于刑法上鼓励人们去用"造成不法伤害人伤亡"的方式"防卫",岂非鼓励私杀?为何不使用"重伤害"这样的法定概念?也许有人说,正是因为考虑到受害人在他人行凶之威胁紧迫形势下无法判断是重伤害故意还是轻伤害故意,所以干脆模糊地规定一个"行凶"。这种解释站不住脚。判断不清加害人的故意,难道就该不分轻重地把轻伤害也当成重伤害反击吗?通过其加害手段、方式难道不能判断(一般情形下)造成伤害的大致严重程度吗?照这样说,是否杀人(杀人和伤害在结果未出现时无法区分),是否强奸(强奸和强制猥亵在犯行结束前无法区分)不是也不必区分了吗?

(5)第50条“判处死刑缓期执行的,在死刑缓期执行期间,如果没有故意犯罪,二年期满以后,减为无期徒刑”这一条内容也值得商榷。将原刑法的“如果确有悔改”改为“如果没有故意犯罪”,当然更便于理解、操作。但是,故意犯罪难道一定重于过失犯罪?最轻的故意犯罪(如诽谤、侵犯通信自由、非法拘禁或非法搜查他人身体等罪,在服刑犯人中间经常发生),其犯罪主观恶性难道一定比因疏忽失职造成机器爆炸,厂房倒塌,仓库失火,多人伤亡之类的过失更重?其犯罪后果(危害性)难道一定比过失犯罪重?况且,即使仅就故意犯罪而言,也有轻重之分,也有犯罪动机是否恶劣之分,如非法拘禁、非法搜查等罪只要一有此种行为即构成犯罪,不论情节严重。一有此种轻故意罪即置“死缓犯”于死地,而造成重大人身财产伤亡事故的过失犯则仍宽谅如期减刑,这是否公平?假如这非法拘禁和非法搜查身体是出于一种可以宽恕的动机(如寻找被盗物,情急之中),或有受刑人在故作圈套引死缓犯上钩,使其符合执行死刑条件,那又能算公平吗?

(6)第53条罚金“如果由于遭遇不可抗拒的灾祸缴纳确实有困难的,可以酌情减少或者免除”,此规定也不严密。如果不是由于不可抗力的灾祸,而只是由于受罚人不善经营生计而长期贫困,或故意长期拖欠不缴,又怎么办?过了10年甚至20年去追缴一个轻罪的罚金,恐与刑法设追诉时效制度本意相违。[①]

(7)第89条“追诉期限从犯罪之日起计算;犯罪行为有连续或继续状态的,从犯罪行为终了之日起计算”,此规定也有疏漏。设若有犯罪行为终了或结束而犯罪之结果必待(或偶然拖到)追诉时效期限届满以后再发生,此种犯罪岂不是就不当追究?在投毒伤害或杀人案中即有此种可能性,而在犯罪结果出现之前又不可能被控告或立案。其他轻罪案件也许还有此可能,如故意设计计算机“定时炸弹”,于5年以后炸毁国家重要信息库,造成重大损失,依现行追诉时效制度,即不能适用《刑法》第286条追诉了。所以,国外现多采“自犯罪成立之日起算”,这就包括了犯罪行为终了而犯罪结果很久后发生的情形。我国民国时的刑法也采“自犯罪成立之日起算”之制。这都值得借鉴。

(8)第98条“被害人的近亲属也可以告诉”,这里的“近亲属”所指为何?国外刑法典于此处均会规定近亲属具体范围(几亲等以内),我们为何不规定?若直接规定亲等或指明以继承法之继承人范围为近亲属,都无不可。现没有明确限定,就必然发生有些亲属的告诉是否有效的问题。此外依刑法此条本意,近亲属的告诉权像是独立告诉权,因无要被告人本人同意之规定,又像是非独立告诉

① 对此,前文我曾提出借鉴刑罚易科制度解决。

权,因只有被害人无法告诉(想告诉而客观上不能)时近亲属才能告诉。那么,被害人本人不要告诉而近亲属执意要告诉并告诉到法院,是否为有效告诉?法律也不清楚。

(9)第133条交通肇事后逃逸致人死亡,处7年以上有期徒刑,此规定不妥。若开车人将人撞成重伤,生命垂危,而故意弃之郊外不顾,明知不抢救即有死亡危险而任逃逸,放任此结果发生,完全符合《刑法》第14条故意犯罪之一(间接故意)的标准。应视为间接故意杀人。其肇事撞伤当然不是故意,但放任受伤人死亡危险发生则是故意。相比之下,仅处有期徒刑恐太轻。如果是重伤多人后逃逸致多人死亡呢?罪刑相当吗?比较第141条生产销售假药罪中,若生产销售者明知可能致人重伤或死亡而仍销售,则应视为间接故意杀人。是以该条规定了死刑、无期徒刑。相比之下,肇事重伤逃逸致人死亡是否处罚太轻?

(10)第240条拐卖妇女儿童罪,不如拐卖人口罪全面。若发生拐卖老人、精神病人以供非法试验之用又该如何处理?若发生拐卖成年男人或未成年(18岁以下,14岁以上)人又如何处理?

(11)第241条收买被卖妇女罪,若被买妇女本人愿意与收买者结婚,不愿被"解救",其父或前夫又强烈要求"解救",又怎么办?特别是当未有前婚时,"收买婚"若一概不承认,一概将与被卖人感情尚可的收买人处3年以下有期徒刑,是否恰当?

(12)第289条聚众"打砸抢"规定易生歧义。其一,致人伤残死亡视同伤害杀人处理,但到底是处罚"聚众"之人(组织者)还是下手之人,或二者同处,若在下手人不明时仅对"聚众"之人处以伤害、杀人之罪刑?法条不明。其二,毁坏或者抢走公私财物的,"除判令退赔外,首要分子依抢劫论处"。这是不是说首要分子以外参与打砸抢者(只要未打伤或打死人)都无罪?既打又砸又抢,岂能无罪视之(仅退赔了事)?其三,仅打砸而未抢时,难道不可依第275条故意毁坏公私财物罪处理?打砸为辅、哄抢为主时难道不可依第268条聚众哄抢公私财物罪处理?法条为何不注明?这一条有否鼓励追随打砸抢之嫌?

(13)第295条传授犯罪方法最高可处死刑,显然太重。既不视为教唆犯,而独立罪名,则一般不视为共犯。即使是杀人罪的教唆犯,只要不是教唆未满18周岁人犯罪,恐情节再重也不会按主犯处理。传授犯罪方法罪应轻于教唆,因无促使他人完成特定犯罪之故意。最高处死刑是太重了。由此联想到共同犯罪中的一种新形式——雇佣犯罪,刑法总则未有明确规定,也是缺陷。将出钱雇人者视为教唆犯显然不当,因非传统意义上的教唆;视为从犯也显然不当,因为他确实是"造意者",共犯应以造意者为首。所以,此种雇佣犯罪情形下,二者

(雇者,受雇者)均应视为主犯,同等处理。

(14)第300条利用迷信致人死亡仅处7年以上有期徒刑太轻。若犯罪人对于明显身患重病的人用明显危及生命的迷信方式(如棒击驱鬼,于面部贴湿布阻止呼吸以驱邪或其他依一般人常识都可知明显威胁生命的方式)或迫使人们去冒明显的生命危害而致人死亡,为其"治病"致其死亡应视为间接故意杀人。仅处有期徒刑,不足以打击危害甚大的巫婆、神汉、邪教教主之类。

(15)第360条第2款嫖宿14周岁以下幼女处5年以上有期徒刑,显然与第236条奸淫幼女罪相矛盾。既然符合奸淫幼女(强奸)的一切条件,为何不视同强奸?也许有人说,幼女在卖淫中,是同意奸淫,故嫖者罪轻。这不对。奸淫幼女本不问幼女本人心态如何。若说奸风尘幼女应处罚轻一些,则违背人权同等保护原则;即使幼女主动跑到风尘之所去卖身挣钱,她仍是"奸淫幼女(强奸)"的受害者。还有,嫖幼女与奸淫幼女如何区分?以是否在风尘场所来分?以是否处女来分?以是否给报酬来分?实践中都无法区分。况且若有风尘幼女离开风尘场所后仍被人以钱财诱奸,而后又告发,是强奸乎?嫖幼女乎?或幼女被卖入妓所初夜被奸(或难免有不愿或反抗),作嫖幼女处罚乎?依强奸处罚乎?

(16)第八章之贪污、受贿、行贿3罪仍仅以"财物"为赃物,显然不够,不能概括许多新起的贪污贿赂罪之赃物情形。

(17)第八章贪污受贿罪以"国家工作人员"为限。这包不包括已经离退休但实际仍有相当权力且又积极发挥此种"余热"的人贪污受贿之情形?对这种人仅以"介绍贿赂罪"处罚显然不够(因有时他介绍的对象并未受贿)。实践中的情况比我们想象的复杂。这样的问题很多,这里仅随便捡出十几项加以说明就可以看出问题的严重。若对每一个再加细研,会发现更多。这因篇幅之限只能留待将来另撰专文了。

2. 一些文字表述有语法问题

修订后《刑法》的文字表述中语法问题也有一些。这里仅拣择一些较明显的加以分析。

(1)第六章第六节标题"破坏环境资源保护罪",表述不明。从其规定的9个罪名看,其犯罪行为都是在破坏环境和资源,并不只是破坏对环境和资源的保护措施办法。若说违反有关保护规定而构成的犯罪就应叫做"破坏××保护罪",那么几乎所有的犯罪都可以叫做"破坏……保护罪",危害人身权、财产权、民主权等等犯罪,违反公共安全、公共卫生保护之法规的犯罪不都如此吗?况且这类犯罪的目的和后果都是在破坏环境和资源本身,而不是破坏对它们的保护。这一表述文字上欠严格。

(2)第4条"对任何人犯罪,在适用法律上一律平等",表述不准。"对……犯罪",通常理解为"对某某对象而为犯罪行为"。若说本句原意就是"对任何对象而为的犯罪行为,在适用法律上一律平等",显然偏离了"法律面前人人平等"原则本意。因此,这句应表述为"对任何犯罪的人,在适用法律上一律平等。"这句强调的是不同犯罪主体定罪处刑的平等。

(3)第5条"刑罚的轻重,应当与犯罪分子所犯罪行和承担的刑事责任相适应",语法有问题。"承担的刑事责任"似言责任承担了之后,而承担后的责任就主要是刑罚。因此,这就等于说:"刑罚的轻重应与刑罚相适应"。因此,在"承担的刑事责任"之前加一个字,改为"应承担的刑事责任",问题就解决了。事实上,刑罚尚未决定时,只能有依法应承担的刑责问题,尚不存在"承担的刑责"。

(4)第22条"为了犯罪,准备工具、制造条件的,是犯罪预备",这种表达远不如"为犯罪准备工具、制造条件"更准确、干脆。

(5)第24条"对于中止犯,没有造成损害的,应当免除处罚",此表述显有语法问题。到底谁应当免除处罚?是中止犯(犯罪人),还是"没有对中止犯(犯罪分子)造成损害的人"?依立法本意显然是前者,但依文字表述又应是后者。为何不改为"中止犯,没造成损害的,应当免除处罚"?

(6)第39条第1款第2项和第54条第2项关于"不得行使"或"剥夺"言论、出版、集会等"自由的权利",表述不合语法。"自由",就是自己完全自主决定自己言论的行为,任何权利只要真是权利,它必须同时也可以称为自由,如言论权可称言论自由,出版权亦即出版自由。所以,权利和自由实质上几乎是同义词,不过二者使用角度不同:权利与义务对应,自由与管制对应。说"自由的权利",犹如说"权利的权利"或"自由的自由"。也许有人说,法律之所以选择"自由的权利"一语,可能是为了表示仅限制剥夺受刑人"自由自主决定行使言论、出版、集会、结社、游行、示威等权利的权利",即可能表示经有关机关批准还可以行使此6种自由或权利(即仍在此6种方面有"他由的权利"),这是诡辩。既要经事先申请他人批准同意后才能行使,那就不叫"自由",也不能叫权利。自由或权利的定义是,在法律许可的范围内完全自主决定。既要事先申请批准同意后才行使,那不就是剥夺了或限制了言论权、出版权、集会结社等权利本身吗?岂止仅是限制或剥夺"行使……自由的权利"呢?"行使××自由的权利"并不单独存在,若有,那就是"××权"本身。①

(7)第59条"没收全部财产的,应当对犯罪分子个人及其扶养的家属保留必需的生活费用",此语也不通。通常,我们说"对……保留……"是对一个特定对象有所保留,不全部让其知道什么,不充分亲近他,不给他什么,等等。此句按文法逻辑,是对犯罪分子及其家属保留生活费用,即保留一些生活费(给谁?),不让他们知道或不给他们。保留下来给谁做生活费用?没有逻辑主语。如果将"对"字改为"为"字,一切问题都解决了。

(8)第64条"对被害人的合法财产,应当及时返还",这个"对"字又多余。"被害人的合法财产"是宾语,加一个"对"字,就没有宾语了。因为"对……"是状语结构。

(9)第64条"违禁品和供犯罪所用的本人财物,应当予以没收",又不通。"供犯罪所用"不通,应为"供犯罪使用"或"为犯罪所用"。同时,"本人财物"本人是谁?不明,应为"犯罪分子本人"。其实,"本人"一词除了写信人或讲话人第一人称自称外,其他场合应称,"××××本人",不能独用。法律条文尤应严谨。

(10)第68条"犯罪分子有揭发他人犯罪行为……从而得以侦破其他案件等立功表现的,可以从轻或者减轻处罚"。此语文法不通更明显。这一句的主语是"犯罪分子",谓"可以(被)从轻或减轻处罚",是被动语态。"有揭发他人……等主动表现的"是假设条件状语,本意是"如果有……表现的"。问题是,在这个条件状语从句中,逻辑主语仍是"犯罪分子",说"犯罪分子"从而得到侦破其他案件,真是莫名其妙。如改为"从而使侦查机关得以侦破其他案件"或"从而帮助(或有助)侦破其他案件",那就通顺了。

(11)第63条减轻处罚是"在法定刑以下判处刑罚"之说不确。"法定刑"概念未加限制不行,减轻处罚后所处之法定刑仍是法定刑之一类。因此,此处表述或许应改为"在其所触犯的罪名正条规定的最低刑以下判处刑罚"。不过,即使这样改,恐也不是"减轻处罚"制度之本意。如杀人罪、重伤罪、强奸罪、抢劫罪等最重罪,其法定最低刑都是3年有期徒刑,难道仅因为未满18周岁、间歇性精神病、聋哑盲、从犯、自首或立功等原因就可以合法将其刑罚减到3年以下刑、拘

① 当然,无罪公民出版、结社也要审批,但这种审批与管制、剥夺政治权利情形下可能有的因言论、出版报审批,含义大不一样。前者只要合法就一定要批准,后者只要不合监管之需要一律可以不批准。对后者而言,此种情形还能说明并没有完全剥夺或限制6项权利或自由本身吗?

役、管制？[1] 因为法定量刑幅度太大了，若减轻处罚是在“法定刑”以下，则显然罪刑不相适应。其实，主法本意中的减轻处罚应是在若无这些减轻情节时当初的最低刑以下判处刑罚，此时有可能低于分则正条中的法定最低刑，那只是一部分情况，大部分仍在法定刑幅度内。不能以偏赅全，一律规定在“法定刑”以下判处刑罚，那样有鼓励重罪之危。

（12）第72条“对于被判处拘役……的犯罪分子，根据……悔罪表现，适用缓刑确实不致再危害社会的，可以宣告缓刑”。此条文法有误。本句的主语省略，应是“人民法院”。“适用缓刑确实不致再危害社会”，不是一个已经发生的事实，而是人民法院的判断。所以，应在“适用缓刑”之前加上“（人民法院）认为”二字，话就通顺了。否则，“对于……犯罪分子，根据……适用缓刑”好像在陈述一个已完成的行动或事实一样，与下文“可以宣告缓刑”语气时态不符。

（13）第70条、第71条、第77条“数罪并罚”表现有语病。这三条均有“把前后两个判决所判处的刑罚”、“把前罪没有执行的刑罚和后罪所判处的刑罚”、“把前罪和后罪所判处的刑罚”，“依照本法第69条的规定，决定执行的刑罚”之表述，但这些表述均不通。“把……决定……”这种句型没见过。“依照……决定……”这种句型是可以的，但又把“把……”挂在前面，显得不通。日常生活中，“把……”句型是一个倒装句型，宾语前置：“把车开走”、“把他逮捕起来”、“把他释放了”、“把人们合并在一起”，实际上是主语省略后的“开走车”、“逮捕他”、“释放他”、“合并他们在一起”，从来未见单独有一个“把”字把宾语提溜在一起，却反而没了谓语，这就像说“把车”、“把他”、“把他们”一样，不是一个完整从句，“把”他们怎么……显然是半截子话。此句若改为“把前罪和后罪所判处的刑罚合并考虑，依据本法第69条的规定，决定应执行的刑罚”，就通顺而清楚了。或者干脆将“把……”这个残疾分句或从句取消，在下句“依照”前加上“然后”二字，文法和内容都清楚。因为“依照本法第69条的规定”已经包含了“把前后两罪合并考虑”之意，不必啰唆。还应注意，“决定执行的刑罚”之表述也不通，“执行的”一般指已经执行的，本处显然是“决定应执行的刑罚”，这个“应”字不能少。

（14）许多条文中的“对……”句（宾语前置句）不通。如第103条，“组织、策划、实施分裂国家、破坏国家统一的，对首要分子……处无期徒刑……”第104

---

[1] 当然，这里还有依情节轻重的分档问题。如杀人罪法定刑为3年以上10年以下、10年以上至死刑两档；重伤、强奸、抢劫罪亦是此二档。但对最严重的杀人、强奸、抢劫等罪，若仅因其自首后立功而必减至10年以下（不含10年）有期徒刑，这公平吗？

条,“组织……武装叛乱……对首要分子,处无期徒刑……”这类“对”字在分则中不胜枚举,其实均不通。若说“对”字在此有利于指明处罚对象,则刑法分则每条都有处罚对象,处处均应用“对”字。在刑法中,指明处罚对象的“对”字一般均省略,以免累赘。这里多了一个“对”字,使整个句型似乎是表示“破坏国家统一的”(人)“对首要分子”如何如何,似乎“破坏统一”或“武装叛乱”的人是主语“对……处刑”是谓语,“首要分子”是宾语(通过“对”字结构前置),这显然不通。类似的问题在第105条、第137条、第138条、第139条、第250条、第273条、第289条、第290条、第291条、第292条等都有类似的语病。其实,这些“对”字改为“其”字,或干脆取消,意思及语气都更清楚。这是不是说刑法分则条文表述就一律不该用“对”字呢?不是的。“对”字只是不能用来指明刑法的处罚对象,但可以用来指明犯罪行为的侵害对象,如《刑法》第123条“对飞行中的航空器上的人员使用暴力”,第142条“生产劣药对人体健康造成严重危害的”,第247条“司法工作人员对犯罪嫌疑人……刑讯逼供”等,都是用得恰当的“对”。当“对”而不“对”,不当“对”而“对”,那岂能算对!

(15)第110条间谍罪第1项“参加间谍组织或者接受间谍组织及其代理人的任务的”一语表达不通。“接受……任务”这句型当然可以,但接受“间谍组织及其代理人的任务”说不通,“任务”是组织或个人所“任”之“务”(担任的事务),间谍组织或其代理人的任务,那是他们所“任”之“务”,那就不存在直接接受过来的问题,只有“转交”、“委托”、“指派”。所以此处应改为“接受间谍组织及其代理人指派的任务”。

(16)第112条“战时供给敌人武器装备、军用物资资敌的,处10年以上有期徒刑……”此语也不通。“供给敌人”就是“资敌”之意,这句话无异于说“战时以资敌资敌的”,显然不通。如果改为“战时以供给敌人武器装备、军用物资的方式资敌的”就通顺了,因为资敌方式可能不止此二者,或者干脆改为“战时以武器装备、军用物资资敌的”更好。

(1997年第10期)

我们是怎样逐步实现“罪刑法定”的
——建国以来法学界重大事件研究(六)

孙丽娟*

修订后的我国《刑法》第3条规定了罪刑法定原则:“法律明文规定为犯罪行为的,依照法律定罪处刑;法律没有明文规定为犯罪行为的,不得定罪处刑。”那么,由谁来“依照法律定罪处刑”呢?修改后的我国《刑事诉讼法》第12条规定了无罪推定(有人认为是罪从判定、有人认为是尚未完全到位的无罪推定)原则:“未经人民法院依法判决,对任何人都不得确定有罪。”这两条昭示世人:在经历了几十年的风风雨雨之后,中国共产党领导下的中国人民彻彻底底地走上了“任何人非经司法机关判决,不得视为有罪;任何人的罪与非罪和罪当何罚,只能由司法机关来判决”的现代法治文明道路。

一、“忆往昔,峥嵘岁月稠”

1.“罪刑领导人定。”毛泽东同志对中国社会主义革命和建设的巨大贡献,我们世世代代是不会忘怀的,但他晚年的失误和教训,也是我们应该永远引以为戒的。对法律的轻视可以说是他晚年最大的失误之一。这一失误始于“胡风案”。在此之前他发动的对电影《武训传》和俞平伯《红楼梦研究》的批判,虽然欠妥或是错误的,但尚未涉及法律问题,即还没有把《武训传》的作者和俞平伯定为反革命罪犯。而胡风一案就不是这样了。《人民日报》把胡风上书党中央的《关于几年来文艺实践情况报告》和私人之间的信件,于1955年5月13日、5月24日和6月10日公开发表,毛泽东则为发表的这些材料亲自撰写按语,指出“胡风一伙或是帝国主义国民党的特务,或是共产党的叛徒,由这些人做骨干组成一个暗藏在革命阵营内的反革命派别,一个地下的独立王国”。胡风的罪与非罪的性质问题,由毛泽东一笔划定。随后而来的是:7月,胡风以“反革命”罪被撤销一切职务;8月,经全国人大常委会批准,由公安部逮捕了胡风;关押10年后,1965年10月北京市高级人民法院才判处胡风有期徒刑14年,剥夺政治权

* 作者单位:华东政法学院(现华东政法大学)。

利6年。

2. “罪刑执政党定”。中国共产党是中国人民选择的领导党和执政党,“党的领导是不能动摇的,但党要善于领导,党政需要分开”①。例如,“纠正不正之风、打击犯罪活动中属于法律范围的问题,要用法制来解决,由党直接管不合适。党要管党内纪律的问题,法律范围的问题,应该由国家和政府管。党干预太多,不利于在全体人民中树立法制观念”。②“罪刑”不由“执政党定”而由“法定”,是不是背离党的领导呢?否!因为我国的法律是党的意志、人民的意志和国家意志的高度统一。坚持“罪刑法定”从根本上来说,也是执行党的意志。但过去我们忽略了这一点,做了一些越俎代庖的事情。

例如,1957年的“反右”斗争是必要、正确的,但犯了严重扩大化的错误。从法律程序上来看,也是有相当缺陷的。第一,由党来制定划分“右派分子”的标准,不妥。“右派”性质当时被定为敌我矛盾,“右派分子”被定为反革命分子,这样重大的法律问题,按宪法规定,应由全国人大通过立法程序来确定划分“右派”的标准。但中共中央却于1957年10月15日下达了关于《划分“右派分子”的标准》的通知,规定了划分一般“右派”的6条标准和极右分子的4条标准,及不应划为“右派”的六种情况。第二,由党来具体执行划分右派标准的规定,这是不妥的。按照一般“右派”的6条标准和“极右分子”的4条标准,“右派”是地地道道的反革命分子。那么,按照宪法规定,应由司法机关依法审理和判决,但当时的“右派分子”都是由各级党组织划定的。

3. “罪刑革命群众定”。新中国是人民当家作主的国家,人民的利益和意志就是最高的法律。但是,这不是说人民群众的意志可以直接表现为法律,相反,它必须经过法定程序上升为国家意志,始能成为法律。然而,在过去我们却忽略了这一点。“文化大革命”期间,“四人帮”在上海的亲信要求“第二武装”(民兵)“要唱政法工作主角”,说民兵办案“是政法工作的大方向”;他们在辽宁的死党推行什么“五群”(“群侦、群审、群判、群定、群办”)经验;“文化大革命”前期,三五个人凑到一起,代表什么群众组织,就可对公民抄家、游斗、通缉、劳改等,合法的公、检、法机关被砸烂,代之以诸如“贫下中农高等法院”之类的荒唐组织。

---

① 《邓小平文选》(第3卷),人民出版社1993年版,第177页。

② 同上,第163页。

二、"萧瑟秋风今又是，换了人间"

作为世界法治文明成果之一的"罪刑法定"原则，自然有着诸如反对类推、不溯及既往等特定内容。但从中国的国情来看，贯彻这一原则的关键环节却是：第一，罪和刑标准的设定权必须由国家权力机关依照法定程序来行使，党关于罪和刑的一些主张要通过国家权力机关的立法程序而上升为体现国家意志的法，方能对公民有约束力；第二，拥有具体定罪权和处刑权的机关，只能是人民法院，而不是其他任何政党、任何团体、任何群体、任何单位。

（1997 年第 11 期）

1998 年

关于更改反革命罪名的风波

——建国以来法学界重大事件研究(十六)

侯国云* 李 然**

李然(以下简称李):侯老师,关于更改反革命罪名的争议,在全国甚至在海外都引起了较大的反响,听说你是这场争议的主要参与者,能否请你就这一争议的前因后果向大家作些介绍,并谈谈你对这一争议的看法和体会?

侯国云(以下简称侯):关于更改反革命罪名的争议,从宏观角度讲,可以说是由1989年的政治风波引起的。因为在这之前,关于更改反革命罪名的问题,没有人提出异议,所以在1988年的《刑法修订草案》中就已经改过来了。但由于当年把这次事件定性为反革命暴乱,于是,人们对应否更改反革命罪名的问题便产生了怀疑,"有人断然认为反革命暴乱的定性说明了取消反革命罪之议错了,甚至把更改反革命罪名的建议说成是资产阶级自由化思潮在刑法学研究中的突出表现",①一时间(即1989年下半年至1990年上半年),关于更改反革命罪名的呼声停息了,原来主张更改的同志也沉默了。相反,反对更改反革命罪名的呼声倒开始出现了。

李:1989年的政治风波之后,你第一个写文章继续主张更改反革命罪名,思想上有没有顾虑?

侯:在当时的背景下,继续主张更改反革命罪名,的确有一定的风险。但我认为,更改反革命罪名的建议,是一个学术问题,我不相信因为提出这个学术问题便会被打成反革命或者被打成资产阶级自由化,因为我相信"反右"和"文化大革命"时期那种乱扣帽子、乱抓辫子的社会环境已经不存在了。因此,写那篇文章时虽有一点顾虑,但很快就打消了。

李:你那篇文章发表之后,是否引起了争议?

侯:那篇文章没有在公开发行的期刊上发表。当时首先是作为年会论文提交给1989年在上海召开的全国刑法学研讨会的。会上虽然得到了绝大多数与会者的支持,但没有一家公开发行的期刊敢于发表,后来,被陕西省法学会主办

* 作者单位:中国政法大学,最高人民检察院研究室。

** 作者单位不详。

① 转引自陕西省法学会主办:《法学内参》1989年第6期。

的《法学内参》和华东政法学院主办的《法治通讯》两家内部刊物同时发表。其中一家在发表前征求过我的意见;另一家没有征求我的意见。由于这篇文章没有公开发表,也就没有引起争议。

李:当年在刑法学研讨会上海年会上提交的论文中,有没有反对更改反革命罪名的文章?

侯:只有一篇,是内蒙古一位同志写的,标题是《对反革命罪存废的再认识》,也没有公开发表。这篇文章虽然主张继续保留反革命罪名,但完全是从学术角度讲的,而且文章中明确表示不赞成"对学术见解乱扣无任何说服力的帽子"。因此,这篇文章没有引起人们的任何反感,也没有引起争议。

李:期刊上公开发表关于更改反革命罪名的文章是从什么时候开始的?

侯:是从1990年春天开始的。最先公开发表的是反对更改反革命罪名的文章,一篇是在《政法论坛》1990年第2期上发表的,名为《一个危险的抉择——对刑法上取消反革命罪之我见》(以下简称"危险");另一篇发表在南方某刊物上(标题和刊物名称都记不清了)。

李:刚才你说关于更改反革命罪名的争议,从宏观角度讲是由1989年的政治风波引起的,那么从微观角度讲是由什么引起的呢?

侯:从微观角度讲,应当说这场争议就是由"危险"那篇文章引起的了。

李:为什么"危险"会引起一场争议呢?

侯:这是因为"危险"不完全是从学术角度而主要是从政治角度来评断更改反革命罪名的政治后果的,整篇文章都颇有阶级斗争的火药味,对不同的学术观点扣了一些政治性帽子,这就不能不引起人们的争议了。

李:你能谈谈"危险"一文的主要观点吗?

侯:由我来概述"危险"一文的观点不合适,你可以自己去看、去评断。不过,我记得"危险"中有这样一句话:"在当前国际国内形势下,取消刑法上的反革命罪是一个危险的抉择,它必将极大地削弱我们同反革命的斗争,从而给人民民主专政带来危害"。[①] 我想这句话可以说就是"危险"一文的中心思想了。作这样的判断,是作者的自由,可以作为一家之言参与学术争鸣。但问题在于,实际上谁也没有主张取消反革命罪,大家只是主张更改反革命罪名罢了。"危险"一文说"许多同志提出了取消反革命罪的主张",这是对多数人的意见的曲解。若讲"危险"的具体观点的话,可概括为以下几点:(1)刑法的锋芒首先应指向反

---

① 何秉松:"一个危险的抉择——对刑法上取消反革命罪之我见",载《政法论坛》1990年第2期。

革命分子和反革命罪行，若取消反革命罪，就模糊了刑法对敌专政的锋芒所向。(2)反革命罪是一个严格的法律概念，不能用其他的罪名取代之。(3)只有保留反革命罪，才能真正保证一国两制的实现。(4)反革命目的难以认定，不能成为更改反革命罪名的理由。(5)要立足于中国国情，不能盲目追随国外。

李：你认为这些观点能否站得住脚？

侯：问题不在于观点如何，即使观点本身站不住脚，但只要从学术角度讲，那也是允许的。那篇文章的问题不在于观点如何，而是在于他的前提是以一个并不存在的观点（"取消反革命罪"）为靶子，而且对不同的观点打棍子、扣帽子。读那篇文章，很容易使人想起30年前那类大批判的文章，好像要把持不同意见的人都置于或推到敌对的位置上。不仅如此，文章中还多次曲解他人的观点，甚至讥讽挖苦，不一而足。

李：你能举几个例子吗？

侯：比如，认为刑法上取消反革命罪名是"一个危险的抉择"，会"给人民民主专政带来危害"，"混淆了坚持人民民主专政和'以阶级斗争为纲'的原则界限"，"必将极大地削弱我们同反革命的斗争"，"客观上适应了国内外敌对势力的需要"，"模糊了刑法对敌专政的锋芒所向，麻痹了广大人民群众对反革命罪的警惕性"，"只能把我国的刑事立法引入歧途"，"企图以取消反革命罪来解决引渡问题，只不过是天真的幻想"，等等。尤其需要指出的是，文章竟把刑法学界要求更改反革命罪名的意见和方励之等人在美国发表的什么"宣言"相提并论，并提出了一个暗设杀机的疑问："多年来我们根据和运用我国刑法上明文规定的反革命概念依法判处了成千上万的反革命罪犯，现在反而说它不是严格的法律概念了，这意味着什么呢？我想，每一个严肃思考问题的人，是不难得出正确结论的"。这句话里明显地暗含着阶级斗争的火药味，要是在大批判那个年代，这句话足可以让人不寒而栗。

李：据我所知，这篇文章发表之后，在刑法学界引起了强烈的反响，你能就这方面的情况作些介绍吗？

侯：可以说在整个法学界（不仅仅是刑法学界）引起了轩然大波。不少刑法学家对这篇文章所提出的论点尤其是论辩方式，不仅仅是持反对态度，而且几乎是一种愤慨和厌恶的态度。大家认为，十一届三中全会之后，在全党的工作重心早已由以阶级斗争为纲转移到以经济建设为中心的轨道上来的情况下，仍然以"阶级斗争为纲"的老调来写此种大批判性的文章，实际上是想把持不同学术意见者置于敌对的立场上，给予政治上的挞伐。因此，在这篇文章发表不久，与其意见相左的文章便也开始公开发表了，关于更改反革命罪名的争议便由此开始了。

李:那么,公开发表的与“危险”一文观点相左的文章都有哪些呢?

侯:这样的文章大概有五六篇,其中有两篇是专门反驳“危险”的,其他数篇只是从正面阐述更改反革命罪名的必要性。第一篇是梁华仁和周荣生发表在《政法论坛》1990 年第 4 期上的《论反革命罪名的修改》,这篇文章从 3 个方面论述了更改反革命罪名的必要性和重要性。接着,王勇博士在《政法论坛》1991 年第 2 期上以《“危险”何在——与〈一个危险的抉择〉作者商榷》(以下简称“危险何在”)为题发表文章,对“危险”一文进行了全面的反驳。再接着,我又在《政法论坛》1991 年第 3 期上以《一个科学的抉择——与×××教授商榷》为题发表文章,也对“危险”一文进行了系统、全面的反驳。此外,在其他刊物上也有类似的文章发表。

李:你主要是从哪几个方面对“危险”一文进行反驳的?

侯:我主要从 3 个方面进行了反驳。第一,针对“危险”一文认为“‘反革命罪’是一个严格的法律概念”的观点,我详细论证了反革命罪不是一个严格的法律概念。指出反革命罪虽然由于被规定在法律中而成为一个法律概念,但它绝不是一个严格的法律概念,从本质上讲,它仍然是一个政治概念,而且主要是一个政治概念。我还指出,“反革命”不仅是一个政治概念,而且它的内涵和外延具有极大的不确定性和历史变异性,这是因为,“反革命”是一个在政治斗争中产生并为政治斗争服务的概念,是一定的政治力量对与其相对立的另一政治力量的称谓,而且政治力量和政治立场是可以改变的。由于“反革命”是一个政治概念,那么由它转化过来的“反革命罪”就不可能是一个严格的法律概念。第二,针对“危险”一文认为只有在刑法中规定反革命罪,“才能真正保证一国两制的实现”的观点,我详细论证了反革命罪与一国两制的矛盾。指出,在一国两制实现之后,对于企图颠覆港澳台资本主义制度的行为,无论是否定反革命罪,都将存在无法解决的矛盾,而且极不利于一国两制的实现。第三,针对“危险”一文认为反革命目的难以认定不能成为更改反革命罪名的理由,并认为删除反革命目的就是排除犯罪的主观因素,容易混淆两类不同性质的矛盾,甚至混淆罪与非罪的界限的观点,我详细论证了它在论述上的自相矛盾之处,并指出,犯罪的主观因素主要是指犯罪的故意、过失,目的只是主观因素中的一部分,因此,删除反革命的犯罪目的,绝不等于排除了犯罪的主观因素。况且,“反右”、“文化大革命”、1976 年天安门的“四五运动”等一系列事件,都足以证明,刑法中规定反革命目的,并不是区分两类不同性质矛盾的灵丹妙药。此外,我还指出,刑法中沿用“反革命罪名”,不利于维护国家的主权和尊严,不利于我国与其他国家之间的司法合作,等等。

李:王勇博士在"危险何在"一文里是从哪几个方面进行反驳的?

侯:他在文章中主要谈了以下4个问题:(1)取消反革命罪罪名不等于取消反革命罪。针对"危险"一文认为取消反革命罪名就是取消反革命罪的观点,王勇博士指出,"取消反革命罪的罪名,并不是要把现行刑法(实指1979年刑法)'反革命罪'一章的所有犯罪一锅端走,更准确地说,是要对反革命罪的形式作一修改,即以危害国家安全罪的罪名取代反革命罪的章目罪名或类罪名,并对这一章的内容作一些必要的技术上的调整,以使章目罪名更加准确地反映其章目下的具体罪名,使形式更贴切于内容。"(2)取消反革命罪罪名不但不会削弱甚至更有利于对敌斗争。针对"危险"一文认为取消反革命罪名"必将极大地削弱我们同反革命的斗争","客观上适应了国内外敌对势力的需要"的观点,王勇博士指出,取消反革命罪只能是"更有利于我们同一切危害国家安全和国家利益的敌人作斗争,并保障我国的人民民主专政政权和社会主义制度不受侵害。因为取消反革命罪名,使刑法在用词上和体系结构上更趋科学,将更加便于司法机关同敌对势力和敌对分子作斗争",而且更适应国际对敌斗争的需要,也有利于促进"一国两制"原则的实现。(3)关于刑法打击重点转移的问题。针对"危险"一文认为把刑法打击重点由反革命罪转移到经济犯罪是"阶级斗争观念淡薄的一种表现"的观点,王勇博士指出:"党的十一届三中全会就已宣布,我国的阶级关系已经发生质的变化,地主阶级和富农阶级已经消灭,资本家阶级也已不再存在,全党工作的重心已经由以阶级斗争为纲转移到以经济建设为中心的轨道上来……所以,把经济犯罪作为重点来打击,是完全符合我国社会主义建设的需要的,是与当前我国的政治经济形势和任务相吻合的。"况且,我们主张"把经济犯罪作为刑法的打击重点,并不是不要同敌对的反革命分子作斗争,更不是要放弃阶级斗争和对敌专政,而是要强调打击经济犯罪在当前的重要性和紧迫性,以引起人们对这个问题的重视"。(4)反革命罪是不是严格的法律概念。针对"危险"一文认为反革命罪是严格的法律概念的观点,王勇博士指出:"反革命一词在过去是一个严格的法律概念,而在目前就不那么严格了。""在新民主主义革命和解放初期的社会主义改造时期,由于革命的打击对象主要就是反革命的敌人,所以刑事立法上使用反革命一词来代表敌对分子,是十分恰当和科学的。但是,当革命的政权已经稳固,国家已趋于安定的时候,再使用'反革命'一词就显得不很恰当了。"

李:你觉得王勇博士的这篇论文和你的那篇《一个科学的抉择——与×××教授商榷》,是否驳倒了"危险"一文中的观点呢?

侯:我和王勇博士的观点可以说是反映了刑法学界绝大多数学者的观点,也得到了绝大多数刑法学家的支持。因为,我们两人在文章中都是讲事实摆道理,以理服人,没有采用扣帽子、打棍子或者讽刺、挖苦的手法。至于说是否驳倒了“危险”一文中的观点,如果只是从纯学术观点考虑,各种观点都可以争鸣或保留,不一定说谁驳倒了谁,这要由历史和实践去作结论。

李:据我所知,你和曹子丹教授还在《中国法学》1991 年第 2 期上发表了《论将“反革命罪”易名为“危害国家安全罪”》一文,你能谈谈这篇文章的写作过程吗?

侯:这篇文章是应《中国法学》编辑部特约而写的。1991 年 1 月中央提出修改反革命罪,并要求尽快进行。为了配合理论上的宣传,《中国法学》编辑部决定编发一篇关于这个问题的理论文章,邀请曹子丹教授和我作为这篇文章的撰稿人。

李:你和曹教授在这篇文章中都讲了哪些主要观点?

侯:这篇文章共讲了以下 4 项内容:(1)将反革命罪易名为危害国家安全罪,更能准确反映该类犯罪的本质特征;(2)将反革命罪易名为危害国家安全罪,有利于国际司法协助和引渡罪犯;(3)将反革命罪易名为危害国家安全罪,并删去反革命目的的规定,有利于对具体犯罪性质的认定;(4)将反革命罪易名为危害国家安全罪,有利于一国两制的实现。

李:这篇文章是否标志着关于更改反革命罪名的争议的终结?

侯:我看也可以这么说。因为在这篇文章之后,关于应否更改反革命罪名的文章,除了《法制日报》上有过一篇短文之外,较大的文章就不再出现了。但真正权威的结论还是由党中央和立法机关作出的。不过,值得一提的是,香港的《镜报月刊》在 1991 年 12 月号上也刊载了一篇关于修改反革命罪的文章,标题是《修改反革命罪与一国两制问题》。文中也曾提到了大陆关于更改反革命罪名的争议,并对“危险”一文中的一些观点进行了反驳。

李:你能谈谈对这场争议的感想和评价吗?

侯:1989 年政治风波之后,有不少人对“是否真的有必要更改反革命罪名”产生了疑问,而正是这场争议又使不少人消除了这种疑问,因此,我认为这场争议的效果是比较好的,它对于最终将反革命罪更名为危害国家安全罪起到了积极的推动作用。而将反革命罪更名为危害国家安全罪,在刑事立法上又是一个重大的历史性的进步。因此,可以肯定地说,这场争议是很有意义的。

谈到对这场争议的感想,有一点我倒是颇有感触,这就是关于学术争论的文风问题。我想,对于任何一个学术问题,都是可以有争论的。通过争论,使问题更加明确,观点趋向一致,这对学术的发展很有好处。但在争论的时候应当注意文风问题,不能唯我独左,唯我正确,借势压人。在我国传统上,“文以载道”可以说是士大夫们的共同目标。就文如何载道亦即文风而言,先秦诸子可以说是八仙过海,异彩纷呈。然而有一个共同点,那就是讲道理,讲究以理服人。孔子在博人以文、约人以礼时,也颇注重循循善诱,绝不会以势压人。我以为这是我们先辈留下的最值得承继的遗产之一。前几年,刑法学界就反革命罪的修改问题进行了深入的讨论,见仁见智,观点上有些差异,本是学术讨论中的常事。通过平等的、心平气和的讨论和商榷,许多问题是可以取得共识的,即使不能最终求同,那么存异也是允许的,因为学术讨论毕竟不是外交谈判,原本就不以达成协议为目的。但我们读“危险”一文,立即就被笼罩在一种政治斗争的氛围里,仿佛又回到了以阶级斗争为纲的那个大批判的年代。我认为,这样的文风不仅无助于增强论辩的力量,更有伤学术是非与政治是非的界限,不要随便回到以阶级斗争为纲的那个大批判的年代的文风上,乱扣政治帽子,乱打政治棍子。作为一名学者,更不应当牺牲真理去适应一时的、不正当的政治需要,这是我们作为学者必须具有的政治操守。当然,我上面所谈的只是就事论事的总结经验教训而已。在那场政治风波后形成的政治气候下,一时有所失误,也是可以理解的。我们不是以偏赅全,不是以一篇文章去评断一个人。

(1998 年第 9 期)

死刑的限制与扩张之争
——建国以来法学界重大事件研究（十七）

赵秉志[*]　肖中华[**]

肖中华（以下简称肖）：死刑作为一种最严厉的刑罚，历来受到各国立法者及刑法学家、社会学家的关注。在当今世界人权运动蓬勃兴起的社会历史背景下，更是如此。我国坚持保留死刑并严格限制死刑的刑事政策，但是死刑如何合理地适用，似乎越来越成为一个敏感而复杂的问题。赵教授，能否请您谈谈我国死刑限制与扩张之争是如何引发的？

赵秉志（以下简称赵）：我国刑法中死刑的限制与扩张之争，是在特定历史背景下产生的。新中国成立后，我们党和国家力倡并坚决贯彻"不废除死刑，但要少杀"的死刑政策。在1979年刑法中，这一死刑政策得到了较好的体现：首先，在刑法典总则中，规定死刑只适用于罪大恶极的犯罪分子，并将犯罪时不满18岁的人和审判时怀孕的妇女排除在死刑的适用对象之外。1979年刑法和刑事诉讼法还规定，死刑案件除由最高人民法院判决的以外，都应当报请最高人民法院核准，严格限制了死刑的核准程序。另外，针对罪该处死但不是必须立即执行的犯罪分子确立了死缓制度。其次，在分则条文中，1979年刑法对死刑罪名的规定也十分慎重，死刑条文仅15个，涉及死刑的罪名只有28个。其中，分则第一章反革命罪中的死刑罪名15个，死刑适用条件限制为"对国家和人民危害特别严重、情节特别恶劣的"。而反革命罪发案率很少，适用死刑的控制极其严格，因而这15个死刑罪名几乎可以说是备而不用或极少用。第二章危害公共安全罪中有8个死刑罪名，侵犯公民人身权利罪中有故意杀人、强奸妇女、奸淫幼女3个死罪，侵犯财产罪中有抢劫罪和贪污罪2个死罪。可见，在普通刑事犯罪中，死刑罪名仅有13个，而且基本上是危害极其严重的暴力犯罪，非暴力犯罪为死刑罪名的仅有贪污罪一个。因此，我们可以说，1979年刑法分则关于死刑罪名的规定，鲜明地反映了慎用死刑的立法思想，在死罪的数量及罪名的分布上都是无可厚非的。因此，1979年刑法之死刑立法背景下，所谓死刑限制与扩张之

---

*　作者单位：中国人民大学。

**　作者单位：中国人民大学法学院刑法专业博士研究生。

争尚无诱因。但是,1979年刑法颁布后不久,我国即进入改革开放的年代,随着经济、政治、文化各个领域逐渐发生变化,各种严重危害社会治安的犯罪和严重破坏经济的犯罪也日益猖獗,犯罪状况趋于恶化。面对这种情势,我国刑事政策随之作了重大调整。20世纪80年代初"严打"方针确定后,关于死刑的规定在全国人大常委会制定的几个单行刑法中日渐增多,与此相应,司法机关定罪处刑的重刑倾向也日益明显化了。在这种背景下,一些学者对死刑立法与司法的膨胀开始进行理性的反思,死刑限制与扩张之争逐步展开。

肖:如此说来,死刑限制与扩张之争的展开是与立法中增加死刑分不开的?

赵:是的。1979年刑法的死刑立法实践与限制死刑的政策是统一的。在20世纪80年代之初,我国刑法理论界也都是比较一致地宣传和阐明我国严格控制死刑的政策与立场的。而死刑限制与扩张的争端,肇始于刑法理论界一些学者对我国死刑立法不断增加的现实所提出的质疑与批评。对此,少数学者则持不同意见,认同20世纪80年代后我国死刑的立法规定,并为死刑的扩张提供理论依据。死刑限制与扩张之争,至20世纪80年代中后期已非常激烈,理论界多数人都极力主张对死刑立法作严格控制,认为当时死刑立法太多太滥,而司法部门和普通民众则基本赞成与支持较多适用死刑。死刑扩张论者认为,广泛适用死刑符合我国政治、经济情况及同犯罪作斗争的形势要求。

肖:20世纪80年代后,我国最高立法机关在不断通过特别刑法对1979年刑法进行补充修改的同时,对刑法典的全面修订工作也已起步,死刑设置自然是立法机关考虑的一个重要问题。那么,对死刑限制与扩张之争,立法机关当时持何态度呢?

赵:从1981年全国人大常委会颁行《惩治军人违反职责罪暂行条例》起的16年间,我国死刑立法一直在不断地增加。该条例对10种军职犯罪规定了死刑,由于这是针对军人违反职责罪的,且多系战时犯罪,而且该条例是在刑法典通过时即已决定另行颁布的,因而可以说该条例的死刑对刑法中的死刑立法及其适用并无太大的冲击。但是后来的有关立法就不同了:1982年颁布的《关于严惩严重破坏经济的罪犯的决定》,对17种经济和财产犯罪增设了死刑;1983年颁布的《关于严惩严重危害社会治安的犯罪分子的决定》,对13种刑事犯罪增设和规定了死刑。继1988年全国人大常委会通过的《关于惩治走私罪的补充规定》和《关于惩治贪污罪贿赂罪的补充规定》对走私罪、受贿罪增设死刑后,我国刑事立法对经济犯罪和危害社会治安的犯罪继续奉行从严的方针,死刑的适用范围持续扩大。据统计,自1981年至1995年间我国最高立法机关先后制定的25部单行刑法中,规定有死刑罪名或对某些犯罪补充规定死刑法定刑的就有

18部。由于这些规定,使我国刑事立法中可处死刑的犯罪由原来1979年刑法规定的28种猛增到80余种。也就是说,在1981年到1995年间,我国平均每年增加3个多死罪。这样的增长速度,在世界各国刑法史上都是罕见的。从这种立法实践可见,我国立法机关对死刑的立法一度赞成死刑扩张论的态度是鲜明的。在立法机关不断扩大死刑立法的同时,刑法理论界也多次向立法机关提出过应当严格限制死刑的具体的意见乃至书面意见,但学者对死刑立法膨胀的抨击基本上未起到什么作用。死刑立法扩张的现实,正好为刑法理论界少数持死刑扩张论者提供了立法上的"论据",客观上也增强了司法机关广泛适用死刑、多用死刑的意识。

我还想指出的一点是,在单行刑法通过大量增加死刑罪名来扩大死刑适用的同时,单行刑法及其他有关法律还通过其他途径扩大死刑的适用。

肖:您所指的"其他途径"有哪些?

赵:主要有两个方面:一方面,在法定刑的设置方面,确立了某些犯罪的绝对死刑即唯一死刑的法定刑。在1979年刑法分则规定死刑的条文中,根本没有绝对判处死刑的规定,而是将死刑作为一种可供选择的刑种。但是,1991年全国人大常委会《关于严禁卖淫嫖娼的决定》对组织他人卖淫罪、强迫他人卖淫罪之死刑,均是"情节特别严重的,处死刑,并处没收财产。"属于此种形式的死刑法定刑规定,还有1991年《关于严惩拐卖、绑架妇女、儿童的犯罪分子的决定》对拐卖妇女、儿童罪,绑架妇女、儿童罪,绑架勒索罪规定的死刑,以及1992年《关于惩治劫持航空器犯罪分子的决定》对劫持航空器罪的死刑规定。在绝对死刑法定刑的规定下,只要犯罪符合法定的量刑情节,司法人员只能对犯罪人适用死刑,毫无自由裁量的余地,因而这种法定刑的立法模式,实际上扩展了死刑的适用面。另一方面,就是大范围下放死刑核准权。1979年刑法和刑事诉讼法都规定死刑复核权一律由最高人民法院行使。但1980年2月12日全国人大常委会第13次会议决定,在1980年内,对杀人、抢劫、强奸、放火等严重危害社会的现行刑事犯罪分子判处死刑的核准权,由最高人民法院授权省、自治区、直辖市高级人民法院行使。1981年6月19日全国人大常委会颁布的《关于死刑案件核准问题的决定》则规定,1981年至1983年内,犯杀人、抢劫、强奸、爆炸等罪行,由省、自治区、直辖市高级人民法院终审判决死刑的,或者由中级人民法院一审判决死刑、被告不上诉的,都不必报最高人民法院核准。为将这一限时特别法的规定延续下去,1983年全国人大常委会通过修改《人民法院组织法》,规定杀人、强奸、抢劫、爆炸等严重危害公共安全和社会治安判处死刑的案件的核准权,最高人民法院在必要的时候得授权省、自治区、直辖市高级人民法院行使和军事法院行使。1991 年 6 月，最高人民法院发出通知决定云南省的毒品犯罪死刑案件的核准权，依法授权由云南省高级人民法院行使。此后，最高人民法院又先后于 1993 年 8 月 18 日将毒品案件的死刑核准权下放给广东省，于 1996 年 3 月 19 日下放给广西壮族自治区、四川省和甘肃省。死刑核准权的大范围下放，在程序上为死刑适用范围的扩大开了一个缺口。

肖：死刑立法从增设死刑罪名、下放死刑复核权等方面进行扩张，对司法实践有何影响呢？

赵：死刑立法的膨胀，使得司法实践中崇尚死刑的思想和多用死刑的做法得到助长，死刑司法的扩张与死刑立法的扩张是相辅相成的。不过，要较为准确甚至大概地说出中国司法机关制定和执行死刑的数字，是极不容易的。中国的死刑数字，一直被作为国家秘密，就连最高司法机关的一般人员也是无从知晓，对研究人员来说，更是讳莫如深。

肖：死刑的立法扩张是否取得了预期的效果呢？

赵：强调犯罪状况的日益猖獗、社会治安形势严峻，10 多年来一直是立法机关扩大死刑立法的重要理由；自然，社会治安状况的好转，亦是立法、司法扩大死刑适用范围所要追求的目标。但多年来的司法实践证明，除 1983 年至 1985 年期间在疾风暴雨式的“严打”下犯罪率略有下降外，从 1985 年下半年开始，我国刑事犯罪活动再度猖獗，并持续呈直线上升趋势。这样，10 多年来，随着死刑等重刑立法内容的增长，实际上出现了刑罚量与犯罪量同步增长的“两高”局面。

肖：面对死刑量增加而犯罪量有所上升的事实，死刑限制论者与死刑扩张论者是怎样展开争论的呢？

赵：死刑限制论者认为，犯罪率上升的事实，足以证明死刑扩大化的失效。他们指出，根据某一时期犯罪活动猖獗的形势之变化，适当加强刑法调控力度以打击犯罪分子的嚣张气焰和警戒社会上一些不稳定分子，确有必要，但是，片面、过分地强调刑罚的苛厉，甚至动辄扩大死刑的适用来制止犯罪，是极不明智的；死刑的威慑力也是有限的，死刑的作用一旦被夸大、神化，死刑的威慑力度就必然会减弱，刑罚的公正性也会受到损害甚至丧失殆尽。死刑扩张论者则认为，死刑作为最严厉的刑罚方法，对犯罪人而言具有最有效的特殊预防作用，同时具有最大的威慑力，可以对潜在犯罪人产生最有效的遏制；死刑适用扩大后，犯罪率没有下降，社会治安状况未有好转的事实，并不能否定死刑多少与犯罪率上升幅度的大小有关。另外，面对日益猖獗的犯罪局势，人民群众要求增加死刑的呼声一直很高，扩大适用死刑，是人民的意愿。

肖：对于这种争论，您能否谈谈个人的看法？

赵:我始终坚持严格控制死刑适用的观点的。20 世纪 80 年代后我国死刑立法从增设死刑罪名,大范围下放死刑复核权等方面扩张死刑的适用,可以说是与我国一贯主张的“少杀慎杀”的政策背道而驰的。历史的和现实的经验一再证明,死刑的存废和多寡与犯罪率的升降之间,并没有必然的联系。如果把扭转社会治安恶化局面的赌注压在死刑上,每一次刑事立法活动都不遗余力地扩张死刑条款,其结果只能是误导人们对死刑的盲目崇拜。我国在 1981 年至 1995 年短短的 16 年间大量增加死刑立法,实际上是一种缺乏理性的、对犯罪的增长所作出的本能的、直觉的反应。在中国这样一个报应观念根深蒂固、重刑主义思想有相当大影响的国家,这种做法是十分危险的。死刑扩张论者过多地强调社会治安状况恶化的现实和人民群众的呼声,可是,在实践业已证明扩张死刑立法并不能从根本上扭转犯罪率上涨的客观事实面前,仍寄遏制严重犯罪发展趋势的希望于广泛适用死刑的实证根据又何在呢?作为立法者,对死刑的作用则更应有冷静、客观的认识,立法不应一味地去迎合、满足普通民众出自本能、情绪性的报应要求而增加死刑立法,而应站在理性的高度去正确地引导人民群众,削弱民众强烈的死刑意识。应当看到,犯罪的根源有着极其复杂的社会因素和个体因素,死刑并非控制和预防犯罪的最重要的手段,更不是对付犯罪的唯一有效的手段。求生畏死固然是人的本性,因而死刑对罪犯的报应和对潜在犯罪人的威慑自然是其他刑罚无与伦比的。但如果过分地崇尚与依赖死刑,过高地估计死刑的作用,则必然会使法律失去正义,失去公众的尊重和支持,包括罪犯在内的人们必然对这样的法律的合理性产生怀疑乃至心理上的抵触,死刑的大量适用也就会应一句俗话——“物极必反”,所谓刑罚量与犯罪量同步增长,出现“两高”的情形,便是这种效应的鲜明表征。意大利著名刑法学家贝卡利亚曾有名言:“严峻的刑罚造成这样一种局面:罪犯所面临的恶果越大,也就越敢于规避刑罚。”回顾近 10 多年来我国死刑的立法、司法及理论研究的状况,我想再提出这样几个值得反思的问题:第一,相当多的死刑立法是缺乏深入调查研究和科学论证的,立法者往往基于一时之用,仅仅根据实践中个别严重犯罪现象而对某一种或某一类罪增设死刑,缺乏长远、全局的眼光。如对故意伤害罪、传授犯罪方法罪设立死刑就是如此。这些犯罪设立死刑后,司法机关将一些不应判死刑的案件也判了死刑,却是立法机关始料不及的。据某省的司法部门统计,仅杀人、抢劫、强奸、重大盗窃等犯罪的死刑适用量,就占全部死刑适用量的 90% 左右,这说明立法中绝大多数死刑规定是虚置,备而不用的。第二,司法实务中适用死刑所体现的重刑色彩有过于立法而无不及。举个例子,在 1983 年“严打”中,有些司法机关在获悉或风闻新法(重法)即将出台时,对某些依新法可能判刑更重甚至可以判处死刑的案件,故意久拖不决,至新法生效后再作审判,以对罪犯处死刑;有些司法机关对于已按1979年《刑法》定罪判刑而生效的案件,通过审判监督程序办“回头案”,依新的单行刑法对罪犯改判死刑。第三,理论界一些人针对死刑立法上存在严重结构失调的现象,比高不比低,为死刑立法的攀比作舆论,是很不理智的。例如,1982年《关于严惩严重破坏经济的罪犯的决定》对盗窃罪增加死刑后,有人就质问为什么诈骗罪不增加死刑?在这些人看来,死刑只能同步增加,而不能通过削减某些罪的死刑来达到刑法内部的和谐统一。立法在这种理论的支配下,只能使死刑立法水涨船高。

肖:从您前面介绍的内容可知,限制死刑、减少死刑的死刑限制论提出已有10多年的历史。那么,在这次新刑法的草拟中,限制死刑立法的呼声是否很高?

赵:死刑的立法设置问题,在1996年4月30日全国人大常委会法工委召开的一次刑法修改座谈会上,被立法工作机关认为是刑法修改中应当着重研究的10大问题之一。这次座谈会后,中央司法实务部门和刑法理论界学者对死刑的适用问题都提出了意见。最高人民检察院刑法修改小组就如何适当限制、减少死刑适用范围,取消一些犯罪适用死刑的规定,提高某些犯罪死刑适用标准以及完善限制死刑的具体刑罚制度,均提出了具体建议;最高人民法院刑法修改小组也就原则上对哪一类犯罪应适用死刑提出了意见;公安部刑法修改小组提出,从犯罪类型上看,对直接危害国家利益的政治和经济犯罪,对危害公共安全的犯罪和危害公民人身安全的犯罪,应当保留死刑,其他犯罪可适当少用或者不用死刑。刑法学术界许多学者也就死刑的适用问题进行了研讨,发表了不少具体意见和建议。总体上来说,削减死刑的呼声是很高的。这里值得一提的是,1996年10月10日法工委印发的《刑法修订草案(征求意见稿)》后,国家立法机关于同年11月11日至22日在北京召开了大型的刑法修改座谈会,征求对该草案的意见。11月22日进行大会发言时,著名刑法学家高铭暄教授就修订草案中死刑的立法规定进行了慷慨激昂的精彩评析发言,他以大量的事实和理论依据,从历史正反两面经验、死刑立法的横向比较、死刑价值、党的“少杀”政策以及国际斗争利益等多角度出发,旗帜鲜明地提出了削减死刑的建议,给广大与会者以启迪,并赢得了与会者广泛的赞同。他的发言和刑法学界的有关理论研究建议,可以说对国家立法机关就新刑法典中死刑的设置问题也产生了一定影响。

肖:新刑法典对死刑立法是限制?是保持原样?还是作了进一步扩张呢?

赵:在1997年3月6日八届全国人大五次会议上,全国人大常委会副委员长王汉斌在《关于〈中华人民共和国刑法(修订草案)〉的说明》中指出,考虑到目前社会治安的形势严峻,经济犯罪的情况严重,还不具备减少死刑的条件,这次修订刑法,对现行法律规定的死刑,原则上不减也不增加。通观新刑法典对死刑的立法设置,我认为立法者反对进一步扩张死刑的立场是明确的,而且应当肯定,从立法上限制和减少死刑,在一定程度上已经受到了立法者的重视。在死刑适用范围的对象上,新刑法典取消了对已满16周岁不满18周岁的未成年犯可以判处死缓的规定;在分则条文中,新刑法典较大幅度地削减了死刑罪名,死刑罪名减少到60个左右了。另外,还明确提高了故意伤害罪、强奸妇女罪、盗窃罪、抢劫罪等犯罪适用死刑的条件。这些都是削减死刑的重要举措。在目前犯罪形势如此严峻且司法机关和普通民众普遍崇尚死刑的意识如此强烈的情况下,立法者能够在死刑削减问题上做到这种地步,也是难能可贵的。

肖:死刑复核权的行使是否因为新刑法典的施行而发生了变化?

赵:死刑复核权下放给高级人民法院和军事法院的法律依据,主要是1983年9月2日修改后的《人民法院组织法》第13条,1979年刑法第43条规定的是死刑复核权由最高人民法院统一行使,因而新刑法第48条关于死刑复核权的规定仍保持了1979年刑法第43条的相应内容,从表面上看似乎未作变动。但这里有一个问题,就是刑法是全国人大通过的国家基本法律,《人民法院组织法》只是全国人大常委会通过的专门法律,前者的效力和地位无论如何应高于后者,全国人大常委会1983年9月2日对《人民法院组织法》这样一个规范人民法院组织的法律进行修改,而涉及刑法实务中死刑复核权的程序变动问题,其合理性本来就值得怀疑。现在,新刑法作为新法,《人民法院组织法》为旧法,从新法与旧法的关系上看,新法效力也优于旧法,因而从法理上讲,新刑法关于死刑复核权的规定,应当是对《人民法院组织法》的相应规定作了修改,死刑复核权依新刑法应由最高人民法院收回,统一行使。何况,1996年修正后的刑事诉讼法也规定死刑复核权由最高人民法院统一行使。而且在我看来,即使将来全国人大常委会修改《人民法院组织法》,也不应修改刑法典和刑事诉讼法关于死刑案件复核权统一由最高人民法院行使的规定。因为刑法和刑事诉讼法是国家基本法,《人民法院组织法》作为基本法下位的法律,不能修改基本法的重要规定。不过,从新刑法施行后的司法实践来看,最高人民法院尚未收回死刑的核准权,而且在新刑法通过后施行前,最高人民法院曾于1997年9月下发了一个通知,维持了原来对死刑复核权的下放。这是值得推敲的一个问题。

肖:您认为收回死刑复核权可行吗?

赵:新刑法通过后,中国法学会刑法学研究会的部分学者曾提出过一个应将死刑复核权收回最高人民法院的书面建议。我们认为,最高人民法院收回死刑复核权不仅应当而且可行。收回死刑复核权,据说当前最大的问题就是最高人民法院刑事审判的人手不够，经费不足。而这个问题并非无法解决。可以考虑给最高人民法院适当扩大一些编制，由国家财政专门拨出一笔经费，以使死刑复核之用。我们设想，在最高人民法院现有编制的基础上增加200人左右，成立一个专门的死刑复核庭，抽调最高人民法院其他庭、各高级人民法院及法学教学科研机构的专家法官组成，即可完成全国死刑复核的艰巨任务。这样做，从最高人民法院看，从事死刑复核的人数增加了，经费增加了，但从各高级人民法院原来从事死刑复核的人可以改作其他审判工作的情况看，死刑核准权收回到最高人民法院，从事死刑核准的人员和经费不仅不会增加，反而会大大减少。而且，恕我直言，我认为，死刑复核权收回最高人民法院，可以说关键问题还不在于法官人手和经费，而在于有关决策机构和领导人的眼光与韬略，只要决策者认识上去了，下决心从死刑复核上依法坚决把好关，其他问题虽有困难也是可以解决的。

肖：自意大利著名刑法学家切萨雷·贝卡利亚于1764年在其名著《论犯罪与刑罚》首次明确提出废除和限制死刑的主张以来，西方国家便展开了一场旷日持久的死刑存废之争，这场已达200余年的争论似乎对我们国家的死刑立法问题无关紧要，而在我国，死刑的限制与扩张之争仍将持续，您能否对我国死刑立法的前景作一展望？

赵：从世界范围来看，减少、限制乃至废除死刑已成为不可逆转的潮流。我国目前死刑立法仍有过于宽泛的问题，在我国当前及今后一段时期内，虽然废除死刑的社会物质生活条件和文化、法治观念等有关条件尚不具备，但严格控制和减少死刑，理应成为我国刑法立法和司法中高度重视的问题。相信随着我国社会生产力的发展和科学文化的进展，人们的死刑观念会不断地发生变化，立法者和司法人员对于刑法的人权保障观念会越来越强，对死刑的限制，相应地也会随着社会的进步而日益加强。不过，对于作为实践先导的思想观念的进步，我们不应消极地期待，而应积极地促进。目前，在我国刑法理论界一些学者似乎非常忌讳谈死刑废止的问题，这种做法和态度应当改变。根据大赦国际组织统计的截至1993年年底的统计数字，世界上已有53个国家全面废除了死刑，有16个国家对普通犯罪废除了死刑，有21个国家实际上长期未执行过死刑。对于这种当今世界废除死刑的趋势，中国不能不予以关注。一些人认为，死刑在一些国家废除后又得到恢复，甚至屡废屡复的现象，证明死刑的废除并非大势所趋，我认为这种看法是不正确的。从死刑在一些国家的时废时复的事实，并不能简单得出死刑废除不了的结论，这种反复还是有其积极意义的。在此过程中，国家的刑事法治受到考验，民众的法治观念也得到提高，死刑制度之存废也得到实践的检验，这不是一个简单的循环，而是一个刑事法治螺旋式上升的过程。我们可以看到，在死刑时废时复的进程中，保留死刑的国家总是数量越来越少，而不再是越来越多。无论如何，从尊重人的生命权利，推进刑罚的文明与进步等诸方面看，尽量减少甚至在将来条件成熟时逐步废除死刑，应当成为我国刑事立法、司法和刑法理论在死刑问题上的主导方向。而且，站在“一国两制”的高度来看，也是如此。目前，香港已经回到祖国，澳门回归指日可待，台湾地区与大陆的统一也是民心所向、势在必行。香港已废除死刑，澳门刑法没有规定死刑，台湾地区规定的死刑虽然不少，但实行执行的很少。作为中国主体部分的大陆，其在刑事立法规定死刑和司法中适用死刑的多寡，不能不考虑“一国两制”的需要和社会主义制度的优越性问题，我们对此应有一个清醒的认识。

（1998 年第 10 期）

金融犯罪数额问题的刑法分析

刘宪权*

一、金融犯罪及金融犯罪的数额分析

所谓金融犯罪，是指行为人（包括自然人和单位）违反有关金融法律法规，危害国家有关货币、贷款、金融票证、外汇、保险、金融业务专营（包括集资）、证券等方面的金融管理制度，扰乱金融管理秩序，严重危害社会依照刑法应当加以处罚的行为。

就刑法理论而言，金融犯罪并非是一个独立的罪名，而是属于一类犯罪的总称。由于这类犯罪涉及金融领域，且所有的犯罪行为所指向的社会关系均为国家的金融管理制度和管理秩序，因而，理论上将这些犯罪统称为“金融犯罪”。

就刑法规定而言，金融犯罪的范围主要包括：现行《刑法》第三章破坏社会主义市场经济秩序罪中的第四节破坏金融管理秩序罪，以及刑法该章第五节金融诈骗罪。其中涉及的刑法条文共有 31 条，涉及的罪名共有 32 个（不包括挪用、贪污类犯罪）。

从上述金融犯罪的定义和范围分析中，我们不难发现，无论是破坏金融管理秩序罪，还是金融诈骗罪，一般均涉及有关犯罪数额问题。而我国刑法中有关条文也直接或间接地规定将犯罪数额作为金融犯罪定罪量刑的依据，这主要体现在以下两个方面：

1. 数额是区分金融犯罪罪与非罪的重要根据。正如前述，金融犯罪的数额是体现金融犯罪社会危害性大小程度的主要标志。作为金融犯罪，其最大的一个特点就是对金融管理制度的破坏，而衡量这种破坏的程度，虽然可以包括有多种其他因素，但数额无疑是最主要的因素。根据刑法规定，许多金融犯罪的构成都是以一定量的数额作为起点的，即只有当金融犯罪数额达到一定量时，才能构成犯罪，否则，就不能认定为犯罪。

首先，刑法明文规定一定量的数额是构成某些金融犯罪的必备条件。例如，

---

* 作者单位：华东政法学院（现华东政法大学）。

《刑法》第171条（出售、购买、运输假币罪）、第172条（持有、使用假币罪）、第173条（变造货币罪）、第175条（高利转贷罪）、第178条（伪造、变造国家有价证券罪；伪造、变造股票、公司、企业债券罪）、第179条（擅自发行股票、公司、企业债券罪）、第192条（集资诈骗罪）、第193条（贷款诈骗罪）、第194条（票据诈骗罪）、第196条（信用卡诈骗罪）、第197条（有价证券诈骗罪）、第198条（保险诈骗罪）等条文中，均明确规定"数额较大"或"数额巨大"的构成要件。也即只有在犯罪数额达到"较大"或"巨大"的情况下，行为人的行为才构成犯罪并适用刑法有关条文中所规定的刑种和刑度。

其次，一定量的数额是衡量某些以"情节严重"、"造成严重后果"、"造成较大损失"等为构成要件的金融犯罪的主要根据。应该看到，我国刑法有关金融犯罪的规定中，有些条文虽未明文规定一定量的数额是构成犯罪的必备条件，但却明文规定"情节严重"或"造成严重后果"、"造成较大损失"等内容是某些金融犯罪的构成要件。例如，《刑法》第180条（内幕交易、泄露内幕信息罪）、第181条（编造并传播证券交易虚假信息罪）、第182条（操纵证券交易价格罪）、第187条（用账外客户资金非法拆借、发放贷款罪）、第188条（非法出具金融票证罪）、第189条（对违法票据承兑、付款、保证罪）、第190条（逃汇罪）等条文中，均明确规定"情节严重"、"造成严重后果"或者"造成较大损失"等的构成要件。由于金融犯罪一般均涉及金融数额，因而，认定这些金融犯罪行为的"情节"、"后果"及"损失"程度，从立法精神到司法实践都应该以一定量的犯罪数额作为起点。也正是由于这一点，笔者认为，犯罪的数额同样也对这些金融犯罪的成立与否起相当大的作用。

最后，对于某些虽没有"数额"、"情节"，也没有"后果"、"损失"等构成要求的金融犯罪，一定量的数额同样也具有决定作用。例如，《刑法》第170条（伪造货币罪）、第174条（擅自设立金融机构罪；伪造、变造、转让金融机构经营许可证罪）、第176条（非法吸收公众存款罪）、第177条（伪造、变造金融票证罪）、第195条（信用证诈骗罪）等条文中，均没有将"数额""情节"等作为构成犯罪的要件，但是，在司法实践中，我们在具体认定这些金融犯罪时，不可能也不应当不将"数额"作为区分罪与非罪的主要依据。按照以往的做法，有关司法解释也会从数额上对构成这些金融犯罪作出规定。由此可见，刑法规定的某些金融犯罪构成要件中，虽然没有"数额"或"情节"等的要求，但实际上构成这些金融犯罪，仍然离不开一定量的数额。

2. 数额是衡量金融犯罪罪重罪轻的主要标志。应当看到，金融犯罪的数额的大小，与金融犯罪行为对社会的危害程度是成正比的。一般而言，数额大的危害严重,数额小的危害较轻。我国刑法不仅把一定量的金融犯罪数额作为区分罪与非罪的重要根据,而且还把金融犯罪数额的大小作为划分金融犯罪罪重罪轻的一个主要标志,这主要表现在以下几个方面:

首先,金融犯罪中的数额对确定适用刑罚档次具有重大作用。在我国刑法中,一般把一些金融犯罪的数额分成3个档次,即“数额较大”、“数额巨大”和“数额特别巨大”。

其次,金融犯罪中的数额对选择具体刑罚具有重要作用。我国刑法中的法定刑规定是采用相对确定刑的标准,也就是说,对各种具体犯罪行为所规定的相应刑罚标准,并非绝对确定,而是有着一定幅度的。金融犯罪中宽幅性的数额档次与宽幅性的刑罚标准是相对应的,换言之,随着金融犯罪数额在一定档次范围内的变化,刑罚的轻重也就相应地在一定刑罚标准的幅度内浮动。如果金融犯罪数额刚刚到达某个数额档次的起点,处刑就在与之相适应的刑罚标准幅度内从轻,反之,则从重。如果金融犯罪突破了该数额档次的极限,刑罚就随之升格。据调查,目前司法实践中,有些司法机关在法律、法规规定的数额档次和刑罚档次内,给每个单位数额(如千元或万元)规定确定刑罚的标准。笔者认为,尽管这些做法有可以探讨之处,但在结合考虑其他情节的前提下,对定量的金融犯罪数额确定相应定量的刑种和刑度,无疑对量刑科学化具有推进作用。

综上所述,数额在认定和处罚金融犯罪中始终起着重要且其他情节不可代替的作用。但是,笔者同时还认为,金融犯罪的数额只是众多犯罪情节中的一个重要情节,而绝不是全部。

二、有关确定共同金融犯罪成员“数额”观点的分析

在司法实践中,一些犯罪往往不是由单个人实施的,而由2人以上共同故意实施的。一般而言,2人以上共同故意实施的犯罪,比单个人实施的犯罪,具有更大的社会危害性。所以,我国刑法对共同犯罪问题十分重视。

在共同故意实施金融犯罪的案件中,对每一个共同犯罪成员应如何确定刑事责任呢?笔者认为,如同单个人实施金融犯罪一样,以共同故意实施的共同金融犯罪的刑事责任,也应当以数额作为主要依据。因为,在共同金融犯罪中,犯罪数额的大小也不同程度地反映了共同犯罪行为的社会危害性大小。一般来说,在其他情节相同的情况下,数额越大,社会危害性相应就大;反之,则社会危害性就小。这主要还在于金融犯罪的质的构成和量的构成是不能脱离金融,且受金融关系所决定和制约。只要是金融犯罪,无论是单个人实施的还是二人以

上共同故意实施的,均不能不同表示金融关系的质和量两方面相统一的数额问题相联系。

共同金融犯罪的数额又不同于一般单个人实施的金融犯罪的数额,其有总额、参与数额、分赃数额、平均数额等种类之分,这就出现了一个新的问题,即在确定共同金融犯罪成员的刑事责任时,究竟应当以何种数额作为主要依据或标准?对此问题,司法实践中理解不一,做法各异;刑法理论上则众说纷纭,分歧较大。归纳起来主要有以下几种观点:

1. 分赃数额说。持此说的人主张各共同犯罪人只对自己实际分得赃物的数额承担刑事责任。他们认为,一般共同金融犯罪原则上应以个人非法所得的数额作为处罚的基础,同时考虑其在共同犯罪中的地位和作用,综合予以量刑。但是,对集团犯罪的首要分子,则应当按照共同金融犯罪的总额处罚。根据这种观点,在司法实践中,对于共同金融犯罪成员首先应当根据各自分赃的数额确定其适用的刑法条款,然后按照个人参与犯罪和分赃数额、在共同金融犯罪中的地位、作用和其他情节,进行全面分析,依法对各共同犯罪人进行处罚。

2. 分担数额说。持此观点者主张各共同金融犯罪成员应对本人"应当分担"的数额负责。至于如何确定各共同金融犯罪成员"应当分担"的数额,有人提出,可综观各成员在共同金融犯罪中参与的数额、个人所得数额、其地位与作用和整个案情,先确定各成员应承担百分之几的责任,根据这个责任的百分比数再换算成作为对是否构成犯罪和怎样处刑依据的数额(不等于个人分赃的真实数额)。例如,某甲伙同他人共同实施集资诈骗,非法获得10万元,根据整个案件确定某甲应承担60%的责任,那么,某甲就应承担6万元的集资诈骗数额。

3. 参与数额说。持此说者主张各共同金融犯罪成员应对本人实际参与的金融犯罪数额承担刑事责任。有人提出,以参与数额作为各共同金融犯罪成员承担责任的主要依据,是由共同犯罪的特点所决定的。因为,任何一个共同金融犯罪,各个共犯成员的犯罪都是彼此联系、互为条件的,每个共同犯罪人的行为与犯罪结果之间都存在因果关系。对于自己参与实施的金融犯罪行为,共同犯罪成员主观上有共同的故意,客观上有共同的行为,因此,理应对这些行为负责。

4. 犯罪总额说。持此说者主张以共同金融犯罪的总额作为确定各共同金融犯罪成员的刑事责任的标准。有人提出,在共同金融犯罪案件中,所有共犯成员都应对他们造成的财产损失总额负责,而不应搞所谓"分别负责"。当然,在决定各个犯罪成员的处罚时,应根据各人所起的作用和责任大小、认罪态度好坏等加以区别对待。但是,这种区别只能是建立在对他们共同犯罪结果负责的基础之上的区别,否则,共同金融犯罪和单个人犯罪就没有什么区别了。

5. 折中说。持此说的人主张综合考虑全案因素，确定各共同金融犯罪行为的大小，然后据此定罪量刑。有人提出，不能只对自己参与犯罪或者分得的数额承担责任，而是根据各共同犯罪成员在犯罪活动中的实际作用，结合各自取得和分得的财物数额，分别承担各自应负的刑事责任。

分析上述5种观点，我们不难发现，除第5种“折中说”观点没有真正提出实际的标准外，其他四种观点均有比较明确的标准。目前理论界主张较多，同时司法实践中运用较普遍的观点，是“犯罪总额说”和“参与数额说”。实际上，犯罪总额和参与数额在大多数情况下是完全一样的。最主要还是对参与的理解问题，如果把数额理解为参与共同金融犯罪的数额，那么其意义就可能等同于犯罪总额。如果把数额理解为实行犯实施犯罪的数额，于是就产生了总额和参与数额的区别。笔者的理解是后者意义上的参与数额，因此，在某一些金融犯罪案件中参与数额不同于总额，而在某一些金融犯罪案件中参与数额又与总额没有什么区别。

笔者认为，确定共同金融犯罪成员的刑事责任仍应从刑法理论中有关共同犯罪基本原理出发，并以刑法有关条文规定作为基础。因为，共同金融犯罪虽然有不同于一般共同犯罪的地方，但既然是共同犯罪，它就必然与其他一般共同犯罪在本质上是相同的。所以，我们讨论共同金融犯罪成员的刑事责任时，必须立足于共同犯罪的一般原理和刑法规定。

“分赃数额说”将个人非法所得的数额作为处罚的基础，其明显的缺陷在于过分地强调了各共同犯罪成员的独立性，忽视了共同犯罪的整体性。众所周知，共同犯罪的特点是在主观上的共同犯罪故意的支配下，客观上实施了共同犯罪行为。每一个共犯成员的行为均与最后造成的危害社会的后果具有一定的因果联系。也就是说，在共同犯罪中，各个犯罪成员在参加某一共同犯罪活动时，都有一个一致的目标，正是由于这个一致的目标才把每个犯罪成员的活动联结起来，成为一个共同的犯罪行为。由于共同犯罪中每一个共犯成员所起的作用以及所处的地位不同，因而对造成的危害结果所应当承担的刑事责任也应有所区别。“分赃数额说”表面上看似乎十分公允，得多罚重，得少罚轻，但是，分赃的数额在共同金融犯罪中并不能完全说明每一个共犯成员的作用和地位。例如，有个别共犯成员没有图利动机，分文不取，但在整个共同金融犯罪中却起主要作用，在这种情况下，就很难以分赃数额来说明问题了。另外，也并非所有的共同金融犯罪均存在分赃数额，在犯罪未遂或者在犯罪所得由各共同犯罪人共同挥霍的情况下，都不存在分赃数额。显然按此说观点，有时就根本无法执行。

“分担数额说”根据犯罪分子在共同金融犯罪中的作用，确定各共同犯罪成员应当分担的数额。这在一定程度上克服了“分赃数额说”的缺陷,因为在没有分赃数额的情况下,各共同犯罪成员在共同金融犯罪中的作用都是客观存在的,依据每个人的作用,并将其换算成相应的应该分担的数额,这无疑是合理的。但是,“分担数额说”仍存在一个根本的缺陷,即把共同犯罪视为数个单独犯罪的简单相加,仍然没有克服“分赃数额说”强调共同犯罪成员刑事责任的独立性,而忽视共同犯罪的刑事责任的整体性这一明显缺陷。因为,按照“分担数额说”,各共同犯罪成员应当分担的数额之和等于共同金融犯罪总额,那么,就会产生这样的结果,即共同金融犯罪参与的人越多,各人分担的责任也就越小,另外,如何将共犯成员在共同金融犯罪中的作用换算成应当分担的数额也比较复杂,实际执行时难度很大。

“折中说”表面上仿佛面面俱到,但由于缺乏明确的标准,实际工作中就更难执行。

那么,“犯罪总额说”(包括“参与数额说”)是否可取呢? 笔者认为也不可取。刑法学界有些学者认为,“犯罪总额说”不违背罪责自负原则。因为共同犯罪的罪责自负与单独犯罪的罪责自负并不完全相同。在单独犯罪的情况下,行为人对自己犯罪行为所造成的危害结果承担刑事责任,就是罪责自负。而在共同犯罪的情况下,由于各共同犯罪人主观上具有共同犯罪故意,在客观上互相配合共同造成了一定的危害结果。因此,各共同犯罪人都应当对共同犯罪的结果承担刑事责任,这就是要罪责自负。有人还举例证明,甲乙共谋杀丙,甲砍了三刀,乙砍了三刀,共同将丙砍死。分开来看,甲乙的各三刀都不足以致丙死亡,但六刀却足以致丙死亡。由此不能说甲乙只对本人所砍的三刀承担刑事责任,应以故意杀人未遂论处。

笔者对这种观点不敢苟同。从刑法理论上讲,虽然共同犯罪不同于单独犯罪,但对罪责自负的刑事责任原则的理解却不应当有两种。刑法理论和刑法规定从来就不认为,每个共同犯罪人都应该对共同犯罪的结果承担全部刑事责任。在共同金融犯罪中,每个犯罪成员在犯罪活动中的地位与作用不可能完全相同,确定每个共犯成员的刑事责任当然应当以这些不同的地位与作用为基础,如果要每个罪犯都对犯罪总额负责,对每个共犯成员都以共同犯罪数额作为量刑的基础,那就是不加区别地要每个共犯成员都承担其他共犯成员的罪责。上面所举杀人案例虽然属于共同犯罪,但不是共同金融犯罪。共同金融犯罪不同于其他共同犯罪的一个重要特征,就在于其往往与一定的可以分割的数额紧密相连。显然,以一个结果不能分割的共同杀人案是无法准确地说明和分析共同金融犯罪中的刑事责任问题的。毫无疑问,共同犯罪不是单独犯罪的简单相加,而是各个共同犯罪人行为的有机结合。就行为而言,它是一个密不可分的整体,但是行为的不可分割并不等于结果的不可分,在共同金融犯罪中,有些数额是可以分的。另外,共同犯罪行为作为一个整体,这主要是对各共犯成员之间的关系进行分析后得出的结论,这并不意味着每一个共犯成员不分作用大小、地位如何均要对整个共同犯罪的结果承担责任。笔者不赞成以共犯成员的分赃所得数额作为每个共犯成员承担刑事责任的标准,因为对共同犯罪人区别对待,并不表现在各共同犯罪人对本人分赃所得数额承担刑事责任上,而应体现在综合地考察其在共同金融犯罪中的作用,并根据作用大小予以轻重有别的处罚上。但是,笔者也不赞成全然不顾各共犯成员的分赃数额,而一律以犯罪总额作为每个共犯成员承担刑事责任的标准。因为,在共同金融犯罪中,分赃数额的大小在某种程度上对社会危害性大小具有决定的作用,在综合考虑共犯成员的作用和地位时,我们虽然不能说分赃数额能代表一切,但也不得不承认分赃数额在大多数共同金融犯罪中是一个不容忽视的重要情节。

另外,刑法学界还有学者认为,各共同犯罪人均对共同金融犯罪总额承担刑事责任并不违背罪刑相适应的原则。有人提出,各共同犯罪人对共同犯罪总额承担刑事责任,是指各共同犯罪人对该共同犯罪总额都要承担一份刑事责任,而并不意味着每个共同犯罪人都必须对共同犯罪总额负全部刑事责任,或者负平均的责任。至每个共同犯罪人所承担的那份刑事责任的大小,还要根据其在共同犯罪中所处的地位和作用大小来加在确定。这一观点初看起来,似乎无可挑剔,但仔细分析,就不难发现其自相矛盾之处。首先,观点中既然提到了各共同犯罪人只能对该共同犯罪总额承担"一份刑事责任",那么,为什么还提"各共同犯罪人对共同犯罪总额承担刑事责任"?这两者无论是在提法上还是范围上均有很大的区别,不能混为一谈。提出该观点的人的原意大概是想表示,各共同犯罪人应对共同犯罪总额承担刑事责任,只在处罚时应有轻重区别。但即使是这种意思也是值得讨论的,因为刑事责任的大小是惩罚轻重的依据,很难想象某人刑事责任很大而惩罚却很轻。由此可见,该观点很难自圆其说。其次,持该观点者提出了这么两个概念,即"对总额承担刑事责任",但"对总额不负全部刑事责任"。仔细分析这两个概念,笔者看不出"承担刑事责任"和"负刑事责任"有何区别?也无法理解"对总额承担刑事责任"后,又如何"不负全部刑事责任"。

笔者认为,要各共同犯罪人都对共同犯罪总额承担刑事责任,有悖于罪刑相适应的原则。因为,所谓共同承担刑事责任并不意味着要每一个犯罪人都对共同犯罪的全部危害结果都承担刑事责任,更不能理解为要对所有共同犯罪人都根据全部危害结果判处刑罚。由此可见,在共同金融犯罪中,毫无区别地以犯罪总额作为确定各共同犯罪成员刑事责任的标准,也是不可取的。

三、有关共同金融犯罪成员刑事责任的确定

笔者认为,在共同金融犯罪中,确定各共犯成员的刑事责任应根据具体案件的具体情况,着重以刑法中有关共犯成员刑事责任的原则为基础,结合共同金融犯罪的特点,具体分析和确定每个共犯成员的刑事责任。着重应当体现分清主次,区别对待的精神。

正如前述,共同犯罪既然是2人以上共同故意犯罪,在具有共同故意的前提下,每一个共同犯罪人在共同犯罪中所起的作用就可能不完全相同,甚至很不相同。这就要求我们正确地确定每个共犯成员的刑事责任,而每个共犯成员所实际承担的刑事责任必须同其在共同犯罪中所起的作用相符,否则就有悖罪刑相适应的原则。共同犯罪人刑事责任的确定实际上是一种刑事责任的分解,这种分解不是简单地把刑事责任平均分配,最后分解的结果,每一个共同犯罪所实际承担的刑事责任的总和不能简单地同整个共同犯罪的进行比较,有时在量上不一定完全相等。这主要是由于共同犯罪的社会危害性大于单独犯罪的原因所致。只有认识了这一点,我们才能根据每一个共同金融犯罪成员的不同情况作出定量的分析。

1. 首要分子。我国《刑法》第97条规定,首要分子是指在犯罪集团或者聚众犯罪中起组织、策划、指挥作用的犯罪分子。《刑法》第26条第3款规定,对组织、领导犯罪集团的首要分子,按照集团所犯的全部罪行处罚。从刑法理论上讲,首要分子不论是否参加具体犯罪活动,都应对犯罪集团所预谋的全部罪行负刑事责任。在共同金融犯罪中,首要分子应对犯罪总额负刑事责任,这主要是因为,尽管金融犯罪的数额往往在预谋时是不确定的,首要分子往往只参与共同犯罪行为的预谋,但集团的一切犯罪活动都包括在首要分子参与制定的犯罪计划之内,并由他们的组织、策划、指挥行为所决定,因此以犯罪总额作为首要分子承担刑事责任的标准是合情合理的。只有在某些金融犯罪中,个别犯罪集团成员实施了超出预谋范围的金融犯罪行为所产生的数额,首要分子才可对此不负刑事责任。

2. 在共同犯罪中起主要作用的主犯。从刑法理论上分析,在共同犯罪中起主要作用的主犯,主要是共同犯罪中的实施犯,属于社会危害性较大的犯罪分子。由于他们在共同犯罪中起了主要作用,因此理所当然地要承担共同犯罪的主要刑事责任。正是由于这一点,我国《刑法》第26条第4款规定,对于在共同

犯罪中起主要作用的主犯，应当按照其所参与的或者组织、指挥的全部犯罪处罚。根据这一规定，笔者认为，在共同金融犯罪中，应把犯罪集团中除首要分子以外的主犯与一般共同犯罪中的主犯区别开来。对于犯罪集团中的主犯，应对其参与犯罪的数额承担刑事责任。这是因为他们的社会危害性既不主要体现在影响集团其他所有成员的行为上，也不主要体现在犯罪后分赃数额的大小上，而主要是体现在自己的实施行为上。由于参与数额是指共同金融犯罪成员实际参与的金融犯罪数额，显然这一数额最能体现犯罪集团成员中主犯的行为社会危害性程度。但是，在一般共同金融犯罪案件中，由于不存在首要分子，因而主犯的行为就起着决定的作用，如果仅仅要求主犯只对自己的实施行为承担刑事责任，即以参与数额作为承担刑事责任的标准，似有不妥。所以，笔者主张，一般共同金融犯罪中的主犯应对犯罪总额承担刑事责任。笔者的观点主要是基于这一思想，即无论是犯罪集团还是一般共同犯罪，作为共同故意下一个整体行为，必须有一些成员对此负全面的刑事责任，如果缺少这一点，也就不成其为共同犯罪，也正是由于这一点，共同犯罪的刑事责任才不同于单个人犯罪的刑事责任。

3. 从犯和胁从犯。从刑法理论上分析，共同犯罪中的从犯和胁从犯均不起主要作用，其社会危害性比主犯要小得多，因而他们承担刑事责任也应比主犯要小。笔者认为，在共同金融犯罪中，对于从犯和胁从犯一般均应以分赃数额作为其承担刑事责任的标准。对于犯罪未遂或犯罪得逞后未及分赃的案件，当然只能根据其他情节来确定相应的刑事责任。在犯罪所得由各共同犯罪人共同挥霍的案件中，从犯和胁从犯只能对其挥霍的那一部分承担刑事责任。除此之外，在具体处罚时，还应根据刑法规定，对从犯"应当从轻、减轻处罚或者免除处罚"；对于胁从犯"应当按照他的犯罪情节减轻处罚或者免除处罚"。

（1998年第11期）

1999 年

刑法价值观念的一次维新

——对我国刑法发展的比较考察

苏惠渔* 游 伟** 孙万怀***

价值观念是实践主体的一种心理追求和行为取向,它存在于社会生产方式的理念之中,同时又随着社会生产方式的变革而不断地发生变化。在此基础之上形成的社会价值系统,支配着人们对犯罪本质、刑罚功能及抗制犯罪途径选择的认知,从而也为多元化社会犯罪控制体系的建立奠定了思想认识基础。如果说刑法的功能、属性仅仅是刑法所具有的共性内容的话,那么作为其具体表现形式的各个时代的刑法体系,则充分利用了这种功能、特性所系统化了的带有强烈价值取向的刑法规范。我国目前正进行着的大规模立法的社会基础,就在于转型社会的特定需求结构,而这种需求结构对法律的最深刻的影响并不在于已经条文化了的法律规则本身,而是对刑法的概念、规范、制度、原则等内在价值观念所形成的影响。在我们看来,1997年修订后的我国《刑法》已经蕴涵了刑法价值观念上的某种重大转变。这种转变,既是对以往犯罪化立法成果的固定,更是新的社会价值观念在刑法规范中的重新确立,因此,是具有重大的历史意义的。本文重点研究3个问题。

一、刑法的政治职能、社会职能与经济职能

刑法的功能取决于刑法的内在属性。从效果上考察,刑法功能可以表现为惩罚和预防两个方面;但从保护对象上看,又可以分为对人权的保障和对社会秩序的防卫两个层面。正是这样的刑法功能,才决定了刑法可以被不同历史时期的国家或同一时期不同发展阶段的国家利用,并用以维护特定历史条件下的统治秩序和社会制度。就一般意义而言,刑法的政治色彩是比较易于理解和说明的,毕竟刑法是为配合国家的统治和建设理念而设立的。即使是在多元价值观

---

* 作者单位:华东政法学院(现华东政法大学)。

** 作者单位:华东政法学院(现华东政法大学)。

*** 作者单位:华东政法学院(现华东政法大学)。

念的开放社会中,刑法同样体现了对某种占统治地位的理念与秩序的维护,犯罪化的立法及刑罚的目的性,均体现了刑法强烈的政治上的价值。尤其是在一元结构的社会里,刑法的政治色彩更为浓烈,其社会性则较为淡薄。但与此相反,社会文化处于稳定耗散的多元结构社会中,这种价值倾向则更多地会呈现出其社会性的一面来。毋庸讳言,我国《刑法》的创制及发展过程,在一定程度上正在成为这一表现的重要例证。

我国曾在一个较长的历史时期内处于民主革命时期,政治领域中的阶级斗争成为社会发展的主题及核心动力。新中国成立以后,刑法的政治性依然历史性地成为我国刑法的一大特征,各类犯罪行为都被深深地赋予了政治色彩。例如,当时的《关于中华人民共和国贪污条例草案的说明》就曾指出:“最近一个时期,全国广大人民群众为了制止贪污分子的违法乱纪,制止来自不法资产阶级分子的猖狂进攻,捍卫和贯彻执行共同纲领的路线,进行了激烈的斗争,获得了伟大的胜利,除了对于国家工作人员中一部分严重违法乱纪的大贪污犯和工商界的一部分严重违法的大盗窃犯以外,这种斗争仍是人民民主统一战线内部的斗争。”①从而明确地将各类重大犯罪作为敌我性质的矛盾去进行处理。不过,在当时,这种将法律思维落足为政治关系的思维却是一种雷池般的准则,是绝对不可动摇的。

我国1979年《刑法》尽管诞生于政治路线、思想战线上拨乱反正的年代,但法律领域尤其是刑法领域观念上的转变却一直没能跟上时代的步伐,其转变的速度十分缓慢,计划经济带给我们的深重影响,长期以来没能得到根本的扭转。因此,当时任全国人大常委会副委员长的彭真同志,在就有关刑法草案问题所作的六点说明中,同样历史性地带上了浓烈的政治色彩。例如:他在第二点说明中明确提出,严禁聚众“打砸抢”是为肃清“四人帮”的思想影响的后果。第三点指出侮辱诽谤罪的规定是为了坚持不抓辫子、不扣帽子、不打棍子的“三不主义”。这实际上使得侮辱罪、诽谤罪的适用范围在解释论上受到了很大的限制。第四点则明确规定了“刑法的打击锋芒是针对反革命和其他犯罪行为的。对于重大的反革命罪……规定了较重的刑罚。对于反革命罪中情节特别恶劣、对国家和人民危害特别严重的……规定可以判处死刑”。将惩罚反革命罪提高到了至上的地位。第五点是对侵犯公民民主权利及妨害各类社会秩序犯罪立法的说明,但同时又特地声明“禁止任何人以任何手段扰乱社会秩序。我们绝不应给反革

---

① 参见1952年3月8日彭真同志在中央人民政府委员会第14次会议上所作的《关于中华人民共和国贪污条例草案的说明》。

命分子、敌特分子和人民的其他敌人以任何危害人民、破坏社会主义事业的自由和权利。”①应该说,1979年《刑法》之所以形成上述浓烈的政治色彩,其原因是多方面的,既有特定的历史条件的制约,更是指导思想以及对当时社会主要矛盾的判断出现了严重偏差的结果。其根本性的理论基础有以下几个方面:

首先,是过分突出强调了法律的阶级属性。主要表现为将马克思主义经典作家在特定历史时期对政治的论述直接作为刑法的分析方法,将国家的政治职能与社会职能的分类学说用于对刑法性质的分析,并认为刑法中的那些不具有政治职能性质的条款,从根本上讲,都是为政治职能服务的。从而,使刑法本身应当具备的社会属性,也被强制性地带上了阶级的属性,类似这样的分析方法,在我国其他部门法领域中倒是比较少见的。这可以看做我国以往刑法的一个重要“特色”了。

其次,是对阶级斗争的严重性估计过高。这种估计对刑事立法产生了直接的影响。最为突出的表现是当时刑法分则第一章对反革命罪的规定。刑法的打击锋芒被界定为主要针对反革命罪,而“反革命”本身却属于意识形态领域的概念,其在法律上的界限是模糊的、不完整的;此外,该章中规定的许多犯罪名不副实,实际的行为与真实的反革命意图存在较大的距离。在实际司法中,常常易于造成出入人罪的偏差,将属于意识形态领域方面的观点分歧作为反革命罪去处理。在适用法律条文时,也往往不能做到分则构成要件与具体行为特征的一致性,或者会出于政治需要,将本身并非出于推翻现行政权和社会制度目的的行为直接认定为反革命罪,违背了罪刑法定的基本要求。

最后,是错误地构筑了社会利益一元化的结构前提。这种利益结构一元化的假设,使得包括刑法在内的所有国家法律,在实际上只能维护一部分特定的社会利益,从而在更广的范围上失去了社会认同的坚实基础。而刑法基于自身的特性,又必然会更直接或间接地服务于这种结构,这是刑法之所以形成与社会性之间差距在社会利益结构方面的缘由。事实上,组织的多元性是产生法制的基础,没有组织的多元性,就不可能有法制的存在。② 我国现实社会由计划经济向市场经济过渡,就导致了旧有的社会结构,价值体系的解体,利益结构也开始呈现出多元化的态势。在这种多元利益结构中,法律作为评价尺度逐渐居于主导地位。因此,有些学者指出,随着我国过渡为市场化的国家,法律不再是维护某

---

① 参见彭真同志在1979年6月26日第五届全国人民代表大会第二次会议上所作的《关于七个法律草案的说明》。

② Robert M. Unger, *Law in Society*, The Free Press, pp. 66 – 76.

个社会集团利益的工具，它只能是一种全民意志的体现。[1]

在我们看来，传统刑法向新时代刑法的过渡，在很大程度上类似于美国学者安格尔提出的官僚法向法律秩序的进化。可以这样说，我国1979年《刑法》实质上是由官僚法向法律秩序过渡的一部法律，而1997年《刑法》则较多地体现了人们对于法律秩序的期盼与渴望。前者在更多的场合下凭借的是政策和权威，而后者建立的基础则是社会组织的多元性，而这一点又恰恰与我国当前所追求的利益结构多元化的目标是切合的。相比较而言，1997年《刑法》开始表现出对某些政治性因素的合理扬弃，更加关注刑法的社会价值，更注重追求刑法的"全民意志"。首先，刑法政治职能的内容发生了重大改变——发展经济已经成为最大的政治。刑法分则中反革命罪的取消，就是最为直接、最为明显的例证。同时，进一步强调刑法的社会职能，这体现在适用刑法平等的原则在立法上的确认。因为适用刑法平等是刑法社会性的前提，"法令至行，公平无私，罚不讳强大，赏不私近亲"[2]。"赏厚而信，刑重而必，不失疏远，不违亲近。"[3]这与其说是追求法的平等性的需要，毋宁说是在追求法律适用的社会性效应。由此可见，平等的信念是与社会性的要求共通的。在法律明文确认形式不平等的前提下，刑法的社会性只能是一种摆设。从刑法创制和发展的各个历史阶段分析，刑法的成熟过程正是人们对刑法平等的不懈追求的实现过程。从奴隶制时代非人化的不平等，到封建制时代特权化的平等，直至近代社会形式上的平等（并朝着实质平等迈进），既是一个逐渐向更广泛平等演化的过程，更是法律规制不断走向社会化的历程。对于刑法经济职能的重视，使得我国1997年《刑法》构成了完全不同于其他各个历史时期刑法的独特图景，也使刑法的社会职能得到了更为有力的说明。

在社会主义市场经济建设时期，市场成为最具社会性特征的因素，刑法在多大程度上体现对市场秩序的维护与规范，已经成为刑法社会性程度的最为重要的衡量尺度。也就是说，市场经济是以平等、等价、信用、有偿为原则的，这种经济的社会性特征，相对于其他经济形态而言，表现得更为直接和有效，从而也使服务于市场经济的刑法更多地具备了其社会职能。就这个意义上讲，刑法的经济职能本身就表现为一种强烈的社会职能，而1997年《刑法》加大对市场经济的保护力度，正体现了这一职能的强化。应该看到，对经济犯罪的规制在刑法居于十分重要的地位，它不仅是犯罪化立法的最主要内容，而且从各类刑罚措施适

---

① 参见"中国法制改革学术研讨会摘要"，载《法学研究》1989年第2期。

② 《战国策·秦策一》。

③ 《商君书全译·修远》，张觉译注，贵州人民出版社1993年版，第153页。

用的广泛性、灵活性、全面性角度看，经济刑法也是首屈一指的。刑事立法对经济犯罪的规制，着重表现在刑法对市场经济各个构成要素的全面规范方面。仅就经济犯罪而论，从市场主体、市场行为、市场规则、市场调控到市场管理等，我国刑法都进行了全面、整体的规定；从间接角度看，刑法对公民的财产、人身安全以及社会安全的保障，为市场主体权利的实现，同样营造了有序的法律环境。这就为市场秩序的建立和健康发展，提供了较为可靠的刑法上的保证。

二、刑法的社会防卫功能与人权保障功能

现代刑法之所以被奉为正义之法，是因为社会安全的防卫与个人权益的保障在此获得了最终均衡。刑法注重防卫社会的最突出表现，是对于秩序的强有力的维护。而社会秩序，则是人类社会使用一定的原则、规则加以规范的人与人之间的社会关系，是社会过程的一致性、连续性状态。而作为由人类学因素、自然因素以及社会因素交互作用之下形成的犯罪，正是对于这种一致性、连续状态的破坏。由此，根据人类历史的经验，基于维护共同利益的需要，国家的刑罚权开始得以确立。刑法也逐步成为社会控制手段中的重要形式之一，并越来越受到立法者的青睐。然而，在我国刑法的创制及发展过程中，却长期存在刑法对社会防卫过渡的倾向。其最为突出的表现，就是中国封建法制成熟时期所形成的义务本位观念及其在刑法中的渗透。在传统儒家思想影响下，个人只是家族和国家的不具有充分独立人格的构成要素，在伦理、道义等各种秩序要求面前，个人的需要以及由此衍生的权利是可以被忽略或者极度限制，“为人臣止于敬，为人子止于孝，为人父止于慈”。[①] 而传统刑法“明刑弼教”的要求，更使刑法的整体价值融于社会本位的执著追求之中了。“盗窃乱贼而不作”[②]、“天下常亡(无)一人之狱”[③]的期盼，使得刑法的立意被长期定位于消灭犯罪的理想之上。[④] 其结果，导致了长期以来我国刑事立法和司法的目标是通过发现、揭露、证实、制裁犯罪，去达到消灭犯罪，从而在整个刑事诉讼中不惜成本，甚至以牺牲对公民应有权利的保障作为代价。

---

① 《礼记·大学》。

② 《礼记·礼运》。

③ 《汉书·董仲舒传》。

④ 我国过去众多的刑法学教科书将刑法(刑罚)的目的规定为“消灭犯罪”，而如今大多已更改为“预防犯罪”。但笔者认为，观念的转变应有实质性的内容，也就是说，对消灭犯罪这一目的的否定，应当更多地包含着对刑法过度防卫社会思想的清算。

市场经济体制的确立,在中国,不仅仅是经济制度上的革命,更是意识形态(思想观念)上的一次维新。大规模市场化的过程,从根本上摧毁了旧有的社会价值系统,改变了传统价值体系的基础,与国家、集体相对应的社会个体利益,得到法律充分的承认和保障。我国刑事立法近年来的不断改革和发展,正体现了人权保障观念在刑事法领域中的复归。就刑法而言,首先是对被告人合法权利的维护取得了法律上强有力的支撑,罪刑法定原则得到了立法上的明文确认。对罪刑法定若干派生原则的阐释,也开始走向更有利于被告人的角度。其次是对公民法律权利的内容(通过犯罪界限的规定)加以明确,"宜精不宜细"作为全局性的立法思想被彻底摒弃,罪刑法系被进一步明确化、规格化和法定化。笔者认为,刑法中的下列内容较为直接地反映了这种价值观念的变革过程:

首先,是刑事类推制度的废除。我国1979年《刑法》对社会的防卫建立在牺牲刑法人权保障功能的基础上,其直接表现是规定了不利于被告人(乃至于所有普通公民)的刑事类推制度。尽管我们可以时代条件的限制与现实的需要作为其合理存在的辩护理由,但这些理由显然无法掩饰其以牺牲人权保障作为代价,在价值选择层面上的严重偏差及其产生的负面影响。立法者试图通过设置类推制度最大限度地惩罚社会上的严重越轨行为,但十多年来的司法实践却证明了其效果并不理想。[①] 1997年《刑法》基于人权保障的观念,毅然在立法上废除了这一充满社会本位意识的定罪量刑制度,较彻底地实现了上述价值观念的转变。

其次,是慎刑思想的实际复归。刑法的发展过程一直伴随着刑罚轻重的此消彼长,其在观念上的冲突,有时甚至会表现得非常激烈。在现代刑法中,刑罚的轻重设置,事实上已经成为一个十分棘手、关乎刑法总体发展方向的重大问题。自由主义刑法追求刑罚的轻缓,但在治安形势发生变化后,其观点又会抛弃。美国20世纪70年代进行所谓犯罪理论的"保守主义革命"以来,保守主义思潮一度居于主导地位,它们反对从社会角度去解释和矫正犯罪,极力主张通过加重刑罚的方式遏制犯罪。然而,经过10多年实践之后,却未见成效,刑事暴力犯罪依然维持在一个极高的水平之上。同样,在我国1979年《刑法》生效后的10多年里,基于社会治安状况的严峻形势,立法上重刑化的条款不断增加,实际量刑更是倾向于重。不过,重大恶性案件居高不下的现实状况,也使人们对于重

① 统计表明,我国最高人民法院核准的类推案件主要是破坏他人家庭案和侵占他人财物案。

刑之于犯罪的威慑效应产生过怀疑。① 现在看来,宣告重刑化立法无效虽然尚缺乏实证上的充足根据,也为时过早,但对重刑化观念重新进行检讨则依然必要。问题的症结是,重刑失当不仅不可能达到以刑去刑,反而会降低刑法的整体效用。所以,坚持罪刑设置上的均衡原则,强调刑罚的有效性来源于它的不可避免性,坚持反对单纯惩罚主义和报应主义思想,就显得尤其重要了。正是基于现实的反省,才触发了刑法观念上的转变,由此,体现于1997年《刑法》中的慎刑思想才获得了人们的认可。其中关于死刑的削减,关于一些传统犯罪在主体范围上的严格限定,关于量刑等级的严密化等,无一不是这种价值观念在立法上的体现。

最后,溯及力原则上的否定之否定。在1979年《刑法》第9条有关溯及力原则的规定上,立法明确采用了国际通行的"从旧兼从轻"原则,但自1981年全国性的"严打"斗争开始之后,这一原则立场开始出现了重大转变。1982年及1983年全国人大常委会颁布的两项单行刑法(《关于严惩严重破坏经济的罪犯的决定》和《关于严惩严重危害社会治安的犯罪分子的决定》),突破了上述原则的规定,确立了对部分严重危害社会行为可以适用事后的、在定罪处刑方面均不利于被告人的溯及力原则,即"从新"(其实质是"从重")原则。可以想见,在当时强有力的社会防卫思想及犯罪化、重刑化政策的驱动下,立法竟也走到了超越合理性界限的程度,更不用说是实际司法了。对此,包括笔者在内的我国刑法学者都曾提出过尖锐的批评,②甚至建议在废除"从新"原则的同时,更加高扬人权保障的意识。在这样的情况下,"从新(从重)"原则再也没有其继续存活和生长的土壤了,1979年《刑法》所确立的"从旧兼从轻"溯及力原则,终于在经历了10多年被部分否定之后,获得了法律上重新、全面的确认。

三、刑法公平观的转变与刑法效益观的凸显

由于受到传统的公平观念及"刑期无刑"思想的影响,刑法的效益问题长期以来被人忽视,直到刑法谦抑思想兴起之后,刑法的效益问题才开始真正引起人们的关注。在市场经济条件下,市场成为配置各类社会资源的基础手段,社会关系也出现了由身份向契约的转变,财产成为具体化和凝固化了的自由。经济结

① 游伟:"论我国刑事立法发展的几个原则问题",载《法学评论》1991年第5期;曲三强:"关于刑法补充修改规定之理论评估",载《中外法学》1992年第5期。

② 苏惠渔、游伟:"社会转型时期我国刑事立法思想探讨",载《法学》1994年第4期。

构的复杂性、多元化,经济人概念的确立,以及社会财富的快速积累,都为"效益优先(兼顾公平)"原则的凸显奠定了基础。最为重要的是,由身份向契约的转变,带来了刑法价值观念上的变革,公平观念也逐渐完成了由"绝对平均"向注重效率的过渡,刑罚公正性与效益性的兼容得到了空前的重视。笔者以下将着重讨论两个问题。

(一)罚金刑与刑罚实效

从各国刑事立法发展的进程来看,刑罚的演进大体都经历一个由肉刑、死刑为中心到自由刑、罚金刑为主体的发展过程,现代刑法中罚金刑的地位已日渐显露。在我国1979年《刑法》中,罚金刑显得微不足道。一方面,罚金刑的数量较少,《刑法》分则总共只有20个条文规定罚金刑;另一方面,罚金刑在司法实践中的适用率极低,即使是在以后的单行刑法大量增设罚金刑刑种之后,其实际适用量也未见有大的增长。[①] 而在1997年《刑法》中,这种现象则得到了明显改观。在刑法分则第3章有关破坏市场经济秩序的90多种犯罪中,罚金刑成为与自由刑并重的制裁这类犯罪的方法。在刑法分则其他各章的法定刑中,罚金刑同样也被大量设置。由于在绝大多数场合,罚金刑被规定为是一种必不可少的刑种,必须与主刑一同适用,因此,笔者认为,它事实上已经成为仅次于自由刑(尤其是有期徒刑)的一种十分重要的刑罚方法。

罚金刑的大量增设,在很大程度上是社会价值体系中公平观念变化的结果。在计划体制下,国家的计划指令成为维系整个国民经济和社会发展的根本,社会资源的配置受制于国家强力的控制。由于社会财富贫乏,分配形式单一,社会公平的观念被深深赋予平均主义的内涵。平均主义的公平观,作为对过度贫富差别的一种极端否定,具有一定的历史进步意义。但在社会财富稀缺的条件下,它又成为社会进一步发展的动力障碍,构成效率低下的重要原因。所以,在财富匮乏的情况下,罚金刑的大量设置确实缺乏现实基础。[②] 其普遍适用更会带来极大的不公平性,颇有以罚代刑(自由刑)之弊。因此,罚金刑在计划体制下萎缩是具有必然性的。随着市场化进程的加快,社会财富获得了前所未有的迅速积累,在新的价值观指导下,从刑法谦抑角度来看,罚金刑在抗制犯罪中的效益也将得到更进一步的发挥。"随着现代化,生活水平的提高,随之而来的是财产犯罪的增加……世俗社会准则高于传统社会准则和现代社会的金钱关系结合在一起,使得经济犯罪成为当代社会的一个标志,这无论是社会主义国家还是资本主

---

① 例如,在罚金适用比率较高的我国广东省,据统计,其最高适用率也不过10%。

② 在我国民间,长期存在"要钱没有,要命有一条"的流行语。

义国家都是如此。”[1]经济犯罪的危害表现与传统犯罪有很大的差别,它们都是法定犯,是对经济运作秩序进行严重扰乱的犯罪,其经济违法性、行政违法性的特征尤其明显。所以,曾在抗制传统的财产、治安犯罪中显示过较大效益性的自由刑,在经济犯罪面前却难以发挥应用的效用,在这种情况下,罚金刑的优越性便显露出来,并在1997年《刑法》获得了广泛的认同。此外,罚金刑的具体化也间接地反映了刑法的谦抑性。诸如大量倍比罚金制的设立,便带有很强的可操作性,改变了以往刑法仅仅笼统规定“并处罚金”的单一立法模式。

(二)防卫行为与均衡考察

刑罚既要对已然之罪进行惩罚,还应对未然之罪予以预防。对犯罪行为进行惩罚的限度,必须建立在与犯罪人的主观恶性及其造成的客观危害相均衡的基础之上。这是刑法公平观念的内在要求。1997年《刑法》虽然还没有完全达到公平、均衡这样的要求,仍有诸多遗憾之外,但它所设置的许多条文,确实追求和反映了这种价值。譬如我国众多的刑法学者将《刑法》第20条第3款的规定称作“无限防卫”。其实,“无限防卫”一语通常是在两种意义上使用的:其一,是指防卫范围的无限,即人们可以对一切不法侵害行为实行防卫反击;其二,是指防卫程度的无限,即防卫行为可以对不法侵害人造成任何损害。很显然,这样做是违背公平、均衡的价值观念的,我国刑法不允许这样的“无限防卫”。首先,它必须受到特定的侵害行为性质的限定,即只能针对严重危及人身安全的暴力性犯罪(类似行凶、杀人、抢劫、强奸、绑架等犯罪)才能实施;其次,这些严重犯罪必须同样表现为侵害的“紧迫性”。可以这么说,面临这么严重的犯罪行为的侵袭,公民奋起进行反击而致侵害人于伤害或者死亡,这在以往的司法实务中,也应该被认为是正当防卫的性质。所以,这一规定,并非一般意义的“无限防卫”,它仍然是有限度的,依然存在防卫均衡性的实际考察问题。尤其是刑法将这种不法侵害行为规定为对人身安全的侵害,事实上是排除了对于财产犯罪行为人行使此项权力的可能性。这本身就是基于均衡性价值的慎重考虑,是实现刑法公正的需要。

(1999年第2期)

---

① [美]路易思·谢利著:《犯罪与现代化》,何秉松译,群众出版社1986年版,第2页。

挪用公款罪司法适用问题研析

田宏杰[*]　侯亚辉[**]

1998年4月6日最高人民法院审判委员会第972次会议通过了《最高人民法院关于审理挪用公款案件具体应用法律若干问题的解释》(以下简称《解释》),对现行刑法第384条规定的挪用公款罪司法适用方面的有关问题作了详尽、明确的规定,为司法实务部门惩治日益严重的挪用公款犯罪活动提供了有力的法律武器,但也不乏需要进一步商讨完善的地方。本文拟就此进行探讨,以求教于法学界各位同人。

问题之一:挪用公物归个人使用,价值较大,且超过3个月未还的,应当如何处理

根据现行刑法第384条和《解释》的有关规定,挪用公款罪的犯罪对象是公款。那么,挪用公物归个人使用,价值较大,且超过3个月未还的行为,应当如何处理?现行刑法第384条和《解释》对此问题均未涉及。

从广义上说,公款属于公物的范畴,公款可用来购买公物,公物可折价处理变现为公款。而在司法实践中,挪用公款的犯罪行为有之,同样,挪用公物的现象也比比皆是。如某公立大学一系主任,将系里用于教学的一台价值5万多元的进口IBM586笔记本电脑和一台价值7000多元的激光打印机拿回家里,长期供其上大学的女儿私用。这种行为,应当如何定性?理论界和司法实务部门存在两种截然对立的观点。一种观点认为,既然现行刑法和司法解释未将“公物”明确规定为挪用公款罪的犯罪对象,那么,上述行为就不应当以挪用公款罪进行处罚。否则,有违罪刑法定主义。另一种观点则主张,挪用公款罪的犯罪对象既包括公款,又包括公物,只是以公款作为主要的表现形式。其主要理由是:从立法意图和背景进行考察,立法机关之所以将公款明确规定为挪用的对象,主要是考虑到当前挪用公款归个人使用的现象相当严重,侵犯了国家、集体的公款所有权,损害了国家公职人员职务行为的廉洁性,败坏了党风和社会风气。并且,挪用公款的行为较挪用公物的行为而言,更具隐蔽性和欺骗性,更易直接进入流通领域,实现行为人挪用的犯罪意图,故立法机关将公款明确规定为该罪的犯罪对

---

* 作者单位:中国人民大学法学院。

** 作者单位:最高人民检察院。

象。但立法机关并未就此否定公物也可成为该罪的对象。这从现行刑法第384条第2款的规定："挪用用于救灾、抢险、防汛、优抚、扶贫、移民、救济款物归个人使用的，从重处罚"，可以得到印证。此外，1989年1月6日"两高"《关于执行〈关于惩治贪污罪贿赂罪的补充规定〉若干问题的解答》（以下简称《解答》）第2条第5项的解释是，"挪用公物归个人使用……情节严重，需要追究刑事责任的，可经折价按挪用公款罪处理。"这一扩张解释说明，挪用公物情节严重的也可构成犯罪。①

笔者认为，上述两种观点均有值得商榷之处。第一种观点将公物完全排斥在挪用公款罪的犯罪对象之外，首先，有违立法机关设立挪用公款罪的立法意图，且与法律的有关规定相悖。因为，从现行刑法第384条第2款的规定来看，立法机关的确没有完全否定公物可以成为挪用公款罪的犯罪对象。其次，如果在司法实践中依此观点办案，有轻纵罪犯，鼓励犯罪分子大肆实施挪用公物的犯罪活动之虞。因为，这无疑是在暗示犯罪分子，挪用公款有可能构成犯罪，从而受到刑法的严厉制裁，但挪用公物就没有这样的"后顾之忧"了。由此极有可能出现这样的局面：行为人本欲挪用公款归个人用于购买电脑，为逃避法律的制裁，另谋他路，借单位的名义，用公款购置电脑后，再以种种理由长期挪归己用。而这种情形，无论行为的社会危害性多大，也不能纳入刑事追踪的视野予以打击，只能眼睁睁地看着犯罪分子逍遥法外，这必然会动摇刑法在人们心中的权威和尊严，使人们对于刑法存在的价值和意义发生怀疑。最后，这样理解挪用公款罪的犯罪对象，会使罪刑相适应这一贯穿刑法始终的基本原则在司法适用中难以一贯。试想，根据现行刑法第384条和《解释》的规定，行为人挪用公款1万元归个人使用，超过3个月未还或者挪用公款1万元进行营利活动，与行为人挪用价值7万元的一台进口电脑和激光打印机归个人使用，长达5年之久两种情形，后者对公共财产所有权和国家公职人员职务行为的廉洁性造成的危害，无论从挪用的时间，还是从挪用的价值上看，都有过之而无不及。但前者以犯罪论处，后者却不构成犯罪。这合理吗？公平吗？答案是不言而喻的。故笔者认为，以第一种观点指导司法实践，不仅在理论上难以令人信服，在司法实践中也是极为有害的。

至于第二种观点，也有不妥之处。尽管现行刑法第384条未否定公物可以成为挪用公款罪的犯罪对象，但那仅仅限于救灾、抢险、防汛、优抚、扶贫、移民、救济七种特定款物，并未及于一切公物。以此为依据，将挪用公款罪的犯罪对象

① 马克昌、丁慕英主编：《刑法的修改与完善》，人民法院出版社1995年版，第305～306页。

扩张解释为一切公物，未免牵强附会，且与立法精神相悖。此外，以《解答》作为挪用公款罪的犯罪对象包括公物的依据，在理论上也难以成立。1998年《解释》和1989年《解答》都是针对挪用公款罪司法适用中存在的有关问题作出的司法解释，根据新法优于旧法，相同内容的新法出台，旧法即自然失效的法条适用原理，1998年《解释》出台后，1989年《解答》的有关规定就不能再作为司法实务和刑法理论研究处理挪用公款罪有关问题的依据。所以，第二种观点的不足之处也是显而易见的。

也许有人会提出质疑，“新法优于旧法”是指新法出台后，和新法内容相同的旧法不再适用，但如果旧法中的内容新法没有涉及，则旧法的内容仍然应当有效。提出这一疑虑的学者也许忽略了这样一个事实：1989年《解答》是针对全国人大常委会1988年1月21日颁布施行的《关于惩治贪污罪贿赂罪的补充规定》（以下简称《补充规定》）在司法适用中所遇到的一些疑难模糊问题所作出的司法解释，而《补充规定》根据现行刑法第452条第2款的规定，或者已经纳入现行刑法之中，或者已经废止。换言之，《补充规定》已经不再具有独立适用的法律效力。既然如此，专门针对这一《补充规定》而作出的司法解释，在现行刑法及其相关的司法解释已经生效后，还能作为司法实践和刑事理论研究的法律依据吗？如果回答是肯定的，那么，这与我国现行刑法所确立的罪刑法定主义这一刑事法律根基的基本原则的精神实质，岂不相左？这样自相矛盾的刑事法律的适用，还能够实现刑事法律所肩负的规制人们行为、保护社会法益、保障公民人权的历史使命吗？

之所以会出现上述观点的分歧，究其根源，关键还是在于立法规定得不够完善和科学。因而，笔者建议，从罪刑法定主义和罪责刑相适应原则的精神实质出发，立法机关应对挪用公物的现象，在挪用公款罪中一并作出明确的规定，具体规定模式笔者构想如下：在挪用公款罪法条中增设一款，规定挪用公物，情节严重的，依照挪用公款罪的规定处罚。这样规定，既可以防止最高司法机关为摆脱司法实践中处理挪用公物案件无法可依的困惑而侵犯立法权，进行越权解释，同时也严密了法纲，为司法机关对这类案件的处理提供了明确的可具体操作的法律依据，使我国刑事法律关于挪用公款罪的规定更趋合理、科学，从而能够更加有效地遏制挪用公款、公物的犯罪活动，保护公共财产所有权，推动反腐倡廉斗争的深入进行。

问题之二：挪用公款归个人使用的具体用途是否应当成为挪用公款罪的客观构成要件

现行刑法第384条和《解释》针对挪用公款归个人使用的三种具体用途分

别规定了不同的挪用数额和挪用时间的限制条件。挪用公款用于营利活动、非法活动以外的其他个人用途的,既有数额较大的限制,也有超过3个月未还的时间限制;挪用公款归个人进行非法活动的,既没有挪用数额的限制,也没有挪用时间的限制。这就使得挪用公款后的具体用途,对于挪用公款罪的成立起着举足轻重的作用,实际上成了挪用公款罪的必备构成要件。笔者认为,这样的规定十分不妥,无论是在刑法理论上还是在司法实践中都存在很大的问题。

首先,将挪用公款归个人使用的具体用途规定为挪用公款罪的客观构成要件,不符合我国刑事立法根据目的行为确定犯罪构成要件的原则。众所周知,任何行为都有目的和动机之分,犯罪行为也不例外。犯罪行为的目的是行为人实施犯罪行为希望产生的危害社会的结果;犯罪行为的动机则是促使行为人决意实施犯罪行为的内心起因。[①] 例如,抢劫犯实施抢劫行为的目的是非法占有他人财物,有的可能是为了筹集生产经营的本金,有的则是为了赌博,等等。因而,犯罪行为在刑法理论上有目的行为和动机行为之分。目的行为是为达到犯罪目的而实施的行为,如抢劫行为;动机行为则是行为人在犯罪目的实现之后为满足其动机而进一步实施的行为,如抢劫之后用抢得的钱财进行赌博的行为。就性质而言,目的总是违法,动机则不一定违法。就行为对客体所起的作用来说,目的行为必然要侵害一定的客体,但动机行为则不一定对客体构成侵犯。因而在刑事司法中,总是根据目的行为定罪,而不是根据动机行为定罪。也正是基于此,刑事立法只能把目的行为规定为犯罪构成的客观要件,动机行为则于犯罪的成立不生影响。[②] 这是刑事立法的一项基本原则。

仔细推敲挪用公款罪的有关法律规定,不难发现,挪用公款罪的立法规定和司法解释均与上述原则相悖。对挪用公款罪而言,“挪用”行为显然是挪用公款罪的目的行为,这一行为的实施必然对国家、集体的公共财产所有权以及国家公职人员职务行为的廉洁性构成侵犯;而挪用公款后对公款的具体使用行为,如将挪用的公款用于营利活动、非法活动或者营利活动、非法活动以外的其他个人用途,则属于挪用公款罪的动机行为,这一行为的实施不一定对挪用公款罪的客体构成侵犯,它可能具有社会危害性,也可能没有。如行为人将挪用的公款给亲人治病,给孩子缴纳上大学的学费这一行为本身,并不是危害社会的行为。因而,立法机关只需将“挪用公款”的行为规定为挪用公款罪的客观构成要件就足矣,

---

① 此处所说的犯罪行为的目的、犯罪行为的动机,是就犯罪行为作为行为的一种表现形式,必然有其行为所追求的目标即目的,以及促使行为人发动其行为的内心起因而言的,与刑法学理论中的犯罪目的、犯罪动机的概念不能等同视之。

② 马克昌、丁慕英主编:《刑法的修改与完善》,人民法院出版社1995年版,第305~306页。

无须对挪用公款罪的动机行为再作出规定。

其次，将挪用公款后归个人使用的具体用途规定为挪用公款罪的客观构成要件，有违罪责刑相适应原则的要求，容易引起罪刑关系的不相协调。这是因为，挪用公款的行为之所以被作为犯罪规定在现行刑法中，根本原因就在于这种行为侵犯了国家、集体的公共财产所有权，损害了国家公职人员职务行为的廉洁性。挪用公款的数额越大，时间越长，对公共财产所有权造成的损害越大，社会危害性也就越大，反之则不然。也就是说，决定挪用公款行为社会危害性大小的根本因素是挪用公款的数额与时间，而不是挪用公款后的具体用途。不管将挪用的公款具体用于何处，对国家或者集体的公款所有权造成的侵犯并无实质性的差异。当然，挪用公款后的具体用途如何，对行为的社会危害性程度不可能没有任何影响，但它仅仅是一种量的影响作用，而不是质的决定作用。而将挪用公款后的具体用途规定为挪用公款罪的客观构成要件，司法实践中不可避免地将出现下列不正常情况：社会危害性大的挪用公款行为以犯罪论处，不追究行为人的刑事责任；社会危害性小的挪用公款行为反而成为犯罪，对行为人要给予刑罚处罚。例如，某甲挪用公款5万元归个人使用一年，用于个人购买商品房，但在案发前归还了全部本金；某乙挪用公款1万元归个人进行赌博，两个月后也归还了全部本息。由于某甲挪用公款归个人使用，并未进行非法活动或者营利活动，且在案发前归还了本金，根据《解释》的精神，对某甲不以犯罪论处；而某乙尽管挪用时间短，挪用数额小，且案发前归还了全部本息，但因其挪用公款是进行非法活动，因而，某乙仍然应承担挪用公款罪的刑事责任。审判实践中这样处理，恐怕难以令人心服口服；这样的刑罚适用，既不能收特殊预防之效，也难以发挥一般预防之功。

再次，将挪用公款归个人使用的具体用途规定为挪用公款罪的客观构成要件，破坏了刑事法律体系条文之间的内在逻辑关系。贪污罪和挪用公款罪都是国家工作人员利用职务之便实施的犯罪，两罪的实施都对公共财产所有权和国家公职人员职务行为的廉洁性构成了侵犯，两罪都规定在现行刑法第八章贪污贿赂罪之中。并且，行为人贪污公款后，也有可能像挪用公款罪的行为人那样将公款用于购买私房等个人用途，也可能将贪污的公款用于炒股、经商、办企业等营利活动；还可能将贪污的公款用于赌博、走私等非法活动。但有关贪污罪的刑法规定和司法解释都未将贪污公款后的具体用途作为贪污罪的客观构成要件加以规定，这与刑法和《解释》对挪用公款罪的具体用途进行浓墨重彩的规定的做法形成了鲜明的对比，导致了刑法条文内在逻辑结构的失调。此外，单就挪用公款罪而言，仅仅把进行非法活动、营利活动两种用途从挪用公款的去向中单列出来,作为严重情节和较为严重的情节,规定不同于其他用途的定罪条件,而对某些较之进行营利活动的社会危害性还要严重得多的用途反而未作专门规定,这很难说不是顾此失彼。①

最后,把挪用公款后归个人使用的具体用途规定为挪用公款罪的客观构成要件,不仅不利于司法实践具体把握,反而可能引起认识上的歧义,造成司法上的混乱。现行刑法第384条对"非法活动"和"营利活动"的内涵没有作出明确的规定,《解释》第2条第2项虽然将营利活动解释为"存入银行、用于集资、购买股票、国债等"活动,同条第3项将非法活动解释为"赌博、走私等",但司法实践部门对此众说纷纭,理解不一。有人认为,"非法活动"既包括违法活动,也包括犯罪活动;有人认为,"非法活动"仅限于犯罪活动。此外,关于挪用公款罪的立法规定和司法解释均把"营利活动"和"非法活动"作为两种情节并列加以规定,而实际上,"营利活动"和"非法活动"两者是有着交叉关系的一对概念。"营利活动"有合法与非法之分,非法活动同样有"营利"与"不营利"之别。而立法规定和司法解释对于二者的区分,无论是在字面上还是内容上均未作出明确的说明。而挪用公款进行"营利活动"和进行"非法活动"构成挪用公款罪的条件是不一样的。这就必然出现这样的困惑:行为人挪用公款3千元生产假冒伪劣产品,如果将此理解为挪用公款进行营利活动,对行为人就不能以挪用公款罪定罪处罚;而若将此理解为挪用公款进行非法活动,则应追究行为人挪用公款的刑事责任。可见,立法规定的不完善,最终只能使司法机关陷入进退两难的困境,刑事立法对司法实务的指导作用难以发挥。

综上所述,笔者认为,现行刑事立法和司法解释将挪用公款后归个人使用的具体用途规定解释为挪用公款罪的客观构成要件的做法殊不可取,这一缺陷有待于今后对刑法进行修改与完善时予以弥补。对此,笔者的意见是,取消挪用公款后归个人使用的三种具体用途的规定,只要挪用公款数额较大,时间较长的,无论行为人挪用公款归个人具体用于何处,均应成立挪用公款罪。这样,可以避免因刑事立法的疏漏,而致司法实务和刑法理论研究无所适从的尴尬境地,有效地打击挪用公款的犯罪活动,保护国家财产所有权。不过,在立法对挪用公款罪的现行规定和司法解释予以修改完善之前,司法实践部门在处理挪用公款罪的具体案件时,仍应严格遵从现行立法意旨和司法解释,对于将挪用的公款用于营利活动、非法活动以外的其他个人用途的挪用公款的情形,应考虑挪用数额和挪用时间是否符合法律规定的限制条件;对于挪用公款进行正当合法的营利活动

① 马克昌、丁慕英主编:《刑法的修改与完善》,人民法院出版社1995年版,第331页。

的，应考虑挪用公款的数额限制条件；对于挪用公款进行非法的营利活动或者不具营利性质的非法活动的，不管是一般的违法活动，还是严重的违法活动，即犯罪活动，均应视为进行非法活动，既不受挪用数额，也不受挪用时间的限制，均应以挪用公款罪定罪量刑。

问题之三：挪用公款给个人使用和归单位使用是否应当区别对待

现行刑法第384条规定，国家工作人员利用职务上的便利，挪用公款归个人使用，进行非法活动的，或者挪用公款数额较大，进行营利活动的，或者挪用公款数额较大、超过3个月未还的，是挪用公款罪。《解释》第1条对“归个人使用”的解释是，“挪用公款归个人使用”，包括挪用者本人使用或者给他人使用。挪用公款给私有公司、私有企业使用的属于挪用公款归个人使用。这就产生了这样一个问题，国家工作人员挪用公款给国有公司、企业或者混合所有制的公司、企业，如中外合营企业、中外合作企业等其他非私有的公司、企业使用，不构成挪用公款罪。由于行为人又系国家工作人员，不符合现行刑法第272条规定的挪用资金罪的主体条件，因而，这种情形，无论行为人挪用公款的数额多么巨大，挪用时间多么漫长，挪用情节多么严重，都不能以犯罪论处，行为人顶多受到党纪、政纪处理。立法和司法解释之所以如此规定，主要是出于这样的考虑：将公款挪用给个人使用和挪用给单位使用，挪用给国有公司、企业使用和挪用给私有公司、企业使用的社会危害程度是不一样的，理应区别对待。

但实际上，无论将公款挪用给个人还是给单位，挪用给国有公司、企业还是挪用给私有公司、企业使用，挪用行为给国家或者集体的公款所有权造成的危害并没有实质性的差别，仅仅只有量上的不同罢了。简言之，挪用公款不管给个人使用还是给单位使用，不管给国有公司、企业使用还是给私有公司、企业使用，都侵犯了国家或者集体的公款所有权，都损害了国家公职人员行为的廉洁性。一句话，都具有社会危害性。此其一。其二，挪用公款给个人使用的社会危害性就一定大于挪用公款给单位使用的社会危害性吗？挪用公款给国有公司、企业使用的社会危害性就一定大于挪用公款给私有公司、企业使用的社会危害性吗？答案并不是绝对的。例如，某甲挪用公款10万元给一家由下岗工人创办的私有公司生产经营之用，1年后，该私有公司发展壮大，不仅解决了200名下岗工人的再就业，而且将本息全部归还；某乙同样挪用公款10万元给一家国有公司生产经营，由于该公司生产经营管理不善，最终宣告破产，挪用的10万元公款1分钱也未能追回。试问，某甲和某乙挪用公款是给国有公司而不是给私有公司使用，就不构成挪用公款罪；而某甲是将公款挪用给私有公司使用，属于《解释》所说的“归个人使用”，虽然其行为客观上帮助了下岗工人，也仍然免不了被追究刑事责任的命运。这样的处理结果,符合我国刑法一贯倡导的社会危害性是犯罪行为的本质特征,是定罪的根据的基本理论吗?其三,随着社会主义市场经济体制的确立和现代企业制度的逐步建立,我国的公司、企业的所有制结构日趋复杂多样,既有国有的,也有私有的;既有单一所有制的公司、企业,也有联营性的公司、企业;既有国有公司、企业之间的联营,也有国有公司、企业与非国有公司、企业包括私有公司、企业的联营;既有生产资料和资金大部分归国有公司、企业所有,同时又有少量自筹资金的承包、租赁经营形式,也有全部或者大部分资金由私人集资,却利用了国有公司、企业名义的承包、租赁经营形式等,不一而足。如此林林总总的所有制形式,无疑将给司法实践对挪用公款给公司、企业使用的行为的定性带来极大的困难,而且,还可能使犯罪分子规避法律,钻法律的空子,使刑法的规定难以成为遏制挪用公款的犯罪活动的有力武器。所以,笔者建议,在修改完善挪用公款罪的立法规定和司法解释时,取消挪用公款给个人使用和给单位使用区别对待的做法,将挪用公款给单位使用的行为也规定为犯罪,这样,才能体现刑法的公正与合理,挪用公款的犯罪行为也才能真正得到有效的打击和防范。当然,在对挪用公款罪进行修改补充之前,从罪刑法定主义的精神实质出发,行为人挪用公款给个人使用的,包括挪用公款给本人使用、给他人使用以及给私有公司、企业使用,符合定罪条件的,以挪用公款罪处理;如果行为人挪用公款给私有公司、企业以外的单位使用,如挪用公款给国有公司、企业等使用的,不能以犯罪论处,只能依照其他法律、法规的规定,对行为人进行相应的纪律处分。

问题之四:“未还”能否成为挪用公款罪的构成要件之一

《解释》立足现行刑法第384条的规定,在第2条第1项规定:“挪用公款给个人使用,数额较大,超过3个月未还的,构成挪用公款罪。挪用正在生息或者需要支付利息的公款归个人使用,数额较大,超过3个月但在案发前全部归还本金的,可以从轻处罚或者免除处罚。给国家、集体造成的利息损失应予追缴。挪用公款数额巨大,超过3个月,案发前全部归还的,可以酌情从轻处罚。”可见,“未还”不仅是挪用公款给个人用于营利活动、非法活动以外的其他个人用途构成犯罪的必备条件,而且影响到行为人刑事责任的大小,即“未还”既是挪用公款归个人使用的定罪情节,也是这种情形的量刑情节。立法上之所以作如此规定,主要是考虑到挪用公款归个人使用的用途与挪用公款进行营利活动、非法活动所表现出来的社会危害性有差异,应当区别对待,以“超过3个月未还”加以限制,是为了使这种情形成立犯罪的社会危害程度与行为人挪用公款进行非法活动或者挪用公款数额较大进行营利活动的社会危害程度相当。可以说,立法机关的出发点是好的，但把“未还”作为定罪的构成要件之一，在理论上和司法实践中能够成立吗？首先，将“未还”规定为挪用公款罪的客观构成要件之一，不符合“挪用”一词的内涵。所谓“挪用”，是指暂时使用，用完即还。是否“归还”是挪用行为的本质特征，也是挪用行为与贪污行为相区别的主要标志。如果把“未还”作为挪用公款罪成立的客观构成要件，则使人容易对“挪用”一词发生误解，认为“未还”的构成挪用，“已还”的则不构成挪用，而实际上，擅自动用公款使用一段时间就要归还不正是“挪用”的题中应有之义吗？如果挪用公款归个人使用，数额较大，超过3个月，只有在案发前“未还”的才能构成挪用公款罪，“已还”的就不以犯罪论处，这种情形究竟应当认定为挪用公款罪还是贪污罪呢？立法规定和司法解释的不足，必然引起理解上的混乱，司法的不统一也就难以避免。

其次，以“未还”作为挪用公款罪的客观构成要件之一，容易导致司法实践中定罪与量刑上的不公平现象。例如，某甲挪用公款数额较大，超过3个月刚几天就案发，致使某甲未来得及归还本息。而某乙挪用同样数额较大的公款归个人使用，且挪用时间长达1年，但庆幸的是，某乙案发时间晚，在案发前已全部归还了本息，根据立法精神和司法解释，某甲的行为构成挪用公款罪，对某甲应当予以刑事制裁，而某乙的行为则不构成犯罪。在此，挪用公款的时间长短对行为的社会危害性大小不再具有决定性的作用，而只是一种可有可无的情节，这样的处理结果，司法的公正性体现在何处？

最后，以“未还”作为挪用公款罪的客观构成要件之一，行为人的命运不再是由法律来确定，而是取决于一些偶然的捉摸不定的因素，罪刑法定主义的人权保障机能难以真正发挥作用。例如，甲、乙二人分别挪用公款4万元用于营利活动、非法活动以外的其他个人用途，且挪用时间均超过了3个月，但某甲发案时间晚，挪用公款半年后才被发现，而案发前某甲已归还了全部本息。某乙挪用公款后一直在积极筹款准备归还本息，但因发案时间早，挪用公款4个月后，尚未来得及归还本息就案发。显然，某甲不以犯罪论处，某乙则要被追究挪用公款罪的刑事责任。而实际上，如果某乙案发时间再晚半个月，他就可以筹集到资金归还全部本息了。可见，将“未还”规定为挪用公款罪的客观构成要件之一，挪用行为案发时间的早迟这一偶然的不确定因素却成了行为人命运的主宰，这无疑变相地改变了挪用公款罪的构成要件，背离了挪用公款罪设立的初衷。

因此，将“未还”规定或解释为挪用公款罪的客观构成要件之一，有失偏颇。故笔者建议，今后对挪用公款罪的有关规定进行修改完善时，立法机关和司法解释只须规定挪用公款的数额界限和时间起点就可以了，只要行为人挪用公款数额较大,超过一定的时间界限,一律以挪用公款罪处理。至于行为人在案发前是否将所挪用的公款予以归还,只应作为量刑情节,在对犯罪分子裁量刑罚时酌情予以考虑,于挪用公款罪的成立不发生影响。

问题之五:行为人挪用公款后主观上想还,但客观上没有能力还,与行为人挪用公款后客观上有能力归还,但主观上不想还这两种情形,应当如何处理

1988年1月21日第六届全国人大常委会第二十四次会议通过的《补充规定》第3条第1款规定,挪用公款数额较大不退还的,以贪污论处。对此,刑法学界和司法实务部门一致认为,行为人挪用数额较大的公款后,有能力退还而主观上不想还,实际上也没有退还的,符合"不退还"的特征,应以贪污罪论处。但是,如果行为人将挪用的公款用掉,主观上虽然想还,客观上没有能力退还的,是否也要以贪污罪论处,学者间却存在肯定说与否定说之争①。1989年《解答》第2条"关于挪用公款罪的几个问题"的第3项中明确指出,不退还,既包括主观上不想还的,也包括客观上不能还的。与之相反,1998年《解释》第5条则规定:"'挪用公款数额巨大不退还的',是指挪用公款数额巨大,因客观原因在一审宣判前不能退还的。"第6条规定:"携带挪用的公款潜逃的,依照刑法第382条、第383条的规定(即贪污罪的规定——笔者注)定罪处罚。"不难发现,《解释》的精神实质是,挪用公款后客观上有能力归还,而主观上不想还的,以贪污罪论处;客观上没有能力还,但主观上想还的,仍然以挪用公款罪定罪处罚。《解释》的规定与《解答》的规定相去甚远。那么,前后两种不同的解释,哪一种更符合挪用公款罪的本质特征,更能体现立法意图呢?笔者认为,《解释》的规定更为妥当。

挪用公款罪在主观上须出于直接故意,且行为人具有非法挪用公款的目的。具体地说,行为人挪用公款的目的是在于暂时地取得公款的使用权,用后即还,也就是说,行为人对于挪用的公款主观上是"想还"的。贪污罪的行为人贪污公款的目的是希望永久性地而不是暂时性地占有公款,行为人自始至终都没有归还所贪污的公款的想法,即贪污罪的行为人对于贪污的公款在主观上是"不想还"的。这是挪用公款罪与贪污罪相区别的主要标志。这一点,也已成为我国刑法学界的共识。因而,行为人出于暂时使用公款的目的挪用公款后,有能力退还,但主观上不想还且客观上也没有还的,如行为人携带挪用的公款潜逃的,说明行为人的目的已经由原来的暂时使用转变为永久性地非法占有,且客观上也将这笔公款侵占为己有,这种情形与贪污罪的构成特征完全相符,故以贪污罪论处是符合我国刑法所提倡的主客观相一致的定罪原则的。但是,对于行为人出

① 赵秉志主编:《刑法争论问题研究》(下卷),河南人民出版社1996年版,第211页。

于暂时使用的目的挪用公款后，因将挪用的公款用光，主观上想还而客观上不能还的情形，尽管在客观上出现了这笔公款被行为人永久占有的结果，但行为人主观上的确没有永久占有公款的目的，对行为人就不能以贪污罪，而仍然只能以挪用公款罪定罪处罚。否则，如果置行为人主观上只有暂时使用公款而不是永久占有公款的主观目的于不顾，仅凭行为人客观上占有了公款这一社会危害后果，就一定要追究行为人贪污罪的刑事责任，无疑违背了我国刑法主客观相一致的原则，从而陷入客观归罪的泥潭。

（1999 年第 4 期）

虹桥垮塌案的刑法思考

许务民*

重庆市第一中级人民法院审理的因綦江虹桥垮塌造成的两起刑事案件，先后两次分别公开庭审后，于1999年4月3日对负有直接责任的13名被告人和1个被告单位作出了一审判决。由于此案是新中国成立以来桥梁建筑史上罕见的大惨案，造成死亡人数40人之多，因而催人泪下、举国震惊。此次中央电视台组织现场直播两案的公开审判，更使全国人民家喻户晓，连日来成为街头巷尾群众谈论的中心。同时，由于是实施新的刑法与刑事诉讼法、改革庭审模式以后，在中央电视台首次现场直播公开审判的全过程，对全国的刑事审判工作，无疑起到示范作用，应该认真学习。事实上，司法界广大的理论工作者与实践工作者，在收看现场直播的电视屏幕前，就自发地观摩点评和发表高见。本人也确有所感，对其中点滴刑事实体问题、程序问题及律师实务，有些不成熟的看法，谈出来作为学术问题探讨，还希望有关方面给予批评指正。

一、不能忽视、放纵行贿罪

众所周知，受贿罪与行贿罪是权钱交易的对偶罪，有受贿人必有行贿者。但在司法实践中，国家工作人员因受贿而被判处刑罚的不在少数，而被追究行贿罪刑事责任的却寥寥无几。尽管1979年制定的旧刑法，就明文规定要追究行贿罪的刑事责任，该法第185条第3款规定的是："向国家工作人员行贿或者介绍贿赂的，处3年以下有期徒刑或者拘役。"1997年制定的现行新刑法，对该罪作了重大的修改与完善。新《刑法》第390条规定："对犯行贿罪的，处五年以下有期徒刑或者拘役；因行贿谋取不正当利益，情节严重的，或者使国家利益遭受重大损失的，处五年以上十年以下有期徒刑；情节特别严重的，处十年以上有期徒刑或者无期徒刑，可以并处没收财产。"应该说，新刑法对行贿罪的打击力度是大大地加重了，也即体现了立法机构严肃惩治行贿罪的国家意志。然而在司法实践中，还不免出现对该罪的忽视和放纵现象。联想到虹桥垮塌案，原綦江县委副

* 作者单位：苏州大学法学院。

书记、綦江县城乡建委主任杜世元，因犯受贿罪被判处死刑、剥夺政治权利终身、没收财产5万元。而对其行贿的主要被告人的虹桥工程施工总负责人费土利，只对其工程重大安全事故罪承担被判处有期徒刑10年的刑事责任，而并没有追究他的行贿罪。

作者认为，在20世纪80年代初，我国的法制建设刚走上轨道，不仅干部的法制观念缺乏，而且群众的法律意识淡薄。群众要求干部办事，出于无奈而送礼行贿，还情有可原。这种恶劣的社会风气至今虽未根本好转，但当今堪称比较健全的法制和全党全民依法治国的呼声，再也不能容忍这种丑恶风尚继续存在下去。绝大多数的人民群众对某些人的送礼行贿也深恶痛绝。例如，多年来有一个普遍存在的社会问题，就是医生收红包，社会舆论普遍反映，不能完全埋怨医生。现实证明，主要倒是由于某些病员及其家属，只顾要医术高的医生为自己全力服务，不惜重金硬是向医生塞红包，而且礼金的数额通过病家的炒作攀比而越来越大。导致某些外科手术医生收红包的"胃口"越来越大，个别人竟直言不讳地表白，收不到红包，手术刀都无力提起来。有的地方竟公开流行"有钱送礼名医生，无钱送礼实习生"。病家则叫苦连天，干脆要求像明码标价挂号费的专家门诊一样，手术医生也有公开的合理的明码标价。医生虽不属于受贿罪的主体，但其财物送与受的行为是相同的。在某种意义上讲，有了行贿才有受贿，对行贿不绳之以法，如何能遏止受贿。干部自律是内因固然重要，杜绝腐蚀干部的外因，剖除滋生病菌的温床，也是必要的举措。

二、玩忽职守罪的量刑尚欠完善

新刑法对旧刑法的修改与完善，在渎职罪一章中，倾注了较大的力量。立法机构认识到旧刑法对渎职罪的规定过于笼统，有的规定处刑偏轻，其重点是玩忽职守罪。国家注意到在现实生活中出现的国家机关工作人员滥用职权，严重不负责任，使国家和人员利益造成损失的新情况。所以将仅规定致使公共财产、国家和人民利益遭受重大损失，处5年以下有期徒刑或者拘役的玩忽职守罪，内容作了充实并加重了处罚。新刑法对该罪的规定，可以分为四个层次，一种是一般的玩忽职守罪。第一个层次是致使公共财产、国家和人民利益遭受重大损失的，处3年以下有期徒刑或者拘役；第二个层次是情节严重的，处3年以上7年以下有期徒刑。另一种是带有徇私舞弊情节的玩忽职守罪，第一个层次是处5年以下有期徒刑或者拘役；第二个层次是情节特别严重的，处5年以上10年以下有期徒刑。应该说，这样的规定比较全面合理，但是，通过虹桥垮塌案一审判决的量刑实践，证明上述规定还不能做到尽善尽美。

广大群众对两案被告的量刑，特别是对此"首长工程"负有罪责的"书记"、"长"、"主任"的官员能否严惩尤为关注。一审最后宣布林世元被判处死刑、剥夺政治权利终身，群众一致赞扬司法机关严肃执法的公平与公正。但仔细想想，有两个问题值得研究。第一，林世元被判处死刑，并不是因为玩忽职守罪，而是受贿罪。林世元的另一罪被判处有期徒刑10年，也是因为带有徇私舞弊情节的玩忽职守罪。林世元的徇私舞弊无非也是因为有了受贿一节事实，也就是说，如果林世元没有受贿一节，也只能适用现行《刑法》第397条第1款，顶多也只能判处有期徒刑7年。那么，第二案工程重大安全事故罪的几名主要被告人，都被判处了有期徒刑10年，群众仍会议论说，还是对国家党政官员处刑轻。作者的意思不是说，人民法院对犯罪进行量刑，放弃要根据犯罪发生、情节以及对社会危害程度的基本准则，一味去迎合群众的法律观念和民情要求。但民众的思想意愿也反映一定的真理，那就是对国家机关工作人员应当从严要求。我国古代有识之士就倡导吏治重于民治。同样是过失犯罪的玩忽职守罪和工程重大安全事故罪，出现了两罪交织在一起，造成一个共同的后果，如果是掌握国家权力的官员处于主导地位，工程技术人员处于从属地位，那么，玩忽职守罪的主体国家官员，更应承担较大的责任。

第二，对林世元的玩忽职守罪适用《刑法》第397条第2款的依据，已如上述是因为林的玩忽职守罪带有徇私舞弊的情节。而认定徇私舞弊的依据，仍然是他的受贿，那么，岂不成为一罪两用，受贿罪已经判处了死刑，不能再借用它来作为另一罪的加重处罚的情节，否则就是重复算账，这是不公平的。一审判决所以如此操作，无非为了表现严惩，但玩忽职守罪是过失犯罪，过失犯罪是结果犯，主要应当根据造成的危害后果决定刑罚的轻重，《刑法》第397条第2款，以徇私舞弊为条件，实际上注入了放任故意的主观条件，超出了纯属过失的范围。法条作为前款罪的加重处罚，自然理所应当，但纯属过失的玩忽职守罪，只要造成的后果特别惨重，不是不可以提高量刑幅度。大家熟悉的《三国演义》上有一回书：诸葛亮挥泪斩马谡，马谡因为军事上的玩忽职守而丢失了军事重镇街亭，被诸葛亮处了死刑。

这里还值得一提的是，玩忽职守罪还有个特点是，职位越高、权力越大，犯罪的严重性及其后果也就越大，我国在过去的"人治"年代，群众戏称：大干部立法，小干部执法，群众治于法，因为执行操作者都是小干部，他们掌握的职权有限，造成的危害后果也有限，所以一旦犯罪，判处了5年或7年足矣，今后走上法治轨道，又能够逐步真正做到法律面前人人平等，被追究玩忽职守罪的，不仅有县团级、还可能会有省部级以上的干部。

据上所述,似有必要进一步完善《刑法》第397条第2款,适用对象是犯第1款罪的国家机关工作人员徇私舞弊的,以及致使公共财产、国家和人民利益遭受损失特别重大的,量刑的幅度,或者仍按照原条款的处5年以上10年以下有期徒刑,或者与第1款相衔接,变更为7年以上有期徒刑。

三、辩护律师应如何正确处理“重罪轻诉”

虹桥垮塌第1案的第4被告人赵祥忠,是綦江县市政工程质量监督站站长,因不严格执行国家规定的质量标准,不按国家规定对虹桥工程进行质量监督,赵的客观行为酷似玩忽职守,所以重庆市人民检察院指控其为玩忽职守罪。在庭审中,赵祥忠的辩护律师为其辩护称:现行新刑法规定,玩忽职守罪的主体必须是国家机关工作人员,赵祥忠不属此职,根据我国刑法规定的从旧从轻的基本原则,赵不符合玩忽职守罪的犯罪主体条件。当时在电视屏幕前收看现场直播的刑法行家们,就有两种不同的意见。第一种意见,认为律师辩得出色,抓住了要害;第二种意见,则认为此属赵的辩护律师失策之举。因为赵祥忠在虹桥垮塌案件中负有不可推卸的罪责,否定了玩忽职守罪,必然认定为工程重大安全事故罪,要认定无罪或者比玩忽职守罪更轻的罪是不可能的。

持第一种意见的主要理由是,律师的职责是遵守宪法和法律,维护当事人的合法权益。律师工作活动的基本原则,也是以事实为根据,以法律为准绳,实事求是是党和国家确立的工作方针与路线,也是各行各业工作的基本准则。公诉机关对被告人犯罪的性质分明定错了,如果律师不提出来,一是对工作不负责任的表现,同样有悖于律师的职业道德与职业纪律。二是会给人以误解,以为律师水平低,指控有错误也发现不了。

持第二种意见的理由是:第一,先要确认玩忽职守罪与工程重大安全事故罪是否属于轻罪与重罪之别。回答是肯定的,只要看刑法对两罪量刑幅度的界定,前者最低刑为拘役,最高为7年有期徒刑(附加有徇私舞弊情节的除外)且不设罚金的附加刑;后者最低刑为有期徒刑5年,最高刑为有期徒刑10年,且设立并处罚金的附加刑。第二,律师面对重罪轻诉的现实,该不该加以实事求是地指正,这主要取决于律师从事刑事辩护工作的基本准则。我国《律师法》第28条明文规定:“律师担任刑事辩护人的,应当根据事实和法律,提出证明犯罪嫌疑人,被告人无罪、罪轻或者减轻、免除其刑事责任的材料和意见,维护犯罪嫌疑人、被告人的合法权益。”这一条文的实质精神,就是为人们所通俗理解的,辩护律师绝不能做第二公诉人，只能讲有利于被告人的话，做有利于被告人的事，不能帮倒忙。第三，如何看待在特定情况下的实事求是。不错，实事求是是党和国家确立的一切工作的基本准则，但世界上的事物是错综复杂的，没有“一刀切”的绝对真理。譬如说，刑事诉讼中上诉不加刑的审判原则，为当今世界各国包括我国在内所采用。过去也曾被指责为违反实事求是的原则。一审轻判了，为什么二审不能更改加重。通过学术界的争辩，才统一了认识。这是为了确立、保护二审制度，即使一审确实轻判，二审也只能将错就错，这叫做丢卒保车，或者叫做大道理管小道理。辩护律师面对重罪轻诉，放弃具体问题上实事求是的“小原则”为的是维护律师形象和国家律师制度整体问题上的“大原则”，也可以叫做大道理管小道理。第四，正确理解国家设立律师制度的宗旨和律师在刑事诉讼中的地位，国家设立律师制度的目的宗旨，是设立一个控诉方的对立面，站在被告一方行使辩护权。律师是被告人合法权益的专门维护者，只能有罪依法辩为无罪，重罪依法辩为轻罪，绝不能“反其道而行之”。

作者赞同第二种意见。至于说赵祥忠的辩护律师的做法，最后并未给赵带来多大的弊害，那是幸好他在案中的直接责任相对同案被告尚属较轻。

四、合议庭成员组成与审委会的改革

刑事诉讼法与人民法院组织法都规定：基层人民法院、中级人民法院审判第一审案件，合议庭的人数是3人；高级人民法院、最高人民法院审判第一审案件，合议庭人员才应当是3~7人。所以虹桥垮塌案，尽管它属于复杂、疑难、重大的案件，公诉人可以5、6人或7、8人，法律没有限制性规定。辩护人按规定，每个被告人1~2人，第二审的辩护人就多达18人之多，而合议庭成员只能是3人。诚然，由于新的刑事诉讼法实施了庭审模式改革，由法官包揽控诉与审判的讯问式变革为控辩交锋的对抗制，法官居中“观战”和最后裁判，所以在整个庭审过程中，只需审判长一人主持。但是，合议庭要承担最后判决的重任，要对全案事实、被告各自在案中的地位与作用，控辩双方正反两面的意见，如何审查判断证据，以及分别定性、量刑适用法律等方方面面的问题，既有通盘考虑的总账，又有各个对象的分户账。合议庭3名审判人员的工作量，不会少于7、8名公诉人和10多名辩护人的工作量。所以，像虹桥垮塌这样的大案要案，不能不提交审判委员会讨论决定，这是符合现行刑事诉讼法规定的。但是上述依法履行的程序，从新中国成立后数十年的审判实践考察，首先对各级人民法院审判第一审案件、合议庭人数规定的合理性必要性值得研究，高级人民法院、最高人民法院审判第一审案件、合议庭人员可以多至7人，这是正确的。但是，新中国成立后的数十年，上述两级高层次的人民法院审判第一审案件，实在屈指可数，有的高级人民法院，几十年中也未遇到一起第一审案件。那么，如此正确合理的法律规定，发挥不了多大功用与价值。而绝大部分的复杂、疑难的大案、要案，集中在中级人民法院，但合议庭人数却受到限制，这是十分欠妥的。很有必要将中级人民法院审判第一审案件的合议庭人数，也调整为3~7人。

与上述问题相关的，是近年来学术界争议的我国审判委员会制度的利弊值得在此探讨。众所周知，我国人民法院设立的审判委员会，是富有中国特色的审判组织制度。在历史上起到了功不可没的作用，它贯彻了人民法院集体领导和实现民主集中制的基本原则，法院独立审判的集体智慧优于法官独立审判为个人智慧。特别在过去，审判人员的文化业务素质偏低的条件下，不能独当审判重任，需要由审判委员会把关。但是在审判实践中，逐步暴露出审判委员会的缺陷，可以概括为“秘密性”、“间接性”和“专业不专性”。所谓“秘密性”，即审判委员会的活动都在庭外幕后，被告人不知决定自己命运的审判委员会委员姓甚名谁，因此无法申请回避。所谓“间接性”，即审判委员会成员不直接办案、不直接讯问被告和询问证人，不直接阅卷看材料，仅凭听汇报，但却掌握裁决权，以致出现看病的医生没有处方权，有处方权的不是临床诊断医生。所谓“专业不专性”，因为人民法院审判委员会的组成人员，一般是正副院长、各审判业务庭、执行庭的正职庭长以及办公室主任，体现法院干部的地位和级别。有的副院长是专抓后勤总务或党务人事工作的，即使业务庭的庭长，因为法律部门多，不可能门门精通，讨论刑事案件，只精通民法经济法的庭长，就很难发表正确的意见，但在表决时，他们都享受平等的一票，由此而导致审判委员会作出错误的决定也在所难免。

鉴于当今审判人员的文化业务素质较前大有提高，有的学者建议将审判委员会改革掉不无道理。如果废除了审判委员会，遇到复杂、疑难、重大的案件，就可将原来参加审判委员会的成员，根据各自的业务专长，“下放”到合议庭中去，从庭外幕后走到庭内幕前。合议的成员相应地扩大，第一审的直接审判力量大大加强，一切问题都会迎刃而解了。

（1999年第5期）

罪刑相当原则解释论

黄祥青*

我国《刑法》第5条规定:“刑罚的轻重,应当与犯罪分子所犯罪行和承担的刑事责任相适应。”许多学者将这一规定概称罪刑相当、罪刑均衡或罪刑相适应原则;①也有学者称为罪责刑相适应原则。② 这两种表述虽然只有是否使用“责”字的一字之差,但从刑法解释论上看,它表现了不同学者对于“罪”、“责”、“刑”之内涵、外延及其相互关系的不同看法或分歧。如何给予这一刑法基本原则一个全面、合理的诠释,这是我国刑法理论与实践中均待解决的一个重要问题。本文拟就此作些探析,以求教同人。

一、罪刑相当原则之概称的适当性

众所周知,罪刑相当原则是近代资产阶级启蒙思想家霍布斯、孟德斯鸠、洛克和贝卡利亚等竭力倡导的结果,是18世纪法国资产阶级革命的产物。因而,我国学者一般认为在表述这一刑法基本原则时所使用的“均衡”、“相当”、“相称”和“相适应”等用语,主要是由于翻译或用词方面的原因所产生的不同,并无实质性的区别。③ 在对《刑法》第5条进行概括中的关键问题是,有无必要把“责”与“罪”和“刑”并列起来予以表述。笔者显然采取了否定的立场,主要基于3点理由:第一,从逻辑关系上讲,我国《刑法》第3条明文规定了“罪刑法定原则”,对此,刑法学界的看法是普遍一致的。很显见,这一原则没有载明“责”的字眼,但它无疑包含了“责任法定”的基本精神。据此,从刑法基本原则表述的一致性和遵从约定俗成的习惯两个方面考虑,用罪刑相当一语概括《刑法》第5条的内容,在逻辑上并无矛盾或遗漏之处。倘若刻意强调刑事责任在罪刑关系中的中介或纽带作用,那就势必在“罪刑法定”中间也须插入一个“责”字,无

---

* 作者单位:上海市高级人民法院。

① 陈兴良著:《刑法疏议》,中国人民大学出版社1997年版,第76页。何秉松主编:《刑法教科书》,中国法制出版社1997年版,第78页。

② 赵秉志主编:《新刑法典的创制》,法律出版社1997年版,第36页。

③ 何秉松主编:《刑法教科书》,中国法制出版社1997年版,第78页。

须赘言,这是画蛇添足之举。第二,从中外刑法中的责任理论来看,"(刑事)责任"一词在不同场合具有多重语义。例如,"无责任则无刑罚",这里强调必须是具有责任能力的人根据故意或过失实施的危害社会的行为才受惩罚。如果缺乏故意、过失等主观因素(责任要素),就是没有责任,也就不应该受到惩罚。在日本,这种意义上的责任主义被称为归责中的责任主义;又如,日本1972年公布的刑法修正草案第48条第1款规定:"量刑应与罪犯应负的责任相适应",这里责任被规定为量刑的标准。这种含义的责任主义被称为"量刑中的责任主义";再如,我国刑法条文的"应当负刑事责任"或者"不负刑事责任",其含义分别指是否构成犯罪或应否受到刑罚处罚。这两种意义显然与前述两种责任主义又有区别。依笔者愚见,如果我们在本已约定俗成的罪刑相当原则之中人为加入"责"的字眼,其多重语义势必导致人们在理解该原则时发生歧义。第三,从法条内容分析,《刑法》第5条把犯罪分子"所犯罪行"和"承担的刑事责任"并列作出规定,共同决定"刑罚的轻重",这说明前两者都只是后者的决定因素之一,单独都不能与刑罚在价值上对等相当。由此可见,把罪、责、刑三个并不对等的事物并列加以表述,在逻辑结构上也欠缺严谨。换言之,在"所犯罪行"和应承担的"刑事责任"之间建立一个共同体与"刑"并列,这才是恰当的。"罪"正好堪当此任。因为,"罪"是一个不断发展的概念,在现代刑法理论中,其含义已较过去大为扩展,它完全可以包容有关犯罪人的责任因素(内容详见下述),故概称罪刑相当原则是适当的。

二、"罪"的含义及其包容性

在我国刑法学界,有些学者认为,罪刑相当原则是近代资产阶级反对封建罪刑擅断主义的产物,在历史上曾发挥过积极的作用。由于它强调的是已然犯罪的社会危害性与刑罚的相称性,而对犯罪人的人身危险性等影响刑罚轻重的因素未能给予必要的关注,因此,罪刑相当原则因其客观的报应色彩太浓,已完成其历史使命,宜由兼容了"已然之罪"与"未然之罪"的刑事责任与刑罚相适应原则(以下简称责刑相适应原则)或者罪责刑相适应原则来取代。① 不难看出,这些学者把"罪"的含义均界定为仅指已然犯罪行为的客观危害性,并在此基础上阐发了罪刑相当原则的局限性。笔者认为,在现实条件下对"罪"的含义作出如

① 王晨:"面临挑战的罪刑相适应原则",载中国人民大学法学院编:《法律学习与研究》1991年卷。

上限定是不尽客观、全面的,因而值得商榷:

首先,罪刑相当原则始终是一条发展的原则,现在仍然将"罪"的含义限定为专指已然犯罪行为的社会危害性,与近现代刑法理论发展的历史不符。在近两百多年的罪刑关系演进历程中,罪的含义大致经历了3次充实和发展。在罪刑相当原则产生之初,由于这一原则是作为罪刑擅断主义的对立物而存在的,加之当时的刑罚理论深受结果责任论的影响,法官们认为,"人的意图是不能调查清楚的,即使撒旦也不知道人的意图",①因此,罪的含义那时是被严格限定在客观的犯罪行为及其危害结果的范围之内;所谓罪刑相当,也就是在犯罪行为的客观危害性大小与刑罚的严厉性程度之间进行精确地计算。有学者称为"数学刑"。② 随着这种僵化与片面的刑罚理论为人们逐渐所认识,于是,罪的内涵中被加入了行为当时的罪过心理态度。正如美国学者哈特所指出的那样,"所有文明的刑罚制度都不只是依据这样的事实即应受惩罚的人实施了犯罪之外在行为,而且也依据他是在某种心理或意志构成状态下实施的这一行为",③从而将犯罪行为的主客观方面统一到"罪"的含义之中。19世纪末20世纪初,主观主义的刑罚理论开始在世界范围内勃兴,以致在现代许多国家的刑法理论与司法实践中,犯罪人的个别情况普遍受到重视。譬如,在苏联及东欧所有社会主义国家的刑法典中都规定了罪刑相当原则,而在"为每一具体案件确定刑罚种类和幅度时,都要揭示出:……犯罪人对犯罪的态度与刑罚之间的联系;犯罪人的个人情况,他愿意今后遵守法律的态度与刑罚之间的联系。"④在意大利刑法典第133条、日本1972年修改刑法草案关于刑罚适用的一般准则之第2项等,也都对犯罪人的个人情况作了与上述内容类似的规定。⑤ 由此可见,在现代国家的刑事立法中,有关犯罪人的因素又被注入到"罪"的含义之中,成为罪刑相当原则的重要内容。对于罪刑相当原则的新发展,我国刑法学界也有研究与之呼应。如高铭暄教授主编的《刑法学》教材明确指出:"罪刑相适应不是罪刑的绝对相等和机械对应。所谓'罪',不是单纯地看犯罪行为及其所造成的危害结果,而要看整个犯罪事实,包括罪行和罪犯各方面因素综合体现的社会危害性程度。

---

① [英]J. W. 塞西尔·特纳著:《肯尼刑法原理》,王国庆等译,华夏出版社1989年版,第12页。

② [苏]B. H. 库德里亚采夫等著:《社会主义刑法的当代发展趋势》,西南政法学院刑法教研室印,第110页。

③ [美]H. C. A. 哈特著:《惩罚与责任》,王勇等译,华夏出版社1989年版,第108页。

④ [苏]B. H. 库德里亚夫采夫等著:《社会主义刑法的当代发展趋势》,西南政法学院刑法教研室印,第109~110页。

⑤ 胡学相:"量刑的基本理论研究",武汉大学1994年博士学位论文。

也就是说，要把犯罪的社会危害性与罪犯的人身危险性结合起来考虑。”①我们认为，既然在我国刑法确立罪刑相当原则之初，学界能普遍接受注入了罪过因素的罪刑相当原则，而并不恪守制造“数学刑”的最初的罪刑相当原则；在社会历史变化、发展和刑法理论深化了的今天，为什么不能把影响“罪”的大小的若干新的因素（即有关犯罪人的一些个人情况）纳入“罪”的含义之中，允许罪刑相当原则在新的历史条件下获得发展呢？

其次，从我国刑法的一般理论和发展趋向上看，在“罪”的含义中充分容纳有关犯罪人的一些个别情况，这本是罪刑相当原则的题中应有之义。因为，罪刑相当原则的贯彻与实现是需要分阶段、有重点的。具体地讲，在立法上，我国现行刑法为不同性质和不同构成类型的犯罪配置了轻重不等的数十种法定刑，②这就为各种犯罪构成不同的犯罪适用不同的法定刑奠定了客观基础，使贯彻落实罪刑相当原则的基本要求（轻罪轻罚、重罪重罚、同罪同罚、无罪不罚、罚当其罪）有了充分的法律依据。然而，在制刑阶段所体现的罪刑相当原则，其主要特点是罪刑关系在整体上的一致性，即注重对于同类犯罪规定在相同的法定刑幅度内予以处刑。一旦步入刑罚适用阶段，具体的犯罪人呈现在法律和法官面前，刑罚适用则必须考虑犯罪人的个性特点和个别情况，以追求整体一致性基础上的个别差异性。从一定意义上讲，这种个别差异性反映得越充分，罪刑关系的具体相当性就越精确。如果忽略了有关犯罪人的一些个别情况，则可能犯下与“禁止富翁也禁止乞丐睡于桥下和窃取不新鲜的面包”③相同的错误，致使罪刑相当原则所蕴涵的公正价值（包括平均的正义和分配的正义）不能得到完整的体现。因此，在刑罚裁量与具体执行中仔细斟酌有关犯罪人的个别情况，是罪刑相当原则的内在要求，是使每个判决及其执行的罪刑关系更相称、更完善的必经道路。

最后，从逻辑上看，把有关犯罪人的个别情况纳入“罪”的含义之中比独立于外更为合理。如果把这些个别情况从罪刑相当原则中分离出来，其新的载体便是刑罚个别化原则。那么，如何处理罪刑相当原则与刑罚个别化原则的相互关系呢？苏联刑法是将两者作为并行不悖的两项基本原则。④ 我国刑法学者也有类似主张，但提出应当区分主次，即以罪刑相当原则为基础，以刑罚个别化原

---

① 高铭暄主编：《刑法学》，北京大学出版社 1989 年版，第 40 页。

② 赵廷光：“量刑原则新探”，载《法制与社会发展》1995 年第 4 期。

③ 转引自［美］埃尔曼著：《比较法律文化》，贺卫方、高鸿钧译，三联书店 1990 年版，第 66 页。

④ 陈明华著：《当代苏联东欧刑罚》，中国人民公安大学出版社 1989 年版，第 237 页。

则为补充。[①] 笔者认为,把罪刑相当与刑罚个别化独立开来相提并论,在理论和实践上均有欠妥当:其一,把二者独立起来作为两项并列的刑法基本原则,会使两者之间的矛盾冲突难以调处。例如,在职务犯罪中,行为人身居要职却利用职务便利实施犯罪,职高位显这一因素既可资证行为人具有较深的主观恶性,应当从重处罚以便罚当其罪;同时,它也可显示行为人的人身危险性较小,因为只要剥夺了行为人的现行职位,其再犯同类罪行的可能性就大为减小了。依据刑罚个别化原则,就无须从重处罚。适逢这种导致两项原则相脱节、相冲突的诸因素,同时并存的两项原则岂不是将法官置于无所适从的困境?其二,把刑罚个别化从罪刑相当原则中独立出来分别主次,在解释论上有时会难以自圆其说。又如,在对被判处拘役或3年以下有期徒刑的犯罪分子决定和裁量缓刑及其考验期限长短时,其主要依据是"适用缓刑确实不致再危害社会"这一刑罚个别化原因,这时犯罪行为的社会危害性程度相对只起次要作用。对此,上述主辅关系论显然难作恰当解释。况且从常理言之,在某一特定领域确定特定事项时,标准只能有一个,不能有几个,更不能有几个不统一的标准。如果同时存在几个不同标准,结果只能导致标准模棱两可、甚至没有标准。因此,我们主张将刑罚个别化精神融入罪刑相当原则之中,这样既可统一标准,同时又可消除矛盾。因为在犯罪行为的社会危害性程度制约下的有关犯罪人的个别情况,只对刑罚轻重起调节作用。在有些情况下调节作用大些,如适用缓刑的场合;在有些情况下起到一定的调节作用,如偶犯、前科等因素;在有的情况下也不一定发挥作用,如在我国刑法理论与实践中,职高位显并不能作为减轻罪责的正当理由。

概括上述,(1)在刑法领域,罪与刑是一对基本的矛盾,刑事责任与刑罚并不具有内在的矛盾属性,不能反映国家刑法的基本特点,因而主张用刑事责任取代"罪"的概念的观点不足取;(2)根据《刑法》第5条的规定,刑事责任只是决定刑罚轻重的一个方面的因素,其含义侧重指"表明犯罪人人身危险性程度的事实或情节"。[②] 这里值得提及的一点是,有些事实或情节可以直接归入"罪"的内容,如累犯、焚尸灭迹等;有些事实或情节本身并不为"罪",但对说明罪的大小具有意义,因而也被纳入罪的含义之中;如自首、立功和罪前表现良好等,因为罪刑相当原则所称之"罪"是一个罪质与罪量的有机统一体。

① 曲新久:"试论刑罚个别化原则",载《法学研究》1987年第5期。
② 张明楷著:《刑法学》(上册),法律出版社1997年版,第51页。

三、关于“刑”的界定问题

在对罪刑相当原则的解释中，有学者将其中的“刑”字界定为刑事责任，其主要理由是，犯罪的法律后果不止刑罚一种，还包括作刑罚处罚和单纯宣告有罪，这三种法律后果都是刑事责任的实现形式。因而把刑字解释为刑事责任，才能全面反映与犯罪的对应关系。① 笔者认为，这一见解虽然有所依凭，但不足以成为用刑事责任取代刑罚的根据。这是因为：

第一，从理论上讲，犯罪的基本特征之一就是应受刑罚处罚性，实施了犯罪就得受到刑罚处罚，这是犯罪区别于其他违法行为的显著特征之一，也是罪刑关系的基本法则，不容随意变更。众所周知，任何原则都有例外，因此，对于情节轻微的犯罪处以非刑措施也是合法有据的。反过来讲，能否因为非刑措施的合法存在，就可以否定犯罪应受刑罚处罚这一原则规定的合理性呢？很清楚，答案是否定的。既然犯罪与刑罚的联系是主导性的、原则性的关系，那么，这种联系就需要一定的规则，罪刑相当正是罪与刑的关系规则。这就意味着，罪刑相当这一刑法基本原则的存在，并不妨碍对有些犯罪适用非刑罚等处理方法；反之，非刑罚等处理方法的存在与适用，也并不能动摇或者否定罪刑相当原则。

第二，从立法与司法情况看，在刑法分则中，所有具体犯罪都设定了与之相匹配的法定刑，这无疑说明了罪刑关系在整个刑法中的主导性。占据主导地位的罪刑关系必须有规可循，它表明了罪刑相当原则存在的客观必要性。在司法实践中，每一个案的处理过程，总是因循定罪、处刑的逻辑。只有在判处法定最低刑仍嫌过重的时候，法官才会把目光投向非刑罚等处理方法。换言之，非刑措施的运用，一般也是以罪刑关系为依托的。由此可见，罪刑关系在实务上的极端重要性。相对说来，刑事责任只是作为一般观念而存在，它与犯罪之间并不具有法条上的具体对称关系，因而缺乏实体意义。作为指导罪刑关系实际运作的刑法基本原则，显然将“刑”字作刑罚解释更为贴切、更能揭示罪刑矛盾的基本特点。

第三，从国外刑事立法看，刑罚的观念并非绝对的，其内容和范围都是可变的，它主要取决于立法者对犯罪制裁体系的安排与设定。例如，我国行政处理办法中的“吊销驾驶执照”，在西班牙刑法中就被规定为一种刑罚方法；在德国刑

---

① 李卫红：“论罪刑相适应原则的立法完善”，载《刑法修改建议文集》，中国人民大学出版社1997年版，第164页。

法中又为刑罚中的附加刑。还有“训诫”、“禁止营业”、“剥夺担任一定职务或从事某种活动的权利”,等等,这些制裁办法在不同国家的刑罚体系中,都可见其在类型上的不同规定。① 从我国刑法的发展趋势看,罚金等财产刑还有可能扩大其适用范围,非刑罚处理方法可能在数量上有所增加。这些情况表明,刑罚的质的规定性在于它是由国家法律明文规定的,用以制裁犯罪的具有制恶性的强制措施。这些措施在一定刑罚体系中被划归哪一类型,主要是由立法者根据需要来决定的。因此,以刑罚不能涵盖其他非刑措施为由,改变罪刑相当这一世界性刑法基本原则之内涵,哪怕只是形式上的,笔者均认为并不适宜。

四、关于“相当性”的评判问题

对于犯罪与刑罚的相当性,有些学者曾提出质疑,指出谋杀一人者当处死刑,谋杀十人者也只能处其一人死刑,如此怎能说明罪与刑是相当的呢?另有学者设问,对于一个盗窃犯,究竟是判处罚金还是监禁刑,究竟是判处6个月还是1年监禁刑才是罪刑相当的呢?没有人能回答这个问题。对于这些颇具挑战性的问题,我们在阐释罪刑相当原则时理当给予重视并作出回答。

我们认为,外在的原则、规范,往往表现一定的价值内涵。罪刑相当原则的主导价值基础就是深植于人们心中的公平、正义理念。由于公正是一个典型的关系范畴,具有多元的实现形式,因此,作为体现公正价值的罪刑之相当性也具有多样性。具体说来,罪刑相当性的评判应结合其特性,由以下三个方面来展开:一是罪与刑之相当性具有相对性和多层性;二是罪与刑在质上应当性质相同或相近;三是罪与刑在量上应当力求比例相当。现阐释如下:

其一,由犯罪的“无限性”与刑罚的“有限性”所决定,罪刑相当具有相对意义。现实的刑法,无论在犯罪种类还是在犯罪的危害性程度上,都无法穷尽和确估未来的犯罪。在这一意义上,我们认为刑法具有不完整性,②犯罪具有无限性的特点。与此相对,刑罚是有限的。不仅刑罚的种类有限,而且刑罚的严厉性程度也是有限的。企图在无限的犯罪与有限的刑罚之间寻求——对应的相当关系,则是徒劳无益的。以前述谋杀罪为例,谋杀一人者当处死刑,谋杀十人者也只能处以死刑。这种处罚既是公正的,也是相当的。因为公正立于个人责任的立场,超越这一立场的任何处罚都是不公的;相当出于死刑的不可分割性。对最

① 冯军著:《刑事责任论》,法律出版社1996年版,第285页。

② 林山田著:《刑法通论》,台湾三民书局1986年版,第13、14页。

严重之罪处以最严厉之刑，这就是罪刑相当。否则，对最严重之罪处以次严厉之刑，则是罪刑不当。所以，罪刑相当是相对的、有条件的。在一定程度上，它是以罪刑不当为参照的。另外，由立法与司法的相对独立性和静态刑法（刑法法规）转化为动态刑法（刑法适用）的必要性所决定，犯罪与刑罚之相当性具有多层性。首先是在刑法创制这一层面上，一个国家所投入的刑罚总量，应当与现实犯罪的总量大致匹配；刑法分则中对具体犯罪所规定的法定刑，也应当与各种犯罪的轻重基本协调，从而在立法上确立重罪重罚、轻罪轻罚、无罪不罚、数罪并罚的罪刑关系。其重心在于，追求同种罪刑在整体上的一致性；以显示"平均的正义"。其次是在刑法适用的层面上，对犯罪人实际判处的刑罚，即宣告刑要与具体犯罪的严重性和犯罪人之可罚性相适应。其重心在于，追求整体一致性基础上的个别差异性，即使每一个案及其犯罪人的特点均在法律许可的范围内得以恰当的表现或反映，从而使每个判决与执行的罪刑关系较之立法所确定的法定刑更相称、更精确，以体现"分配的正义"。无须赘言，上述罪刑相当性的二重判断是不可或缺或偏废的。大陆法系国家曾经实行的排斥法官主观能动性的"数字刑"和英美法系国家由来已久的"法官立法"传统均为我们所不取。①

其二，从质上看，罪刑相当要求二者在性质上务求相同或相近。刑法分则以同类客体为标准规定了危害国家安全罪等十个罪章，并大致按照由重到轻的顺序排列；与此同时，也规定了九种刑罚方法，它们分别是：(1)生命刑，即死刑。(2)自由刑，包括无期徒刑、有期徒刑、拘役和管制。(3)财产刑，包括罚金和没收财产。(4)资格刑，包括剥夺政治权利和驱逐出境。一般说来，上述九种刑罚方法分别归属以上四类，其严厉性程度由重及轻排列，可谓一目了然。据此，我们有必要也有条件根据各类、各种犯罪和各种刑罚的特性进行合理配置。我们既不能对谋杀他人者仅仅处以罚金，无论罚金数额多大，都不能与生命价值同值；与此同理，我们也不宜对纯粹的财产犯罪处以刑罚。如果不是这样，刑罚与犯罪在性质上相去甚远，则没有公平性可言。失去了刑罚的公平性，刑法就会沦为工具。"如果法律沦为工具，那么法律的威信就无法建立；法律没有威信，自然就无法产生法律的规范功能。"②

其三，从量上看，罪刑相当要求二者在比例上务求相称。虽然刑罚具有一定的量的要素，如人的生命只有一次，自由刑有时间长短，财产刑有数额多少等，但罪行不是选择，人们无法用数字方法精确地表达他们。美国联邦判决指南试图

① 王勇："英美刑法中的罪刑法定主义述评"，载《外国法学研究》1987 年第 4 期。

② 林山田著：《法制论集》，台湾五南图书出版公司 1987 年版，第 28 ~ 29 页。

用不同的数量级别反映犯罪的严重性,但迄今为止,还不能说已经完全成功。[①]我国也有学者用数学公式或数学模型对犯罪进行量化,提出了“罪行量表”和“罪刑折算表”,然而这些尝试都还处于探索之初,且步履维艰。[②] 所以,犯罪与刑罚的相当性,不能是数学上的严密重合性,而只能是一定比例上的相称性。其实现方式首先有赖于犯罪的等级化、系列化与刑格规定的合理化和科学化。在这方面,1994 年 3 月 1 日颁布施行的法国新刑法典为我们提供了一个最新范例。其第一卷总则第三编第一章明确规定了“刑的性质”,即首先把刑罚分为对自然人适用的刑罚与对法人适用的刑罚;其次分别规定了重罪刑罚、轻罪刑罚和违警罪刑罚。[③] 这样就为不同类型的犯罪界定了轻重有别的基本的处刑范围,同时也为个罪的具体裁量提供了相宜的斟酌空间。又如,现代世界各国刑法典对于一些常见多发性犯罪,大多采用罪刑系列的立法方法。像联邦德国刑法典规定的杀人罪就有:谋杀、故杀、激情杀人、应被杀者请求而杀人、杀婴、残害人群、过失杀人 7 个罪名,并配置了相应的法定刑。[④] 这些立法例对于我国刑事立法进一步贯彻、实现罪刑相当原则,无疑具有学习、借鉴的价值。其次是在司法适用上,应力求犯罪与刑罚的具体相当。其特点就是在法定刑幅度同一的前提下,充分反映不同犯罪人之可罚性的差异性。这种差异性不是片面与犯罪人之可罚性相当的结果,而是犯罪的严重性制约之下的个别差异性。至于这种整体一致性基础上的个别差异性如何确切表达,如前述林山田先生所言,对于一个盗窃犯到底是判处 6 个月自由刑、还是 1 年的自由刑,才算是公正的报应,没有人能回答这个问题。[⑤] 因此,罪刑之相当性在一定意义上是由刑罚适用的一致性来体现的。罪刑之相当性不是一种个别判断,而是一种关系反映,即不同罪行之间的关系、不同犯罪人之间的关系、不同刑罚之间的关系、罪行与刑罚之间的关系,以及不同判决之间的关系。罪刑相当性之评价最后是通过不同判决之间的比较来实现的。刑法里从不存在犯罪与刑罚之孤立的、个别的、绝对的相当。确切地讲,作为适用刑罚时的罪刑相当,应当包括以下内容:(1)不同法官之间适用刑罚的一致性。即当法官处理具体案件时,他们可能因为个人经历、知识、经验、感受的不同而对相同案件给予不同评价,从而导致适用不同的刑罚。作为罪刑相当原则的要求,就是应当尽量减少甚至消除不同地区的法官之间、不同法院的法官之

① 李贵方著:《自由刑比较研究》,吉林人民出版社 1992 年版,第 230 ~ 235 页。
② 喻伟主编:《量刑通论》,武汉大学出版社 1993 年版,第 115 ~ 117 页。
③ 《法国刑法典》,罗结珍译,中国人民公安大学出版社 1995 年版,第 11 ~ 17 页。
④ 储槐植:“完善贿赂罪立法”,载《中国法学》1992 年第 5 期。
⑤ 刁荣华主编:《现代刑法基本问题》,台湾汉林出版社 1981 年版,第 150 页。

间,以及同一法院的法官之间对相同案件的判决差异。对于相同或类似案件作出过于悬殊的判决,或者对于情节显著不同的案件作出相同判决,显然都是罪刑不当的。(2)同一法官对不同罪犯适用刑罚的一致性。每个法官在处理大量案件中,个人感受可能因时空人物的变化而有所不同,但罪刑相当原则要求,对于具有相似严重性的不同案件,应该作出相似的判决;而对于情节差异明显的不同案件,应当做出不同判决。同时,对所有案件的判决应当符合罪与刑的轻重顺序。例如,对于两个情节相似的抢劫犯作出明显不同的判决,以及对于两个案情显然有别的抢劫犯作出相同的判决,都是罪刑不当的;如果一个法官对所有抢劫犯都适用较抢夺犯更轻的刑罚,也与罪刑相当原则相悖。因此,同一法官在处理不同案件时,应努力做到上述3个层次的罪刑相当,唯此才能使罪刑相当原则的贯彻落于实处。

(1999年第7期)

试析交通肇事罪中的“因逃逸致人死亡”

李晓龙[*]　李立众[**]

一

《刑法》第133条规定:“违反交通运输管理法规,因而发生重大事故,致人重伤、死亡或者使公私财产遭受重大损失的,处三年以下有期徒刑或者拘役;交通运输肇事后逃逸或者有其他特别恶劣情节的,处三年以上七年以下有期徒刑;因逃逸致人死亡的,处七年以上有期徒刑。”这里的“因逃逸致人死亡的”,是修订后的刑法新增设的一个加重处罚规定。如何理解这一新增规定,刑法理论上出现种种分歧。一种观点认为:从立法原意看,《刑法》第133条中“因逃逸致人死亡的”规定,是立法机关根据日趋严峻的交通肇事犯罪形势,适应人民群众和司法部门要求严惩交通肇事后见危不救致人死亡的犯罪的呼声而制定的,因此,“因逃逸致人死亡”应理解为行为人在交通肇事后,明知被害人不及时抢救会有生命危险而畏罪潜逃,致被害人延缓抢救时机而死亡。① 另一种观点则认为,交通肇事罪是过失犯罪,《刑法》第133条最后一档关于交通肇事后“因逃逸致人死亡的”规定,是错把转化的故意犯罪规定为过失犯罪交通肇事罪。刑法在修订过程中,理应将此案件按故意杀人罪规定,而无论如何不能按交通肇事罪加以规定。因此,这是新刑法在立法技术上存在的一个瑕疵。② 于是,有人进而提出通过客观解释对此进行弥补,认为《刑法》第133条“因逃逸致人死亡”的规定应限于过失致死,是指在已经发生交通运输事故后,行为人在逃逸过程中又发生交通事故,致使第二次交通运输事故中被害人死亡。③

由于刑法用语的多义性和刑法规范的概括性,在某一刑法条文的具体理解上出现歧义和疑义,是自然的,关键在于如何从正确的立场出发对之进行合理的

---

* 作者单位:中南政法学院(现中南政法大学)。

** 作者单位:中南政法学院(现中南政法大学)。

① 高西江主编:《刑法的修订与适用》,中国方正出版社1997年版,第357页;张穹主编:《修订刑法条文实用解说》,中国检察出版社1997年版,第153页。

② 侯国云:“也谈刑法典应力求垂范久远——论修订后的《刑法》的局限与缺陷”,载《法学》1998年第5期。

③ 张明楷著:《刑法学》(下册),法律出版社1997年版,第568页。

解释。上述两种观点之所以存在分歧，就在于各自解释的立场不同，第一种观点从主观解释论的立场出发，通过探究立法者在立法时表达的立法原意来理解该规定的。第二种观点从客观解释论的立场出发，通过阐明刑法条文客观上所表现出来的客观意图来理解该规定的。而从解释学的发展来看，由于主观解释论过于拘泥于立法原意，与社会现实明显脱节，不利于发挥法律的公平价值和保护机能，而客观解释论又否定立法原意的存在，导致解释过于随意，不利于发挥法律的安全价值和保障机能，主张法律解释应以主观解释为常规，以客观解释为补充的折中说有占据主导地位的趋向。① 因此，我们认为，我国的刑法解释应当立足于我国刑事立法与刑事司法的实践，在坚持刑法基本精神和基本原则，维护刑事立法的权威性的前提下，发挥联系立法与司法的积极作用。即言之，刑法解释应当在刑法规范可能具有的文义范围内，阐明立法原意，但又不是机械地还原立法原意，而是应当创造性地、能动地揭示刑法意蕴，并使之能够与现实相吻合。这样，从此立场出发，上述两种解释方式应该说都是可取的，但问题是，上述两种观点都分别成立吗？所以，问题的关键又回到刑法规范本身，我们必须从刑法规范的论理结构入手，以刑法基本理论为根据，进行语义分析和逻辑判断，才得得出正确结论。

二

《刑法》第133条“因逃逸致人死亡”的规定从语义进行分析，可以分为三种情形：第一，违章肇事后，行为人已知道被害人重伤，但弃之不顾而驾车逃跑，致使被害人得不到及时抢救而死亡；第二，行为人第一次违章肇事致人重伤或死亡后，为了逃避罪责驾车逃窜，又第二次违章肇事致人死亡；第三，行为人交通肇事致被害人重伤后，为了毁灭罪证逃避罪责，在逃逸过程中杀人灭口而故意将被害人杀死，或者将被害人移入让人不易察觉的地方，如山洞、灌木丛中，致使被害人丧失抢救机会而死亡。上述两种观点，第一种观点实际上是认为《刑法》第133条“因逃逸致人死亡”的规定只限于情形一，对情形二、情形三都予以否认；第二种观点实际上是认为《刑法》第133条“因逃逸致人死亡”的规定只限于情形二，对情形一、情形三都予以否认，那么，《刑法》第133条规定的“因逃逸致人死亡”的含义，究竟是指情形一，还是情形二，抑或囊括上述三种情形呢？以下笔者拟

① 李希慧著：《刑法解释论》，中国人民公安大学出版社1995年版，第82页。

作逐一考察。

1. 在情形一中，行为人交通肇事后，为逃避法律制裁畏罪潜逃，致被害人得不到及时抢救而死亡，行为人的行为可分两个阶段。在第一阶段，行为人实施了违反交通规章的行为，造成了过失致人重伤的结果，完全符合交通肇事罪的构成要件，构成交通肇事罪，这一点在刑法理论上均无异议，问题在于第二阶段，行为人在交通肇事发生后明知受害人如果不及时送医院抢救会有生命危险而放任受害人死亡的结果发生，畏罪潜逃，致受害人延缓抢救时机而死亡，因此，行为人对受害人的死亡持间接故意的心理态度。对于这种基于间接故意致人死亡的不作为行为如何定性，就成为理论上争论的焦点。有人认为，这种间接故意的行为有别于交通肇事罪中的过失行为，应定不真正不作为的间接故意杀人罪。[①] 有人认为，行为虽然出于间接故意，但并不构成独立的故意杀人罪，而是交通肇事罪中的从重处罚的情节。[②] 我们认为，忽视对行为客观方面的分析，过分依赖行为人主观方面的动机和对结果的态度判定行为的性质并不可靠，行为的正确定性只有建立在对主客观方面的综合考察才能得出。因此，我们基本同意后一种观点，认为《刑法》第 133 条“因逃逸致人死亡”是作为交通肇事罪的加重构成情节而规定的，其间接故意的罪过心理是结果加重犯中行为人对加重结果的故意，并不构成独立的不真正不作为的间接故意杀人罪，理由是：

首先，从犯罪构成原理看，如果情形一中的逃逸致人死亡，作为交通肇事罪与故意杀人罪数罪并罚，不仅违反了诉讼经济的原则，而且也违反了刑法一行为一罚的基本原理。情形一中的逃逸行为从法律性质上说，是行为人在趋利避害的心理作用下使肇事结果进一步加重的条件，不是一种独立的构成行为，必须依赖于违章肇事行为而存在。逃逸行为和违章肇事行为作为一个有机整体，共同结合成为一个复合行为构成交通肇事的加重构成行为，刑法理论上对此称为加重的或然性复合行为。[③] 换言之，交通肇事罪是或然性复合行为犯，既可由违章肇事行为与逃逸行为构成该罪的加重犯，也可单独由违章肇事行为构成该罪的基本犯。因此，逃逸行为不是一个独立的构成行为，而是交通肇事罪构成行为即交通肇事行为的有机组成部分。因逃逸行为造成的致人死亡的结果是交通肇事罪的构成行为所造成的超出了交通肇事罪的基本犯的构成结果的罪质范围的加重构成结果，并不是独立于交通肇事罪之外的另一个构成结果。正如日本刑法

① 侯国云：“也谈刑法典应力求垂范久远——论修订后的《刑法》的局限与缺陷”，载《法学》1998 年第 5 期。

② 张穹主编：《修订刑法条文实用解说》，中国检察出版社 1993 年版，第 153 页。

③ 吴振兴：《罪数形态论》，中国检察出版社 1996 年版，第 23、99 页。

学者西田典之所指出:此行为(交通肇事后逃逸致人死亡的行为)在多数场合,是作为过失犯、结果加重犯被处理,再以此为根据而追究行为人更重的罪责,是不当的二重处罚。①

其次,从不作为理论看,在交通肇事后逃逸致人死亡成立不真正不作为的间接故意杀人罪,其作为义务来源是根据先行行为而得出的,即行为人因其先前实施的交通肇事致人重伤的行为,使被害人生命处于严重威胁的危险状态,行为人负有实施救护行为防止损害结果发生的作为义务。但是,值得研究的问题是:先行行为的性质如何,是否包括犯罪行为?有人主张无论合法行为还是一般违法行为和犯罪行为,都可以成立先行行为,认为先行行为只要足以产生某种危险,就可以成立不作为的义务来源,而不必要求先行行为必须具有违法的性质。②有人主张先行行为应限于违法行为,包括一般违法行为和犯罪行为,认为先行行为除必须具备导致结果发生紧迫的危险外,尚需具备义务违反性,始足以构成作为义务。③ 还有人主张,先行行为原则上不应包括犯罪行为,只有合法行为和一般违法行为才能构成先行行为,认为行为人实施犯罪行为后,有义务承担刑事责任,而没有义务防止危害结果的发生,如果认为先行行为包括犯罪行为,则会使绝大多数一罪变为数罪,这是不合适的。④ 我们同意第三种观点,认为先行行为不应该包括犯罪行为,因为,行为人实施某一犯罪行为后,对该犯罪行为可能导致的结果没有防止而发生,是该犯罪既遂的条件,行为人没有履行作为义务而导致的结果是行为人实施的犯罪构成要件范围中的结果,不能再将此犯罪结果纳入另一犯罪构成要件中进行评价,否则就违反了刑法禁止重复评价的原理,有悖于刑法的公正价值。因此,行为人实施某一犯罪行为后,如果行为人自动防止危害结果的发生,则是减免刑罚的理由;如果行为人没有防止结果发生,则负既遂罪的刑事责任;如果行为人并没有防止更严重的结果发生,则负加重结果犯的刑事责任,而不能以此作为先行行为认定行为人负有作为义务。⑤ 如行为人犯故意伤害致死罪的情形,法律不能期待行为人对被害人进行及时的抢救,在被害人出现死亡的情形下,法律对行为人的评价也只能是故意伤害罪,对于因故意伤害出现的死亡结果是故意伤害的结果加重犯,而不能先定行为人为故意伤害罪,又因行为人故意伤害他人后应负有防止结果发生的作为义务但不作为逃逸致人死

---

① [日]西田典之著:《刑法理论的现代展开》(总论Ⅰ),日本评论社1988年版,第11页。

② 陈兴良著:《刑法哲学》,中国政法大学出版社1997年版,第236页。

③ 林山田著:《刑法通论》,台湾三民书局1986年版,第302页。

④ 苏惠渔主编:《刑法学》,中国政法大学出版社1994年版,第110页。

⑤ 张明楷著:《刑法学》(上),法律出版社1997年版,第133页。

亡,而成立不作为的过失杀人罪,实行数罪并罚。在情节一中,由于行为人在第一阶段的行为已经构成一个完整的交通肇事罪,受到了刑法的否定评价,所以不能将行为人先前实施的交通肇事行为作为先行行为再纳入刑法评价而得出行为人负有作为义务。因此,行为人在第二阶段的间接故意的不作为行为不构成不真正不作为的故意杀人罪。

最后,从罪数理论看,所谓结果加重犯,是指实施了基本的构成要件的行为,发生了基本构成要件结果以外的重结果,需要对其加重处罚的犯罪。在结果加重犯中,行为人的主观罪过可以是双重罪过,其基本犯的罪过构成和加重结果的罪过构成虽然在理论上存在争论,但根据刑法理论的最新发展认为,①结果加重犯中,无论行为人对基本犯罪还是对加重结果其主观心理都可以出于过失或故意。在第一阶段,行为人违反交通管理秩序,致使被害人重伤,这已符合交通肇事罪的基本构成要件,因此行为人已经实施了基本犯罪。在第二阶段,由于行为人逃逸出现了被害人因得不到及时抢救而死亡的加重结果,而且行为人不履行义务的逃逸行为与加重结果之间存在没有前者就不会有后者的因果关系,因此又发生了基本构成以外的基于间接故意的加重结果。同时,刑法对"因逃逸致人死亡"规定了处7年以上有期徒刑的加重的法定刑,所以,符合结果加重犯的法律特征,《刑法》第133条"因逃逸致人死亡"的规定完全能够作为交通肇事罪的结果加重犯进行定性处罚,这不仅是其行为的法律性质所决定的,而且也有法律根据。最高人民法院、最高人民检察院1987年发布的《关于严格依法处理道路交通肇事案件的通知》中规定:"犯交通肇事罪,畏罪潜逃,或者有意破坏、伪造现场,毁灭证据,或隐瞒事故真相,嫁祸于人的",按照交通肇事罪规定的具体情况,从重处理。因此,《刑法》第133条增设的"因逃逸致人死亡"的规定,只不过是为了适应社会形势的需要,根据"因逃逸致人死亡"比交通肇事罪的最高法定刑(1979年《刑法》)处刑,也罚不当罪,明显与罪刑相适应原则不符,因而加大对该种犯罪的打击力度而加重其法定刑。

2. 在情形二中,行为人第一次违章肇事致人重伤、死亡后,为了逃避罪责,驾车逃跑,又第二次违章肇事致人死亡,行为人的行为也可分为两个阶段。第一阶段,行为人违章以疏忽大意或过于自信的过失将被害人撞成重伤或死亡后,或害怕坐牢,或害怕巨额的补偿费用,往往置受害者的生死于不顾,畏罪潜逃,至此,行为人已触犯了一个完整的交通肇事罪,而且由于行为人逃逸,这是一个法

① 姜伟著:《犯罪形态通论》,法律出版社1994年版,第368~370页;吴振兴著:《罪数形态论》,中国检察出版社1996年版,第85~95页。

定的从重处罚的情节。第二阶段,行为人在仓皇逃窜的过程中,为了实现其躲避公众视线的目的,往往表现为超速行驶,或者在黑暗里熄灯前进,因再次违反交通管理法规,又致他人死亡,重新又构成一起完整的交通肇事罪,这样,事实上已经发生了二次交通事故,分别构成二个性质相同的交通肇事罪,刑法理论上对此称为同种数罪。对于同种数罪如何处罚,刑法理论上存在一罚说、并罚说和折中说的争论,但是一般认为,[①]对于绝大多数同种数罪,原则上只需在法定刑幅度之内作为一罪的从重或加重构成情节,无须实行数罪并罚。因此,《刑法》第133条规定的"因逃逸致人死亡"处7年以上加重法定刑显然可以理解为是按同种数罪实行加重处罚的,"因逃逸致人死亡"的理解应该包括第二种情形。

首先,从刑法的机能看,刑法具有保护合法权益不受犯罪侵害与威胁的机能,为了有效地实现刑法的保护机能,必须将各种侵害或威胁合法权益的犯罪行为纳入刑法的调整范畴,通过刑法禁止和惩罚犯罪,才能维护合法权益。由于同种数罪实质上是数罪,其社会危险性程度一般当然在于罪质相同的单纯一罪,将"因逃逸致人死亡"解释为同种数罪的情形,能够更进一步打击犯罪,震慑犯罪分子,发挥特殊预防的作用。同时,更由于刑法对于行为之公正制裁,不但足以满足社会大众对于正义感之要求,而且昭示社会大众,法益与法律秩序之不可破坏性,而产生教育之作用,发挥一般预防之功效,更有利于对合法权益之保护。

其次,罪刑相适应的原则,强调重罪重罚,轻罪轻罚,罚当其罪,罪刑均衡,犯罪与刑罚的设立应当合理,法定刑的配置应当与犯罪的社会危害性和罪行的轻重相适应。《刑法》第133条对"因逃逸致人死亡"规定了较交通肇事罪的基本犯和情节加重犯更为严厉的法定刑幅度,通过法定刑幅度所反映的行为的客观危害程度应该更严重,所表征的行为人的主观恶性和反社会心理应该更大。因此,"因逃逸致人死亡"应该被当做基本的交通肇事罪构成和情节加重的构成更为严重的情形来理解。将"因逃逸致人死亡"解释为同种数罪即交通肇事后的逃逸过程中又交通肇事致人死亡的情形,在主客观方面的情态和深度上体现的社会危害性,与法定刑幅度相符合,达到罪刑均衡。

最后,对《刑法》第133条规定的"因逃逸致人死亡"解释为同种数罪的情形,并不违反罪刑法定原则。因为对"因逃逸致人死亡"解释为同种数罪,是为了达到保护合法权益,维护人民的生命财产安全的目的,对刑法条文字面通常意义进行的扩大解释,并没有超出条文字面可能具有的含义。只有完全超出条文可能具有的含义,才违反罪刑法定原则。如木村龟二教授认为,刑法解释如果

① 高铭暄主编:《刑法学原理》(第3卷),中国人民大学出版社1994年版,第416~417页。

"是在刑法条文用语的可能界限之内进行的话,基于目的论的扩张解释并不违反罪刑法定主义"。① 因此,一般认为,罪刑法定主义要求刑法的解释必须严格,但并不要求排斥合理解释,即完全按照文字的字面意思进行解释,在可能扩大刑事责任的方向上作出解释当然要极为慎重,但是按照文字的性质,超出语言的意思,进行合理解释的情况也必须允许。

3. 在情形三中,行为人交通肇事致被害人重伤,成立交通肇事罪的基本犯,但行为人为了毁灭罪证逃避罪责,在逃逸过程中又实施了加害行为致被害人死亡,即具体表现为:(1)行为交通肇事后,为杀人灭口在逃逸过程中又故意碾压被害人致死;(2)行为人交通肇事后,明知被害人挂附在肇事车辆上,仍驾车逃逸致被害人在地上拖挂而死;(3)行为人交通肇事后,为逃避罪责,故意将被害人移至野外使人难以发现的地方后逃逸,使被害人失去抢救机会而死亡。上述"因逃逸致人死亡"的含义是否包括情形三呢? 我们的答案是否定的,《刑法》第133条规定的"因逃逸致人死亡"的含义不包括情形三。

首先,从《刑法》第133条的逻辑结构分析,"因逃逸致人死亡"这一刑法规范蕴涵着如下假言判断:(1)行为人的逃逸行为必须是发生在交通肇事后;(2)出现了交通肇事致被害人死亡的结果;(3)被害人死亡的结果与行为人的逃逸行为存在因果关系;(4)被害人死亡的结果仅仅是因为行为人交通肇事的逃逸行为造成,其中没有加入其他的加害行为,即在"逃逸行为"与"致人死亡"之间没有介入其他的原因和条件。而在情形三,行为人交通肇事后,主观心理态度发生变化,在逃逸过程中,对他人的死亡结果怀有刑法上的故意,在逃逸行为与他人死亡结果之间又介入了一个新的条件关系,实施了积极的加害行为,即分别表现为直接故意的辗压行为,间接故意的拖挂行为、转移被害人的不作为行为,因此,在逃逸过程中又介入了故意的加害行为致使被害人死亡的,成立故意杀人罪,排除在《刑法》第133条所规定的含义之外。

其次,人的主观心态是不断变化的,在一定条件下,故意可以转化为过失,过失也可以转化为故意,随着主观心理态度的变化,行为的性质也会随之发生变化。② 行为人违章肇事后,其主观心理本来是过失,危害结果的发生是超出行为人主观意愿之外的,但行为人为了达到毁灭罪证逃避法律制裁的目的,其主观心理往往又发生变化,他们或者对被害人死亡结果的发生持积极希望的直接故意,杀人灭口故意碾压被害人致死,构成直接故意杀人罪;或者对被害人死亡结果的

① [日]木村龟二著:《刑法总论》,有斐阁阿部纯二增补1978年版,第20页。

② 侯国云著:《过失犯罪论》,人民出版社1996年版,第152~159页。

发生持消极放任的间接故意，明知被害人挂附在肇事车辆上，如果继续行驶会可能导致被害人死亡的危害结果，但行为人为逃避罪责驾车逃逸致使被害人遭拖挂而死，构成间接故意杀人罪；或者行为人将其交通肇事致重伤的被害人移到荒郊野外，使自己与被害人之间产生事实的依赖关系和排他的支配关系，行为人因其转移行为而非肇事行为负有救护被害人的义务，①但行为人能够履行却拒不履行作为义务，对被害人的死亡持间接故意的放任态度，从而对被害人死亡的危害结果承担刑事责任，构成不真正不作为的间接故意杀人罪。所以，《刑法》第133条规定的“因逃逸致人死亡”的含义不应理解为情形三。

综上所述，我们可以得出结论，《刑法》第133条所规定的“因逃逸致人死亡”的含义是指交通违章肇事后，行为人明知被害人重伤，但弃之不顾驾车逃跑，致使被害人得不到及时抢救而死亡，或者在违章肇事后，为避免罪责，驾车逃窜，又第二次交通肇事致人死亡，应该分别作为交通肇事罪的结果加重犯和交通肇事罪的同种数罪定性处罚，对于逃逸过程中又介入故意的加害行为致使被害人死亡的则成立故意杀人罪，排除在《刑法》第133条规定的“因逃逸致人死亡”的含义之外。

三

成文法典的一个基本技术要求是确定性，包括全面、明确、稳定三个方面。但是，由于人们的认识是至上性和非至上性的统一，真理是绝对性和相对性的统一，故法典不可能做到全面、明确与稳定的完美结合。追求全面、稳定，立法必然要概括、模糊，使有限的法律条文涵盖的内容尽量广泛；追求明确，则必然在一定程度上牺牲全面与稳定。刑法典也是如此，一方面，从罪刑法定出发，要求罪名、罪状、犯罪构成要件、量刑标准尽可能明确，体现法律的法定性明确性；另一方面，考虑到刑法典的全面性、稳定性，立法上仍然使用了一定数量的弹性用语和弹性条款，体现法律的模糊性和开放性。这不仅是刑法自身的发展规律所规定的，也是我国的具体国情所决定的。但是，随之而来的隐忧是，由于刑事司法是

① 现代不真正不作为犯的研究成果表明，由于形式的作为义务论没有阐明不真正不作为犯成立的实质根据且有使不真正不作为犯的认定范围扩大的缺陷，作为不真正不作为犯成立核心的作为义务的观念，已从形式的作为义务的观念向实质的作为义务的观念转变，这种转变不仅要求具有形式的规范的要素，即传统的法律规范、职责要求、法律行为、先行行为，还要求具有实质的事实的要素，即从行为人对危害结果的现实性具体支配出发，考察行为人与被害人之间是否存在排他的依赖关系和支配关系。

司法主体把犯罪事实通过对照法律规定予以主观反映的过程，是客观到主观再到客观的活动，刑法典的模糊性越大，则司法人员的自由裁量权越大，司法上就越可能背离罪刑法定原则的要求，侵犯公民的合法权益，造成罪刑擅断。因此，有必要由有权机关进行有权解释，弥补刑法规范中的缺陷，消除对法律条文的歧义和疑义，使刑法规范适应复杂多变的犯罪活动，发挥刑法的规制机能和法益保护机能。所以，对《刑法》第 133 条规定，希望我国最高立法机关或司法机关在吸收借鉴理论上对此展开的观点争鸣和实践中的经验做法的基础上，早日制定统一的规范性文件对此进行解释，从而有效地统一法律适用，避免理论上不必要的争论，以保证罪刑法定原则的贯彻实现，维护法制运行的统一性和权威性。

（1999 年第 8 期）

再论我国传统犯罪客体理论的弊端

杨兴培*

我国传统的犯罪客体理论一向把犯罪客体定义为我国刑法所保护的、而为犯罪行为所侵害的社会主义社会关系,并把这一犯罪客体视为犯罪构成的一个必要要件。刑法理论研究的不断深入已经表明并且还将继续表明,这一犯罪客体理论存在多方面、多层次的弊端。笔者曾就这一犯罪客体理论所存在的弊端,专门撰写过《论我国传统犯罪客体理论的缺陷》一文,①对这一传统犯罪客体理论的形成过程和理论根据的选择错误、对它的现实存在和构成功能的理解错误进行了初步的分析。但是,我们应当看到,这一理论在我国刑法学体系中已日长时久,根深蒂固,我们不从更深的层次多侧面地揭示它的原因所致和弊端所在,很难很快地结束它的存在。一张白纸,可画美丽图画,然一旦先涂上糟糕之作,欲除旧布新,恐非易事。一块平地,可建宏伟大厦,然一旦先建棚棚架架,必先清理场地,扫除废墟。时代的发展,社会的进步,法制的呼唤,科学刑法理论的任务已经昭示,即使付出一定代价,也得要为科学刑法理论的形成和发展扫除障碍,开辟道路。不可否认,我国刑法理论目前的表面繁荣,并不能掩盖其深层的混乱和众多的瑕疵。而放下没有多少实质内容的理论包袱,压挤没有多少理论价值的学术泡沫,将是我国刑法学界一项长期而艰巨的任务。为此,我们还有必要进一步分析和揭示我国传统犯罪客体理论的弊端,以期正本清源,除旧布新。

一、传统犯罪客体理论存在犯罪客体政治功能和法律功能的混淆

法律是政治统治和社会秩序的产物,刑法就是如此。推开人类刑法史殿堂的大门,追寻刑法的起源和发展,我们可以看到,刑法不外乎是社会中一个集团、一个阶级、一个阶层、一个政党夺取政权,形成统治秩序后,为了巩固自己已经获

---

* 作者单位:华东政法学院(现华东政法大学)。

① 载《华东政法学院学报》1999年第1期。

得的政治统治和维护自己控制领域的社会秩序而制定的用以削平反抗、制止混乱、预防犯罪、惩治犯罪的一种强力武器。任何刑事立法者在制定刑法时,必定要从自己已有的统治关系出发,巩固和维护为统治者所认可的社会关系。一句话,刑法的制定和适用就是为了保护现有既存的为统治者所认可的社会利益。在一个社会的法律体系中,刑法始终处于特殊的保障法的地位。刑事立法者规定什么行为是犯罪,有哪些犯罪,用以保护什么样的社会利益,一切都必须从政治的角度出发,把保护为统治者所认可的规定统治关系、对统治者有利的社会利益作为刑法制定和适用的出发点和归宿点。从这一意义上说,刑法中蕴涵的政治功能和法律功能是共通的,甚至可以说是同一的。但是,当社会发展到不同利益主体的各个集团、各个阶级、各个阶层、各个政党由激烈的社会对立、社会对抗开始转向彼此能够互相容忍、互相协调、和平共处的时代,刑法中的政治功能和法律功能必定逐渐分离,刑法的政治需要功能为主的倾向必然开始向法律公正功能为主的倾向倾斜。一部人类刑法发展史的轨迹清楚地反映着这一过程的演变。

刑法本来蕴涵的政治功能和法律功能的相互关系,能否简单地移植到犯罪客体中?传统的犯罪客体理论作了大胆的尝试。我国传统的犯罪客体理论来源于苏联的刑法理论,而前苏联的犯罪客体理论形成和发展的时代背景正好处于阶级对立、对抗的历史阶段。于是"按照马克思主义的理解,任何一种侵害行为的客体,都是为了统治阶级的利益所建立起来的社会关系。社会主义的社会关系是社会主义刑法体系中的犯罪的客体"①的理论开始问世。既然在当时,刑法被视为是阶级利益的反映,设立一个犯罪客体的形式并把它视为是阶级利益的载体,就成了最好的选择。然而,前苏联的刑法理论设立犯罪客体时,一开始就把它纳入到犯罪构成结构中,把它视为最能够说明犯罪政治性质的依据。当犯罪客体被描述社会主义社会关系后,即使一个最轻微的犯罪,也被视为是对社会主义社会关系的侵害。因为"无论是具体犯罪的任何客体,它们都与作为一般客体的社会关系有着密不可分的有机联系,而且在逻辑上和实际上也都是并列的。"②传统的犯罪客体一开始就担负着说明犯罪政治性质的政治任务,体现着它的政治功能所在。然而,传统的犯罪客体理论在这里犯了一个结论性的错误,即某种行为是否要被确定为犯罪在刑事立法上总是由于政治的需要,而根据政

---

① [苏]特拉伊宁著:《犯罪构成的一般学说》,薛秉忠等译,中国人民大学出版社1958年版,第102页。

② 同上,第107页。

治需要在刑法中确定一个犯罪的构成要件后,某种行为在刑事司法中能否构成犯罪是由于法律的规定,而不直接来源于政治需要。法律可以随着政治的需要而随时发生变化,但刑事司法不能、也不应跨越法律的规定直接随着政治的需要发生变化。如果在刑事司法中认定某种行为是否构成犯罪来源于政治需要,那么,法律的公正性、权威性和稳定性就不复存在了。这样,即使容纳了以社会关系为内容的犯罪客体的犯罪构成,只要其在法律上的功能是一种犯罪的规格,是一种定罪的依据,那么构成犯罪的事实只能是一定的主观罪过和一定的客观行为。所谓以社会关系为内容的犯罪客体无法起到定性定量的定罪作用。犯罪构成在刑法中确立以后,刑事立法设立某种犯罪构成的政治需要依据——保护社会利益——的政治功能已经和犯罪构成在刑事司法中运行时所体现的法律功能开始分离。

然而,传统的犯罪客体理论不但把犯罪客体视为刑法保护的社会关系,是刑法设立某种犯罪构成的根据,体现着它应有的政治功能,而且把犯罪客体视为犯罪行为侵害的社会关系,把它纳入到犯罪构成中看成可以确定犯罪行为性质的根据,让它体现着法律功能。但是,这种使犯罪客体同时具有政治功能和法律功能的传统犯罪客体理论的努力能否成功,在我们看来是值得怀疑的。政治讲究需要,法律讲究公正。从政治需要角度而言,刑事立法设立什么样的罪名,以保护什么样的社会利益,总是根据立法者的需要和意志加以选择和确定的。刑事立法者既可以针对社会全体成员制定普遍性的刑法规范,也可以针对社会部分成员制定专门性的刑法规范,如 1981 年 6 月 10 日全国人大常委会制定的《关于处理逃跑或者重新犯罪的劳改犯和劳教人员的决定》。这些刑法背后无不蕴涵着一种治国治世的政治需要。法律一经制定施行,它就成了人们行为的规范。刑法面对的总是在一定罪过支配下已经进入刑法领域的各种危害行为。没有法定的危害行为的出现,就没有犯罪的成立。不管刑事立法出于什么样的政治需要,保护的是特定的社会利益,一种犯罪的设立是针对什么样的社会成员。为犯罪而设计的犯罪构成永远总是针对在一定罪过支配下的行为,犯罪构成中不可能包括政治需要这种抽象的内容。因此,以社会关系为内容的传统犯罪客体也就不可能成为犯罪构成的必要要件,也不可能体现传统犯罪客体理论所设计的法律功能。

出于政治需要而创立的传统犯罪客体不可能体现它应有的法律功能,还因为是由这一传统犯罪客体的内容——为犯罪行为指向和侵害的社会关系的性质所决定的。何谓社会关系?马克思、恩格斯曾经指出:“生活的生产——无论是自己生活的生产(通过劳动)或是他人生活的生产(通过生育)——立即表现为双重关系:一方面是自然关系,另一方面是社会关系;社会关系的含义是指多个人的合作。”①列宁也曾指出:“人与人的关系即社会关系。”②马克思主义的这些基本原理表明了社会关系不外乎是人们在共同的生产和生活活动过程中所形成或结成的一种人与人之间的相互关系。人们之间的社会关系,既可以是一种客观的存在,又可以是一种主观的选择。但是,人们之间的社会关系体现在社会生活中是多方面的、多层次的。马克思说过:人“在其现实性上,它是一切社会关系的总和”。③ 一个人欲与他人结成何种社会关系,是可以由这个人进行主观选择的。他既可以确认,也可以改变。无论是确认还是改变,都必须由这个人作出一定的行为表示才能成为现实。一个人实施一定的行为欲改变一定的社会关系。这是因为一种社会关系的基础是具体的、物质的,但其表现方式都是抽象的、精神的。主体行为和客体对象的关系在唯物主义观点看来永远是具体的物质关系,因此行为不可能跳过一定的物质对象直接和社会关系发生联系。而即使客观存在的社会关系由于不可能和一定的行为直接发生联系,因而也就不可能决定行为的性质。同时,刑事立法者从政治需要的角度出发要保护某种社会关系(实际上是社会利益),只能通过法律的规定,告诉社会成员什么行为为法律所允许,什么行为为法律所不允许。法律总是针对人的行为而言。没有人的行为,人在刑法上便没有意义。因此,刑事立法要保护某种社会利益,关键在于禁止某种行为。而刑法上的行为性质,是由行为人的主观罪过性质所决定的。因此,作为传统犯罪客体内容的所谓社会关系仍然不能具有和不会体现其所谓的法律功能。

在传统的犯罪客体理论中所存在的政治功能和法律功能发生混淆的深层原因,不但在于我们过去很长一段历史时期内片面地理解刑法的政治功能,而且还在于我们在司法实践中又片面地强调政治效果和法律效果的统一。为了体现刑法的政治功能,于是就产生了可以脱离辩证唯物主义的哲学原理和一般法学的基础原理而人为创造出一个犯罪客体的形式,把它看成一个可以跳越社会关系的物质基础——一定的人或物,直接成为社会关系的载体。为了体现犯罪客体的法律功能,于是就违背定罪要求的主客观相一致的原则,把所谓的犯罪客体纳入到犯罪构成中来,把它看成犯罪具有的反社会政治性质和反秩序法律性质的首要依据。其实,刑法的政治功能和政治效果本不待言,司法实践只要严格依法

① 《马克思恩格斯选集》(第3卷),人民出版社1972年版,第33页。
② 《列宁选集》(第10卷),第88页。
③ 《马克思恩格斯选集》(第1卷),人民出版社1972年版,第186页。

办事本身就体现了刑法的政治功能和政治效果。然而,传统犯罪客体理论通过创立了所谓的犯罪客体,混淆了其政治功能和法律功能后,使得有些人更喜欢从政治的角度评定一个行为是否已经构成犯罪,更喜欢从行为所谓侵犯的社会关系性质上分析认定,而不是首先从行为的违法性上去分析认定。这样,依法办事,严格执法的严肃性往往让位于政治性的评价。在这方面,传统的犯罪客体理论正好如鱼得水,游刃有余。这是因为在犯罪构成中增加了一个以社会关系为内容的犯罪客体,并将犯罪客体划分为直接客体、同类客体和一般客体,一旦将某一种犯罪置放于一般客体这一层面上进行分析认定,就可以对其所具有的社会危害性进行任意的演绎和概括,进而就可以对任何一种犯罪言明对其严惩的必要性而无限上纲提供了广阔的想象空间。法律本身在成为政治需要的产物以后(当然还包括秩序需要),在发挥其法律功能过程中还得处处体现、服从政治需要,那么,法律具有的公正性、严肃性和稳定性就会受到严重影响,甚至不复存在。过去长期存在的法律虚无主义思想,今天仍还存在的某些轻视法律、法制观念淡漠的现象,在一定程度上已值得我们深思。

笔者认为,只有对传统的犯罪客体理论进行深刻的反思,认识到其所存在的政治功能和法律功能发生混淆对刑法理论和司法实践所产生的消极影响,将传统的犯罪客体还原为社会利益,把它视为是刑事立法设立犯罪构成的根据,在这方面让其尽显它的政治功能;而将犯罪构成中的犯罪客体还原为犯罪行为具体指向、施加影响或发生作用的人或物,在这方面让其尽显它的法律功能。这样,刑法理论才更具有科学性,刑事立法和刑事司法的运行才具有根据性和准确性。但这是传统的犯罪客体理论已无法做到的。

二、传统犯罪客体理论存在犯罪客体立法功能和司法功能的混同

刑事立法的理论是宏观的,刑事司法的实践是微观的;刑事立法的根据是抽象的,刑事司法的根据是具体的。在刑法领域中,刑事立法与刑事司法两者的关系就如在建筑领域中设计师与施工者两者间的关系一样。在建筑领域中,一幢大楼如何选址、如何设计,其基础要求是什么,其结构要件是什么,一切都在设计师的视野和思考之中。建筑设计的每一步、建筑结构的每一处,都要求设计师具有充足的理论依据,都离不开设计师的精心论证。建筑设计方案已定,对于施工者而言,其任务就是严格按照图纸精心施工,进行一砖一瓦的堆砌,以实现建筑设计的既定要求。建筑设计的根据和理由已不是施工行为本身的内容。两者的

性质和任务是十分明确,截然不同的。刑事立法犹如建筑设计,一种行为为什么被规定为犯罪,其根据和理由是什么,不能不作出说明。刑事司法犹如建筑施工,一种行为为什么被认定为犯罪,只需要说明已有的事实材料(包括主观罪过和客观行为)是否已符合刑法的实在规定。至于这种实在规定背后的根据和理由已用不着刑事司法工作者越俎代庖地再加以论证和说明。然而在传统的犯罪客体理论中,由于存在犯罪客体这一犯罪构成的要件,使得刑事立法的应有功能和刑事司法的应有功能被混为一谈。本来由刑事立法需要论证和说明一种行为为什么被规定为犯罪的根据,在刑事司法中又被不厌其烦的由司法人员再三论证和说明。于是在大量的司法实践中,我们经常看到这样一种现象,在司法机关指控或确定一个行为已经构成犯罪时,往往不是根据已有的行为事实,来分析认定行为人的主观罪过和客观行为是否符合了法律的规定,而是喜欢首先大谈特谈行为侵犯了某一种犯罪客体。不指出行为首先具有违法性,而说明行为首先具备了犯罪构成的客体要件,不过是主观先验的反映。在刑事立法过程中,一种行为具有了社会危害性,才被纳入刑事违法性的选择之中,这是行为为什么被规定为犯罪时的一种价值评价,它反映了犯罪设定过程中的立法功能。而在一定罪过支配下的危害行为已经具有了刑事违法性,具有刑事违法性的行为必定具有社会危害性,这是行为被认定为犯罪后的一种规范评价,它反映了犯罪认定过程中的司法功能。这样,以社会关系为内容的传统犯罪客体,可以成为刑事立法设立犯罪的根据,而不可能成为刑事司法认定犯罪的依据。但传统的犯罪客体理论把犯罪客体纳入到犯罪构成之中,并视为首要的要件。这就意味要求刑事司法在认定每一个犯罪时,必须首先认定行为是否侵犯了某一种犯罪客体。然而,没有行为首先具有的刑事违法性,又何来行为对犯罪客体的侵害?而要求刑事司法必须说明行为对某种社会关系具有社会危害性,才被认定为犯罪,事实上就是要求刑事司法必须站在刑事立法的立场上回答这一问题。这样,在刑法上设罪的立法功能和定罪的司法功能就被简单地同一化了。

我们必须要指出,社会关系(实际上是社会利益)的确是刑事立法所要保护的对象。刑事立法设立每一个犯罪,其目的都是保护某一个既存的社会利益,表明了刑事立法的某种价值取向。刑事立法设立某一种犯罪,它并不都以社会现实生活中已存在这种行为事实为前提,它只是预示性地向社会成员宣布刑法将禁止这种行为的实施。当社会生活中一旦出现这种行为,通过司法实践的严格依法认定与惩罚,实际上就已实现了刑事立法的保护目的。所以,刑事司法的功能主要体现在认定某种行为是否符合刑法的规定,而无须回答行为为什么被规定为犯罪。行为不具有刑事违法性,其社会危害性再大,也已在刑事立法的容忍范围之内，如卖淫、嫖娼、通奸、吸毒等。行为已具有刑事违法性，哪怕是过失行为，仍然要依法惩处。因此在刑事司法实践中，当我们认定一个行为是否应当、为什么应当构成犯罪，其实一个很简单的理由，那就是行为符合了刑事违法性的规定。传统的犯罪客体理论试图通过犯罪客体揭示一种行为为什么构成犯罪，无非是要刑事司法转换为刑事立法重新论证犯罪的立法根据。这不但混淆了刑事立法者和刑事司法者不同的功能，而且也是司法成本浪费的一个重要原因。

现代法制社会有一个明确而普遍的要求，即刑事立法与刑事司法相分离。刑事立法所要解决的是设立犯罪的根据和设定犯罪的要件，刑事司法所要解决的是认定犯罪的性质和印证犯罪的要件。而传统的犯罪客体理论把犯罪客体既看成立罪的根据，又看成定罪的根据。从表面上看，似乎瞻前顾后，面面俱到。但实际上恰恰把司法功能混同于立法功能，让其扮演着双重角色。但这种功能的混同已与现代法制要求相去甚远了。传统的犯罪客体理论所存在的犯罪客体的立法功能与司法功能不分的现象，其深层的原因不但在于我们前面揭示的犯罪客体的政治功能与法律功能的混淆，而且还在于我们过去很长一段时期内确实存在立法与司法一体化的现象。但是我们应当看到，随着依法治国的时期到来，让法律相对独立于政治，让司法绝对独立于立法，这已是一个必然的发展趋势。一旦法律相对独立于政治，司法绝对独立于立法，那么，传统的犯罪客体理论所存在的弊端就会更加明显地暴露出来。这是因为传统的犯罪客体所要揭示的社会关系是一个一直处于发展、变化过程中的现象，于是一个行为对社会关系所发生的影响，完全可以随人们任意评价。这种任意的评价也许会带来法律的变更或修改，但我们仍无法否认，法律一经制定施行，就已具有相对的独立性和稳定性。这种相对的独立性和稳定性表明在已然的刑法之中，它对违法犯罪设立的规格、标准是固定的、明确的、具体的。一个行为是否构成犯罪，我们用不着在犯罪规格之外的设立根据中寻找理由，也用不着在所谓的社会关系中理解犯罪的法律性质。以主客观相一致原则为指导而设立的犯罪构成，有着明确的、具体的主客观要件的内容，符合者为犯罪，不合者为非罪。传统的犯罪客体理论把犯罪客体纳入到犯罪构成中，要么产生先验的作用，把某种行为的社会危害性任意夸大后，再印证行为是否符合法律的规定性。而这种先验性的作用，无疑会对任意出入人罪产生影响，要么在认定行为已经符合法律规定性之后，再引申出行为的社会危害性。但此时已是犯罪认定后的规范评价，与犯罪认定的规格依据没有必然的联系。传统的犯罪客体理论试图通过以社会关系为内容的犯罪客体作为犯罪构成的一个要件，来印证行为是否构成犯罪，不过是站在刑事立法的角度夸大它的刑事司法作用，成为尾大不掉的成分。长期以来，我们在很多的刑法理论和司法实践中经常看到的某些“假大空”的现象，不能不说这是传统的犯罪客体理论在其中发挥着最大化的负面影响。

随着法制建设进程的不断深入，刑事立法与刑事司法的相分离，预示着传统犯罪客体理论的必然终结。即使传统的犯罪客体理论把“犯罪客体”定义为刑法保护的社会关系，也仅仅表明它是刑事立法设定某种犯罪的根据，仅仅具有立法的功能。当司法实践认定某种行为是否构成犯罪，其法律根据在于犯罪构成规格本身，而不是这种规格背后的设立依据时，“犯罪客体”已不可能再具有司法的功能了。当今天我们打开一部部自视为“权威”的刑法教科书时，看到每一个犯罪构成中无一例外地首先排列着犯罪客体这一要件，真不知这是从立法功能的角度提出的，还是从司法功能的角度设立的。而这种融立法功能与司法功能于一体的传统犯罪客体理论的继续存在，也正说明了我国刑法理论中存在的幼稚和僵化。还需要指出，刑法规定的犯罪行为和其他法律规定的违法行为，在本质上都是危害社会、影响社会秩序的行为。只是由于不同的法律规定，而形成不同的违法性。不同的法律规定着不同的违法性，对立法者来说，都是为了保护既存的社会利益。保护既存的社会利益都体现着立法的应有功能。在犯罪构成中增加一个犯罪客体，以此在司法实践中体现它的定罪功能，势必意味着在其他法律规定的违法行为结构中也有着一个违法客体。然而，时至今日，其他违法行为结构中并没有存在过这样一个违法客体，这既没有影响其他法学理论的科学性和完整性，也没有妨碍其他司法实践对违法行为认定的准确性。这种从比较研究中产生的启示既深刻又浅显地告诉我们，传统的犯罪客体理论也该退出刑法理论的舞台了。

三、传统犯罪客体理论存在对犯罪客体研究角度和研究目的的混乱

传统的犯罪客体理论至今仍然顽固地存在于我们的刑法理论中，还有一个我们丝毫也不能忽视的原因，这就是在认识、研究和评价犯罪客体时，传统的犯罪客体理论的坚持者经常发生着研究角度的随意变换和研究目的不时转移，从而使传统的犯罪客体，以不变应万变地维持着其自身的生命力。

传统的犯罪客体一开始就是理论研究的产物，直到现在为止它还仍未被实在法所认可并加以明确规定。而一向被认为既具有法律属性，又具有理论属性的犯罪构成，由于容纳了犯罪客体这一要件，使得其自身的法律属性大打折扣。

一定的刑法研究是和一定的刑法观联系在一起的。刑法观是关于刑法本质、刑法目的、刑法功能和刑法效果的总的观念。任何社会总是存在多层的刑法观。在社会利益主体不同,各个集团、各个阶级、各个阶层、各个政党存在严重对立、激烈对抗的状态下,统治者的刑法观总是处于主导支配的地位。而在社会各利益主体处于相互容忍、相互协调、和平共处之时,刑法就成了社会各利益主体协调的产物,甚至是社会全体成员意志的结晶。此时,公正、平和、折中的刑法观就应占据支配地位。回顾传统的犯罪客体理论的创立过程,我们可以清楚地看到,它的创立者是在阶级斗争(有时是被夸大了)的社会历史背景下,站在政治需要的高度,首先以服务于立法目的,从理论研究的角度,对已有的实在法进行分析归纳后创造的。我国的犯罪客体理论是照搬苏联的犯罪客体理论而形成的,两者一脉相承。在阶级斗争的时代背景下,站在政治的高度,服务于立法的目的,把犯罪客体视为统治阶级认可并要保护的社会关系(社会利益),以此说明犯罪的设立根据,这里研究者的研究角度与研究目的有它的同一性。然而当犯罪客体一纳进犯罪构成,成为其中的一个首要要件,此时研究者的研究角度与研究目的又已经开始转移到了司法的立场上了,是从定罪的角度来分析,研究犯罪客体,把它视为定罪的一个构成依据。于是,传统的犯罪客体理论的创立者和继承者、坚持者同时兼有立法活动发言人和司法活动发言人的双重身份,并根据需要不断地变换研究角度,以服务于不断发生转移的研究目的。当阶级对立、对抗的时代已经过去,现代法制时代已经到来,立法与司法已经分离,传统的犯罪客体理论仍然固守着旧有的战斗阵地,呈现着明显的“刻舟求剑”迹象。而伴随着这种研究角度和研究目的的混乱,犯罪客体中政治功能与法律功能的混淆,立法功能与司法功能的混同就无法得到根本的解决。在这方面,我们看到了太多的传统犯罪客体的坚持者一会儿站在政治的高度,从立法的角度,以权威的口吻阐述着一种行为为什么被规定为犯罪;一会儿又站在法律的阵地,从执法的角度,以虔诚的心态解释着一种行为为什么被认定为犯罪。犯罪客体就像万能良药一样,解决着立法与司法中的一切疑难杂症。①

在社会科学研究中,研究者自身的定位是十分重要的。对一个事物、一种现象的研究,我们的研究目的应当是明确的,研究的立场应当是固定的,只是采用的研究方法可以是多样的。尽管有时为了获得对某一事物、某一现象的客观公正的认识,我们可以变换不同的角度进行多方面的观察,但是角度的变换仍须受

---

① 笔者在外出授课之时,不止一次地听到授课对象提起,他们在初学刑法之时被告知,只要掌握了犯罪客体理论,就等于掌握了刑法的精髓。

研究目的的支配。不然,角度的变换却导致了研究目的转移,那么得出的结论就会与研究目的相去甚远。一辆汽车在大街上行驶,物理学家从不同的角度观察,为的是研究机械运动的规律,化学家从不同的角度观察,为的是研究汽油分子的散发,交通警察从不同的角度观察,为的是掌握交通规则的执行。把机械运动看成化学现象,把汽油散发看成交通现象,把交通规则看成物理现象,其研究后得出的结论只能是缘木求鱼,难成科学。然而在传统的犯罪客体理论中,研究者本来站在立法者的立场上,研究一种行为为什么要加以规定为犯罪,把保护某种社会利益作为自己的研究目的和刑事立法的目的。但是在其研究过程中,却又随意变换了研究角度,把对刑事立法根据的研究转移到刑事司法根据的研究,进而把刑法保护的客体直接纳入到犯罪构成要件中,视为刑事司法定罪的根据。这种研究角度的变换和研究目的转移,使研究者对犯罪客体的论述,连他们都无法说清楚自己到底是立法的解释者还是司法的诠释者。本来十分简单的一个行为为什么被立法规定为犯罪和一个行为为什么被司法认定为犯罪的道理,在传统的犯罪客体理论中被叙述得混乱不堪。为什么在传统的犯罪客体理论中会经常发生这种研究角度的变换和研究目的的转移,也许在传统的犯罪客体理论者看来,当他们站在立法者的立场提出以社会关系为内容的犯罪客体时,试图借助立法的权威性来证明自己理论的权威性;当他们站在司法者的立场论证以社会关系为内容的犯罪客体时,又试图以司法的实践性来证明自己理论的实用性。但这种研究角度和研究目的的混乱,正像立法功能和司法功能的混同,是无法体现其科学价值的。

在涉及传统犯罪客体理论研究角度和研究目的经常发生的混乱时,其研究的方法也值得我们思考。中西方文化在研究社会现象时,呈现出两种颇为不同的研究方法。西方文化的研究方法侧重于分析研究。分析成了西方法学文化研究的精髓。西方法学的很多成就,主要来源于此。即使马克思在研究资本主义现象,撰写出不朽的巨著——《资本论》时,也是首先从对资本主义社会的细胞——商品——着手进行分析研究,从而发现了剩余价值理论。恩格斯在研究家庭、私有制和国家的起源时,也首先从对氏族社会的发展变迁的分析研究中,揭示国家产生的必然规律。而东方文化的研究方法往往侧重于归纳,表现为一种“寻亲和归元”①的方法,摒弃细琐零碎、分散支离的“取向”直奔归宿。两种不同的研究方法固然各有千秋,然而分析的方法使某种结论更具有坚实的基础却是不容置疑的。反思传统的犯罪客体理论的形成和发展,我们清楚地看到这

① 周汝昌:“思量中西文化”,载《文汇报》1999年5月30日第7版。

种理论的创立者和坚持者，并不是从分析研究着手，而是直接从先哲的皇皇著作中寻章摘句地寻找根据，从既定的、固定的概念出发加以演绎。而我国的传统犯罪客体理论更是不假思索地照搬抄袭前苏联的犯罪客体理论而出现并继续存在的。苏联的犯罪客体理论一开始就是在“每一个犯罪行为，无论它表现为作为或不作为，永远是侵犯一定的客体的行为”、“任何一种侵害行为的客体，都是为了统治阶级的利益所建立起来的社会关系。社会主义的社会关系是社会主义刑法体系中的犯罪的客体”①的结论前提下展开的。为什么社会关系变成了犯罪客体，通过什么样的方法来论证犯罪行为直接指向社会关系这一客体，在苏联的犯罪客体理论中，除了许多空洞的政治性论述之外，我们很难看到这一理论的坚实基础。而我国的传统犯罪客体理论只是通过简单的“寻宗和归元”，视苏联的犯罪客体理论为经典，可谓以讹传讹，抽象有余，具体不足。以至于在利用这种犯罪客体理论解释犯罪时，在行为是否可以构成犯罪之前，经常不着边际地大谈特谈某种社会关系的重要性，并进行无限地抽象拔高，似乎不唯此不足以说明某一行为的社会危害性。而当真正衡量一个行为是否构成犯罪时，又只好用具体的犯罪对象来加以论证。即使在行为人发生认识错误，误将死尸认为活体，误将野兽认为是人而进行“杀害”时，仍然僵化地认为这里还是存在一个“社会关系”，一个“人”的生命权，而看不到此时成立犯罪的根据在于行为人在一定罪过支配下的行为已符合了法律规定性。由此可见，传统犯罪客体理论赖于生存的简单的“寻宗和归元”式的演绎方法，多少反映着我国刑法学领域长期以来一直存在的教条主义和僵化的思维定式，并且在一定程度上为“法学幼稚和肤浅”的讥讽提供了实证材料。

传统的犯罪客体理论在我国刑法学中是根深蒂固的，对它的反思和清理，其任务是沉重的，其过程可能是漫长的。许多条条框框，包括许多“权威”的结论仍紧紧束缚着我们的思想。可喜的是，当传统的犯罪客体理论已经完全脱离了现实生活并已不适用于司法实践时，我们的司法实践对一种行为是否构成犯罪并进行惩罚，并不是按照着传统的犯罪客体理论进行操作的。罪刑法定的原则时时提醒着我们没有必要去理会这种犯罪客体理论对定罪的所谓重要意义，只需要根据主客观相一致原则指导下的并以此为内容的犯罪构成加以印证即足矣。传统的犯罪客体理论不过是在行为认定犯罪之前或行为认定犯罪之后借机发挥一番罢了。但是我们也需要看到，我国的刑法学理论正面临着

① ［苏］特拉伊宁著：《犯罪构成的一般学说》，薛秉忠等译，中国人民大学出版社 1958 年版，第 101～102 页。

体系的重构和内容的更新。当我们的刑法学理论要以科学的体系重现于世，要以科学的内容在更高层次上担负起指导刑事立法和刑事司法的重任时，指出传统犯罪客体理论的诸多弊端，并最终结束它的历史命运，仍然是十分必要的，非常迫切的。

（1999年第9期）

刑法基本原则的法条设置与现实差距

——基于立法与司法的现状分析

赵秉志 [*]　于志刚[**]

一、关于罪刑法定原则的分析

(一)罪刑法定的立法均衡

罪刑法定原则的法定化,不应当仅仅表现为形成于法条的文字。作为一项基本刑法原则,罪刑法定原则首先应当作为一项立法指导原则而被贯穿于刑法及其他刑事法律规范之中。基于此,罪刑法定原则由单纯的法条文字转化为现实法治的前提,在于刑法关于罪责刑的立法设置应当明确、具体、合理、公正,并同时体现民主、科学、文明、进步的立法趋势。但是,中国1997年《刑法》在确定罪刑法定原则的同时,却并未在法条设置上全面贯彻罪刑法定原则,而是存在诸多立法失衡之处,尤其表现为罪责刑关系的不相协调,从而形成与罪刑法定理想模式并存的法典缺憾。具体表现为以下两种情况:

1. 罪刑设置模式的不完整

刑法是各种法律的保障力量和各类违法行为的最后制裁力量,在规范模式的设置上,应当采取"禁止性规范+惩治性规范"或者"命令性规范+惩治性规范"的模式,换言之,对于违反刑法规定的行为,应当伴随着一定的带有痛苦性的后续性刑事制裁措施。换言之,罪刑法定原则是对"罪之法定"和"刑之法定"两个方面的要求:既不能仅有法定的罪而没有法定的刑,也不能仅有法定的刑而没有法定的罪;既不能仅有禁止性规范(或者命令性规范)而没有惩治性规范,也不能仅有惩治性规范而没有禁止性规范(或者命令性规范)。但是1997年《刑法》中的法条设置与罪刑规范的建构,却在某些方面无视此种模式,并有意无意地自行设置追究犯罪的程序性障碍,从而导致有罪不能罚或者违法不能究。

其一,有罪不能罚。

由于法条设置的逻辑漏洞,导致严格遵照罪刑法定原则的刑事追究对于某

* 作者单位:中国人民大学。

** 作者单位:中国人民大学。

些犯罪而言将变得困难重重。例如，对于侵占罪，1997 年《刑法》将侵占罪规定为告诉才处理的犯罪。[①] 但是应当注意，侵占罪是告诉才处理的犯罪。如果被害人因受强制、威吓而无法告诉的，人民检察院和被害人的近亲属也可以告诉。根据“被害人”存在近亲属以及被害人可以被强制、威吓等情形，中国刑法学界一致认为这里所称的被害人只能限于自然人而不可能是单位(法人)。但是，根据刑法学界的通论，[②]本罪的犯罪对象是公私财物。这就引发一个问题，当本罪的犯罪对象是国有财物及其他公共财物时，应当由谁来告诉呢？倘若由国家的有关司法机关来行使告诉权，则侵占罪将转化为公诉罪，这就直接违背了侵占罪是告诉才处理犯罪的立法宗旨，也违背了罪刑法定原则，这显然是一个矛盾。这一矛盾的出现，笔者认为，完全是由于立法机关的疏忽所造成的。立法的疏忽，显然应当通过立法的逐渐修改、完善来加以解决。但是对于当前法律的规定，则又不能故意曲解加以执行，这就面临着一个两难抉择：如果承认侵占罪是告诉才处理犯罪，那么侵占公共财物的行为，不管其所侵占的公共财物数额多么大，情节多么严重，均不能追究行为人的法律责任，否则将是对罪刑法定原则的直接冲击与违背；如果为了将公共财物与公民私人所有的财物一视同仁加以同等保护，则将使刚刚修订通过的新刑法关于告诉才处理犯罪的规定化为一纸空文。

对于侵占罪所出现的上述立法与司法矛盾，笔者认为，较为合理的处理方式是采取司法变更性措施，即承认某些相关国家机关享有代行告诉权即求刑权。换言之，应当在理论上和司法实务中承认某些国家所有的公共财物的主管机关，如文物管理局、国有资产管理局等机关享有对此案件的求刑权即告诉权，也即发生侵占国家所有的埋藏物、遗忘物等情况时，由上述文物管理局等行政机关代行告诉权即求刑权，从而合理解决此类犯罪的立法与司法冲突，保护国家财物不受非法侵犯。

其二，违法不能究。

由于《刑法》的若干条文只存在命令性规范而未设置惩罚性规范，从而不仅使得条文本身变得毫无意义，而且直接引发的负面效应是，导致对违反刑法的此类行为不能追究，从而动摇了刑法作为严厉性制裁规范的权威性。例如，1997 年《刑法》第 100 条规定：“依法受过刑事处罚的人，在入伍、就业的时候，应当如

---

① 根据《刑法》第 98 条的规定，告诉才处理，是指被害人告诉才处理。如果被害人因受强制、威吓无法告诉的，人民检察院和被害人的近亲属也可以告诉。

② 高铭暄主编：《新编中国刑法学》，中国人民大学出版社 1998 年版，第 789 页。

实向有关单位报告自己曾受过刑事处罚,不得隐瞒。"但是,对隐瞒不报的,刑法却没有规定惩罚性规范。有学者将此种立法规定称为"无盾立法",即没有惩罚性规范作为后盾的立法。[①] 应当指出,由刑事立法设置命令性规范却不由刑事立法设置惩罚性规范,导致对违反自身规范的行为无权追究的法典设置,无疑使罪刑法定原则处于尴尬的境地。

对于此种未附带惩罚性规范的条文,笔者认为,较为合理的立法补救措施只能是,在有机会修改刑法时,将此类没有刑罚保障的条文干脆予以删除,以避免浪费立法容量,同时避免因法条设置的草率性而导致的违法不能究,从而维护刑法典的权威性和不容侵犯性。

2. 罪责刑虚置

罪刑法定原则的应有之义,不仅仅在于"法无明文规定不为罪"和"法无明文规定不处罚",还在于有罪必罚。换言之,罪刑法定原则之立法原意在于,在限制随意"入人于罪"的同时,也必然包含防止随意作除罪化处理。而1997年刑法的立法随意性则造成了众多法条所确立的罪责刑关系根本无法实际适用,从而在法条空涨的表象下体现出实质的立法虚置。这种变异现象主要体现在渎职罪的立法设置上,具体表现为:第一,第397条所规定的渎职罪主体为国家机关工作人员,使得非国家机关工作人员的渎职犯罪行为无法被追究;第二,某些具体渎职犯罪主体范围过窄,且与实际发案特点不符,不利于打击犯罪;第三,"国家机关工作人员"在实际认定中存在困难,直接影响罪与非罪、此罪与彼罪的认定,等等。[②] 可以说,刑法典分则渎职罪一章的法条设计是颇有可议之处的,某些法条的实际适用机会几近于零,如失职造成珍贵文物损毁、流失罪,由于法条将其主体限定为国家机关工作人员,从而导致对于博物馆、图书馆、纪念馆等保管文物的各级事业单位而言,由于其工作人员根本不可能属于"国家机关"工作人员,因而由于主体不符而根本不可能构成犯罪,从而导致罪责刑虚置。

对于此种浪费立法能量的罪责刑虚置情况,笔者认为,从司法上对于犯罪主体作出再解释或者重新界定必然导致司法权侵入立法权,导致对罪刑法定原则的直接冲击与违背,因而较不可取。因此,解决此一问题的合理途径,应当是尽快由立法机关对某些犯罪主体的范围作出合理的立法性解释,以解决司法中现

---

① 侯国云、白岫云著:《新刑法疑难问题解析与适用》,中国检察出版社1998年版,第175页。

② 敬大力等:"对渎职罪立法、司法中存在问题的调查与思考",载《中国刑事法杂志》1998年第5期。

实存在的实际困惑与有罪不能罚之矛盾。

(二)罪刑法定的司法运作

1. 司法解释侵入立法领域

曾有学者认为,我国不实行三权分立,最高司法机关应当享有司法立法权,或者叫准立法权,它可以根据实际需要创制新的法律规范。笔者认为,这种观点没有法律依据,更不符合宪法规定。不错,司法解释具有法律效力,但它毕竟不同于法律,而且它仅仅是"应用法律"的解释,就不能像立法机关那样自由地在法律规定之外,创制为现行法律所不能包容的法律规范。但是目前我国却存在司法解释大规模侵入立法权领域的情况。

2. 解释主体的合法性问题

无论是基于1979年刑法还是1997年刑法所颁行的司法解释,均存在无权主体参与制定司法解释的情况,这主要表现为作为国家行政机关的公安部的介入。例如,在1998年3月26日公安部还与"两高"共同发布了《关于盗窃罪数额认定标准问题的规定》。

3. 对于被告人权益的漠视

罪刑法定原则的本质是保障人权,限制立法和司法权。坚持有利于被告人的解释原则无疑是罪刑法定原则应有精神的体现。而当前不利于被告人的司法解释大量存在:如关于溯及力的规定,1997年刑法修订通过后,最高人民法院关于时间效力的司法解释仍然有此种倾向,如对累犯的前后适用法律的规定,仍然是不利于被告人的:"前罪判处的刑罚已经执行完毕或者赦免,在1997年9月30日以前又犯应当判处有期徒刑以上刑罚之罪,是否构成累犯,适用修订前的刑法第61条的规定;1997年10月1日以后又犯应当判处有期徒刑以上刑罚之罪的,是否构成累犯,适用刑法第65条的规定。"①众所周知,根据1979年刑法的规定,累犯的前后罪之间的时间限度应当为3年,而根据1997年刑法的规定,这一时间度变为5年。因此以上司法解释意味着,如果犯罪人在1997年10月1日新刑法生效之前曾经犯过罪,即使截至1997年10月1日已经4年零364天,已经远远超过1979年刑法所设置的累犯3年的构成期限,但仍然可能在当天因为犯新罪而构成累犯。

---

① 参见最高人民法院《关于适用刑法时间效力规定若干问题的解释》,1997年9月25日最高人民法院审判委员会第937次会议通过,自1997年10月1日起施行。

二、关于刑法面前人人平等原则的分析

(一)刑法面前人人平等原则的立法缺憾

刑法面前人人平等原则的法典化,旨在倡导公平的刑法适用模式。从宏观上讲,1997 年《刑法》总体贯彻了刑法面前人人平等的原则,但应当指出的是,此种贯彻却并不是始终如一的。

1. 基于所有制形式而导致的不平等问题

这一点不仅体现在罪名设置的总体比重上,更体现在已有罪名的法定刑罚设置上。例如,对于具有相似性的贪污罪和职务侵占罪,前者的法定最高刑罚为死刑,且刑罚体系严密,分为上下衔接的 9 个量刑幅度;而后者的法定最高刑罚则仅为 15 年有期徒刑,而且仅设置两个刑罚幅度。对于立法上存在的基于所有制形式而导致的刑法保护力度的不平等,笔者认为,应当通过刑事立法的循序渐进式的变革加以调整,以实现公有制与其他所有制形式在受刑法保护程度和保护力度上的彼此协调与平等,实现同等危害行为具有同样的刑罚后果,从而实现立法上的刑法面前人人平等原则。

2. 单位犯罪与自然人犯罪之间的平等问题

例如,对于集资诈骗罪,原《关于惩治破坏金融秩序犯罪的决定》对于单位犯罪和自然人犯罪的法定最高刑罚设置均为死刑,而新《刑法》则将单位犯该罪的法定刑罚降为无期徒刑,即不再适用死刑。对于受贿罪,自然人犯罪的法定刑存在 9 个量刑幅度,并且最高刑为死刑;而对于单位受贿罪而言,则只有一个量刑幅度,最高刑也仅为 5 年有期徒刑。从实质上看,单位犯罪的危害性并不比个人犯罪更轻,或许在某种程度上更重于普通的共同犯罪,因为有组织的团体实施的犯罪所释放的反社会的逆向能量或者说社会危害性显然较之一般共同犯罪更为严重,具有某种工商登记形式或者犯意形成形式能否成为减免刑事责任的根据值得怀疑。

(二)刑法面前人人平等原则的司法难点

1. 关于罚金的司法适用

中国当前的司法实践在罚金适用上的问题是,单处罚金情况的增多以及罚金最高数额的限制等因素,不仅造成对部分人的罚金刑适用根本未产生任何刑罚效果,反而适得其反,无关痛痒的罚金成为对犯罪人本人的鼓励和纵容,并引发社会公众产生有钱即可赎罪的不公平感。另外,地区经济性发展不平衡等因素所带来的私人财富不平衡,也更形成对刑法面前人人平等原则的实质性冲击。

基于此种情况,根据地区性经济发展水平和犯罪人本人经济收入情况、家庭财产等因素制定现实可行的罚金刑适用模型,应当逐步为最高司法机关所考虑和关注。

2. 宏观上的不平等现状

刑法面前人人平等不仅仅是微观上的个案之定罪量刑的人人平等,还应当体现为宏观司法上之刑法面前人人平等。但是,从我国的现实司法情况来看,不同法院对于类似犯罪的处罚经常轻重悬殊。

对于宏观司法现状存在的个案之间的适用刑法的不平等,笔者认为,除了大力加强司法素质教育,提高司法工作人员的个人业务素质和执法水平以外,为做到宏观上的司法统一和协调,体现宏观上的罪责刑对称与罪责刑均衡,可以考虑采取以下方式:首先,进一步加强司法解释工作,为正确适用刑罚提供明确、具体、统一的量化标准,以做到宏观标准统一,减少司法自由裁量权和裁量跨度。其次,加强刑事司法判例的编纂工作,重视既有合理化判例对于刑事审判工作的参考和指导作用。最后,改进量刑方法,逐步实现量刑的规范化、科学化和现代化,减少量刑过程中所体现的法官个人情感因素、司法区域性因素,等等。

(三)刑法面前人人平等原则的辩证理解

关于刑法面前人人平等原则,应当存在一个合乎逻辑的辩证认识。天赋的人权是平等的,但是与生俱来的享受人权的能力是有差别的,因而人与人之间的不平等有着无可否认的自然基础。[①] 教育程度、生存环境、民族习惯、文明进化程度等因素所造成的不平等是现实存在的。同时,基于阶级压迫、种族歧视等错综复杂的社会根源又人为地加剧了这种不平等。作为维护社会善良风俗和正常秩序的刑事法律,其终极目的之一即在于保障人权,使社会公众更为平等地享受自然财富和人文财富。因此,为缩小前述差距,包括中国刑法在内的各国刑法中所确立的许多制度的原始出发点,即在于谋求刑法面前的实质平等:其一,以形式上的不平等来追究实质上的刑法面前人人平等。例如,1997 年刑法第 90 条关于民族自治地方变通或者补充刑法的规定,即体现了这一实质平等性原则,这主要是由于民族之间存在历史遗留下来的不平等而要求刑法典以特别条文、以特殊形式上的不平等来谋求各民族在适用刑法典时的实质上的平等。其二,刑法面前人人平等,并不是平均主义。平等和平均是两个概念。平等不等于在各方面实行绝对均等的思想。法条的某些不平等往往表明了事实上的平等。例

① 邓子滨:“有关刑法面前人人平等原则的几个问题”,载《刑法实施中的重点难点问题研究》,法律出版社 1998 年版,第 208 页。

如,对于未成年人犯罪的减免刑事责任的特殊规定,等等。同时,法条的某些不平等也是以较小利益服从较大利益的需要,这是更大范围内和更深层次上平等权的体现,如关于审判时怀孕的妇女不适用死刑的规定,等等。对此应当指出的是,此种对量刑有影响的加减身份,是由法律基于特定刑事政策、基于惩治与预防犯罪的需要而预先作出的规定,①因而对于事后出现的犯罪尤其是对于具有同类身份者而言,也体现了刑法面前人人平等的原则。换言之,刑法面前人人平等原则并不否定因犯罪人或者被害人的个人情况而在立法上、司法上允许定罪量刑有其符合刑法公正性的区别性对待。② 基于以上认识,刑事立法上所表现出的某些形式上的不平等,实际上正是刑法面前人人平等原则在更深层次上的体现。但是,对于刑事立法上所体现出的有违刑法面前人人平等原则的立法缺憾和刑事司法过程中有违刑法面前人人平等原则的司法缺憾,却应当尽快通过立法补救性措施和细化司法解释等方式来加以解决,以免使刑法面前人人平等原则成为一纸空文,形成分则性规范对总则性规范的冲击和司法操作对立法规定的冲击。

三、关于罪责刑相适应原则的分析

刑事立法上的罪责刑对称与司法上的罪责刑相适应,是各国刑事立法、司法及刑法理论研究所追求的理想目标之一。早在数百年前,贝卡利亚就在其名著《论犯罪与刑罚》中设置了一个罪刑阶梯,③意图实现立法与司法上之罪刑关系对称和罪刑相适应。但是时至今日,罪责刑相适应仍然可以说是一个遥不可及的目标,这一点对于各国刑事立法与司法来说莫不如此,中国之刑事立法与司法也不例外。

(一)罪责刑关系不对称之立法体现

中国1997年刚刚修订通过之刑法,虽然进行了较大规模的规范重置与制度创新,但是其中仍然存在许多令人遗憾之处。罪责刑关系的不对称或者说罪责刑关系的逻辑异化,就显然属于此种情况。具体而言,中国刑事立法上的罪责刑关系不对称,表现在以下几个方面:

1. 罪轻而刑重之不对称

罪轻而刑重之罪刑关系不对称,表现为犯罪较轻而刑罚设置过重,从而导致

---

① 赵秉志主编:《新刑法全书》,中国人民公安大学出版社1997年版,第101页。

② 赵秉志主编:《新刑法教程》,中国人民大学出版社1997年版,第56页。

③ [意]贝卡利亚著:《论犯罪与刑罚》,西南政法学院1980年印行,第17页。

罪刑关系变异而不对称。例如,1997年刑法第232条所规定的故意杀人罪,其法定刑为"死刑、无期徒刑或者10年以上有期徒刑;情节较轻的,处3年以上10年以下有期徒刑。"而第234条所设置的故意伤害罪则规定:"致人死亡"的,处10年以上有期徒刑、无期徒刑或者死刑。从形式上看,此种法定刑设置就故意杀人罪与故意伤害罪本身而言,并无不对称之处。但是,如果将二者相结合加以考虑,则显然存在不协调之处,并直接导致个罪之罪刑关系的不对称:存在直接杀人故意的杀人罪,其法定刑罚较之不存在直接杀人故意的故意伤害罪(致人死亡)可能会更轻,因为故意杀人罪之法定刑罚尚存在"3年以上10年以下有期徒刑"这一量刑幅度。这显然是一种立法的逻辑矛盾。

2. 重罪行为轻罪化处理之不对称

罪刑对称之立法要求,不仅仅体现为"罪"与"刑"之间关系的对称与均衡,而且应当体现为对犯罪行为定罪之内在对称性,以及对犯罪行为处罚之内在对称性。因此,仅仅做到犯罪行为与法定刑罚之间的均衡与对称,而弃犯罪行为与定性罪名之间的均衡和对称于不顾,仍然是罪刑关系不对称的表现。但是,新刑法典中却存在多处重罪行为轻罪化处理之情况。例如,刑法第239条绑架罪规定:"杀害被绑架人的,处死刑。"从这一法条规定来看,对于杀害被绑架人的犯罪行为之法定刑罚足以起到应有的惩罚功能和威慑功能。但是,从罪名和犯罪行为的定性分析来看,绑架罪相对于故意杀人罪而言,前者在分则同一章节中排序于后,相比较而言可说属于轻罪,后者则属于重罪。刑事立法上将重罪行为作轻罪化处理,虽然从形式上看,在法定刑罚的严厉程度上可能导致对该犯罪行为处以更重的处罚,即导致绝对死刑的适用,但是在实质上也体现为一种罪刑关系不对称:根据1997年刑法第17条第2款的规定,已满14周岁不满16周岁的未成年人犯故意杀人罪的,应当负刑事责任。但是,如果基于法条规定而不得不将杀害被绑架人之严重犯罪行为定性为绑架罪,则可能导致已满14周岁不满16周岁的犯罪人之绑架乃至于杀害被绑架人之犯罪行为根本不可能得到任何刑事处罚。这就存在明显的逻辑冲突:此类未成年人直接杀害人的,则应当负刑事责任;如果实施社会危害性更为严重的绑架行为而杀人的,则有可能将不负任何刑事责任。

3. 对于幼女保护之罪刑不对称

1997年刑法基于对不满14周岁之幼女的特殊保护而规定,奸淫不满14周岁的幼女的,以强奸论。这是一种善意的保护性立法规定。但是,由于1997年刑法法定刑罚设置在逻辑上的不协调和不严密,从而形成事实上的罪刑关系的不对称,导致这一善意规定可能成为促使犯罪之规定。具体而言,1997年刑法第

236条第1款对于普通形态的强奸罪之法定刑为3年以上10年以下有期徒刑；而第360条第2款所规定的嫖宿幼女罪之法定刑罚，则为“5年以上有期徒刑，并处罚金”。这就在逻辑上存在一种可能性，即犯罪人如果实施危害性相对较小的嫖宿幼女行为的，则其所招致的刑罚处罚可能还要重于对幼女所实施的强奸犯罪行为，此种罪刑关系的宏观失衡对严重犯罪行为的惩治与防范是极为不利的。

(二)罪责刑关系不对称之司法体现

刑事立法上所表现出的罪责刑不对称，必然在刑事司法上体现为罪责刑不对称。但是，刑事立法上所合理设置之罪责刑对称关系，基于刑事司法之具体影响因素的不同，往往也被曲解而变异为罪责刑不对称。这主要体现在以下几个方面：

1. 重定罪轻量刑导致的罪责刑关系不对称

长期以来，司法实践中较为普遍地存在重定罪轻量刑的错误倾向，认为只要定性准确，在量刑幅度内多判几年少判几年无关紧要。基于此种不正常认识，二审法院在处理上诉、申诉案件时，就形成了不成文规则，也即只有定性错误或者量刑畸轻畸重才予改判，对于量刑偏轻偏重的，一般不予改判。这实际上就置刑事立法所设置的罪责刑对称关系和罪责刑相适应原则于不顾，造成实质上的罪责刑关系不对称、不平衡，形成立法上的罪责刑对称而司法上的罪责刑变异。

2. 功利化量刑导致的罪责刑关系不对称

当前的司法实践中，基于功利化的量刑思想而导致较为普遍地存在两种错误极端：一是大面积的重刑主义；二是极个别的过度从宽处罚现象。这两个极端都是对罪责刑相适应原则的极大破坏，破坏了罪责刑关系之原有对称性与应有平衡性，造成了实质上的罪责刑不对称态势。具体而言，是指：

其一，重刑主义思想导致之罪责刑不对称。

我国司法实践中存在大面积的重刑主义传统，大量法官基于反向的功利主义刑罚思想而崇尚重刑，认为只有重刑才能遏制犯罪，尤其是在治安形势不好的时期更应如此。这就直接导致大量犯罪行为所承受的实际刑罚，在实际的量上要远远重于基于罪责刑对称和罪责刑相适应原则而应负的刑罚，从而导致一种实质上的罪责刑之不对称关系。

其二，过度从宽处罚导致之罪责刑不对称。

司法实践中在强调重刑报应与威慑的倾向下，同时存在特定时期、特定地区基于片面强调轻刑之功利主义的过度从宽处罚现象。具体而言，为促使犯罪人投案自首或者揭发同案犯，许多地区自行规定，如果犯罪人在某一时间界限内自首或者检举揭发同案犯的，就可以免除处罚，等等。例如，在某直辖市就曾经出现对于贪污百万元的犯罪人因自首而免除处罚的情况，以促使其他犯罪人投案自首。

（三）罪责刑关系不对称之变通解决方式

无论是刑事立法上罪责刑初始设置的不对称，还是基于司法不恰当而导致的罪责刑关系变异，都直接导致罪责刑应有对称关系的紊乱和立法、司法有序秩序的紊乱。基于此，理顺罪责刑关系，保持罪责刑关系应有的对称性和均衡性，是现代法治之理性呼唤和社会公平、公正理念的基本要求。

1. 刑事立法之罪责刑不对称的解决方式

刑事立法之罪责刑不对称的现状，只能通过刑事立法的完善或者通过立法性解释来加以解决，而不能通过司法解释来处理，否则将导致司法权侵入立法权领域的不合理现象的发生。因此，对于前述所讲和刑事立法之不慎所导致的罪责刑不对称，笔者认为，只能通过立法修改来加以最终解决。在此之前，可以考虑以下解决方式：

其一，罪轻而刑重之不对称的解决方式。

对于前述的故意杀人罪与故意伤害罪之间的罪责刑不对称情况，笔者认为，应当充分利用现有立法措施加以解决。具体而言，应当基于维护罪责刑相适应原则和贯彻罪责刑对称关系，合理地使用刑法第63条第2款规定的特定减轻处罚权，即"犯罪分子虽然不具有本法规定的减轻处罚情节，但是根据案件的特殊情况，经最高人民法院核准，也可以在法定刑以下判处刑罚"。换言之，应当杜绝司法懒惰，及时报请最高人民法院核准加以特定减轻处理，而不应机械适用和执行刑法，放任罪刑不对称由法律文本之不对称变为司法现实之不对称。

其二，重罪行为轻罪化处理之不对称的解决方式。

对于基于重罪行为轻罪化处理而导致的罪责刑关系不对称，有关司法意见曾经提出，可以考虑将未成年人犯绑架罪之杀害被害人的犯罪行为按照故意杀人罪定罪处罚，以使已满14周岁不满16周岁之未成年人的刑事责任得以合理解决。笔者认为，此种建议极不可取，是直接对法条规定的违背和废弃，是对罪刑法定原则的反向冲击，也是司法权入侵立法权领域的表现。对于此种情况，笔者认为，如果已满14周岁不满16周岁的未成年人实施绑架行为的，虽然行为人对其前行绑架行为不承担刑事责任，但是，行为人杀害被绑架人的行为已经直接构成了故意杀人罪，详言之，行为人的前行绑架行为因其年龄限制而未进入刑事法律的否定性评价范围，因而不承担刑事责任；但是，其后行的杀人故意与杀人行为则已经构成故意杀人罪，符合刑法第17条和第232条的规定，应当承担刑事责任。

其三，对于幼女保护之罪责刑不对称的解决方式。

基于对幼女保护之特别立法规定所造成的罪责刑关系不对称，笔者认为，应当通过将相关司法解释具体化、明确化之量化操作标准的模式加以解决。例如，通过司法解释将奸淫幼女“从重处罚”的“从重”幅度加以标准化、具体化，并限定为其实际裁量最低刑必须超过嫖宿幼女罪的法定最低刑，以杜绝立法逻辑不严密所可能造成的实际罪责刑不对称。笔者认为，在当前的立法态势之下，这可能是比较合理的解决方式。

2. 刑事司法之罪责刑不对称的解决方式

刑事司法所导致的罪责刑不对称，是基于司法管理现状、司法人员素质等诸多因素所造成的。因此，要解决此类罪责刑不对称问题，应当从其原因入手加以分析和解决。

其一，关于重定罪轻量刑。

对于司法实践中所普遍存在的重定罪轻量刑之司法实际问题，笔者认为，应当纠正这种错误倾向，避免基于司法操作而造成的罪责刑不对称。换言之，应当把定罪准确和量刑适当置于同等重要的地位。理由是，定罪解决的是犯罪性质的问题，定罪准确无疑是体现罪责刑对称以及贯彻罪责刑相适应原则的重要阶段和基本保证，但只有定罪准确无量刑适当，则根本无法最终体现罪责刑对称的应有关系，也显然无法贯彻罪责刑相适应原则。因此，量刑的适当应当作为贯彻罪责刑相适应原则的最终保证。作为现代刑法的一项基本原则，罪责刑相适应原则之本来含义，也是在承认和确立犯罪的基础上，实现刑罚的合理化、适当化。也就是说，罪责刑相适应原则之所以作为一项重要原则出现，其侧重点和出发点在于“刑”，而非在于“罪”，解决的是“刑”，即刑罚同犯罪之相对称与相适应的问题。因而要体现罪责刑对称，要贯彻罪责刑相适应原则，必须最终解决的是刑罚的适当性问题。也只有解决了罪责刑相适应问题，才能真正在司法上贯彻解决刑罚的适当性问题。

其二，关于重刑主义之量刑倾向。

对于现实存在的相当普遍的重刑主义之量刑倾向，笔者认为，应当及时、有效地加以遏制。应当指出，重刑主义是一种野蛮落后的刑罚思想，是与罪责刑相适应原则直接对立的刑法观念。简言之，重刑主义对遏制犯罪的无能为力和对罪责刑相适应原则的破坏集中表现在两个方面：第一，无论如何殚精竭虑地翻新刑罚的花样和加重刑罚的限度，刑罚始终超越不了人类感官的限度。一旦达到顶点，则对于更有害和更凶残的犯罪就找不出更重的刑罚作为相应的惩罚手段。

第二,如果对于较轻的犯罪经常处以相对较重的刑罚,则行为人将会在同等量的刑罚下选择实施更为严重的、对社会侵害更大的犯罪。这无疑是对严重犯罪的鼓励。

其三,关于过度从宽之量刑倾向。

滥用从宽处罚的刑罚制度是极其错误的,它对罪责刑相适应原则的破坏不亚于重刑主义。我国刑罚的报应性因素占有主要地位,功利性因素是次要的和辅助性的。因而在量刑时应当主要考虑和根据已然之罪,即主要是做到刑罚同已发生的犯罪的社会危害性程度相适应。在此基础上再考虑功利因素,如针对犯罪人再犯可能的特殊预防和针对其他人的一般预防。而且,我国刑法所规定的自首等从宽处罚的刑罚制度,是以犯罪人的人身危险性为根据的,在适用这些刑罚制度时,必然受到已实施的犯罪的社会危害性的制约,否则将导致罪责刑失衡,有罪无刑。因此,应当合理适用从宽处罚权,合理地考虑从宽处罚情节的可能法律效力,不能无限制地扩展从宽处罚情节的效力,以维护法律的应有尊严,维护法律的既有严肃性。

经过10年的刑事立法修订,在立法上作出一系列重要的改革和修改后,我国的刑事法律可以说率先进入相对完善阶段,3项重要的刑法基本原则的法典化即是一个重要标志。尽管前述的3项原则无论在刑事立法的贯彻上还是在刑事司法的贯彻上均存在若干不尽如人意之处,但是瑕不掩瑜,它们对于中国刑事法治进步的作用毕竟是巨大的。同时,随着前述的3项基本原则的逐渐深入人心以及社会认同感的增加,前述法条设置与司法现实之间的差距将逐步减少并将最后消失,科学成熟的刑事立法程序与技术、健全完善的刑事司法制度以及可靠的刑事司法保障制度必将逐步形成。

(1999年第10期)

关于适用《刑法》第300条惩治邪教和迷信的几个问题

王世洲*

当前,在国内外非法迷信邪教组织闹事时有发生的情况下,如何正确地适用《刑法》第300条的规定追究涉及封建迷信活动的犯罪行为,成为刑法界十分关心的一件事情。本文试图对《刑法》第300条中的几个问题进行分析,希望对正确适用这一法条有所帮助。

一、《刑法》第300条第1款涉及的罪名问题

《刑法》第300条第1款规定:"组织和利用会道门、邪教组织或者利用迷信破坏国家法律、行政法规实施的,处……"这里的问题是,在这个法律条文中,究竟包含了几个罪名?第一种意见认为,该条文只包含了一个罪名,主要理由是最高人民法院在《关于执行〈中华人民共和国刑法〉确定罪名的规定》中,规定在这个条文中的罪名是"组织、利用会道门、邪教组织、利用迷信破坏法律实施罪"。第二种意见认为,该条文包括了2个罪名,即"组织和利用会道门、邪教组织破坏法律实施罪"和"利用迷信破坏法律实施罪"。第三种意见认为,该条文包括了3个罪名,即"组织和利用会道门破坏法律实施罪","组织和利用邪教组织破坏法律实施罪",以及"利用迷信破坏法律实施罪",主要理由是该条文是选择性罪名,根据犯罪人实施行为的方式,可以将该条文所包含的罪名作出这样的区分。

罪名问题之所以重要,主要在于它会影响具体犯罪的定义,尤其是影响到在实践中对犯罪的评价和影响到确定需要查清的案件事实情况的范围。

应当看到,目前刑法界对《刑法》第300条第1款中包含的罪名,在"破坏法律实施"这个要点上,并没有什么分歧意见,在这里的分歧主要是如何根据犯罪所利用的方式来定罪名。

笔者赞同第二种意见所主张的2个罪名的观点。从刑法条文的规定来看,刑法是从两个方面来禁止利用迷信手段破坏国家法律实施的:一是组织和利用

---

* 作者单位:北京大学法律系。

会道门、邪教组织进行破坏活动;二是利用迷信进行破坏活动。从破坏法律实施所利用的形式来看,一是非法组织,二是个人。主张1个罪名的观点没有充分注意到这种犯罪在形式上的不同,在实践中容易造成混淆组织和利用非法组织进行的犯罪和没有利用非法组织进行犯罪的区别,这样,就难以对这两种犯罪所造成的社会危害性作出正确的评价,从而影响正确定罪量刑。

从刑法的观点看来,在非法组织"会道门"和"邪教组织"之间,仅仅是一种并存的列举关系,并不存在实质性的区别关系。也就是说,在实践中,并不存在对行为人组织的那个非法组织是属于"会道门"还是"邪教组织"加以区分的必要性。在这个罪中,只要查清犯罪是以利用组织的形式进行的就可以了,利用的这个组织是属于"会道门"还是属于"邪教组织",对犯罪的成立及其社会危害性的判定,并没有什么特别的意义。然而,如果采取3个罪名的观点,情况就会有所不同,司法机关如果不对行为人组织利用的非法组织进行定性的话,就难以确定行为人的罪名。事实上,无论从合法宗教的角度还是从我国刑法的立法意图来看,"会道门"和"邪教组织"这两种组织,在本质上都是一样的。这两种组织的区别仅仅是对这两种组织内部的人员,尤其是这两种非法组织中的组织者和首要分子才是有意义的,他们需要把自己的组织说成是正统的或者与众不同的,同时把别的组织说成是异教的或者是邪恶的,以此来蒙蔽群众和确立自己的地位。但是,在刑法上把这两种组织加以区分却是没有意义的。无论把行为人组织利用的这个非法组织算成"会道门"还是"邪教组织",都不能影响到对这种犯罪的社会危害性的评价。在社会危害性的程度方面,起作用的也只能是组织的形式、危害行为以及危害结果的规模和影响,而不是名称。另外,应当注意到,"会道门"与"邪教组织"在现代社会中经常是很难区分的。我国近年来发现的一些邪教组织,就采取了"新约教会"、"观音法门"、"门徒会"、"灵灵教"、"灵仙真佛宗"等一些会道门的名称。① 因此,在刑法上人为地赋予区分"会道门"与"邪教组织"的意义,只能使司法实践增加一些没有意义的工作与负担。②

---

① 周道鸾等主编:《刑法的修改与适用》,人民法院出版社1997年版,第614页。

② 应当注意到,在1997年的刑事立法过程中,立法机关是有意识地在努力减少司法实践中那些没有意义的负担的。最典型的例子是在《刑法》第110条中使用"间谍罪"的概念代替了1979年《刑法》第97条规定的"间谍罪"和"特务罪"的概念,从而避免了实践意义不大的"间谍"和"特务"这两个概念的区分。

二、关于“邪教组织”的定义问题

严格地说，由于将组织和利用“会道门”和“邪教组织”实施的犯罪行为分别定罪在刑法上是没有意义的，同时，笔者主张《刑法》第300条第1款只存在2个罪名的观点，也就是说，笔者认为“会道门”与“邪教组织”在刑法上是一回事。因此，在适用《刑法》第300条第1款的前提下考虑“邪教组织”的概念时，不必对“会道门”的概念另以特殊的考虑。刑法上的定义，其首要功能是划清界限，尤其是划清与其相近概念的区别。“会道门”和“邪教组织”的区别，仅仅是这一类非法组织在名称上的不同而已，在定义“邪教组织”时，必须划清的界限其实就是这一类非法迷信组织与其他非法组织的区别。

从比较研究的角度来看，世界各国的刑法和刑法理论尚不能提供可以直接借鉴的关于“邪教组织”的刑法定义。在商品经济最先发达起来的欧洲，大约在18世纪末19世纪初就不再使用刑法处罚“异教”或者“邪教”，而主张宗教信仰自由。在北美地区，在言论自由的宪法保护下，也不能仅仅因为所信奉的教义不同而使用刑法手段加以压制。然而，在发达资本主义国家的法学理论中，都赞成“自由不是绝对的”这个原则，[①]组织、参加或者支持已经被依法取缔的政党和社团的做法，即使是在宗教、信仰、言论自由的旗号下，也不能被认为是合法的，在其行为违反法律规定的时候，是要承担刑事责任的。例如，《德国刑法典》第84条和第85条规定：领导、策划、参加、支持被依法禁止的政党、社团的替代组织的，是犯罪行为。第86条进一步规定，散发这些政党和组织的宣传材料，使用其标志和标识的，也是犯罪行为。[②] 可见，从商品经济发达国家的眼光看来，已经被依法取缔或者未经合法登记，也就是说，非法性是邪教组织的重要特征之一。

从国内外的有关研究和历史经验来看，包括新中国成立以来同各种会道门和邪教组织作斗争的经验来看，这一类非法组织都是通过散布迷信邪说来建立自己的团体的。这些非法组织利用一部分群众文化落后或者知识结构不健全的

---

① 例如，在美国的律师考试复习资料中，在关于美国宪法第1修正案对言论和出版自由的保护时，都毫不含糊地要求考生掌握“freedoms arenot absolute”（各种自由都不是绝对的）这个原则，在关于行使宗教信仰自由的权利时，也必须掌握“由于宗教信仰而实施的作为与不作为并不绝对地受（美国宪法第1修正案的）自由行使规定的保护”的观点。参见 Californian ll, barbri, Constitutional Law, p. 61, 85。虽然各国在管制的具体做法上有不同，但是国家在涉及重要的或者会引起公众关注的利益上可以对这些自由的行使进行规范甚至禁止这一点，却是普遍一致的。

② StGB, 31. Auflage, Beck – Texte im dv, S. 56 – 57。

弱点，调动人们内心因为对外部必然王国缺乏了解而产生的惧怕心理，通过宣扬各种没有科学依据或者反科学的宿命论，以提供实际根本靠不住的精神支柱为诱饵，尤其是宣扬和神化该组织的首要分子作为"救世主"式的人物，使这部分群众围绕在它们周围，最终在精神上形成对这些非法组织的依赖。对于这些非法组织来说，迷信邪说是它们赖以存在的根本，散布这些迷信邪说是它们得以发展从而在规模上形成组织的基本手段。没有迷信邪说或者没有将这些迷信邪说向社会扩散，会道门和邪教组织的形成和发展都是不可能的。因此，以神化首要分子和散布迷信邪说为手段，蛊惑、蒙骗他人，发展、控制和组织团体，是这种非法组织的重要特征之一。

从国内外的经验来看，会道门和邪教组织为了将自己荒诞不经的学说和信仰传播于世，经常会采取冒用合法宗教和气功的手段，使用救人治病等谎言，鱼目混珠，蒙骗世人。这种情况尤其在会道门和邪教组织的初创时期是比较常见的。当这些非法组织在社会上站稳脚跟、羽翼丰满之后，无一不是自夸自己的那一套歪理邪说是如何强过合法的宗教的。在我国目前的社会情况下，能成大气候的会道门和邪教组织已经受到毁灭性的打击，因此，我们的主要注意力应当放在对付新发生的非法迷信组织上。从这个意义上说，把"冒用合法宗教和气功的名义"作为这些非法组织的特征，有助于我们认定会道门、邪教组织的性质。

从"组织和利用会道门、邪教组织破坏法律实施罪"和"利用迷信破坏法律实施罪"的区别来看，虽然组织和利用会道门、邪教组织从广义上说也是一种利用迷信的活动，但是，这种达到相当组织程度的迷信活动与一般的迷信所进行的活动，在刑法上是有重要区别的。组织和利用会道门、邪教组织破坏法律实施罪在刑法上是种利用犯罪组织进行的犯罪，利用迷信破坏法律实施罪在犯罪的组织形式上则还没有达到这样的程度，后一种犯罪一般是利用算命、占卜、星象等形式，通过散布迷信谣言来制造混乱，从而进行煽动群众破坏法律实施的罪行。利用迷信破坏法律实施罪在犯罪的组织形式上可能是共同犯罪，但是还没有达到犯罪集团的地步，然而，从《刑法》第300条的规定和实践情况来看，组织和利用会道门、邪教组织破坏法律实施犯罪主要是以犯罪集团的形式进行的。《刑法》第26条第2款规定，3人以上为共同实施犯罪而组成的较为固定的犯罪组织，是犯罪集团。从会道门和邪教组织在我国的活动情况来看，绝大多数这类组织的活动是完全符合我国刑法规定的犯罪集团的特征的。不过应当注意的是，这里的犯罪分子，只能是"组织和利用会道门、邪教组织"的组织者、策划者和知情的积极参与者，而不是受蒙蔽参加这类组织的一般人员。

综上所述，笔者认为，《刑法》第300条中的"邪教组织"是指被依法取缔或者未经合法登记，冒用宗教、气功的名义或者其他名义，神化首要分子，利用散布迷信邪说等手段蛊惑、蒙骗他人，发展、控制成员，危害社会的非法组织。

三、组织和利用会道门、邪教组织破坏法律实施罪的情节问题

应当特别注意，根据刑法规定，仅仅是组织迷信活动的并不自然构成犯罪。《刑法》第 300 条第 1 款规定，组织和利用会道门、邪教组织破坏法律实施罪在客观方面，除了组织和利用会道门、邪教组织的行为之外，更重要的是，还必须具有破坏法律实施的行为。是否具有破坏法律实施的行为，是成立该罪不可缺少的条件。

另外，还应当特别注意，《刑法》第 300 条组织和利用会道门、邪教组织破坏法律实施罪，是规定在《刑法》分则第六章妨害社会管理秩序罪第一节扰乱公共秩序罪之中的，这个罪侵犯的犯罪客体是社会管理秩序。如果组织、利用会道门、邪教组织进行分裂国家、破坏国家统一或者武装叛乱、颠覆国家政权、推翻社会主义制度的犯罪，就应当根据危害国家安全罪的有关规定定罪处罚。

《刑法》第 300 条对于组织和利用会道门、邪教组织破坏法律实施罪规定了两个情节。第一情节是“处 3 年以上 7 年以下有期徒刑”，第二情节是“情节特别严重的，处 7 年以上有期徒刑”。如何适用这两个情节，是适用《刑法》第 300 条第 1 款的关键点之一。

在考虑哪些情节属于第一情节，哪些情节属于第二情节的时候，应当遵循《刑法》第 5 条的规定，“刑罚的轻重，应当与犯罪分子所犯罪行和承担的刑事责任相适应”。通过与“扰乱公共秩序罪”中的其他犯罪相比较，可以发现我国刑法立法者在这一节的犯罪与刑罚的安排上，基本遵循了这样一个原则：使用暴力扰乱公共秩序处 3 年以下有期徒刑的，基本上是个人犯罪，如《刑法》第 277 条妨害公务罪。然而，聚众扰乱公共秩序的没有使用暴力的，对首要分子基本上要处 3 年以上有期徒刑，如《刑法》第 290 条聚众扰乱社会秩序罪。当然，这个原则也有例外，如《刑法》第 278 条煽动暴力抗拒法律实施罪，在造成严重后果的情况下，包括“由于煽动行为，导致被煽动的群众错误听信，使用暴力抗拒国家法律实施”[①]的时候，才能判处 3 年以上 7 年以下有期徒刑。然而，《刑法》在第 278 条之后规定第 300 条，显然是把组织和利用会道门、邪教组织破坏法律实施的行

① 全国人大常委会法制工作委员会刑法室编著：《中华人民共和国刑法释义》，法律出版社 1997 年版，第 396 页。

为当成一种比一般的煽动暴力抗拒法律实施的行为严重的犯罪加以规定的。因此,在确定《刑法》第300条组织和利用会道门、邪教组织破坏法律实施罪的情节问题时,应当体现刑事立法的这种精神。

根据1999年10月30日"两高"《关于办理组织和利用邪教组织犯罪案件具体应用法律若干问题的解释》的规定,笔者认为,属于组织和利用会道门、邪教组织破坏法律实施罪第一情节的情况是:

1. 聚众围攻、冲击国家机关、企业事业单位,扰乱国家机关、企业事业单位的工作、生产、经营、教学和科研秩序的,包括以静坐、强占、围攻、哄闹等方式扰乱工作、生产、经营、教学和科研秩序;

2. 非法举行集会、游行、示威①、煽动、欺骗、组织其成员或者其他人聚众围攻、冲击、强占、哄闹公共场所及宗教活动场所,扰乱社会秩序的;

3. 抗拒有关部门取缔或者已经被有关部门取缔,又恢复或者另行建立邪教组织,或者继续进行邪教活动的;

4. 煽动、欺骗其成员或者他人不履行法定义务,如公民服兵役的义务,受教育的义务,为司法机关作证的义务,公民与企业依法纳税的义务等,情节严重的;

5. 出版、印刷、复制、发行宣扬邪教内容的出版物,以及印制为会道门、邪教组织使用的标志(识),数额较大的;

6. 实施其他破坏国家法律、行政法规实施行为的。

属于组织和利用会道门、邪教组织破坏法律实施罪第二情节的情况是:

1. 跨省、自治区、直辖市设立分支机构或者发展成员的;②

2. 勾结境外机构、组织、人员进行活动的;

3. 出版、印制、复制、发行为会道门、邪教组织使用的出版物、标志(识),数量较大或者数额巨大的;

4. 煽动、欺骗、组织其成员或者其他人破坏国家法律、行政法规实施,造成特别重大的损失或者后果,或者社会影响特别恶劣的。例如,使用欺骗、暴力、秘密手段,拒不遵守取缔会道门、邪教组织的法令的。

---

① 《刑法》第296条非法集会、游行、示威罪对集会、游行、示威的负责人和直接责任人员,最高只处5年以下有期徒刑。

② 周道鸾等主编:《刑法的修改与适用》,人民法院出版社1997年版,第616页。

四、《刑法》第300条与相关犯罪的关系

《刑法》第300条与相关犯罪的关系，主要是指第300条第2款组织、利用会道门、邪教组织、利用迷信致人死亡罪[①]与第232条故意杀人罪的区别，以及第300条与第236条强奸罪和奸淫幼女罪、第266条诈骗罪的关系。

1. 组织、利用会道门、邪教组织、利用迷信致人死亡罪与第232条故意杀人罪的区别问题在组织、利用会道门、邪教组织、利用迷信致人死亡罪与第232条故意杀人罪之间，在发生死亡结果这一点上是共同的。但是，这两个罪在犯罪的构成要件和刑事责任的严重程度上，都有着重大的区别。在犯罪构成方面，前罪侵害的是仅仅是社会管理秩序，后罪侵害的客体是他人的人身权利；前罪造成死亡的行为方式不能是积极主动的直接剥夺他人生命的行为形式，而直接剥夺他人生命恰恰是后罪的主要行为形式；前罪对死亡结果不能是希望，也就是不能是直接故意，而这一点，正好是故意杀人罪的主要罪过形式。在刑事责任方面，最明显的区别就是前罪的最高法定刑只有15年有期徒刑，而后罪是死刑。[②]

在区分组织、利用会道门、邪教组织、利用迷信致人死亡罪和故意杀人罪时，应当特别注意这两罪在行为与罪过方面的区别。

在行为方面，前罪除了通过给予被害人那种被称为"仙药"、"仙丹"的东西，或者要求被害人坚持"练功"而不得看病吃药，从而使得被害人因此耽误了必要的治疗而造成死亡结果之外，另外就是通过其所散布的迷信邪说比较明显或者比较隐晦地暗示、鼓励信徒或者其他人为其邪恶的教旨作出包括生命在内的牺牲。在这个方面，比较常见的是通过散布迷信邪说，蒙骗其成员或者其他人实施绝食、自残、自虐等行为。在行为上具有非直接剥夺他人生命的性质，而是通过诱惑性和欺骗性来进行的，是这个罪的主要特点。

在罪过上，这个罪的犯罪人，尤其是组织者，虽然也认识到了自己给出的"药"和主张的"练功"并不具有科学的医疗效果，但是，他对这个行为会直接导致他人死亡这个结果，一般是没有认识的。从受害人在这种情况下死亡的结果来说，基本上不是因为吃了药而中毒死亡的，而主要的是因为耽误了治疗才发生死亡后果的。从罪过内容上说，他没有认识到自己的行为与他人死亡结果发生

---

① 严格地说，这个罪的罪名应当与第300条第1款的规定相一致，即"组织、利用会道门、邪教组织致人死亡罪"和"利用迷信致人死亡罪"。

② 这几点是我国刑法界的一致认识。

的因果关系。对于自己散布的诱惑和鼓励他人为其非法组织作出牺牲的情况，一般也是针对不特定的人员作出的，而不是针对某一个人作出的；对于拿自己的生命作为对该组织的奉献，一般也不是针对具体对象的明确的要求。因此，在罪过上具有结果的不确定性或者对象的不特定性，是这个罪的主要特点。

从受害人的角度来看，应当注意到，受害人的死亡一般都不是在身体受强制的情况下发生的，而是在心理受强制的情况下发生的。从刑法的角度看，受害人死亡的发生，是自己相信错误的引导而选择的结果。从现代被害人学的角度说，这是一种受害人本身也有责任的犯罪。

应当承认，在故意杀人罪的理论中，的确存在"逼人自杀"和"诱骗他人自杀"的情况。但是，也应当注意到，我国刑法对在这种情况下如何划分故意杀人罪与其他犯罪的界限是给予了充分的考虑的。有的规定根据本罪定罪处罚，如《刑法》第257条暴力干涉婚姻自由罪，"致使被害人死亡的，处2年以上7年以下有期徒刑"；有的规定依照故意杀人罪处罚，如《刑法》第238条第2款规定，非法拘禁他人或者以其他方法非法剥夺他人人身自由，使用暴力致人伤残、死亡的，依照本法第234条、第232条的规定定罪处罚。因此，在《刑法》第300条第2款已经明确规定"组织和利用会道门、邪教组织或者利用迷信蒙骗他人，致人死亡的，依照前款的规定处罚"的情况下，应当严格根据《刑法》总则第3条规定的罪刑法定原则和刑法分则规定的具体犯罪，进行定罪量刑。在这里，就是根据组织、利用会道门、邪教组织、利用迷信致人死亡罪在行为和罪过方面的特点，划清与故意杀人罪的界限，[①]符合前罪的，根据前罪定罪处罚；符合故意杀人罪或者其他什么罪的，则应当根据该罪定罪处罚。[②] 对于那种明确指使、胁迫他人实施自杀、自伤行为的，应当依照刑法的故意杀人罪或者故意伤害罪定罪处罚。

2. 第300条与强奸罪和奸淫幼女罪以及诈骗罪的关系

在会道门、邪教组织中，组织者和其中的骨干分子利用受其欺骗的成员对其迷信邪说的崇拜或者依赖，进行奸淫妇女和骗取财物的行为，如何加以认定的问题值得注意。

---

① 根据"举重以明轻"的原则，组织和利用会道门、邪教组织或者利用迷信蒙骗他人，致人伤残的，当然也应当依照组织和利用会道门、邪教组织破坏法律实施罪或者利用迷信破坏法律实施罪的规定处罚，除非犯罪行为已经符合故意伤害罪的构成特征。

② 根据1999年10月30日最高人民法院和最高人民检察院《关于办理组织和利用邪教组织犯罪案件具体应用法律若干问题的解释》，具有下列情节之一的，属于"情节特别严重"：(1)造成3人以上死亡的；(2)造成死亡人数不满3人，但造成多人重伤的；(3)曾因邪教活动受过刑事或者行政处罚，又组织和利用邪教组织蒙骗他人，致人死亡的；(4)造成其他特别严重后果的。也就是说，要根据《刑法》第300条第1款的第二情节量处刑罚。

根据《刑法》第236条的规定，与不满14周岁的幼女发生性关系的，是奸淫幼女罪。由于刑法在奸淫幼女罪中，对犯罪对象的年龄有明确的规定，对奸淫行为不考虑幼女是否同意，因此，在认定与奸淫幼女罪的界限时一般不会有问题。根据《刑法》第236条的规定，以暴力、胁迫或者其他手段强奸妇女的，是强奸罪。在会道门、邪教组织中，无论采取任何使妇女不能反抗的暴力方法，使妇女不敢反抗的胁迫方法，或者使妇女不知反抗的其他方法，与妇女发生性关系的，都是违背妇女意志的。特别值得注意的是，在会道门、邪教组织中，由于受迷信邪说的影响，一些女性成员或者其他人，在各种诱惑和欺骗之下，会"自愿地"与他人，主要是该非法组织的组织者和骨干分子，发生性关系。这种性关系的发生是不正常的、反社会的和反道德的，也就是说，这个女子以及任何精神健康的女子在正常情况下本来是不会这样做的。她的同意，其实是一种在迷信邪说影响下不敢反抗和不知反抗的表现。为了保护妇女的人身权利，完整地维护社会管理秩序，《刑法》第300条第3款对在会道门、邪教组织和迷信影响下的妇女，采取了与保护幼女相类似的保护措施，即使没有使用暴力、威胁手段，只要"奸淫妇女"的，也构成强奸罪，应当依照《刑法》第236条定罪处罚。

《刑法》第266条规定，使用虚构事实或者隐瞒真相的方法，骗取公私财物，据为己有的，是诈骗罪。会道门、邪教组织以及搞迷信活动的人，经常以诸如"升天"、"长功"、"长法"等谎言，要求其信徒或者其他人进行"奉献"、"捐献"，或者在其举行非法活动的时候，通过设立"功德箱"、"交讲课费"等方法，收取其成员或者其他人交付的财物。通过这种手段聚敛钱财，供其组织者和骨干分子挥霍以及作为该组织的活动经费，这些行为完全符合《刑法》第266条诈骗罪规定的特征。应当注意，无论是《刑法》第300条还是第266条，都没有关于单位犯罪的规定，另外，从迷信活动本身具有的对神的崇拜这个特征以及司法实践经验来看，这些非法组织和非法活动所聚敛的财物，都被该组织的主要骨干据为己有了。因此，在根据第300条依照第266条的规定，以诈骗罪对这种诈骗行为定罪处罚的时候，应当完全根据我国刑法对诈骗罪犯罪构成的要求进行，不能免除"非法据为己有"的构成要件。

五、适用《刑法》第300条第1款的政策界限问题

《刑法》第300条第1款规定的犯罪行为，尤其是"组织和利用会道门、邪教组织破坏法律实施罪"，在刑法理论上被称为必要共犯，只能由两人以上共同故意实施才能构成。在实践中，这种犯罪涉及面往往比较大，因此，认真掌握政策，

准确执行法律，是成功打击这一类犯罪的关键。

首先，应当注意依法正确认定犯罪人。根据《刑法》第300条第1款的规定，在实施了破坏法律实施行为的犯罪人中，只有"组织和利用会道门、邪教组织"和"利用迷信"的人员才是刑罚惩罚的对象，而不包括一般的参加该组织的人员。参加迷信组织的人员，即使该组织因为未经登记而不是合法的，但是，在这些人没有参与破坏法律实施行为的时候，他们参加迷信组织的行为，也只能是思想认识问题。我国刑法不使用刑罚手段来解决思想认识问题。不是以破坏法律实施为目的建立的迷信组织，以及还没有实施破坏法律实施的有组织迷信活动，仅仅是违反有关社团登记的社会管理秩序的行为，而不是犯罪行为。实践证明，抱着真诚信仰或者寻找精神寄托参加迷信组织的人，在明了该组织正在进行破坏法律实施的行为的时候，是不会参与其中的。他们在事实上参与了破坏法律实施的行为，其实是那些非法组织的骨干们欺骗的结果。也就是说，他们在实施刑法所禁止的行为时，对自己行为在刑法上的意义，即具有危害社会的性质，是没有认识的。更明确地说，他们的行为在主观上没有罪过。《刑法》第300条第1款对犯罪主体和罪过的明确要求，明确地划清了"组织和利用会道门、邪教组织"的人员与一般受蒙蔽的参与人员之间的原则界限，因此，对于一般受蒙蔽人员不能作为犯罪处理。

其次，对于会道门、邪教组织中组织者和骨干分子，应当依法有区别地进行处理。《刑法》第300条第1款在第一情节和第二情节中，都采取了相对确定法定刑的做法，规定了"3年以上7年以下有期徒刑"和"7年以上"至15年有期徒刑[①]的两个量刑幅度，以适应处理这类犯罪案件中的复杂情况。我国《刑法》第26条第3款规定，"对组织、领导犯罪集团的首要分子，按照集团所犯的全部罪行处罚"；第4款规定，"对于第三款规定以外的主犯，应当按照其所参与的或者组织、指挥的全部犯罪处罚"。另外，在我国刑法分则的有关条款中，对于有组织的或者聚众进行的犯罪中，对积极参加人的处罚，一般是比对首要分子的处罚要轻。[②] 根据这些规定及其体现的刑事政策的精神，在处理会道门和邪教组织，尤其是那种规模很大的迷信组织和活动时，分清首要分子、主犯、积极参加者，依法根据其各自的罪行给予较重或者较轻的处罚，并且在有自首和立功表现的时候，依法从轻、减轻或者免除处罚，有利于分化瓦解罪犯，最大限度地孤立和打击这些非法迷信组织中的死硬分子。

---

① 《刑法》第45条的规定。

② 例如，《刑法》第290条聚众扰乱社会秩序罪。

最后，应当注意依法追缴会道门、邪教组织违法所得的财物和没收其他进行迷信活动的违禁品和供犯罪所用的本人财物。虽然《刑法》第300条第1款没有规定没收这种附加刑，但是，根据《刑法》第64条的规定，“犯罪分子违法所得的一切财物，应当予以追缴或者责令退赔……违禁品和供犯罪所用的本人财物，应当予以没收……”。在组织和利用会道门、邪教组织和利用迷信的犯罪中，犯罪分子利用迷信邪说非法聚敛的财物是其进行犯罪的重要经济基础，其所制造、使用的违禁品（主要是迷信宣传品），是其扩大影响和发展非法组织的重要手段。因此，依法追缴这些财物和没收这些违禁品，就是剥夺犯罪分子进行犯罪活动的手段。

笔者相信，正确适用刑法的规定，才能够有效地遏制利用非法迷信组织和迷信活动进行的犯罪活动。

（1999年第12期）

2000 年

论运输毒品罪和非法持有毒品罪之立法旨趣与隐患

赵秉志[*] 肖中华[**]

运输毒品罪和非法持有毒品罪,是看似简单而在理论上和实务中都较为复杂疑难的两种毒品犯罪,本文结合刑事立法原理、刑法理论和司法实践,对两罪的立法旨趣及其产生的主要问题作一探讨,以期有利于司法实践对此两罪的准确认定。

一、关于运输毒品罪

自1979年刑法第171条,至全国人大常委会1990年《关于禁毒的决定》第2条,再至1997年修订后的刑法第347条,运输毒品罪都被立法者视为最严重的毒品犯罪之一,与走私、贩卖、制造毒品相提并论,并且作为行为选择性罪名而被设置于同一个条文中,具有完全相同的法定刑和量刑标准。从罪责刑相适应原则、罪刑均衡观念予以考量,毫无疑义地可以肯定,在刑法中,作为犯罪的"运输毒品"是具有特定意义和含义的,即它应当与"走私毒品"、"贩卖毒品"以及"制造毒品"具有同等的社会危害性,①在刑法的负价值上应作等量的评价。然而,无论从字面还是实质理解,"走私毒品"、"贩卖毒品"和"制造毒品"三种行为的含义都相对明确,如何理解"运输毒品",则在刑法理论和实务中从未取得一致的认识。笔者列举如下几个有代表性的观点,以资评析:(1)所谓运输,是指转运和输送,不论是自身携带或交运输部门承运,还是在国内各地之间运输或国内运往国外或国外运往国内,只要实施了运输行为即构成犯罪。②(2)所谓运输,是指在境内自身携带,托人或雇人携带,以及经伪装后以合法形式交由运输部门

* 作者单位:中国人民大学法学院。

** 作者单位:中国人民大学法学院。

① 尽管我国刑法学界不少学者对"社会危害性"范围提出质疑,但在笔者看来,"社会危害性"作为犯罪最本质的特征,至少在我国目前的犯罪构成理论体系下,是值得肯定的。

② 邹涛、邵振翔:《〈关于禁毒的决定〉和〈关于惩治走私、制作、贩卖、传播淫秽物品的犯罪分子的决定〉释义》,群众出版社1991年版,第9页。

托运。[1] (3)运输毒品,是指行为人明知是毒品而为他人运送,包括利用飞机、火车、汽车、船只等交通工具或采用随身携带的方法将毒品从甲地运往乙地的运输行为,转移运送毒品的区域,应以国内领域为限,而不包括进出境。[2] (4)运输毒品,是指明知是毒品而采用携带、邮寄、利用他人或者使用交通工具等方法非法运输毒品的行为,也包括明知是毒品而受雇帮助运输。[3] (5)认定运输毒品罪时,关键是审查行为人是否明知自己所携带、运输的是毒品。无论行为人基于何种目的,只要明知是毒品,仍为他人运输、携带、邮寄的,均以本罪论。[4] 我们还可以不厌其烦地罗列林林总总的学者观点,但在笔者看来,对"运输毒品"的解释所存在的"言不达意"已是理论上的通病。撇开对"运输"之地域跨度、输送方式方法的表达等技术问题不谈,[5]对于"运输毒品"之"运输"所蕴涵的主观因素,学者间几乎无人完整、正确地予以揭示,似乎如有的学者所言"只要实施了运输行为即构成运输毒品罪"。而正是这一盲点,使得理论上认识运输毒品罪的本质特征和司法实践准确认定运输毒品罪显得十分模糊。我们认为,从立法意图看,即使行为人主观上对"运输的物品是毒品"之事实明知,也未必构成运输毒品罪,纯粹客观意义上的运输毒品行为(即行为人根本就不知所运输的是毒品),就更不能纳入运输毒品罪的范围了。因为运输毒品罪归责的主观根据,不仅包括行为人对毒品的存在有所认识,[6]此罪构成要件事实的认识内容中还包括更为丰富的内涵——毒品的去向或用途。具体而言,运输毒品罪的行为包括以下三种情况:(1)行为人本身就是走私、贩卖、制造毒品者,其将毒品予以运输。(2)行为人明知他人是走私、贩卖、制造毒品者,帮助他人运输毒品。至于行为人运输毒品是受雇佣还是受胁迫、是否营利(赚取运费或分红),在所不问。(3)走私、贩卖、制造毒品的行为人或者帮助他人走私、贩卖、制造毒品的行为人,利用不明真相的他人运输毒品。这种行为在共犯理论中被称为"利用工具"的犯罪,即行为人把他人当做工具利用以实现自己的犯罪意图。例如,走私、贩卖、制造毒品的行为人委托不明真相的他人将内藏毒品的包裹送往异地"接货

① 赵秉志、吴振兴主编:《刑法学通论》,高等教育出版社 1993 年版,第 736 页。

② 赵长青主编:《中国毒品问题研究》,中国大百科全书出版社 1993 年版,第 292 页。

③ 林准主编:《中国刑法教程》,人民法院出版社 1994 年版,第 519 页。

④ 刘家琛主编:《新刑法常用罪认定与处理》,人民法院出版社 1998 年版,第 1336 页。

⑤ 这些问题得到理论界和实务界普遍的关注,关于这些问题的观点的正误也较好辨别,笔者在此不作专门探讨。例如,跨国(边)境运输毒品属于走私毒品的范畴,并不属于"运输毒品罪"中的"运输",此已为公认。当然,"运输"究竟要有多大跨度,只有在实践中靠法官的理智和经验加以判断。

⑥ 当然,误将非毒品物品当成毒品加以运输,从主观主义的角度出发,也是构成犯罪的。

人”,或者先暗中将毒品藏匿于他人身体或包裹以逃避抓捕,待至目的地时将毒品取回,从而隐蔽地实现其“出手”毒品的犯罪目的。

上述学者各种关于“运输毒品”的阐释,都只是把握了运输毒品罪构成要件中的“明知是毒品”的主观要素和“运送、输送”的客观要素,未揭示行为人对于“毒品乃走私、贩卖、制造之毒品”的认识之关键主观要素,从而远离立法本意。造成这种理论理解状况的原因,并不主要是某些学者所固有的“人云亦云”、“不假思索”之天性,更多的可能应归结为立法的困惑与隐患。在我们看来,实际上,运输毒品罪完全没有必要作为独立罪名加以规定,因为运输毒品罪中的“运输毒品”行为,实践中多表现为笔者上述列举的前两种情形,而这两种情形完全可以直接以走私、贩卖、制造毒品定罪处罚。详言之,第一种情形下,运输毒品行为不具有独立的价值,只是走私、贩卖、制造毒品行为的前提或后续举止,这与制作、复制、出版、贩卖、传播淫秽物品牟利的行为人自己运输或雇人运输淫秽物品的行为不具有独立价值一样。第二种情形下,行为人实际上是走私、贩卖、制造毒品者的帮助犯,以走私、贩卖、制造毒品罪的共犯论处是妥当的。至于实践中较少见的上述第三种情形,应当视行为人为走私、贩卖、制造毒品罪的间接正犯或间接帮助犯。运输毒品罪设罪的隐患何在呢?我们认为,在目前的立法(罪名独立于走私、贩卖、制造毒品罪之外)、司法现状(无明确的司法解释、司法人员的理解也各不相同)下,很难保证其立法目的不被背离。

其一,由于大众话语的影响,司法实践中往往把一些没有走私、贩卖、制造毒品的实行故意或帮助故意,不全然具有“运输毒品罪”主观要素的行为人,误为运输毒品罪判处。例如,在一些司法人员看来,只要在火车上或行为人即将上车的车站从行为人身上或包裹中起获毒品,对行为人就应定运输毒品罪,因为行为人的确已经在“运输”或准备“运输”。但只要细加思考,我们就会发现,如果没有足够的证据证明行为人是为了贩卖、加工制作毒品而运输或者帮助走私、贩卖、制造毒品的犯罪分子运输;或者反过来,有证据证明行为人所“运输”的毒品只是为己吸食。这样的“运输毒品”行为,难道可以与走私、贩卖、制造毒品罪同日而语,共为成立犯罪没有数量限制,法定最高刑为死刑之重罪吗?它与在住所或其他静态环境中非法持有毒品的行为又有何区别(无非是在不在车上或在不在“动”中)?① 显然,刑法赋予运输毒品罪严重的可谴责性,认为最高可以科以

① 实践中,有的司法人员仅仅根据起获的毒品数量大小来判断行为人是否具有贩卖、加工制作毒品而运输或者帮助走私、贩卖、制造毒品的犯罪分子运输的主观目的,这种判断在证据规则上是站不住脚的。

运输毒品罪死刑的内在根据,并不在于“毒品在运输”中,重要和根本的是行为人为何运输。如系为行为人自己吸用,立法者断不会认其为“罪可处死”的犯罪行为,不过是非法持有毒品罪的行为人在“坐火车”,在“动”而已!然而,在非法持有毒品罪的构成事实中,刑法是不应理会行为人坐不坐火车,“动”不“动”的。

其二,司法实践中对于帮助他人运输毒品而构成的运输毒品罪的量刑,普遍偏重,有的甚至畸重。这使得罪责刑相适应的量刑原则在毒品犯罪案件的贯彻中大打折扣。由于刑法将“运输毒品”独立出来与“走私、贩卖、制造毒品”并列,并作为一个选择性罪名,因而严格从罪刑法定原则出发,帮助他人运输毒品的行为只要构成运输毒品罪,在犯罪数额对量刑的影响上,就应该是无异的。举例:如果行为人甲贩卖海洛因100克(构成贩卖毒品罪),行为人乙为贩卖毒品的他人运输海洛因100克(目的仅在于赚取运费数百元,构成运输毒品罪),如果其他情节相同,按照目前的立法规定,甲、乙二人量刑就应当一致。然而,立法者显然没有细致地考虑到,目前“运输毒品罪”中所含行为有时与走私、贩卖、制造毒品罪的社会危害性是如此悬殊,以致司法中出现对行为人极不公平、极不公正的定案结局。帮助贩卖毒品者运输毒品的行为,无论是客观危害还是主观恶性,远不及贩卖毒品行为本身,假若没有运输毒品罪之独立罪名,对于帮助贩毒品者运输毒品的行为人以贩卖毒品罪的从犯处罚,更有利于实现刑罚的目的,处罚效果也会理想得多。

值得注意的是,最高人民法院作为我国最高司法机关和最具权威的司法法律解释主体,已经认识到这一因立法而造成的运输毒品罪之实务困惑。在最高人民法院复核改判的唐某运输毒品案中,被告人唐某为赚取1000元,帮助毒贩杜某携带420克海洛因从昆明坐火车前往上海,在列车上被抓获。上海铁路运输中级人民法院认为:被告人唐某明知是毒品,仍非法使用交通工具运往异地,其行为已构成运输毒品罪,且运输毒品海洛因数量达420克,应依法严惩。故以运输毒品罪判决唐某死刑,剥夺政治权利终身,没收财产人民币2万元。唐某以量刑过重为由提出上诉,上海市高级人民法院裁定驳回上诉,维持原判,并依法将此案报送最高人民法院核准。最高人民法院复核认为,对唐某应当判处死刑,但是根据本案具体情节,对其判处死刑不是必须立即执行。改判唐某死刑,缓期2年执行。根据最高人民法院刑一庭的权威性解释,此案中存在的“酌定从轻处罚的情节”,主要包括“运输毒品系初犯”、“认罪态度较好”、“主观恶性程度小”、“运输的毒品没有扩散到社会”,其中“主观恶性程度小”被具体阐释为:(1)“为赚取1000元而被他人利用,为他人运输毒品,其与为贩卖牟利而运输毒品的毒犯主观恶性程度上有着明显不同”;(2)唐某虽明知自己携带的是毒品,而不明知毒品的确切数量,事实上唐某所运输的毒品数量完全由他人,而非唐某所决定。因此本案毒品数量虽高达420克,但并不能反映唐某主观恶性大。① 在我们看来,最高人民法院对唐某案改判的理由,是法官根据具体情境对法条作出“填补空白式”解释的鲜明一例。从“法官合理造法”、目的性解释的角度看,最高人民法院以本案被告人唐某主观恶性程度小为由改判其死缓,是无可厚非的。但是,立足于严格规则主义的立场,由于运输毒品罪非常多的场合都是行为人帮助毒贩运输毒品,且没有理由怀疑立法者设立运输毒品罪时会忽视这种情况的存在,因而“为他人运输毒品”在运输毒品罪的认定处理中并不应另作为一个独立的量刑情节看待,它本身就是“运输毒品罪”题中应有之义,所以,在这个角度,最高人民法院以主观恶性程度小为由改判唐某死缓之理由又是不充分的,背离了立法者将运输毒品罪与走私、贩卖、制造毒品罪相提并论(内含同等的谴责性评价)的规则。至于把“系初犯”、“认罪态度较好”、“毒品没有扩散到社会”等情节作为改判死缓的理由,从严格规则主义的立场来看亦属牵强,因为在数量高达420克的走私、制造、贩卖毒品案件中,这些情节的并存也是常有的,但这些案件判处死刑立即执行的并不鲜见,难道唯独在运输毒品罪中这些情节就足以限制对行为人科以死刑立即执行吗?由此观之,面对立法造成的困惑,最高人民法院作出如是改判理由,只能说是无奈而为之。问题的根本解决,只有求诸立法的修改,即废止目前刑法条文中的运输毒品罪罪名。在此前提下,司法实践对于走私、贩卖、制造毒品而运输者以走私、贩卖、制造毒品罪定罪处罚;对于帮助走私、贩卖、制造毒品的犯罪分子运输毒品者,以走私、贩卖、制造毒品罪的从犯,从宽处罚。

二、关于非法持有毒品罪

任何非法持有型犯罪的设立,都表明立法者防备法益遭受侵害的程度的增强,同时也凸显了国家对犯罪正常抗制机能的无力(至少在有罪证据的取得上,国家试图推卸责任)。② 但是,当我们承认国家有时按照常规面对狡诈的犯罪可

① 最高人民法院刑一庭编:《刑事审判参考》(1999年第2辑),法律出版社1999年版。

② 这一点,在《刑法》第395条第1款的巨额财产来源不明罪上,表现得非常直观。法律把公诉人(国家)证明犯罪嫌疑人、被告人有罪的责任转移到犯罪嫌疑人、被告人身上,如果犯罪嫌疑人、被告人不能证明或不愿证明自己无罪,国家就把犯罪嫌疑人、被告人作为犯罪人看待,予以定罪科刑。

能一筹莫展时,我们就会理解立法者设置持有型犯罪的苦心。为了严密犯罪构成网络,加强犯罪控制,国家在刑法中赋予包括持有行为、不作为行为、预备行为、无实害结果行为在内的"危险行为"可罚性,只要适当,实际上都是无可厚非的。但是,无论是在立法上还是司法实务中,都必须牢记,非法持有型犯罪的设置,并非要实现客观的归罪;刑法只禁止或者命令人们实施有意识和有意志的行为,如果可以把一种纯粹的事实状态——无知(无认识)而客观地拥有毒品之状态作为刑事归责的根据,那么就构成对公民个人自由的侵害,也不利于社会秩序的生成。否则,容许如此的刑法,也只是不得人心的刑法。

然而,我国刑法学界有的学者指出,"在持有型犯罪领域,严格责任的规制频率相对较高。对于不少持有型犯罪,我们不能用故意或过失的理论去评价其犯罪构成。这样,从严格责任角度研究持有型犯罪的主观方面就属顺理成章之事"。并且在论者看来,对于持有型犯罪普遍规定严格责任乃由持有型犯罪的特征决定:一是对象的特定性;二是行为的静态性。首先,持有型犯罪对象的特定性决定了实行严格责任的合理性,因为毒品、假币、枪支等,都是人们日常观念中的"不祥之物"或"不义之财",此种"财"与"物"本身就显示了"禁止的恶",不言自明地体现了持有行为的可非难性,司法机关不需要费心证实持有者的犯罪恶意。其次,持有型犯罪行为的静止控制状态决定了实行严格责任的必要性。持有型犯罪的危害性隐藏在行为人对财物的静止控制状态中,行为人的主观恶性是难以证明的。故意和过失概念在用于解释持有型犯罪时显得有些功能不足,这只好求助于严格责任加以弥补。[①] 我们认为,在我国刑法理论和实践中不应承认严格责任,在我国刑法中也不存在严格责任。"严格责任"源于英美刑法,有的亦称"绝对责任"、"无过错责任",是指法律许可对某些缺乏犯罪心态的行为追究刑事责任。[②] 在我国刑法中,罪过责任是不可动摇的归责原则,也是刑事责任与民事责任归责相区别的重要标志之一。我国刑法设立的非法持有型犯罪,均要求行为人主观上对持有物的性质有所认识,至少是误认为持有物为某种违禁品、危险品,甚至连无认识的过失之非法持有犯罪行为也无立足之处。以非法持有毒品罪为例,如果行为人根本就不知道所拥有之物品为毒品,绝不可对行为人以非法持有毒品罪定罪处罚。而且,在非法持有毒品罪中,行为人的违法性认识程度直接影响到犯罪之成立与否及刑罚之轻重的特征,也表现得十分明显。

---

① 苗有水:"持有型犯罪与严格责任",载《刑事法学要论——跨世纪的回顾与前提》,法律出版社 1998 年版。

② 储槐植著:《美国刑法》,北京大学出版社 1996 年版,第 86 页。

笔者曾从新闻报道中看到，一位边远山区年近古稀的老妪，被毒贩所利用，帮助毒贩“窝藏”大量海洛因，但她并不知晓所“窝藏”的东西竟然是毒害社会至深的毒品，只是从毒贩口中听说此乃“贵重物品”，而她帮助“保管”可以得到一定酬金，以致在公安机关去她住处搜查毒品时她竟若无其事，甚至“笑容可掬”地全盘交出。试问，对于这样的行为人，难道有什么理由以非法持有毒品罪予以刑事追究吗？如果以严格责任的观念对行为人予以刑事追究，又有什么特殊预防和一般预防的意义呢？

的确，如有的学者所说，毒品、假币、枪支等作为非法持有型犯罪对象的物品具有“自在之恶”，但刑法惩治的不会是某种物品，而是某种指向这些物品的行为（也正是这一点，使得犯罪对象和犯罪客体在刑法上有不同含义和意义）；刑法不会仅仅因为存在“自在之恶”的物品就把所有与此物品有关的行为纳入调整范围，而只有那些值得动用刑罚加以干涉的行为——在主观上表现人的“外在之恶”的行为，才有必要纳入刑法的调整范围！另外，毋庸置疑的是，包括非法持有毒品罪在内的所有非法持有型犯罪，在主观故意内容上存在与一般故意犯罪不同的特点，即行为人对于“自己行为会发生危害社会的结果”之认识因素和“希望”这种结果发生之意志因素并不直观，或者可以说，法律根本不问行为人对其所持有违禁物、危险物行为的危害结果有无认识，也不问是否积极追求某种危害结果；只要行为人对其所持有违禁物、危险物行为明知，就成立犯罪。但这种主观要件要素的特点，并不是说对于非法持有型犯罪适用无过错责任、严格责任。至于如何将非法持有型犯罪的“故意”与一般故意犯罪的“故意”统一于犯罪故意的范畴之中（或许修正传统的犯罪故意概念?），那是另一回事。兹不详论。

设立非法持有毒品罪的目的在于尽可能地将与毒品有关的人绳之以法，当难以获取拥有毒品之行为人成立走私、贩卖、制造毒品罪的证据时，非法持有毒品罪便被派上了用场。但是，此罪的立法隐患也是无可回避的。

其一，在我国刑法中，尚无“吸食毒品罪”罪名的状况下设立非法持有毒品罪，如何达成立法和司法的平衡不无问题。吸食毒品以非法持有毒品为事实前提（除非吸食者是依法从事生产、运输、管理、使用危险药物的人员），那么，设立非法持有毒品罪是否表明立法者意欲把吸食毒品行为纳入犯罪圈呢？从实践中大多数吸毒案件的处理情况来看，并非如此。现行有法律效力的全国人大常委会《关于禁毒的决定》第 8 条规定：“吸食、注射毒品的，由公安机关处 15 日以下拘留，可以单处或者并处 2 千元以下罚款……”这也表明，吸食毒品行为是不被刑法谴责的，仅由行政法规调整。然而，对于非法持有毒品行为定罪处罚，实际上就不可避免地对吸食毒品行为作了刑事追究。例如,某基层人民法院就曾判处过这样一起非法持有毒品罪案件:被告人韩某于1998年9月11日16时许,在北京市某长途汽车站厕所内吸食海洛因时被抓获,从其身上起获海洛因137.11克。法院以非法持有毒品罪判处被告人韩某有期徒刑11年。此种法律冲突的妥善解决,实在值得琢磨。

其二,有罪推定成为司法实践中抹不去的"痼疾"。推定是以"忽略个别可能与结论相反"为代价或基础的一种思维程式,①在证据规则里,合理推定的根本价值取向是值得肯定的。具体到非法持有毒品罪中,如果行为人在客观上非法地拥有毒品,尤其是数量很大时,我们凭理智和经验可以断定,一般行为人在主观上就明知"自己非法地拥有毒品",据此可以认定行为人构成非法持有毒品罪(行为人具有走私、贩卖、运输、加工毒品目的的,另当别论)。但是,个别情况的例外,如他人栽赃陷害、纯粹为他人作为工具利用,等等,其存在是不容忽视的。然而,有罪推定的漏洞无法在非法持有毒品罪的认定中得到根绝,从前述理论上出现的"严格责任论"来看,这方面的问题的严重性可见一斑。从我们所了解的一些非法持有毒品罪的生效判决来看,相当数量的客观归罪问题更是值得反思。例如,在一起非法持有毒品案中,侦查机关在行为人所住宾馆房间查获海洛因120克,但被告人否定自己知道有120克海洛因在房间,宾馆房间登记表没有被告人的住宿登记,司法机关亦无被告人企图贩卖毒品的任何证据[无法查实毒品的来源("上家")和去向("下家")],最后,法院以在被告人所住房间内"查获海洛因120克"、"事实清楚、证据确实充分,被告人×××所作的不知道有毒品在房间的辩解没有事实和法律根据"为裁判理由对行为人以非法持有毒品罪定罪处罚。

其三,由于非法持有毒品罪是作为走私、贩卖、制造毒品罪的补充罪名而存在,导致一些司法人员怠于有关行为人走私、贩卖、运输、制造毒品证据的调查。一些本应认定为走私、贩卖、运输、制造毒品罪而只是有关证据取得稍有困难的案件,最后因此而仅认定为非法持有毒品罪,人为地放纵了毒品犯罪分子,削弱了刑法的打击力度。

(2000年第2期)

---

① 推定被广泛地用于毒品犯罪的实践。例如,当行为人甲一手将毒品交予行为人乙,而一手从乙的手中接过一摞人民币时,我们几乎毫无疑义地推定甲在贩卖毒品,即便甲、乙两人均供述"乙只是还先前所欠甲之合法债务、甲只是免费送毒品给乙享用",法官采信辩方意见的可能性也接近零。在非法持有毒品的案件中,推定的运用则显得更为普遍和重要。

刑罚是什么
——一种报应论的解读

邱兴隆*

报应论虽然形态各异,理念有别,①但是万变不离其宗,报应论之所以称为报应论,就在于其主张刑罚是对犯罪的一种回报,犯罪是刑罚的先因,刑罚是犯罪的后果,刑与罪之间是一种前因与后果的引起与被引起的因果关系。基于对这种因果关系的认识,报应论对刑罚形成了不同于与之相对立的功利论的规诫。

一、刑罚的界定

在我们对报应论关于刑罚的规诫予以归纳与分析之前,不妨先回顾一下报应论者们对刑罚的界定。

格劳秀斯将刑罚界定为,“因为所为的一种恶而承受的一种恶之施加。”②苯认为这一界定包含4层含义:“首先,格劳秀斯想将刑罚视为一种被施加的恶……其次,他表明刑罚是有意地施加的而不是痛苦地一种任意的施加。再次,格劳秀斯暗示着,尽管其未如此说,刑罚是给予被假定为可因其犯错而对其行为负责的某人……最后,格劳秀斯暗示,刑罚是由主张惩罚之权利的那些人设置并且施加于被认为该当惩罚的人的一种社会行为。”③假如苯的解析符合格劳秀斯的原意,那么,后者对刑罚的界定便赋予了刑罚以4要素,这便是恶的施加或称惩罚、有目的地施加、对有责任者本人的施加与由社会施加。

以格劳秀斯的界定为基础,英国学者费刘教授提出了刑罚5要素说,被英美学界视为有关刑罚的经典界说。他认为,刑罚之所以称为刑罚,是因为其具备如下5大要素:其一,必须涉及对受刑者的一种恶或者一种不快;其二,必须是因为

---

* 作者单位:西南政法大学。

① 就形态而言,报应论可分为等害论、等价论与该当论。笔者将以“从复仇到该当——报应论的生命路程”为题另文探讨。就理念而言,报应论有神意报应、道义报应与法律报应之别。就此,笔者拟以“从神意到法意——报应论的理念嬗变”为题另文论述。

② Philip Bean. *Punishment: A Philosophical and Criminological Inquiry*, Martin Robertson, 1981, p. 5.

③ 同上。

一种实际的或者假定的犯罪；其三，必须是针对一个实际的或者假定的罪犯；其四，必须是属于人的代理机构的事务；其五，必须是通过或者由其规范被犯罪所违犯的那些机构所授权的权威所适用。①

略加比较，即可发现，费刘的5要素不但未对经苯所解析的格劳秀斯的界定做何新的发展，而只不过是将其系统化罢了，而且还有意无意地剔除了刑罚的有意施加性。因此，苯在就费刘教授的这5要素逐一作了评述后，加上了另一要素："不快应该是所追求的东西的一个基本的组成部分而不仅仅是附属于某种其他领域"，其理由是"这一追加的标准通过将刑罚系于适用刑罚的代理机构的事务的意图而给界定添加了强度"。②

哈特将费刘与苯的论述予以概括，汇总成新的5要素，即"其一，刑罚必须包含痛苦或者通常认为不快的其他后果；其二，刑罚必须是因为违犯法律规范的某种违法行为而施加；其三，刑罚必须是因为违反者的违法行为而以某一实际的或者假定的罪犯为对象；其四，刑罚必须是由违法者以外的其他人有意地施加；其五，刑罚必须是由违法行为所违反的那一法律制度所确定的某一权威来施加与执行。"③除了把苯所追加的意图要素融进了第四要素之外，哈特完全承续了费刘教授的5要素说。

帕克在对经哈特修正的5要素说予以肯定的基础上，增加了如下要素："它必须是要么为了预防对法律规范的违反的占优势的目的，要么是为了强使罪犯受到报应的占优势的目的，抑或是两者兼而为之，而施加。"④

与上不同，赫希提出了一种两要素说，他认为，"刑罚有两个显著的特征：严厉的处理的适用与谴责的施加。"⑤这种界定与前列诸说的区别在于，它注重的不是刑罚的形式要件，而是其实质要件。但是，这并不意味着其提出者对前列界定有何异议，相反，它只不过是前列界定的省略式。

综观以上对刑罚的要素的说明，报应论对刑罚的规诫可以归纳为惩罚性——刑罚的本质属性；依附性——刑罚只以犯罪为发动的前提；特定性——刑罚只以犯罪人为发动对象；专属性——施加刑罚的主体必须是法定的机构；目的性——刑罚之适用必须服务于特定的目的。除此之外，尽管在前列有关刑罚的

---

① J. C. Flew. The Justification of Punishment, 29*Philosophy*, 291 – 307.

② Philip Bean. *Punishment: A Philosophical and Criminological Inquiry*, Martin Robertson, 1981, p. 5.

③ H. L. A. Hart, *Punishment and Responsibility*. Oxford University Press, 1968, p. 5.

④ Herdert L. Packer. *The Limits of the Criminal Sanction*. Stanford University Press, 1968, p. 31.

⑤ Von den Hirsch. *Past or Future Crimes: Deservedness and Dangerousness in the Sentercing of Criminals*. New Brunswick and London Rutgers University Press, 1987, p. 52.

界定中,我们找不到报应论有关刑罚之分量的要求,因为刑罚的分量只是刑罚之分配问题,而不属于刑罚的界定所要解决的问题,但是,对刑罚之分配的相应性亦即刑罚的分量必须与犯罪的轻重相对应或均衡是报应论的最重要的要求,因此,我们必须将相当性——刑罚之分配应该与犯罪相适应——认作报应论对刑罚的又一条重要规诫。现就报应论对刑罚的这六大规诫分别解说如下。

二、刑罚的惩罚性

从报应论者有关刑罚的定义中不难看出,刑罚以惩罚为本质特征,是所有报应论者不争的共识。这构成报应论与行为功利论亦即个别预防论首当其冲的分水岭。

虽然在康德、黑格尔那里,我们找不到关于刑罚的明确的定义,但是,两者对刑罚必然包含惩罚的表述却是极其明显的。康德称:"执行惩罚是统治者的权力。他作为最高权力,对一个臣民,由于他犯了罪而施加痛苦于他。"①康德在这里不但是在惩罚的意义上使用刑罚概念,而且指出了惩罚的蕴涵是痛苦的施加。黑格尔虽然只将刑罚的界定付诸"犯罪的否定"这一极其抽象的思辨,但是,他并未忘记刑罚以惩罚为本质,他所谓的"认为刑罚既被包含着犯人的自己的法,所以处罚他,正是尊敬他的理性的存在"②中的"处罚"只不过是作为刑罚的本质特征的惩罚的别称。在当代英美学界,刑罚被公认为一个很难准确界定的概念,但是,这并未影响学者们从报应论的角度把刑罚的本质归于惩罚。正如帕克所指出的一样,"并非所有惩罚都是刑罚,但所有刑罚都是惩罚"。③ 不仅如此,从英美学者有关刑罚的列举性定义中,还可以明显地看出,惩罚之所以被视为刑罚的本质特征,是因为刑罚必须具备施加痛苦的属性。前列费刘等认为的刑罚"必须涉及一种恶,一种对被惩罚者的不快",赫希所谓的刑罚意味着"严厉的处理的适用和谴责的施加",均是对刑罚的惩罚属性的揭示。因为无论如何界定惩罚,基于一种错误而给犯错者造成不快的后果或者给其以剥夺与谴责,都是惩罚。

应该肯定,报应论关于刑罚的本质特征在于惩罚的规诫是一条不容置疑的

---

① [德]康德著:《法的形而上学原理》,沈权平译,林荣远校,商务印书馆1991年版,第164页。

② [德]黑格尔著:《法哲学原理》,范扬、张企泰译,商务印书馆1996年版,第103页。

③ Herdert L. Packer. *The Limits of the Criminal Sanction*. Stanford University Press,1968,p. 35.

真理。[①] 无论从刑罚对犯罪的否定属性来看，还是从刑罚的内容或其给其承受者所可能造成的后果来看，都应该如此。既然犯罪是一种错误的行为，作为对其的否定的刑罚理所当然地应该具备某种表达否定评价的属性。这种属性只能是给犯罪人以某种不利，因为只有将其置于某种不利的地步，才足以体现对他的否定评价。这样的不利自然非惩罚莫属。就刑罚的内容或者给其承受者所可能造成的后果来看，任何刑罚方法的内容都是剥夺其承受者一定的权益，亦即让其承受者丧失既已享有的一定权益，而这种权益的丧失给刑罚的承受者所造成的后果必然是痛苦。权益的丧失或者痛苦的感受，是惩罚的直接体现或反映。

三、刑罚的依附性

刑罚对犯罪的依附性，关涉哈特所谓的刑罚的“分配资格”[②]或者笔者所谓的“刑罚的发动”[③]，亦即刑罚应该在什么的样前提条件下施加的问题。它具体包括肯定的规诫与否定的规诫两个方面的内容。所谓肯定的规诫，是指有罪必罚，即只要构成了犯罪，便应该施加刑罚；而所谓否定的规诫，则是指无罪不罚，即只要不构成犯罪，便不应该施加刑罚。

主张刑罚以犯罪为发动的前提，这同样是报应论者的共识，也是报应论不同于功利论的一条重要分界线。就此，苯总结道：“对于报应论至关紧要的是刑罚与罪过之间的联系——当然，是刑罚与道德罪过之间的联系。这乍一看来可能是一种自明之理，但是，正因为其如此，它才是具有某种重要性的一种自明之理，因为在功利主义与康德主义理论中不存在如此自明之理。”[④]的确，有罪必罚与无罪不罚构成报应论的核心之一。康德所声称的“惩罚在任何情况下，必须由于一个人本人已经犯了一种罪行才被加刑于他”，“他们必须首先被发现是有罪

---

① 行为功利论亦即个别预防论否定刑罚应该以惩罚为木质特征，他们认为，惩罚与刑罚的教育改造目的相矛盾，只有铲除惩罚，刑罚才能成为真正的个别预防的手段。持此论者有意大利的菲利（参见［意］菲利著：《犯罪社会学》，中国人民公安大学出版社 1990 年版），及英国的伍顿（参见 Barbara Wootton. *Crime and Criminal Law*, London, 1963），还有美国的萨瑟兰（参见 Edwin Hqrdin Suthland, *Criminology*, J. B. Lipincott Conpany, 1924, p. 19）以及挪威的克里斯蒂（参见 Nils Chrisite, *Limits to Pain*, Universitetsforlaget, 1981），等等。

② 哈特认为，对谁施加刑罚是确定刑罚的分配资格，而分配多重的刑罚是刑罚的分量问题。参见 H. L. A. Hart. *Punishment and Responsibility*, Oxford University Press. 1968. 4。

③ 笔者提出，是否动用刑罚与对谁动用刑罚属于动刑的范畴，而动用多重的刑罚属于刑罚的分配问题。参见邱兴隆著：《刑罚理性导论》，中国政法大学出版社 1998 年版。

④ Philip. Bean. *Punishment: A Philosophical and Criminological Inquiry*, Martin Robertson, 1981, p. 14.

的和可以受到惩罚的",[①]最明显不过地表明了他对刑罚之于犯罪的依附性的强调。黑格尔虽然不似康德通俗而明确地主张刑罚只能因为犯罪而施加,但是,从其关于刑罚是对犯罪的否定的抽象思辨中,不难推导出刑罚对犯罪的绝对依附性。既然刑罚是犯罪的否定,便只有犯罪才能构成否定的对象,没有作为需要否定的对象的犯罪,刑罚也就失去了其存在的前提。在报应论关于有罪必罚与无罪不罚的主张中,有罪与无罪不是简单地指是否有犯罪的客观事实,而是包括有无罪过,亦即有无责任。正是在这一意义上,帕克才宣称"刑法原理奠基于三大基本概念之上:犯罪、罪过与刑罚"[②]。而对罪过的强调意味着对责任的有无之于刑罚的发动与否的决定作用的强调。正如欧文所言:"不考虑刑罚的道德方面的一种理论很难是……完成的,因为犯罪的一个基本特征是它在道德上是错误的,而完全按照痛苦表达的一种刑罚理论很难适应所涉及的道德问题。"[③]可见,报应论对刑罚之于犯罪的依附性的强调,更准确地说,对刑罚之于罪过的依附性的强调,在犯罪与刑罚的质的联结中架设了责任的"桥梁",[④]构筑起了将无罪以及无责的行为拒之于刑罚门外的一道不可逾越的樊篱,使意外事件、未成年人与精神病人的行为基于道义责任的缺乏而被排除在动刑的原因之外,同时又使所有不为刑法所禁止的行为基于法律责任的不存在而阻却了刑之发动,从而奠定了近现代罪刑法定主义原则的理论基础。[⑤] 因此,报应论关于刑罚之于犯罪的依附性的规诫,同样是报应论的精当之笔。正是如此,苯才认为,"报应坚持惩罚包含罪过。基于这一理由,刑罚应该是由为一种已然的犯罪而施加。这不是附属于报应主张而存在,而是该理论固有的组成部分",是报应论的四大优点之首。[⑥]

---

① [德]康德著:《法的形而上学原理》,商务印书馆1977年版,第164页。

② Herbert Packer. *The Limits of the Criminal Sanction*, Stanford University Press,1968,p. 17.

③ A . C . Ewing *The Morality of Punishment*,Kegan Paul Trench and Trubner,1929,p. 60.

④ Herbert Packer. *The Limits of the Criminal Sanction*, Stanford University Press,1968,p. 17.

⑤ 一般认为,罪刑法定以费尔巴哈的心理强制说为理论基础。但是,法无明文规定不为罪与法无明文规定不处罚应该也是从法律报应论所推导出的必然结论。因为法律报应论所谓的罪是法定的罪,其所谓的刑也是法定的刑。而且,相对于费尔巴哈的心理强制说,黑格尔的等价报应论对近代刑法的影响要大得多。因此,笔者认为,法律报应论同样是罪刑法定主义的理论基石。参见邱兴隆著:《刑罚理性评论》,中国政法大学出版社1999年版。

⑥ Philip Bean. *Punishment: A Philosophical and Criminological Inquiry*, Martin Robertson,1981, p. 9.

四、刑罚的特定性

刑罚的特定性同样关涉刑罚的分配资格。但是,与依附性不同,其所关涉的不是动刑的原因,而是动刑的对象,亦即刑罚应该对谁施加的问题。与依附性一样,作为报应论对刑罚的规诫,特定性也包括肯定与否定两方面的内容。肯定的规诫即只要是犯罪者,便应该承受刑罚;否定的规诫则是指无论何人,只要不是犯罪的行为人,便不应该成为刑罚的对象。

在报应论者的有关论述中,刑罚的特定性往往被作为与依附性不可分割的一个问题。康德所言的"惩罚在任何情况下,必须由于一个人本人已经犯了一种罪行才被施加于他",在以"已经犯一种罪行"限定刑罚的附属性的同时,又以"一个人本人"与"被施加于他"来限定刑罚的对象应该是犯罪者个人。英国报应论者奎顿指出,"当我们说'刑罚暗含罪过'时,它是与'应该暗含能够'同一类型的判断。因此,因为谴责无辜者非常有用而像一些人所已经主张的一样这样做,并非不得要领,相反,在这些情况下,惩罚的真正的条件不具备。"①即是说,对无辜者予以刑罚惩罚即使是有用的,也因为无辜者不具备作为刑罚的对象的资格而是不应该的。关于将刑罚限于犯罪者本人的必要性,哈特有过立足于报应论的十分透彻的说明:"即便违反刑法的行为不能被视为不道德的,我们也相当注重只能惩罚罪犯这一限制性原则。的确,即便是在像纳粹德国那样法律本身便骇人听闻地不道德的场合,例如,禁止在道义上必须履行的行为(帮助病人或某一种族群体中的贫民),不贯彻将刑罚限于罪犯的原则也是一种恶上加恶的特殊的恶。"②

特定性虽然与依附性关系密切,但是,其有着相对独立于依附性的意义。因为由依附性,我们只能直接推导出有罪必罚与无罪不罚的结论,而由特定性我们则可以在此基础上进一步直接确定惩罚的对象与行为主体的同一性,从而推导出刑不及他人的刑罚止于一身的结论,为禁止株连无辜或者替代刑奠定了牢固的理论基石。正是在这一意义上,我们才将罪责自负奉为一条刑法原则;也正因为如此,哈特才从报应论中为将如下情形排除在动刑的范围之外找到了最有力的根据:"为了防止某种大的社会灾难,司法人员伪造证据将一位无辜者予以指控、审判、定罪投入监狱或者处死。或者,假设只要罪犯的妻小因罪犯的犯罪而

① A. M. Quiton, *On Punishment.* 14, Analysis, 1954, pp. 137–138.

② H. L. A. Hart, *Punishment and Responsibility*, Oxford University Press, 1968, p. 12.

替其受罚，则不需任何欺骗手段便可以遏制更多的人犯罪。”①因此，报应论关于刑罚的特定性的规诫不但对于刑及无辜的威慑主义刑罚体制的崩溃起过决定性的作用，在刑法史上具有不可替代的进步意义，②而且在现实中构成阻止基于任何理由而刑及无辜的有力的理性屏障，从而构成使报应论有别于功利论的又一鲜明的标志。③ 而这也许正是苯之所以把“报应坚持只有有罪者才应该受到惩罚而无罪者则否”④作为报应论的一大优点的原因所在。

五、刑罚的专属性

刑罚的专属性关涉的是施加刑罚的主体，即谁有权对犯罪人施加刑罚。其蕴涵同样可以从肯定与否定两方面来说明。就肯定的角度而言，只要是由法律所授权施罚的机构，都有权依法施罚；而就否定的角度而言，任何未经法律授权者，无论个人还是机构，都无权施罚。

康德对刑罚的专属性有过明确的论述。他不但十分肯定地声称“施加刑罚是统治者的权利”，而且还将刑罚称为“司法的或者法院的惩罚”⑤，从而强调了刑罚不同于私刑或者私力报复的公权属性。黑格尔虽未直接提出刑罚是国家特有的权力，但是，在其关于刑罚与复仇的区别的论述中，不难得出这样的结论。他指出，“在无法官与无法律的社会状态中，刑罚经常具有复仇的形式，全由于它是主观意志的行为，从而与内容不相符合，所以始终是有缺点的。固然法官也是人，但是法官的意志是法律的普遍意志，他们不愿意把事物本性中不存在的东西加入刑罚之内。”⑥显然，在这里，黑格尔把由个人实施的复仇排除在刑罚之

---

① H. L. A. Hart, *Punishment and Responsibility*, Oxford University Press, 1968, p. 11.

② 笔者认为，在刑法近代化之前，刑罚处于威慑时代。在此间，基于威慑的需要，株连无辜是刑罚之发动的明显特征之一。参见邱兴隆著：《刑罚理性评论》，中国政法大学出版社 1999 年版。

③ 进入近代以来，功利刑论者已不再主张甚至还反对刑及无辜。但是，刑不及无辜不是从功利论中可以直接推导出的必然结论，相反，从功利论中往往还可以推导出刑及无辜的结论。报应论者往往列举这样的例子攻击功利论：假如处罚无辜者或者犯罪人的亲友愿代其受刑，而这样做可以收到巨大的遏制犯罪之效，那么，按照功利论，这种情况下的刑及无辜便是正当的，因为刑及无辜之利远大于其弊，两相权衡，应该认为其弊是为取其利所必须付出的代价。对此，功利论往往难以作出令人信服的自圆其说的回击。关于这一问题，可参见哈特所做的分析。H. L. A. Hart, *Punishment and Responsibility*, Oxford University Press, 1968, pp. 11 – 12.

④ Philip Bean. *Punishment: A Philosophical and Criminological Inquiry*, Martin Robertson, 1981, p. 29.

⑤ ［德］康德著：《法的形而上学原理》，沈叔平译，林荣远校，商务印书馆 1991 年版，第 164 页。

⑥ ［德］黑格尔著：《法哲学原理》，范扬、张企泰译，商务印书馆 1996 年版，第 107 页。

外，而把法官作为了刑罚的唯一施加主体，从而强调了刑罚的公权属性。

在当代，强调刑罚主体的专属性似有多此一举之嫌，因为刑罚权归国家所有，非经国家授权不得施加刑罚乃不言自明之理。然而，这一自明之理界定了报应与复仇、刑罚与私刑的区别。正如霍布斯所主张的一样，任何人乃至一个公共机构未经先行宣告有罪而施加的恶，不应该被授之以惩罚之名，而只应称为一种敌意行为。① 也正如苯所进一步说明的一样："相似地，被侵害的人未经特定权威而为的直接的行动不宜称之为刑罚。它可以是复仇，或者，按照霍布斯的说法，它可以是一种故意行为，但其不是刑罚"②。因此，报应对刑罚的专属性的规诫是赋予刑罚权以公权的属性所必要的。当然，事实上，没有任何功利论者对刑罚的公权属性持否定态度；相反，由于私刑或者私力报复被视为犯罪，而功利论主张刑罚以预防犯罪为旨趣，因此，论者无不反对私刑或者私力报复。但是，从功利论的原理中，我们推导不出刑罚权只能是公权的必然结论。既然刑罚的目的是预防犯罪，那么，如果私刑或者私力报复因为比公刑更加严厉与便利而比其更能预防犯罪，我们有何理由不选择私刑或者私力报复而选择公刑？毕竟，两害相权取其轻、两利相权取其重是一条最基本的功利原理。与此迥然相异，刑罚权系公权，这是可以从报应论中直接推导出的一个必然结论。因为既然刑罚是因违犯国家的法律而施加的，那么，由国家施加刑罚便理所当然。因此，刑罚的专属性规诫同样构成报应论有别于功利论的明显界限。

六、刑罚的目的性

刑罚的目的是报应论与功利论之间最敏感的争点。在报应论者看来，刑罚的目的在于给犯罪人以罪有应得的惩罚，换言之，刑罚的目的是为惩罚而惩罚，因此，其反对功利论者将预防犯罪作为刑罚的唯一目的。

康德、黑格尔与布兰德利往往被作为报应主义的典型代表，③原因就在于其主张刑罚以惩罚为目的。

对于刑罚应该以惩罚为目的而不能以预防犯罪作为唯一目的，康德是如此

① R. G. Hobbes, *Liviathan*, Everman edn, 1973, pp. 224 – 225.

② Philip Bean, *Punishment: A Philosophical and Criminological Inquiry*, Martin Robertson, 1981, p. 6.

③ 苯认为，"不存在单一的报应论，尽管康德与布兰德利提供了最明显的例证，而布兰德利是当代最强烈的报应主义者"。参见 Philip Bean, *Punishment: A Philosophical and Criminological Inquiry*, Martin Robertson, 1981, pp. 12 – 13。

论述的："惩罚永远不能仅仅作为促进对罪犯本人或者市民社会的另一种善的手段而实施，而必须在所有情况下都只是由于它被施加的个人犯了一种罪才施加。因为一个人永远不应该仅仅作为一种服从他人的目的手段，也不能与物权的对象混淆。他的与生俱来的人格保护他反对这种对待，哪怕他可能被判处失去他的市民人格。他必须首先被确认是有罪的和可以受到惩罚的，然后才能有从对他的惩罚中为他本人或者他的市民同胞产生任务利益的任何想法。"①在这里，康德既从正面肯定了刑罚应该以惩罚为目的，又从反面反对将把刑罚仅仅作为预防犯罪的手段的绝对功利刑。在他看来，犯罪人是人，生来便具有作为人的人格，而作为人的人格就在于人本身便是目的，不能仅仅作为实现任何其他目的的手段。因此，刑罚只有作为犯罪人自由选择的犯罪行为的结果才不至于侵犯犯罪人的人格，一旦其不是作为犯罪行为的结果而是被作为实现其他目的的手段而施加，犯罪人作为人的人格便不复存在，因为其与刑罚一同成为一种纯粹的手段。

与康德极为相似，黑格尔也是从犯罪人是人，而人只能是目的不能作为手段这一前提出发，主张刑罚以惩罚为目的，反对把刑罚仅仅作为预防犯罪的手段。他指出，"认为刑罚既被包含着犯人自己的法，所以处罚他，正是尊敬他的理性的存在。"②黑格尔所谓的"犯人自己的法"，即是指刑罚是犯罪者经由其自由意志选择的犯罪行为的结果，所谓"尊敬他的理性的存在"，则是指对犯罪人予以惩罚是对其自由意志的承认。因此，在黑格尔的这一抽象的思辨中，包含着惩罚犯罪人意味着对其作为人的人格亦即将其作为目的予以尊重的通俗意蕴，以及对刑罚以惩罚为目的的认可。不仅如此，黑格尔还针对费尔巴哈的威吓论严正指出，"法和正义必须在自由和意志中，而不是在威吓所指向的不自由中寻找它们的根据。如果以威吓为刑罚的根据，就好像对着狗举起杖来一样，这不是对人的尊严和自由予以应有的重视，而是像狗一样对待他"③。在此，黑格尔仍然是立足于人是目的而不是仅仅作为手段这一命题来排斥刑罚以威吓之类的功利作

---

① Kant, *Philosophy of Law*, T and T. Clark, 1897. 该书中文版对此段的翻译有多处不妥，如将civil society（市民社会）译为"公民社会"，将 He must first be found guilty and punishable before there can be any thought of drawing from his punishment any benefit for himself or his fellow citizens（他必须首先被确认是有罪的和可以受到惩罚的，然后才能存在从对他的惩罚中为他本人或者他的市民同胞产生任何利益的任何想法）译为"他必然首先被发现是有罪的和可能受到惩罚的，然后才能考虑为他人或者为他的公民伙伴们，从他的惩罚中取得什么教授"，等等。参见［德］康德著：《法的形而上学原理》，商务印书馆 1977 年版，第 164 页。因此，笔者根据英文原版予以重译。

② ［德］黑格尔著：《法哲学原理》，范扬、张企泰译，商务印书馆 1996 年版，第 103 页。

③ 同上，第 102 页。

为目的。因为威吓意味着阻止人按照其自由意志行动，从而构成一种牺牲个人意志而保全社会利益的选择，将人作为实现社会目的的手段，侵犯了人本身是目的而不可仅仅作为手段的人格。

布兰德利在刑罚的目的问题上所持的立场与康德、黑格尔完全相同，其对刑罚以惩罚为目的的态度甚至比康德与黑格尔更为坚决。他提出："惩罚只有在其是该受的场合才成其为惩罚。我们付出刑罚是因为我们欠刑罚而不是因为其他理由；而且，如果惩罚是因为它是错误所值得的以外的任何其他理由而施加的，它便是一种严重的不道德，一种惊人的不公正，一种极其可恶的犯罪，而不是它所伪装的任何东西。"①似乎唯恐这尚不足以引起人们对其刑罚以惩罚为目的的立论的重视，他甚至干脆直截了当地进一步声称，刑罚"只有在其最所该当的范围内，进一步说只有在其本身是一种目的的范围内，才可以证明为正当的"。②

在某种意义上说，报应论强调刑罚的目的性在于惩罚是无可厚非的。因为惩罚意味着法定的刑罚的实现，对惩罚的强调也就是对法律的威信的强调。同时，刑罚以惩罚为目的奠基于将犯罪人作为目的的理念之上，不容置疑地构成对犯罪人的理性的尊重，具有与社会公正观念相吻合的一面。因此，报应论对刑罚目的在于惩罚的规诫具有合理的一面。当然，如果像布兰德利一样将人是目的这一命题绝对化，无视人既是目的又是手段的辩证法，进而将惩罚本身作为刑罚的唯一目的，完全将预防犯罪的功利排斥在刑罚目的之外，使报应论关于刑罚的目的性的规诫因过于绝对而失之片面。③ 基于此，报应论的合理性必然是有限的。也正基于此，苯才一针见血地指出，"拒不对刑罚的结果作出适当的说明或不考虑刑罚与犯罪之间的直接联系以外的任何东西"，这是报应论的致命弱点之一。④

七、刑罚的相当性

刑罚的相当性或称均衡性、对称性，关涉的是刑罚的分配的分量问题。它既是报应对刑罚的一条至为重要的规诫，又构成检验真正的报应论的一块试金石。

---

① F. H. Bradley, *Ethical Studies*, Clarendon Press, 1927, pp. 26 – 27.

② F. H. Bradley, *Ethical Studies*, Clarendon Press, 1927, p. 27.

③ 在国外学界，关于康德与黑格尔是否单纯的报应论者，即是否主张刑罚以惩罚为唯一目的，存在争论。

④ Philip Bean, *Punishment: A Philosophical and Criminological Inquiry*, Martin Robertson, 1981, p. 29.

苯指出，“报应要求刑罚必须与犯罪相当，因而一种较轻微的犯罪不应比一种严重的犯罪受到更严厉的惩罚。它还坚持有关权宜之计的考虑或者其他考虑不应使我们贬低罪犯应该受到谴责这一根本理念”，并认为其是报应论的重要优点之一。[①] 的确，虽然不同的报应论者在什么是刑罚相当上未必达成了一致，但是，这种不一致是在承认刑罚应该相当的前提下的不一致，诚如康德追求刑罚等害而黑格尔追求刑罚等价，但两者都是对刑罚对等的追求一样。刑罪等害论与刑罪等价论对刑罪相当的不同解释，前文已述，在此不赘。应该进一步说明的仅在于，“报应不能就相当性在实践中应该意味着什么提供清晰的指南”，虽然被作为报应论的一大缺憾[②]，但是，这不足以成为否定报应对刑罚的相当性规诫的合理性的根据。即使报应不能提供一个有关相当性的具体标准，但是，作为一种理念，相当性决定着刑罚的价值取向在于公正，构成犯罪人不因基于功利或者其他考虑而受到不公正的惩罚的有力保障。因此，正如公正本身只为我们提供了什么是公正的模糊标准，但这不但不妨碍我们对公正的追求与对不公正的排斥，反而只会激起我们对公正标准的不断追求一样，刑罚的相当性缺乏明确的标准也不但不构成否定相当性本身作为对刑罚的一条规诫的价值的理由，反而促使报应论者为相当性的标准的明确化而不懈探求。事实上，从康德到黑格尔再到赫希，报应论之由等害到等价再到该当的嬗变历史，本身便是报应论者对相当性的标准的这种不断探求的历史，而且，作为这种不断探求的结果，相当性的标准也渐趋合理而明确。黑格尔的等价论相对于康德的等害论的合理性不言自明，而赫希以该当论为基础提出的基的相应性、序的相应性与平等性相统一的刑罚相当的标准，较之黑格尔的等价标准不但更为合理而且更具可操作性，[③]这种可操作性是如此之大，以致我们不得不怀疑苯所声称的“报应不能就相当在实践中应该意味着什么提供清晰的指南”，是否能适用于作为报应论的当代形态的该当论。这只是问题的一个方面。问题的另一方面在于，相对于功利论对刑罚的分配分量的规诫即刑罚与威慑的需要或者个别预防的需要相适应，作为报

① Philip Bean. *Punishment: A Philosophical and Criminological Inquiry*, Martin Robertson, 1981, p. 29.

② Philip Bean. *Punishment: A Philosophical and Criminological Inquiry*, Martin Robertson, 1981, p. 29.

③ 赫希认为，基的相应性即刑罚的轻重幅度与犯罪的严重性由度可以做到大数相应，序的相应性即刑罚的相对的轻重顺序可以与犯罪相绝对的轻重次序，平等性即严重性相同的不同犯罪所受的刑罚应该相当。只要达到了这三项要求，刑罚便可以实现与犯罪的相当。参见 Von den Hirsch, *Past or Future Crimes: Deservedness and Dangerousness in the Sentencing of Criminals*, New Brunswick and London Rutgers University Press, 1987。

应论规诫的刑罚相当所给实践提供的指南要清晰得多。因为刑罪相当要求的是刑罚的分量与犯罪的严重性相适应，而犯罪的严重性是对客观存在的犯罪因素的评价，而威慑的需要或者个别预防的需要是对未然的可能性的预测，相对而言，对前者的评价比对后者的预测显然更为容易，这就决定了刑罪相当的可操作性远大于刑需相应。因此，仅就可操作性而言，无论是限于对相当性本身的分析，还是就其与功利论的刑需相应论所作的对比分析，我们都不得不得出报应论对刑罚的相当性的规诫合理而正当的结论。

（2000 年第 4 期）

冒充军警人员实施抢劫罪之法定刑设置疏漏

刘艳红*

1997年《刑法》第263条规定:"以暴力、胁迫或者其他方法抢劫公私财物的,处三年以上十年以下有期徒刑,并处罚金;有下列情形之一的,处十年以上有期徒刑、无期徒刑或者死刑,并处罚金或者没收财产:(一)入户抢劫的;(二)在公共交通工具上抢劫的;(三)抢劫银行或者其他金融机构的;(四)多次抢劫或者抢劫数额巨大的;(五)抢劫致人重伤、死亡的;(六)冒充军警人员抢劫的;(七)持枪抢劫的;(八)抢劫军用物资或者抢险、救灾、救济物资的。"在这8种情节中,"冒充军警人员抢劫的",是其中的第6项,由此产生了这样一个问题:既然冒充军警人员抢劫的是法定加重处罚情节,那么,如果军警人员自己抢劫的该如何处刑?笔者认为,根据刑事立法对军警人员身份所持的态度及实践中军警人员抢劫行为发生的不可避免性,探讨军警人员实施抢劫罪应当如何处刑是一个亟待解决的问题。

从《刑法》第263条对抢劫罪法定刑的规定来看,立法者废弃了旧刑法中对抢劫罪加重处罚情节所使用的"情节严重的或者致人重伤、死亡的"这样含糊笼统的表述,而是采取列举式规定将加重处罚情节具体为8种;同时,在这8种之外,没有使用"其他情节严重的"这类留有解释和司法裁量余地的表述,从而制定了一张极为明确的抢劫罪加重处罚情节目录表。如何处罚军警人员抢劫行为似乎是一个极易回答的问题,即既然法条并没有规定军警人员抢劫属于加重处罚情节,那么,根据罪刑法定原则,军警人员抢劫行为当然不能作为情节加重犯,而只能按照"三年以上十年以下有期徒刑"的幅度量刑。这样一来,同是抢劫行为,军警人员抢劫的只能处3年以上10年以下有期徒刑,而冒充军警人员抢劫的则处10年以上有期徒刑、无期徒刑或者死刑。笔者认为,对军警人员抢劫行为适用这一处刑幅度是不妥当的。

首先,从立法原意分析。很显然,我们要探讨的问题与身份犯有关。刑法理论上的身份犯有纯正身份犯和不纯正身份犯之分,前者是以特殊身份作为主体

---

* 作者单位:北京大学法学院。

要件，缺乏该种身份则犯罪不能成立；后者则指特殊身份不影响定罪但影响量刑的犯罪。详言之，如果行为人不具有该种特殊身份，犯罪也成立；但是，如果具有该种特殊身份，则"刑罚的科处就比不具有这种身份的人要重或轻一些，但构成的犯罪性质并无二致。"[①]正因如此，学者们通常将纯正身份称为定罪身份，将不纯正身份称为量刑身份。[②] 而无论定罪身份还是量刑身份的存在都是以立法规定为前提的。具体到规定量刑身份时，立法者以审判实践经验为基础，并依照身份犯与非身份犯实施某种犯罪行为的危害程度进行评估，然后选择某些犯罪规定量刑身份。刑法中并非每一个罪名都存在并需要研究量刑身份即为此因。军警人员是职业赋予的一种特殊身份，军警人员也有实施各种犯罪的可能性。但是，基于量刑身份的上述理论，我们无须在每一种犯罪中都讨论军警人员的处刑问题；而之所以探讨军警人员抢劫行为的处刑问题，则是因为立法者在第263条中规定了冒充军警人员抢劫的属于情节加重犯。虽然这里规定的是"冒充军警人员抢劫"，即冒充军警人员特殊身份而非该特殊身份者本人犯抢劫犯罪的处刑，但是，这一规定本身体现出来的意图与直接规定某一特殊身份者实施犯罪时应加重或减轻其刑是一样的，即都体现了立法者对某种特殊身份的保护和重视。这种规定利用某一身份实施犯罪应作为量刑情节轻重理由的，我们不妨称为"间接量刑身份"。第263条对冒充军警人员抢劫这一间接量刑身份的肯定，充分显示了立法者对军警人员这一特殊身份的重视和保护。显然，在立法者看来，军人履行着保卫国家安全的重任，警察执行着维护社会稳定的职责，他们都是社会发展和国家建设事业的最主要承担者，是国家政权的维护者、国家和社会利益的保护者；他们是祖国卫士、和平使者，是最可爱的人。而抢劫犯罪分子在实施抢劫行为之时，冒充军警人员这一特殊而重要的身份，对于不明真相的人来说，会误以为是军警人员在实施抢劫犯罪。因此，冒充军警人员身份的抢劫行为在侵犯了公私财产所有权和公民人身权利之余，还极大地败坏了军队和警察部队在人民群众中良好的声誉和国家卫士的正义形象，破坏了军民关系、警民关系，导致人民群众对军警人员产生抵触和不满情绪，从而不利于军队和警察部队工作的顺利开展，不利于国家安定和社会团结。较之那些没有冒充军警人员身份实施抢劫的行为，冒充该身份而抢劫的社会危害性显然要大，所以，立法者才将冒充军警人员抢劫的作为加重处罚情节。但是，循着立法者高度重视爱护军警人员形象的思路思考，对军警人员抢劫行为的处罚至少应该与冒充军警人员抢

① 高铭暄、马克昌主编：《刑法学》（上编），中国法制出版社1999年版，第186页。

② 高铭暄、赵秉志主编：《刑法学原理》（第1卷），中国人民大学出版社1992年版，第704页。

劫行为的处罚同样重,甚或更重。因为,冒充军警人员抢劫行为对军队和警察部队形象的破坏是间接的,而军警人员自身抢劫对军队和警察部队形象的破坏则是更为直接的,前者的社会危害性小于后者。具体说,体现在以下两方面:

第一,主观恶性。作为军警人员,他们每个人都是军队或警察部队中的一员,都知道自己每一个行为的意义,也清楚自己的身份及其维护爱惜这一身份的重要性;他们自然也很清楚抢劫犯罪对于他们身份的毁坏性及其恶劣的社会影响。在此情况之下,如果他们仍然实施了抢劫行为,这表明,这些军警人员虽然在主观上自始至终就非常明白以他们自己的特殊身份实施抢劫犯罪所造成的恶劣后果,却还故意去实施。可见他们自己对军警人员这一国家赋予具有特殊而重要使命的形象的不珍惜。较之于那些冒充者来说,他们这种知法犯法的主观心态无疑体现了更深的恶性。

第二,社会影响。冒充军警人员抢劫的行为虽然有着前述破坏作用,但是,当民众明白了抢劫罪犯的真实身份之后,他们对军警人员的信任感将会得到恢复,蒙在军队和警察部队身上的不光彩印记可以洗去,正如蒙冤者终会昭雪一样。总之,当真相大白之后,因他人冒充军警人员身份实施抢劫犯罪而造成的不良社会影响将会得到有效消除。但是,如果是军警人员实施抢劫犯罪的,则情形有所不同。民众知悉军警人员的所作所为之后,他们心目中对军警人员留有的良好印象将会大大受损,心中残留的"抢劫行为恐非真正军警人员所为"的幻想也会彻底破灭,恶劣的社会影响因此将会以更快的速度扩散开来,并且因其深度、广度和真实性而极难消除。

其次,从抢劫罪的特点来看。抢劫罪是以暴力、威胁或者其他方法当场强行劫取财物的犯罪行为。强制性是其最大特性,无论是暴力、胁迫还是其他方法,它们在性质上都是一样的,即都是使人不能反抗、不敢反抗或者不知反抗的强制手段,只不过这种强制手段的具体表现不同罢了。如此,如何顺利地达到使被害人不能、不敢或不知反抗的状态,无疑是抢劫犯罪分子希望迅速实现的一个目标。不同的犯罪主体在实施抢劫罪时效果显然是不同的。就军警人员来说,他们的职业与身份特点是一种对实施抢劫罪最为有利的条件。一般来说,军警人员或穿着军队或警察的制服,或携带有军队或者警察部门配备的枪支等武器,或是因工作原因而练就一副魁梧的体格或矫健的身手,或是因长期与违法犯罪行为接触深知被害人的心态,等等。这样,在实施抢劫罪时,军警人员往往占有比非军警人员更为有利的条件:他们的武装制服有利于迅速瓦解被害人的反抗意识,使被害人知道自己面对的是训练有素的军警人员而非一般劫匪,从而对之感到畏惧,进而易使军警人员不"战"而胜;他们随身携带的枪支弹药等武器装备能够很好地发挥威胁恐吓被害人的作用，并能在与被害人对峙不下的过程中运用这些武器以制服被害人；他们因工作原因而训练出来的健壮体魄或者不凡身手，可以使他们在实施抢劫行为时能够更加得心应手，容易成功；他们因职业关系而对被害人心态的熟悉和了解有利于他们掌握被害人的弱点迅捷地使被害人失去反抗能力，等等。总之，由于抢劫犯罪是一种典型的暴力犯罪，又由于军警人员是所有职业者中最具制暴技能和制暴特性的群体，这样，当他们实施抢劫犯罪时，较之其他任何一种身份和职业的人来说，其作案成功的概率都要大得多，这其中自然也包括那些冒充军警人员身份者。因为，冒充军警人员抢劫者，无非就是因为他们清楚地知道军警人员的身份之于抢劫罪的作用，所以他们才会去冒充。但很显然，他们的冒充行为并不能改变他们的真实身份，如至少他们缺乏军警人员因长期职业训练而练就的良好体魄和强健身手，以及与敌人作战或者与违法犯罪分子作斗争而积累的制暴经验。这样，他们实施抢劫行为得逞的概率以及容易程度相对于真正的军警人员来说都要低一些，当然，至于个案的例外则是不能排除的。既然军警人员的身份和职业在抢劫罪中具有如此之大的作用和影响，既然军警人员较之其他任何身份者包括冒充军警人员身份者更易抢劫成功，那么，军警人员抢劫犯罪的现实及潜在的危害性无疑就更大一些。

综上分析，军警人员抢劫的，较之假冒军警人员身份抢劫以及其他非军警人员抢劫行为的社会危害性要大。根据罪刑相当原则，则前者的处刑似乎就应比后两者重。比非军警人员抢劫行为的处刑重，就不能适用 3 年以上 10 年以下有期徒刑的法定刑幅度；比冒充军警人员抢劫行为的处刑重，就不能适用 10 年以上有期徒刑、无期徒刑或者死刑这一法定刑幅度。那么，我们似乎还必须在刑法第 263 条设定的两个量刑档次之外再增加一个新的法定刑幅度方可。但是，笔者认为，我们完全可以通过将军警人员抢劫作为与冒充军警人员抢劫一样的情节加重犯来实现罪刑相当原则，不必单设一个法定刑幅度。这是因为：其一，虽然从理论上讲对军警人员抢劫行为处刑应重于冒充军警人员抢劫的行为，但是，这种“重”不一定要通过设定不同的法定刑档次体现出来，而完全可以通过司法实践中法官在具体裁量适用刑罚时达到。具体说，军警人员抢劫行为适用与冒充军警人员抢劫行为同样的处刑档次，但在具体量刑时，法官可以在法定刑的范围内选择较之冒充军警人员抢劫时相对较重的刑种或较长的刑度。其二，从抢劫罪加重情节的法定刑的规定来看，其最低起刑点是 10 年以上有期徒刑，直至无期徒刑和死刑。可以说，这一量刑档次上至刑罚之最——死刑，下抵《刑法》分则所有犯罪起刑点之最高——10 年。其本身就已经是非常重的了。如果还要提高军警人员抢劫行为的处刑幅度，则只能在起刑点——10 年上做文章。而从我国《刑法》分则规定的刑格来看，并无11年、12年、13年、14年或者15年这样的刑格，单独因军警人员抢劫而创设一种刑格其做法显然不妥。而一概对军警人员抢劫行为以无期徒刑作为起刑点当然更不妥，如此处刑显然同样违反了罪刑相当原则。从军警人员抢劫行为社会危害性大小不均等的现实情况来看，从刑法处罚程度的谦抑性理论出发，我们反对单独对军警人员抢劫规定高于10年的起刑点。

综上，笔者主张将军警人员抢劫行为作为抢劫罪加重处罚情节之一。由于《刑法》第263条的规定清楚明了，不存在根据条文解释出这一结论的可能性。因此，笔者建议，由立法机关对这一问题重新予以规定。具体在条文的内容上，可仍然保持目前的8项，只是将第6项“冒充军警人员抢劫的”稍加修改，在具体内容上表述为：“军警人员抢劫或者冒充军警人员抢劫的。”当然，从维护罪刑法定原则出发，在立法机关对该问题作出修改之前，对军警人员抢劫行为的仍然只能在3年以上10年以下有期徒刑这一幅度内量刑。

（2000年第6期）

现行刑事立法技术"六维"评价

童德华*

刑事立法技术,泛指国家制定刑事法律条文所采取的方法和技能。刑事立法的技术,体现出人们对刑事法律完善的形式追求。同时,技术所体现的形式完美,在许多时候有助于实现刑事法律的实在价值。所以,对完善现行刑事立法所进行的思辨,如缺少技术分析这一环节就无法最公允、最全面地作出回答。结合立法技术的一般理论,我们以如下几个方面作为标准,对我国现行刑事立法技术加以简要反思:(1)空间广度;(2)时间跨度;(3)规范精度;(4)均衡量度;(5)适时程度;(6)扬弃力度。

一、空间:维广度

刑事立法技术的空间维度,指刑法制定过程中所触及的领域范围。一般而言,刑法作为一种最有力的社会控制手段,具有民事处罚、行政处罚乃至道义惩罚等社会调控机制之后盾的性质,所以,它所涉及的面极为广泛。假若刑法不能触及某一社会领域,那么在该领域肯定会发生较大的混乱局面。以劫持航空器罪为例,当航空器没有出现时,自然谈不上对它加以规制;而当社会发展到相当程度,航空器成为人们生活中不可缺少的一部分时,这就为犯罪分子作案提供了空间,劫持航空器的犯罪频繁发生,因而,刑法就由此开辟了一个新领域。

刑事立法技术空间维广,通俗地说就在于刑法空间要不断拓展,达到与社会生活领域要求一致的程度。它体现着犯罪化的领域和空间。犯罪化与非犯罪化是两种互相冲突的刑事政策思潮。目前在国外,反对犯罪化的浪头很高,但是,根据我国社会现实生活的实际和目前我国刑事立法的现状,犯罪化和非犯罪化都有其必要性,所以,"我国新刑法典的创制,应该循着犯罪化和非犯罪化的双向思路进行,但着重犯罪化。"①这种观点在刑法修订中得到了充分体现。修订

* 作者单位:武汉大学法学院。

① 马克昌、李希慧:"完善刑法典的两个问题",载马克昌、丁慕英主编:《刑法的修改与完善》,人民法院出版社 1995 年版,第 37 页。

刑法新增罪名约有100个,如合同诈骗罪、组织领导参加恐怖组织罪、强迫交易罪;同时,由于条文更为准确,并取消了类推,废除了口袋罪,所以在这些方面缩减了刑法的适用面。不过从总体上讲,刑法的适用空间扩大了。修订刑法的这种做法值得肯定。

但是,刑法技术的空间维度并不充分,一些应该而且可以规定为犯罪的行为没有被犯罪化,如期货交易中的犯罪,早就有学者对此提出立法主张,①但刑法典修订中对此熟视无睹。是不是说期货交易中不存在严重危害行为呢?否,看看1999年12月25日由最高立法机关通过的《刑法修正案》,不用过多加以解释就可有所感悟。

刑法技术空间拓展不力的原因在于,我们将刑法适用面与刑法疏密度搞混淆了,将刑罚轻重与刑法疏密也搞混淆了。刑法适用面的广度并不必然表现为刑法条文的增加,但是就某一具体范围而言,刑法适用面固定,假若刑法粗疏,那么其范围就大;假若刑法条文严密,那么其范围就小。如用精密的条文作空间广度拓展的努力,其广泛恐怕只能依赖于条文的增加了。而我们提倡犯罪化过程的要旨在于:宏观上拓展刑法空间,但不表明刑法对该空间事务要面面俱到。另外,刑法疏密与刑罚轻重是不同的概念,是在严与不严或厉与不厉之间作出选择。科学的做法,当然是严;人道的做法,必然是不厉,严而不厉的刑事立法技术,恐怕是我们所面临的最佳选择,惟其如此,刑法才得以确保社会的安全、秩序,并不背逆人权的保障。不过,我们也不得不承认刑法永远不可能从社会得到满意的答案,它总存在缺漏,这是一种残缺的美。然而正是这种美的存在,才激发我们在技术上不断创新的追求。

二、时间:维稳度

任何一部法律的制定,绝不会抱着"不求天长地久,但求曾经拥有"这种态度。特别是刑事法律在更多时候都力求"垂范久远";然而,社会总在不断前进,不断给刑事法律提出问题,所以刑事法律就要不断进行相应的更新,这是一种再自然不过的事了。

1979刑法颁布后,由于当时立法经验有限,而且后来又遭遇突如其来的社会形势变化,所以自实行次年,就被修改、被完善,直至持续到刑法典的修订。

---

① 彭真明:"期货犯罪立法若干问题探讨",载《中国法学》1995年第4期。

在这近20年时间里，应该说每一个特别刑法的出台都使立法者得到一次锻炼，其进步倒也可以看得出来。刑法修订时，也对1979年刑法的适用连续性作了最大限度的考虑。新刑法中413个罪名有5个来源：一是来源于旧刑法条文中的罪名，约有110个；二是来源于单行刑法中的罪名，约有140个；三是来源于附属刑法规范中要求“比照”、“依照”刑法追究刑事责任的条款，这部分罪名约有40个；四是从旧刑法罪名中分解出近30个；五是纯粹根据形势发展需要而增加的新罪名，约有100个。① 另外，刑法修订时，避免过去的观念，“要求既打击现实性的犯罪，又在充分认识犯罪发展趋势的基础上，预先规定许多已经显现或将出现的危害行为为犯罪行为，从而保证刑法保护功能能够处在不断的发展过程中。”②所以从总体上讲，刑法修订时考虑到了稳定性。

然而，许多教训没有转变为经验，使得相应缺点再度暴露，致使刑法典修订后又被迫作出修订。从1997年《刑法》修订以来，最高立法机关分别作出了《关于惩治骗购外汇、逃汇和非法买卖外汇犯罪的决定》(1998年12月29日)和《中华人民共和国刑法修正案》(1999年12月25日通过)。其中，首先增加一罪——骗购外汇罪。其次为扩大主体，如将刑法第190条的国有公司、企业或者其他国有单位扩大为包含非国有公司、企业或其他单位。最后就是扩大适用情形，如将期货交易中的犯罪予以增补，等等。如果说这些修改是因为刑法典制定后发生了新问题，尚情有可原，但是，单行刑法所增补的犯罪在刑法典修订前已经相当突出和严重了。

这就充分暴露出刑法典在追求刑法稳定性方面存在的不足。

此外，刑法典的内容中有许多不利于稳定性的因素。由于有许多论述③，在此不再多谈。这诸多缺点，与1979年《刑法》有相似的命运，不能不说是一种悲哀。

三、均衡：维量度

刑法本身是一个大体系，在刑法体系内，涉及总则体系与分则体系；犯罪体系与刑罚体系。犯罪规范中存在一般规范与特殊形态规范之构造；刑罚规范中

---

① 刘艳红：“新刑法调控范围之理性思考与启示”，载《法律科学》1999年第3期。

② 林亚刚、傅学良：“刑法功能的价值评”，载《中国刑事法杂志》第39期。

③ 仅以范忠信教授分别于1997年10月号与1999年6月号发表在《法学》上的两篇文章，“刑法典应力求垂范久远——论修订后的《刑法》的局限与缺陷”和“再论新刑法的局限与缺陷”，就能有所认识。

存在刑种之构造;刑法分则中存在不同客体形成不同种类的犯罪构造。这诸多因素只有均衡结合,才能使刑法保持协调。换言之,刑法的均衡状态是刑法体系完美的表现,也是刑法实现自由、公平和正义等价值的形式的结构规律。刑法均衡,可大体解为罪与刑的均衡、罪与罪的均衡、刑与刑的均衡。

1. 罪与刑的均衡。要旨在于犯了什么罪,应受什么刑,才能实现刑法的公正价值。修订刑法对该均衡有了创新和发展。如形式上从一般规制到犯罪规制进而到刑罚规制,体现刑事司法程序的一般线索。在具体条文中,注意到禁止(命令)规范与惩戒规范的结合内容上,确立重罪重罚、轻罪轻罚的模式。如司法工作人员犯妨害作证罪或帮助、毁灭、伪造证据罪,从重处罚,就是充分考虑具有该身份的人从事这类行为的危害性较大,应比一般人受更重处罚;再如对于从犯,应当从轻、减轻处罚或者免除处罚,原因在于从犯较主犯的社会危害性和人身危险性小。但是,刑法中罪与刑不均衡的现象也有一定体现。如第100条规定:依法受过刑事处罚的人,在入伍、就业的时候,应当如实向有关单位报告自己曾受过刑事处罚,不得隐瞒。那么我们试问:(1)为什么必须报告自己受过刑事处罚呢?一次犯罪终身就要背上污点吗?(2)依法条,隐瞒不报又有怎样的法律后果呢?毕竟该条文缺少强制性规范,可以说这种致命弱点使其只能流于形式。另外,罪与刑不均衡在判处死刑的经济犯罪条文中很普遍。

2. 罪与罪的均衡。修订刑法关于罪与罪均衡的较大收获体现在:(1)对业务过失犯罪的处罚加重,改变过去规定业务过失犯罪受到较普通过失犯罪轻的刑罚的做法,不仅与国际潮流相吻合,而且真正体现出了两类犯罪的价值。(2)在刑法中,体现了生命的必要尊严,对涉及人身安全的犯罪的处罚较不涉及人身权的犯罪的处罚重。(3)注意到玩忽职守罪的特殊危害,对其处罚加重的趋势也很明显。但是,罪与罪不均衡现仍然突出。如业务过失犯罪,尽管其处罚加重了,却并没有完全改变对它处以比普通过失较轻刑罚的传统局面。还如《刑法》第267条之抢夺罪与第268条之聚众哄抢罪,同样之情节,对前者之个人与后者之首要分子和积极参加者的规定似同非同,但是,后罪所体现的恶性大,然而处罚轻。这种罪与罪之不平等现象在相邻两条如此,在相隔几章几节就更多,如奸淫幼女罪,“以强奸论,从重处罚。”然而嫖宿不满14周岁的幼女的,“处五年以上有期徒刑,并处罚金”。两者孰轻孰重,在此难以讲明,然而刑罚却有明显差别,实则令人费解。

3. 刑刑均衡。刑刑均衡体现为确定刑罚的比例。刑法修订中,大胆采信罚金刑,值得称道。但是刑刑均衡中,只要我们对各个刑种的优劣有了理性认识,就可以认为,修订刑法对罚金适用态度仍然十分暧昧,既爱又怕。爱它的优点,怕它适用招惹非议而非它的缺点。所以罚金刑适用的比例不大。再就是重刑化倾向所导致的无期徒刑、长期徒刑比例较大。这些从整体上让人觉得刑罚还没有摆脱报复性质,仍停留在科学门槛之外。

刑法体系的均衡必须依赖理性,这在刑事立法中普遍受到忽视。现在,在我国刑法制定中,经验做法较为盛行,许多规范的出台并没有通过严密科学的理论分析,而单纯凭借过去的经验。如关于洗钱犯罪的规定,这的确势在必行;但是,我国经济发展以及消费结算体制尚未为预防洗钱犯罪提供必要社会物资背景,或者说在我国,犯罪分子根本无须通过洗钱,就可以将它使用,亦即犯罪分子没有必要将"赃钱洗净"就能挥霍与投资。再如,死刑到底能不能有助于预防犯罪呢? 国内尚没有学者从实证角度对此做过专门调查研究,因而认为死刑能预防犯罪的观点仍是出自经验的结论。刑事立法的技术科学化,必须要求理性与经验并行采信,绝非完全不讲理性,而理性认识,一方面要用定性分析的方法,另一方面还要用定量分析的方法。两者双管齐下,才能有助于理性升华。

四、规范:维精度

刑法条文精确与否,是最为明显的刑事技术发达与否的标志。条文精确,用语明晰,逻辑严密是其最高境界。这既利于司法操作,也有利于人权保障。

1979 年刑法在这方面表现出的弱点有:(1)用词不够准确;(2)用词不合逻辑;(3)条文表述不够确切;(4)条文过于简单,等等。[①] 由于这些缺点,以至于最高人民法院不得不作出大量司法解释,有些司法解释甚至于产生了立法效果。在 1997 年刑法中,这些缺陷在相当大的程度内得以矫正。如 1979 年刑法第 151 条规定:盗窃……公私财物数额较大的,处 5 年以下有期徒刑,拘役或者管制。第 152 条规定:惯窃……或者盗窃……公私财物数额巨大的,处 5 年以上 10 年以下有期徒刑;情节特别严重的,处 10 年以上有期徒刑,可以并处没收财产。而 1997 年刑法就取消惯窃罪,将多次盗窃仅作为定罪情节,而且将盗窃罪单独作一个条文;同时,第 265 条将发生在现实生活中盗窃的特殊对象加以规制,使之更为具体。

然而 1979 年《刑法》中的这类缺陷并未全面得以修正,它在修订刑法中仍

① 马克昌:"借鉴刑法立法例,修改和完善我国刑法",载《法学评论》1989 年第 2 期。

然占据很大成分。如修订刑法第269条规定:犯盗窃、诈骗、抢夺罪,为窝藏赃物、抗拒抓捕或者毁灭罪证而当场使用暴力或者以暴力相威胁的,依照本法第263条的规定定罪处罚。这是转化犯的规定。但转化犯的前提必须构成犯罪吗?依立法原意,似乎不以前行为构成犯罪为要件;参考抢劫罪之规定,似乎也不应要求前行为构成犯罪;比照域外立法例,如《日本刑法典》第238条事后强盗罪规定:窃盗后为防止所得之财物被取回、避免逮捕或湮灭犯罪痕迹,而施行暴力或胁迫者,以强盗论。也不曾明确要求前行为构成犯罪。所以刑法第269条不应规定前行为构成犯罪。

不仅如此,1979年《刑法》中诸如"数额较大"、"情节严重"、"重大损失"之类用语大量充斥在修订刑法中。尽管这种规定与我国的法律体制有关系,尽管这种规定有利于适应形式。但是,无论如何,作为刑法,还是应做得明确一些。惟其如此,才能不伤刑事立法的自由价值取向和人权保障机能。

五、适应:维实度

刑法与其他法律一样,其生命力体现于它能在社会现实生活中得以执行。当然,刑法规范从总体上讲都可以在现实中得到实践。但是,是否每一个刑法条文都具有这种生命力呢?我们认为,由于我国立法技术上不成熟,某些刑法条文不具有适应性的现象是存在的;它不仅存在于1979年《刑法》中,也存在于1997年《刑法》中。以预备犯为例。《刑法》第22条第2款规定:"对于预备犯,可以比照既遂犯从轻、减轻处罚或者免除处罚。"这是总则规定。它意味着预备行为构成了犯罪,应当受到刑事处分。然而,这种规定根本不现实。以故意伤害为例,司法机关立案标准是重伤或轻伤,公安机关作为行政处罚案件立案标准是轻微伤。在没有构成伤害的事实时,没有任何机关立案处理该案件,更不用说以刑事案件立案。再如,以伪证罪为例,行为人准备作伪证,事先,他写好了假证词。但凭这能定罪吗?显然不可以。所以与其将预备犯处罚规定在总则中,倒不如有针对性、有选择性地在分则条文中加以规制。对于未遂犯的处罚问题,与预备犯相同。

从现实出发,将对这些特殊形态的犯罪加以处罚的规定与过失犯作同一对待,应是可行的。而且国外立法例也作如此安排。如《日本刑法典》第23条规定:"已经着手实行犯罪而未遂的,是未遂犯。""未遂犯的处罚,由各本条规定。""对未遂犯,可以减轻刑罚。"《德国刑法典》除对重罪的未遂一律处罚外,轻罪的未遂的处罚以法律有明文规定为限。

有些规定,由于与立法背景存在差距,也难以实施。(1)剥夺政治权利的范围笼统,致言论、出版、集会、结社、游行、示威权利应受何种程度的限制难以确定;(2)违法向关系人发放贷款罪、用账外客户资金拆借、发放贷款罪、非法出具金融票证罪、对违法票据承兑、付款、保证罪之单位主体的规定是不现实的;(3)故意延误投递邮件罪,不合实际,如考虑严重不负责任之事实与它所造成的后果,就不必限于“故意”的主观罪过;(4)第九章渎职罪分得过细,不具有主体概括性,容易形成冲突。

六、扬弃:维力度

刑事立法过程,包含对不合理因素的剔除,对合理刑事手段的大胆吸纳。在此看来,我国刑事立法技术的完善还有很远路途。以下仅以管制刑之存废和法官立法形式之认可作简要说明,以期待大家的注意。

1. 关于管制刑的存废。尽管管制刑为我国独创,但在我国刑法制定过程中曾围绕在刑法中应否保留这种刑罚进行过争论。在争论中,管制的弊端充分地暴露出来,尽管许多学者对于管制的改进提出了中肯意见,但是,其心态恐怕还是因为,管制为我国刑事立法所独创,将其摒弃于心不忍。事实上,管制除了具有可为缓刑所替代的人身自由限制性质外,尚具有缓刑所不具备的最大弊病,即管制的保障手段缺失,管制的犯罪分子在管制期间不接受考察,司法机关往往也无计可施。但若缓刑犯不接受考察,则面临被执行监禁之苦。因而,在管制弊多利少且可为其他刑种或刑罚执行方法替换之前提下,就毫无继续保留的必要。

2. 法官立法。大陆法系国家,历来以成文法作为法的渊源。对于刑事判例能不能作为法源,主要观点仍持反对意见。事实上,“法官造法”在我国也是不争的事实。以1998年12月11日最高人民法院《关于审理非法出版物刑事案件具体应用法律若干问题的解释》为例,该解释在如下方面具有造法性质:(1)将明知出版物具有危害国家安全而予以出版、印刷、复制、发行、传播的,以煽动分裂国家罪或煽动颠覆国家政权罪定罪处罚。这项规定,扩大了主观要件范畴,将一些以营利为目的但不具有分裂国家或颠覆国家政权目的的行为纳入危害国家安全罪范畴中。(2)对侵犯著作权数额的划分及严重情节的限定,特别是对两次民事侵权并于两年内又实施刑法第217条之侵犯著作权的行为规定为“其他严重情节”,有明显划分罪与非罪的性质。(3)将提供刊号、版号的行为,纳入为他人提供书号出版淫秽书刊罪,扩大了犯罪对象。(4)对一些行为的反复次数的限定也很多;相反,只要我们对它的性质加以充分认识,才能变自发为自觉,在提高法官素质前提下,充分利用这种刑事立法方式的优点。

通过前面分析,笔者认为,中国刑事立法技术要创新要发展,应从如下方面入手:(1)克服单纯经验盲动倾向,将科学理论引入到立法机制中来;(2)坚持大胆谨慎并行原则,勇于克服缺点;(3)转变观念,坚持刑事立法多元方式;(4)要围绕现实,求真务实,杜绝虚搭架子,作无用功。

(2000年第11期)

2001年

金融诈骗罪立法评说
——从欺诈犯罪说起

刘　远　于改之*

我国《刑法》分则第三章以专节规定了"金融诈骗罪",为惩治这类犯罪提供了明确的法律依据,现实意义重大。但是,立法并不是社会生活的摹写,而是立基于社会生活的创造性法律实践活动。因此,金融诈骗罪的立法是否充分体现了刑法学理性,就值得研究。

一、欺诈犯罪的立法规律

(一)欺诈犯罪的立法特征

综观现代刑法上欺诈犯罪的立法,我们至少可以发现以下两条特征:

第一,欺诈犯罪立法的从属性。现代刑法作为宪法的"子法"和宪法其他"子法"的"保障法",具有第二层次的性质,或者说刑法必须遵循从属性保护原则。西方学者认为,从属性原则是从宪法中推导出的一个基本刑事政策。"只有在缺乏具有同等效力的社会控制技术时,才允许采用刑事制裁措施"。① 当然,刑法并不是天然具有从属性的,具有从属性的刑法仅仅是现代宪政主义和罪刑法定主义的产物和要求。

欺诈存于社会关系中,社会关系有横向与纵向之分,欺诈犯罪也相应地有横向的欺诈犯罪和纵向的欺诈犯罪之分。横向的欺诈犯罪立法应建立在民商法上的欺诈制度对欺诈行为调控无效的基础上,纵向的欺诈犯罪立法应建立在行政法对欺诈行为调控无效的基础上。这样,欺诈犯罪的立法才算遵循了从属性保护原则。下面仅涉及横向的欺诈行为。

在古罗马法中,欺诈分为两种:一是作为法律行为瑕疵之欺诈,指以欺骗手段使相对人陷入错误或利用相对人的错误使之成立不利的法律行为;二是作为

---

* 作者单位:山东大学法学院。

① [美]霍贝尔著:《初民的法律》,周勇译,中国社会科学出版社1993年版,第20页。

私犯的欺诈,指行为人用欺骗手段使对方为或不为某种行为。① 在现代各国民法上,欺诈有法律行为制度中的欺诈与侵权法上的欺诈之分。② 前者以导致受欺诈人作出错误意思表示为最终构成要件,后者则以导致受欺诈人的实际损失为最终构成要件。法国学者达维指出,在前者中,“把诈欺作为缺乏意愿处理,在当事人一方的错误是由于他方当事人的诈欺的诱惑而致的时候,允许他以此为理由使自己的允诺无效”;但在后者中,诈欺的要求应有更多的条件,如一种侵占行为,此类行为的后果在于导致赔偿责任。③

欺诈犯罪的立法应当同时考虑对法律行为制度中的欺诈行为和侵权法上的欺诈行为提供第二次性的法律规制力量。经济性诈骗犯罪与财产性诈骗犯罪的立法都是为侵权法上的欺诈行为提供的第二次性法律制裁力量。对此我国刑法比较注重,但对于为法律行为制度中的欺诈行为提供的第二次性的法律规制力量,则不够重视。有学者指出,在我国刑法中,仍然以非法占有的欺诈犯罪为主,虽在 1995 年《关于惩治违反公司法的犯罪的决定》中规定了有关公司犯罪中虚假陈述的欺诈犯罪,但在同年通过的《关于惩治破坏金融秩序犯罪的决定》中,只对非法占有的金融欺诈作了规定,而对虚假陈述的金融欺诈未作规定。随着我国金融活动的进一步发达,虚假陈述的金融欺诈行为必然更多地出现并表现出更大的社会危害性,因而也就提出了犯罪化的客观要求。④ 我们认为,对法律行为制度中的欺诈行为实行犯罪化,应以这种欺诈行为危害了超个人法益为必要,因为这种欺诈行为在不危害超个人法益的情况下,又未给相对人造成财产损害,其危害性完全不足以实行犯罪化。对侵权法上的欺诈行为实行犯罪化,则应从法益分割的超个人性与财产损害的严重性两个方面分别考虑,只要其中之一足够严重即可考虑犯罪化。

第二,欺诈犯罪外延的模糊性,词义的模糊性,源于词义的概括性。欺诈犯罪这个语词,仅仅是选择行为方式的视角对同类犯罪的概括,但对同类行为还可分别从行为主体、所依托的社会关系、所危害的社会利益等多个视角重新归类。这样欺诈犯罪内部的行为,又具有各种不同的质。刑事立法对欺诈犯罪行为,本着最有利于实现罪责刑相适应的公正原则和最有利于预防犯罪的政策精神,在其各种本质中选取最能反映其社会危害性及其程度的方面加以规定,同时这种

① 周枏著:《罗马法原论》(下册),商务印书馆 1994 年版,第 590、794 页。

② 胡长清著:《中国民法总论》,中国政法大学出版社 1997 年版,第 247~249 页。

③ 竺琳:“民事诈欺制度研究”,载梁慧星主编:《民商法论丛》(第 9 卷),法律出版社 1998 年版,第 502 页。

④ 陈兴良:“金融诈欺的法理分析”,载《中外法学》1996 年第 3 期。

规定还必须有利于刑法体例的科学化。刑事立法上对欺诈犯罪的规定方式有以下几种：其一，对欺诈犯罪的某些行为，立法者最关注其欺诈的方式侧面，就直接以"欺诈"或"诈骗"命名。例如，刑法上的诈骗罪、欺诈发行股票、企业债券罪、合同诈骗罪、金融诈骗罪等。其二，对欺诈犯罪的某些行为，立法者最关注的不是欺诈的方式侧面，而是行为的其他侧面，对这种带有欺诈性的犯罪就不以"欺诈"或"诈骗"命名。例如，刑法上的伪证罪、诬陷罪等。其三，对欺诈犯罪的某些行为，立法者最关注的同样不是方式侧面，而是其他侧面，但由于连带考虑了同样具有这些侧面的非欺诈行为，所以就更无法直接以"欺诈"或"诈骗"来命名。比如，对以欺诈方式实施的贪污罪，为了刑法体例上的考虑，立法者对这种行为进行规定时，还考虑到了除此之外还有哪些贪污行为，对它们一并加以规定从而形成贪污罪罪名。另一个典型例子是大陆刑法关于"妨害清算罪"的规定与我国台湾地区"刑法"关于"破产诈欺罪"的规定。

（二）欺诈犯罪的理论分类

欺诈犯罪的外延模糊性不应成为对欺诈犯罪进行分类的障碍。分类是尽量使欺诈犯罪外延清晰化的必要方法；而且通过分类，才能在比较中鉴别各类欺诈犯罪的特性，为欺诈犯罪设计科学的构成要件，并规定合适的法定刑。此外，通过对各类欺诈犯罪立法的考察，可以从中发现欺诈犯罪演变的规律。

首先，从犯罪构成模式上，可把欺诈犯罪分为诈骗犯罪与其他欺诈犯罪。传统观点认为，诈骗犯罪的客观构成要件要素可以包括欺诈行为、被害人产生错误认识、被害人基于错误认识而处分财产、被害人或第三人的财产损失，行为人获得财产或财产性利益或使第三人得之。但由于欺诈犯罪的复杂性，一方面，欺诈的对象不限于财产，而是广泛的利益，而相对人利益的损害又是错误地行使权利的结果；①另一方面，在立法设计上并不能都采用同一的构成要件模式。所以，不违反欺诈犯罪本文的构成模式在逻辑上可包括以下两类：一类是主观上只要求欺诈故意但不要求非法获利目的之构成模式；另一类是主观上要求同时具有欺诈故意和非法获利目的之构成模式。而这两类又都可采用以下具体模式：一是仅需要有欺诈行为即可；二是要求欺诈行为——被害人产生错误认识；三是要求欺诈行为——被害人产生错误认识——被害人基于错误认识而行使权利；四是要求欺诈行为——被害人产生错误认识——被害人基于错误认识而行使权

① 纵向欺诈中的相对人错误地行使的是权力，但这种权力从法律关系角度上说也是一种权利，因为权利义务是法律关系的内容。参见张文显著：《法学基本范畴研究》，中国政法大学出版社1993年版，第21～22页。

利——被害人或第三人的利益损失;五是要求欺诈行为——被害人产生错误认识——被害人基于错误认识而行使权利——被害人或第三人的利益损失——行为人获得利益或使第三人得之。诈骗犯罪的传统构成模式一般要求行为客观上具有上述五个基本构成要素。① 诈骗犯罪的传统构成模式还要求行为人具有非法占有目的这一主观构成要件要素。② 一般说来,目的犯的目的是由刑法条文明文规定的,但日本刑法理论的通说认为,盗窃罪、诈骗罪、侵占罪等,虽然刑法条文不像德国刑法那样规定要以"非法所有"为目的,可是在解释上则要求具有这种目的。③ 笔者认为,只要具备主观上的诈骗故意和非法占有目的,客观上的欺诈行为、被害人产生错误认识、被害人基于错误认识而行使权利三个要素即可称为诈骗犯罪。所以,诈骗犯罪是指采用上述第二类5种构成模式中的后3种构成模式立法的犯罪。不言自明,以其余7种构成模式立法的欺诈犯罪则统称为"其他欺诈犯罪"。金融诈骗罪的立法就是以诈骗犯罪的模式规定的。

罪名的评价应当与行为的罪质相符,否则不容易为犯罪人和社会所接受,不利于实现刑法的人权保障机能和社会保护机能。哪些犯罪行为才是可以按照诈骗犯罪的构成模式来构架的呢? 应当同时从两个方面考虑:一是从刑事实体上考虑,对那些侵犯重大法益特别是超个人法益(国家法益和社会法益)并且隔离犯特征明显的犯罪不宜以诈骗犯罪的构成模式规定,而应当将刑法的防线提前,采取抽象的犯罪构成模式;而对于那些侵犯非重大法益主要是个人法益并且隔离犯特征很不明显的犯罪,则可考虑按照诈骗犯罪的构成模式来构架。这样就将犯罪构成的事后惩罚性机能尽量转化为事前制止性机能,"惩前毖后,治病救人",预防犯罪,而且为刑罚的尽快轻缓化创造有利条件。二是从刑事程序上考虑,对于能够并有必要在诉讼中证明行为人非法获利目的以及客观上的欺诈行为、被害人产生错误认识、被害人基于错误认识而行使权利之犯罪行为,则可以按照诈骗犯罪的构成模式来构架。而其他欺诈犯罪,包括以"欺诈"为名的和不以"欺诈"为名的欺诈犯罪,客观要件要素仅仅具有欺诈行为足矣,主观要件要素也不需要非法获利目的,因为这样的犯罪在诉讼中无法证明非法获利目的,或者行为的实施还远未达到接近实现非法获利之程序,即使能够证明非法获利目的,也无此必要。因此,在立法上区分诈骗犯罪与其他欺诈犯罪有着重要的刑事立法和司法实践意义:本着对主观上的非法获利目的和客观上的犯罪结果尽量

---

① 林山田著:《刑法特论》(上),台北三民书局1978年版,第319页;张明楷著:《外国刑法纲要》,清华大学出版社1999年版,第627页。

② 林山田著:《刑法特论》(上),台北三民书局1978年版,第333页。

③ 张明楷著:《外国刑法纲要》,清华大学出版社1999年版,第84页。

予以查明的原则,对相应的欺诈犯罪采取以诈骗犯罪的构成模式加以规定的方式,可以使刑事立法最大限度地贯彻主客观相统一的刑事责任原则,最大限度地实现罪责刑相适应原则,从而体现刑法应有的公正价值;而对主观上的非法获利目的和客观上的犯罪结果难以查明或无必要查明的欺诈犯罪,采取较诈骗犯罪宽松的模式加以规定,也就是在立法上把诈骗犯罪之构成模式"截短"来规定其他欺诈犯罪,即用所谓"抽象的危险构成要件"以遏制欺诈犯罪进一步发展到诈骗犯罪的程度,这不仅有利于预防欺诈犯罪,实现刑罚的轻缓化,还降低了证明程度,有利于提高诉讼效率与质量,从而体现法律应有的功利价值和人道价值。从解释学上说,金融诈骗罪属于诈骗犯罪。

其次,在自然经济社会和计划经济社会,可将欺诈犯罪分为政治性欺诈犯罪和一般性欺诈犯罪;而从现代社会欺诈犯罪发生的领域特征上,可把欺诈犯罪分为经济性欺诈犯罪和一般性欺诈犯罪。政治性欺诈犯罪,也就是欺诈性政治犯罪,是自然经济社会和计划经济社会占主体的欺诈犯罪。因为自然经济社会中政治、经济和道德的关系[①]是:道德—政治—经济,道德是维系社会结构的支柱,政治披着道德的外衣;而计划经济社会则是:政治—道德—经济,道德不再是维系社会结构的主要支柱,政治赤裸裸地走上前台。但是自然经济社会和计划经济社会的一个共同特征就是,政治国家极度扩张,市民社会极度萎缩,政治权力无所不在,整个社会高度政治化,社会关系以纵向为主。这就决定了其时的欺诈犯罪也高度政治化,也以纵向为主。《唐律·诈伪》中规定的欺诈犯罪,就明显包括政治性欺诈犯罪和一般性欺诈犯罪两大类,并以政治性欺诈犯罪为主,其处刑也明显重于一般性欺诈犯罪。在计划经济社会,刑法的政治功能异常发达,其调整的锋芒也理所当然地指向危害政权稳定和统治秩序的犯罪。

在治安犯罪和经济犯罪(此时所谓的"经济犯罪"也是残缺不全的)两个方面,刑法自然关注前者。只有当危害经济的行为同时严重破坏了国家计划或者被视为就是一种直接危害统治秩序稳定的犯罪行为时,对它习以为常的行政性调整才会真正开始让位于刑法。[②] 随着商品化和市场化的推进,政治、经济和道德的关系表现为:经济—政治—道德,政治国家和市民社会日益分离,政治国家日趋收缩,市民社会日趋扩大,社会关系以横向为主;经济性欺诈犯罪在欺诈犯罪立法中的比例日益上升,且占据主要地位,而政治性欺诈犯罪已趋于灭绝,所

① 陶东风著:《社会转型与当代知识分子》,上海三联书店1999年版,第235页。

② 游伟:"模式构建与罪刑设置",载陈兴良编:《刑事法评论》(第1卷),中国政法大学出版社1997年版,第334页。

以政治性欺诈犯罪与一般性欺诈犯罪的区分不再具有现实意义。相反,在市场经济社会把欺诈犯罪区分为经济性欺诈犯罪与一般性欺诈犯罪则具有重要的现实意义。金融诈骗罪就属于经济性欺诈犯罪。

再次,根据罪名是否只能由欺诈方式构成,可把欺诈犯罪分为纯正的欺诈犯罪与不纯正的欺诈犯罪。前者就是以欺诈行为为唯一构成要件行为的犯罪。除此之外的欺诈犯罪都是不纯正的欺诈犯罪。不纯正的欺诈犯罪,包括以欺诈行为为法定构成要件行为之一的犯罪,以及构成要件行为虽未指明包括欺诈行为,但其中包括以欺诈行为实施的情形的犯罪。这种区分的意义主要在于,可从多个侧面看到行为所具有的危害性,以及立法者所最关注的是什么。金融诈骗罪属于纯正的欺诈犯罪。

最后,根据欺诈犯罪所依凭的社会关系特性,可以把欺诈犯罪分为横向的欺诈犯罪与纵向的欺诈犯罪。横向的欺诈犯罪,是发生在平等主体之间的欺诈犯罪,如合同诈骗罪等。纵向的欺诈犯罪,是发生在不平等主体之间的欺诈犯罪,往往是管理者与被管理者之间的欺诈犯罪,如各种欺瞒过关的走私罪、骗取出境证件罪等。自然经济社会与计划经济社会的欺诈犯罪在法律上以纵向欺诈犯罪为主,市场经济社会的欺诈犯罪以横向欺诈犯罪为主。金融诈骗罪是横向的欺诈犯罪,因为它发生于平等主体之间的金融交易行为中。

二、金融诈骗罪的立法评说

(一)金融诈骗罪的比较研究

1. 立法渊源之比较

综观现代主要国家的刑法规定,金融诈骗犯罪的立法渊源主要有两种:

(1)在刑法典中直接或间接规定某些金融欺诈犯罪

大陆法系国家和地区刑法典关于金融欺诈犯罪的规定大概有两类:一是大多在刑法典中专门规定了某些金融欺诈犯罪。例如,《德国刑法典》第265条、《意大利刑法典》第642条、《巴西刑法典》分则第2编第6章及泰国、奥地利等国家刑法典都明确规定了保险欺诈罪等。二是有些国家或地区没有专门规定金融欺诈犯罪,如《日本刑法典》和我国台湾地区“刑法”。其对金融欺诈犯罪以普通诈欺罪或常业诈欺罪定性。[①] 英美法系有法典的国家和地区，有的也在其中规定了某些金融欺诈犯罪，如美国加州刑法典第450条、第548条规定了诈骗保险金罪，又如《美国模范刑法典》第220章有关于诈骗保险金犯罪的规定，第224章有空头支票诈骗犯罪、信用卡诈骗犯罪的规定。

(2)以特别刑法规范规定某些金融诈骗犯罪

有刑法典的国家(地区)一般都以特别刑法规范规定了某些金融诈骗犯罪或金融欺诈犯罪，而没有刑法典的国家(地区)在经济法律中更是规定了某些金融诈骗犯罪或金融欺诈犯罪。前者例如，1994年《法国刑法典》没有专门规定保险诈骗犯罪，但法国的《社会保险法典》第337－1条和第337－3条规定了保险诈骗犯罪；法国1991年12月30日第91－1382号法律(支票法的修改法，未编入法国新刑法典)规定了支付卡或提款卡诈骗犯罪。德国根据其1986年5月15日《第二反经济犯罪法》，在其刑法中增设了第266条，对滥用信用卡(主要是恶意透支)的行为作出了刑事处罚的规定。后者例如，1958年英国《防止投资欺诈法》第13条规定，任何人通过明知为容易引起误解的、虚假的或诈欺性的陈述、允诺或预言，或者通过不诚实地隐匿重要事实，或者通过放任地作出(不诚实地或诚实地)容易引起误解的、虚假的或诈欺性的陈述、允诺或预言，诱使他人参与有关购买、获取股票和公债的交易，或者诱使他人将钱款存入工业的、建筑的或互助的团体，他将受到最高刑为7年监禁的惩处。

我国大陆刑法对金融诈骗犯罪的规定，采取以刑法典为基本渊源，以单行刑法和附属刑法为补充渊源的立法模式。但我国大陆附属刑法对金融诈骗犯罪的补充，与外国和我国台湾地区附属"刑法"[②]不同的是，它仅对刑法典和单行刑法规定的金融诈骗犯罪的罪状进行填充，而不创设独立罪名，也不规定有别于刑法典和单行刑法的法定刑。笔者认为，这一立法模式有效地将法律的稳定性与适应性结合起来，是我国大陆刑事立法的一个优势。

2. 罪名体系之比较

综观各国(地区)刑事立法，像我国大陆新刑法这样以专节按照犯罪客体的共性规定金融诈骗犯罪，并冠之以规范的类罪名的，可谓十分少见。虽然因《关于惩治骗购外汇、逃汇和非法买卖外汇犯罪的决定》增设了属于金融诈骗罪范

---

① 刘家声："论台湾保险诈欺犯罪"，载北京大学《刑事法要论》编辑组编：《刑事法学要论——跨世纪的回顾与前瞻》，法律出版社1998年版，第1147页；王新著：《金融刑法导论》，北京大学出版社1998年版，第241页。

② 周其华："保险诈骗犯罪的刑法惩治与防范"，1998年北京预防和控制金融欺诈国际研讨会论文。

畴的骗购外汇罪而使金融诈骗罪的罪名体系形式上的完整性受到一定的损害，但与大陆法系和英美法系国家的立法相比，我国刑法对金融诈骗罪的规定十分规范和整齐，这也是我国刑法的一个优势。外国刑法上的金融诈骗犯罪不但分散于不同的立法渊源中，而且无法形成较为完整的罪名体系。

我国刑法是根据专项金融活动中的诈骗犯罪来分别设置罪名的，随着金融活动领域的扩大和金融创新的发展，金融诈骗罪的具体罪名将会增多。这种由罪刑法定原则所要求的明确化规范技术带来的一个负面效果就是罪名繁多而有疏漏；如果为避免疏漏并追求简约，则又会损害罪刑法定原则的价值。如何正确处理两种价值目标的关系，我们认为从根本上说是一个价值取向问题。矛盾无处不在，有时很难兼顾，这就要以"两利相权取其重，两害相衡取其轻"的价值法则去抉择。笔者认为，在我国当前刑事法制建设时期，首先保障罪刑法定原则的贯彻是当务之急。因此在追求理想化的最优而不可得的情况下，退而求其次是明智的，故刑法采取现行的立法方式建立金融诈骗罪的罪名体系，而不是概括性地以"金融诈骗罪"的具体罪名囊括所有可能的金融诈骗犯罪，不能不说是目前最好的选择。

当然，各国刑法对金融诈骗犯罪的罪名体系如何安排是与该国金融法的原理和制度选择分不开的。以票据法和票据诈骗犯罪为例，由于各国票据法的立法技术和采用的体例不同，从而形成了票据立法的不同体系。目前国际上关于票据法的法律形成了两大法系，即日内瓦统一法系统与英美法系统。[①] 各国票据法的不同规定，使各国票据的分类与外延差异很大。法国和德国的法律规定票据仅分为汇票与本票，对支票进行单独立法；日本票据的早期立法规定，票据包括汇票、本票和支票，而现行的日本票据法不包括支票；英美法系国家则认为支票是汇票中的一种，票据只有汇票与本票两种；在我国，历来把支票作为票据的一种，票据包括汇票、本票和支票。由于各国票据的概念不同，所以票据诈骗犯罪的刑事立法方式就有所不同。例如，我国将签发空头支票诈骗钱财的作为票据诈骗罪这一统一罪名下的一种行为方式加以规定，而德国由于不将支票作为票据，而是对支票单独立法，所以根据其《第二反经济犯罪法》而在刑法典第266(b)条中专门规定了滥用支票罪。受日内瓦统一法系统影响的《澳门刑法典》也在其第214条单独规定了签发空头支票罪。

3. 规范技术之比较

对金融诈骗罪立法技术的比较，如果放到经济性欺诈犯罪这一更广泛的背

---

① 谢怀栻著：《票据法概论》，法律出版社1990年版，第26页。

景下进行,印象将会更加清楚。综观发达国家(或地区)刑法对经济性欺诈犯罪的规定,大多采用行为犯的构成模式,即客观上只要有欺诈行为即可,主观上或者只要求具有欺诈故意而不是要求具有非法占有目的,或者要求同时具有欺诈故意和非法占有目的。其中,又以前者即非目的性行为犯技术为主。首先,关于贷款诈骗犯罪。《美国法典》第18篇第1014条规定了贷款诈骗罪①属于非目的性的行为犯模式。《美国法典》第18篇第1344节,称为《银行诈骗法》,该法规定了银行诈骗罪。在美国司法实践中,构成银行诈骗的行为有:向银行提出各种形式的虚假陈述,向银行提供虚假信息等。《德国刑法典》第265(b)条规定的也是信贷诈骗罪,在立法技术上采取的也是非目的性行为犯的构成模式,而未采用传统的诈骗犯罪构成模式和立法技术。而我国刑法上规定的贷款诈骗罪采取的则是传统的诈骗犯罪构成模式。其次,关于信用卡诈骗犯罪。根据法国1991年12月30日第91-1382号法律②的规定,信用卡诈骗罪也是一种非目的性的行为犯立法。再次,关于证券诈骗犯罪。美国证券法律中的证券欺诈包括以下这些行为:与股票的提供、购买、出售等活动有关的各种欺骗行为;出售未注册证券;注册登记中的虚假说明;在证券注册的豁免申请书中作虚假说明等。这些证券欺诈犯罪也主要是通过非目的性的行为犯模式加以规定的。而我国刑法中的有价证券诈骗罪仍然是沿用传统的诈骗犯罪模式来立法的。最后,关于保险诈骗犯罪。虽然一些国家(或地区)对保险诈骗犯罪大多采用目的犯的立法方式,但值得注意的是大多也用行为犯的技术。《德国刑法典》第265条规定的保险诈骗罪,《意大利刑法典》第642条规定的保险诈骗罪,美国《加利福尼亚州刑法典》第450条和第548条规定的保险诈骗罪,法国《社会保险法典》第337-1条和第337-3条规定的保险诈骗罪,《澳门刑法典》第212条的保险诈骗罪,无不是行为犯模式。必须注意的是,虽然上述行为方式要求造成一定的现实损害,如特定财产之焚毁等,但这种损害相对诈骗犯罪的行为结构来说,仍属于行为犯之行为的范畴,而不是行为之结果,只有保险公司或其他金融交易相对人上当受骗而交付一定的钱财之后(当然就包括了被害人财产的损失以及行为人的非法占有等情形)才能称得上是金融诈骗之结果。

值得注意的是,经济发达国家(或地区)对经济性欺诈犯罪普遍采用了行为

---

① 转引自周密主编:《美国经济犯罪和经济刑法研究》,北京大学出版社1993年版,第241~242页。必须指出,笔者认为由于刑法学界普遍以为刑事诈骗(刑事欺诈)等于诈骗,所以把外国刑法上的一些欺诈犯罪,(而不是真正的诈骗犯罪)翻译为诈骗犯罪,是不准确的。为尊重译者,这里对引文照录。

② 该法是《法国支票法》的修改法,但未编入《法国刑法典》。

犯的立法模式,而非独金融欺诈犯罪的立法模式。如《德国保险法》第137条规定的保险审查人欺诈罪;再如,在1976年7月29日颁布"第一部反经济犯罪法"之前,德国对危害不是基于税法条文提供的直接的政府资助的犯罪行为,只能根据《德国刑法典》第263条规定的"诈骗罪"即普遍诈骗罪加以惩罚。德国刑法学界认为,运用普通诈骗罪来惩罚对政府资助的诈骗,在理论上有许多不妥当之处。普通的诈骗罪最初就是为保护个人的财产规定的,而对政府资助的诈骗不仅侵犯了国家的财产,更重要的是造成了国家通过预算拨款,即特种资助款项所要达到的社会目的无法实现。这种"社会目的落空理论"是建立专门的资助诈骗罪的重要理论根据。① 又如,《德国刑法典》第264条资助欺诈罪。不仅大陆法系一般是采取行为犯的规范技术将经济性欺诈犯罪纳入"截堵的构成要件"或"抽象的构成要件"中予以调整,英美法系刑法基本上也是如此。如美国的一般虚假陈述罪是指在美国政府部门或其代理机构管理的事务中,明知或故意地弄虚作假、掩盖真相、制造或使用虚假文字材料欺骗政府部门或其代理机构的行为。

我国刑法不仅对金融诈骗罪,而且对许多经济性欺诈犯罪的规定都继续采取传统诈骗犯罪的立法模式或本质上介于传统诈骗犯罪的立法模式。例如,刑法第158条规定的虚报注册资本罪,第160条规定的欺诈发行股票、债券罪,第179条规定的擅自发行股票、公司、企业债券罪,第180条规定的内幕交易、泄露内幕信息罪,第181条规定的编造并传播证券交易虚假信息罪、诈骗投资者买卖证券罪,第182条规定的操纵证券交易价格罪等证券欺诈犯罪,有的干脆采用传统的诈骗犯罪构成模式立法,即使没有完全采用传统的诈骗犯罪构成模式,也是基本上接近这种构成模式,彻底采用行为犯模式的几乎没有。

4. 刑罚强度之比较

我国刑法对金融诈骗罪的处刑可谓是各国(地区)刑法之中最为严厉的,如《法国刑法典》第313-2条规定对金融诈骗犯罪和普通诈骗犯罪都是最高仅处至7年监禁并科500万法郎罚金,德国对进行信用卡恶意透支的,才处3年以下监禁或罚金并且犯罪未遂的不处罚,其他信用卡诈骗犯罪也仅按诈骗罪处5年以下监禁或罚金。德国刑法中的信贷诈欺罪的法定最高刑是3年,而我国新刑法规定的贷款诈骗罪的最高刑为无期徒刑。我国台湾地区"刑法"对常业诈欺罪最高刑才为7年有期徒刑,而我国刑法规定的8种金融诈骗罪中就有4种是可以适用死刑的。

---

① 王世洲著:《德国经济犯罪与经济刑法研究》,北京大学出版社1999年版,第212页。

(二)金融诈骗罪的总体评价

我们首先应当对立法机关在我国市场经济法律体系框架初步形成的历史阶段全面系统地规定金融诈骗罪,予以充分肯定,因为在这一特定历史时期其法治价值是十分显著的。但是,当我们理性地思考我国金融诈骗罪的立法时,就不能不令人感到遗憾。

随着科学技术、交通和通信的发展,商品交易方式无论在空间上还是时间上都在延展,与此相适应,法律不再仅仅从侵权法角度关注交易结果的公平性,而且更加注重从法律行为制度上,也即交易过程上保障交易的公平性。因为随着市场一体化发展,人们对市场的信心成为经济的支柱,交易过程已不仅仅是交易双方的事情,而且具有超个人的价值,它直接影响着市场的心理秩序。在这一背景下,诚实信用原则获得空前的重要性,甚至被认为是现代合同法帝王条款。刑法作为民商法的保障法,在对欺诈犯罪的构成要件设计上应体现法律行为制度的要求。传统的诈骗犯罪构成模式主要是在自然经济条件下形成的,它主要是被用来维护市场交易外的财产安全的,而市场交易外的财产安全仅仅涉及个人权利,因为只要不进入市场,个人财产就没有市场要素的意义,因此市场交易外财产的被诈骗就不会直接危及市场的心理秩序。相反,市场交易中的欺诈就不仅是个别人的事情。德国学者指出,实践已经表明尽管刑法典传统的犯罪规定,如诈骗,依然是追究经济犯罪的主要基础之一,但已不足以对经济犯罪中的某些新的现象进行惩处。特别是诈骗的犯罪规定主要是针对个人一目了然的经济案件设置的,并且是为了保护个人的财产。在保护个人财产方面虽然可以将其视为法治及其效果的合理代表,但它还是管不了这样的问题,即无名氏的犯罪方式和现代生活中错综复杂的经济网络的背后隐藏着的犯罪行为,如果任其蔓延,经济制度重要部位的正常运转就会受到威胁。而早在100多年以前,当时的立法机构就已断言:“诈骗的定义对于普通的生活环境是够用了,但在股份业方面适用这一定义就不灵了。”在投资诈骗案和招揽客户的其他非法手段上,将诈骗与财产损失之间的因果关系联在一起,就会给案件的审判带来问题,因为断案时必须确定财产的损失,这是很困难的。在投资活动中,要追究对方在报价上的欺诈行为,就要在法庭裁定时确定投资所获得的实际价值,而这一点也是很困难的,尤其是投资者的最终损失往往要在很久之后才能显示出来。[①] 这就要求我们面对现实中的欺诈犯罪,能以传统诈骗犯罪构成模式立法的,则仍尊重传统,而不

---

① 储槐植主编:《美国德国惩治经济犯罪和职业犯罪法律选编》,北京大学出版社1994年版,第443~444页。

应再以传统诈骗犯罪构成模式立法的，则应建构新的模式。

在经济刑法中规定抽象危害构成的做法，在20世纪70年代后期，开始逐渐为德国立法者所采用。典型的抽象危害行为有资助欺诈与信贷欺诈，这种犯罪构成只要有单纯的欺诈行为就可以构成。抽象危害构成这种立法方式与传统的德国刑法理论不一致，因此受到了批评。而反批评方面的意见主要是：抽象危害构成中，在个人法益方面危害仅仅抽象地表现为与个人财产利益有关；在超个人的法益方面，把这种行为构成形态作为抽象的危害，经常是难以想象的。例如，股票法、公司法和合作社中的犯罪构成已经将单纯的欺诈行为规定为犯罪，不必以财产损害的出现为条件。通过对股份公司财产状况的不正确说明，将损害大众在信息方面的利益，这种损害不仅仅是一种抽象的危害。这里涉及的绝不仅仅是与刑法保护的法益有关的证据利益。很明显，在这些情况下，实践中经常无法适用传统的财产刑法，尤其是诈骗罪的犯罪构成来处理这类案件。这些理由，说明了在实践中产生了对新的法益采取新的手段提供新的保护的必要性。① 又如，德国刑法学界认为，运用普通诈骗罪来惩罚对政府资助的诈骗，在理论上有许多不妥当之处。普通的诈骗罪最初就是为保护个人的财产规定的，而对政府资助的诈骗不仅侵犯了国家的财产，更重要的是造成了国家通过预算拨款，即特种资助款项，所要达到的社会目的无法实现。我们认为，法律上之所以对欺诈犯罪采取上述不同的技术性应对措施，其制度原因正是法律行为制度的形成与发展，即契约合意因素和履行此合意的物权移转行为的相对分离的民事和经济立法的刑法反映。当然，根据历史唯物主义原理，其根本原因可以追溯到商品经济发展的要求上去。法律行为制度是商品经济发展的产物，是市场交易秩序的法律要求，因此刑法对发生在法律行为制度运作过程中的经济性欺诈行为也应注意实施犯罪化的立法，而非独对侵权法意义的诈骗行为予以犯罪化。上述经济发达国家（或地区）对经济性欺诈犯罪大多采用行为犯的模式加以规制，就体现了刑法规范与法律行为制度的直接协调与适应，而我国刑法中对金融诈骗罪的规定则是把发生在法律行为制度运作中的欺诈行为转换为传统的诈骗犯罪，使刑法与民商法和经济法的关系发生了扭曲。而这样一来，又会附带性地造成另外3个不利后果：

一是不利于诉讼。应当说，犯罪构成的要件越多，诉讼中需要严格证明的内容越多；主观要件越多，诉讼中检察官证明责任越重。而如果采取行为犯的方式规定金融诈骗罪，不仅减轻了检察官在诉讼中的证明压力，并且也不会放纵罪

① 王世洲著：《德国经济犯罪与经济刑法研究》，北京大学出版社1999年版，第161～162页。

犯。诚如我国台湾地区学者所说,“学者专家一致认为‘危险构成要件’乃抗制经济犯罪的有效刑法手段。通常对于实害犯的追诉,一定要等到有犯罪实害的出现(如财产的损失),才可开始进行刑事追诉。然而,由于经济犯罪的抽象性与复杂性,若固守犯罪实害的出现,方进行刑事追诉的原则,则行为人极易湮灭证据,而使刑事追诉工作徒劳无功。因此,在经济犯罪之中只要有特定行为的出现,如为诈欺投资而刊登不法或虚伪的广告时,或附以虚伪的出口证明,而提出冲退税的申请时,即加以‘犯罪化’,而得对之即刻进行刑事追诉,如此,方可确保刑事追诉的成果。职是之故,宜将尚未造成实害的阶段构架成为‘抽象的危险构成要件’,而规定于经济刑法中,而以此抽象的经济危险构成要件,作为抗制破坏‘超个人’法益之经济犯罪的有效刑法”,“自各国对于经济犯罪的刑事追诉工作经验得知,为数不少之故意行为,在采证上往往发生不能完全证明之现象,为数甚多的经济罪犯乃利用此一现象而动辄以过失为抗辩,往往可以规避刑法的制裁,特别是对于抽象的经济危险犯,如上所述的附以虚伪或不实的加工出口凭证而提出冲退税的申请行为,一旦经刑事司法机构加以刑事追诉时,则行为人即可以不具诈欺故意,而系因过失而提出申请为抗辩。因此,为防堵此等漏洞,宜将轻率过失行为加以犯罪化,而构架所谓‘堵截构成要件’,有此等构成要件,则行为人即不能以过失或非出于故意而规避经济刑法的处罚”。[①] 但是,这种堵截构成要件应是以抽象的危险构成要件为基础的,两者应并行不悖,如果偏执一端,则容易在立法上造成罪责刑不相适应的情况,因为抽象的危险构成要件是从客观方面入手立法,而堵截的构成要件是从主观方面入手立法,根据主客观相统一的刑事责任原则,构架犯罪的构成要件也应从两方面同时入手。在大陆法系刑法理论上,“抽象的危险构成要件”这一概念,其实与行为犯的概念并没有明确的界限,所以按照我国刑法理论的传统,我们认为对经济性欺诈犯罪与其说构架抽象的危险构成要件,不如直接说构架行为犯的构成要件为妥。

二是不利于罪犯。任何欺诈犯罪都有一个逐步实行的过程,这也是一个罪责不断加重的过程。对欺诈罪案发现得越早,越有利于挽救和教育罪犯。应当说,侦查机关对欺诈犯罪的注意程度是与欺诈犯罪的既遂程度成正比的。越接近既遂的欺诈犯罪,就越受到侦查机关的关注。现行的金融诈骗罪规定,把犯罪既遂点放在了金融交易的结果上,同时也就对金融诈骗罪规定了严厉的法定刑,这一方面使侦查机关将注意力相应地集中到金融交易的结果上而不是金融交易的过程中,因为不从金融交易的结果上就看不出行为人的非法占有目的,而没有

---

① 林山田著:《经济犯罪与经济刑法》,台湾三民书局1981年版,第104~105页。

明显非法占有目的的欺诈金融交易相对人的行为又不构成犯罪，于是就注重对犯罪行为的事后制裁而不注重对犯罪行为的及时制止；另一方面，一旦犯罪既遂，罪犯的罪责就是相当严重的，罪犯的下场往往是十分悲惨的。必须指出，一种有效地遏制和预防金融诈骗犯罪的法律制度必须把防范重心放在日常性的行政管理环节。市场经济比较发达的国家和地区，面对本国金融欺诈犯罪的形势，都成立了预防机构，每年制订年度预防计划。例如，英国设立了“严重欺诈案调查局”；另外，为了加强社会各种力量与金融犯罪的斗争，1996 年 9 月 1 日英国成立了“反金融犯罪服务部”（Financial Crime Services Unit）。该部的组成人员来自于社会的不同部门，有 3 个分支机构：研究室、援助调查室、计划与执行室。它通过提供相关的金融评估分析、支持金融调查、协调与政府部门的联系、鼓励政府有关部门采取行动等措施，帮助英国有关部门与机构侦查和预防金融犯罪。我国香港特别行政区也成立了金融管理局，并在总结 20 世纪 80 年代经验的基础上，对银行监管构架进行彻底的改革。这种有效的日常工作机制的运行，为刑法上以行为犯的模式规定金融欺诈犯罪并实现刑罚的轻缓化创造了前提条件。而在我国，尽管金融部门、工商企业内部的纪检和监察部门以及司法机关在打击金融犯罪中做了许多有益工作，但在总体上看，却形成多头管理的局面，金融诈骗罪由公安机关立案侦查，而与此相牵涉的贪污贿赂案件却由检察机关立案侦查，各管各的，协调不力；有的银行片面考虑本单位的局部利益，对金融诈骗犯罪采取只要能退还资金就不予告发的态度，为诈骗分子多头诈骗提供了条件；长期以来，在司法实践中形成了“谁报案，谁出钱”的做法，助长了“报案不如不报好”的病态心理。[①] 这种现状是刑法上以行为犯技术规制金融欺诈犯罪并实现法定刑轻缓化的重大障碍，必须尽快克服。

三是不利于挽回损失。欺诈犯罪行为在实施过程中，对罪犯的控制比较容易，也有利于预防财产损失，而一旦钱财到手罪犯立即逃跑，损失就难以挽回了。特别是电子网络在金融交易中的应用，使得金融诈骗的犯罪过程控制尤其关键，能否在犯罪对象被“交付”前查获犯罪，比能否在财物被骗到手后再追回具有更大的现实意义。

此外，我国关于金融诈骗罪的规定似乎还不够完善。

首先是由于立法思想造成的缺陷。这表现为两方面：①新刑法对金融交易主体的保护不够全面和对等。金融交易是由两方以上的市场主体进行的，任何一方都应遵守金融法的原则和规定，不得进行欺诈行为。实践中，金融交易的任

① 白建军主编：《金融犯罪研究》，法律出版社 2000 年版，第 519 ~ 520 页。

何一方主体都有可能对与其地位相对的其他主体进行诈骗,既有客户(包括冒充客户的)诈骗金融机构的,也有金融机构诈骗客户的,这些诈骗行为都侵犯了金融秩序并侵犯了交易对方财产所有权。同时,市场经济法律制度需要确立财产所有权一体保护原则。① 但我国刑法规定的金融诈骗罪,往往仅规定一方诈骗另一方,而缺乏对应的规定。例如,保险诈骗罪仅规定惩治诈骗保险公司保险金的行为,而没有规定惩治保险公司及其代理人(包括冒充保险公司的)诈骗投保人保险费的行为。②《保险法》第132条第1款规定,保险公司及其工作人员在保险业务中隐瞒与保险合同有关的重要情况,欺骗投保人、被保险人或受益人,构成犯罪的,依法追究刑事责任。但由于新刑法没有规定这一专门罪名,在缺乏规定的情况下,这方面的行为只能按诈骗罪论处,但这与行为性质不太相称。现实中诈骗保险费的金融诈骗犯罪十分严重。③ ②对相关行为缺乏配套规定。例如,刑法规定了信用证诈骗罪,但没有规定银行保函诈骗罪,而后者在实践中也是危害严重的;④再如,刑法规定了间接金融领域的贷款诈骗罪,但对融券诈骗罪没有规定;又如,刑法规定了有价证券诈骗罪,但对使用伪造或变造的股票、公司、企业债券进行诈骗的犯罪未作规定。

其次是由于立法技术造成的缺陷。刑法对金融诈骗罪罪状的规定是相当粗糙的,使人很难弄清其界限,并有明显的不足。如集资诈骗罪的罪状表述存在逻辑错误;金融凭证诈骗罪的罪状表述不完整,使人误认为要件行为是"使用"行为;没有规定使用变造信用卡和骗领信用卡进行诈骗的犯罪方式;有价证券诈骗罪的诈骗方式规定得不全面;保险诈骗罪的主体范围规定得过于狭窄,似乎只有投保人、被保险人和受益人才能构成;不应当规定盗窃信用卡并使用的一律按盗窃罪定罪;信用证诈骗罪应明确为数额犯;等等。⑤

最后是由于金融创新引起的缺陷。刑法规定的金融诈骗罪都是在金融交易关系中以金融工具为工具或对象之一而实施的,但金融工具正处在不断创新的社会环境中。⑥ 金融工具创新的实质是把金融工具原有的特性予以分解,然后再重新组合,使之能够应付新形势下汇率、利率波动等风险,以及适应套期保值

---

① 任建新主编:《社会主义法制建设基本知识》,法律出版社1996年版,第105~106页。

② 李玉泉主编:《保险欺诈及其法律对策》,人民法院出版社1999年版,第221页;李玉泉:"论保险欺诈及其对策",1998年北京预防和控制金融欺诈国际研讨会论文。

③ 《北京青年报》1999年4月2日。

④ 饶声勇主编:《金融诈骗防范手册》,工商出版社1995年版,第261页以下;潘金生:"试论防范和打击金融诈骗犯罪活动确保金融安全",1998年北京预防和控制金融欺诈国际研讨会论文。

⑤ 刘远:"金融诈骗罪研究",中国人民大学1999年博士学位论文。

⑥ 吴晶妹著:《金融经济学》,中国经济出版社1998年版,第279页以下。

的需要。随着经济全球化和金融自由化的加剧,世界范围的金融工具创新对我国金融业形成很大压力,其表现之一就是每一种金融工具的创新都必然带来以新的金融工具为工具或对象的新型金融诈骗犯罪活动的副产品,因为金融市场上流通的金融工具,诈骗分子大多都能伪造出相应的工具替代。[①] 有的学者指出,金融衍生工具市场的发展既为金融业的发展创立了空前繁荣的市场、业务领域,但同时也为过度的投机活动、金融诈骗案埋下了祸根,甚至造成市场混乱。[②] 我国立法上的金融诈骗罪概念是建立在以金融基础工具为工具或对象的诈骗犯罪基础上的,而对于以金融衍生工具为工具或对象的诈骗犯罪则未包括在内;即使金融基础工具方面的诈骗犯罪规定也未必完备。因此,在当前和今后相当长一个时期内,金融诈骗罪立法必然存在一个犯罪化过程。

(2001 年第 3 期)

① 戴相龙主编:《领导干部金融知识读本》,中国金融出版社 1997 年版,第 312 页;潘金生:“试论防范和打击金融诈骗犯罪活动确保金融安全”,1998 年北京预防和控制金融欺诈国际研讨会论文。

② 张忠军著:《金融监管法论》,法律出版社 1998 年版,第 97 页。

论不可罚的教唆行为

石 英[*] 黄祥青[**]

在现行的共犯理论与实践中,教唆行为是指使没有犯罪意图的人产生犯罪意图或者故意促使犯意尚不坚定的人下定犯罪决心的行为。对于教唆行为的刑事责任,我国刑法是区分两种情况分别作出规定的,即被教唆人实施了被教唆的犯罪的,对教唆犯应当以共犯论,按照其在共同犯罪中所起的作用处罚;如果被教唆人没有实施被教唆的犯罪的,对教唆犯应当以单独犯罪论,可以从轻或者减轻处罚。简言之,无论教唆行为是否真正使他人产生了犯罪意图,对教唆犯都应给予刑事追诉与处罚。那么,不可罚的教唆行为从何而言,其法理与法律依据何在?本文拟就此问题作些研析。

一、不可罚的教唆行为的概念及特点

所谓不可罚的教唆行为,是指故意唆使他人实施针对教唆人自己的或直接服务于教唆人本人的利益的,由教唆人实施并不构成犯罪,而由他人实施却独立构成犯罪的行为。例如,卖淫女唆使他人为自己介绍嫖客的行为,财产犯罪分子唆使他人为自己窝赃、销赃的行为,犯罪嫌疑人唆使他人窝藏自己的行为,贪污、受贿等犯罪分子唆使他人为自己作伪证的行为,以及意图自杀者求助他人实施杀戮的行为等都是适例。这些行为的基本特征有3个:

1. 如果教唆人自己实行所教唆的行为,其实行行为依法不构成犯罪或者不以独立的犯罪论处。如卖淫女自己向他人推介自己,拉拢、诱使他人嫖娼的行为,依法只能认定为一般违法行为,并不构成犯罪;又如,犯罪嫌疑人于犯罪后自行窝赃、销赃或藏匿、百般抵赖罪行的行为,在刑法理论与实践中均不以单独的窝赃、销赃罪、窝藏罪或者伪证罪论处,而只作为罪后情节在量刑时予以考虑;再如,自残、自戕行为虽然具有严重的社会危害性,但众所周知,其被排除在我国刑法所规定的故意伤害罪或故意杀人罪的范畴之外。

---

* 作者单位:华东政法学院(现华东政法大学)。
** 作者单位:上海市高级人民法院。

2. 如果被教唆人实施被教唆的行为，除被教唆人不具有刑事责任能力的情形外，其实行行为依法应当受到刑事处罚。如被教唆人实施了为卖淫女介绍嫖客的行为、故意窝赃、销赃或藏匿犯罪嫌疑人的行为、在刑事诉讼中故意对与案件有重大关系的情节作虚假证明的行为或者应他人所求实施了伤害、杀戮请求人的行为等，则依法分别成立介绍卖淫罪、窝赃、销赃罪、窝藏罪、伪证罪、故意伤害罪或故意杀人罪。

3. 教唆人唆使他人实施的不法行为是以教唆人本人为对象或直接服务于教唆人本人的利益的。如卖淫女唆使他人为自己介绍嫖客的行为，属于本题所称的不可罚的教唆行为；倘若是唆使他人为另一卖淫女介绍嫖客的行为，则理当成立介绍卖淫罪的共犯，应予定罪处刑；犯罪嫌疑人唆使他人实施的窝赃、销赃或窝藏行为，贪污、受贿等犯罪分子唆使他人作伪证的行为，以及意图自杀者求助他人实施的杀戮行为等，也都只限于以本人为行为对象或行为直接服务于本人的利益；否则，就属于法定的当罚的教唆行为，从而不在本题的讨论范围。

以上3个基本特征是不可罚的教唆行为必须具备的、且不可或缺的构成条件。

二、提出不可罚的教唆行为之命题的动因及理论依据

从现行的共犯理论视野看，上列唆使他人为教唆人自己窝赃、销赃、作伪证等“不可罚的教唆行为”，无疑都具备了犯罪之教唆行为的本质特征，即发动或坚定他人的犯罪意图，依法应当以共犯或者单独犯罪论处。这是现行共犯理论与上述具体行为之间的契合之处。然而笔者感到，在该种表面契合的背后，内隐着值得关注的诸多冲突，亟待深入研究。

首先，从一般的法理层面分析，共犯行为依分工有实行行为、组织行为、教唆行为和帮助行为之分。就其社会危害性程度而言，一般认为实行行为重于教唆行为。在我国刑法中，社会危害性大小是决定各种危害行为是否应予刑事处罚，以及处罚之轻重的实质性根据。已如前述，上述几种教唆行为的基本特征之一，就是如果教唆人本人实行所教唆的行为，其实行行为依法不构成犯罪或者不以独立的犯罪加以处罚。依照法理上我们素来坚持的“出罪时，举重以明轻”的解释原则，对于教唆人来讲，既然其实施相对而言的重度行为即实行行为都依法不构成犯罪，那么，其实施相应的轻度的教唆行为也就当然不宜纳入刑事制裁的范围。否则，就势必丧失刑事处罚的正当性和相互协调性，也违背了刑法解释论的一般原则。

其次，从期待可能性角度看，刑法对某一危害行为给予必要处罚的正当性根

据之一，就是在行为当时情况下，具有期待行为人作出合法行为的可能性。法律不强制行为人作出依常理或一般逻辑判断所不可能为的行为。基于此，笔者认为，只要对上述特定的教唆行为稍作具体分析就可得出这样的结论，即我们不可能期待卖淫女不去主动拉拢或唆使他人为自己拉拢介绍嫖客；我们也不可能期待盗窃等财产犯罪分子于犯罪后不去自行窝赃、销赃或唆使他人为自己窝赃、销赃；倘若设想或期待这些特定对象不去实施上述非法行为，倒是违反社会生活常规的事情。既然这些非法行为的发生在日常社会生活中具有一定的因果性或合乎逻辑性，亦即对这些特定的行为人的教唆行为不具有期待可能性，我们动用刑法对此类教唆行为予以处罚的必要性也就显现不足。

最后，从立法精神来分析，刑法设置诸如介绍卖淫罪、窝赃销赃罪、窝藏罪、伪证罪等罪名，其立法本意在于惩治明知他人行为违法或犯罪，而故意提供事前或事后帮助的行为，以起到堵源截流的功效；至于被帮助者接受帮助或唆使他人提供帮助的行为，应当讲并不在立法者意欲一并打击的范围之内；否则，每一帮助行为的实施都有被帮助者相对应，这就势必导致上述窝赃、销赃和伪证等帮助他人违法犯罪的行为，都成为共犯理论中的必要共同犯罪。依照刑法通说，必要共同犯罪是指刑法分则中规定的必须由 2 人以上的共同行为才能构成的犯罪，其显著特点是单个人不可能实施该种犯罪。其常见形态有 3 种，即聚合犯，如聚众斗殴罪；对合犯，如重婚罪；以及集团犯，如组织、领导、参加恐怖组织罪等。很显见，上述窝赃、销赃和伪证等罪均不能归人聚合犯、对合犯或集团犯这三种必要共同犯罪形态中的任何一种类型，也即不属于刑法分则规定的必要共同犯罪；因此，将上述接受他人帮助或唆使他人提供帮助的行为，一并作为窝赃、销赃或伪证罪等帮助类型犯罪的共犯予以打击，则有违立法精神。事实上，在刑事司法实务中，单独追究个人犯窝赃、销赃或伪证等帮助类型犯罪的刑事责任的实例，可谓比比皆是。可以断言，将接受或唆使他人提供上述特定的事前或事后帮助的行为以必要共同犯罪论，亦不能得到司法实践方面的支持。

概括上述，现行共犯理论中关于教唆行为必罚的结论是不尽全面、准确的；在共犯理论与实践中，有必要确立不可罚的教唆行为这一新的命题，以概括或说明上述具有教唆行为的本质特征，但理当不予治罪或不以独立犯罪论处的危害社会行为。

三、确立不可罚的教唆行为之命题的理论价值与实践意义

从刑法理论层面看，长久以来，教唆行为必须受到刑事处罚已经成为不曾受

到怀疑的定论。但与之形成悖论的是,在司法实践中,对于痛不欲生者唆使他人杀害自己(即求杀)而他人杀人未遂的情形,司法者几乎采取了完全一致的立场,即对求杀者(实为故意杀人行为的教唆人)不以故意杀人罪的共犯论处。这种理论上的必罚论与实践中的不罚事实的矛盾,依笔者视野所及,一直未能得到刑法理论的必要关注和合理解释。倘若确立不可罚的教唆行为这一新的命题,则能从法理上对教唆行为的可罚性问题作出相对完整的诠释,这样既可填补理论的空缺,同时又有助于化解上述教唆理论与实践的明显矛盾,此其一。其二,对于盗窃等犯罪分子自己实行或唆使他人实行窝赃、销赃等事后帮助的行为,法理上常用不可罚的事后行为加以说明。仔细分析起来,这一概括性用语用来解释实施盗窃等犯罪以后的自行窝赃、销赃行为是恰当的。而对于唆使他人为自己窝赃、销赃的行为,由于其在本质上仍然属于犯罪之教唆,且教唆行为在理论上是必罚的,这就使得刑法理论中的不可罚的事后行为又与教唆必罚论产生了内部命题间的矛盾。如果确立不可罚的教唆行为这一新的命题,就能使盗窃等犯罪以后实施的自行窝赃行为和唆使他人为其窝赃的行为分别得到明确、适当的说明,而不至于使后种行为受到不可罚的事后行为和教唆必罚论的冲突评价。与此同时,也可以使不可罚的事后行为的包容性得到合理的界定。其三,从司法实践情况看,不可罚的危害行为不仅存在于事后,而且也发生于事前,如前述卖淫女唆使他人为自己介绍嫖客的行为或求杀行为等就是适例。这些行为在刑法价值上与事后唆使他人为自己窝赃等行为具有完全的同一性,而用不可罚的事后行为一语又显然难以概括或包容其中。由此可见,确立不可罚的教唆行为这一新的命题,则能使如上所述的事前或事后的帮助或唆使他人实施违法犯罪的行为,分别得到不可罚的事后行为和不可罚的教唆行为两个命题的说明,从而使之在是否具有可罚性的问题上得到相对全面、周延的法理阐释。

从刑事司法层面看,上述理论问题的合理解决,自然为司法实践提供了充实的法理根据,由此必将减少或消除关于教唆行为之可罚性问题的司法困惑或争议,从而提高诉讼效率,这是不言而喻的意义。此外,对于诸如卖淫女多次利诱他人为自己介绍嫖客等类似的教唆行为,如果确立了不可罚的教唆行为这一新的命题,则能克服教唆必罚论的误导,果断避免不当的刑事追诉。再者,确立和强化不可罚的教唆行为的命题,对于司法人员准确理解必要共同犯罪的概念、正确掌握刑法的打击范围也是不无裨益的。约言之,无论是从刑法理论还是司法实践角度看,不可罚的教唆行为均值得重视和研究。

(2001年第4期)

论金融诈骗罪的非法占有目的

刘宪权[*]　吴允锋[**]

一、关于金融诈骗罪主观构成要件的争论

目前，对此问题学术界和实务部门主要存在以下几种观点：

第一种观点认为：对于刑法明确规定以非法占有为目的的，应当以此为要件；没有明确规定的，无须也不应以行为人主观上必须具有非法占有的目的为构成要件。其主要理由是：(1)罪刑法定原则的体现。我国刑法第192条和第193条写明了以非法占有为目的，而在其他金融诈骗罪条文中未写明以非法占有为目的，这不是立法的疏漏。相反立法者的本意是否定其他金融诈骗罪要以非法占有目的作为各该罪的构成要件。(2)虽然金融诈骗罪是从普通诈骗罪中分离出来，但不能用普遍诈骗犯罪的主观特征来套金融诈骗犯罪的主观特征，我国刑法将金融诈骗罪归入"社会主义市场秩序罪"一章中，表明了金融诈骗罪所侵犯的主要客体是金融管理秩序，而不是财产所有权。(3)从司法实践角度看，不将主观目的限定于以非法占有为目的，是有利于打击金融诈骗活动维护国家的正常金融秩序的。①

第二种观点认为：以非法占有为目的并不是所有金融诈骗罪主观方面的必备条件，金融诈骗罪的构成一般应以非法占有目的作为主观要件，但部分金融诈骗罪的构成不应以非法占有目的为主观要件，这主要取决于刑法的具体规定。如从刑法第198条对保险诈骗罪的文字规定可推断出投保人骗取保险金必然具有非法占有的目的。但是"占用型"金融诈骗罪的构成无须具备非法占有的主观要件，如刑法第195条第3款规定"骗取信用证的"行为，构成信用证诈骗罪，实践中无论是非法占有目的还是非法占用目的的信用证诈骗行为都构成信用证诈骗罪。主要理由是：(1)金融诈骗罪中的"诈骗"与侵犯财产罪中的"诈骗"并不完全等义。我国金融诈骗罪中的"诈骗"包括骗取财物型诈骗和虚假陈述型

---

* 作者单位：华东政法学院（现华东政法大学）。

** 作者单位：华东政法学院（现华东政法大学）。

① 这几点理由可参见罗欣："关于金融诈骗罪的两个问题"，载《法律研究》2000年第9期；顾晓宁："简析票据诈骗罪的主观要件"，载《中国刑事法杂志》1998年第1期。

欺诈两种情形。骗取财物型诈骗具有非法占有目的,而虚假陈述型欺诈则不必具有非法占有目的。(2)符合刑法的立法精神。我国刑法对金融诈骗罪的规定侧重于维护金融管理秩序,如果要求所有金融诈骗罪具备非法占有目的则对于占用型的金融诈骗行为就不能以犯罪论处,这不符合立法精神。①

第三种观点认为:金融诈骗犯罪都是以非法占有为目的的犯罪,因此刑法规定的八种金融诈骗罪无一例外地都必须以非法占有目的作为主观要件。理由是:(1)不论是金融诈骗罪,还是普通诈骗罪,都是目的犯。金融诈骗罪是从普通诈骗罪派生出来的,既然是诈骗,行为人当然具有非法占有的目的。(2)集资诈骗、贷款诈骗罪之所以规定了以非法占有为目的,是为了与刑法规定的非法吸收公众存款罪和高利转贷罪划清界限,而其余金融诈骗罪对非法占有目的不作规定,是因为"不言自明"的,对这些犯罪,条文都使用了"诈骗活动"一词,表明了非法占有目的。(3)对于在法条上未规定以非法占有为目的的金融诈骗罪,并非不要求行为人主观上具有非法占有的目的,而是这种欺诈行为本身就足以表明行为人主观上的非法占有目的。②

应当看到,上述第一种观点认为非法占有目的不是所有金融诈骗罪的主观要件,这样在我国刑法典规定的多种金融诈骗罪中,就只有集资诈骗罪、贷款诈骗罪以及恶意透支型信用卡诈骗罪以非法占有目的为其犯罪成立的主观要件。这种观点受到大多数学者的否定。第二种观点从法条的具体规定入手想厘清各个金融诈骗罪的主观目的,但也是不易合立法原意的。第三种观点虽认为非法占有目的是所有金融诈骗罪的主观要件,看似与第一种、第二种观点相对立,并且也成为代表学界和实务界主流的观点,但其认为法条所规定的各种客观欺诈行为本身就已表明了行为人具有该主观目的,在司法实践中无须去证明行为人具有非法占有目的,或可通过司法推定对具有特定情形的行为人可推定其主观上具有非法占有目的,这其实还是肯定了非法占有目的不是金融诈骗罪的主观要件。

我们认为,金融诈骗罪都是以非法占有目的为构成要件的犯罪,行为人主观上不具有非法占有目的,即使实施了刑法条文所规定的行为,也不能构成金融诈骗罪,这既是遵循立法原意的要求,也是对刑法进行科学、合理的文义、语法、体

---

① 卢勤忠:"金融诈骗罪中的主观内容分析",载《华东政法学院学报》2001年第3期。

② 陈兴良:"论金融诈骗罪主观目的的认定",载《刑事司法指南》2000年第1辑;孙军工主编:《金融诈骗罪》,中国人民公安大学出版社1999年版,第10页。全国法院审理金融犯罪案件工作座谈会(2000年9月20日至22日召开)纪要也明确指出金融诈骗犯罪都是以非法占有为目的的犯罪。

系解释所应得出的必然结论。笔者主张，在认定金融诈骗罪时，除了考察行为人客观上具有金融欺诈行为以外，还必须考察行为人主观上是否具有非法占有的目的，也即认定非法占有目的必须坚持主客观相统一。

二、非法占有目的是金融诈骗罪的必要条件——刑法法理的分析

金融诈骗罪是以非法占有目的为构成要件的犯罪，这是由诈骗罪和金融诈骗罪所体现的内在关系所决定的，符合我国的刑法理论；同时这也是我们对刑法进行科学、合理的文义、语法、体系解释所应得出的必然结论。而且刑法对金融诈骗罪主观方面的规定是立法功利主义的体现。

（一）非法占有目的作为金融诈骗罪的要件是由包容型法条竞合的特征所决定的

为了准确理解诈骗罪和金融诈骗罪的关系，有必要分析一下诈骗罪的立法方式。我国1979年刑法只规定了一种诈骗罪，这与当时的诈骗行为方式的单一性，与立法者对诈骗行为的认识不足以及“宁粗毋细”的立法指导思想具有密切关系。随着诈骗行为方式的多样化、复杂化，人们对诈骗行为方式认识的不断深入，现行刑法除了规定诈骗罪（《刑法》第266条，又有人将之称为普通诈骗罪）之外，还规定了合同诈骗罪（《刑法》第224条）以及在《刑法》分则第三章破坏社会主义市场经济秩序罪中用专节规定了金融诈骗八种犯罪。这种立法方式可称为“堵漏型立法”，即对于某种多发性且在行为上具有相对独立性的犯罪，立法者尽可能明确而详尽地列举其某种具体的犯罪构成，形成一个罪行系列，同时又规定该罪的一般犯罪构成，以涵盖那些已明确列举的具体犯罪构成之外的其他需要予以刑法规制的行为。由此分析，《刑法》第266条规定的诈骗罪和其他条文所规定的各种特殊形式的诈骗罪之间并非平等并列的关系，诈骗罪与其他特殊形式的诈骗罪之间属于刑法理论上的普通法条和特别法条的法条竞合关系，两者具有包容关系。而决定这种包容关系存在的原因是“诈骗”这一因素，因为，无论是金融诈骗罪还是普通诈骗罪，都无不具有“诈骗”这一内在因素或特征。包容型法条竞合的两个法条之间的特征之一就是表现为一法条所规定的犯罪构成要件在整体上包含了另一法条所规定的构成要件，在任何情况下，能够为其中外延小的法条所评价的犯罪行为，从逻辑上必然能够为另一外延大的法条

所评价。[①] 正是因为这一点,笔者认为,金融诈骗行为首先应符合普通诈骗罪构成要件的行为。诈骗罪是一种侵犯财产所有权的犯罪,因此其主观本质特征就必然表现为以非法占有他人财产为目的。金融诈骗罪作为从诈骗罪中分离出来的一种形式,必然兼具金融犯罪和财产犯罪的双重属性,其侵犯的客体是复杂客体,一方面侵犯国家的金融管理秩序,另一方面侵犯公私财产所有权。既然金融犯罪具有财产犯罪的性质,其主观上就必然具有非法占有目的。不可否认,金融诈骗行为具有易发性和严重的社会危害性(往往数额巨大,一旦得逞会给社会经济秩序造成较大破坏),刑法对其专节规定是因为刑法在保护正常的财产关系的同时侧重于保护国家的金融管理秩序。但是由于我们不能否认金融诈骗所具有的财产犯罪性质,因而也就不能否认金融诈骗罪主观上的非法占有目的。

(二)刑法对非法占有目的这一金融诈骗罪的必要

条件未作规定是立法技术在刑法立法中的运用刑法之所以对大部分金融诈骗罪在法条上未规定非法占有目的,并不是立法的疏漏,而是立法技术在刑法制定中的运用,是立法功利主义的体现。法律是以其极少数的条文,网罗极复杂的社会生活,为便于适用和遵守起见,条文固应力求其少,文字应力求其短,以免卷帙浩繁,人们有无所适从之叹。[②] 我们知道,非法占有目的这一主观要素虽然在盗窃罪、诈骗罪的条文中未得到体现,但我国刑法理论界一直认为,盗窃罪、诈骗罪的主观要件包括非法占有目的。[③] 如果没有非法占有目的我们就很难将盗窃罪和一般的盗用行为、诈骗罪和一般的欺诈行为相区别。对此,司法实务界均予以认可而并无异议。这说明,刑法虽然实质上要求某犯罪之构成须具备某种要件,但可能因为该要件众所周知,出于立法的简洁性而对之未进行规定,这种要素实际上就是刑法理论上所讲的"不成文构成要件要素"。因而,在一些刑法明确需要非法占有目的,又不至于出现混淆罪与非罪、此罪与彼罪的场合,刑法分则条文往往并不明文规定非法占有目的。但此时非法占有目的这一"不成文构成要件要素"亦如规定于条文中的构成要件要素一样对认定犯罪起决定作用。

既然非法占有目的是盗窃罪、诈骗罪以及金融诈骗罪的不成文构成要件,那么刑法为什么对集资诈骗罪和贷款诈骗罪又明文规定了以非法占有为目的?笔者认为,这是因为对于集资诈骗罪和贷款诈骗罪来说,如果立法上不明文规定和

---

① 陈兴良著:《法条竞合论》,复旦大学出版社 1993 年版,第 96 页。

② 林纪东著:《法学通论》,台湾远东图书出版公司 1953 年版,转引自张明楷:"保险诈骗罪的基本问题探究",载《法学》2001 年第 1 期。

③ 苏惠渔主编:《刑法学》(修订版),中国政法大学出版社 1997 年版,第 659、664 页;高铭暄、马克昌主编:《刑法学》(下编),中国法制出版社 1999 年版,第 900、906 页。

限定非法占有目的,则仅从其行为方式来看往往难以将其与刑法中的其他类似行为的犯罪区分开来。集资诈骗罪,其特点是以非法集资的方式进行,可是我国刑法所规定的非法吸收公众存款罪(《刑法》第176条)的行为方式也可用非法集资的方式进行。因此如果在集资过程中以非法占有为目的的,构成集资诈骗罪,如果虽然是非法集资,并在集资过程中采用了虚假的方法,但主观上没有非法占有目的的,则只能构成非法吸收公众存款罪,而不能构成集资诈骗罪。因此,在这种情况下,是否具有非法占有目的就成为区分集资诈骗罪和非法吸收公众存款罪的关键。至于贷款诈骗罪,其行为特点是在贷款过程中,虚构事实或隐瞒真相,以非法占有为目的,骗取贷款。但是在贷款过程中虚构事实或隐瞒真相的行为也符合我国刑法中所规定的高利转贷罪(《刑法》第175条)的行为方式。在行为方式相同的情况下,如果行为人主观上具有非法占有目的,构成贷款诈骗;如果不具有非法占有目的而只具有转贷牟利目的,则构成高利转贷罪。因此是否具有非法占有目的就成为区分贷款诈骗罪和高利转贷罪的关键。其他6种金融诈骗罪在刑法中则不存在上述两种犯罪的行为方式相同但由于主观目的的差别而出现易混淆的情况。

三、非法占有目的是区分金融诈骗与金融欺诈的关键

刑法上的非法占有不同于民法的非法占有,刑法意义上的非法占有应该理解为非法所有。有学者提出金融领域内采用欺诈手段的非法占用行为也可构成金融诈骗罪,我们认为这混淆了金融诈骗与金融欺诈的界限,所谓"占用型金融诈骗"在本质上应归属于金融欺诈行为。而是否具有非法占有目的是我们区分金融诈骗和金融欺诈的关键。

(一)非法占有目的的理解

以非法占有为目的是我国刑法规定的侵犯财产所有权犯罪中的一个十分重要的特征,在很多情况下直接决定着罪与非罪、此罪与彼罪的划分。我们这里在讨论金融诈骗罪的非法占有目的时必须首先弄清楚这一概念的含义。非法占有目的一般为行为人在实施犯罪行为时,使财物脱离其合法所有人或者占有人的控制而由自己进行非法支配以获取非法利益的心理状态。刑法教科书对非法占有目的的阐释是,"行为人意图非法改变公私财产的所有权"。[①] 这种观点精确

① 苏惠渔主编:《刑法学》(修订版),中国政法大学出版社1997年版,第644页。

地概括了非法占有目的的含义，指出了非法占有目的的实质在于获取公私财物，其内在的科学性受到学术界和司法实践部门的广泛认同。①

正因为如此，在理解非法占有目的时，我们应注意把刑法上的非法占有和民法上的非法占有加以区别。刑法意义上的非法占有中的"占有"与民法上作为所有权四项权能之一的占有是不能等同起来的，这里的非法占有和非法所有在实际理解上是相通的。因为财产犯罪的主观目的是非法占有他人的财物和财产性利益，但事实上没有一个诈骗犯仅仅满足于占有，现实中每个诈骗犯都企图使某些财物或财产性利益完全地为己所有，任意支配。同时应将刑法上的非法占有与非法占用区别开来。占用并非占有。非法占有侵犯了财产所有权的全部权能，而非法占用只侵犯了财产使用权。在刑法上，占有他人财物与占用他人财物的行为性质是有区别的。例如，贪污罪与挪用公款罪的区分，就在于前者的目的是非法占有公共财物，而后者仅仅为了非法使用公款。

（二）占用型金融诈骗不能构成金融诈骗罪

第二种观点提出占用型金融诈骗罪的构成无须具备非法占有目的的主观要件。并指出《刑法》第 195 条第 3 项的规定"骗取信用证的"的行为构成信用证诈骗罪，且法律上不要求其具有非法占有目的。我们认为这种观点是值得商榷的。在本文的上一部分我们已就所有的金融诈骗罪主观上必须具有非法占有目的进行了说明。这里想进一步就信用证诈骗和信用证欺诈的问题作一分析。

在实践中，行为人为了顺利获取银行贷款，常采取相互勾结的方式，分别以进口商和出口商的名义，由前者向银行开立根本无交易基础的空信用证，然后，再由后者持之向银行申请贷款，并在贷款到期之前设法予以偿还。这种行为，单从客观方面看，完全符合贷款诈骗罪的特征，但根据《刑法》第 193 条的规定，因行为人不是以非法占有为目的，就无法以该罪定罪处罚，如果行为人利用这贷款进行高利转贷的话，还可构成《刑法》第 175 条所规定的高利转贷罪，但如果行为人只是占用该贷款临时周转，则不能以犯罪论处。但是，在这种情况下，按照信用证诈骗罪不需以非法占有为目的的观点，该种情况可以信用证诈骗罪定罪处罚。笔者认为，这种结论应该说是有违刑法中的罪刑相适应原则的。前文笔者已经论及，从刑法对破坏金融管理秩序罪与金融诈骗罪进行分别规定，可得出金融诈骗罪都必须具有非法占有目的，如果认为部分金融诈骗罪不需该目的，那么它所危害的仅仅是金融管理秩序，根本谈不上对公私财产所有权的侵害，立法

① 马克昌教授也指出，"……将不法占有理解为不法所有，才是各种金融诈骗罪中'以不法占有为目的'的真正含义"。参见马克昌："金融诈骗罪若干问题研究"，载《人民检察》2001 年第 1 期。

者完全可以把该类犯罪放在破坏金融管理秩序罪这一节，根本用不着专节规定金融诈骗罪。

我们认为，行为人是否具有非法占有目的是区分金融诈骗和金融欺诈的关键。上述所谓的占用型金融诈骗行为在本质上应归属于金融欺诈的范畴。金融欺诈是民事欺诈的一种，方法可以是虚假陈述，以假乱真，也可以是消极沉默，不透露真情。虚假陈述型金融欺诈的行为除了少部分由于其所具有的严重已达到犯罪的社会危害性而由刑法对其进行规制，如无非法占有目的的非法集资也就是占用型非法集资，可构成非法吸收公众存款罪，其余大多数金融欺诈行为由于不具有非法占有目的，只是利用欺诈的方法骗取资金，在一段时间内供自己使用，属于一种民事欺诈，所侵犯的主要是资金的使用权和收益权，仅可作为民事侵权行为处理。正如司法实践中，有些人利用伪造、变造、作废的金融票据作抵押，骗取银行的贷款，供自己使用或进行其他牟利活动，在获利后再归还银行的贷款，行为人的目的是"非法占用"资金，而不是"非法占有"资金，因此我们不能对其以票据诈骗罪进行定罪处罚，而应该按一般金融违法行为处理。

四、认定行为人具有非法占有目的必须坚持主客观相一致的原则

上文对于非法占有目的必须是金融诈骗罪的主观构成要件进行了较为细致的说明。但非法占有目的作为一种主观上的心理活动，如何在司法实践中得到证明呢？我们认为在认定行为人主观上的非法占有目的时必须坚持主客观相一致的原则。

（一）对司法推定的认识

有学者在肯定金融诈骗罪主观上都必须具有非法占有目的的前提下，提出在金融诈骗罪中，如果刑法条文未规定以非法占有为目的的，则其客观行为本身就足以表明这种非法占有目的的存在，因而无需推定（证明）。我们认为这种观点其实是变相否定了非法占有目的是除集资诈骗罪和贷款诈骗罪以外的六个金融诈骗罪的主观构成要件。上文我们已经分析过，行为人通过诈骗方法非法获取资金，可以区分为非法占有和非法占用，如果行为人获利后马上归还资金，则行为人主观上不具有非法占有目的是很明显的。但是如果行为人通过诈骗的方法实施了刑法未明文要求具有非法占有目的的金融诈骗罪中所规定的客观行为，而且造成较大数额资金不能归还的，我们仍然不能据此认定行为人这一客观行为已表明了行为人主观上必然具有非法占有目的，因而构成金融诈骗罪。例如，利用骗取的信用证进行融资的行为，行为人骗取资金的目的是从事某种经营

活动，待获利后还钱，这是以欺骗的方法，暂时获得资金的使用权。其中无非法占有目的，也是可以得到证明的，如已定还款计划，正在筹措资金准备还款等。如果按照实施了刑法规定的客观行为就可认定行为人主观上的非法占有目的，这很可能会导致客观归罪。我们认为，在认定诈骗罪非法占有这一主观目的上，无论刑法上对该目的进行规定还是未对之进行规定的标准都应该是一样的。

那么，如何认定金融诈骗罪的非法占有目的呢？应该说，主观上的非法占有目的虽然是一种主观上的心理活动，但它并非是脱离客观外在活动而存在的。对金融诈骗罪中非法占有目的的认定早在1996年12月16日最高人民法院通过的《关于审理诈骗案件具体适用法律的若干问题的解释》中对集资诈骗罪非法占有目的的认定上就有提及。该解释指出：具有下列情形之一的，就应当认定其行为属于以非法占有为目的，使用诈骗方法非法集资：(1)携带集资款逃跑的；(2)挥霍集资款，致使集资款无法返还的；(3)使用集资款进行违法犯罪活动的，致使集资款无法返还的；(4)具有其他欺诈行为，拒不返还集资款，或者致使集资款无法返还的。在《全国法院审理金融犯罪案件工作座谈会纪要》中，在肯定非法占有目的是所有金融诈骗罪的主观构成要件的基础上列举了认定金融诈骗罪具有非法占有目的的几种情形。随后最高人民法院刑一庭一负责同志在对该座谈会所作的综述中提出，金融诈骗犯罪与普通诈骗犯罪中的主观目的是有所不同的。金融诈骗犯罪客观表现上有别于普通诈骗罪，主要表现为将资金的非法处置和滥用。主观目的既可以是实际占有，也可以是骗用或者获取其他不法经济利益。因此，对具有特定情形的行为，应当推定行为人具有非法占有的目的。并概括了以下11种情形可推定行为人具有非法占有目的：(1)以支付中间人高额回扣、介绍费、提成的方式非法获取资金，并由此造成大部分资金不能返还的；(2)将资金大部分用于弥补亏空、归还债务的；(3)没有经营、归还能力而大量骗取资金的；(4)将资金大量用于挥霍、行贿、赠与的；(5)将资金用于高风险营利活动造成亏损的；(6)将资金用于违法犯罪活动的；(7)携资金潜逃的；(8)抽逃、转移、隐匿资金，有条件归还而拒不归还的；(9)隐匿、销毁财务账目或搞假破产、假倒闭逃避返还资金的；(10)为继续骗取资金，将资金用于亏损或不营利的生产经营项目的；(11)其他非法占有资金的行为。[①] 很多学者也提出，认定非法占有目的应该通过客观行为推定其主观目的。在集资诈骗罪和贷款诈骗

---

① 高憬宏："审理金融犯罪案件的若干问题——全国法院审理金融犯罪案件工作座谈会综述"，载《法律适用》2000年第11期。

罪中，刑法条文明确规定了非法占有目的，因而这种非法占有目的就需要专门加以证明，而这种证明的重要方法就是通过客观事实加以推定。[①] 有论者在其专著列举了八种情形的贷款诈骗行为可认定为具有非法占有目的。[②] 上述的这些其实就是我国研究还并不是很深入的司法推定问题。

上述司法解释、会议纪要或学者提出的从一些“无法返还”、“拒不返还”的事实来推定出行为人具有非法占有目的，这是一种由果溯因的反推思维模式。在多数情况下，这种推定是符合事实的。但是，在非法占有目的这个“因”与未返还这个“果”之间并不存在完全的一一对应关系。如果行为人具有非法占有目的，则必然导致未返还的结果；但仅根据没返还的事实并不一定得出行为人具有非法占有目的的结论，亦即非法占有目的只是未返还的充分条件，而非必要条件。因为未返还完全有可能是非法占有目的以外的其他原因造成的，也就是没有排除其他可能。在没有排除其他可能而根据一些客观事实尤其是未返还的事实认定行为人具有非法占有目的，势必会陷入客观归罪的泥潭。行为人将骗取来的资金从事高风险营利活动没有造成亏损就是一种非法占用资金的行为，如果造成亏损就推定其主观上具有非法占有目的，这难道不是一种依结果定罪的典型表现形式吗？

我们认为，在根据客观行为推出的主观心理状态是唯一的情况下，运用司法推定是可行的，也即根据司法推定得出的结论必须是唯一的。但是在以上所列举的情形中，由于不能排除民事金融欺诈的存在，强调司法推定的运用实际上是在一定程度上否定了非法占有目的是所有金融诈骗罪的主观构成要件，这最终导致与他们所坚持的所有金融诈骗罪都是以非法占有为目的的犯罪一种自相矛盾的境地。何况司法推定对法官法律素质的要求非常高，在我国当今的司法人员素质总体上还不高、理论界对司法推定研究也是非常薄弱的情况下，强调司法推定的运用会使法官们在审理金融诈骗案件时只注意那些教条化的客观事实，而忽视了行为人主观上非法占有目的的考察和判断，容易造成冤、假、错案。总之，笔者认为，上述主张以客观行为必然推出非法占有目的的观点是不可取的，因为这在一定意义上还是否认了非法占有目的是部分金融诈骗罪的主观构成要件。

（二）主客观相统一——认定非法占有目的的模式

我们认为，所有的金融诈骗罪都是以非法占有为目的的犯罪，也即非法占有

---

① 陈兴良：“论金融诈骗罪主观目的的认定”，载《刑事司法指南》（第1辑），法律出版社2000年版，第64页。

② 鲜铁可著：《金融犯罪的定罪与量刑》，人民法院出版社1999年版，第170页。

目的是所有金融诈骗罪的必要要件。在司法实践中,认定是否具有非法占有目的,我们应当坚持主客观相一致的原则,既要避免单纯根据结果客观归罪,也不能仅凭被告人自己供述,而应当根据案件具体情况具体分析。现行权威教科书在论述犯罪主观心理态度时提出:根据主观见之于客观、客观反映主观的基本原则,判断行为人的心理状态的根据只能是其实施的活动及其他相关情况,因为人的活动由其主观心理支配,活动的性质由其主观心理决定;人的活动是人的主观思想的外向化、客观化,因而它反映人的思想。因此,在判断行为人主观心理态度时,必须以其实施的活动为基础,综合所有事实,经过周密的论证,排除其他可能,得出正确结论。① 这是很有道理的,确定人的心理状态只能从人的行为入手,综合所有相关事实,周密论证,并排除其他可能。

在《全国法院审理金融犯罪案件工作座谈会纪要》中,提出了认定金融诈骗罪具有非法占有目的的以下几种情形:(1)明知没有归还能力而大量非法集资骗取资金的;(2)非法获取集资款后逃跑的;(3)肆意挥霍骗取资金的;(4)使用骗取的资金进行违法犯罪活动的;(5)抽逃、转移资金、隐匿财产,以逃避返还资金的;(6)隐匿、销毁账目,或者搞假破产、假倒闭,以逃避返还资金的;(7)其他非法占有资金,拒不返还的行为。② 应该说,这些情形对司法实践中认定行为人非法占有目的是非常关键的。其实我们仔细分析一下,这其中许多内容均是从主客观相结合上提出的标准。如明知没有归还能力而大量非法集资骗取资金的,"明知没有归还能力"是从主观上对行为人的一个要求,而"大量非法集资骗取资金"则是从客观上对行为人的一个要求。因此,我们在具体认定时必须以其实施的活动为基础,综合所有事实,经过周密论证,排除其他可能,得出正确结论。尤其是要注意行为人提出的反证,对于有证据证明行为人不具有非法占有目的的,不能单纯以财产不能归还就按金融诈骗罪处罚。

(2001年第7期)

① 苏惠渔主编:《刑法学》(修订版),中国政法大学出版社1997年版,第154~155页。

② 最高人民法院刑一庭、刑二庭编:《刑事审判参考》(第2期),法律出版社2001年版,第64页。

生产、销售伪劣产品罪未遂形态辨析

许成磊*

当前,市场秩序混乱,尤其是假冒伪劣产品愈演愈烈,已成为影响国计民生的重要问题。为此,全国各地在国务院的统一部署下,加大对各种制售假冒伪劣产品违法犯罪的查处力度,取得了明显的成效。但从查处的案件来看,最终被以刑罚处罚的制售伪劣商品案件可谓微乎其微。究其因,固然与地方保护主义、执法观念有关,但对生产、销售伪劣产品罪是否存在犯罪未完成形态,易言之,在生产、销售伪劣产品过程中,在生产者、销售者没有实际销售金额的情况下是否构成犯罪这一刑法理论问题认识的模糊、混乱也有一定的关系。因而从学理上澄清生产、销售伪劣产品罪是否存在犯罪未遂形态,在当前具有重大的现实意义和理论价值。

一、关于生产、销售伪劣产品罪是否存在未遂形态之理论争议

我国《刑法》第140条至第150条共11条对生产、销售伪劣商品罪作了专门的规定,其中第140条即是对生产、销售伪劣产品罪的规定。所谓生产、销售伪劣产品罪,是指生产者、销售者,在产品中掺杂、掺假、以假充真,以次充好或者以不合格产品冒充合格产品,销售金额较大的行为。

目前,刑法学界对本罪是否存在犯罪的未遂形态,换句话说,是只存在犯罪构成与否的问题,还是存在犯罪的未完成形态,分歧颇大,大致有以下两种意见:

第一种意见认为:生产、销售伪劣产品罪不存在犯罪的未遂形态,而只存在构成与否的问题。① 有的学者进一步指出,由于生产、销售伪劣产品罪以存在销售金额为前提,在行为人仅生产或者销售者仅购进伪劣产品的情况下,没有销售金额,因而只存在犯罪构成与否问题,而不存在犯罪的未完成形态问题。对于销售金额不满5万元的,可以由有关部门予以吊销营业执照,或者责令停止生产、

* 作者单位:中国人民大学法学院。

① 张明楷著:《刑法学》(下),法律出版社1997年版,第598页以下。

销售,没收违法生产、销售的产品和违法所得、罚款等行政处罚。①

第二种意见则认为:生产、销售伪劣产品罪是直接故意犯罪,故存在犯罪的未完成形态。如果生产者已经生产出了伪劣产品,或者销售者已经购进了伪劣产品,准备销售或者正在销售,销售金额可达5万元以上,但尚未销售或者实际销售金额尚不足5万元即被查获的,应以犯罪未遂论,而不能认为不构成犯罪。②

根据上述两种观点的分析,可以发现对作为本罪客观要件内容之一的"销售金额"的理解的不同与本罪是否存在犯罪未遂形态的争议关系密切:如果认为,只有生产者、销售者有实际的销售金额,并达到5万元,才构成本罪,其当然的结论是本罪只存在犯罪构成与否的问题,而不存在所谓的犯罪未遂;如果认为,销售金额既包括实际销售的金额,也包括行为人指向的待销售的金额,则根据我国犯罪构成以及犯罪未遂理论,本罪存在犯罪的未遂形态。相反,如果首先认为本罪不存在犯罪未遂形态,则销售金额也只能理解为前者。可见,澄清本罪"销售金额"的真实含义对于界定本罪的未遂形态至关重要。关键是看哪种考虑问题的思维方式是恰当的。

二、关于"销售金额"的理解

在1997年《刑法》颁布之前,全国人大常委会于1993年7月通过的《关于惩治生产、销售伪劣商品犯罪的决定》对生产、销售伪劣产品罪的数额表述并未采用"销售金额",而采"违法所得数额"。但如何理解"违法所得数额",在司法实践中如何操作,颇有问题。首先,"两高"对此的解释并不相同。最高人民法院将其解释为"非法获利额",③而最高人民检察院则解释为"销售收入",④这在很大程度上造成了执法的混乱,影响了法律的统一性,并易滋生定罪量刑轻重悬殊的流弊。其次,违法所得数额是非法销售数额的总额扣除成本的部分。实践中,非法销售数额尚且不易认定,再要求证明生产、销售者的成本,更是难上加难,也给犯罪分子规避法律提供了可乘之机。有鉴于此,1997年《刑法》将其修改为

① 杨春洗、杨敦先著:《中国刑法论》,北京大学出版社1998年版,第358页;张明楷:"刑法第140条'销售金额'的展开",载《清华法律评论》(第2辑)。

② 曲新久:"生产、销售伪劣产品罪的既遂、未遂与预备形态",载《人民检察》1998年第10期。

③ 最高人民法院《关于审理生产销售伪劣产品刑事案件如何认定"违法所得数额"的批复》(1995年7月6日)。

④ 最高人民检察院《关于假冒注册商标犯罪立案标准的规定》(1993年12月1日)。

"销售金额"。有的学者还指出,将"违法所得数额"修改为"销售金额",更为实质的是,销售金额反映了行为人生产、销售伪劣产品的模式、行为持续时间、危害范围以及行为人的主观恶性,从而具体肯定了犯罪的本质是侵犯合法权益,而非犯罪人的获得利益。①

相比而言,新刑法将"违法所得数额"修改为"销售金额",在形式上更易于司法认定,在实质上也更具合理性。但"销售金额"在理解和具体认定上也并非没有问题。

目前,刑法学界对"销售金额"的理解主要有以下几种观点:(1)"销售金额"是指生产者或销售者销售伪劣商品的全部销售收入,该收入包括生产、销售成本与利润,而不单纯是销售利润;②(2)"销售金额"是指生产、销售伪劣产品的经营额;③(3)"销售金额"是指生产、销售伪劣商品的货值总额;④(4)"销售金额"既指实际已经销售出去的产品金额,又指尚未销售而可能销售出去的产品金额;⑤(5)只要认定行为人已经销售,那么,就按照该销售所实际得到、应当得到或可能得到的金额来计算。具体而言,销售金额应当分几种情况考虑:一是行为人已经实际销售了伪劣产品,而且现实获得了销售金额;二是已经生产或者购入了伪劣产品,并且已与对方签订了买卖合同,但对方还没有付款;三是仅生产或仅购入了伪劣产品,但既没有实际销售,也没有与他人签订销售合同。在第三种情况下,没有销售金额,不应认定为犯罪;在第二种情况中,应当将买方的"应付款"计入销售金额。⑥

无论上述观点有何分歧,但都有一个共许的前提,即这种销售金额应当包括生产、销售的成本在内,那么,上述哪种观点更为合理呢?笔者认为,对销售金额的理解不能脱离其在生产、销售伪劣产品罪中作为客观构成要件的地位和作用,只有把握此点,才能够对"销售金额"有正确的理解。按照我国刑法学界的通说,刑法典分则具体犯罪的犯罪构成是以犯罪既遂为标准模式的。就本罪而言,其规定的"销售金额五万元以上"这一客观要件也是就该罪的既遂形态而言的。在这种情况下,很显然销售金额应当是指生产者、销售者已经全部销售出去伪劣产品后获得的总收入。这也是"销售金额"的通常意义。但在犯罪未完成形态

---

① 张明楷:"刑法第140条'销售金额'的展开",载《清华法律评论》(第2辑)。
② 何秉松著:《刑法教科书》(下卷),中国法制出版社2000年版,第741页。
③ 欧阳涛著:《中华人民共和国新刑法注释与适用》,人民法院出版社1997年版,第267页。
④ 唐世玉:"略论生产、销售伪劣商品罪",载《法学家》1999年第3期。
⑤ 谢望原:"论生产、销售伪劣产品罪中的销售金额",载《中国刑事法杂志》1999年第3期。
⑥ 张明楷:"刑法第140条'销售金额'的展开",载《清华法律评论》(第2辑)。

下，对销售金额就应作辩证的理解。这就如同，法律规定诈骗罪、盗窃罪以“数额较大”为要件，按照通常的理解，这里的“数额较大”一般是指行为人实际骗得或窃取得到的财物的数额较大，这也是就此二罪犯罪构成之标准模式——既遂情况下的犯罪数额而言的。但不能认为，由于在未实际骗得或窃得财物的情况下，因不存在数额较大，而否认此二罪存在犯罪的未遂情况。相反，在此二罪未遂的情况下，数额较大应理解为犯罪指向的数额较大。对此，学界观点基本无异议。因而对本罪的“销售金额”应当做如下理解：在通常情况下，即犯罪既遂的情况下（在这里，笔者首先论及本罪存在犯罪未遂形态，只是从刑法规范表述模式这个大前提所作出的一般性结论，至于本罪的犯罪未遂问题，下文还有进一步的论证），是指实际已经销售出去的产品总额；而在犯罪未完成形态下（尤其是就犯罪未遂而言），则是指尚未销售而可能销售出去的产品总额。在此意义上，上述第四种观点是恰当的。同时，第三种观点从另一个角度考虑到目前销售金额在司法认定中的困难，而认为“销售金额”应当是货值总额，这在具体的认定中已接近第四种观点。第二种观点所说的“经营额”虽然有一定的模糊性，但从语义上可以推知其实际的外延和内涵与第四种观点基本接近。但是，这种理解实际上将在犯罪既遂和犯罪未完成形态下的数额笼统地归纳在一起，在根本上还是认为销售金额是已经实际销售出去的数额。因而，第四种观点在逻辑上不存在矛盾，较为可取。第五种观点认为只有在实际销售的情况下，才存在销售金额，而且这种数额既包括实际得到的，也包括应当得到和可能得到的，而在仅生产或仅购入未有实际销售行为的情况下，则否认存在销售金额，从而认为单纯的生产伪劣产品的行为是不构成犯罪的。这种观点是不妥当的。该观点的理由之一是，这种情况下，还没有将伪劣产品推向市场，还谈不上破坏市场竞争秩序和侵犯消费者合法权益的问题。照此逻辑，在行为人仅销售一部分伪劣商品而其余伪劣产品尚未销售的情况下，对这其余尚未销售部分也谈不上对市场竞争秩序的破坏和消费者的合法权益的侵犯问题，也不应当计入销售总额中。为何“厚此薄彼”呢？再者，该观点认为单纯生产伪劣产品的行为因没有“销售金额”，因而不构成犯罪，而不是犯罪的未遂问题，这在逻辑上和具体论证的理由上也是不充分的乃至失当的。

值得注意的是，最高人民法院和最高人民检察院联合制发的《关于办理生产、销售伪劣商品刑事案件具体应用法律若干问题的解释》对“销售金额”的含义作了专条解释。其第2条规定，销售金额，是指生产者、销售者出售伪劣产品后所得和应得的全部违法收入。

三、生产、销售伪劣产品罪存在犯罪未遂形态的具体论证

明确了我国刑法典分则具体犯罪构成的基本表述模式以及“销售金额”的具体含义后，得出生产、销售伪劣产品罪存在犯罪未遂形态的结论也自然在情理之中。下面，对此再作进一步的具体论证。

其一，从法条表述的罪状模式角度看。

生产、销售伪劣产品罪属于以一定的犯罪数额为客观要件内容的犯罪，即典型的数额犯。但数额犯不等于以危害结果作为构成犯罪标志的犯罪。一般情况下，如果刑法分则明文规定将危害结果规定为犯罪构成要件时，没有发生该结果的，不构成犯罪，当然也不存在犯罪未遂的问题。例如，在以造成重大损失等为危害结果的过失犯罪中，没有出现此危害结果的，就不构成犯罪；在行为人对此危害结果的罪过为间接故意的犯罪中，没有出现此危害结果的，也不构成该特定的犯罪，而不存在犯罪未遂问题。而在数额犯中，特定的数额应包括主客观两方面的含义。正如盗窃罪一样，行为人主观上企图造成且客观上也已实际造成了数额较大以上损失的盗窃案，当然构成盗窃罪的既遂；行为人主观上企图盗窃数额较大的财物并已着手实行盗窃，由于行为人意志以外的原因，未能实际取得数额较大的财物（包括分文未得和取得的财物数额较小）时，应该认定为盗窃罪未遂，而不是不构成犯罪。[①] 生产、销售伪劣产品罪也一样，前已指出，我国刑法典分则罪名的具体罪状是以该罪达于既遂为模式的。在行为人以“销售金额”可达5万元以上的生产、销售伪劣产品行为中，如果行为人实际销售金额达到此标准，自然构成犯罪的既遂；而在行为人已经着手生产、销售伪劣产品行为中，由于意志以外的原因而使实际“销售金额”未达此标准，应当认定为该罪的未遂（当然从刑事政策角度，为缩小处罚范围，司法机关往往会在犯罪数额或其他犯罪情节上予以限定，如在盗窃未遂的情况下，有关司法解释规定只有“情节严重”才可追究刑事责任[②]）。而且，从我国刑法典分则对具体犯罪的规定来看，似乎不

① 赵秉志著：《犯罪未遂的理论与实践》，中国人民大学出版社1987年版，第285页。

② 对生产、销售伪劣产品罪存在犯罪未遂形态持否定论者赞同数额犯不同于以危害结果为构成犯罪标志的犯罪，但认为在刑法分则没有将危害结果规定为构成要件，为了限制处罚范围而将数额较大等规定为构成要件的情况下，不可轻易将其未遂行为以犯罪论处。张明楷：“刑法第140条‘销售金额’的展开”，载《清华法律评论》1999年第1期。但也不能因此认为这种法律一律不存在犯罪未遂。针对实践中假冒伪劣商品违法犯罪的日益猖獗，同时鉴于“销售金额”的难以查证性，有必要将情节严重的生产、销售伪劣商品未遂乃至预备行为认定为犯罪。

能一概地认为所有的刑法分则明确规定以危害结果为构成犯罪要件的犯罪,在没有发生危害结果时都不构成犯罪,从而也不存在以犯罪未遂论处的问题。例如,《刑法》第198条的保险诈骗罪,列举了构成保险诈骗罪的5种表现,这5种表现都以“骗取保险金”为客观要件之一。若按该学者的观点,“骗取保险金”此一危害结果是保险诈骗罪明确规定的客观要件之一,如果行为人没有实际骗取保险金,则不构成犯罪。事实上,的确有人认为保险诈骗罪只存在犯罪构成与否的问题,而不存在既遂与未遂的问题。① 但是,保险诈骗罪的罪状表述中规定“骗取保险金”正是以诈骗并获取财物作为本罪既遂条件而予以规定的,这丝毫不否认该罪在其他停止形态中具有不同的表现,因而由刑法的此条规定得不出行为人没有骗得保险金时只能作为非罪处理而不构成本罪未遂的结论。最高人民检察院在《关于保险诈骗未遂能否按犯罪处理问题的答复》中亦已明确指出,“行为人已经着手实施保险诈骗行为,但由于意志以外的原因未能获得保险赔偿的,是诈骗罪未遂,情节严重,应依法追究刑事责任”。从而以司法解释的形式明确肯定了保险诈骗存在犯罪未遂。

总之,作为本罪客观要件的“销售金额”是就该罪既遂形态而言的,由刑法典的此种规定并不能必然得出本罪不存在未完成形态的结论;主张该罪不存在未完成形态的观点在理论上和逻辑上都是站不住脚的。

其二,从罪名结构角度看。

“两高”关于刑法典罪名的解释都将本罪归纳为“生产、销售伪劣产品罪”,也就是说,本罪是选择性罪名。在逻辑上存在以下几种情况:生产伪劣产品罪、销售伪劣产品罪,行为人既生产又销售,构成的生产、销售伪劣产品罪。虽然实践中后者居多,但并不能否认第一种情况的客观存在。如果认为仅生产而尚未销售的行为不构成犯罪,那么生产伪劣产品罪就不应再是一个独立的罪名,立法者也没有必要将生产伪劣产品的行为与销售伪劣产品的行为并列规定为犯罪。既然这种行为已经属于刑法典分则所规定的构成要件的行为,却不将其以犯罪论处,在逻辑上是说不通的。

其三,从证据的调查与运用角度看。

持否定论者认为,在仅有生产行为而无销售行为,或者销售者仅有购进行为而未销售时,如果对这种行为以未遂犯论处,会存在证据不足的问题,因为,行为人完全可以辩解说,所生产的伪劣产品根本不是用于销售而是将其销毁等,销售

① 郎胜著:《〈关于惩治破坏金融秩序犯罪的决定〉释文》,中国计划出版社1995年版,第158页;李玉泉著:《保险欺诈及其法律对策》,人民法院出版社1999年版,第24页。

者也可以辩解说将来作适当处理而不销售或留作自用等。① 笔者认为,这种情况下尽管存在证据不足或难以查证的问题,但实践中"销售金额"本身也是非常难以查证的问题。行为人究竟销售金额为多少,有时根本无账可查。相反,如果对上述行为追究其犯罪未遂的责任,则可以较为方便地解决此问题。正如有的学者指出的,在实践中,生产、销售伪劣产品容易现行捉到,在现场容易查获数额较大甚至数额巨大的假冒伪劣商品。②

其四,从刑法对本罪适用罚金的理解角度看。

否定本罪存在犯罪未遂的论者认为在仅生产而没有销售金额的情况下如果定罪,则必然造成应当判处罚金而不可能实际判处罚金的局面。笔者认为,这一方面涉及对"销售金额"的理解问题,另一方面在《刑法》第141条至第148条规定的生产、销售假药罪等特定伪劣商品的犯罪中,虽然不以"销售金额"为客观要件,但在判处罚金上却是以"销售金额"为依托的,依此逻辑,在生产者仅生产出假药的情况下,因为没有销售金额,自然失去罚金的基础,则生产假药的行为也无法定罪。但无论是法条本身的逻辑表明,还是否定论者认为,单独的生产假药的行为是构成犯罪的。

其五,从刑事政策和犯罪预防的角度看。

有的学者认为,销售金额没有达到5万元说明其行为的社会危害性没有达到应当承担刑事责任的程度;否则,立法者会降低销售金额的标准。笔者认为,社会危害性及其程度是一个综合评价因素,销售金额固然是其中的重要因素,但不能认为没有达到此程度就说明其不具有严重的社会危害性。从生产、销售假冒伪劣产品违法犯罪而言,生产伪劣产品是此类犯罪的源头,尽管存在生产者不构成犯罪而销售者构成销售伪劣产品罪的情形,但多数情况下,销售行为是生产行为的结果。生产行为不禁绝,从根本上消除乃至有效地减少销售伪劣产品行为都是不现实的。因而尽管生产者已经生产出伪劣产品而尚未予以销售,但其社会危害性还是非常严重的。从预防犯罪之刑事政策考虑,有必要对这种仅生产而未予销售的行为进行刑罚制裁。司法实践中,一些行政执法部门以伪劣产品的生产者、销售者实际销售不足5万元为由,而将此类案件进行行政处罚了事,或者司法机关不作有罪认定,成为目前伪劣产品泛滥成灾的重要原因。

此外,司法实践也曾有追究行为人生产、销售伪劣产品犯罪未遂责任的判例。

---

① 张明楷:"刑法第140条'销售金额'的展开",载《清华法律评论》(第2辑)。

② 曲新久:"生产、销售伪劣产品罪的既遂、未遂与预备形态",载《人民检察》1998年第10期。

综上考虑,笔者认为,在理论上,生产、销售伪劣产品罪是存在犯罪的未遂形态的。当然,由于生产、销售伪劣产品犯罪的特点所决定,不能认为所有的仅生产而未及销售的行为或者销售者仅购进而未及销售的行为都构成犯罪从而认定为犯罪未遂,只有那些情节严重的才可以追究刑事责任。对此,“两高”的《关于办理生产、销售伪劣商品刑事案件具体应用法律若干问题的解释》第2条明确规定,伪劣产品尚未销售,货值金额达到《刑法》第140条规定的销售金额3倍以上的,以生产、销售伪劣产品罪(未遂)定罪处罚。即在未遂的情况下,伪劣产品的货值金额必须达到15万元(5万元×3)以上的,才予以刑事追究。因此,该解释既不否认生产、销售伪劣产品罪存在犯罪的未完成形态,同时出于刑事政策的考虑,又从犯罪数额的标准上对立案标准作了限定,是比较科学、恰当的。

(2001年第9期)

2002 年

“严打”方针的刑法学思考

苏惠渔[*]　孙万怀[**]

1983年8月，鉴于社会治安的严峻形势，党中央作出了《关于严厉打击刑事犯罪活动的决定》，明确将七类犯罪作为重点打击对象，强调对于这些刑事犯罪应该依法“从重从快”惩处。随后全国人大常委会通过了《关于严惩严重危害社会治安的犯罪分子的决定》和《关于迅速审判严重危害社会治安犯罪分子的程序的决定》，以此为指针，全国各地展开了声势浩大的严厉打击刑事犯罪活动的斗争。在以后的近20年中，我国的刑事政策始终以“严打”为惩治刑事犯罪行为的基线，结合不断演化的犯罪态势，有针对性地对各类犯罪行为进行惩治和预防。可以这样说，“严打”斗争对于维护我国现代化进程中的社会各方面的稳定起到了至关重要的作用，“严打”刑事政策的贯彻执行极为强烈地体现了刑法的防卫社会功能，将刑法的应时性、应世性特征发挥得淋漓尽致。但是，在近20年的“严打”整治中同样也有一系列值得总结的东西，并以此为今后刑事政策的制定和贯彻提供有价值的借鉴。

一、“严打”刑事政策存在的刑法法理基础

(一)对刑法本位的认知与“严打”政策

作为国家的意志，国家刑权力是一种维护整体稳定的力量，在国家范围之内它是无法被排除的。因为离开了这种强力的制约，整体的利益将无法得到维持，人类的生存和生活将难以稳定地维系，因此，国家的刑权力不仅要加以体现，甚至还存在不断强化的可能性。这不仅通过实定刑法的惩罚结果得以体现，而且通过存在本身加以昭示。

国家刑权力的无条件性在刑法的价值领域最显性地体现为刑法的社会防卫功能，尤其是当国家刑权力感到社会无序状态进一步扩张而其他权力的行使无济于事的时候，便倾向于强化刑权力，借助刑法独特的制裁手段制止秩序的恶

* 作者单位：华东政法学院(现华东政法大学)。
** 作者单位：华东政法学院(现华东政法大学)。

化。法国刑法学者马蒂将这种变化称为“决裂的战略”,①即刑事司法更多地体现了国家控制,而国家控制又可以表现为两个方面:一是强化刑法,即强化刑法政策的治安政策;二是建立安全网,即为了替代刑法政策的治安政策。前者又包括外部强化和内部强化。外部强化途径是最常见的一种强化方式,主要是通过立法强化犯罪行为的制裁;内部强化表现为在犯罪、刑罚范畴之外增加危险性、安全措施的范畴。建立安全网和自我管理政策、私有化政策一样,表现为适用非刑罚的手段对社会环境与本人人格因素进行改善,达到治安政策的目的。

我们认为,我国“严打”政策的制定和实施,可以从外部强化方面加以解释,替代的治安政策则恰好与社会治安综合治理的政策相互印证。从国家刑权力的角度分析,外部强化更为强调惩罚意义,并希望以此达到控制和预防犯罪的目的。但是从刑权力的制约因素分析,国家刑权力其所要实现的终极目标无非是通过权力达到整体的无条件性,刑权力的过度扩张和强化同样会导致个体的权利无价值状态,从而不利于整体的发展。“它在这个世界中的独特地位迫使它增强自己的权力而牺牲它内在的人性的发展。反过来,人的实存则在压榨它,以限制其权力的增长,不然的话,它的基本目的——人的最高的可能的发展——就会受到阻碍”。② 这一张力在国家中提炼为公民个体权利对国家刑权力的制约,刑事实定法实际上是国家刑权力和公民个体权利——这一张力——对抗与协调的体现。所以,外部强化的意义是客观存在的。这是国家刑权力存在合理性的基础。内部强化更为强调预防效果,进一步扩张了国家刑权力,突破权利与权力之间的平衡。建立安全网、自我管理政策以及私有化政策的设定理由,主要是看到强化刑法政策的非理性和无效果性的因素,借助于其他调适手段的完善,规范行为的方式,取消犯罪产生的机会,达到预防犯罪的目的。

(二)对刑罚目的的追求与“严打”政策

多数的认同并不意味着理论问题的解决。长期以来,刑法理论中对刑罚目的的认识表现为3种观点:一是绝对主义说,即认为刑罚所惩罚的是已然之罪,刑罚目的是在道义上和报应中得以实现。这种理论已经基本被抛弃。二是相对主义的刑罚观,即刑罚针对的是未然之罪,刑法的意义在刑罚的合乎目的性、有效性中加以实现。在当前我国刑法教科书中,关于刑罚的目的多采用此说,即刑罚的目的在于预防犯罪。从某种意义上说,如此归纳刑罚目的,为“严打”整治

---

① [法]马蒂著:《刑事政策的主要体系》,卢建平译,法律出版社2000年版,第232~239页。

② [德]卡尔·雅斯贝斯著:《时代的精神状况》,王德峰译,上海译文出版社1997年版,第78页。

提供了理论依据,理由在于,预防目的的提出,强调了刑罚的预防犯罪意义,内部强化得到某种程度的认可,是国家能够更强有力地通过刑罚完成社会控制。"刑罚是国家制度,所以它对于防止犯罪并由此而维持社会秩序的国家目的来说,必须是必要且有效的,也即得从合目的性和有效性中寻求刑罚的法律依据,从此意义上说,从满足正义的要求,即从道义的必然性中寻求刑罚的法律根据是不妥的。"①三是折中主义的观点,即刑罚的目的既包含对已然之罪的惩罚,也包括对未然之罪的预防。但是折中主义观点的内部又存在何者优先的问题。如根本目的说和直接目的说,等等。

在研讨刑罚目的过程中,之所以产生上述分歧,主要基于以下原因:一是刑罚目的的定义不清;二是缺乏一个确立刑罚目的的共同前提和标准。惩罚只是刑罚的固有属性,而非刑罚的目的,刑罚目的在于预防犯罪。② 惩罚和预防是"严打"政策制定的刑罚基础,即通过刑罚处罚达到预防的结果。但是需要强调的是,刑罚的预防意义不是无休止和无限度的,其必须以刑罚的固有属性——惩罚性——为基础,不能为了达到预防的目的而无视刑罚作为道义报应的公正性,否则势必触动刑罚的根基。这一限度也是对"严打"整治的限度要求,即在"严打"过程中,绝不能无视刑罚的惩罚性,按照大谷实教授的说法,就是"应当在报应的限度内追求预防的目的",毕竟预防的效果很难找到实证依据。

(三)传统刑法文化与"严打"政策

刑罚的目的一度被定义为消灭犯罪,在理论研究深入之后,仍然未能结合刑法典本身所包含的制度价值和内在要求,而是简单地将刑罚目的归纳为预防犯罪,旨在通过刑罚的严厉制裁为手段,达到预防并最终消灭犯罪目的。"严打"政策的最初制定,虽非这种刑罚目的的注释,但包含了消灭犯罪的主观希冀。追根溯源,无论是刑事政策的制定以及执行,乃至在社会公众的刑法意识中,仍然可以发现古代无讼思想的遗风。

无讼状态作为中国古代社会理想境界的模型,一直贯穿于我国的传统的刑法文化中,其对于现行公共政策以及行为模式的决定或影响是潜移默化的,又是具有道德强制意义的。就无讼思想的文化背景而言,表现为不同的形式。在道学观念中,人法天,天法道,道法自然。而最为自然的结果是民至老死不相往来,放弃一切的神圣、智慧、仁义、巧术、劝利,社会是一个无讼、无争、无为的和谐自然。但是作为社会中另外一部分的思维存在的无讼思想则是通过积极入世的方

① [日]大谷实著:《刑事政策学》,黎宏译,法律出版社2000年版,第101页。
② 苏惠渔主编:《刑法学》,法律出版社2001年版,第273~275页。

法达到社会的稳定和自然的。从法家以降乃至以后的儒法结合社会，统治者广泛地使用赏罚二柄，通过重刑重罚，定分止争。从形式上分析，上述作为社会支撑的两种思维形式迥然相悖，但是就追求的功利目的而言，殊途同归。“丈夫不耕，草木之实足食也。妇人不织，禽兽之皮足衣也。不事力而养足，人民少而有余，故民不争。是以厚赏不行，重罚不用，而民自治。”①

不仅如此，作为中国传统文化根基的儒家思想同样包含着丰富的无讼心态，其不仅明确提出了无讼的观点，还系统化、革命化了无讼观点。在法家与道家的形式冲突中，找到了中庸的平衡，将无讼思想应用化。在无为的任意与重刑的刚猛之间介入了具有现实意义的伦理的观念制约，以礼入刑，德主刑辅，社会的稳定是以温情脉脉而尊卑有序的礼的规范来为规矩，是以道德的高下为制约的，诉讼的大量适用势必会撕开温情脉脉的面纱，故讼不可兴、讼不可长。“导之以政，齐之以刑，民免而无耻。导之以德，齐之以礼，有耻且格。”

以上表现为各种形式的无讼观念从表面上看与重刑惩戒似乎是矛盾的，但考虑到刑罚的“以刑去刑”的目的，则造就的结果是统一的，而且在社会中这些思想在法术势的运行中也是相辅相成、并行不悖的。无讼在现实社会中首先体现为行为发生中的息事无为，其次体现行为处理中的以德化刑，最终落实为行为惩治中的重刑轻罪。“严打”刑事政策就是在这样的社会传统文化烙印下展开的，在“严打”刑事政策的制定中似乎也可以发现“以刑去刑”的踪影。

二、“严打”刑事政策的发展特点

（一）在始终不渝地严厉打击危害严重的自然犯同时，针对各个时期的社会现实，有针对性地打击危害突出的法定犯

“严打”一直将打击对象限定在一定的范围之内。1983 年，党中央作出了《关于严厉打击刑事犯罪活动的决定》，十分明确地将 7 类严重刑事犯罪作为严打的内容：(1)流氓团伙分子；(2)流窜作案分子；(3)杀人犯、放火犯、爆炸犯、投毒犯、强奸犯、抢劫犯、重大盗窃犯；(4)拐卖妇女、儿童的人贩子，强迫、引诱、容留妇女卖淫的犯罪分子和制造、复制、贩卖内容反动、淫秽的图书、图片、录像带的犯罪分子；(5)有现行破坏活动的反动会道门分子；(6)劳改逃跑犯、重新犯罪的劳改释放分子和解除劳教的人员以及其他通缉在案的罪犯；(7)书写反革命

① 《商君书·画策》。

标语、传单、挂钩信、匿名信的现行反革命分子等。这些都是当时意识形态和社会体制下的最为严重的刑事犯罪类型和方式。直至当前,尽管社会体制发生了变化,但是七类中的一些犯罪始终是作为严打的内容存在的。以 2001 年 4 月开始的新一轮的“严打”整治为例,党中央十分明确地将这次“严打”规定了 3 类重点:(1)黑社会性质组织犯罪以及其他危害社会治安的恶势力犯罪;(2)爆炸、杀人、抢劫、绑架等严重暴力犯罪;(3)盗窃等严重影响群众安全感的多发性犯罪。同时还规定各地区可以在此基础上结合当地的实际,明确打击重点。结合历年严打的范围可以发现,刑事政策在始终不渝地严厉打击重大自然犯的同时,针对各个时期的社会现实,有针对性地打击法定犯。原因在以下几个方面:一是自然犯罪大多是针对公民的生命权、健康权以及重大的社会安全,而这些权利属于人权的底线,所以刑法中对上述客体的保护至关重要。这是几类自然犯作为严打范围的原因。同时,上述客体在所有犯罪化与非犯罪化中是最具有稳定性的,这是几类自然犯始终作为严打范围的原因。二是法定犯的行政违法性特征决定了此类犯罪既依附于社会经济秩序,同时也依赖于相关法律的创制。相关法律的时代性、时期性特征决定了不同时期对法定犯严打范围的不同。新增的“严打”对象,1983 年为书写反革命标语、传单、挂钩信、匿名信的现行反革命分子等;1986 年为制售伪劣商品、破坏动植物、走私资源犯罪;1987 年为贪污、行贿受贿、投机倒把、诈骗罪;1988 年为偷税抗税、假冒商标;1991 年为毒品犯罪;1992 年为伪造国家货币;1993 年为挪用公款;1994 年为金融诈骗、伪造、倒卖、虚开增值税专用发票以及其他发票等行为;1996 年为危害国家安全犯罪、涉枪犯罪;1998 年为危害国家安全罪、黑社会性质组织犯罪等;1999 年为组织、利用邪教组织破坏法律实施、致人死亡的犯罪、泄露国家秘密的犯罪、骗购外汇的犯罪。所以,尽管“严打”贯穿着近 20 年的立法或司法实践,但这种平衡是一种动态的平衡。一方面是基于社会转型时期体制更替的社会现实,另一方面是对刑事政策外部强化的重视。

(二)始终不渝地贯彻了惩办与宽大相结合的政策

首先,惩办是主线。从“严打”刑事政策制定实施以来,重刑判决的数量表现为几个方面的特征:(1)重刑的判决——5 年以上有期徒刑、无期徒刑、死刑——在全部判决生效案件中的百分比始终稳定在一个较高的并且较为接近的水平,在加大“严打”力度的个别年份,重刑比有所提高。(2)在集中力量进行“严打”并且重刑的比例提高后,犯罪指数会有所下降,但是重刑在持续一段时间之后,整个犯罪指数又会增加,具体表现在全国法院近些年所判决的犯罪行为人的数量上。

全国法院历年判决的犯罪行为人的数量处于稳定增长的态势,在最初"严打"刑事政策贯彻之后,短期内效果是十分明显的。1985~1987 年全国法院判决的犯罪分子数量平均在 32 万人左右,但是 1988 年以后,全国法院每年判决的犯罪人数迅速增加到了 45 万人以上。据此有观点认为,犯罪率的提高是对"严打"刑事政策的质疑,认为"严打"并没有有效地降低犯罪率。我们认为,这种理由是不充分的。理由之一,"严打"是针对部分严重刑事犯罪的,并不是针对全部刑事犯罪适用的,"严打"政策与整个犯罪率的降低没有直接因果关系。理由之二,犯罪数量的增多,很大部分是法定犯的增加,而这种增加又是和经济体制和社会体制的转型联系在一起的。因此,"严打"的成效标准应该是"严打"范围之内的犯罪数量以及在整个犯罪中的百分比,此外,还要结合社会发展现实进行分析。

其次,宽大政策贯穿于整个"严打"过程中。惩办与宽大相结合是我国的基本刑事政策,这与刑罚目的是一致的,因此"严打"方针的制定和贯彻,并不排斥宽大的政策。在"严打"整治初期,宽大的政策即被多次强调。例如,1985 年 4 月 3 日《最高人民法院工作报告》提出"对具有自首或检举揭发、确有立功表现等从宽情节时,依法从宽处理,务必政策兑现。对判决生效以后,罪犯在检举揭发其他犯罪分子的罪行时,同时交代本人余罪可以不予加刑。主动交代出重罪、罪该处死的,可以不判死刑,检举重要案犯立功的,依法予以减刑,对多年流窜作案的要犯,只要自动归案或其家属、亲友动员归案,均可依法从宽处理"。今天看来,其中一些规定显然超出了法律的范围,但对惩办与宽大相结合的要求可见一斑。针对 2001 年开始的"严打"整治,上海地区在执行这一刑事政策的同时,即十分注意贯彻宽大的方针。上海市高级人民法院等机关先后通过了《关于处理自首和立功具体应用法律若干问题的意见》和《关于"严打"整治期间对在押、收容人员兑现宽严政策的通告》,对刑法概括性的规定加以量化,较好地保护了犯罪行为人的合法权利。

在"严打"过程中,宽大政策表现出一定的特征,即从过去的政策性内容逐步演化为刑法条文的构成部分,最为显著的是作为量刑宽大条件的立功制度成为刑法中的重要组成部分。而最初的"严打"整治中,包括立功在内的宽大政策带较强的随意性,既不利于保护犯罪行为人的合法权利,也不利于确保刑法的权威性。

(三)早期的"严打"政策在立法、司法等多个领域均被体现,而当前的"严打"政策倾向于刑事司法实践活动中的依法性

1983 年,党中央作出了《关于严厉打击刑事犯罪活动的决定》,"严打"整治成为刑事政策的重心，由于“严打”被最直接地定位于罪名的扩展和刑罚的刚猛，“严打”的依据首先在立法领域得到体现。譬如，在《关于严厉打击刑事犯罪活动的决定》中，劳改逃跑犯、重新犯罪的劳改释放分子和解除劳教的人员以及其他通缉在案的罪犯是作为重点打击对象的。所谓重点打击对象，首先是指在司法实践中集中精力打击此类行为，其次是指在对此类犯罪行为进行处罚时，适用相对较重的刑罚。但政策总是不够稳定和确定的，为此，全国人大常委会后来专门通过了《关于处理逃跑或者重新犯罪的劳改犯和劳教人员的决定》，以单行刑法的方式将“严打”内容法律化。近年来，尤其是1997年《刑法》实施以后，“严打”政策主要已经演变为法律适用过程。也就是说，“严打”整治必须依法而行，落实到刑事实体法领域，就是严格按照刑法的具体规定、有效的司法解释以及法律的基本原则。

从某种程度上说，刑事政策立法化过程说明了我国现行的刑事立法中已经在较大程度上体现了“严打”的内涵，所以在依法处罚某些犯罪时，不能在“严打”过程中一味从严。

三、对“严打”过程中几个法律关系的认识

（一）“严打”的刑事政策与依法治国方略之间的关系

1997年9月12日召开的党的第十五次全国代表大会提出了依法治国的基本方略，随后被写进了国家的根本大法。依法治国作为治国的基本方略，首先是社会发展的优化模式，同时也是国家建设和管理的根本目标。其内容是指：广大人民在党的领导之下，在国家的建设和管理过程中，必须严格依照宪法和法律的标准，管理国家和社会事务，逐步实现社会主义民主的制度化、法律化。

依法治国的概念基本体现了法治的功能，即依法治国“是管理国家事务、管理经济文化事业、管理社会事务”的途径和方式。其包含着以下要求：(1)以法治手段保持社会的秩序或治安。其一，在维护社会秩序的直接效益性方面，最有效的莫过于法治，而最便利的莫过于刑法以及刑事政策的运用了。因此，刑法的自身特征决定了刑法在依法治国中必将得到充分展现，我国“严打”刑事政策制定的依据就是依法治国的秩序基础。其二，在法律现实化的过程中，维护秩序的法律又是多层次的，每一种违法行为都应该具有基本的法律“本座”加以规制，无论是对违法行为的预防还是对违法行为的惩罚，都存在体系和阶梯。在执法活动中，不能急功近利，过多或过度适用刑法或“严打”手段，毕竟，“严打”是特殊时期针对犯罪适用的特殊手段。其三，法制必须完善。就惩治犯罪而言，首先

是刑法的完善，其次是与刑法相关的法律制度的完善，在其他相关法律不尽完善的条件下，不能过度诉诸于刑法，指望通过刑罚一劳永逸，对于“严打”同样如此。(2)国家和政府活动必须有法律依据。依法治国提出了法律标准的崇高性。在现代意义的法治理论中，刑法的基本原则被作为法治的重要价值内涵，“刑法关乎个人的自由乃至生命的剥夺，以满足社会大众的利益或道德的要求，因为受到影响的东西——自由和生命——是这样的宝贵，所以法治的理想要求刑法必须符合一些基本原则”。① 在适用刑法过程中，同样应当坚持法治的要求，越是在“严打”时期，越有必要坚持刑事法律的标准，越有必要坚持依法办事，防止刑事政策替代刑法规范，这是依法治国的基本体现。

(二)“严打”的刑事政策与罪刑法定原则之间的关系

自“严打”刑事政策确立以来，党中央多次强调在贯彻“严打”方针尤其是在对严重刑事犯罪定罪处罚的时候，必须做到“基本事实清楚，基本证据充分”。从宏观角度分析，这是“严打”与罪刑法定的关系准则。

罪刑法定原则的实质在于限制国家刑权力，所以与“严打”存在相互规制的关系。直接与“严打”政策相关的便是罪刑法定的明确性原则。② 具主要包括犯罪构成确定性、刑罚的明确性。“严打”中依法，具体表现在以下几个方面：首先，当罪刑关系不够确定的情况下，应当坚持罪刑法定的基本原理，不能因为“严打”就放任违背罪刑法定原则的行为。其次，必须坚持定罪量刑的一元化标准，即针对“严打”的对象行为，不能仅仅将从严处罚作为指针。譬如，对于牵连犯以及同种数罪的处罚问题，尤其是对牵连犯的定罪，是作为处断上的一罪还是按照数罪并罚进行处置，立法未予说明，司法实践中长期实行着多元标准。其基准是折中说，目的在于不轻纵罪犯，多种方法交合并用，以定罪量刑较重者优先为原则。我们认为，在定罪过程中处理一罪和数罪关系时，对于牵连犯无论是作从一重处断，还是作为数罪并罚，其应为划一标准，不应适用多元标准，更不应以重刑制裁为出发点。最后，司法解释不能基于“严打”或其他形势需要，超越法律的基本精神作出解释。更不能无视法律的明确规定，仅仅从合理性的角度扩大对法律条文的解释范围。

罪刑关系的明确化还体现在“严打”政策的“基本事实清楚，基本证据充分”标准上。对于上述标准如何认识，实践中有不同观点，譬如，有观点认为，“基本

---

① 陈弘毅著：《法治、启蒙与现代法的精神》，中国政法大学出版社 1996 年版，第 67 页。

② 明确性原则，又称避免含糊性原则(Void - of - Yagueness Principle)，主要是指立法者必须明确规定刑法法规，使普通公民对法律充分明晰，使司法官员充分理解，防止适用法律的任意性。Joel. Samaha，*Criminal Law*，Fourth Edition，West Publishing Company，1993，p. 43.

事实”不能理解为对定罪量刑有决定性影响的全部事实。对此我们认为，这种看法与罪刑法定原则是相违背的，在强调“严打”政策的同时，削弱了“依法”前提要求，我们赞同赵秉志教授的观点，不能把“基本事实清楚”理解为“事实基本清楚”①，即对定罪量刑有决定性影响的全部事实没有查清的情况下，只有可能是“事实基本清楚”而不符合“严打”所要求的“基本事实清楚”。

（三）“严打”刑事政策中的“从重”要求与罪刑相适应原则之间的关系

在“严打”过程中，刑事政策的制定部门提出了依法从重从快的要求，这里至少包含着两个方面的意思，首先是对严重刑事犯罪的打击应当是从重从快的。对此，从“严打”政策的实施直至目前，在理论和实践中均存在不同的看法。在这一政策的贯彻过程中，具体表现为两个方面的问题：一是从重从快是否带有法律虚无主义的倾向；二是即使将从重从快限定在依法的范围之内，实践中长期奉行从重从快的方针政策是否一定符合刑法的罪刑相适应原则。以上两个问题的解决，我们认为应把握以下要素：

首先，要对罪刑相适应原则正确理解。我国《刑法》第61条明确规定：“对于犯罪分子决定刑罚的时候，应当根据犯罪的事实、犯罪的性质、情节和对于社会的危害程度，依照本法的有关规定判处。”所以，在我国刑法中，罪刑相适应原则不是绝对的，而是相对的。不仅法定刑的规定大多是相对确定的，而且在对犯罪进行处理的时候，同样存在刑罚的个别化的要求。这种个别化不仅可以针对个案而言，也可以针对具体社会现实中的某类犯罪来确定。刑罚的世轻世重是与犯罪结果的世轻世重相适应的。从这个意义上说，“严打”与罪刑相适应原则并不是相悖的；而是该原则的内在要求。其次，问题的关键还在于对从重从快的方式进行科学的解释，对其内容进行完善的拓展。首先是对从重从快特征的理解。由于从快主要是涉及刑事诉讼的程序问题，本文主要对从重的方针进行解释。

所谓“从重”，与刑法中的从重法定量刑情节一样，包含着两个方面的内容，一是刑罚的价值意义。即无论是“严打”中的从重还是法定的从重情节，都是对犯罪行为人及其行为的超出一般犯罪的谴责和非难，明确昭示了刑事政策打击的重点。二是刑事构造方面的意义，即在对犯罪行为进行处罚时，在相对确定的法定刑幅度以内选择较重的法定刑。不同在于，“严打”中的从重只是针对各个时期较为突出的严重刑事犯罪所采取的一种加大打击力度的政策。而刑法中的从重则属于法定量刑情节，是一个明确的刑罚制度。

---

① 《人民检察》2001年第9期。

明确了从重方针的内涵之后,我们认为,在贯彻从重方针时有以下几方面值得引起注意:(1)从重由于包含着两个不同的内容,一是作为刑事政策方针的从重,二是作为法定情节的从重,在刑法价值和构造角度进行理解,应该明确何者更应该是刑法中主旋律。也就是说,从重究竟是作为法定量刑情节合理还是作为刑事政策更为合理。我们认为,从重应当是刑事政策的范畴而不应该是量刑情节的范畴,理由在于:现代国家刑法中的法定刑设定模式多为相对确定的法定刑。在法律条文中也可能散在个别绝对确定的法定刑。① 大量相对确定法定刑的设立和存在,旨在法官维护法治统一性以及罪刑等价的同时,有效地贯彻了刑罚的个别化原则。也就是说,这里实际上已经授予了法官在基本刑基础之上从重或从轻的权力。(2)综观他国刑法的规定,由于量刑情节直接决定宣告刑的轻重,直接反映了法官的裁量权限,多数国家均对其进行了严格限定。在其立法者看来,在量刑幅度内——从轻或从重处刑完全是法官自由裁量权分内的事情,刑法只注重于对超出量刑幅度——减轻、加重或者只作有罪宣告而免除刑罚之类有可能使刑罚轻重发生质变的情节作出规定,并同时制定减轻、加重的幅度,不致宣告刑与基本刑相去甚远,如德国、意大利、法国刑法的规定就较为典型。(3)从重范畴的刑事政策化,从形式看可能为导致裁判权过大。实际上只要加强了立法与司法监督,是可以有效地避免的。首先,刑罚的相对确定性不能过于随意,在同一量刑情节中刑种不能太多,幅度不能过大。其次,对法官从重量刑权作明确的法律规定,以此限定从重的幅度范围。(4)从重作为一种刑事政策方针,毕竟对于法官的裁量权存在指导意义和限定意义。过于宽泛的从重方针,

① 对于绝对确定的法定刑在我国现行刑法中是否存在,存在不同的看法。一种观点认为,我国刑法中存在少量绝对确定的法定刑。如苏惠渔教授主编的高等政法院校规划教材《刑法学》(中国政法大学出版社 1997 年版)一书中认为"新刑法中也规定了少量绝对确定的法定刑"(第 387 页)。并以第 383 条贪污罪作为例证。但也有不同的看法,如何秉松教授主编的《刑法教科书》(中国法制出版社 1995 年版,第 528 页)一书中认为,我国刑法中当前仅仅存在相对确定的法定刑,没有绝对确定的法定刑。我们仍然持肯定的态度。但分析各教科书的观点,我们可以将教科书认可的绝对确定的法定刑区分为以下两类:第一类是定罪情节不明确的绝对确定的法定刑,如《刑法》第 383 条规定,个人贪污 10 万元以上,且情节特别严重的,处死刑。具体"情节特别严重"包括哪些内容,刑法没有明确规定。第二类是情节明确的法定刑。如第 121 条规定,劫持航空器致人重伤、死亡或者使航空器遭受严重破坏的,处死刑。再如第 239 条规定,绑架过程中,致使被绑架人死亡或者杀害被绑架人的,处死刑。其特点在于对于量刑的情节要件规定得十分确定。我们认为,以上两类中只有第二类才应该属于严格意义上的绝对确定的法定刑。理由在于,是否属于绝对确定的法定刑,不仅要观察刑种和刑度,而且要结合量刑情节,如果情节不固定,实际上违背了绝对确定法定刑的初衷,不仅没有能够限制司法权,反而扩张了司法权更何况在我国刑法中,限定的这些规定模式恰恰是针对最为严重的犯罪行为和情节,恰恰是针对最高的法定刑死刑而言的。所以绝对确定的法定刑不仅包括刑的确定,还包括情节的确定。所以在以后的立法中建议将第一类模式的情节明确化。

可能会对刑法的内在价值、刑法的基本原则乃至刑法的发展产生内伤，所以有必要对刑事政策的从重的罪行范围进行明确的限定。在历次的“严打”方针的制定中基本上都对“严打”的范围进行了限定。前文已有所述，不遑论及。

综上所述，我们认为，“严打”中的从重政策，既拥有刑事政策的依据，也拥有法律的前提；既可以在理论中加以论证，也可以在实践中得到贯彻。刑事政策中实行从重制裁严重刑事犯罪的方针，并非法律虚无主义的体现。而是刑法本身的实践性特征所决定的。至于第二个问题——即使将从重从快限定在依法的范围之内，实践中长期奉行从重从快的方针政策是否一定符合刑法的价值，我们认为首先是从重的依法性为其奠定了理论和法律前提，同时，也应当看到，刑事政策虽然是应世性和应时性的，但并不意味着否定在一定时期之内的稳定性，何况，从重的刑事政策总的方针没有变化，但在近20年中，其内涵是在不断被更新的。当然，不断被更新也就预示着其并不完善，需要不断地完善。最根本的问题在于如何在立法层面加以协调，使得立法进一步地明确细致，使得法律规定本身与刑事政策和司法裁量权之间统一和平衡，而不是过度地强调其中的某一种功用。在此方面应该说是有资可鉴的。

在最初的“严打”政策贯彻过程中，为了配合“严打”的需要，在立法方面进行了较大的增补和取舍，对刑法本身的稳定性、规范性、完整性、统一性产生了较大的冲击，其弊端也在实践中得以显露。所以我们认为，当前的“严打”应更多强调司法层面而不是立法层面。这是合乎刑法发展的内在规律的。

（四）“严打”刑事政策与整体防治之间的关系

无论是严重刑事犯罪还是一般的刑事犯罪，其实质均是社会越轨行为这一综合症状的直接或间接的体现。江泽民主席在接受《纽约时报》采访时，以腐败这一社会消极现象为例，明确指出：“腐败作为一种社会现象古今中外许多社会都有，现在世界上没有哪一个国家能说已经完全消灭了腐败现象，只有程度的不同，我们始终认为，反腐倡廉是顺利进行改革开放和现代化建设的一项重要保证，我们在反腐败问题上的态度是：坚定不移，坚持不懈，绝不姑息，绝不迁就，绝不手软。反腐倡廉，既要治标更要治本，实行标本兼治，教育是基础，法律是保证，监督是关键。要通过深化改革，不断铲除腐败现象孳生蔓延的土壤。”同样在针对其他的严重刑事犯罪方面，刑罚也只能起到保证的作用，教育和监督是必不可少的，通过社会的发展和其他法治的完善是至关重要的。也就是说，无论是涉及社会治安的犯罪，还是涉及经济秩序的犯罪，均存在一个综合治理的要求。

所以，严重刑事犯罪行为的发生总是包含着行为的原因和行为所导致的结果或状态，对犯罪行为的制止和预防自然也包括对这一因果关系全面的防治。而刑法本身只是制裁可预防犯罪的终端手段。刑罚在维护整个社会的有序性方面是具有较大的局限的。从刑罚手段的自身特征分析，表现在：(1)刑罚的惩罚性特征决定了刑罚的适用上只能是作为事后法的方式而表达的。因此，刑罚作为一种法律强制方法，只能在特殊预防的范围之内起到消灭犯罪的作用。(2)刑罚作为事前的预防作用是缺乏可操作性和根本性的。具体说就是预防的效果是建立在罪刑设置、适用的合理性和行刑效果的质量的基础上，而这一基础似乎很难量化。(3)就大多数犯罪而言，刑罚的预防的效果主要体现在刑罚的不可避免性，犯罪行为的成本和收益的计算均是建立在这一前提之下的，刑罚手段的自身特征决定了刑罚方法只能是治标而不是治本，而“严打”刑事政策的制定基础实际上正是以刑罚的惩罚和预防为主线的，从重的要求也是针对刑罚手段而言的，但是刑罚的预防功能的局限性恰恰揭示了这样一个道理：一是刑罚手段严厉化的实际意义不能被过分夸张，“严打”与慎刑应当相辅相成；二是必须将综合治理落实到实处，从犯罪行为发展的各个环节进行控制，才是解决问题的根本途径。

(2002 年第 1 期)

我国刑事司法解释时间效力的再思考

刘宪权*

刑事司法解释的时间效力是指有关刑事司法解释的生效、失效及其溯及力问题。长期以来,理论上对此问题争议颇多,司法实践运用则更不统一。2001年12月16日最高人民法院和最高人民检察院联合颁布了《关于适用刑事司法解释时间效力问题的规定》(以下简称《规定》),对相关问题作了比较明确的规定。这无疑改变了长期以来刑事司法解释本身规范不够和适用困难的局面,开始逐步地将我国的刑事司法解释纳入规范化和法制化的轨道。笔者仅就"两高"这一《规定》的相关内容从理论上作一些探讨。

一、关于刑事司法解释的时间效力问题

刑事司法解释作为一种有效的法律解释,是享有解释权的机关在刑事实体法的适用过程中,依照已有立法的规定及其基本原则,对各级司法机关均应遵照执行的刑事法律规范的内涵和适用范围所作的一种直接阐释。在我国,只有国家最高司法机关——最高人民法院和最高人民检察院才依法享有司法解释权,而其他机关均无司法解释权。根据全国人大常委会1981年《关于加强法律解释工作的决议》的规定:凡属于法院审判工作中或者检察院检察工作中具有应用法律、法令的问题,应分别由最高人民法院、最高人民检察院进行解释。这是"两高"有权进行司法解释的法律依据。由于法律不是教科书,即使是刑法中的叙明罪状,也不可能将刑法条文中所有的法律含义都解释清楚,也还要通过理论和实践对法律进行具体解释。

有学者认为,任何一部刑法典和单行刑法规定都具有一定程度的抽象性和模糊性,绝对具体、明确的刑法规定是没有的,也是不可能存在的;刑法的所有规定之所以具有一定程度的抽象性和模糊性,这是由刑法的普遍性、相对稳定性以及语言表达能力的局限性决定的。[①] 刑法的具体规定往往只就犯罪、刑事责任

---

* 作者单位:华东政法学院(现华东政法大学)。

① 李希慧著:《刑法解释论》,中国人民公安大学出版社1995年版,第54页。

与刑罚的一般特征加以描述，即使对具体个罪的规定，也只能就其在社会现实中所表现出来的共性的内容抽象出来加以规定，而不可能将每一个具体个罪在实际生活中的千姿百态的具体表现形成文字。我国台湾地区著名刑法学家蔡墩铭认为："刑法之解释不啻予刑法以生命，无解释刑法等于死文；毫不发生作用"。[①] 这一论述虽然较为抽象，但道出了刑事司法解释在实际司法活动中所起的作用。毋庸置疑，在我国的实际司法活动中，刑事司法解释已成为刑事法律的渊源之一，并指导着刑事司法活动。

1979年制定的我国《刑法》由于政治、经济、社会条件的限制，以"宜粗不宜细"为立法的指导思想，《刑法》条文共有192条，后来尽管先后制定颁布了一系列决定和补充规定等刑事单行法规，但实际司法实践过程中，各级司法机关在应用刑法解决个案定罪量刑问题时，往往更多地依照刑事司法解释。1997年修订后的刑法，共有条文452条，应该说是一部比较完备、统一的刑法，但是由于刑事立法自身的局限性，刑法修订后，最高人民法院和最高人民检察院仍先后颁布了许多刑事司法解释。而且由于刑法的规定比较原则、抽象（如刑法许多条文都有"情节较轻"、"情节严重"、"情节恶劣"或者"造成严重后果"、"尚未造成严重后果"等规定），且许多含混不清的情节规定又都涉及定罪量刑的原则问题，如果没有刑事司法解释对其加以具体化，解决在什么情形下才符合刑法规定的这些情节问题，就会影响正确量刑甚至混淆罪与非罪及此罪与彼罪的界限。同时，由于在执行法律的过程中，对某一法律条文理解往往不一致，而如何理解又涉及立法原意的问题。因此，在目前立法解释较为缺乏的情况下，刑事司法解释也就更有其必要性，否则就会影响到以统一的标准严格执法。

既然刑事司法解释具有如此大的作用，那么，刑事司法解释的时间效力问题就理所当然地应该引起我们的高度重视。因为刑事司法解释不仅对法院审理案件有约束力（即各级人民法院审理案件时不仅应当适用有效的刑法规定，而且应当遵循刑事司法解释的规定）；而且对案件当事人也具有客观实在的约束力；同时，对案件以外的人及其行为也有着巨大的影响力。

长期以来，我国刑法理论上对刑事司法解释是否应具有自己的时间效力问题一直存有争议。有人认为，刑事司法解释不应该有自己的时间效力。理由是：(1)刑事司法解释本身并不是一种独立的刑法规范，而是对已有的刑法规范内涵及外延的理解与阐释。(2)刑事司法解释目的主要是统一理解和执行刑事法律，而不是为了创制新的刑法规范。(3)刑事司法解释的对象必须是刑法条文

① 蔡墩铭著：《刑法总论》，台湾三民书局1977年版，第23页。

本身,且受到刑法条文、款项的制约。而这种制约主要体现在:其一,刑法条文规定刑法规范的内容要随客观条件的变化而变化,相应的司法解释也会随之发生变化;其二,刑法条文规定的刑法规范内容,要根据其他有关法律、法规去确定时,其司法解释也应依据其他有关法律、规定去进行;其三,刑法条文对刑法规范的内容只有原则规定的,其司法解释应依据条文规定,根据刑法规范所包含的应有客观事实,作出相应的解释。正因为如此,刑事司法解释不应有自己的时间效力,其时间效力必须依附于它所解释的刑法规范的效力。① 还有人认为,刑事司法解释不应该有自己的时间效力,因为刑事司法解释是对刑法的解释,其时间效力应等同于刑法的时间效力。这在有关立法解释的规定中可以找到佐证。根据立法法的规定,全国人大常委会作出的有关立法解释由常委会发布公告予以公布,但没有规定其具体的生效时间。②

笔者认为,刑事司法解释应具有自己的时间效力。理由是:

首先,我国的刑事司法解释在某种意义上已经不完全具有仅仅只对刑法条文字面上作一般性的阐释,事实上在司法机关办理刑事案件过程中,刑事司法解释已经成为必须遵循且在某种程度上是首选的重要依据。就此而言,我们绝对不应该否认我国的司法解释具有极强的规范、指导刑法司法的作用。这种极强的规范、指导作用就必然会引发极具强制性的约束力。其实际所发生的约束作用不仅体现在司法机关的办案过程中,并充分体现在最后的定罪量刑等涉及确定刑事责任的过程中,而且实际上还体现在对人们行为的规范性上。

其次,在确立罪刑法定原则的今天,我国的刑事司法解释虽然不能创制新的法律(这只是理论上的观点),也即刑事司法解释只能对刑事司法实践中具体适用刑事法律问题进行解释,在立法原意内就如何具体应用刑事法律中所产生的问题加以明确化、具体化,必须彻底贯彻刑事立法的基本精神、基本原则和立法原意,不得对刑事法律作出修改、补充。但是,正如前述,由于刑事法律本身存在有一定的抽象性和模糊性,就必然会给刑事司法解释提供大范围的解释余地,实践中不断出现的"扩张性"刑事司法解释就充分说明了这一点。事实上我们也不应该否定这么一个事实,那就是我国的刑事司法解释确实在起着弥补刑事立法欠缺的作用。正如1997年6月23日最高人民法院《关于司法解释工作的若干规定》中所指出的:最高人民法院制定并发布的司法解释具有法律效力。这

① 游伟、鲁义珍:"刑事司法解释效力探讨",载《法学研究》1994年第6期。
② 汪治平、范三雪:"司法解释的时效性",载《人民法院报》2001年12月29日。

次“两高”的“规定”第1条也作了同样的规定:司法解释是最高人民法院对审判工作中具体应用法律问题和最高人民检察院对检察工作中具体应用法律问题所作的具有法律效力的解释。

最后,我国的刑事司法解释除了在理论上具有严格的“依附性”特征外(即必须严格地依附所解释的刑法条文之规定),还明显具有相当程度的“时后性”特征。这是因为作为刑事司法解释是对刑事法律的解释,其权限只限于对司法实践中具体应用法律问题作出解释,而司法实践中许多具体应用刑事法律的问题并不会也不可能与刑法的生效施行时间同步,往往都是在刑事法律施行了相当时间后才会出现。更何况刑事司法解释的制定本身有一定程序,且在制定过程中还需要有相当长的时间听取各方面的意见,有些甚至要几易其稿,如最高人民法院有关国家工作人员的司法解释草案在多次修改后,仍迟迟不能出台就是一种实证。应该看到,刑事司法解释的“时后”是正常和不可避免的,如果不“时后”也就不称为司法解释了;而且随着刑法施行时间的增长以及司法实践的不断深入发展,刑事司法解释这种“时后性”的特征必将表现得更加明显。

基于上述理由,笔者认为,在我国,由于刑事司法解释具有法律效力,且这种效力在刑事司法实践中作用相当之大,同时,刑事司法解释颁布施行的时间又往往具有较刑事法律而言的“时后性”特征,因此,刑事司法解释应该具有自己的时间效力,而且这种时间效力虽然与所解释的刑事法律的时间效力具有紧密的联系,但其必然具有相当的独立性。特别需要指出的是,刑事司法解释时间效力的独立性主要体现在刑事司法解释的溯及力问题上。

为了正确适用司法解释办理案件,同时也是为了统一长期以来刑法理论和司法实践中对刑事司法解释时间效力的不同理解和做法,“两高”有关刑事司法解释时间效力的《规定》明确指出:“司法解释自发布或者规定之日起施行,效力适用于法律的施行期间。”

对于“两高”《规定》的上述内容,笔者认为最起码应有以下几点理解:首先,《规定》再一次强调了刑事司法解释具有法律效力,司法实践中理应坚决加以贯彻执行;其次,《规定》强调所有刑事司法解释的施行时间应该自发布或者规定之日起,从而统一了刑事司法解释施行的时间;最后,《规定》强调了刑事司法解释的效力适用于法律的施行期间(同时在后面的条文中又具体说明了这一点的内容),从而表明了刑事司法解释与刑事法律的紧密关系。

二、关于刑事司法解释的生效时间

由于现行刑事司法解释对于生效时间并未全部作出明确规定,因此,司法实践中对于刑事司法解释的生效时间理解很不一致;通常根据3种不同情况加以确定:其一,刑事司法解释中明确规定生效的时间,一般将此规定时间作为刑事司法解释的生效日期;其二,刑事司法解释并未明确规定生效的时间,只是在下发刑事司法解释时附一个通知,要求"认真遵照执行",一般就将通知下发日期作为刑事司法解释的生效日期;其三,刑事司法解释中既未明确规定施行日,也没有下发通知,只有批复日或复函日等,一般就将批复或答复的日期作为刑事司法解释的生效日期。

理论上对于刑事司法解释的生效时间问题一直颇有争议。有人认为,刑事司法解释生效时间应同刑法生效的时间相同。刑事司法解释无论是在刑法条文生效前作出,还是在刑法条文生效后作出,其生效时间都不能以刑事司法解释作出的时间或者指定某一个日期生效时间为生效时间,只能以其依据的刑法条文生效的时间为生效时间。① 有人则认为,刑事司法解释的生效时间应根据不同情况分别处理:(1)一般情况下,刑事司法解释的生效时间应为其公布之日;(2)当刑事司法解释是扩张解释刑法性质的司法解释,尤其是当其扩张的内容不利于被告人或犯罪分子时,其生效之日与实际公布之日,最好相隔2~3个月,这2~3个月的时间可以用来宣传该司法解释,以免造成"不教而诛"的后果;(3)对于那些由于某些原因不予公布,而由最高人民法院或者最高人民检察院以文件或批复的形式签发所属法院或者检察院的,实际收到之日常常晚于签发之日1~2个月,以便于统一执行,这类刑事司法解释的生效时间应确定在实际签发日以后的1个月或者2个月。

笔者认为,上述实践中的做法是由于刑事司法解释本身规定的不一致性所引起的;在某种程度上这也是一种无奈的理解和做法。但笔者对上述理论上的观点则不能苟同。

首先,认为刑事司法解释的生效时间应同刑法生效的时间相同的观点,显然忽视了刑事司法解释本身具有的独立性特征和相对刑法条文而言的"时后性"特征,而只突出强调了刑事司法解释的依附性特征。正如前文所指出的,刑事司

① 游伟、鲁义珍:"刑事司法解释效力探讨",载《法学研究》1994年第6期。

法解释也具有法律效力且实际所起作用又是相当大的,如果将刑事司法解释的生效时间等同于刑法条文的生效时间,实际上就是将刑事司法解释的法律效力等同于刑法条文本身的法律效力。这对司法实践中正确贯彻刑事司法解释的规定显然不十分有利。另外,由于刑事司法解释不可避免地具有相对于刑法条文而言的"时后性",如果将刑事司法解释的生效时间等同于刑法条文的生效时间,实际上对有关当事人也是极其不公平的。特别是在刑事司法解释对刑法条文作扩张解释且这种解释可能对当事人不利的情况下,如果再强调这种同一性,显然与我国刑法所确立的罪刑法定原则有悖。

其次,上述主张应根据不同情况确定刑事司法解释生效时间的观点,看似比较全面,但仍有明显缺陷。笔者认为,作为刑事司法解释无论是否属于扩张解释,其不能也不应该脱离刑法条文本身,否则就应属于超权解释而成为无效解释。也即无论属于什么性质的刑事司法解释,都无法改变其是对刑法条文解释的本质特征。正是因为刑事司法解释的内容从根本上应与刑法条文规定的内容具有一致性,所以对于已经"时后"颁布的刑事司法解释再规定一个"相隔期"实无必要。更何况具有法律效力的刑事司法解释本身又应该具有公开性的特点(内部签发不予公布的有些文件显然不能作为刑事司法解释对待),在当今社会信息传播高度发达的条件下,实际上已经不会再发生文件传送困难的问题。时下大多数刑事司法解释都在网上或报纸上公开发表,作为下级司法机关除因为内部本身规章制度不健全外,一般不会出现"晚收到"的问题。可见,上述主张中的观点并不具有普遍性,有些问题的存在完全可以通过规章制度的完善来加以解决,而不应该用规定所谓刑事司法解释的"相隔期"来加以处理。

应该看到,"两高"的《规定》对于刑事司法解释的生效问题这次也作了一个规定,这就是刑事司法解释,"自发布或者规定之日起施行,效力适用于法律的施行期间"。笔者认为,这一规定实际阐明了两个重要的内容:其一是刑事司法解释的生效时间只能是以其发布或者规定的日期为标准。也即如果刑事司法解释规定中明确规定生效时间,就应以此规定的日期为生效时间;如果刑事司法解释规定中没有明确规定生效时间,则应以其公布的日期作为生效时间。其二是刑事司法解释的效力适用于刑法的施行期间。对此有人认为这无疑是把刑事司法解释的生效时间提前了。笔者不同意这种观点,实际上刑事司法解释的生效时间和刑事司法解释的溯及力虽有联系但并非完全是一回事。笔者认为,上述规定的后部分内容事实上已经转到有关刑事司法解释的溯及力问题上去了,而前部分内容则明确规定了有关刑事司法解释的生效时间问题。

总之,对于刑事司法解释的生效问题,笔者主张既不能提前,也不能延后,而应该以刑事司法解释公布(特殊情况下可以专门规定)的日期作为其生效的时间。这是因为,刑事司法解释是对已经生效的法律所作的解释,没有必要在公布后加以延后生效;而刑事司法解释本身又具有相对的独立性和相当程度的“时后性”,所以将其生效时间提前到与刑法生效时间相同也无法说通。而最好的选择无疑就是以刑事司法解释公布的日期作为其生效的时间。

三、关于刑事司法解释的溯及力问题

众所周知,修订后的我国刑法重新明确规定了从旧兼从轻的溯及力原则。那么,刑事司法解释对其生效实施以前的行为是否具有溯及力呢?笔者认为,其中主要应该有3方面的问题:其一是刑事司法解释对所解释的刑法条文颁布实施以前的案件是否有溯及力;其二是刑事司法解释对所解释的刑法条文实施以后而自己生效之前所发生的案件是否有溯及力;其三是刑事司法解释对其解释的刑法条文实施以后而其自己生效以前已有刑事司法解释规定,新的刑事司法解释是否有溯及力等问题。

对于上述第一个问题,即刑事司法解释对所解释的刑法条文颁布实施以前的案件是否有溯及力的问题,笔者认为,刑事司法解释是对刑法条文所作的解释,因而其内容不能违背刑法的立法精神和刑法条文中确定的相关基本原则。根据这一精神,由于现行《刑法》第12条已明确规定从旧兼从轻的溯及力原则,而其后制定的决定或者修正案以及非刑事法律中规定的刑事责任条文都没有对溯及力的问题进行专门的规定,刑法又是基本法律,所以现行刑法所确定的有关溯及力原则应该没有任何变化。正因为如此,现行刑法生效后的任何刑事司法解释也必须以从旧兼从轻原则为准。具体而言,刑事司法解释对其所解释的刑法条文实施以前发生的案件是否具有溯及力,应首先看该被解释的刑法条文是否具有溯及力,如果用该被解释的刑法条文处理案件对行为人更为有利的,则应适用该条文;反之则没有溯及力。在确定适用该被解释的刑法条文后,则应该看刑事司法解释是否作出了对行为人有利的解释,如果有关刑事司法解释的内容对行为人不利的,则仍然不应适用刑事司法解释,而只能按照刑事司法解释生效前的对刑法条文的原来理解来处理案件。笔者之所以主张这样做,主要是因为,行为人在实施行为时,其所面对的是旧的刑事法律,我们不能也不应该用改变后的刑事法律和刑事司法解释且对行为人负刑事责任不利的条文来处理以前的案件,否则就有悖于罪刑法定的根本精神。遗憾的是这次“两高”的《规定》中对于这种情况未作明确的规定,只是笼统地指出:“对于司法解释实施前发生的行为，行为时没有相关司法解释，司法解释施行后尚未处理或者正在处理的案件，依照司法解释的规定办理。”这里的所谓“司法解释实施前发生的行为”是否包括刑事司法解释对其所解释的刑法规定实施以前发生的行为？不得而知。如果包括的话，笔者认为这不能不说是值得商榷的。

对于上述第二个问题，即刑事司法解释对其所解释的刑法条文实施以后而自己生效之前的案件是否具有溯及力的问题。目前理论界有许多不同的观点：有人认为，刑事司法解释是对刑法规定进行解释，即是在刑法条文已作出明确规定的前提下就如何具体适用法律问题所作出的具体规定。因此，刑事司法解释本身不涉及溯及力问题，一经公布施行，效力等同于其所解释的法律本身，对人民法院正在审理和尚未审理的案件具有法律效力。① 持相同观点者还认为，刑事司法解释溯及力应与法律同步，即刑事司法解释的溯及力受制于被解释的条文的溯及力，不能脱离其解释的刑法而独立存在。② 还有人认为，刑事司法解释对其生效以前的案件是否具有溯及力，应根据刑事司法解释的内容不同区别对待，刑事司法解释的内容不属于扩张性解释的，其溯及力的有无应以其生效后有关案件是否正在办理或尚未办理为准。属于正在办理或者尚未办理的，即使行为发生在刑事司法解释生效以前，也应适用新的司法解释。刑事司法解释的内容属于扩张性解释的，其溯及力的有无应以扩张解释是对被告人或者犯罪分子有利还是不利为准。如扩张解释对其有利的，则该司法解释对其生效以前的案件具有溯及力；反之，则该司法解释对其生效以前的案件则不能具有溯及力。③

这次“两高”的《规定》就此问题作了一些规定，即对于司法解释实施前发生的行为，行为时没有相关司法解释，司法解释施行后尚未处理或者正在处理的案件，依照司法解释的规定办理。笔者认为，由于与刑事法律规定相比，刑事司法解释总是具有“时后性”的特点，因而司法实践中也就必然存在刑事司法解释对其所解释的刑事法律规定生效后，而自己公布实施以前的案件是否具有溯及力的问题。解决这一问题，仍应以从旧兼从轻原则为准。也即原则上刑事司法解释对其生效前的行为没有溯及力，但如果刑事司法解释的规定更有利于行为人的，则有溯及力。上述理论上的三种观点虽然具有一定道理，但均有其不合理之处。其中第一种、第二种观点只强调刑事司法解释与刑事法律的一致性（或称依附性）特点，因而在溯及力上刑事司法解释与刑事法律应同步。但这些观点

---

① 高憬宏：“王建军等非法经营案——骗购国家外汇的犯罪行为如何适用法律”，载《刑事审判参考》1999年第5辑。

② 游伟、鲁义珍：“刑事司法解释效力探讨”，载《法学研究》1994年第6期。

③ 张军：“试论刑事司法解释的时间效力”，载《中国法学》1992年第2期。

却忽略了我国刑事司法解释具有一定程度独立性和“时后性”的特点，因而是不可取的。第三种观点将刑事司法解释分为“扩张解释”和“非扩张解释”两种，并分别采用不同的溯及力标准，看似合理，但由于标准的不统一，必然会带来实践中应用上的困难和随意性。更何况何为“扩张解释”，何为“非扩张解释”，实际上也较难加以区别。

至于“两高”《规定》的内容，实际上是承认刑事司法解释具有溯及力，只不过使用了以“尚未处理或者正在处理的案件”条件作为限定。笔者认为，这一规定内容在整体上没有体现我国刑法确立的从旧兼从轻的溯及力原则，也与前文所谈的刑事司法解释生效问题有矛盾。应该看到，“两高”《规定》提出了只有对尚未处理或者正在处理的案件才能适用刑事司法解释，这一内容是有一定的合理性。因为，从维护刑事司法活动的稳定性、刑事判决的严肃性角度考虑，刑事司法解释对其所解释的刑事法律实施以后，而自己生效以前所发生的案件已经判决的，再适用新的司法解释予以重新处理，必将导致刑事司法活动处于一种不安定状态，且使人们对刑事判决的严肃性心存怀疑。但是，按照这一规定，只要是对以前没有刑事司法解释且尚未处理或者正处理的案件，刑事司法解释均应适用。不管这种解释对行为人有利还是不利。这实际上就是把刑事司法解释的生效时间提前了，也实际上认为只要“行为时没有相关司法解释”并在一定条件下，不管刑事司法解释内容如何，对其生效前的行为均具有溯及力。这显然与我国刑法原则上不溯及既往（除对行为人有利外）的要求不相吻合。

笔者主张，关于刑事司法解释对其所解释的刑法条文实施后而自己生效之前的行为是否有溯及力的问题，不仅应以从旧兼从轻原则为准，而且确定刑事司法解释的溯及力的时间标准应以刑事司法解释生效之日为准，不是简单地与刑法公布施行的时间同步。对于刑事司法解释生效后尚未处理或者正在处理的案件且行为时没有相关司法解释的情况，刑事司法解释原则不应加以适用，除非这种解释对行为人是有利的。那么判断是有利还是不利应以什么作为标准？由于行为时没有相关司法解释，所以不存在有新旧司法解释的比较问题。在这种情况下，我们可以结合司法解释规定的具体内容，对照刑事法律规定的内容以及行为时适用法律的一般做法和观点进行比较，作出刑事司法解释是对行为人有利的还是不利的判断，应该也不是一件难事。

对于上述第三个问题，即刑事司法解释对其解释的刑事法律实施以后而其自己生效以前，已有司法解释正在生效实施，而且新旧司法解释内容又不一致，新的刑事司法解释是否具有溯及力的问题。应该看到，在我国刑事司法实践中，随着刑法规定以及实际情况的变化，刑事司法解释的内容也在不断地变化，对于同一问题有时可能会出现新旧刑事司法解释内容完全不一致的情况,有时甚至可能会对同一问题出现三个内容不同的刑事司法解释的情况。例如,对"挪用公款归个人使用"的问题,就出现在1989年"两高"的《关于执行"关于惩治贪污贿赂罪的补充规定"若干问题的解答》、1998年最高人民法院的《关于审理挪用公款案件具体应用法律若干问题的解释》以及2001年最高人民法院《关于如何认定挪用公款归个人使用有关问题的解释》3个刑事司法解释。其中对于挪用给单位使用是否构成犯罪的问题就分别出现了3种不同的解释:其一,挪用公款后,为私利以个人名义将挪用的公款给企事业单位、机关、团体使用的,应视为挪用公款归个人使用;其二,挪用公款给私有公司、私有企业使用的,属于挪用公款归个人使用;其三,国家工作人员以个人名义将公款借给不具有法人资格的私营独资企业、私营合伙企业等使用的,以及为谋取个人利益,以个人名义将公款借给其他单位使用的,属于挪用公款归个人使用。3个刑事司法解释对基本相同的刑法规定,有不同的解释内容,这就必然会产生如何适用的问题,特别是对现行刑法生效后,新的刑事司法解释生效以前的挪用公款行为(未经处理或正在处理的),如果在新的刑事司法解释生效后进行处理时,应适用哪一个刑事司法解释的规定?

由于最高人民法院在有关新刑法适用的通知中曾规定:在新旧刑法条文没有实质变化的情况下,"在新司法解释生效实施前,可参照原作出的司法解释执行"。因此,在新的刑事司法解释生效以前,如旧的刑事司法解释与现行刑法的规定不相矛盾,应仍适用旧的刑事司法解释,但如果新的刑事司法解释生效后,则应根据从旧兼从轻的溯及力原则来确定新的刑事司法解释是否具有溯及力。对此,"两高"的《规定》第3条指出:"对于新的司法解释实施前发生的行为,行为时已有相关司法解释,依照行为时的司法解释办理,但适用新的司法解释对犯罪嫌疑人、被告人有利的,适用新的司法解释。"就此规定我们应该作这样的理解:首先,如果犯罪行为发生在新的刑事司法解释生效实施后,处理时应适用新的刑事司法解释;其次,如果犯罪行为发生在新的刑事司法解释施行之前,且未经处理或正在处理中的,原则上应依照旧的刑事司法解释进行处理,如果新的刑事司法解释更有利于行为人的,则应适用新的刑事司法解释。笔者认为,"两高"《规定》的这一内容无疑是符合我国刑法确立的从旧兼从轻的溯及力原则精神的,实践中理应坚决贯彻执行。

遗憾的是,"两高"的《规定》并未对3种刑事司法解释的处理问题(即行为终了时的案件处理时间存在有中间过渡刑事司法解释的情形)作出规定。正如前述,这种情况事实上已经在有关挪用公款罪的刑事司法解释中出现。对此,笔者认为,确实需要加以深入探讨并予以规定。在目前情况下,我们可以采用“看两头,弃中间”的办法解决,即以行为终了时的刑事司法解释与案件处理时的刑事司法解释作为比较轻重对象进行选择,而对中间过渡的刑事司法解释不予兼顾。这主要是因为,行为时的刑事司法解释最适合对行为人的处理,而案件处理时的刑事司法解释反映了司法机关对行为的评价意见,如果对行为人有利也应予以适用。但是,中间过渡的刑事司法解释则主要体现司法机关对刑法条文的理解以及对理解的调整问题,与行为人本身没有特别密切的关系。

(2002年第2期)

刑法学应创制行为故意概念

贾　宇*

一、概　　述

在刑法理论上，根据不同的标准，犯罪故意可以被分为多种不同的类型，各国学者也多不厌其详地从不同角度对犯罪故意进行分类。常见的有直接故意与间接故意、确定故意与不确定故意、预谋故意与非预谋故意、事先故意与事后故意、积极故意与消极故意、危险故意与实际故意等分法。

上述对犯罪故意所作的分类，有利于通过进一步分析确定不同犯罪故意的特征，为犯罪故意的具体认定提供更清晰的标准；有利于通过揭示具体犯罪的不同特征，区别不同犯罪故意在主观恶性上的轻重差别，为量刑的个别化和科学化提供主观责任方面的依据。

但是，由于分类标准各异，具体标准的理解也有分歧，犯罪故意的类型问题显得比较杂乱无序，特别是缺失行为故意与结果故意的犯罪故意的分类标准，不能不说是现有犯罪故意分类方法的一大缺憾，笔者按照个人的理解，对于犯罪故意的类型进行了新的探讨。[①] 本文就其中行为故意与结果故意概念的提出，略作进一步的阐述。

在我国刑法学界，大部分学者认为，行为的结果是指危害社会的结果，这是故意犯罪认识的核心内容。[②] 因为，根据刑法规定的“明知自己的行为会发生危害社会的结果”的立法精神，不言而喻，行为结果应当是每一犯罪故意必不可少的认识内容。认为犯罪故意可以脱离对行为结果认识而独立存在，是缺少法律根据的。[③] 法律对某些犯罪的成立不要求有犯罪结果的发生，并不等于这种犯罪不会造成危害社会的结果。任何犯罪都会发生危害社会的结果，尤其是故意犯罪是行为人有意识、有目的行为，他必然认识到其行为的危害结果。所以，即使对于举止犯来说，只有认识到行为结果，才能构成犯罪故意。犯罪故意的认识

---

* 作者单位：西北政法学院（现西北政法大学）。

① 贾宇著：《罪与刑的思辨》，法律出版社2002年版，第143页。

② 陈兴良著：《刑法哲学》，中国政法大学出版社1999年版，第180页。

③ 姜伟著：《犯罪故意与犯罪过失》，群众出版社1992年版，第117~118页。

因素的实质是对危害结果的预见。① 行为人对危害结果有无认识、是否要求其认识是一回事,法律在构成要件的客观方面是否以一定的危害结果作为必要要件是另一回事,不能因为法律不以危害结果为必要要件,否定行为人在主观上对一定的危害结果必须有认识。②

正是基于上述认识,以及我国刑法分则规定的故意犯罪大部分都是结果犯的事实,我国犯罪故意的分类绝大多数对结果故意予以特别关注。因此,一般常见的犯罪故意分类方法,实际上也多集中在对于结果故意的进一步分类,如直接故意和间接故意的划分,实害故意与危险故意的划分,确定故意与不确定故意的划分,等等,甚至以此代替了对所有犯罪故意的分类,而完全忽视了行为故意的存在。

与上述通说不同的是,我国也有学者对此持有异议。如有学者指出:根据定义,只有"明知"会发生危害"结果"才能构成故意犯罪,这表明所有故意犯罪均为"结果犯",即只有发生了法定结果才能成立既遂犯,然而,事实上刑法分则的故意犯罪不少都是"行为犯"。只要实施了行为就可以成立既遂。③ 在国外,大陆法系的刑法理论一致认为,故意认识的范围是"构成要件的事实"。这完全不同于我国刑法上的"危害社会的结果",所以行为的结果是否成为认识的内容,完全取决于结果是否被规定为构成要件的事实。结果犯中的结果是构成要件事实,行为人自然应当认识;行为犯的构成要件中不存在结果,行为人自然不必认识。我国台湾地区学者一般都持这种观点,如林山田认为:"结果犯必须对于行为结果之间因果关系有所认识,始具备故意之认知要素。……至于行为犯因无待于结果之发生,故无认识之必要。"④

按照我国《刑法》第14条规定,犯罪故意的成立均应以行为人对危害结果的认识和希望、放任的意志态度为要件,这种规定实际上从立法上排除了行为故意;在刑法理论界,绝大多数学者忽视了行为故意的存在;个别学者主张修改故意犯罪的概念,给行为犯以一席之地,但没有明确提出行为故意的概念。笔者认为,应承认行为故意存在之事实,并给予行为故意与结果故意在犯罪故意分类中同样的地位。

---

① 赵秉志等编:《中国刑法词典》,学林出版社1989年版,第196页。

② 陈兴良著:《刑法哲学》,中国政法大学出版社1999年版,第216页。

③ 储槐植:"建议修改故意犯罪定义",载《法制日报》1991年1月24日。

④ 林山田著:《刑法通论》,台湾三民书局1986年版,第121页。

二、行为故意与结果故意分类法的根据

笔者拟将犯罪故意首先区分为行为故意和结果故意,是基于如下几方面的理解和认识:

第一,犯罪故意作为行为人决意和支配整个犯罪行为的意志心理过程,必须首先包括对行为本身的认识及决意。行为人故意责任的成立,第一位的普遍的根据是"明知是违法的、构成要件的行为而决定实施";第二位的对部分犯罪而言的根据才是"明知是违法的、会导致构成要件的结果,而仍决定实施行为使该结果出现"。否定犯罪意志对犯罪行为的选择和努力过程,是对犯罪故意本位内容的忽视。

第二,我国刑法中结果犯的故意,必须具备对法定的构成要件结果的认识与意志。无论在刑法理论中,还是在司法实践中,在认定结果犯的犯罪故意时,事实上都是紧紧围绕构成要件的结果而展开考察的。明确提出结果犯的故意以对构成要件结果的认识与意志为要件,在理论上更明确,在操作上更简便。

第三,对于刑法中行为犯故意的成立,既不应当,也没有必要以行为人对构成要件以外的某种"危害结果"的认识和意志,作为必要的要件。首先,犯罪构成及其中犯罪故意的要件,就是由以说明某种行为具有社会危害性,并且已达到应受刑罚处罚程度的规格和标志,比之抽象的"社会危害性"或"危害社会的结果"更明确,更具可操作性,没有必要再随时刻意强调行为的社会危害性及行为人对它的认识。其次,在行为犯中,只要行为人对于构成要件的行为具有事实认识、违法性认识和犯罪意志,则已足以认定其犯罪故意的成立,完全没有必要去考察行为人对其行为的危害结果有无认识和意志。最后,行为犯的构成要件中没有规定具体的危害结果,如果要考察行为人对行为危害结果的认识和意志,就只能去考察行为人抽象的"对社会有害"的认识和意志,或者去确定并考察对某种构成要件以外的具体危害结果的认识和意志,而这两种做法,均既缺乏可操作性,又不符合罪刑法定原则的精神。

第四,刑法中结果犯故意的成立,有着不同于行为犯的条件要求,即行为人除具备对于行为本身的认识与意志外,还必须对于构成要件的结果具有法定的认识与意志。由于对构成要件结果的认识与意志,系以对于构成要件行为的认识与意志为前提,因此在考察结果犯故意的成立时,重点应在于考察行为人对于构成要件结果的认识与意志。

第五,行为人对于行为意志态度,与对于构成要件结果的意志态度有所不

同,需要分别加以表述。行为人对于行为的意志态度均是积极的,不可能存在对于行为本身的消极、放任的意志态度,否则行为就不可能实施。因为行为犯的行为就是他的目的行为。其故意不可能再分出间接故意、放任故意;不存在间接故意、放任故意,也就没有必要把行为犯的故意称为直接故意、希望故意。直接与间接、希望与放任等概念,只能用于区分结果犯的故意,因为结果犯的结果不一定是行为人的目的结果,根据行为人对于结果的意志心理过程和意志态度,自然可以分出直接故意与间接故意、希望故意与放任故意等类别。

第六,行为故意与结果的分类,可以解决关于意志的态度的认定等方面的一些理论争议。例如,有学者认为,行为人对于犯罪行为也可以有放任的意志态度,[①]系因为我国刑法把"放任"这种只能对构成要件结果表现出来的意志态度,规定为所有犯罪故意(包括行为犯的故意)都可能出现的意志态度而导致的误解。基于同样的原因,另有学者则完全否认犯罪故意中应包括行为人对于行为的意志态度。[②] 这两种主张都有失偏颇。行为故意与结果故意的区分,可以清楚地说明两种不同类型均犯罪故意在认识内容与意志特征方面的不同要求,而使类似上述的理论争议迎刃而解。

三、行为故意与结果故意的概念

(一)行为故意

行为故意,是指明知自己的行为属于违法的、构成要件的事实,而决意并以意志努力支配实施该种行为的心理状态。

行为故意以行为人对构成要件行为的明知及意志为主要内容,如具备则构成犯罪故意,并不要求行为人对行为的结果有所认识,也不必考察行为人对行为结果的意志态度。

行为故意就是行为犯的故意。我国刑法上所规定的行为犯,其犯罪故意的成立,均应以具备行为故意为已足,或者说均应属于行为故意。例如,《刑法》分则第316条规定的脱逃罪,构成要件中并无具体危害结果的规定,认定其犯罪故意时,自然也不必要求行为人对于行为的某种构成要件外的具体危害结果有所认识、具备某种意志态度。只要行为人认识到自己是被押的罪犯、被告人、犯罪嫌疑人,所实施的是脱逃行为,并知道法律禁止被关押的罪犯、被告人、犯罪嫌疑

① 储槐植:"建议修改犯罪故意定义",载《法制日报》1991年1月24日。

② 陈兴良著:《刑法哲学》,中国政法大学出版社1992年版,第184页。

人脱逃，而仍决意并以其意志努力支配实施该行为的，就成立该罪故意，至于脱逃行为会造成何种危害结果、法律为何禁止脱逃，均不要求行为人有所认识（客观上行为人可能有认识），也不必去考察行为人对危害结果的意志态度。

（二）结果故意

结果故意，是指行为人明知自己的行为会导致违法的、构成要件的结果，而决意实施该行为并希望、容忍或放任这种结果发生的心理状态。

结果故意以行为人对行为结果的明知及一定的意志状态为主要内容，成立这种犯罪故意，不仅要求行为人明知行为事实及其违法性质并有实施种行为的决意，而且要求行为人明知行为会导致违法的、构成要件的结果，并对这种结果的出现持希望、容忍或放任的意志态度。

结果故意就是结果犯故意。凡刑法规定以某种具体危害结果的出现为犯罪既遂要件的结果犯，其犯罪故意的成立，均应以行为人以该构成要件结果的认识及法定的意志态度为必要条件。例如，故意杀人罪中杀人故意的成立，必须具备行为人对受害者死亡结果的人识与法定意志态度；盗窃罪中盗窃故意的成立，必须具备行为人对财物的非法转移结果的认识与希望意志，等等。

四、行为故意与结果故意的认识内容与意志特征

（一）行为故意的认识内容与意志特征

行为故意的认识因素表现为，行为人明知自己的行为是违法的、构成要件的事实。首先，行为人必须对构成要件的行为本身有认识。例如，侮辱、诽谤的行为人，必须了解自己的行为是贬低他人人格的行为，或者捏造事实损害他人名誉的行为。假设某甲要某乙把一张纸粘到墙上，而某乙没有文化，并不知道这张纸的内容是侮辱、诽谤他人的，就不能认定某乙有侮辱、诽谤他人的故意。其次，行为人必须对构成要件行为的违法性有认识。例如，偷越国（边）境的行为，必须知道这种行为是国家法律所不允许的。假设某丙居住在边境地区，此地居民素与境外频繁往来，从来无人告知他们国家法律要求出入国（边）境必须办理出入境手续，否则即为违法，则某丙尽管知道自己已经超过国境，但由于缺乏对行为的违法性认识，仍然不能构成犯罪故意。

行为故意的意志因素表现为，行为人决意并以积极的意志努力支配构成要件行为的实施。首先，行为人在对行为的事实认识与违法性认识的前提下，作出了实施构成要件行为的决定（决意）；其次，行为人以对行为过程的意志选择和意志努力，积极支配所决定的主观意志外化为客观行为。就行为人对于构成要

件行为的意志态度而言，行为人都持积极的、希望的态度。从这个意义上讲，行为故意都是直接故意、希望故意。但由于行为故意中并不存在间接故意或放任故意等情形，也为了不混同于结果犯的直接故意、希望故意，笔者不主张把行为故意称为直接故意或希望故意。

具备上述两方面的要件，即是行为犯的故意成立的充足根据，不必再考察行为人对于其他抽象的或构成要件的具体的"危害结果"的意志态度。例如，认定侵犯少数民族风俗习惯罪的故意，以查明行为人明知自己的行为会侵犯少数民族习惯，而且明知国家法律保护少数民族的风俗习惯，却决意并以自己的意志努力支配实施该种行为，即为充足条件，至于行为人是否认识到这一行为会造成民族团结关系的破坏，或者认识到这一行为对于具体受害人会造成精神上的损害，则没有进一步查明的必要，因为后者并不是该罪的故意成立的必要要件。

（二）结果故意的认识内容和意志特征

结果故意的认识因素表现为，行为人明知自己的行为会导致违法的构成要件的结果。结果故意的认识要素，包括行为人对构成要件的行为、结果及行为与结果间的因果关系的认识。首先，行为人必须对自己的行为、结果及行为与结果间的因果关系的事实有所认识。即行为人必须知道在干什么，而且知道这种行为会导致构成要件的结果。例如，某甲持枪杀人，必须明知自己拿的是枪，自己在射击，自己在向一个人射击，而这一射击行为会导致那个人死亡。如果是一个并没见过枪、不了解枪的性能、作用的人在拿枪乱开，或者了解枪的人认为自己是在射击树丛中的野兽，而导致了他人的死亡结果，都不能成立杀人故意。其次，行为人必须对于自己导致构成要件结果的行为的违法性有所认识。例如，行为人明知自己在拿枪向一个人射击，也知道射击行为会造成该人的死亡结果，但他认为自己是在实施正当防卫，因为对方正在盗窃国家财产。该行为人就由于缺乏对行为及其结果的违法性的认识，而不能成立杀人故意。

结果故意的意志因素表现为，行为人决意实施构成要件的行为，并对构成要件结果的发生持希望、容忍或放任的意志态度。结果故意的意志内容，以行为人对于构成要件行为的决定和意志努力为前提，并在此基础上，对于构成要件的结果持希望、容忍或放任的意志态度。关于希望与放任的意志态度，我国刑法理论界有较一致的认识。所谓"容忍"的概念，是笔者提出，以指代那种明知必然性但并非希望或放任态度的意志态度的。[①] 对于结果犯而言，客观上不出现法定构成要件的结果，则不能成立该罪的既遂；主观上具备对于法定构成要件结果的

---

① 贾宇著：《罪与刑的思辨》，法律出版社2002年版，第146页。

希望、容忍或放任，则不能成立犯罪故意。例如，行为人某甲明知酒后开车是违法的行为，也认识到酒后开车可能导致他人死伤的结果，但在意志态度上并不希望、容忍或放任他人死亡或伤害结果的出现，而是自恃技术高超，欲努力避免致人死伤的结果出现。这种情况下，即使出现了致人死伤的结果，也不能认为行为人某甲具有杀人故意或伤害故意，因为行为人不具备对于构成要件结果的法定意志态度。

（2002 年第 7 期）

编 后 记

刑法是一部重要的经世致用的法律。因为其与国家权力之间的天然联系而为权力所重视,形象地说,虽然斗转星移,物竞天择,刑法在统治中始终是不可或缺的。又因为其直接对象始终指向权力治下的民众,涉及生杀予夺,涉及牢狱之灾,所以规定不可不明确,用刑不可不谨慎。在这个过程中,理论的研讨无论是对刑法的理念还是对刑法规范的适用都具有至关重要的作用。

本卷涉及新中国刑法以及刑法学发展的一个重要时期。随着1979年《刑法》的制定,刑事法制开始健全,法治理念得到推崇,法学研究开始走向正途。可以说从20世纪80年代初直至21世纪初,我国的刑法学研究伴随着社会转型开始全面发展并且逐步深入。涓涓细流汇成江河,本卷是对这段历史最好的见证之一。

现在看来,当时一些研究或许因为蹒跚起步而觉幼稚,一些研究因只字片言而觉意犹未尽,但放置于当时历史中则非同小可。何况其中所提及的许多问题现在都没有解决,许多理论的归纳也从未被超越,许多对现实束缚的挣脱至今仍觉石破天惊。

当然,由于编者个人的偏执和浅陋,在文章的撷取中存在一些局限,惶恐中希望读者不吝赐教。

本卷编校过程中,华东政法大学的在读研究生李高宁、李艳杰、金以芊、管慧慧、闻志强、麻俊男、范伟情、何姣、俞永乐等同学承担了资料初期校对事务,付出了辛勤的劳作。在此一并表示谢意。

孙万怀　应培礼
2012年6月

领取稿费告知

尊敬的各位作者：

值华东政法大学建校60周年、《法学》创刊56周年之际，华东政法大学《法学》月刊社出版了《法学的历史》文丛，旨在以文献的方式反映新中国法制建设的进程以及法学理论的发展。为此，选萃了《法学》月刊自1956年创刊以来刊登的具有代表性的、能够反映当期现实问题和理论研究水平的文章。您的文章被我们选用，但由于各方面原因，我们无法与您直接取得联系，希望看到此通知后联系我们，以便发放您的稿费。具体事项如下：

1. 请告知您的信息，具体包括：(1)作者姓名；(2)文章名；(3)文章发表的卷名。可直接到杂志社领取稿费。如需要邮寄稿费的，为防止冒领，请将个人身份证号、收款账户、联系电话予以告知我刊。

2. 稿费的发放标准为每千字10元。

3. 杂志社地址：上海市万航渡路1575号华东政法大学六三楼《法学》月刊社。邮政编码：200042。联系电话：021－62071924。联系人：过纯益 汪池洲

感谢您的大力支持！

华东政法大学《法学》月刊社

2012年7月8日

图书在版编目(CIP)数据

法学的历史. 第11卷,刑法. 上卷:1981年~2002年/孙万怀,应培礼主编.—北京:法律出版社,2012.9
ISBN 978-7-5118-3651-9

Ⅰ.①法… Ⅱ.①孙…②应… Ⅲ.①法学史—世界—文集②刑法—文集 Ⅳ.①D909.1-53②D914.04-53

中国版本图书馆CIP数据核字(2012)第136695号

责任编辑/王津京　　**装帧设计**/李　瞻

出版/法律出版社　　**编辑统筹**/财税出版分社
总发行/中国法律图书有限公司　　**经销**/新华书店
印刷/北京中科印刷有限公司　　**责任印制**/吕亚莉

开本/720毫米×960毫米　1/16　　**印张**/48.75　　**字数**/846千
版本/2012年9月第1版　　**印次**/2012年9月第1次印刷

法律出版社/北京市丰台区莲花池西里7号(100073)
电子邮件/info@lawpress.com.cn　　**销售热线**/010-63939792/9779
网址/www.lawpress.com.cn　　**咨询电话**/010-63939796

中国法律图书有限公司/北京市丰台区莲花池西里7号(100073)
全国各地中法图分、子公司电话:
第一法律书店/010-63939781/9782　**西安分公司**/029-85388843　**重庆公司**/023-65382816/2908
上海公司/021-62071010/1636　**北京分公司**/010-62534456　**深圳公司**/0755-83072995

书号:ISBN 978-7-5118-3651-9　　**定价**:175.00元

(如有缺页或倒装,中国法律图书有限公司负责退换)